CISA® 考试复习手册

（第28版）

美国国际信息系统审计协会（ISACA）著

CISA® Review Manual,
28th Edition

电子工业出版社
Publishing House of Electronics Industry
北京·BEIJING

Authorized Reprint from the Chinese Language edition, entitled《CISA®考试复习手册》(第 28 版), published by ISACA Global, Inc., Copyright © 2024 by ISACA.

All Rights Reserved.

CHINESE language edition published by Publishing House of Electronics Industry Co., Ltd., arranged by Beijing ISACA Information Technology Co., Ltd., Copyright © 2024 by Publishing House of Electronics Industry Co., Ltd.

图书在版编目（CIP）数据

CISA 考试复习手册：第 28 版 = CISA Review Manual, 28th Edition / 美国国际信息系统审计协会（ISACA）著. 北京：电子工业出版社，2024. 10. -- ISBN 978-7-121-48966-2

Ⅰ．F239

中国国家版本馆 CIP 数据核字第 2024UB3877 号

责任编辑：刘淑敏
印　　刷：天津千鹤文化传播有限公司
装　　订：天津千鹤文化传播有限公司
出版发行：电子工业出版社
　　　　　北京市海淀区万寿路 173 信箱　邮编：100036
开　　本：880×1230　1/16　印张：29.25　字数：1009 千字
版　　次：2019 年 10 月第 1 版（原著第 27 版）
　　　　　2024 年 10 月第 2 版（原著第 28 版）
印　　次：2024 年 10 月第 1 次印刷
定　　价：168.00 元

凡所购买电子工业出版社图书有缺损问题，请向购买书店调换。若书店售缺，请与本社发行部联系，联系及邮购电话：(010) 88254888，88258888。

质量投诉请发邮件至 zlts@phei.com.cn，盗版侵权举报请发邮件至 dbqq@phei.com.cn。

本书咨询联系方式：(010) 88254199，sjb@phei.com.cn。

《CISA®考试复习手册》（第28版）的目的

ISACA 很高兴为您提供《CISA®考试复习手册》（第28版）。本手册旨在为注册信息系统审计师考生提供技术信息和参考资料，帮助他们准备注册信息系统审计师考试。

本手册中的内容基于 CISA 工作实务，**此工作实务是 CISA 考试的基础**。参与工作实务编写工作的有来自世界各地的数千名获得 CISA 认证的人士及其他业内专业人员，其中包括委员会成员、焦点小组讨论参与者、主题专家以及调查受访者。

《CISA®考试复习手册》的更新是为了赶上信息系统审计、控制和安全等领域的飞速变化。与之前的手册一样，第28版也是众多资深权威人士共同努力的结果，他们慷慨地贡献了自己的时间和专业知识。我们对他们的付出表示由衷的感谢和崇高的敬意，并希望他们的努力能为《CISA®考试复习手册》的读者提供宝贵的学习价值。

认证已对众多职业产生积极的影响；CISA 资格广受世界各地组织机构的尊重和认可。我们祝愿您顺利通过 CISA 考试。您为这项在信息系统审计、鉴证、控制和安全方面的领先认证所付出的努力堪称典范。

致谢

《CISA®考试复习手册》（第28版）是众多志愿者共同努力的成果。来自全球信息系统审计、控制和安全行业的 ISACA 成员参与了编写工作，慷慨地贡献了他们的智慧和专业知识。这支国际化团队展示出的无私奉献精神，是本手册所有贡献者共有的特质。衷心感谢他们的参与和见解。

作者

Elastos Chimwanda，CISA、CISSP、CCSP、CIA、ISO/IEC 27001 首席审计师，津巴布韦

Toby DeRoche，CISA、CAAP、CCSA、CFE、CIA、CICA、CRMS、SA，美国

Kyle Miller，CISA、CDPSE、CISSP、QSA，美国

校审专家

Sanjiv Kumar Agarwala，CISA、CISM、CGEIT、CDPSE、CISSP、FBCI，印度

Akinwale Akindiya，CISA，尼日利亚

Mohammed Alfehaid，CISA、CISM、CRISC，沙特阿拉伯

Ibrahim Sulaiman Alnamlah，CISA，沙特阿拉伯

Osman Azab，CISA、CISM、CGEIT、CRISC，埃及

Sunil Bakshi，CISA、CISM、CGEIT、CRISC、CDPSE、CISSP、AMIIB、MCA，印度

Zsolt Bederna，CISA、CISM、CGEIT、CRISC、CISSP、ISO 27001 首席审计师、ITIL-F，匈牙利

Walid Bouzouita，CISA、CRISC、CDPSE、CIA、CET、ITIL、PRINCE2 从业者、ISO 9001、ISO 20000、ISO 21001、ISO 27001、ISO 27002、ISO 31000、ISO 37301，突尼斯

Ming Fai Chan，CISA、CDPSE、CISSP、GRID，新加坡

Marvel Ruvimbo Chigama，CISA、CISM、CISSP、CEH、ITIL v3 基础，英国

Wole Davis，CISA、CFE，尼日利亚

Darlene Dawson，CISA、CRISC，美国

Ninad Dhavase，CISA，澳大利亚

Marco Ermini 博士，PhD、CISA、CISM、CRISC、CDPSE、AWS-CCP、AWS-CSAA、AWS-CSS、CCISO、CISSP、GCIH、ISO/IEC 27001 首席审计师，德国

Katja Feldtmann，CISA、CISM、CRISC、CDPSE、CISSP、CCSP，新西兰

Sandra Fonseca，CISA、CISM、CRISC、CDPSE，美国

Shigeto Fukuda，CISA、CDPSE，日本

Mohamed Ahmed Gohar，CISA、CISM、CGEIT、CRISC、CISSP、App Sec LI、AXELOS Resilia 从业者、CCC-BDF、CCC-CTA、CCC-IOTF、CEH、CLPTP、CPDE、CSSGB、DASA-DevOps、ISO/IEC 20000 LI/LA、ISO/IEC 24762 LITDRM、ISO/IEC 27001 LI/LA、ISO/IEC 27002 LM、ISO/IEC 27005 LRM、ISO/IEC 27032 LCM、ISO/IEC 27034、ISO/IEC 27035 LIM、ISO/IEC 38500 LITCGM、ISO 21500 LPM、ISO 22301 LI/LA、ISO 31000 LRM、ISO 37301 LI、ITIL v3 专家、ITIL v3 从业者、ITIL v4 MP、PECB CLCSM、PMP、TOGAF 9/10，埃及

Danny Ha 博士，CISA、CISM、CGEIT、CRISC、CDPSE、伦敦苏富比拍卖行 Art-Tech-AI-NFT-Art 犯罪认证、英国剑桥可持续性 CISL 认证、英国牛津金融科技认证、CISSP、CSSLP、CME、CRT、ESG 鉴证审计、FCP-ERM、FCRP、ISO-TC 荣誉委员、香港大学荣誉法官（AI/Metaverse）、ISO 31000/9001/45001/14001/27001 LI/LA、ITIL-Expert、MIT-AI、PMP，英国

Mathew Holdt，CISA、CFE、CIA，美国

Miroslav Rósenov Ivanov，CISA，挪威

Leighton Johnson III，CISA、CISM、CGEIT、CRISC、CDPSE、CISSP-ISSEP、CET、CMMC CCA，美国

Joseph Johnston，CISA、CISM，美国

Muhammad Abul Kalam Azad，CISA、CISM、CRISC、CDPSE、CISSP，孟加拉国

Rajul Kambli，CISA、CMA，美国

Ramaswami Karunanithi，CISM、CGEIT、CRISC、CA（澳大利亚和印度）、CAMS、CBCI、CCSK、CCSP、CFE、CFSA、CGAP、CGMA（美国）、CHFI、CIA、CIPP/E、CISSP、CMA（印度和美国）、CPA（澳大利亚和美国）、CPRM、CSCA、CSFX、CRMA、FCS、GRCA、GRCP、首席审计师 ISO 27001、PBA、PMP、PRINCE2 从业者、RMP，澳大利亚

Omar Khan，CISA，意大利

Irene Kopaliani 博士，CISA、CISM、CDPSE、CISSP、CCSP，美国

Steven Sim Kok Leong，CISA、CISM、CGEIT、CRISC、CDPSE，新加坡

Hubertus Jeroen Kroon，CISA、CISM、CGEIT、CRISC、CDPSE、CISSP、CC、CCAK、CCSP、CCSK、ITIL、首席审计师 ISO 27001、LI ISO 27001，荷兰

Shruti Kulkarni，CISA、CRISC、CISSP、CCSK、ITIL v3，英国

Ashok Kumar DL，CISA、CISM、CDPSE、CFE、CIA、CISSP、CRMA，印度

Luong Trung Thanh，CISA、CISM、CGEIT、CDPSE，越南

Michael Malcolm，CISA、CCSK、CIA、CISSP、CSSBB，加拿大

A. T. Manjunath，CISA，印度

Larry Marks，CISA、CISM、CGEIT、CRISC、CDPSE、CISSP、CCSK、PMP，美国

Shobhit Mehta，CISA、CISM、CGEIT、CRISC、CISSP、CCSP、HITRUST CCSFP、ISO 27001 首席审计师，美国

Christine Lilian Mukhongo，CISA、CISM、CGEIT、CRISC，肯尼亚

Geetha Murugesan，CISA、CGEIT、CRISC、CDPSE、COBIT 5 认证评估师、CSA Star、ISO 22301:2019、ISO 27001:2013、ISO 31000:2018、ISO 9000:2015，印度

Nnamdi Nwosu，CISA、CISM、CGEIT、CRISC、CEH，美国人民大学，美国

Eoin O' Beara，CISA、CRISC，爱尔兰

Teju Oyewole，理学博士，CISA、CISM、CRISC、CDPSE、CCSP、CISSP、PMP、ISO 27001，加拿大

Tafadzwa Padare，CISA、CISM、CRISC、CISSP、CEH，爱尔兰

Kanupriya Parab，CISA、CISM、CRISC、CDPSE，加拿大

Upesh Parekh，CISA、CRISC，印度

Vaibhav Patkar，CISA、CISM、CGEIT、CRISC、CDPSE、CISSP、CCSK，印度

Mark Pearce，CISA、CISM、CGEIT、CRISC、CDPSE、CIIP、CIPM、GCLD、GSLC，英国

Varun Prasad，CISA、CISM，美国

Robert Prince，CISA、CISSP，美国

Tabish Qureshi，CISA、CISM、CASP+、CEH v11、ITIL、MCS、MCSA、MCSE、Microsoft Azure 解决方案架构师、PMP、PRINCE2 基础和从业者、SAP Activate 项目经理，沙特阿拉伯

Sree Krishna Rao，CISA，英国

Sampa David Sampa，CISA、IGP，赞比亚

Chandrasekhar Sarma Garimella，CISA、CISM、CRISC、CDPSE、AWS SA、CCNA、CFE、COSO ERM、ISO 27001 首席审计师、ISO 9001 首席审计师，印度

Srinivasan Shamarao，CISA、CISM、CGEIT、CRISC、CDPSE、ACA、CIA、CIPP/E (IAPP)、CIPM (IAPP)，印度

Vivek Silla，CISA、CISM、CRISC、CISSP、CEH、CHFI、CICA、CIPM、SCF、ISO 20000-1 首席审计师、ISO 27001 首席审计师、ITIL 基础，沙特阿拉伯

Fadi Sodah，CISA、CISM，约旦

Katalin Szenes 博士，CISA、CISM、CGEIT、CISSP，奥布达大学，约翰·冯·诺依曼信息学院，匈牙利

Rajesh T. R.，CISA、CISM、CRISC、CDPSE、AWS 认证安全专家、CCSK、CEH、认证网络犯罪干预官、Google 认证云安全工程师、ITIL、ISO 27001 首席审计师、ISO 31000 首席审计师、Microsoft Azure 解决方案架构师、PMI-ACP、TISAX、TOGAF9、零信任认证架构师（ZTCA），印度

Satyajit Turumella，CISA、CDPSE，肯尼亚

Marilize Van Schalkwyk，CISA、CISM、CIA、CRMA，纳米比亚

Brian Vasquez，CISA、CEH、CISSP、CySA+、GCIH、GSLC、GSTRT、Security+，美国

James Wallmuller，CISA、CRISC、CDPSE、CSX，美国

Ross Wescott，CISA、CIA、CUERME，美国

Prometheus Yang，CISA、CISM、CRISC，中国台湾

新版 CISA 工作实务

从 2024 年起，注册信息系统审计师（Certified Information Systems Auditor，CISA）考试将测试新版 CISA 工作实务。

国际工作实务分析定期进行，以保持 CISA 认证计划的有效性。CISA 考试以新版工作实务为基础。

工作实务的重点是 CISA 目前的工作任务和使用的知识。ISACA 通过收集 CISA 当前工作实务的证据，确保 CISA 认证计划继续符合全球专业人员资格认证的高要求。

CISA 工作实务分析的结果均经过了仔细考虑，并将直接用于制定新版的测试规范，从而确保 CISA 考试可以反映最新的最佳实务。

新版工作实务反映了要测试的研究领域，下表将其与之前的工作实务进行了比较。

之前的 CISA 工作实务	新版 CISA 工作实务
领域 1：信息系统的审计流程（21%）	领域 1：信息系统的审计流程（18%）
领域 2：IT 治理与管理（17%）	领域 2：IT 治理与管理（18%）
领域 3：信息系统的购置、开发与实施（12%）	领域 3：信息系统的购置、开发与实施（12%）
领域 4：信息系统的运营和业务恢复能力（23%）	领域 4：信息系统的运营和业务恢复能力（26%）
领域 5：信息资产的保护（27%）	领域 5：信息资产的保护（26%）

关于本手册

概述

《CISA®考试复习手册》(第 28 版)旨在帮助考生准备 CISA 考试。本手册只是备考资源之一,不是唯一资源。**本手册也并非通过该考试所需的所有信息和经验的全集。** 没有任何一种出版物具有这样的涵盖范围和详细程度。如果考生在阅读手册的过程中遇到新主题或发觉自身在某主题方面的知识和经验有限,考生应寻求其他参考资料。CISA 考试的问题旨在测试考生的技术和实践知识,以及他们在特定情况下运用基于经验的知识的能力。

《CISA®考试复习手册》(第 28 版)涵盖 CISA 工作实务内容领域中与各种职能相关的知识和活动,相关内容详见《ISACA 认证考试指南》。

领域 1	信息系统的审计流程	18%
领域 2	IT 治理与管理	18%
领域 3	信息系统的购置、开发与实施	12%
领域 4	信息系统的运营和业务恢复能力	26%
领域 5	信息资产的保护	26%

编写及整理本手册的目的是帮助考生学习。CISA 考生应根据自己的知识和经验,评估个人在上述各个领域的能力。

> **注意**
>
> 每章会复习 CISA 考生应该了解的知识,以便为考生完成其在某工作实务领域应当能完成的任务提供支持。这些任务构成适用于信息系统审计师的最新实务。详细的 CISA 工作实务请参见 ISACA 网站。CISA 考试基于此工作实务。

本手册的编排

本手册的每章均采用相同的编排:

- 概述部分提供了各个章节的重点摘要及下述内容:
    - 领域的考试内容大纲。
    - 学习目标/任务说明。
    - 深造学习参考资源。
    - 自我评估问题。
- 内容部分包括:
    - 支持工作实务不同领域的内容。
    - 考试中常见术语的定义。

准备 CISA 考试

如本手册所述,CISA 考试评估考生在工作实务领域中的实务知识、经验和应用。我们建议考生在备考过程中参考多种资源,包括本手册以及其他出版物。本部分包含了一些备考提示。

请阅读这些提示,了解需要进一步学习的领域。然后查阅其他参考资源,以扩展这些领域的知识,以及获得这些领域的经验。

开始准备

用足够的时间准备 CISA 考试至关重要。大部分考生在参加考试之前需要花三到六个月的时间来学习。每周留出固定的时间用于学习,随着考试日期临近,可根据情况适当增加学习时间。

制订学习计划有助于考生做好考试准备。

使用《CISA®考试复习手册》

《CISA®考试复习手册》分为 5 章，每章对应于 CISA 工作实务中的一个领域。虽然本手册不包含 CISA 考试中可能会考查的每个概念，但其涵盖了广泛的知识，可为考生打下坚实的基础。本手册只是备考资源之一，不应将其当作唯一资源或视为通过该考试所需的所有信息和经验的全集。

考试复习手册中的模块

《CISA®考试复习手册》包含多个模块，可帮助您充分了解工作实务，并加强对材料的学习和巩固。

复习手册模块	描 述
概述	概述部分提供领域背景，包括工作实务领域和适用的学习目标及任务说明。
深造学习参考资源	请参考外部资源，以补充您对概念的理解。使用参考资源来帮助您提高学习效果，因为这些资源与各个章节相关。
自我评估问题与解答	在每个章节中设置自我评估问题的目的不在于衡量考生能否在 CISA 考试中正确回答相应领域的问题。设置这些问题的目的在于帮助考生熟悉问题结构，并不表示在实际考试中一定会碰到或不会碰到类似的问题。
术语表	本手册末尾的术语表所包含的术语适用于： •各个章节中的材料 •本手册中未具体讨论的相关领域术语表是本手册中文本的扩展，指出了考生可能需要通过其他参考资源进一步学习的领域。
首字母缩略词列表	该列表包含与信息系统审计相关的常用首字母缩略词，以帮助考生理解本章节中的材料以及 CISA 考试中涵盖的概念。

CISA 考试中的题目类型

CISA 考试题目的设置目的是衡量和测试信息系统审计和鉴证原则的实务知识和运用。所有题目均采用选择题的形式，并且每道题目仅有一个最佳答案。

考生应仔细阅读每道题目。了解提问的题目类型以及如何学会回答这些题目有助于考生正确回答问题。最佳答案在所给的选项中。根据行业、地理位置等的不同，题目中的场景可能有许多潜在的解决方案。明智的做法是，考虑问题中提供的信息，然后确定所提供的选项中哪一个是最佳答案。

每个 CISA 考试题目均包含一个题干（题目）和四个选项（备选答案）。考生需要从选项中选出正确的或最佳的答案。题干的形式可能是问句，也可能是不完整的陈述句。

有助于解答此类题目的方法包括：

- 阅读整个题干，确定题目是在问什么。寻找"最佳""最""首先"这类关键词，以及指明题目所考查的领域或概念的关键术语。
- 阅读所有选项，然后再次阅读题干，看看能否根据您对题目的直观理解排除任何选项。
- 再次阅读剩余选项，结合个人经验确定哪个选项是该题的最佳答案。

考试准备

准备考试时，考生应认识到信息安全属于全球性行业，考生个人的看法和经验可能无法反映更国际化的形势。本手册是针对国际信息安全管理社区而编写的，考生在读到与自己的经验相悖的状况时，必须灵活对待。

请注意，CISA 考试题目均由世界各地经验丰富的信息安全专业人员编写。考试中的每道题目亦经过 ISACA 下属的由国际成员组成的 CISA 考题编写工作组审阅。这样的地域分布可保证所有考题在不同国家/地区和语言中的理解相同。

使用 ISACA 考试准备资源

可将《CISA®考试复习手册》与其他 CISA 备考资源结合使用。以下资源基于 CISA 工作实务，可使用引用的工作实务领域来查找《CISA®考试复习手册》中的相关内容。这些资源包括：

- CISA 复习考题及解答全库——12 个月订阅期。
- CISA 在线复习课程。
- CISA 复习课程（由 ISACA 本地分会和认证培训组织提供）。

关于 CISA 复习考题及解答全库

CISA 复习考题及解答全库——12 个月订阅期。在线数据库包含 CISA 工作实务中按知识领域归类的 1000 道考题和解答。借此辅导资源，CISA 考生可以随意选答不同长度的模拟试卷，查看在不同领域的作答成绩，从而确定自己在各领域的强项和弱项。也可以按领域选择模拟试卷以进行强化学习，一次针对一个领域；另外，还有一些分类功能，如筛选略过之前答对的题目等。

《CISA®复习考题及解答手册》（第 13 版）可与《CISA®考试复习手册》（第 28 版）结合使用，以帮助考生为考试做好准备，并复习需要补充知识的主题和领域。

> **注意**
>
> 使用 CISA 复习资料准备考试时应注意，它们涵盖广泛的信息系统审计和鉴证主题。再次请考生注意，不要认为读完这些手册及解答复习题后便已充分做好应试准备。由于实际考题常常与实践经验有关，因此考生应参照自身经验和其他参考资源，并借鉴已获得 CISA 资格认证的同事及他人的经验。

目录

第1章 信息系统的审计流程 1
 概述 2
  领域1考试内容大纲 2
  学习目标/任务说明 2
  深造学习参考资源 2
  自我评估问题 2
 自我评估问题参考答案 4
  A 部分：规划 6
  1.1 信息系统审计标准、准则、职能和道德规范 6
   1.1.1 ISACA 信息系统审计和鉴证标准 6
   1.1.2 ISACA 信息系统审计和鉴证准则 7
   1.1.3 ISACA 职业道德规范 7
   1.1.4 ITAF TM 7
   1.1.5 信息系统内部审计职能 7
  1.2 审计类型、评估和审查 9
   1.2.1 控制自我评估 10
   1.2.2 整合审计 11
  1.3 基于风险的审计规划 12
   1.3.1 单项审计任务 12
   1.3.2 法律法规对信息系统审计规划的影响 13
   1.3.3 审计风险和重要性 15
   1.3.4 风险评估 15
   1.3.5 信息系统审计风险评估技术 15
   1.3.6 风险分析 16
  1.4 控制类型和考虑因素 16
   1.4.1 内部控制 16
   1.4.2 控制目标和控制措施 16
   1.4.3 控制分类 19
   1.4.4 控制与风险的关系 21
   1.4.5 规定性控制和框架 21
   1.4.6 控制环境评估 22

B 部分：执行 23
  1.5 审计项目管理 23
      1.5.1 审计目标 23
      1.5.2 审计阶段 23
      1.5.3 审计方案 25
      1.5.4 审计工作底稿 26
      1.5.5 欺诈、违规和非法行为 26
      1.5.6 敏捷审计 26
  1.6 审计测试和抽样方法 28
      1.6.1 符合性与实质性测试 28
      1.6.2 抽样 29
  1.7 审计证据搜集技巧 31
      1.7.1 面谈和观察员工以了解其职责履行情况 33
  1.8 审计数据分析 33
      1.8.1 计算机辅助审计技术 34
      1.8.2 持续审计和监控 35
      1.8.3 持续审计技术 36
      1.8.4 信息系统审计中的人工智能 37
  1.9 报告和沟通技巧 39
      1.9.1 沟通审计结果 39
      1.9.2 审计报告目标 40
      1.9.3 审计报告的结构与内容 40
      1.9.4 审计记录 41
      1.9.5 跟进活动 42
      1.9.6 信息系统审计报告的类型 42
  1.10 质量保证和审计流程改进 42
      1.10.1 审计委员会监督 42
      1.10.2 审计质量保证 42
      1.10.3 审计团队培训与发展 42
      1.10.4 监控 42
案例研究 44
案例研究相关问题参考答案 46

第 2 章　IT 治理与管理 47

概述 48
  领域 2 考试内容大纲 48
  学习目标/任务说明 48
  深造学习参考资源 49
  自我评估问题 49
自我评估问题参考答案 51
A 部分：IT 治理 53
  2.1 法律、法规和行业标准 53

		2.1.1	法律、法规和行业标准对信息系统审计的影响	53
		2.1.2	治理、风险与合规性	54
	2.2	组织结构、IT 治理和 IT 战略		54
		2.2.1	企业信息和技术治理	55
		2.2.2	EGIT 的良好实践	56
		2.2.3	EGIT 中的审计角色	56
		2.2.4	信息安全治理	57
		2.2.5	信息系统策略	59
		2.2.6	战略规划	59
		2.2.7	商业智能	60
		2.2.8	组织结构	62
		2.2.9	审计 IT 治理结构与实施	72
	2.3	IT 政策、标准、程序和准则		72
		2.3.1	政策	73
		2.3.2	标准	74
		2.3.3	程序	75
		2.3.4	准则	75
	2.4	企业架构和注意事项		75
	2.5	企业风险管理		76
		2.5.1	开发风险管理方案	77
		2.5.2	风险管理生命周期	77
		2.5.3	风险分析方法	80
	2.6	数据隐私方案和原则		80
		2.6.1	隐私记录	81
		2.6.2	审计流程	84
	2.7	数据治理和分类		84
		2.7.1	数据清单和分类	85
		2.7.2	法律目的、同意和合法权益	85
		2.7.3	数据主体的权利	87
B 部分：IT 管理				88
	2.8	IT 资源管理		88
		2.8.1	IT 的价值	88
		2.8.2	实施 IT 组合管理	88
		2.8.3	IT 管理实务	88
		2.8.4	人力资源管理	88
		2.8.5	企业变更管理	91
		2.8.6	财务管理实务	91
		2.8.7	信息安全管理	92
	2.9	IT 供应商管理		93
		2.9.1	资源开发实务	93
		2.9.2	外包实务与战略	94

- 2.9.3 云治理 97
- 2.9.4 外包中的治理 97
- 2.9.5 容量和发展规划 98
- 2.9.6 第三方服务交付管理 98
- 2.10 IT性能监控与报告 99
  - 2.10.1 关键绩效指标 99
  - 2.10.2 关键风险指标 99
  - 2.10.3 关键控制指标 99
  - 2.10.4 绩效优化 100
  - 2.10.5 方法和技术 101
- 2.11 IT质量保证和质量管理 103
  - 2.11.1 质量保证 103
  - 2.11.2 质量管理 104
  - 2.11.3 卓越运营 104
- 案例研究 105
- 案例研究相关问题参考答案 106

第3章 信息系统的购置、开发与实施 107

- 概述 108
  - 领域3考试内容大纲 108
  - 学习目标/任务说明 108
  - 深造学习参考资源 108
  - 自我评估问题 108
  - 自我评估问题参考答案 110
- A部分：信息系统的购置与开发 112
  - 3.1 项目治理和管理 112
    - 3.1.1 项目管理实务 112
    - 3.1.2 项目管理结构 112
    - 3.1.3 项目管理角色和职责 113
    - 3.1.4 项目管理技术 113
    - 3.1.5 项目组合/项目集管理 115
    - 3.1.6 项目管理办公室 116
    - 3.1.7 项目效益实现 117
    - 3.1.8 项目开始 118
    - 3.1.9 项目目标 118
    - 3.1.10 项目规划 119
    - 3.1.11 项目执行 123
    - 3.1.12 项目控制和监控 123
    - 3.1.13 项目收尾 123
    - 3.1.14 信息系统审计师在项目管理中的角色 124
  - 3.2 业务案例和可行性分析 124
    - 3.2.1 信息系统审计师在业务案例开发中的角色 125

目录

- 3.3 系统开发方法 126
  - 3.3.1 业务应用程序开发 126
  - 3.3.2 SDLC 模型 126
  - 3.3.3 SDLC 阶段 128
  - 3.3.4 信息系统审计师在 SDLC 项目管理中的角色 136
  - 3.3.5 软件开发方法 136
  - 3.3.6 系统开发工具和生产力辅助设备 142
  - 3.3.7 基础架构开发/购置实务 144
  - 3.3.8 硬件/软件购置 147
  - 3.3.9 系统软件购置 149
- 3.4 控制识别和设计 151
  - 3.4.1 应用控制 151
  - 3.4.2 输出控制 155
- B 部分：信息系统实施 158
  - 3.5 系统准备和实施测试 158
    - 3.5.1 测试分类 158
    - 3.5.2 软件测试 160
    - 3.5.3 数据完整性测试 160
    - 3.5.4 应用程序系统测试 161
    - 3.5.5 系统实施 163
  - 3.6 实施配置和管理 164
    - 3.6.1 配置管理系统 164
  - 3.7 系统迁移、基础设施部署和数据转换 165
    - 3.7.1 数据迁移 165
    - 3.7.2 转换（上线或切换）技术 167
    - 3.7.3 系统变更程序和程序迁移流程 168
    - 3.7.4 系统软件实施 169
    - 3.7.5 认证/认可 169
  - 3.8 实施后分析 169
    - 3.8.1 信息系统审计师在实施后审查中的角色 170
- 案例研究 172
- 案例研究相关问题参考答案 174

第 4 章 信息系统的运营和业务恢复能力 175

- 概述 176
  - 领域 4 考试内容大纲 176
  - 学习目标/任务说明 176
  - 深造学习参考资源 176
  - 自我评估问题 177
- 自我评估问题参考答案 179
- A 部分：信息系统运营 181
  - 4.1 IT 组件 181

| 4.1.1 网络 | 182
| 4.1.2 计算机硬件组件和架构 | 192
| 4.1.3 常用的企业后端设备 | 193
| 4.1.4 USB 大容量存储设备 | 194
| 4.1.5 无线通信技术 | 196
| 4.1.6 硬件维护程序 | 196
| 4.1.7 硬件审查 | 197
4.2 IT 资产管理 | 198
4.3 作业调度和生产流程自动化 | 198
| 4.3.1 作业调度软件 | 198
| 4.3.2 日程审查 | 198
4.4 系统接口 | 199
| 4.4.1 与系统接口相关的风险 | 200
| 4.4.2 与系统接口相关的控制 | 200
4.5 最终用户计算和影子 IT | 201
| 4.5.1 最终用户计算 | 201
| 4.5.2 影子 IT | 202
4.6 系统可用性和容量管理 | 202
| 4.6.1 信息系统架构和软件 | 202
| 4.6.2 操作系统 | 203
| 4.6.3 访问控制软件 | 204
| 4.6.4 数据通信软件 | 204
| 4.6.5 实用程序 | 206
| 4.6.6 软件许可问题 | 206
| 4.6.7 源代码管理 | 207
| 4.6.8 容量管理 | 208
4.7 问题和事故管理 | 209
| 4.7.1 问题管理 | 209
| 4.7.2 事故处理过程 | 209
| 4.7.3 异常情况的检测、记录、控制、解决和报告 | 209
| 4.7.4 技术支持/客户服务部门 | 210
| 4.7.5 网络管理工具 | 210
| 4.7.6 问题管理报告审查 | 211
4.8 IT 变更、配置和修补程序管理 | 212
| 4.8.1 修补程序管理 | 212
| 4.8.2 发行管理 | 212
| 4.8.3 信息系统运营 | 213
4.9 运营日志管理 | 215
| 4.9.1 日志类型 | 215
| 4.9.2 日志管理 | 216
4.10 IT 服务水平管理 | 218

- 4.10.1 服务等级协议 219
- 4.10.2 服务水平监控 220
- 4.10.3 服务水平与企业架构 220
- 4.11 数据库管理 220
  - 4.11.1 DBMS 结构 220
  - 4.11.2 数据库结构 221
  - 4.11.3 数据库控制 224
  - 4.11.4 数据库审查 224
- B 部分：业务恢复能力 226
- 4.12 业务影响分析 226
  - 4.12.1 运营和关键性分析分类 227
- 4.13 系统和运营恢复能力 228
  - 4.13.1 应用程序恢复能力和灾难恢复方法 228
  - 4.13.2 电信网络恢复能力和灾难恢复方法 229
- 4.14 数据备份、存储和恢复 230
  - 4.14.1 数据存储恢复能力和灾难恢复方法 230
  - 4.14.2 备份与恢复 230
  - 4.14.3 备份方案 233
- 4.15 业务持续计划 235
  - 4.15.1 IT 业务持续计划 236
  - 4.15.2 灾难和其他破坏性事件 237
  - 4.15.3 业务持续计划流程 238
  - 4.15.4 业务连续性政策 238
  - 4.15.5 业务持续计划事故管理 239
  - 4.15.6 制订业务持续计划 240
  - 4.15.7 计划制订过程中的其他问题 240
  - 4.15.8 业务持续计划的构成要素 241
  - 4.15.9 计划测试 243
  - 4.15.10 业务连续性管理良好实践 245
  - 4.15.11 审计业务连续性 245
- 4.16 灾难恢复计划 248
  - 4.16.1 恢复点目标、恢复时间目标和平均修复时间 248
  - 4.16.2 恢复策略 249
  - 4.16.3 恢复备选方案 250
  - 4.16.4 灾难恢复计划的制订 252
  - 4.16.5 灾难恢复测试方法 254
  - 4.16.6 调用灾难恢复计划 256
- 案例研究 257
- 案例研究相关问题参考答案 258

第 5 章 信息资产的保护 259
- 概述 260

领域 5 考试内容大纲	260
学习目标/任务说明	260
深造学习参考资源	260
自我评估问题	261
自我评估问题参考答案	263

A 部分：信息资产安全和控制 ... 265

5.1 信息资产安全政策、框架、标准和准则 ... 265
- 5.1.1 信息资产安全政策、程序和准则 ... 265
- 5.1.2 信息安全框架和标准 ... 267
- 5.1.3 信息安全基准指标 ... 267

5.2 物理与环境控制 ... 270
- 5.2.1 环境风险暴露和控制 ... 271
- 5.2.2 物理访问风险暴露和控制 ... 274
- 5.2.3 工业控制系统安全 ... 276

5.3 身份和访问管理 ... 278
- 5.3.1 身份和访问管理 ... 278
- 5.3.2 身份认证、授权和问责制 ... 281
- 5.3.3 零信任架构 ... 284
- 5.3.4 特权访问管理 ... 285
- 5.3.5 目录服务 ... 287
- 5.3.6 身份治理和管理 ... 287
- 5.3.7 身份即服务 ... 288
- 5.3.8 系统访问权限 ... 289
- 5.3.9 访问控制的类型 ... 290
- 5.3.10 信息安全和外部相关方 ... 290
- 5.3.11 数字版权管理 ... 293
- 5.3.12 逻辑访问 ... 295
- 5.3.13 访问控制软件 ... 296
- 5.3.14 登录 ID 和密码 ... 297
- 5.3.15 远程访问安全 ... 299
- 5.3.16 生物特征识别 ... 299
- 5.3.17 逻辑访问控制的命名约定 ... 302
- 5.3.18 联合身份管理 ... 302
- 5.3.19 审计逻辑访问 ... 305

5.4 网络和终端安全 ... 306
- 5.4.1 信息系统网络基础架构 ... 306
- 5.4.2 企业网络架构 ... 306
- 5.4.3 网络类型 ... 307
- 5.4.4 网络服务 ... 307
- 5.4.5 网络标准和协议 ... 308
- 5.4.6 虚拟私有网络 ... 308

	5.4.7	网络连接存储	310
	5.4.8	内容交付网络	311
	5.4.9	网络时间协议	313
	5.4.10	联网环境中的应用程序	314
	5.4.11	网络基础设施安全性	316
	5.4.12	防火墙	317
	5.4.13	统一威胁管理	322
	5.4.14	网络分段	323
	5.4.15	终端安全	325
5.5	数据丢失防护		327
	5.5.1	DLP 的类型	327
	5.5.2	数据丢失风险	327
	5.5.3	DLP 解决方案和数据状态	329
	5.5.4	DLP 控制	329
	5.5.5	DLP 内容分析方法	330
	5.5.6	DLP 部署最佳实践	331
	5.5.7	DLP 风险、限制和考虑因素	331
5.6	数据加密		332
	5.6.1	加密系统的要素	332
	5.6.2	链路加密和端到端加密	334
	5.6.3	对称密钥加密系统	334
	5.6.4	公共（非对称）密钥加密系统	335
	5.6.5	椭圆曲线加密算法	336
	5.6.6	量子密码学	336
	5.6.7	同态加密	336
	5.6.8	数字签名	337
	5.6.9	数字信封	338
	5.6.10	加密系统的应用	338
	5.6.11	Kerberos	339
	5.6.12	安全外壳	340
	5.6.13	域名系统安全扩展	341
	5.6.14	电子邮件安全	341
	5.6.15	加密审计程序	343
5.7	公钥基础设施		344
	5.7.1	数字证书	344
	5.7.2	密钥管理	344
	5.7.3	证书取消	344
	5.7.4	证书取消清单	345
	5.7.5	PKI 基础设施风险	346
	5.7.6	PKI 审计程序	346
5.8	云和虚拟化环境		346

- 5.8.1 虚拟化 ... 347
- 5.8.2 虚拟电路 ... 350
- 5.8.3 虚拟局域网 ... 350
- 5.8.4 虚拟存储区域网络 ... 350
- 5.8.5 软件定义网络 ... 351
- 5.8.6 容器化 ... 353
- 5.8.7 安全云迁移 ... 355
- 5.8.8 责任共担模型 ... 357
- 5.8.9 云环境中的关键风险 ... 358
- 5.8.10 DevSecOps ... 359

5.9 移动、无线和物联网设备 ... 360
- 5.9.1 移动计算 ... 360
- 5.9.2 移动设备威胁 ... 361
- 5.9.3 移动设备控制 ... 361
- 5.9.4 移动设备管理 ... 362
- 5.9.5 自带设备 ... 364
- 5.9.6 移动设备上的互联网访问 ... 364
- 5.9.7 移动设备审计程序 ... 365
- 5.9.8 移动支付系统 ... 366
- 5.9.9 无线网络 ... 368
- 5.9.10 物联网 ... 371

B 部分：安全事件管理 ... 374

5.10 安全意识培训和方案 ... 374
- 5.10.1 信息安全学习连续体 ... 374
- 5.10.2 安全意识、培训和教育方案的好处 ... 375
- 5.10.3 安全意识、培训和教育的方法 ... 375
- 5.10.4 成功安全意识培训和教育方案的条件 ... 375
- 5.10.5 开展需求评估 ... 376
- 5.10.6 实施安全意识和培训方案 ... 376

5.11 信息系统攻击方法和技术 ... 378
- 5.11.1 欺诈风险因素 ... 378
- 5.11.2 计算机犯罪问题和风险暴露 ... 378
- 5.11.3 互联网威胁和安全 ... 384
- 5.11.4 恶意软件 ... 385
- 5.11.5 勒索软件 ... 387

5.12 安全测试工具和技术 ... 389
- 5.12.1 安全测试的目标 ... 389
- 5.12.2 安全评估和安全审计 ... 389
- 5.12.3 漏洞评估 ... 390
- 5.12.4 渗透测试 ... 390
- 5.12.5 威胁准备/信息安全团队 ... 393

　　　　5.12.6　安全测试技术 394
　　　　5.12.7　安全运营中心 394
　　　　5.12.8　安全测试审计程序 395
　　5.13　安全监控日志、工具和技术 397
　　　　5.13.1　信息安全监控 397
　　　　5.13.2　入侵检测系统 398
　　　　5.13.3　入侵防御系统 398
　　　　5.13.4　监控系统访问时的审计记录 400
　　　　5.13.5　保护日志数据 402
　　　　5.13.6　安全信息和事件管理 402
　　　　5.13.7　安全监控工具 405
　　5.14　安全事故响应管理 405
　　　　5.14.1　事故响应流程 405
　　　　5.14.2　计算机安全事故响应团队 406
　　　　5.14.3　事故响应计划 407
　　　　5.14.4　安全编排、自动化和响应 407
　　5.15　证据搜集和取证 409
　　　　5.15.1　调查类型 409
　　　　5.15.2　计算机取证的类型 409
　　　　5.15.3　计算机取证阶段 410
　　　　5.15.4　审计注意事项 410
　　　　5.15.5　计算机取证技术 411
　　　　5.15.6　计算机取证工具 412
　　　　5.15.7　监管链 412
　　　　5.15.8　保护数字证据的最佳实践 413
　　案例研究 415
　　案例研究相关问题参考答案 416

附录 A　CISA 考试一般信息 417

　　成功完成 CISA 考试 418
　　在信息系统审计、控制和安全方面的工作经验 418
　　考试介绍 418
　　报名参加 CISA 考试 418
　　CISA 方案再次通过 ISO/IEC 17024:2012 鉴定 418
　　预约安排考试日期 419
　　考试入场 419
　　安排时间 419
　　考试评分 419

附录 B　CISA 工作实务 421

　　知识领域 422
　　　　信息系统的审计流程 422

IT 治理与管理	422
信息系统的购置、开发与实施	422
信息系统的运营和业务恢复能力	422
信息资产的保护	423
次要分类——任务	423

术语表 425

首字母缩略词 438

第 1 章

信息系统的审计流程

概述

信息系统审计流程包括信息系统审计师规划和执行支持关键业务流程的信息系统审计所用的标准、原则、方法、准则、实践和技术。

信息系统审计师必须全面了解此审计流程以及信息系统流程、业务流程和控制，以实现组织目标。

此领域在 CISA 考试中所占比重是 18%（约 27 道题）。

领域 1 考试内容大纲

A 部分：规划

1. 信息系统审计标准、准则、职能和道德规范
2. 审计类型、评估和审查
3. 基于风险的审计规划
4. 控制类型

B 部分：执行

1. 审计项目管理
2. 审计测试和抽样方法
3. 审计证据搜集技巧
4. 审计数据分析（包括审计算法）
5. 报告和沟通技巧
6. 质量保证和审计流程改进

学习目标/任务说明

在此领域中，信息系统审计师应当能够：

- 规划审计工作，以确定信息系统是否得到保护和控制，以及是否为组织创造价值。
- 按照信息系统审计标准和基于风险的信息系统审计战略执行审计。
- 将项目管理方法应用于审计流程。
- 与利益相关方沟通并收集有关审计进度、发现、结果和建议的反馈。
- 进行审计后跟进，以评估是否充分解决了已识别的风险。
- 使用数据分析工具来增强审计流程。
- 评估自动化和/或决策系统对组织的作用和/或影响。
- 将审计流程作为质量保证和改进计划的一部分进行评估。
- 评估组织的企业风险管理方案。
- 对信息系统的生产实施和迁移就绪情况进行评估。
- 评估与新兴技术、法规和行业惯例相关的潜在机会和风险。

深造学习参考资源

ISACA Audit Programs and Tools

ISACA Frameworks, Standards and Models

ISACA, *IT Audit Framework (ITAF™): A Professional Practices Framework for IT Audit, 4th Edition*

ISACA IT Audit

ISACA White Papers

自我评估问题

CISA 自我评估问题与本手册中的内容相辅相成，有助于了解考试中的常见题型和题目结构。考生通常需从所提供的多个选项中，选出**最有可能**或**最合适**的答案。请注意，这些题目并非真实或过往的考题。有关练习题的更多指导，请参阅关于本手册部分。

1. 以下哪项概述了执行信息系统审计的整体权限范围？

    A. 审计范围，包括目的和目标
    B. 管理层提出执行审计的要求
    C. 经批准的审计章程
    D. 经批准的审计日程计划安排

2. 以下哪项是控制自我评估的主要优点？

    A. 管理层在支持业务目标的内部控制方面的所有权得到了强化
    B. 如果评估结果是外部审计工作的输入，审计费用会降低

C. 欺诈检测会有所改进，因为企业内部人员参与了测试控制

D. 内部审计师可通过使用评估结果转向咨询式的方法

3. 制定基于风险的审计方案时，信息系统审计师**最**可能关注以下哪一项？

   A. 业务流程
   B. 管理控制
   C. 环境控制
   D. 业务战略

4. 下列哪种审计风险类型表示所审查领域中缺少补偿性控制？

   A. 控制风险
   B. 检测风险
   C. 固有风险
   D. 抽样风险

5. 审查某应用程序控制的信息系统审计师发现系统软件中存在可能严重影响该应用程序的弱点。在这种情况下，信息系统审计师应该：

   A. 忽略这些控制弱点，因为系统软件审查不在此次审查范围之内
   B. 对系统软件进行详细的审查并报告控制弱点
   C. 在报告中声明，此次审计仅限于审查应用程序控制
   D. 仅审查相关的系统软件控制并建议进行详细的系统软件审查

6. 下列哪项是定期审查审计规划流程的**最**重要原因？

   A. 为可用审计资源的部署制订计划
   B. 将风险环境的变化考虑在内
   C. 为审计章程记录文档提供输入数据
   D. 确定适合的信息系统审计标准

7. 以下哪项是控制自我评估的**主要**优点？

   A. 管理层在支持业务目标的内部控制方面的所有权得到了强化
   B. 如果评估结果是外部审计工作的输入，审计费用会降低

C. 欺诈检测会有所改进，因为企业内部人员参与了测试控制

D. 内部审计师可通过使用评估结果转向咨询式的方法

8. 规划信息系统审计时，以下哪项是**最**关键的步骤？

   A. 审查之前的审计发现
   B. 执行管理层批准审计计划
   C. 审查信息安全政策和程序
   D. 执行风险评估

9. 信息系统审计师规划信息系统审计范围时使用的方法应基于：

   A. 风险
   B. 重要性
   C. 欺诈监控
   D. 审计证据的充分性

10. 某组织执行关键数据和软件文件的日常备份，并将备份介质存放在组织以外的位置。备份介质用于在文件损毁时恢复文件。这个例子属于：

    A. 预防性控制
    B. 管理控制
    C. 改正性控制
    D. 检测性控制

自我评估问题参考答案

1. A. 审计范围特定于一次审计，不授予执行审计的权力。
   B. 来自管理层的要求对于执行审计是不够的，因为这与具体审计有关。
   C. 经批准的审计章程概述了审计师的责任、权限和义务。
   D. 经批准的审计日程计划安排不授予执行审计的权力。

2. **A. 控制自我评估的目标是使企业管理人员更加了解内部控制的重要性以及他们在公司治理方面的责任。**
   B. 减少审计费用不是 CSA 的主要优点。
   C. 尽管改进欺诈检测很重要，但其重要性不及控制所有权。它不是 CSA 的首要目标。
   D. CSA 可以丰富内部审计师的见解，使他们发挥更大的咨询作用；但这是一个额外的优点，而不是主要优点。

3. **A. 基于风险的审计方法侧重于对业务性质的认识，能够识别和划分风险。业务风险会影响特定业务的长期存续能力。因此，如果信息系统审计师要使用基于风险的审计方法，就必须能够了解业务流程。**
   B. 尽管管理控制是控制的重要组成部分，但其并非在审计范围内了解业务流程的主要关注点。
   C. 与管理控制一样，环境控制是重要的控制组成部分；但其并不针对受审查的全局性高级业务流程。
   D. 业务战略是业务流程的驱动力；但在本例中，信息系统审计师关注的是为支持组织实施其战略而制定的业务流程。

4. A. 控制风险是指存在无法通过内部控制系统及时阻止或检测到的实质性错误的风险。
   B. 检测风险是指审计和鉴证专业人员经过实质性测试仍未发现管理层认定中的重大误报的风险。其由两部分组成：抽样风险和非抽样风险。
   C. 固有风险是不考虑管理层已经或可能采取的措施而评估的风险水平或风险暴露。
   D. 抽样风险是指对抽样的总体的特性做出错误假设的风险。非抽样风险是指与抽样无关的检测风险；其可由多种原因引起，包括人为错误。

5. A. 信息系统审计师不应只因控制弱点不在当前审查范围内便将其忽视。
   B. 执行详细的系统软件审查可能会妨碍审计的日程计划安排，信息系统审计师在审计时可能不具备执行此类审查的能力。
   C. 如果信息系统审计师发现控制弱点，则应予以披露。通过发布免责声明，可以免除此责任。
   D. 适当的做法是审查相关的系统软件，并建议进行详细的系统软件审查，为此可能需要建议额外资源。

6. A. 可用审计资源的部署由审计任务决定，并受规划流程影响。
   B. 更改企业的风险环境、技术和业务流程，可能对推动审计规划的短期和长期问题造成严重影响。
   C. 审计章程反映的是高级管理层对审计职能的要求，存在于更抽象的层面。
   D. 信息系统审计标准、准则和程序适用于所有审计业务，不受短期和长期问题的影响。

7. **A. 控制自我评估的目标是使企业管理人员更加了解内部控制的重要性以及他们在公司治理方面的责任。**
   B. 减少审计费用不是 CSA 的主要优点。
   C. 尽管改进欺诈检测很重要，但其重要性不及控制所有权。它不是 CSA 的首要目标。
   D. CSA 可以丰富内部审计师的见解，使他们发挥更大的咨询作用；但这是一个额外的优点，而不是主要优点。

8. A. 审计师可以对之前审计的发现有兴趣，但这不是最关键的步骤。最关键的步骤涉及发现当前问题或高风险领域，而不是审查以往问题的解决方法。对历史审计发现进行审查可能暴露出管理层未解决已识别的风险，或建议无效。
   B. 执行管理层不必批准审计计划。它通常由审计委员会或董事会批准。管理层可以建议需要审计的领域。

C. 审查信息安全政策和程序一般是在现场工作期间，而不是在规划中进行。

D. 上述所有步骤中，执行风险评估最为关键。ISACA 信息系统审计和鉴证标准 1201（规划中的风险评估），主张 1201.2 中要求进行风险评估："IT 审计和鉴证从业者在规划单个业务时应识别并评估与所审查领域相关的风险。"除了有标准要求之外，如果没有执行风险评估，则可能无法发现受审方系统或操作中的高风险领域，从而无法实现评估目的。

9. **A. 审计规划要求采用基于风险的方法。**

    B. 重要性与规划具体业务时的潜在控制弱点或缺失有关，还与此类控制弱点或缺失是否会导致重大缺陷或重大漏洞有关。

    C. 欺诈监控与识别欺诈相关交易和模式有关，并且只在关乎组织风险时才在审计规划中发挥作用。

    D. 审计证据的充分性与评估所获得的证据的充分性有关，以支持结论并实现具体的业务目标。

10. A. 预防性控制是指在问题发生之前就进行预防的控制。备份介质无法用于预防文件损坏，因此不能将其归类为预防性控制。

    B. 管理控制可以修改处理系统，从而尽量减少问题的重复发生。备份介质不会修改处理系统，因此不符合管理控制的定义。

    C. 改正性控制可以帮助纠正问题或将其影响降至最低。备份介质可在文件损坏时用来恢复文件，从而减小损毁带来的影响。

    D. 检测性控制可以帮助检测和报告所发生的问题。备份介质无法帮助检测错误。

A部分：规划

需要进行审计的原因有很多。审计能帮助组织确保有效运营，确认其遵守各种法规且业务运作良好，还能为应对潜在挑战做好准备。审计还有助于保证信息资产可获得的保护级别。最重要的是，审计可以向利益相关方保证组织具备健全的财务、运营和道德规范。信息系统审计能为所有这些结果提供支持，并且尤其侧重于大多数企业和公共机构为获取竞争优势所依赖的信息和相关系统。

信息系统审计是对信息系统的正式检查和/或测试，以确定：

- 信息系统是否遵守适用的法律、法规、合同和/或行业准则。
- 信息系统和相关流程是否符合治理标准以及相关政策和程序。
- 信息系统数据的机密性、完整性和可用性是否符合基于可衡量指标的适当水平。
- 信息系统是否实现了高效运营以及是否达到了有效性目标。

在审计流程期间，信息系统审计师会审查控制框架，收集证据并基于这些证据来评估内部控制的优缺点，然后编制一份审计报告，向利益相关方客观地报告发现以及建议的修复措施。

一般而言，典型的审计流程包括三个主要阶段（见图1.1）：

- 规划
- 现场工作/文档记录
- 报告/跟进

```
规划  →  现场工作/文档记录  →  报告/跟进
```

图1.1 典型的审计流程阶段

资料来源：ISACA, *Information Systems Auditing: Tools and Techniques—Creating Audit Programs, USA*, 2016

这三个主要阶段可进一步细分为子阶段，例如，报告阶段可细分为报告编制和发布、问题跟进及审计收尾。只要程序和结果符合IT鉴证框架（ITAF）等适用的审计标准，就可以自行定义这些阶段的组织和命名约定。

> **注意**
>
> 信息系统指战略、管理及相关流程的组合，涉及信息及其相关技术的收集、处理、存储、分发和使用。信息系统有别于信息技术。其中信息系统具有与人员和流程组件相互作用的IT组件。IT指用于输入、存储、处理、传输和输出任何形式的数据的硬件、软件、通信及其他设施。本手册根据这些定义使用术语"信息系统"和"IT"。

1.1 信息系统审计标准、准则、职能和道德规范

信息系统审计活动的可信性主要取决于其对公认标准的遵守程度。信息系统审计的基本要素的定义请参见：ISACA信息系统审计和鉴证标准及准则。ISACA职业道德规范用于指导ISACA会员和证书持有人的职业行为与个人行为。

1.1.1 ISACA信息系统审计和鉴证标准

ISACA信息系统审计和鉴证标准规定了对信息系统审计和报告的强制性要求，并告知关键信息的各种受众，例如：

- 告知信息系统审计师，根据ISACA职业道德规范中关于职业责任的规定，其执行绩效所应达到的最低标准。
- 告知管理层和其他利益方，行业对从业者的工作预期。
- 告知CISA资格持有人，其职业绩效要求。

ISACA信息系统审计和鉴证标准框架提供了多个层面的文件：

- 标准定义对信息系统审计和鉴证以及报告的强制性要求。
- 准则提供应用信息系统审计和鉴证标准方面的指导。信息系统审计师应在以下情况下考虑此准则：决定如何实施标准、如何在应用中做出专业性的判断，以及如何准备为任何违背情况进行辩护。
- 工具和技术提供信息系统审计师在从事审计

业务时可能要遵循的流程示例。工具和技术文档介绍了在完成信息系统审计工作时应如何满足相应标准，但未阐述具体要求。

ISACA 信息系统审计和鉴证标准分为通用、执行和报告这三种类别：

- **通用**。提供信息系统鉴证行业应遵守的指导原则。它们适用于所有任务的执行，还涉及信息系统审计师的道德、独立性、客观性、应有的谨慎、知识、能力和技能。
- **执行**。涉及任务的执行，例如规划与监督、任务范围、风险与重要性、资源调动、监督与任务管理、审计与鉴证证据，以及践行专业判断和应有的谨慎。
- **报告**。涉及报告类型、沟通方式以及所传达的信息。

1.1.2 ISACA 信息系统审计和鉴证准则

ISACA 信息系统审计和鉴证准则可就如何遵守 ISACA 信息系统审计和鉴证标准提供指导意见和信息。信息系统审计师应：

- 在确定如何实施 ISACA 审计和鉴证标准时考虑这些准则。
- 在将准则应用到具体审计工作时运用专业判断。
- 能证实偏离 ISACA 审计和鉴证标准的任何情况。

> **注意**
> CISA 考生无须掌握 ISACA 标准和指导的具体编号，也无须记住任何具体的 ISACA 信息系统审计和鉴证标准或准则。但本考试会测试 CISA 考生在审计流程中运用这些标准和准则的能力。

1.1.3 ISACA 职业道德规范

ISACA 职业道德规范用于指导 ISACA 会员和证书持有人的职业行为与个人行为。

ISACA 会员和证书持有人应：

1. 支持实施并鼓励遵守适当的标准和程序，以有效治理和管理企业信息系统及技术，包括审计、控制、安全性和风险管理。

2. 按照专业标准客观、尽职、专业地履行职责。

3. 合法地维护利益相关方的利益，同时保持高标准的行为和品质，不诋毁其职业或协会。

4. 维护活动过程中所获取信息的隐私性和机密性，法律机构要求予以披露的情况除外。不应将此类信息用于牟取个人利益，也不得向无关方发布。

5. 确保在各自领域内具有必备能力，并同意只参与能够合理预计自身具备必要技能、知识和能力的活动。

6. 向有关各方告知所完成工作的结果，包括披露其知晓的，若不披露，则可能歪曲报告结果的所有重要事实。

7. 支持利益相关方的职业教育，加强其对治理和管理企业信息系统和技术的了解，包括审计、控制、安全性和风险管理。

> **注意**
> CISA 考生不需要熟记 ISACA 职业道德规范。[①]考试会检验考生对该规范的理解和运用。

1.1.4 ITAF TM

ITAF 是按最佳实践定制的综合参考模型，其：

- 制定相应标准，确立信息系统审计师的角色与职责、知识与技能，以及职业精神、执行和报告要求。
- 定义信息系统鉴证的特定术语和概念。
- 为信息系统审计和鉴证项目的规划、设计、执行和报告提供指导以及工具和技术。

> **注意**
> 不会考查 CISA 考生对 ITAF 框架的组织或安排的掌握程度。但会考查考生对审计和鉴证标准的应用。

1.1.5 信息系统内部审计职能

经董事会和审计委员会（如果没有这些实体，则是高级管理层）批准的审计章程应该规定信息系统内

---

① ISACA, "Code of Professional Ethics"

部审计职能的角色。专业人员应根据明确的要求来履行信息系统审计职能，这一职能可在审计章程中指明。

审计章程

信息系统审计可以是内部审计的一部分、作为独立的小组，或与财务和运营审计合并，为财务或管理审计师提供有关IT的控制鉴证。因此，审计章程可能将信息系统审计视作审计支持职能。此外，审计章程应包括信息系统审计职能的角色及其可能执行的咨询相关服务。

章程应明确说明管理层要求信息系统审计职能要肩负的责任和目标以及对其的授权。最高管理层和审计委员会（如果存在）应对章程进行审批。章程一旦确立，仅当可以彻底证明变更合理时，才可对其进行更改。

信息系统审计职能的责任、权限和义务应相应记录到审计章程或业务约定书中。审计章程是一个综合性文档，涵盖实体内所有审计活动，业务约定书则侧重于特定的审计工作，由心怀具体目标的组织起草。如果信息系统审计服务由外部公司提供，服务范围和目标应记录在合约组织和服务提供商之间签订的正式合同或工作说明中。在任一情况下，内部审计职能都应独立运作，向审计委员会（如果存在）或最高管理层（例如董事会）报告。

> **注意**
>
> 有关其他指导，请参见标准"1001 审计章程"和准则"2001 审计章程"。

信息系统审计职能的管理

在管理和领导信息系统审计职能时，应确保审计团队所执行的各项任务将实现审计职能目标，同时保持审计独立性和能力。此外，管理信息系统审计职能时应实现IT高效管理和达成业务目标，还应确保为高级管理层创造附加价值。

> **注意**
>
> 如需更多指导，请参阅标准"1002 组织独立性"、"1003 审计师的客观性"、"1004 合理期望"和"1005 应有的职业谨慎"。另请参见相关准则：2002、2003、2004和2005。

信息系统审计资源管理

信息系统技术瞬息万变。因此，信息系统审计师必须相应更新现有技能以维持自身资质，并接受有关新审计技术和技术领域的定向培训。信息系统审计师必须具备执行审计工作所需的技术技能和知识。此外，信息系统审计师必须通过相关的持续职业教育维持自身的技术能力。在规划审计工作以及向工作人员分配具体的审计任务时，应考虑其技能和知识水平。

最好能够根据组织的技术发展方向及需要解决的相关风险制订详细的员工年度培训计划。应定期对此计划进行审查，以确保培训工作和结果与审计组织的行动方向一致。此外，信息系统审计管理层还应提供必要的IT资源，以便正确完成极其专业的信息系统审计工作（例如，工具、方法、工作计划）。

> **注意**
>
> 有关其他指导，请参见标准"1006 业务熟练"和准则"2006 业务熟练"。

使用其他审计师和专家的服务

由于市场上信息系统审计师稀缺，并且需要IT安全专家和其他主题专家审计高度专业化的领域，受委托提供鉴证服务的审计部门或审计师可能需要其他审计师或专家的服务。越来越多的人选择将信息系统鉴证和安全服务外包。

> **注意**
>
> 信息系统审计师应熟悉ISACA审计和鉴证标准"1204 执行与监督"以及信息系统审计和鉴证准则"2206 使用其他专家的成果"，着重了解对于其他专家成果的使用权利。

外部专家可以是网络、系统集成和数字取证等领域的技术专家，或专门从事银行、证券交易、保险、隐私或法律等特定行业或领域的主题专家。

当建议将部分或全部信息系统审计服务外包给其他审计师和专家或外部服务提供商时，信息系统审计师应考虑：

- 法律和法规对审计/安全服务外包的限制。
- 审计章程或合同规定。
- 对整体和具体信息系统审计目标的影响。
- 对信息系统审计风险和专业责任的影响。

- 其他审计师和专家的独立性和客观性。
- 专业能力、资格和经验。
- 外包工作的范围和方式。
- 监督和审计管理控制。
- 审计工作结果的传达方法和形式。
- 是否符合法律法规的规定。
- 是否遵守适用的专业标准。

根据任务的性质，信息系统审计师可能还需要考虑：

- 推荐书/推荐人和背景核实。
- 对系统、处所和记录的访问。
- 保护客户相关信息的机密性限制。
- 外部审计服务提供商对于计算机辅助审计技术（Computer-Assisted Auditing Techniques，CAAT）及其他工具的使用。
- 执行工作职责和文档记录的标准和方法。
- 保密协议。

外包审计服务的信息系统审计师或实体应监控好关系，以确保此期间的客观性和独立性。尽管可能将部分或全部审计工作委托给外部服务提供商，但不一定会同时委托相关的职业责任，了解这一点很重要。因此，雇用外部服务提供商服务的信息系统审计师或实体应负责：

- 通过正式的业务约定书明确说明审计目标、范围和方法
- 制定监控流程，以定期审查外部服务提供商的工作，主要涉及规划、监督、审查和文档记录等方面。例如应审查其他信息系统审计师或专家的工作底稿，以证实工作经过适当规划、监督、记录和审查，并考虑所提供审计证据的适宜性和充分性。同样，应当审查其他信息系统审计师或专家的报告，以确认审计章程、职权范围或业务约定书中规定的范围是否得到遵守，报告是否在规定的可审计期限内执行，其他信息系统审计师或专家使用的任何重要假设是否得到确认，以及报告的发现和结论是否经过管理层的批准。
- 评估外部提供商报告的有用性和适当性，以及其重要发现对总体审计目标的影响。

1.2 审计类型、评估和审查

信息系统审计师应了解可能由内部或外部小组执行的各类审计、评估和审查以及相关的基本审计程序。

审计包括正式的检查和验证，用于检查是否遵守标准或准则、记录是否准确或是否达到效率和效能目标。与更广泛的评估和审查相比，正式审计能提供更高水平的鉴证。一般而言，与审计相比，评估和审查可能被视为具有较少的负面影响，并且可能侧重于降低质量差的成本、员工对质量方面的看法、向高级管理层提出有关政策、目标等的建议。

审计、评估和审查的一些示例包括：

- **信息系统审计**。信息系统审计旨在搜集和评估相关证据，以确定信息系统和相关资源是否能够得到足够的保障和保护、维护数据和系统的完整性和可用性、提供可靠的相关信息、有效地实现了组织目标、高效地利用资源，并且有效地实施了内部控制，这些内部控制提供了合理保证，使得业务、运营和控制目标得以满足并且能及时地预防或检测意外事件并纠正这些事件。
- **合规性审计**。合规性审计包括控制测试以证明符合特定的法规或业界特定标准或实务。这些审计通常与其他审计类型重复，但其注重的可能是特殊系统或数据。
- **财务审计**。财务审计可评估财务报告的准确性。尽管信息系统审计师逐渐将重点放在基于风险和控制的审计方法上，但财务审计经常涉及详细的实质性测试。财务审计与财务信息的完整性和可靠性相关。
- **运营审计**。运营审计旨在评估给定流程或领域的内部控制结构。运营审计的示例包括对应用程序控制或逻辑安全系统的信息系统审计。
- **整合审计**。有许多不同类型的整合审计，但通常整合审计会结合财务和运营审计步骤，可能会也可能不会使用信息系统审计师。为了对组织中与财务信息和保护资产、最大限度地提高效率及确保合规性相关的整体目标进行评估，会执行整合审计。整合审计可以由内部或外部的审计师执行，并且包括对内部控制和实质性审计步骤的符合性测试。有关更多信息，请参

阅 1.10 质量保证和审计流程改进部分。
- **管理审计**。管理审计旨在对组织内与运营生产力的效率相关的问题进行评估。
- **专业审计**。专业审计有很多不同的类型。专业审查属于一种信息系统审计，可以对诸如欺诈或第三方执行的服务等方面进行检验。
  - **第三方服务审计**。第三方服务审计旨在对外包给第三方服务提供商的财务和业务流程进行审计，而这些服务提供商可能在不同的司法管辖区运营。第三方服务审计通过服务审计师的报告，针对服务组织的控制描述发表观点，对于聘请服务组织的实体来说，其信息系统审计师随后便可依据该报告进行实施。
  - **欺诈审计**。欺诈审计是用于发现欺诈活动的专业审计。审计师通常会使用特定的工具和数据分析技术来发现欺诈骗局和业务违规。
  - **取证审计**。取证审计是用于发现、揭露和跟踪欺诈和犯罪行为的专业审计。此类审计的主要目的是为执法部门和司法机关执行审查提供证据。
- **计算机取证审计**。计算机取证审计是一项调查，包括分析电子计算设备，旨在收集和保存证据。具备必要技能的信息系统审计师能够协助信息安全经理或取证专家执行取证调查，并且能够对系统执行审计，以确保遵守取证调查的证据搜集程序。
- **功能审计**。功能审计提供软件产品的独立评估，从而验证其配置项的实际功能和性能是否符合需求规范。具体而言，功能审计将在软件交付之前或实施之后进行。
- **就绪情况评估**。就绪情况评估旨在审查组织当前合规或遵守成文标准的状态。就绪情况评估通常侧重于控制的设计，而不是运营有效性，并在正式审计前为组织识别可修复的项目。

1.2.1 控制自我评估

控制自我评估（Centrol Self-Assessment，CSA）是由单位或相关单位的员工和管理层对控制做出的评估。它是向利益相关方、客户和其他方确保组织内部控制系统可靠的管理技术，也可保证员工知悉业务风险并主动定期审查控制。此方法通过书面的正式协作流程来审查关键业务目标；评估实现业务目标所涉及的风险；以及确保内部控制旨在管理业务风险。

信息系统审计师扮演协助者的角色，帮助业务流程所有者定义和评估适当的控制，并根据业务流程的风险帮助他们了解控制需求。实施各流程的流程所有者和相关人员运用业务职能相关知识以及各自对业务职能的理解，根据确定的控制目标评估控制的有效性，同时还要将组织的风险偏好考虑在内。流程所有者是确定恰当控制的最佳人选，因为他们更了解流程目标。

CSA 计划可通过问卷调查、引导式研讨会和非正式同行评审等方法来实施。对于组织内部的小型业务部门，CSA 计划可采用引导式研讨会的形式实施，在会上，职能部门的管理层和信息系统审计师可以聚到一起，商讨如何更好地改进业务部门的控制结构。在研讨会中，协助者的任务是推动决策过程。协助者可营造一个支持性的氛围，帮助参与者深入了解自己及他人的经验；确定控制的优势和弱势，并分享自己的知识、想法和顾虑。除推动想法和经验交流之外，必要时，协助者也可以贡献自身的专业知识。

CSA 的目标

CSA 计划的主要目标是将部分控制监控职责转移到各职能领域，从而利用内部审计职能。这并不是要取代审计的责任，而是加强责任的落实。受审方（如部门经理）对各自环境中的控制负责；经理应负责监控这些控制。CSA 计划必须让管理层了解控制设计和监控，尤其应注重高风险领域。

采用 CSA 计划时，应制定保证各阶段（规划、实施和监控）顺利进行的措施，以确保从 CSA 及其未来的使用中获益。其中一个关键性成功因素（Critical Sucess Factor，CSF）即为与业务部门代表（包括对应或相关的员工及管理层）进行一次会议来明确业务部门的主要目标，并确定内部控制系统的可靠性。应明确有助于提高主要目标实现可能性的措施。

CSA 的优势

CSA 具备以下优势：

- 及早检测风险。
- 改进内部控制，提高内部控制的有效性。

- 通过员工参与计划建立具有凝聚力的团队。
- 培养员工和流程所有者对于控制的主人翁意识，减少他们对控制改进举措的抗拒。
- 提高员工对组织目标的认识。
- 提高员工对风险和内部控制的认识。
- 增进运营经理和高级管理层之间的交流。
- 提高员工的积极性。
- 改进审计等级评定流程。
- 降低控制成本。
- 为利益相关方和客户提供保证。
- 向高级管理层提供必要的保证，确保内部控制符合法规和法律的要求。

CSA 的劣势

CSA 有一些劣势，包括：

- 可能被误认为是审计职能的替代品。
- 可能被视为额外的工作负担（例如需要向管理层多提交一份报告）。
- 如果未能实施改进建议，可能会降低员工士气。
- 如果缺乏审计知识，可能降低薄弱控制检测的有效性。

信息系统审计师在 CSA 中的角色

制订好 CSA 计划之后，审计师便成为内部控制专业人员和评估的协助者。当管理层通过控制结构中的流程改进（包括主动监控要素）承担与其管制之下的内部控制系统相关的所有权和责任时，这些角色的价值显而易见。

要有效起到促进和创新的作用，信息系统审计师必须了解所评估的业务流程。信息系统审计师还必须牢记，在 CSA 流程中，自己只是协助者，客户管理层才是真正的参与者。例如，在 CSA 研讨会上，信息系统审计师并不执行详细的审计程序，而是基于风险评估提供指导，并对控制目标提出见解，从而引导受审方评估自己的环境。注重提高流程效率的管理人员可能会建议替换掉预防性控制。在这种情况下，信息系统审计师是解释此等变更可能带来哪些风险的最佳人选。

为了提供更高质量的审计并使用内部和/或外部审计或主题专业知识，采用整合审计方法对运营、流程或实体的内部控制进行基于风险的评估。

1.2.2 整合审计

由于业务流程依赖 IT，所以所有审计师都有必要了解 IT 控制结构。此外，信息系统审计师还必须了解业务控制结构。此类整合审计是指结合各种相关的审计学科知识，为运营、流程或实体评估关键内部控制的流程，并侧重于风险。风险评估的目的是了解并确定实体及其环境（包括相关的内部控制）中产生的风险。在此阶段，信息系统审计师的作用通常是了解并确定信息管理、IT 基础设施、IT 治理和 IT 运营等主题领域中的风险。其他审计和鉴证专家会设法了解组织环境、业务风险和业务控制。整合方法的关键要素是在整个审计团队中讨论新出现的风险，并考虑风险的影响和可能性。

详细的审计工作则侧重于为管理风险而采取的相关控制措施。IT 系统通常提供预防性控制和检测性控制的第一道防线，整合审计方法则依靠对这些控制的效率和有效性的可靠评估。

整合审计流程通常包括：

- 确定组织机构在被审计领域所面临的风险。
- 确定相关的关键控制。
- 审查和了解关键控制的设计。
- 测试 IT 系统是否支持关键控制。
- 测试管理控制的运营有效性。
- 有关控制风险、设计和薄弱环节的综合性报告或意见。

整合审计要求关注业务风险并期望促成创造性的控制解决方案。这需要具有不同技能的审计和鉴证专业人员进行团队协作，共同努力。使用此方法时，只对实体进行一次审计便可得到一份综合性的报告。采用这种方法的另外一个好处是，员工将看到更多可能性，并且能够了解各部门（职能部门和 IT 部门）是如何协同工作的，这样有利于培养和保留员工。有关整合审计如图 1.2 所示。

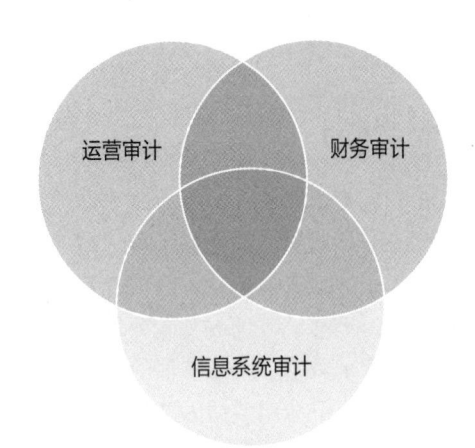

图 1.2 整合审计

- **高**：流程问题可能会导致声誉受损，组织将需要 6 个多月的时间来恢复。
- **中**：流程问题可能会导致声誉受损，组织将需要 3 至 6 个月的时间来恢复。
- **低**：流程问题可能会导致声誉受损，组织将需要不到 3 个月的时间来恢复。

在该例中，标准的客观因素是确定的时限，主观因素则存在于业务流程所有者对时限的确定过程中，无论该时限是超过 6 个月还是少于 3 个月均是如此。对照每个相关因素评估完风险后，就可定义标准以确定每个流程的总体风险。

然后可以制订审计计划，以将评级为"高"的所有流程囊括在内，该计划代表理想的年度审计计划。但实际上，可用资源通常不足以执行整个理想计划。该分析将帮助审计职能部门说明资源分配差距，并让高级管理层充分了解在不增大或扩充现有审计资源的情况下其承受的风险量。

每年应至少进行一次短期和长期问题分析。为了考虑新的控制问题、增强的评估技术以及风险环境、技术和业务流程的变化，这种频率是必要的。此类分析结果应由高级审计管理层审查，并经审计委员会（如果存在）或董事会批准，然后传达给相关管理层。如果风险环境的任何重要方面发生变化（例如，购置、新的法规问题、市场条件），应更新年度规划。

整合审计的概念从根本上改变了不同利益相关方接受和关注审计的方式。例如：

- 员工或流程所有者可以更好地理解审计目标，因为他们能看出控制与审计程序之间的联系。
- 高级管理层可以更好地理解提高控制有效性与相应地改进 IT 资源的分配和使用之间的联系。
- 股东可以更好地理解推动公司治理程度的提高以及这样做对生成可靠财务报表的影响之间的联系。

由于所有这些发展，整合审计越来越受欢迎。

1.3 基于风险的审计规划

审计规划在审计流程开始时进行，以制定总体审计战略，并详细说明为实施战略和完成审计而需执行的特定程序。审计规划包含短期规划和长期规划。短期规划考虑当年将处理的审计问题，长期规划则应考虑与影响组织 IT 环境的组织 IT 战略方向变化有关的风险问题。

企业业务蓝图中的所有相关流程均应包含在审计范围之内。理想情况下，审计范围将列出可能会审计的所有流程。这些流程中，相关人员会针对确定的相关风险因素评估风险，从而进行定性或定量风险评估。风险因素是指影响风险场景出现频率和/或业务影响的因素。例如，若从事零售业务，声誉可能是一个关键的风险因素。理想情况下，风险评估应以业务流程所有者的意见为基础。虽然主观因素无法完全避免，但还是应基于客观标准评估风险因素。例如，就声誉因素而言，标准（根据从企业征求的意见）评级如下：

> **注意**
>
> 有关其他指导，请参见标准"1007 认定"和"1008 标准"及相关准则 2007 和 2008。

1.3.1 单项审计任务

除年度总体规划之外，还必须充分规划各个单项审计任务。信息系统审计师应该明白，定期风险评估结果、技术应用变革和不断演变的隐私问题和监管要求等其他考虑因素可能会影响整体的审计方法。信息系统审计师应考虑系统实施/升级截止日期、当前和未来的技术、业务流程所有者的要求以及信息系统资源限制。

规划审计工作时，信息系统审计师必须了解被审查的整体环境。这包括大致了解与审计主题相关的各种业务实践和职能，以及支持活动的信息系统和技术类型。例如，信息系统审计师应熟悉业务运营地的监管环境。

要执行审计规划，信息系统审计师应执行图 1.3 中所示的步骤。

> **注意**
> 如需更多指导，请参阅标准"1201 规划中的风险评估"和准则"2201 规划中的风险评估"。

- 了解组织的使命、目标、目的和流程，其中包括可用性、完整性、安全性和业务技术以及信息机密性等信息和处理要求
- 了解组织的治理结构和与审计目标相关的实践
- 了解受审方的业务环境变化
- 审查之前的工作底稿
- 确定说明内容，例如政策、标准和要求的准则、程序以及组织结构
- 进行风险分析以帮助制订审计计划
- 设定审计范围和审计目标
- 制定审计方法或审计战略
- 为审计工作分配人力资源
- 安排好业务的后勤工作
- 识别使用计算机辅助审计工具进行持续审计或审计自动化的机会

图 1.3 审计规划的执行步骤

1.3.2 法律法规对信息系统审计规划的影响

无论规模大小或者身处哪个行业，每个组织都需要遵守一些与信息系统实务和控制，以及数据的使用、存储与保护方式相关的政府规定和外部要求。此外，行业法规也会影响数据的处理、传输和存储方式（例如，证券交易所、中央银行等）。应特别注意业内受密切监管的合规性问题。

由于人们对信息系统和相关技术的依赖，一些国家正努力进一步制定有关信息系统审计和鉴证的法律法规。这些法律法规的内容与以下事项相关：

- 确立监管要求。
- 分配到相关实体的责任。
- 财务、运营和信息系统审计职能。

各级管理层应了解与组织的目标和计划及信息服务部门/职能/活动的责任和工作相关的外部要求。

主要有两个关注点：

1. 适用于审计或信息系统审计的法律要求（即法律、法规和合同协议）。
2. 对受审方系统、数据管理、报告等的法律要求。

这些领域会影响审计范围和审计目标，对于内部和外部审计和鉴证专业人员至关重要。与人体工程学法规相关的法律问题也可能影响组织的业务运营。

信息系统审计师需要执行以下步骤来确定组织对外部要求的合规程度：

- 确定涉及以下方面的政府或其他相关的外部要求：
  - 电子数据、个人数据、版权、电子商务、电子签名等。
  - 信息系统实务和控制。
  - 计算机、程序和数据的存储方式。
  - 信息技术服务的组织或活动。
  - 信息系统审计。
- 以文件形式记录适用的法律法规。
- 评估组织的管理层和 IT 职能部门在制订计划和设定政策、标准与程序以及业务应用程序功能时是否考虑了相关的外部要求。
- 审查阐述要遵守行业适用法律的内部 IT 部门/职能/活动文档。
- 确定对应对外部要求的既定程序的遵守程度。
- 确定是否实施了程序来确保与外部 IT 服务提供商签订的合同或协议反映与责任相关的所有法律要求。

> **注意**
> CISA 考生不会被问到任何具体的法律或法规问题，但可能会遇到有关如何审计法律法规合规性的问题。

基于风险的审计规划是指将审计资源部署到组织内代表最大风险的领域。这需要了解组织及其环境，具体而言，需要了解：

- 影响组织的外部和内部因素。
- 组织对政策和程序的选择及应用。
- 组织的目标和战略。
- 对组织业绩的评估和审查。

在此过程中，信息系统审计师还必须了解组织的关键要素：

- 战略管理。
- 企业产品和服务。
- 公司治理流程。
- 信息系统内的交易类型、交易伙伴和交易流程。

基于风险的有效审计会利用风险评估来推动审计计划,并将审计执行期间的审计风险降至最低。

基于风险的审计方法可用于评估风险并帮助信息系统审计师决定,是执行符合性测试还是实质性测试。基于风险的审计方法可以高效地帮助信息系统审计师确定测试的性质和范围,强调这一点很重要。

在这一概念中,尽管存在弱点,但固有风险、控制风险或检测风险不应成为主要的关注点。在基于风险的审计方法中,信息系统审计师不能只依赖于风险评估,还应依靠内部控制和运营控制以及对组织或业务的了解。这种风险评估决策有助于将控制方面的成本效益分析与已知的风险关联在一起,从而支持组织做出明智的选择。

业务风险包括不确定事件对于既定业务目标的实现可能产生的影响。业务风险的性质可能是财务风险、监管风险或运营风险。风险也可能源自特定的技术。例如,一家航空公司需要遵守很多安全法规并面临经济环境变化,这两种因素都会影响公司的持续运营。在这种情况下,IT 服务的可用性和可靠性十分关键。风险还包括组织为实现或推进其目标而愿意采取的措施,但结果可能未经证实或不可预测。

通过了解业务的性质,信息系统审计师可以确定风险类型并对其进行分类,从而在进行审计时更好地确定适当的风险模型或方法。风险模型评估可以非常简单,只需确定业务类风险类型的权重并识别等式中的风险即可。另一方面,风险评估可以是一种方案,其中已根据业务性质或风险的重要性给定风险的具体权重。有关基于风险的审计方法的简要概述,如图 1.4 所示。

> **注意**
>
> 有关进一步的指导,请参见标准"1204 重要性"。

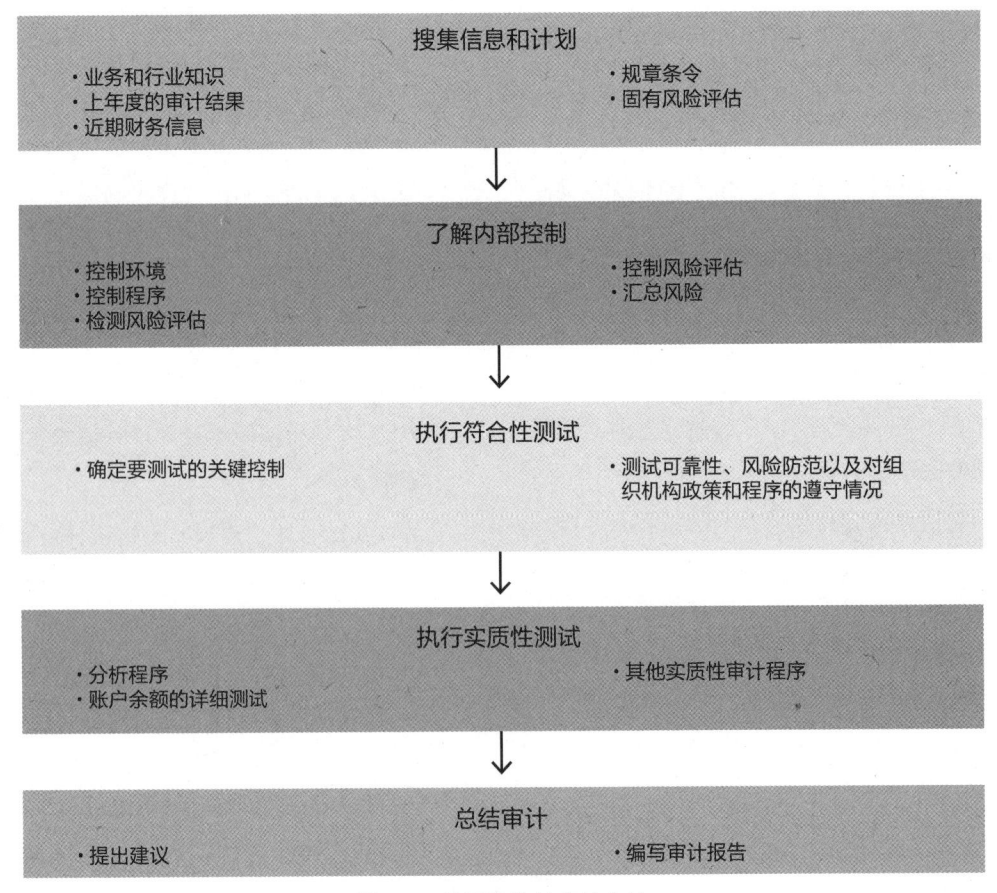

搜集信息和计划
- 业务和行业知识
- 上年度的审计结果
- 近期财务信息
- 规章条令
- 固有风险评估

↓

了解内部控制
- 控制环境
- 控制程序
- 检测风险评估
- 控制风险评估
- 汇总风险

↓

执行符合性测试
- 确定要测试的关键控制
- 测试可靠性、风险防范以及对组织机构政策和程序的遵守情况

↓

执行实质性测试
- 分析程序
- 账户余额的详细测试
- 其他实质性审计程序

↓

总结审计
- 提出建议
- 编写审计报告

图 1.4 基于风险的审计方法

1.3.3 审计风险和重要性

审计风险可定义为：收集的信息可能包含审计过程中未发现的实质性错误的风险。适用时，信息系统审计师还应考虑与组织相关的其他因素：客户数据、隐私权、所提供服务的可用性，以及企业和公共形象（如果是公共组织和基金会）。

审计风险受以下因素的影响：

- **固有风险**：与审计风险有关，指在不考虑管理层已实施控制措施的情况下，被审计流程/实体面临的风险水平或风险暴露。固有风险不受审计影响，可能因业务的性质出现。
- **控制风险**：指无法通过内部控制系统及时阻止或检测到实质性错误。例如，与手动审查计算机日志相关的控制风险可能很高，因为需要调查的活动经常会因记录的信息量较大而被遗漏。如果始终坚持采用计算机化数据验证程序，则与之相关的控制风险通常较低。
- **检测风险**：指信息系统审计师无法检测到的实质性错误或失实陈述。
- **总体审计风险**：指审计师可能无法检测到信息或财务报告中实质性错误的风险。制定审计方法的目的是限制所监督领域中的审计风险，以使检查完成时，总体审计风险处于足够低的水平。

内部控制弱点或一组内部控制弱点可能使组织很容易受到威胁（例如，财务损失、业务中断、失去客户信任、经济制裁）。信息系统审计师应当通过基于风险的审计方法评估内部控制，进而评估相关事项的重要性。

重要性是指某项信息对被审计实体职能的影响或作用的重要性。将企业看作一个整体时，重要性表示特定事件的相对意义或重要性。重要性与信息系统审计师可接受的审计风险水平之间存在反比关系，即重要性等级越高，审计风险可接受度越低，反之亦然。

制定审计规划时，信息系统审计师应充分了解审计风险。审计样本可能无法反映出总体中的所有潜在错误。但是，如果遵循正确的统计抽样程序或高质量的控制流程，出现检测风险的可能性能够降到可接受水平。

同样，在评估内部控制时，信息系统审计师应当意识到给定系统可能无法检测到小错误。但是，该错误如果和其他错误叠加，则可能成为整个系统的实质性错误。

> **注意**
>
> CISA 考生应当理解审计风险并且不应将其与统计抽样风险混淆；抽样风险是指对进行抽样的总体的特性做出错误假设的风险。

1.3.4 风险评估

信息系统审计师应当了解被审计组织如何进行风险评估。在风险评估中，应根据风险接受标准以及与组织相关的目标来确定、量化风险，并确定风险的优先级。结果将用于指导和确定相应的管理措施、信息安全风险的管理优先顺序，以及为规避风险而选择实施的控制措施的优先顺序。

管理层应定期进行风险评估，以应对环境、安全要求和风险状况的变化（例如，资产、威胁、漏洞、影响方面），在发生重大变化时也应执行风险评估。值得注意的是，IT 管理层负责进行风险评估。如果组织内缺乏专业知识，信息系统审计师可以协助风险评估工作。然而，管理层对风险评估流程承担最终责任。信息系统审计师可以执行单独的风险评估，以补充基于风险的审计规划的需求。

有关风险评估的更多详细信息，请参阅 2.5 企业风险管理部分。

1.3.5 信息系统审计风险评估技术

在确定被审计的职能领域时，信息系统审计师可能要面对各种各样的审计主题。每个主题可能产生不同类型的风险。信息系统审计师应当评估可能面临的风险以确定应被审计的高风险领域。

信息系统审计师可以使用多种风险评估方法，从基于审计师对高、中、低风险判断的简单分类，到提供数字风险评级的复杂科学计算，不一而足。

评分系统就是一种这样的风险评估方法，在基于风险因素的评估结果确定审计优先顺序时，此方法非常有用。该系统综合考虑了多个变量，例如，技术复杂性、现有控制程序的水平以及财务损失程度。这些变量可加权，也可不加权。然后，相关人员会比较各风险值并据此制订审计计划。

风险评估的另一种方法是主观评估，即基于业务知识、执行管理层指令、历史观点、业务目标和环境因素做出独立判断。其间可结合使用多种技术。为了更好地满足组织的需求，可以随时间变化变更和改进风险评估方法。信息系统审计师应当考虑适合被审计组织的复杂程度和详细程度。

信息系统审计师应利用管理风险评估的结果来补充自己的风险评估程序。因独立性可能受损，在审查或利用管理风险评估时，应在一定程度上采取专业怀疑态度。

使用风险评估来确定要审计的领域具有如下优点：

- 使审计管理层能有效地分配有限的审计资源。
- 确保已从各级管理层获得相关信息，包括董事会、信息系统审计师和职能领域管理层。通常，此类信息有助于管理层有效地履行其职责并确保审计活动能够针对高风险领域，这将为管理层创造更大的价值。
- 为有效管理审计部门打下基础。
- 总结如何将单项审计主题与整个组织机构以及业务计划联系在一起。

1.3.6　风险分析

风险分析是风险评估的一个子集，在审计规划期间被用于确定风险和漏洞，以便信息系统审计师能够确定缓解风险所需的控制措施。风险评估程序为识别和评估重要漏洞风险奠定了基础，但其未提供充足的相关审计证据以支持审计意见。

在评估组织所运用的IT相关业务流程时，务必要了解风险与控制之间的关系。信息系统审计师必须能够识别和区分风险类型以及用于缓解风险的控制措施。他们应当了解常见的业务风险领域、相关技术风险以及相关的控制措施。他们还应当能够评估企业管理人员使用的风险评估以及管理流程和技术，并进行风险评估以帮助侧重和规划审计工作。除了解业务风险和控制措施外，信息系统审计师还必须了解审计流程中存在的风险。

1.4　控制类型和考虑因素

每个组织都会实施控制措施。有效的控制可预防、检测和/或遏制事故，并帮助从风险事件中恢复。组织通过政策、程序、实践和组织结构来设计、开发、实施和监控信息系统，从而消除不同类型的风险。

控制通常由政策、程序、实践和组织结构组成，用于缓解组织面临的风险。内部控制的目的是向管理层提供合理保证，确保实现组织的业务目标以及预防或检测和纠正风险事件。内部控制活动和辅助流程可以是手动或自动执行。

1.4.1　内部控制

内部控制在组织内的所有层级实施，用以缓解可能会妨碍组织实现业务目标的风险暴露。董事会和高级管理层负责建立相应的文化来促成有效且高效的内部控制系统，并且还负责持续监控内部控制系统的有效性，尽管组织中的每个成员都必须参与此流程。

此类控制应针对两个重要方面：

1. 应实现什么。
2. 应避免什么。

内部控制或控制活动有助于确保执行管理层指令。它们帮助确保采取必要的行动来应对风险，并实现企业的业务目标。控制活动发生在整个企业的各个层面和各个职能部门，例如授予批准和授权、实施验证和对账、审查经营业绩、保护资产和确保职责分离。

1.4.2　控制目标和控制措施

控制目标被定义为一个或多个运营领域或角色的目标，旨在促成公司战略目标的实现。换句话说，控制目标与公司的整体战略明确相关。

控制目标说明通过实施控制活动（程序）所达到的期望结果或目的。例如，控制目标可能会与以下概念相关：

- 运营的有效性和效率。
- 财务报告的可靠性。
- 遵守适用法律法规。
- 保护信息资产。

控制目标适用于所有控制，无论是手动控制、自动控制还是两者兼而有之（如系统日志审查）。信息系统环境下的控制目标与手动环境下的目标没有差异；但控制措施的实施方式可能会有所不同。因此，需要采用一种与特定信息系统相关流程有关的方式来实现控制目标。

控制措施是指有助于实现控制目标的活动。控制目标和控制措施均可用于将战略层面的目标分解为较低级别的目标和活动，以便能够作为任务分配给员工。这种分配可表现为工作说明中指定的角色描述。

信息系统控制目标

信息系统控制目标包括一整套高层次要求供管理层考虑，用以有效控制各个 IT 流程领域。信息系统控制目标：

- 说明对信息系统流程实施控制达到期望结果或目标。
- 政策、程序、实践和组织结构。
- 要求旨在提供合理保证，确保将实现业务目标并预防、检测和纠正意外事件。

组织管理层需要通过以下方式做出与控制目标相关的选择：

- 选择适用的控制目标。
- 决定将要实施的控制目标。
- 选择实施方式（如频率、范围、自动化等）。
- 接受因未实施可能适用的目标而面临的风险。

特定于信息系统的控制目标包括：

- 保护信息资产，包括确保关于自动化系统的信息为最新信息，而且足够安全，不会遭到不正当访问。
- 确保制定、落实并有效运行系统开发生命周期（System Development Life Cycle，SDLC）流程，以合理保证业务、财务和/或工业软件系统和应用程序的开发可重复、可靠并符合业务目标。
- 确保通用操作系统（Operating System，OS）环境的完整性，包括网络管理和运营。
- 通过以下方法确保敏感和关键应用程序系统环境完整性，包括会计/财务和管理信息（信息目标）以及客户数据：
  - 输入授权。对每笔交易进行授权，并且只允许输入一次。
  - 输入验证。对每次输入进行验证，确保其不会对交易处理带来负面影响。
  - 交易处理的准确性和完整性。准确记录特定时段内完成的所有交易并将其输入到系统中。
  - 整体信息处理活动的可靠性。系统在处理过程中采取的所有程序操作都是合理的。
  - 输出的准确性、完整性和安全性。可以依赖于输出并实施对策，以确保所生成信息资产的安全性。
  - 数据库机密性、完整性和可用性。底层记录系统具有一般信息系统安全控制。
- 确保恰当识别信息系统资源的用户（最终用户以及基础设施支持）并对其进行身份认证。
- 确保运营的效率和有效性（运营目标）。
- 符合用户要求、组织政策和程序，以及适用的法律法规（合规性目标）。
- 通过制订高效的业务持续计划（Business Continuity Plan，BCP）以及包括备份和恢复流程在内的灾难恢复计划（Disaster Recovery Plan，DRP）来确保 IT 服务的可用性。
- 通过制订事故响应计划来增强对数据和系统的保护。
- 通过实施有效的变更管理程序来确保系统的完整性和可靠性。
- 确保外包的信息系统流程和服务明确定义服务等级协议和合同条款与条件，以保护组织的资产并实现业务目标和目的。

一般控制方法

一般控制方法适用于组织的所有领域，如图 1.5 所示。

涉及日常运营、职能和活动的运营和管理控制通常属于管理控制的范畴。技术控制和物理控制分别涉及技术的使用和物理设备或装置的使用，以控制访问。

类别	描述	示例
管理	与监督、报告、程序和流程操作相关的控制	• 政策和程序 • 会计控制（例如平衡） • 员工培训和发展 • 合规报告
技术	技术控制又称逻辑控制，通过使用技术、设备或装置来提供。技术控制需要有正确的管理控制才能正确运营	• 防火墙规则集 • 基于网络或主机的入侵检测系统 • 密码 • 反恶意软件解决方案
物理	为了以物理方式限制访问某个设施或硬件而安装的控制。物理控制措施需要维护、监控以及处理警报和做出反应的能力	• 物理访问识别卡和锁 • 闭路电视

图 1.5　一般控制方法

企业应维持控制类型的适当平衡，以满足其特定需求并帮助实现其业务目标。例如，实施技术控制（例如，防火墙）需要为管理或实行该控制的员工提供以下培训：其正确配置程序、其监控责任分配以及定期测试之安排。如果不同时实施这些控制，则利益相关方可能产生一种安全错觉，导致漏洞未识别、资源使用无效以及超出预期的风险。

信息系统特有的控制

每项一般控制方法都可以转变为信息系统特有的控制。精心设计的信息系统应针对其所有敏感或关键功能内置相应的控制。例如，应制定一般程序，以确保对资产和设施的访问采取适当的保障措施，并将其转化为一套与信息系统有关的控制程序，其中包括对计算机程序、数据和设备的访问保护。

信息系统特有的控制程序示例包括：

- IT 职能的战略和方向。
- IT 职能的一般组织和管理。
- 对包括数据和程序在内的 IT 资源的访问。
- 系统开发方法和变更控制。
- 操作程序。
- 系统编程和技术支持功能。
- 质量保证（Quality Assurance，QA）程序。
- 物理访问控制。
- BCP/DRP。
- 网络和通信技术（如局域网、广域网、无线网络）。
- 数据库管理。
- 针对内部和外部攻击的保护和检测机制。

> **注意**
>
> CISA 考生应该了解与信息系统控制相关的概念，并知道在规划审计时如何运用这些概念。

业务流程应用程序和控制

在集成式应用程序环境中，控制以嵌入方式配置到支持流程的业务应用程序中。业务流程控制鉴证涉及评估流程和活动级别的控制，这些控制可能结合了管理、程序化和手动控制。除评估会对流程产生影响的一般控制之外，信息系统审计师还应评估特定于业务流程所有者的相关控制，例如，适当安全防护和职责分离（Separation of Duties，SoD）、访问权限的定期审查和审批，以及业务流程中的应用程序控制等。

要对业务应用程序系统进行有效审计，信息系统审计师必须对受审查的应用程序系统具有清晰的认识。为提高效率并增强信息可靠性，多个财务和运营职能已经实现计算机化。这些应用程序涉及的范围极广，从传统应用程序（包括总账、应付账款、薪资管理），到适用于特定行业的应用程序（如银行贷款、交易结算、物料需求规划），应有尽有。由于这些应用程序具备独特性，计算机化的应用程序系统进一步加剧了审计工作的复杂程度。这些特性可能包括有限的审计轨迹、即时更新和信息过载。

图 1.6 描述了企业中常见业务应用程序的风险和控制示例。

业务应用程序系统	描述	风险和相关控制示例
电子商务	电子商务是指进行在线商品买卖	由于电子商务应用程序暴露在互联网上，因此很容易遭受结构化查询语言注入攻击。信息系统特有的控制（例如开发人员的安全编码培训、系统开发生命周期代码审查和表单输入有效性检查）可用于减轻相关风险
电子数据交换	EDI 取代传统的纸质文件交换，如医疗索赔和记录、采购订单、发票或材料发布时间表	传输的数据存在被拦截并可能被操纵或泄露的风险。应使用适当的加密控制来确保传输数据的机密性和完整性
电子邮件	企业使用电子邮件服务与内部或外部各方进行电子通信	电子邮件为攻击者带来了通过社会工程操纵最终用户的途径。对电子邮件用户进行垃圾邮件过滤、超链接验证和网络钓鱼培训，可以降低与网络钓鱼相关的社会工程攻击的可能性
工业控制系统	ICS 是一个通用术语，它包含多种控制系统，其中包括监督控制和数据采集系统、分布式控制系统及其他控制系统配置，如工业部门和关键基础设施中常见的可编程逻辑控制器	SCADA 等系统高度敏感，如果被泄露，可能会对生命产生直接影响。组织应考虑添加边界安全控制（例如网络分段和多因素认证），以访问和管理高风险的 SCADA 环境
人工智能和专家系统	专家系统是 AI 的一个应用领域，执行特定的功能并且在某些行业得到了普遍应用。专家系统允许用户指定一些基本的假设或公式，然后使用这些假设或公式来分析任意事件	AI 系统依赖于所获得的数据和相关决策树，而这两者本身可能存在偏差。信息系统审计师应确保在制定基本假设和公式时运用适当水平的专业知识

图 1.6　业务应用程序控制

注意

CISA 考生应当熟悉不同类型的业务应用程序系统和架构、流程、风险和相关控制，以及信息系统审计影响和实务。信息系统审计师应参考特定于行业或技术的指导，并根据需要应用适当的信息系统特有的控制。例如，在审查电子商务应用程序时，信息系统审计师可以考虑来自权威来源（例如开放式 Web 应用程序安全项目）的适用指导。如果信息系统审计部门不具备特定的技能，则应聘请外部专家来执行相关审查。

1.4.3　控制分类

实施控制的目的是向管理层提供合理保证，确保实现组织的业务目标以及预防/检测和纠正风险事件。评估控制强度时应考虑的控制因素分为预防性因素、检测性因素以及改正性因素。

图 1.7 描述了控制类别。

预防性控制通常能更有效地降低风险，因为它们能防止威胁事件的发生。例如，如果恶意威胁者试图使用泄露的密码登录可从互联网访问的系统，多因素认证要求可阻止威胁者成功访问系统。

相比之下，检测性控制并不能阻止未经授权的使用或输入，但它能表明威胁事件已经发生或正在发生。如果发生了威胁事件，改正性控制可以帮助企业从攻击的影响中恢复过来。例如，如果企业的某台计算机遭到未经授权的访问，则会启动程序来保护网络的其他部分。

组织必须根据适用的风险和成本效益分析实施各种控制类型。总而言之，检测性和预防性控制用于降低威胁事件的可能性（发生某事的可能性），而改正性控制则旨在减轻后果（见图 1.8）。

类　　别	描　　述
预防性	抑制或阻止试图违反安全政策和实务的行为。加密、用户身份认证和拱顶结构门均为预防性控制的示例
威慑性	提供指导或警告以劝说威胁方放弃有意或无意的破坏意图。登录屏幕上显示警告横幅、可接受的使用政策、安全摄像头以及对中止黑客攻击的行为给予奖励均为威慑性控制的示例
检测性	在不抑制或阻止这些可疑行为的情况下，针对违反或试图违反安全政策的可疑行为和做法提出警告。审计轨迹、入侵检测系统（Intrusion Detection System，IDS）和校验和均为检测性控制的示例
改正性	对所检测到的错误、遗漏、未经授权的使用和入侵做出修复。数据备份、错误纠正和自动故障转移均为改正性控制的示例
补偿性	弥补企业控制结构中的缺陷或弱点，通常由于合法的技术或业务约束，基准控制无法符合规定的要求。将未受保护的系统置于隔离但具有较强边界安全的网络分段中，以及向不支持单一登录账户的设备添加第三方挑战响应机制，均为补偿性控制的示例，虽然无法直接解决漏洞，但会使得更难利用漏洞

图 1.7　控制类别

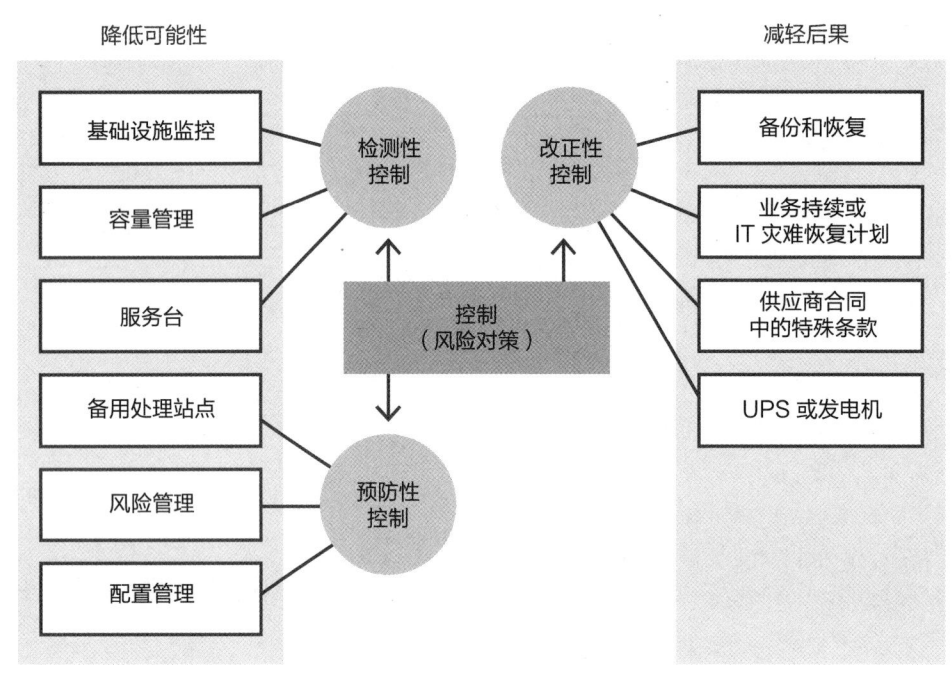

图 1.8　控制目的

资料来源：ISACA, *Fundamentals of Information Systems Audit and Assurance* (Facilitator Guide), USA, 2018

适当融合不同类型的控制措施不仅能降低威胁事件发生的可能性，而且还有助于识别和减轻后果。如图 1.9 所示，不同类型的控制措施可以相辅相成，以帮助确保每种控制措施都能有效发挥作用，并应对独特的威胁事件。

注意

CISA 考生应当了解预防性、检测性和改正性控制的目的及彼此之间的差异，还应能够识别每种控制的示例。

第 1 章 信息系统的审计流程

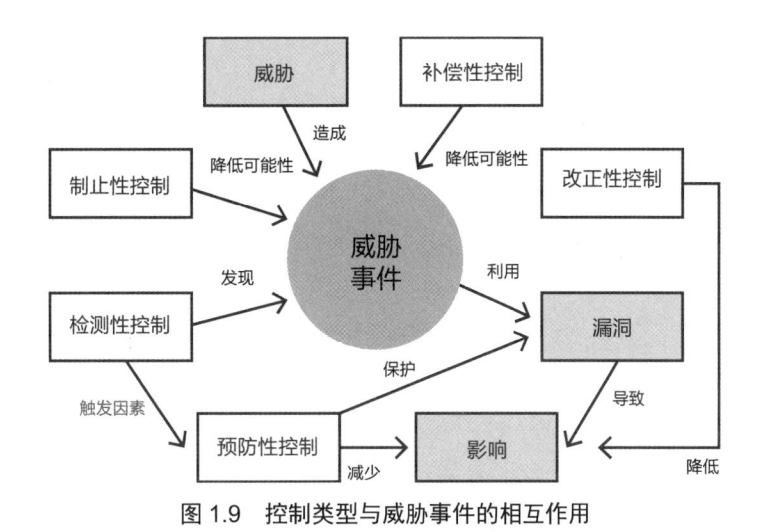

图 1.9 控制类型与威胁事件的相互作用

资料来源：Adapted from ISACA, *CRISC® Review Manual, 7th Edition* Revised, USA, 2023

1.4.4 控制与风险的关系

风险与控制之间存在直接关系，这表明风险可以通过控制来加以解决，而控制则通过其所解决的风险来证明其合理性。图 1.10 描述了这种关系。

信息系统审计师应充分了解所评估控制的适用风险。这不仅为将要使用的总体审计程序提供信息，还有助于确定在进行信息系统审计时可能发现的任何控制弱点的总体重要性。

在评估控制时，信息系统审计师应确保管理层确定的控制措施能够映射回适用的风险。管理层负责确保根据风险评估记录并实施控制措施。

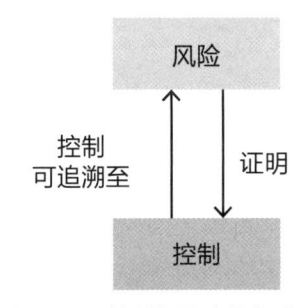

图 1.10 控制与风险的关系

资料来源：ISACA, *IT Risk Fundamentals Study Guide*, USA, 2020

如果实施的控制措施不能将风险降低到可接受水平（根据组织的风险容忍度），则应实施额外的控制措施。如果由于系统或业务限制无法实施适当或所需的对策，则可考虑补偿性控制。然而，任何补偿性控制都必须实现表现不佳的控制所要达到的结果。将未受保护的系统置于隔离但具有较强边界安全的网络分段中，以及向不支持单一登录账户的设备添加第三方挑战响应机制，均为补偿性控制的示例。虽然以下章节中的示例特定于 IT，但也可以采用非 IT 补偿性控制。

1.4.5 规定性控制和框架

在某些情况下，权威来源会提供一套规定性控制措施或控制目标，供组织实施和评估。规定性控制集或控制框架试图提供一套组织应实施的标准控制措施，以降低整个组织或特定业务流程的相关风险。

规定性控制集或控制目标的示例包括：

- **互联网安全中心 18 项关键安全控制**[1]。一套规定性、优先和简化的最佳实践，可供组织加强其网络安全态势。
- **OWASP 软件保障成熟度模型**[2]。一个开放式框架，可帮助组织制定和实施针对其面临的特定风险的软件安全策略。
- **服务组织控制报告**[3]。由美国注册会计师协会

---

[1] Center for Internet Security, "The 18 CIS Critical Security Controls"
[2] OWASP Project, "OWASP SAMM"
[3] 美国注册会计师协会，"SOC 2® - 服务组织 SOC：Trust Services Criteria"

21

制定的一个框架，旨在供组织用于处理与其提供的服务相关的数据。
- **支付卡行业数据安全标准（DSS）**[1]。存储、处理、传输或以任何方式影响信用卡数据安全的组织必须满足的一系列要求。
- **云安全联盟云控制矩阵（CCM）**[2]。云计算网络安全控制框架包含各种关键实践，以确保不同云模型下的云安全，旨在提供基本安全原则，指导云供应商并协助潜在云客户评估云提供商的整体安全风险。

采用规定性控制框架的组织必须识别适用的对策，以实现概述的控制目标。在某些情况下，基于独特的业务实践，规定性控制可能不适用于组织。例如，如果接受信用卡的组织在其业务流程中不存储信用卡数据，则旨在保护所存储信用卡信息的控制措施可能不适用。如果规定性控制措施不适用于某个组织，该组织应确保正式记录原因和不适用性验证。

1.4.6 控制环境评估

应根据基于风险的审计计划审查控制环境。尽管信息系统审计将执行其基于风险的审计计划，但值得注意的是，信息系统管理层还应评估控制环境的有效性。

管理控制监控

管理层可以在指定的审计周期内自行监控控制有效性。此流程有助于在可能不太频繁的审计之前识别控制偏差，并允许管理层采取整改措施。

控制监控可确保：
- 满足控制要求。
- 遵循标准。
- 员工遵守企业政策、实践和程序。

管理层可以利用自身控制监控工作的结果，不断改进组织的安全计划。信息系统审计师可以使用这些结果来保证控制措施在一段时间内有效运作。在审查管理层的控制监控流程时，信息系统审计师应确保：

- 对发现的控制异常进行修复，并考虑经验教训来增强安全计划。
- 基于管理层的风险评估，为关键流程或控制监控制定指标。
- 指标确定了用于报告的具体、可量化输出。
- 对潜在的完整性和准确性问题进行了独立思考。
- 报告界定控制有效性的预期阈值，并随着时间的推移跟踪成功情况。

控制环境的独立评估

一旦了解了适用的风险和控制，信息系统审计师就可以对控制环境进行评估。信息系统审计师会审查审计过程中搜集到的证据，以确定受审查的运营是否有效且得到良好控制。这同样需要判断力和经验。信息系统审计师还会对受评控制的优势和弱势进行评估，然后确定它们能否有效满足在审计规划流程中设定的控制目标。

---

[1] Payment Card Industry Security Standards Council, "PCI DSS: v4.0"

[2] Cloud Security Alliance, "Cloud Controls Matrix"

B 部分：执行

制定审计规划并确定范围和目标后，信息系统审计师即可执行审计。以下部分提供了执行审计的相关指导。

1.5 审计项目管理

执行审计需要完成多个步骤。要确保信息系统审计有效，第一步需要进行充分的规划。要想高效利用信息系统审计资源，审计组织必须对要审计的一般领域、应用领域及相关服务所面临的总体风险进行评估，然后确立一个审计方案，其中包含审计目标以及达成这些目标需完成的审计程序。审计流程要求信息系统审计师搜集证据，基于这些在审计测试过程中收集到的证据来评估控制的优缺点，然后准备一份审计报告，以客观的方式向管理层报告这些问题（如控制弱点以及建议的修复措施）。

审计管理层必须确保提供足够的审计资源以及执行审计程序的时间表，如果是内部信息系统审计，还必须提供对管理层所采取整改措施的状况进行后续审查的时间表。审计流程包括：定义审计范围、制定审计目标、确定审计标准、执行审计程序、审查和评估证据、形成审计结论和意见，以及在与主要流程所有者讨论后向管理层报告结果。

审计项目的项目管理技巧包括：

- **规划审计业务**。规划审计时要考虑项目特定风险。
- **制订审计计划**。按照时间线明确计划必须完成的审计任务，优化资源利用。合理考虑受审方的忙闲状况，现实地估计完成每项任务所需的时间。
- **执行计划**。按照计划执行审计任务。
- **监督项目活动**。对照规划的审计步骤报告实际进度，以确保主动应对挑战并在规定的时间和预算范围内完成任务。

1.5.1 审计目标

审计目标是指审计工作必须实现的具体目标。相反，控制目标是指内部控制如何发挥作用。审计通常包含多个审计目标。

审计目标通常侧重于确认存在能使业务风险降至最低的内部控制，并且这些控制按预期发挥作用。这些审计目标包括确保遵守法律和监管要求，以及确保信息和 IT 资源的机密性、完整性、可靠性和可用性。审计管理层可能会给信息系统审计师下达一个要在审计时审查和评估的一般控制目标。

规划信息系统审计时的一个关键要素是将广泛的基本审计目标转换成具体的信息系统审计目标。例如，在财务/运营审计中，控制目标可以是确保将各项交易正确记录到总账账户中。然而，如果是信息系统审计，这一目标可扩展为确保拥有编辑功能，以便检测交易编码过程中可能会影响记账活动的错误。

信息系统审计师必须了解如何将一般审计目标转换为具体的信息系统控制目标。确定审计目标是规划信息系统审计的一个关键步骤。

信息系统审计的主要目的之一是确定控制目标以及实现目标需采取的控制措施。例如，信息系统审计师对信息系统的初步审查应当确定关键控制措施。然后，应决定是否验证这些控制措施的合规性。在了解并记录业务流程、支持这些流程的应用程序/功能以及常规支持系统之后，信息系统审计师应确定关键的常规控制和应用程序控制。信息系统审计师应基于这种了解确定关键控制点。

或者，信息系统审计师也可以通过 CAAT 协助评估财务报告数据的完整性（称为实质性测试）。

1.5.2 审计阶段

审计执行的每个阶段可分为规划、定义、执行和报告结果等关键步骤，如图 1.11 所示。

规划

规划步骤可以进一步细分为更具体的活动，如图 1.12 所示。

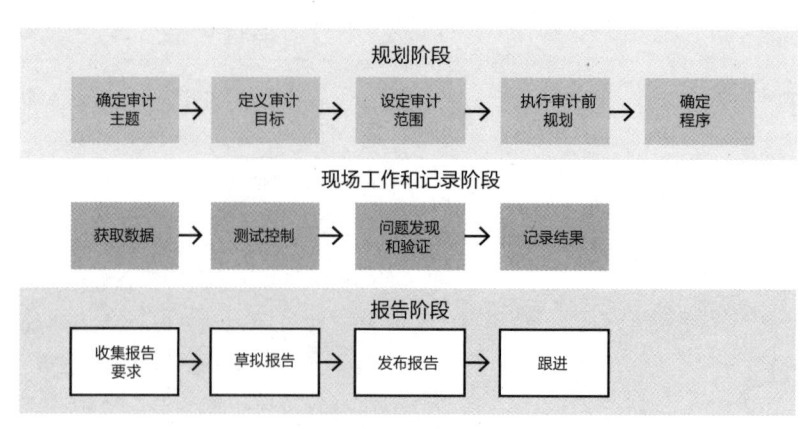

```
                        规划阶段
  ┌──────┐   ┌──────┐   ┌──────┐   ┌──────┐   ┌──────┐
  │确定审计│ → │定义审计│ → │设定审计│ → │执行审计前│ → │确定  │
  │主题  │   │目标  │   │范围  │   │规划   │   │程序  │
  └──────┘   └──────┘   └──────┘   └──────┘   └──────┘

                    现场工作和记录阶段
  ┌──────┐   ┌──────┐   ┌──────┐   ┌──────┐
  │获取数据│ → │测试控制│ → │问题发现│ → │记录结果│
  │      │   │      │   │和验证 │   │      │
  └──────┘   └──────┘   └──────┘   └──────┘

                        报告阶段
  ┌──────┐   ┌──────┐   ┌──────┐   ┌──────┐
  │收集报告│ → │草拟报告│ → │发布报告│ → │跟进  │
  │要求  │   │      │   │      │   │      │
  └──────┘   └──────┘   └──────┘   └──────┘
```

图 1.11 典型的审计流程步骤（按阶段）

资料来源：ISACA, *Information Systems Auditing: Tools and Techniques—Creating Audit Programs*, USA, 2016

审计步骤	描　　述
1. 确定审计主题	确定要审计的领域（如业务职能、系统、物理位置）
2. 定义审计目标	确定审计目的。例如，目标可能是判断在明确的受控环境中，程序源代码是否被更改
3. 设定审计范围	确定组织机构内部要审查的具体系统、职能部门或单位。以程序更变为例，范围声明可能将审查范围限制为单一的应用程序系统，或将时间跨度上限定为某一段时间内。此步骤极为重要，因为信息系统审计师需要了解 IT 环境及其组件，以确定进行综合评估所需的资源。明确的范围将帮助信息系统审计师定义一系列与审计有关的测试点，并进一步确定评估不同技术及其组件所需的技术技能和资源
4. 执行审计前规划	进行风险评估，这对于设定基于风险的最终审计范围至关重要。对于其他类型的审计（如合规性），进行风险评估属于良好实践，因为结果可帮助信息系统审计团队证明业务的合理性，并进一步优化范围和预规划焦点 • 与受审方面谈，以询问业务范围应包括的活动或关注领域 • 识别监管合规性要求 • 明确主题、目标和范围后，审计团队即可确定执行审计所需的资源。需定义的一些必需资源如下： 　▪ 技术技能和资源 　▪ 完成业务所需的预算和人力 　▪ 要审计的场所或设施 　▪ 审计团队的角色和职责 　▪ 各审计阶段的时间范围 　▪ 测试或审查的信息来源，如职能流程图、政策、标准、程序以及以往的审计工作底稿 　▪ 行政和后勤安排的联络点 　▪ 确定通知对象、时间、频率以及目的沟通计划
5. 确定以搜集数据为目的的审计程序和步骤	在此审计流程阶段，审计团队应当拥有识别和选择审计方法或策略，以及开始制定审计方案所需的充足信息。此步骤中的一些具体活动包括： • 确定并获得受审查的部门级政策、标准和准则 • 识别所有监管合规性要求 • 确定要进行面谈的人员名单 • 确定执行评估的方法和工具 • 开发用于测试和验证控制的审计工具和方法 • 编制测试脚本 • 确定评估测试的标准 • 定义评估测试及其结果是否准确（并且在必要时可重复）的方法

图 1.12 规划阶段的审计流程活动

资料来源：ISACA, *Information Systems Auditing: Tools and Techniques—Creating Audit Programs*, USA, 2016

现场工作/文档记录

现场工作/文档记录步骤可以进一步细分为更具体的活动,如图 1.13 所示。

报告/跟进

报告/跟进阶段的步骤可以分解为具体的活动,如图 1.14 所示。

审计步骤	描述
1. 获取数据	建立获取审计相关数据的流程。预先请求列表可用于识别审计期间需要搜集或执行的关键证据或面谈/观察。信息系统审计师应建立一个流程,以安全的方式(例如通过文件共享)搜集证据。对于更高级的审计职能,治理、风险和合规工具可能有助于收集审计数据
2. 测试控制	使用测试技巧(如面谈、观察、检查等)来评估适用于所获取数据的控制措施。在某些情况下,可能需要抽样以审查总体情况的子集。例如,信息系统审计师可以选择服务器样本并进行观察,以确认按照政策安装了反恶意软件解决方案
3. 发现并验证问题	在整个审计流程中识别潜在问题。问题是指与预期审计结果(如政策要求)的偏差,是审计师为管理行动提供建议的基础
4. 记录结果	根据信息系统审计师所在组织的文档审计标准,在审计方案和工作底稿中记录结果

图 1.13 现场工作/文档记录阶段的审计流程活动

审计步骤	描述
1. 收集报告要求	在起草审计报告前识别报告要求。这些要求可能来自组织的内部审计标准,也可能来自外部报告要求
2. 草拟报告	在供受审方审查前,信息系统审计领导层将创建并审查报告草案。该报告包括总体审计结果、潜在发现和对管理层的建议。在发布最终报告前,受审方应审查并回应建议,以便为任何建议的修复措施识别计划行动
3. 发布报告	报告定稿后,即会发布。最终报告根据内部或外部的保留要求进行保留。审计报告提交给组织的监督职能部门(例如审计委员会)
4. 跟进	制定流程以跟进管理层对信息系统审计期间所发现问题的修复进度

图 1.14 报告/跟进阶段的审计流程活动

1.5.3 审计方案

审计方案是为了完成审计而应逐步执行的一组审计程序和指令。它是基于特定任务的范围和目标。

制定审计方案的主要目的是:

- 正式记录审计程序和顺序步骤。
- 创建可重复且易于需要执行类似审计的内部或外部审计和鉴证专业人员使用的程序。
- 记录要使用的测试类型(合规性和/或实质性)。
- 满足与审计流程的规划阶段相关且广受认可的审计标准。

信息系统审计师经常从安全(机密性、完整性和可用性)、质量(有效性、效率)、受托项(合规性、可靠性)、服务和能力等不同角度来评估 IT 职能和系统。审计工作方案是审计战略和计划,其确定审计范围、审计目标和审计程序,以获取相关、可靠且充分的证据,从而得出并支持审计结论和意见。

一般审计程序是执行审计的基本步骤,通常包括:

- 了解并记录审计领域/主题。
- 创建风险评估和一般审计计划及时间表。
- 执行详细的审计规划,其中包括所需的审计步骤以及在预计时间范围内的工作安排细分。
- 执行审计领域/主题的初步审查。
- 评估审计领域/主题。
- 验证和评估用来满足控制目标的控制措施是

否适当。
- 执行符合性测试（测试控制措施的实施及其应用的一致性）。
- 开展实质性测试（确认信息的准确性）。
- 报告（传达结果）。
- 对依赖于内部审计职能的案例进行跟进。

制定审计方案所需的基础技能

要制定有意义的审计和鉴证方案，审计师必须有能力根据受审查主题的性质以及审计领域/组织必须解决的特定风险来定制程序。以下技能可以帮助信息系统审计师创建审计方案：

- 充分了解企业及所在行业的性质，以识别风险和威胁类型并对其进行分类。
- 充分了解 IT 空间及其组件，并充分了解会对其造成影响的技术。
- 了解业务风险与 IT 风险之间的关系。
- 风险评估实务的基础知识。
- 了解用于评估信息系统控制的测试程序并确定最佳评估方法，例如：
  - 使用通用审计软件来调查数据文件（如系统日志、用户访问权列表）的内容。
  - 使用专门的软件来评估操作系统、数据库以及应用程序参数文件的内容。
  - 用于记录业务流程和自动控制的流程图技术。
  - 使用审计日志和报告来评估参数。
  - 文档审查。
  - 问询和观察。
  - 浏览审查。
  - 重新执行控制。

> **注意**
> 有关其他指导，请参阅标准"1204 执行与监督"和准则"2204 执行与监督"。

1.5.4　审计工作底稿

应在工作底稿中正确记录所有审计计划、方案、活动、测试、发现和事故。工作底稿的格式和存储介质可以根据部门的特定需求而有所不同。信息系统审计师尤其应该考虑如何保持审计测试证据的完整性和保护证据，以保证其作为支持审计结果的证物的价值不变。

工作底稿可视为审计目标和最终报告之间的桥梁或接口。工作底稿应该具备可追溯性并且是对已执行工作的真实记录，实现从目标到报告以及从报告到目标的无缝过渡。就这一点来说，审计报告可视为一种特殊的工作底稿。

信息系统审计师应确保他们收集的审计工作底稿中考虑了他们可能正在评估的相同安全相关要求。信息系统审计报告和相关工作底稿或许会包含可能被恶意实施者利用的敏感信息。应根据每种审计类型的法律要求建立保留和销毁流程。

1.5.5　欺诈、违规和非法行为

管理层主要负责建立、实施和维护能威慑和/或及时检测欺诈的内部控制系统。内部控制可能因漏洞利用、管理层实施的控制弱点或人员串通而失效。

实施内部控制并不能杜绝欺诈行为。信息系统审计师应在工作的各个方面均遵守并奉行应有的职业谨慎，并警惕可能导致欺诈的机会。他们应当意识到实施欺诈的可能性及方式，尤其是在启用了 IT 的环境中利用漏洞和压制控制的欺诈行为。他们应当了解欺诈行为和欺诈迹象，并在执行审计时警惕可能出现的欺诈行为和错误。

在常规的鉴证工作中，信息系统审计师可能会遇到各种欺诈行为或迹象。信息系统审计师可在仔细评估后就是否需要详细调查与相关部门进行沟通。如果信息系统审计师发现存在严重的欺诈行为或检测风险很高，则审计管理层应考虑及时向审计委员会传达该问题。

对于欺诈行为的预防，信息系统审计师应当了解关于实施特定欺诈检测程序以及向相关部门报告欺诈行为的相关法律要求。

> **注意**
> 有关其他指导，请参见标准"1207 违规和非法行为"和准则"2207 违规和非法行为"。

1.5.6　敏捷审计

任何信息系统审计职能的目标都是提供更快、更

高效的方法来进行信息系统审计，从而为利益相关方提供价值。实现这一目标的方法之一是利用敏捷概念。

敏捷审计概述

"敏捷"一词通常指软件开发，强调个人和交互（而非流程和工具）、工作软件（而非全面的文档）、客户协作（而非合同谈判），以及响应变化（而非遵循计划）。[①]另一方面，传统的信息系统审计采用严格的标准和框架，导致审计业务约束相当刻板，其本质上相当于项目。IT项目也有类似的不灵活模型。然而，它们已经从正式的瀑布模型演变为不太正式但通常更高效的模型，通常统称为"敏捷"模型。

在敏捷模型中，设计和规范文档保持在所需的最低限度，文档的主要部分为系统生命周期后期的运营和支持而创建（例如用户手册）。在信息系统审计的背景下，这将导致规划和现场工作阶段之间的时间分隔变得模糊甚至完全消失。因此，敏捷审计能克服许多审计中的主要瓶颈。

举例而言，当审计师仍在完成剩余的审计方案步骤时，受审方可请求并准备必要的数据（例如，来自系统的系统用户列表或授权数据库或文件）。此外，审计师可以在等待审计团队安排与其他受审方或团队成员的规划阶段会议时，分析已收集的数据。消除规划和现场工作之间的严格时间分隔要求将提高审计的效率。任务可以同时执行（例如，在受审方收集所需数据的同时进行规划，或在召开会议以解决剩余规划问题的同时开展现场工作）。

敏捷审计的优势

敏捷方法通过快速生成审计结果、避免孤立的审计和客户团队、近乎实时的沟通以及与受审方的有效协作，令审计部门受益匪浅。敏捷还通过以下方式确保IT审计业务更加成功：

- **减少端到端规划**。由于缩短的冲刺周期和小规模的迭代方法，敏捷将规划流程减少到几周甚至几天，而不是耗费几个月规划审计业务。
- **简化审计业务**。将规划、现场工作和报告阶段合并到有凝聚力的单一业务中，避免了在较长的交付周期内执行不同的审计阶段。
- **直接客户协作**。在审计业务冲刺开始时就让客户参与敏捷 Scrum（即每日立会），使他们有机会参与讨论。这种参与进一步鼓励他们提供意见，并指导工作，从而为所有相关方实现有效且高度有益的审计结果。
- **灵活的审计范围**。随着审计师收到或发现新信息，敏捷有助于实时调整审计范围。当识别到潜在的范围调整时，审计师应继续获得审计管理层的批准，并准备好在审计客户发现或提供新信息时调整测试重点。
- **实时鉴证**。直接客户协作意味着客户将在审计师识别到审计发现或控制弱点时就收到通知，而不是在审计业务结束时收到审计报告草案。审计师应向审计客户提供潜在发现的最新信息，或在测试揭示出缺陷时进行控制。
- **频繁的审计计划更新**。敏捷IT审计加快了工作的速度，为重新处理审计积压和年度计划并更频繁地进行修订提供了机会。与每年审查的审计计划不同，由于采用敏捷迭代方法开展审计业务，敏捷审计计划将每季度（或在某些情况下更频繁）审查一次。

敏捷审计与既定鉴证标准的比较

图1.15显示了敏捷如何补充ISACA ITAF标准中的通用、执行和报告标准和准则。图1.15中的比较显示了敏捷审计技术如何补充对标准的遵守。

---

① 《敏捷软件开发宣言》

ITAF 标准或准则参考	敏捷如何补充或符合 ITAF
通用标准1002——组织独立性 对于所有与审计和鉴证业务相关的问题，IT 审计和鉴证职能部门都应避免利益冲突和不当影响	• 敏捷鼓励与审计客户进行更直接的沟通和互动，这反映了审计师的组织独立性 • 敏捷中使用的协作方法（并由组织独立性推动）允许审计师利用主题专业知识，以便就审计发现达成适当协议，并最大限度地缩短修复时间
通用标准1003——审计师的客观性 对于所有与审计和鉴证业务相关的问题，IT 审计和鉴证从业者都应保持客观性	• 虽然与传统的方法不同，敏捷并不会损害审计师的客观性，但如果出现利益冲突，可能会削弱客观性 • 敏捷审计职能在整个审计业务中秉持其专业怀疑态度和做出最终决策的能力
通用标准1005——应有的职业谨慎 审计师将执行尽责调查并保持专业审慎。他们将保持高标准的行为和品质，避免做出可能有损自身或行业信誉的行为。审计师应维护其在履行职责期间获取的信息的隐私性和机密性	• 在敏捷模式下，审计积压工作的优先级通常更高，并考虑所需的资源、确立适当的审计范围、适当的审计目标以及适当的勤勉和自由裁量权 • 借助敏捷，审计管理层保留对每项审计业务的关键事项做出结论的权利
通用标准1006——业务熟练 IT 审计和鉴证从业者以及协助其开展审计和鉴证业务的其他人员应具备执行所需工作的专业能力	• 每日立会和每两周的冲刺周期可极大地推动初级和高级审计人员的发展 • 加强与审计客户的协作使审计人员能够更全面地了解业务
报告标准1402.3——跟进活动和风险接受 如果确定与审计发现相关的风险已被接受，并且超出企业的风险偏好，应与高级管理层讨论此风险接受。	• 敏捷利用协作和频繁的沟通流程，旨在确保向执行管理层充分披露审计客户所承担的已接受的风险
通用准则2001.2.6——质量保证绩效 审计和鉴证职能的责任包括但不限于 QA 流程（例如面谈、客户满意度调查、任务绩效调查），用于建立对受审方与审计职能部门相关需求和期望的理解	• 敏捷冲刺回顾是审计团队用来分析上一次冲刺交付成果的工具，涉及个人、客户和审计团队之间的互动、执行的流程、审计工具和"完成"的定义

图 1.15　敏捷审计技术与 ITAF 的互补关系

资料来源：ISACA, *Destination: Agile Auditing*, USA, 2021

1.6　审计测试和抽样方法

有效结论可通过使用审计抽样来得出。在使用统计或非统计抽样方法时，信息系统审计师应设计和选择一个审计样本、执行审计程序和评估样本结果，从而获取充足和适当的证据以得出结论。当使用抽样方法得出总体的相关结论时，专业人员应使用统计抽样方法。

信息系统审计师应考虑样本的用途：

- **符合性测试/控制测试**：旨在评估控制在预防、检测和纠正重大漏洞方面的运营有效性的审计程序。
- **实质性测试/细节测试**：旨在检测认定级别重大漏洞的审计程序。

1.6.1　符合性与实质性测试

符合性测试是指为测试组织是否遵循控制程序而进行的证据搜集工作。这与实质性测试不同，实质性测试中搜集的证据用于评估单个交易、数据或其他信息的完整性。

符合性测试可用于确定控制措施的应用方式是否符合管理政策和程序。例如，如果信息系统审计师不确定生产程序库控制是否正常运转，可以选取一些程序样本来确定源版本和对象版本是否相同。符合性测试的广义目标是为在初步评估阶段中设想的特定控制提供合理保证。

信息系统审计师应当了解符合性测试和所测试控制措施的具体目标，这一点很重要。符合性测试可用于测试是否存在已定义流程及其有效性，这可能包括一系列书面和/或自动化证据，例如，保证只有经过授权才能够修改生产程序。

实质性测试可用于证实实际处理的完整性。其会提供可证明财务报表结余有效且完整的证据，以及支持这些结余的交易。信息系统审计师可以通过实质性测试来检查能够直接影响组织财务报表结余或其他相关数据的货币类错误。此外，信息系统审计师可以开展实质性测试，以评估报告数据的完整性和准确性。要执行这种测试，信息系统审计师可以使用统计抽样，这样能使信息系统审计师得出有关所有数据准确性的结论。

内部控制的水平与所需的实质性测试工作量之间存在直接关联。如果测试控制（符合性测试）的结果显示内部控制充分，则证明尽量简化实质性程序的做法正确合理。相反，如果控制测试暴露出控制中存在弱点，因而可能产生账户完整性、准确性或有效性方面的疑虑，则实质性测试可缓解这些疑虑。

可考虑抽样的控制符合性测试示例包括：用户访问权限、程序变更控制程序、记录程序、方案记录、异常跟进、日志审查和软件许可证审计。

可考虑抽样的实质性测试示例包括：对账户样本或交易样本执行复杂计算（如利息），以保证生成支持文档。

如果控制初步评估结果表明实施的控制不可靠或未落实，则信息系统审计师可以在初步评估过程中纳入实质性测试。

图 1.16 显示符合性测试和实质性测试之间的关系，并描述了两类实质性测试。

> **注意**
> CISA 考生应当清楚何时执行符合性测试，何时执行实质性测试。

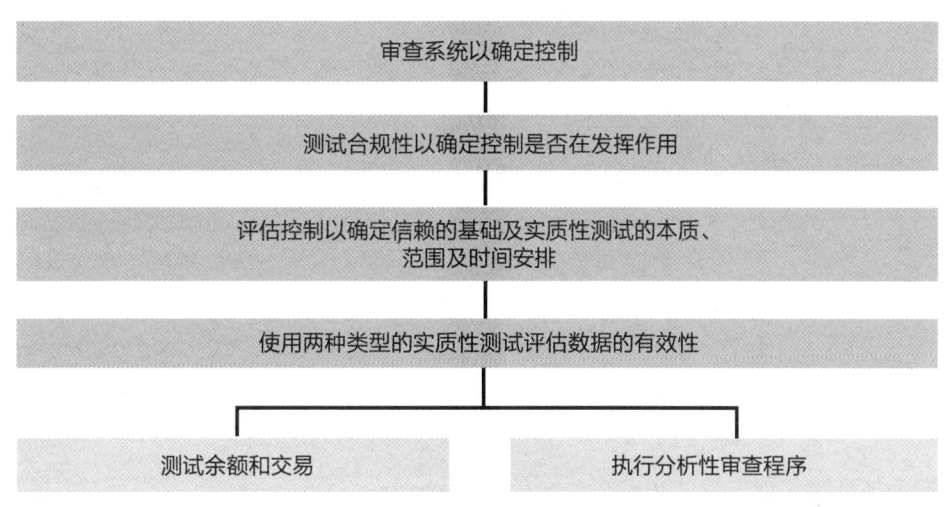

图 1.16　了解控制环境和交易流程

1.6.2　抽样

如果考虑到时间和成本，无法对预定义总体中的所有交易或事件进行完整验证，则可采取抽样法。总体包含需要接受检查的整组项目。总体中用于执行测试的部分称为样本。抽样旨在根据样本的特征推断整体的特征。

审计抽样时一般使用统计抽样和非统计抽样。

- **统计抽样**。用于确定样本量和选择标准的一种客观方法。
- 统计抽样使用概率的数学规律来计算抽样量，选择样本项目，以及评估样本结果并做出推论。
- 通过统计抽样，信息系统审计师能够以量化方式确定样本与总体的接近程度（评估样本精度）以及在 100 次抽样中样本代表总体的次数（可靠性或置信水平）。这个估计值以百分比的形式表示。有效统计样本的结果可以用数学方法量化。
- **非统计抽样（通常称为判断抽样）**。通过审计判断来确定抽样方法、要从总体中抽取检查的项目数（样本量）和要选择的项目（样本选择）。
  - 这些决定以主观判断为依据，判断哪些项目/交易最重要、最有风险。

信息系统审计师应熟悉图 1.17 中描述的统计抽样概念。

在使用统计或非统计抽样方法时，信息系统审计师应设计和选择一个审计样本、执行审计程序和评估样本结果，从而获得充足、可靠、相关和有用的审计证据。这些抽样方法都需要信息系统审计师在定义总体特征时运用自己的判断力，因此可能会面临从样本得出错误结论的风险（抽样风险）。但是，统计抽样能够让信息系统审计师量化出错的概率（置信系数）。对统计抽样，总体中每个项目被挑选成为统计样本的机会或概率应当相等。在这两种通用的审计抽样方法中，主要使用两种抽样方法：属性抽样和变量抽样。属性抽样一般应用于符合性测试，主要应对属性是否存在的问题，并提供以发生率表示的结论。

术 语	定 义
置信系数（置信水平或可靠性因子）	说明样本特征能真实代表总体的概率，以百分比表示（90%、95%、99%等）。通常，置信系数达到95%便视为高度保证。如果信息系统审计师知道内部控制很强大，则可以降低置信系数。置信系数越高，样本量越大
风险水平	等于1减去置信系数。例如，如果置信系数是 95%，风险等级就是 5%（100%减去95%）
精度	由信息系统审计师设置，表示样本与实际总体之间可接受的范围差异。对于属性抽样，此数字以百分比形式表示。对于变量抽样，此数字以货币金额或数量表示。精度值越大，样本量越小，未检测到较大总误差量的风险就越大。精度值越小，样本量就越大。精度过低可能会导致不必要的过大样本量
预期误差率	这是一个估计值，表示可能存在的误差百分比。预期误差率越高，样本量就越大。此数值适用于属性抽样公式，但不适用于变量抽样公式
样本均值	所有样本值的总和除以样本量。样本均值衡量的是样本的平均值
样本标准差	从样本均值计算样本值的方差。样本标准差表示样本值的分布或离散度
可容忍误差率	描述在没有账户被严重误报的情况下可以存在的最大误报程度或错误数。可容忍误差率用作符合性测试中精度范围的计划上限。该值以百分比表示。用于实质性测试时，精度范围和精度的含义相同
总体标准差	衡量与正态分布的关系的数学概念。标准差越大，样本量越大。此数值适用于变量抽样公式，但不适用于属性抽样公式

图 1.17 统计抽样术语

属性抽样指三种不同类型但彼此相关的比例抽样：

- **属性抽样（固定样本量属性抽样或频率估计抽样）**。该抽样模型可用于估算总体中特定性质（属性）的发生率（百分比）。属性抽样可回答"有多少？"的问题。
  - 例如，计算机访问申请表上的批准签名就是一个可能被测试的属性。
- **停止或继续的抽样法**。这种抽样模型可通过允许审计测试尽早停止，来帮助防止对某属性的过度抽样。当信息系统审计师认为总体中存在的错误相对较少时会使用停止或继续的抽样法。
- **发现抽样**。如果审计的目标是找出（发现）欺诈、法规规避或其他违规行为，最常使用的抽样模型。例如，如果发现样本没有错误，则假设不存在欺诈/违规；但一旦发现任何错误，则将整个样本视为欺诈/违规。

变量抽样（美元估计或均值估计抽样）是用于从一个样本部分估计总体的货币价值或其他计量单位（如重量）的一项技术。一个变量抽样的例子是审查组织的资产负债表，查看重大交易相关信息，以及对生成资产负债表的程序的应用程序审查。

变量抽样指三种类型的定量抽样模型：

- **分层单位均值**。在这种统计模型中，对总体进行分组，然后从不同的组中抽样；用于产生小于不分层单位均值的总样本量。
- **不分层单位均值**。这种统计模型会计算某样本的均值并将其作为总估计值。
- **差异估计**。这种统计模型可根据从样本观测得到的差异值来估计审计值和账面（未审计）值的总差异。

变量抽样一般应用于实质性测试，主要应对会发生变化的总体特征，如货币价值和重量（或任何其他计量），并提供与偏离常规现象相关的结论。

构建和选择审计测试用样本的关键步骤如图 1.18 所示。

确定目标 → 定义样本总体 → 确定方法 → 计算样本量 → 选择样本 → 评估样本

图 1.18　选择审计测试用样本的步骤

抽样风险

信息系统审计师得出的结论与总体采用相同的审计程序得出的结论可能是不同的，即为抽样风险。存在以下两类抽样风险：

- **误受风险**。在总体实际被严重误报的情况下，重大漏洞被评定为不太可能。
- **误拒风险**。当总体实际上未被严重误报的情况下，重大漏洞被评定为有可能。

> **注意**
> 尽管 CISA 考生不需要成为抽样专家，但 CISA 考生应当大致了解总体抽样原则以及如何设计可靠的样本。CISA 考生还应熟悉不同类型的抽样术语和技术，并了解各种技术的适用场合。

1.7　审计证据搜集技巧

证据是信息系统审计师确定被审计实体或数据是否符合既定标准或目标，从而支持审计结论时使用的所有信息。结论必须基于充分、相关且有说服力的证据，这是一项硬性规定。在规划信息系统审计时，应考虑要搜集的审计证据的类型、如何通过审计证据达成审计目标，以及证据不同级别的可靠性。

审计证据可能包括：

- 信息系统审计师的观察（提交给管理层）。
- 面谈笔录。
- 独立且合格第三方评估员的结果。
- 从信件和内部文件或与外部合作伙伴签订的合同中提取的材料。
- 审计测试程序的结果。

尽管所有证据都有助于信息系统审计师得出审计结论，但相比之下，有些类型的证据更为可靠。必须按照审计标准的要求来考虑证据的规则、证据的充分性和说服力。

评估审计证据可靠性的决定性因素包括：

- **证据提供者的独立性**。从外部获得的证据比从组织内部获得的证据更可靠。这也是使用确认函来验证应收账款余额的原因。此外，如果可以审查与外部各方所签订合同或协议的原始文件，则这些合同或协议可视为可靠的证据。
- **提供信息/证据的个人的资质**。无论信息/证据提供者是组织内部人员还是外部人员，信息系统审计师都应该考虑其资质和职责。对于信息系统审计师也是如此。如果信息系统审计师对受审查技术领域没有较好的了解，则测试该领域时搜集的信息可能不可靠，特别是在信息系统审计师没有充分了解测试时。
- **证据的客观性**。客观证据比需要大量判断或解释的证据更可靠。信息系统审计师对于介质库存的审查是直接客观的证据。信息系统审计师基于与特定人员的讨论对应用程序效率所做的分析可能就不属于客观的审计证据。
- **证据的时效性**。在确定符合性测试和实质性测试（如适用）的性质、时间和范围时，信息系统审计师应当考虑信息存在或可用的时效性。例如，对于由动态系统处理的审计证据（如电子表格），如果未控制文件的变更或者文件未备份，则其可能在一段时间之后便无法被检索到。

在审计过程中，信息系统审计师会搜集各种证据。有的证据可能与审计目标有关，有的则可能被视为无关紧要的证据。信息系统审计师应当关注的是审查的总体目标，而不是所搜集证据的性质。

必须对证据的质量和数量进行评估。国际会计师联合会分别将这两个特征称为适当性（质量）和充分性（数量）。如果证据既可靠又相关，则其被认为有说服力。审计判断用于确定证据充分性，相同的方式也用于确定何时实现证据的适当性。

对于信息系统审计师来说，了解证据规则很重要，因为可能会遇到各种证据类型。

> **注意**
> 在给定的审计场景中，CISA 考生应当能够确定哪种证据搜集技巧最适合给定情形。

搜集证据的技巧包括：

- **审查信息系统组织结构**。在信息系统环境中，对组织结构进行充分的职责分离是一种关键的一般控制手段。信息系统审计师应当了解一般的组织控制并能够评估受审计组织中的这些控制。如果非常注重协作分布式处理或最终用户计算，则 IT 职能的组织方式可能与传统信息系统组织（由独立的系统和运营职能组成）有所不同。信息系统审计师应当能够审查这些组织结构并评估结构所能提供控制的水平。
- **审查信息系统政策和程序**。信息系统审计师应当审查是否存在合适的政策和程序，确定人员是否了解所实施的政策和程序，并确保遵守这些政策和程序。信息系统审计师应当验证管理层是否完全承担起了构想、制定、记录、颁布和控制涵盖常规目标与指令的政策的责任。应定期审查政策和程序的适当性。
- **审查信息系统标准**。信息系统审计师首先应当了解组织内实施的现行标准。
- **审查信息系统文档**。审查信息系统文档的第一步是了解组织内的现有文档。这些文档可以是纸质材料，也可以是电子文件。如果是后者，则应当由信息系统审计师来评估保护文档完整性的控制措施。信息系统审计师应当寻求最低等级的信息系统文档记录。文档记录可能包括：
  - 系统开发启动文档（例如，可行性分析）。
  - 外部应用程序供应商提供的文档。
  - 与外部 IT 提供商签订的 SLA。
  - 功能性要求和设计规范。
  - 测试计划和报告。
  - 程序和操作文档。
  - 程序变更日志和历史记录。
  - 用户手册。
  - 操作手册。
  - 安全相关文档（例如，安全计划和风险评估）。
  - 业务持续计划。
  - QA 报告。
  - 安全指标报告。
- **与相关人员面谈**。请参阅 1.7.1 面谈和观察员工以了解其职责履行情况部分。
- **观察流程和员工表现**。对于多种审查类型，流程观察是一项关键的审计技术。信息系统审计师应以不引人注意的方式观察，并详尽记录所有信息，以便在需要时将其用作审计证据。在某些情况下，审计报告的发布可能不够及时，无法将观察结果用作证据，因此可能需要向被审计领域的管理层提交中期报告。信息系统审计师可能需要考虑书面证据在作为证据时是否有用（例如，一张门完全打开的服务器机房的照片）。
- **重新执行**。重新执行流程是一项重要的审计技术，所提供的证据通常优于其他技术提供的证据，因此，如果问询、观察和检查证据后仍不能确定控制是否在有效运营，可以使用该技术。该技术涉及实时评估控制的实际性能。
- **浏览审查**。浏览审查是用于确认对控制的理解的审计技术。浏览审查有助于确保控制所有者和信息系统审计师清楚地了解要评估的控制，并帮助识别要搜集的证据以验证控制的有效性。

这些证据搜集技巧都是审计的一部分，但不能认为审计仅限于审查工作。它包括检查，会涉及测试控制和审计证据，因此还包括审计测试的结果。

信息系统审计师应认识到，由于计算机辅助软件工程（Computer-Aided Software Engineering，CASE）或原型设计等系统开发技术的存在，将不再需要传统的系统文档，或文档将采用自动化形式提供。但信息系统审计师应查找信息系统组织内部的文档记录标准和实务。

信息系统审计师应能够审查给定系统的文档记录，并确定其是否遵循了组织的文档记录标准。除此之外，信息系统审计师应了解目前的系统开发方法（例如，面向对象、CASE 工具或原型设计）以及组织文档记录的方式。信息系统审计师应了解信息系统文档记录的其他要素，例如数据库规格说明、文件结构或自记录程序列表。

1.7.1 面谈和观察员工以了解其职责履行情况

面谈技巧是信息系统审计师需要掌握的一项重要技能。面谈应该事先安排，清楚传达目标，遵循既定大纲并将面谈记录存档。使用信息系统审计师事先准备的面谈表格或检查清单是一种很好的方法。

记住，此类面谈的目的是运用质询、观察、检查、确认、执行和监控等技巧搜集审计证据。人员面谈的本质是挖掘信息，绝不能责问受访者；访问者应当让受访者感到轻松，并鼓励他们分享信息、想法、担忧和知识。信息系统审计师应当验证与受访者面谈所做笔记的准确性。

观察员工的职责履行情况可帮助信息系统审计师确定：

- **实际职能**。观察这一测试方法足以确保被指派和授权履行某特定职能的人员是实际执行该项工作的人。信息系统审计师可以借机了解他人是如何理解和践行政策和程序的。根据具体情况，应将此类测试的结果与对应的逻辑访问权限进行比较。
- **实际流程/程序**。浏览审查流程/程序可以让信息系统审计师获得符合性证据并观察到可能存在的偏差。此类观察对于物理控制很有用。
- **安全意识**。观察安全意识可以查证个人是如何理解和践行用于保护企业资产和数据的有效预防性及检测性安全措施的。可以检查先前按计划完成的和计划中的安全培训，进一步支持此类信息。
- **报告关系**。观察报告关系可以确保履行分配的职责并践行了充分的 SoD。通常，应将此类测试的结果与对应的逻辑访问权限进行比较。
- **观察障碍**。观察者可能会对被观察环境造成干扰。当发现有人观察自己时，人们可能会改变行事方式。与信息处理人员和管理层面谈可确保员工具备履行工作职责所需的技术技能。这是促成有效及高效运营的重要因素。

1.8 审计数据分析

数据分析是信息系统审计师的重要工具。通过使用技术，信息系统审计师可以选择和分析完整的数据集，以持续审计或监控关键组织数据中的异常或变化，从而识别和评估组织风险，并实现控制和监管要求的合规性。

信息系统审计师可以将数据分析用于以下目的：

- 确定当前控制环境的运营有效性。
- 确定反欺诈程序和控制的有效性。
- 识别业务流程错误。
- 识别业务流程的改进和控制环境中存在的效率低下问题。
- 识别异常情况或不寻常的业务规则。
- 识别欺诈。
- 识别存在较差数据质量的领域。
- 在审计的规划阶段执行风险评估。

用于收集和分析数据的流程包括：

- 设定范围（例如，确定审计/审查目标；定义数据需求、来源和可靠性）。
- 识别和获取数据（例如，从可靠来源请求数据、测试数据样本、提取数据以供使用）。
- 通过以下方式对数据进行验证（例如，确定执行审计测试所用的数据是否充足和可靠）：
  - 不依赖所提取的数据集来验证余额。
  - 将详细数据与报告控制总数进行核对。
  - 验证数值、字符和日期字段。

- 验证数据集的时间段（即确定其符合范围和目的）。
- 验证范围中识别的所有必要字段都已包含在获取的数据集中。
- 执行测试（例如，运行脚本和执行其他分析测试）。
- 记录结果（例如，记录测试目的、数据源和所得结论）。
- 审查结果（例如，确保测试程序已由合格人员妥为执行和审查）。
- 保留结果（例如，维护重要的测试要素），例如：
  - 程序文件。
  - 脚本。
  - 宏/自动化命令测试。
  - 数据文件。

在审计的规划和现场工作阶段，信息系统审计师均可执行有效的数据分析。

分析可用于：

- 将逻辑访问文件与人力资源部门的获授权用户员工主文件相结合。
- 将文件库设置与变更管理系统中的数据以及可与授权事件日期匹配的文件变更日期相结合。
- 将入口与出口记录进行匹配，以识别物理安全日志中的尾随情况。
- 审查表格或系统配置设置。
- 审查系统日志中未经授权的访问或异常活动。
- 测试系统转换。
- 测试逻辑访问 SoD（例如，结合工作说明对 Active Directory 数据进行分析）。

1.8.1 计算机辅助审计技术

CAAT 是信息系统审计师在信息系统审计或审查期间用于收集和分析数据的重要工具。当系统具有不同的硬件和软件环境、数据结构、记录格式或处理功能时，如果信息系统审计师不使用此类软件工具，要搜集特定证据几乎是不可能的。

CAAT 还可以帮助信息系统审计师独立收集信息。其可针对预定审计目标通过 CAAT 访问和分析数据并报告审计发现，其中重点说明系统中生成和维护的记录的可靠性。所用信息来源的可靠性可保证所生成发现的准确性。

CAAT 包括多种工具和技术，例如 GAS、实用程序、调试和扫描软件、测试数据、应用软件跟踪和映射，以及专家系统。

GAS 是指可以直接读取和访问来自各种数据库平台、平面文件系统和美国信息交换标准代码（ASCII）格式的数据的标准软件。GAS 为信息系统审计师提供了一种独立的方法，使之能够访问需要分析的数据，并使用高级的问题解决软件调用要对数据文件执行的函数。其功能包括数学计算、分层、统计分析、顺序检查、查重和重新计算。GAS 通常支持如下功能：

- **文件访问**。实现对不同记录格式和文件结构的读取。
- **文件重组**。实现索引、排序以及与其他文件的合并和链接。
- **数据选择**。启用全局过滤条件和选择标准。
- **统计功能**。实现抽样、分层和频率分析。
- **算术功能**。启用算术运算符及相关功能。

实用程序是软件的一个子集，比如数据库管理系统（Database Management System，DBMS）的报告生成器，可提供有关系统控制有效性的证据。测试数据涉及信息系统审计师使用样本数据集，评估程序中是否存在逻辑错误以及程序是否符合其目标。审查应用程序系统可以获得有关系统中所内置内部控制的信息。审计专家系统将在执行审计时为各级审计师提供指导和宝贵信息，因为基于查询的系统是建立在高级审计师或管理人员的知识基础之上的。

这些实用程序工具和技术可用于执行各种审计程序，如：

- 测试交易和余额详情。
- 分析性审查程序。
- 信息系统一般控制的符合性测试。
- 信息系统应用程序控制的符合性测试。
- 网络和操作系统漏洞评估。
- 渗透测试。
- 应用程序安全测试和源代码安全扫描。

信息系统审计师应该对 CAAT 有透彻的了解，知道何时何地使用它们。例如，信息系统审计师应当审查业务程序的结果，以确定是否存在表明可能发生违规和非法行为的迹象。使用CAAT可大大提高违规或非法行为检测的效率和有效性。

在投入精力、时间和财力购买或开发CAAT之前，信息系统审计师应先权衡使用它们的成本和效益。需要考虑的问题包括：

- 对于现有和未来审计人员的易用性。
- 培训要求。
- 编码和维护的复杂性。
- 使用的灵活性。
- 安装要求。
- 处理效率。
- 将源数据导入CAAT进行分析所需的工作量。
- 通过保护导入数据的真实性来确保其完整性。
- 记录关键处理点上数据下载的时间戳以确保审查的可信度。
- 获得在受审方的服务器上安装软件的许可。
- 软件的可靠性。
- 处理中的数据的机密性。

在开发CAAT时，需要保留的文档示例如下：

- 详述待审查高风险问题的在线报告。
- 带有注释的程序列表。
- 流程图。
- 样本报告。
- 记录和文件结构。
- 字段定义。
- 操作说明。
- 适用原始文件的描述。

CAAT文档应用作审计方案的参考，明确说明审计程序和将要达成的目标。在请求访问生产数据以供CAAT使用时，信息系统审计师应请求只读访问。信息系统审计师对数据执行的任何操作，都应在受控环境下应用于生产文件副本，以确保生产数据不会遭受未经授权的更新。大部分CAAT都能将生产数据从生产系统下载到独立平台，然后在独立平台展开分析，从而防止生产系统受到任何不利影响。

作为持续在线审计方法的CAAT

CAAT有一项重要优势：能够通过持续在线审计技术提高审计效率。为此，信息系统审计师必须开发适用于先进信息系统的审计技术。

此外，信息系统审计师必须在开发和实施的早期阶段参与构建先进系统，并且必须更好地利用适合其组织的自动化环境的自动化工具。这将采用持续性审计方法的形式。

1.8.2 持续审计和监控

持续审计是信息系统审计师用来通过计算机连续监视系统可靠性，并搜集选择性的审计证据的一种方法。持续审计有一个显著特征，即要审计的事实、证据搜集和审计报告之间的时间间隔很短。为正确理解持续审计的含义和要求，必须区分持续审计和持续监控：

- **持续审计**。使信息系统审计师能够在实时或近乎实时的环境中执行测试和评估。持续审计旨在使信息系统审计师能够在比传统审计方法短得多的时间内报告被审计主题的相关结果。
- **持续监控**。组织将其用于观察一个或多个流程、系统或数据类型的性能。例如，实时防病毒或入侵检测系统可在持续监控模式下运行。

持续审计应该独立于持续控制或监控活动。同时执行持续监控和审计时，即可建立持续鉴证。实际上，持续审计是管理层将持续监控作为日常流程采用的先导阶段。通常，审计职能部门会将在持续审计中所用的技术移交给业务部门，业务部门之后会进行持续监控。因为这一合作，审计职能部门为组织创造了巨大价值，流程所有者对此深怀感激，业务部门与审计职能部门之间的信任感也因而大大增强。尽管如此，我们不能忽视一个事实：由于持续监控本身缺乏独立性和客观性，绝不可将其视为审计职能的替代物。

持续审计工作通常融合了新的IT发展成果，当前硬件、软件、标准和AI工具的增强处理功能，并尝试在交易时搜集和分析数据。必须从在不同环境下运行的各种应用程序收集数据；必须筛选交易；必须分析交易环境以检测趋势和异常；必须披露不正常的模式（即与指定业务伙伴的交易值大大高于或低于常规值）。如果必须实时完成所有这些事项，甚至是在交易最终签字同意之前完成，可能就必须采用和结合各种顶级IT技术。由于IT环境中的基本流程本身具有自动化特性，因而IT环境先天就能够推动持续审计的应用。

持续审计的目的是提供一个可规避欺诈的更安全平台，以及一个旨在确保实现高级财务控制的实时流程。许多企业资源规划软件包以及大多数操作系统和网络安全软件包中通常会构建持续审计和监控工具。如果经过合理配置并填充规则、参数和公式，这些环境可在针对实际数据操作期间，按请求输出例外列表。因此，它们代表持续审计的一个实例。使用这些功能的一个重要附加价值是，它们可假设了"危险"或异常情况的定义，不过实现起来有难度。例如，一组授予的信息系统访问权限是否可视为没有风险，将取决于是否有明确定义的 SoD。另一方面，要确定为修改和维护数据库记录而采取的给定顺序的行动步骤是否会导致潜在风险，难度可能要大得多。

对用于持续审计的数据源进行验证非常重要，还需留意进行手动更改的可能性。

1.8.3 持续审计技术

持续审计技术是重要的信息系统审计工具，尤其适用于那些处理大量交易但极少留下纸质轨迹的分时环境。这些持续审计技术允许信息系统审计师持续评估运营控制，但不干扰组织的正常运营，从而提高了系统的安全性。当有人误用系统从无效账户中提款时，持续审计技术会及时地将这次提款报告给信息系统审计师。因此，缩短了从发生系统误用到发现系统误用之间的时间差。通过使用持续审计程序，可及时检测失效、不当操作和控制缺失情况，这会让信息系统审计师和管理层对系统可靠性更有信心。

适用于持续审计的自动化评估技术包括以下五种类型：

1. **系统控制审计审查文件和嵌入式审计模块**。这一技术的应用涉及在组织的主机应用程序系统中嵌入专门编写的审计软件，从而有选择性地监控应用程序系统。

2. **快照**。此技术涉及从输入到输出阶段拍摄交易所遵循的处理路径的"图片"。通过使用这一技术，可以通过在输入数据中应用标识符，并记录选定的与所发生事项相关信息，从而标记相关交易以供信息系统审计师以后审查。

3. **审计钩**。这一技术可以在应用程序系统中嵌入"钩子"（例如，日志记录和监控触发器），以起到危险警示的作用，从而促使信息系统安全和审计师及早采取行动，防范错误或违规情况进一步地失控。

4. **集成测试设施**。这项技术会建立虚拟实体并将其包括在受审方的生产文件中。信息系统审计师可以使系统在常规处理运行期间处理实时交易或测试交易，并通过这些交易更新虚拟实体的记录。操作人员可在输入要处理的实时交易的同时输入测试交易。随后，审计师可将输出与独立计算得到的数据进行比较，以验证计算机处理的数据的正确性。

5. **连续与间歇模拟**。在交易运行的过程中，计算机系统将模拟应用程序的指令执行。输入各个交易时，模拟器将决定交易是否符合某些预定的衡量标准，如果符合，则可以审计该交易。如果不符合，模拟器会等待下一个符合衡量标准的交易出现。

图 1.19 中显示了各种持续审计工具的相关用例。

	SCARF/EAM	快照	审计钩	集成测试设施	连续与间歇模拟
复杂度	很高	中	低	高	中
适用场合	无法中断常规处理	需要审计轨迹	只选择需要检查的交易或流程	不利于使用测试数据	需要检查符合特定衡量标准的交易

图 1.19 持续审计工具的相关用例

每种持续审计技术的使用都有优点和缺点。它们的选择和实施在很大程度上取决于组织的计算机系统和应用程序的复杂程度，以及信息系统审计师在使用或不使用持续审计技术的情况下，理解和评估系统的能力。此外，信息系统审计师必须认识到连续审计技术不能解决所有控制问题，而且使用这些技术只能有限保证所检查的信息处理系统按预期功能运营。

在持续审计环境下操作的技术必须在所有数据层级（单个输入、交易、数据库）有效，包括：

- 交易日志记录。
- 查询工具。

- 统计和数据分析。
- DBMS。
- 数据仓库、数据栈、数据挖掘。
- 智能代理。
- EAM。
- 神经网络技术。
- 可扩展业务报告语言等标准。

智能软件代理可用于实现评估流程自动化,并且带来了灵活性和动态分析功能。通过配置和应用智能代理(机器人),可以持续监控系统设置,并在超出特定阈值或者满足特定条件时发送警报消息。

全部的持续审计流程必须谨慎内置入应用程序并在各个层中运行。审计工具必须与常规处理操作(捕获实时数据、提取标准化配置文件或描述信息,以及将结果传递给审计层)并行运行。

与时间点审计或定期审计相比,持续审计具有内在优势,因为它可以实时检测到内部控制问题,从而防止出现负面影响。持续审计也可以减少可能或固有的审计低效问题,例如延迟、规划时间、效率低下的审计流程、由于职责分离而产生的开销、多次质量审查或监督审查,或者有关审计发现有效性的讨论。

要实现持续审计,必须有高级管理层的全力支持、专注精神以及丰富的经验和技术知识,它们可以最大程度降低对基本审计业务流程的影响。此外,可能还需要不断调整和更新审计层级以及设置。

除难度大、成本高之外,持续审计还有一个固有的缺点:内部控制专家和审计师可能不太相信自动化工具能够取代个人的判断和评估。此外,必须建立相应的机制,排除该等审计所生成报告中的漏报和误报,从而让利益相关方继续信任其准确性。

1.8.4 信息系统审计中的人工智能

人工智能正越来越多地应用于许多业务职能中。检测欺诈交易、执行数据质量检查、筛查负面新闻和数据处理都已通过 AI/机器学习(Machine Learning,ML)技术成功实现自动化。为大型跨国企业银行实施 AI 或 ML 可以节省大量人工开销和对账工作。

信息系统审计师或许能受益于使用 AI/ML 技术,来提高整体审计效率或降低审计风险。通过将烦琐的手动流程自动化(例如审计工作底稿标记或数据操作),可以提高效率。通过增加审计样本量或为审计师提供更多时间和信息来分析审计结果以执行进一步测试和跟进,可以降低审计风险。

图 1.20 概述了信息系统审计中 AI/ML 的具体任务和自动化机会。

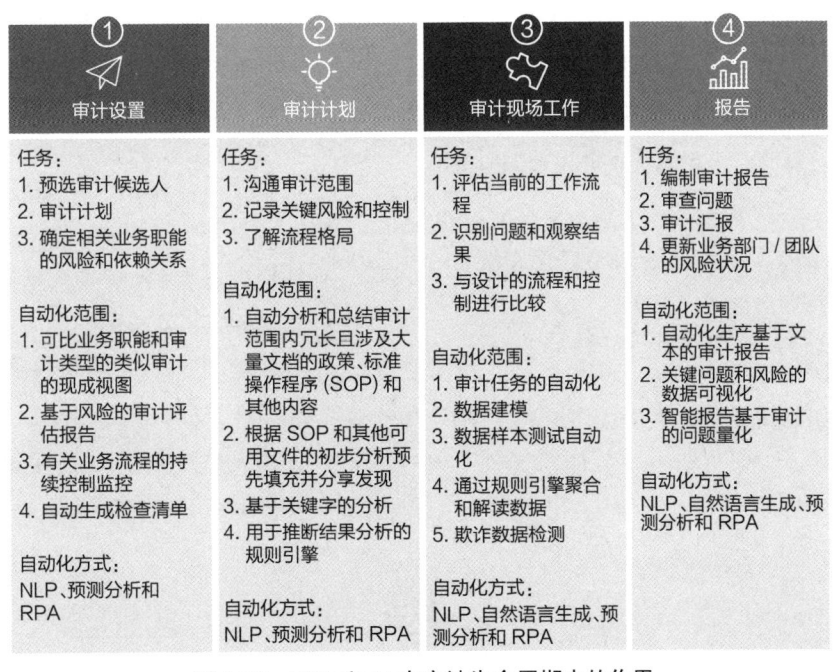

① 审计设置	② 审计计划	③ 审计现场工作	④ 报告
任务: 1. 预选审计候选人 2. 审计计划 3. 确定相关业务职能的风险和依赖关系 自动化范围: 1. 可比业务职能和审计类型的类似审计的现成视图 2. 基于风险的审计评估报告 3. 有关业务流程的持续控制监控 4. 自动生成检查清单 自动化方式: NLP、预测分析和RPA	任务: 1. 沟通审计范围 2. 记录关键风险和控制 3. 了解流程格局 自动化范围: 1. 自动分析和总结审计范围内冗长且涉及大量文档的政策、标准操作程序(SOP)和其他内容 2. 根据 SOP 和其他可用文件的初步分析预先填充并分享发现 3. 基于关键字的分析 4. 用于推断结果分析的规则引擎 自动化方式: NLP、预测分析和RPA	任务: 1. 评估当前的工作流程 2. 识别问题和观察结果 3. 与设计的流程和控制进行比较 自动化范围: 1. 审计任务的自动化 2. 数据建模 3. 数据样本测试自动化 4. 通过规则引擎聚合和解读数据 5. 欺诈数据检测 自动化方式: NLP、自然语言生成、预测分析和RPA	任务: 1. 编制审计报告 2. 审查问题 3. 审计汇报 4. 更新业务部门/团队的风险状况 自动化范围: 1. 自动化生产基于文本的审计报告 2. 关键问题和风险的数据可视化 3. 智能报告基于审计的问题量化 自动化方式: NLP、自然语言生成、预测分析和RPA

图 1.20 RPA 和 AI 在审计生命周期中的作用

资料来源:Menon, S.; "How Can AI Drive Audits?," *ISACA Journal,* vol. 4, 30 June 2021

审计算法

从业者（尤其是信息系统审计师）必须了解什么是算法以及它们为何重要，并明白智能算法并不新鲜，而人类在算法设计和指标中起着决定性的作用。审计师的工作是使用正确的工具提出问题，解读结果，并牢记就算使用最先进的算法也可能会出现错误。

算法作为一个概念通常与数学或计算机科学相关，这可能使它们看起来令人生畏且难以理解。然而，算法只是解决特定问题的方法。例如，婴儿在需要营养、疼痛管理或关注时会哭泣。算法可以像"如果饥饿，那就哭"一样简单。[1]从烹饪到驾驶，从故障排除到疾病诊断，算法用于解决日常问题。

算法可以很简单，也可以很复杂，但并非所有算法都是有效的。某些算法比其他算法更适合解决问题。使用 AI 等技术进步的可行性，取决于找到一种能够加快计算速度的高效算法。[2]以同态加密为例，它可以处理加密数据，而无须先将其转换为明文。[3]

审计可以采用类似的思考。例如，审计包括检查当前状态（现状）与期望状态（应有状态）。这些检查将算法设为：[4]

- 获取"现状"和"应有状态"版本。
- 执行比较所需的任何操作。
- 进行比较。
- 评估结果及其意义。

完整的算法涉及所有一般任务以及如何执行每个子任务的详细规定。[5]无论复杂程度如何，算法只是解决问题的一种方法，根据变化和需求来审查和调整算法至关重要。

图 1.21 进一步扩展了 AI/ML 技术在信息系统审计中的具体应用和用例。

AI/ML 结果解读

AI/ML 结果应始终在某个时间点由人类解读。信息系统审计师必须确保测试旨在回答如下问题，即所使用的工具是否能够回答审计师提出的问题。需要考虑的具体因素包括：[6]

- 作为 AI/ML 辅助审计流程的一部分，输入的数据必须在实施后定期进行验证。如果摄取或分析的数据不完整或不准确，则使用 AI/ML 工具将毫无用处。信息系统审计师应尽可能确保可以获得原始系统数据，以用于分析和检查 AI/ML 工具的结论。
- 信息系统审计师应理解结果的统计学意义，并且结果应反映整个审计范围。
- 对实际结论的支持必须基于信息。不理解结果（包括假设和警告）可能会导致问题，尤其是当计算机输出取代对证据的需求时。例如，曾出现过在模糊图像上运行的面部识别算法错误识别嫌疑人的情况。[7]

AI/ML 审计风险和考虑因素

AI/ML 技术是对 CAAT 的进一步开发，应考虑相同的因素以确保其按预期运行。针对 AI/ML，信息系统审计师应考虑：

- 对 AI 结果的测试不充分可能会产生不可信的结果或审计结果。信息系统审计师应确保执行充分的测试，并通过人类主导的测试进行证实。AI/ML 程序通常是专有的。相关文档（如有）通常不够详细，无法准确解释算法正在做什么。即使足够详细，非专家也很难理解。
- 提供给算法（尤其是 ML 算法）的训练数据应该是正确且充分的。这些数据应该能够涵盖常见和异常情况。在极少数情况下，糟糕的训练会导致算法产生错误的结果。
- 虽然相信机器答案的倾向很强，但只有在正确性经过详尽测试，且机器确实回答了适当的问题时才合理。
- 使用人类构建的 AI 工具会引入人类判断的道德和偏见以及刻板印象。

---

[1] Alexiou, S.;《算法和审计师》, ISACA 期刊, 第 6, 23 November 2021
[2] 同上。
[3] Armknecht, F.; C. Boyd; C. Carr et al.; "A Guide to Fully Homomorphic Encryption," 2015
[4] *Op cit* Alexiou
[5] 同上。

[6] 同上。
[7] Hill, K.; "Wrongfully Accused by an Algorithm" *The New York Times*, 24 June 2020

AI/ML 技术	应用/用例	使 用
文档分类	应用分类模型（例如决策树、贝叶斯分类器、最近邻）将文档或文本段分配给特定主题或标签	了解审计期间审查的标准操作程序、政策和其他可交付成果 从以往类似的审计报告中做出推论
文本总结	将常用单词、短语和主题组合起来，以生成文本或文档集的自然语言摘要的过程	生成审计观察结果和推论 自动生成审计检查清单
主题分析	对文档、文档组或文档文本执行分析，以识别链接文档或文档部分的独特主题	分析数据 为审计构建关键字规则引擎
搜索和检索	搜索已处理信息的数据库或贮存库，以检索与搜索条件中输入的话题或主题相符的文档的过程	做出类似的审计报告推论
统计分析	评估术语、短语或主题趋势的基本统计分析技术	汇总数据 解读数据
情感分析	提取和分析文档中的文本或文本组以理解作者观点的能力	识别关键问题和风险 做出明智的推论并编制审计报告

图 1.21　建议在审计中使用的 AI/ML 技术

资料来源：Menon, S.; "How Can AI Drive Audits?," *ISACA Journal,* vol. 4, 30 June 2021

1.9　报告和沟通技巧

清晰有效的沟通可显著提高审计质量并优化其结果。应向利益相关方报告和传达得到受审方合理认可的审计发现，从而顺利完成审计流程。信息系统审计师还应考虑到审计报告接收方的兴趣与视角，以便相应消除他们的顾虑。沟通技能（书面和口头）决定着审计报告流程的有效性。整个审计均需要沟通和协商技能。为受审方完满解析审计发现必不可少，这样受审方才会采纳报告中的建议并立即着手改进。要实现此目标，信息系统审计师应当擅长运用协助、协商和冲突解决等技巧。信息系统审计师在报告审计结果时，还应了解重要性这一概念，即审计发现相对于业务影响的重要性。

1.9.1　沟通审计结果

信息系统审计师可以借审计结束时的退出面谈，与受审方管理层讨论审计发现和建议。退出面谈过程中，信息系统审计师应该：

- 确保报告中呈现的事实准确无误且重要。
- 确保建议切实可行且具有成本效益，否则，应与受审方管理层协商以寻求替代方案。
- 建议议定建议的实施日期。

信息系统审计师应知道，其最终应对高级管理层和审计委员会负责，并且应随时与他们沟通问题或疑虑。试图拒绝高级管理层以下的层级介入会限制审计职能的独立性。

与高级管理层沟通审计结果之前，信息系统审计师应先与受审方管理层讨论审计发现，以便就这些结果达成共识，并制定一系列商定的整改措施。如果出现分歧，信息系统审计师应详细说明发现的重要性，以及不纠正控制弱点的风险和影响。有时，受审方管理层可能会要求信息系统审计师协助实施建议的控制增强措施。信息系统审计师应沟通解释信息系统审计师与顾问这两种角色之间的不同，并考虑如何帮助受审方不对信息系统审计师的独立性产生可能的负面影响。

与受审方管理层达成一致后，信息系统审计管理层应向受审方的高级管理层进行简要说明。审计活动摘要应定期提交给审计委员会。审计委员会通常由不直接为组织工作的个人组成，因此为信息系统审计和鉴证专业人员提供了一条独立的途径来报告敏感的审计发现。

1.9.2 审计报告目标

审计报告的六个目标如下：

1. 正式将审计结果呈现给受审方（和审计客户，如果与受审方不同）。

2. 作为审计业务的正式收尾。

3. 提供鉴证声明，并在必要时确定需要采取整改措施的领域和相关建议。

4. 为研究受审方或审计主题的任意方提供有价值的参考。

5. 如果呈现审计发现，则为跟踪审计奠定基础。

6. 提高审计可信度，这取决于报告是否完善和撰写得当。

信息系统审计的特定报告目标是根据受审方管理层和其他报告用户的报告要求制定，还需遵从信息系统审计和鉴证标准以及审计组织协议。在审计规划期间确定受审方或其他利益相关方（如监督组织）。信息系统审计师通过考虑这些要求和其他审计规划要素（如风险评估、重要性和所述控制的适当性），以及监管和IT治理要求，以制定审计范围和目标。审计报告会根据这些要求正式呈现审计的目的和结果。每份审计报告都应该为审计目标提供公正且具备有力支持的回应。例如，如果审计目标旨在确定是否实施了充足的控制，来提供仅经授权才具备的数据中心物理访问权限的合理保证，那么报告应说明信息系统审计师对于是否具备充足控制来实现该目标的结论或意见。如果需要实施或加强控制才能实现该目标，则报告应提供满足该需求的建议。

1.9.3 审计报告的结构与内容

审计报告是信息系统审计工作的最终成果。组织不同，审计报告的确切格式也会有所不同；但是，信息系统审计师应了解审计报告的基本组成部分以及如何用其向管理层沟通审计发现。

> **注意**
> CISA考生应熟悉ISACA信息系统审计和鉴证标准"1401 报告"和"1402 跟进活动"。

审计报告通常包括：

- 报告简介，这部分将陈述审计目标、审计的限制和范围、审计涵盖的时间段、所执行审计程序的性质和范围以及审计期间所检查流程的概述，以及有关信息系统审计方法和准则的声明。
- 审计发现包含在单独章节中，通常按重要性和/或目标接收方分组。
- 信息系统审计师针对审计中所检查控制和程序的充分性发表的总体结论和意见，以及根据检测到的缺陷识别出的实际潜在风险。
- 关于审计的保留意见或资质。
  - 信息系统审计师可能会说明所检查的控制或程序是否充分。审计报告的其余部分应支持该结论，并且审计过程中搜集的全部证据应为审计结论提供更大力度的支持。
- 详细的审计发现和建议。
  - 信息系统审计师可能会根据发现的重要性和审计报告的目标接收方，在审计报告中纳入特定的发现。例如，仅对当地管理层重要而对整个组织几乎没有控制意义的审计发现，可以不纳入计划提交给董事会审计委员会的审计报告中。应在上级管理层的指导下决定各级别的审计报告中应包含哪些内容。
- 各种发现，有些可能很重要，有些则可能本质上不重要。
  - 信息系统审计师可以选择以备忘录等备用形式将较不重要的发现呈递给管理层。

应由信息系统审计师最终决定审计报告中应该包括或排除哪些内容。通常，信息系统审计师应注意平衡报告内容，不仅要说明发现的负面问题，还应针对改进的流程和控制或已经落实的有效控制，提供积极的建设性意见。总之，信息系统审计师应在报告流程中奉行独立性原则。

受审方管理层会评估审计发现，陈述将采取的整改措施以及实施预期整改措施的时间。管理层可能无法立即将所有审计建议付诸实践。例如，信息系统审计师可能会建议对正在进行其他变更或增强的信息系统进行更改。信息系统审计师不应期望在其建议实施之前，要先暂停其他更改。所有建议可能同时实施。

信息系统审计师应在发布审计报告的过程中，讨论这些建议及计划的实施日期。由于存在人员限制、预算或其他项目等多种约束因素，可能无法立即实施建议。管理层应该就整改措施制定严格的方案。必须就行动计划的实施日期（实施解决方案可能需要很长时间）和实施方式征得受审方管理层的承诺，这一点至关重要，因为在讨论和最终确定审计报告时确认好可以避免整改措施可能会带来的风险。必要时，信息系统审计师应向高级管理层报告建议的实施进度。

报告应包含所有重要的审计发现。需要就发现提供解释时，信息系统审计师应描述所发现的问题、导致问题出现的原因以及相关风险。必要时，信息系统审计师应在单独的文档中做出解释，并在报告中引用。例如，此方法可能在处理高度机密的事务时比较适用。信息系统审计师还应确定所采用的组织标准、专业标准和政府标准。报告应及时发布，以便促进整改措施的及时实施。必要时，信息系统审计师应在报告发布前将重大发现立即传达给相关人员。然而，事先传达重大发现不得改变报告的目的或内容。

1.9.4 审计记录

审计记录是用于为审计师报告中的表述提供支持的书面记录。它应当：

- 证实业务符合相关标准。
- 为审计师结论所参考的依据提供支持。

审计记录应至少包含以下内容：

- 审计范围和目标的规划和准备。
- 对范围内审计领域的描述和/或浏览审查。
- 审计方案。
- 执行的审计步骤和搜集的审计证据。
- 使用的其他审计师和专家的服务。
- 审计发现、结论和建议。
- 审计记录与文档标识和日期的关系。

此外，建议在记录中包括：

- 所发布审计工作结果报告的副本。
- 审计监督审查的证据。

文档应包括法律法规、合同条款和专业标准要求提供的审计信息。审计记录是支持所得出结论的必要证据，应该清晰、完整、方便检索和极易理解。审计记录通常归受审方所有，仅限具有特定或通用权限的授权人员调阅。如果外部相关方申请调阅审计记录，信息系统审计师应在将记录提供给这些外部相关方之前，事先获得相关高级管理层和法律顾问的批准。

应制定关于保管、保留需求和审计记录发布的政策。记录形式和存储介质可选，但是根据尽职调查和良好实践，应在工作底稿上注明日期、以首字母签名并标上页码，同时必须保证内容切题、完整、清晰、独立，并正确张贴标签、存档和保管。工作底稿可采取自动化方式维护。信息系统审计师应该考虑如何保护审计测试证据及维护其完整性，以保证其在支持审计结果方面的证明价值。

信息系统审计师应准备充足的工作底稿、描述、调查问卷和易于理解的系统流程图。审计记录或工作底稿可视为审计目标和最终报告之间的桥梁或接口。它们应该具备可追溯性和问责制，实现从目标到报告以及从报告到目标的无缝过渡。这种情况下，审计报告可视为一组特殊的工作底稿。

追求将工作底稿集成到审计师的网络环境，导致各种主要审计和项目管理程序包、CAAT，以及可生成一整套自动化记录且具有导入导出功能的专家系统应运而生。

审计记录应该为审计发现和结论/意见提供支持。证据的时间对于支持审计发现和结论来说至关重要。信息系统审计师应小心确保搜集和记录的证据能够支持审计发现和结论。

决定要在审计报告中呈现哪些发现时，**重要性概念是一个关键问题**。判断审计发现重要性的关键是，评估对于各级管理层而言，什么是最重要的。评估中需要判断在不采取整改措施的情况下，审计发现可能产生的影响。例如：

- 远程分布式计算机站点上信息安全物理访问控制中的漏洞可能对于站点的管理层来说很重要，但对于总部的高级管理层而言未必如此。然而，远程站点中可能存在对于高级管理层很重要的其他事务。
- 对取消访问权限进行的审查可能发现，被终止用户的访问权限并未在用户终止日期之后得以移除，但显示在管理层审查安全访问期间却发现此问题，被终止用户的访问权限在那时被移除。此类发现不太可能引起高级管理层的注意，但会予以记录并与受审方管理层进行讨论。

1.9.5 跟进活动

审计是一个持续的过程。如果执行审计和发布报告后,信息系统审计师没有跟进确定管理层是否采取相应的整改措施,则该信息系统审计师会被视为不称职。信息系统审计师应制定跟进方案来确定相关方是否实施了议定的整改措施。虽然在外部审计事务所工作的信息系统审计师不必遵循此流程,但是如果受审方同意,他们也应该完成此类任务。

跟进的时间安排取决于审计发现的关键性以及信息系统审计师的判断。跟进的结果应传达给相应级别的管理层。信息系统审计师的跟进审查力度取决于多个因素。在某些情况下,信息系统审计师可能只需要询问当前状况。而有时,在内部审计职能部门工作的信息系统审计师必须执行某些审计步骤,以确定是否实施了管理层批准的整改措施。

1.9.6 信息系统审计报告的类型

信息系统审计报告主要由审计业务的类型以及信息系统审计和鉴证标准的报告要求所推动。虽然大多数信息系统审计仅产生一份信息系统审计报告,但在某些情况下,也可能有多份适用的报告。例如,除针对一般受众的报告之外,可能还需要另行创建一份包含详细技术信息的机密安全报告,以确保不会将安全风险披露给非预期方。

报告的组织和具体内容还取决于审计业务的范围和目标以及 IT 流程和系统的审查程度或需要解释的程度。审计报告呈现的格式和协议可能取决于审计组织和受审方之间提出的任何要求和期望。审计客户(其可能是,也可能不是受审方组织的人员)可就审计报告内容或格式提出要求。

虽然审查、检查和商定的程序业务具有相似的报告要求,但每种类型的业务都规定了不同的报告要求和限制。审查、检查和商定的程序之间的主要区别在于审计目标、审计工作的性质和范围以及提供的鉴证级别。虽然所有三种类型的审计都包括审查工作,但在审计或检查中执行审计测试的情况更为普遍,因为这些审计或检查需要更强有力的证据来形成意见。商定的程序也可能包括测试,但因其他限制,可能未表达审计意见。虽然审查和检查的审计范围可能相同,但为商定的程序审计定义的范围可能更为狭窄。

1.10 质量保证和审计流程改进

信息系统审计在改进组织信息系统的质量和控制方面发挥着重要作用。作为组织持续改进的关键要素,审计流程本身必须不断改进。

1.10.1 审计委员会监督

审计委员会(如果有)负责监督信息系统审计职能以及与首席审计执行官的互动。如果审计委员会不存在,则应指定小组或个人负责监督审计职能。应建立审计职能(包括信息系统审计)的监督职能和持续性能监控,并通过定期报告进行审查。

1.10.2 审计质量保证

单项审计的质量是审计领导层和指定项目负责人的责任。这些人员负责确保遵循书面审计程序。书面审计程序可能有多种形式(审计手册、Wiki、抽样指导等),但无论如何应能明确识别,并为信息系统审计职能的所有相关成员所知。

信息系统审计领导层负责审查审计工作底稿和最终交付成果(例如审计报告)。应根据风险和权威来源的指导,为所有审计类型建立正式的审查流程(详细审查、业务质量审核、QA 等)。

1.10.3 审计团队培训与发展

应为信息系统审计职能的所有成员制订正式的发展计划。该计划应包括信息系统审计职能中按角色划分的适用培训计划和认证。信息系统审计领导层应确保制定预算,并支持信息系统审计团队成员的培训和发展需求。

1.10.4 监控

监控对适用要求的遵守情况是确保信息系统审计职能在组织内维持审计流程连续性的一个重要因素。监控相关举措的示例包括:

- **审计 QA**。应定期审查和总结审计 QA 程序的结果,以识别趋势和经验教训。应以正式方式对审计 QA 期间识别的可操作项目进行修复和跟踪。
- **独立性监控**。应建立流程,以便信息系统审计师自我报告可能影响其独立性的情况。该流程可以集成到组织内更广泛的审计职能中。领导层和信息系统审计师本身应定期开展检查,以确保其独立性未受影响,并通过既定的报告流程报告任何变化
- **认证和认可**。信息系统审计职能持有的适用认证或认可应由信息系统审计领导层的适当成员负责。这些人员应确保遵守适用于信息系统审计职能的认证或认可机构的要求。
- **持续专业教育**。领导层应确保制定流程,以监督信息系统审计师遵守持续专业教育或培训要求的情况。这些要求可由内部发展计划或通过外部认证机构制定。

案例研究

Betatronics 是一家中等规模的电子产品制造商，其总部位于美国，工厂位于拉丁美洲。企业内部的信息系统审计师需要执行预备工作，评估组织是否准备好接受衡量其对新美国监管要求的遵守情况的审查。

这些要求旨在确保管理层能够在建立和维护良好受控环境方面发挥积极作用，并且还将评估管理层对一般 IT 控制的审查和测试。需要评估的领域包括：

- 逻辑和物理安全。
- 变更管理。
- 生产控制和网络管理。
- IT 治理。
- 最终用户计算。

信息系统审计师有六个月的时间来完成这项预备工作。前几年，在逻辑安全和变更管理领域曾发现重复出现的问题。逻辑安全缺陷包括：共享管理员账户以及未针对密码强制实施足够的控制。变更管理缺陷包括：对不兼容职责的分离不当以及未记录所有变更。此外，在将操作系统更新部署到服务器的过程中，只有一部分操作是有效的。

首席信息官要求其直接下属撰写工作说明和流程步骤，描述 IT 负责的主要活动。完成这些任务并获得各个流程所有者和 CIO 的批准后，信息被转发给信息系统审计师检查。审计预备工作完成后，Betatronics 决定制订未来两年的审计计划。接受任命后，信息系统审计师注意到：

- 该实体有一套审计章程，其中详述了信息系统审计职能的范围和责任，并指定审计委员会负责监督审计活动。
- 该实体应遵守监管合规性要求，其管理层必须保证内部控制系统的有效性，因为这与财务报告相关。
- 该实体在过去两年内持续增长，增长速度是行业平均水平的两倍。
- 该实体发现，员工的离职率有所上升。

1. 信息系统审计师**首先**应该做什么？
   A. 执行逻辑访问控制的调查审计
   B. 修改审计计划以重点关注基于风险的审计
   C. 执行 IT 风险评估
   D. 开始测试信息系统审计师认为最关键的控制

2. 在审计逻辑安全时，观察到哪种情况时会引起信息系统审计师的**最大**关注？
   A. 每个人都知道系统管理员账户
   B. 未强制要求经常更改密码
   C. 网络管理员被给予过多的权限
   D. IT 部门没有书面形式的权限管理政策

3. 这种情况下，在测试方案变更管理时，应该如何选择样本？
   A. 应该随机选择变更管理文档并检查其是否适合
   B. 应该对生产代码的变更进行抽样并追踪到相关的授权文档
   C. 应该基于系统关键性选择变更管理文档并检查其是否适合
   D. 应该对生产代码的变更进行抽样并追踪到系统生成的包含变更日期和时间的日志

4. 在规划未来两年审计时，列出信息系统审计师将用于实质性测试的三种一般 IT 控制。

5. 在第一年，信息系统审计师**最先**应该调查的是：
   A. 以前的信息系统审计报告，以便规划审计时间表
   B. 审计章程，以便规划审计时间表
   C. 员工离职率上升的影响
   D. 新企业资源计划的实施对 IT 环境的影响

6. 信息系统审计师应该如何评估计算机操作中的备份和批处理？
   A. 依靠服务审计师出具的服务提供商报告
   B. 研究实体与服务提供商之间的合同
   C. 将服务交付报告与 SLA 进行比较
   D. 规划并执行对计算机操作的独立审查

7. 在日常工作中，信息系统审计师指出，存在日志审查可能无法及时检测错误的风险。这是以下哪一项的示例？

    A. 固有风险
    B. 残余风险
    C. 控制风险
    D. 重大风险

8. 信息系统审计师建议 CIO 和团队改进一般的 IT 控制环境，并为此目的提议调整 COBIT。在考虑此框架时，信息系统审计师应提出哪些建议？

案例研究相关问题参考答案

1. A. 在进行 IT 风险评估后，执行逻辑访问控制的调研审计。
   B. 在进行 IT 风险评估后，修改审计计划以重点关注基于风险的审计。
   C. 首先应该执行 IT 风险评估，以查明哪些方面所面临的风险最大，以及哪些控制能够减少风险。虽然已经撰写了工作说明和流程步骤，但是该组织尚未评估出关键的控制。
   D. 在进行 IT 风险评估后，测试信息系统审计师认为最关键的控制。

2. **A. 每个人都知道系统管理员账户是最危险的。这种情况下，任何用户都可以在系统中执行任何操作，包括访问文件、调整权限和参数。**
   B. 虽然不经常更改密码会造成问题，但不会像每个人都知道系统管理员账户那样严重。
   C. 虽然网络管理员获得过多权限会造成问题，但不会像每个人都知道系统管理员账户那样严重。
   D. 虽然缺乏特权管理政策会造成问题，但不会像每个人都知道系统管理员账户那样严重。

3. A. 如果是从一组控制文档中选择一个样本，无法确保每个变更都被记录到相应的控制文档中。
   B. 测试控制时，最好从受控项目追踪到相关的控制文档。如果是从一组控制文档中选择一个样本，无法确保每个变更都被记录到相应的控制文档中。因此，生产代码变更为选择样本提供了最适合的基础。
   C. 如果是从一组控制文档中选择一个样本，无法确保每个变更都被记录到相应的控制文档中。
   D. 测试控制时，最好从受控项目追踪到相关的控制文档。

4. 部分可能的答案包括：
   - 信息系统审计师可以检查最近用于执行特定系统管理员任务的账户。
   - 信息系统审计师可以检查针对任何选定的系统更改是否有更改记录（例如，服务器重启和修补）。
   - 信息系统审计师可以审查交易，以确定其是否与不相容的职责分离。

5. A. 将重新审查以前的信息系统审计报告，以便在进行信息系统审计工作时减少冗余工作和用于参考。
   B. 审计章程定义信息系统审计活动的目的、权限和职责。它还为即将开展的活动奠定了基础。
   C. 如果需要弥合任何差距，则在协商各个领域的跟进活动时，需考虑员工离职率的影响。
   D. 如果需要弥合任何差距，则在协商各个领域的跟进活动时，需考虑实施新 ERP 的影响。

6. A. 服务审计师的报告无法保证能发现控制效率低下。
   B. 审查合同无法保证能发现控制效率低下。
   C. 将服务交付报告和服务水平协议进行比较无法保证能发现控制效率低下。
   D. 信息系统审计应对备份和批处理进行独立审查。所有其他选项都无法保证能在流程中发现控制效率低下。

7. A. 这不是固有风险的示例。固有风险是指无论管理层是否采取或可能会采取措施（例如，实施控制）都会存在的风险级别或风险暴露。
   B. 这不是残余风险的示例。残余风险是管理层实施风险应对措施后剩余的风险。
   C. 当无法通过本示例所述的信息系统控制体系及时阻止或检测到风险时，则存在控制风险。
   D. 这不是重大风险的示例。重大风险是指任何大到足以对业务的总体成功造成实质性威胁的风险。

8. 可能答案：可以利用并调整 COBIT 框架。通过将标准 COBIT 框架与组织的实际情况进行比较，可以将各个流程分类为完全适用、部分适用和不适用。正如 COBIT 指南所建议，各个相应的流程可包含更多框架、标准和实务。

第 2 章
IT 治理与管理

概述

IT 治理和管理是企业治理不可或缺的一部分。

有效的 IT 治理和管理由领导层、组织结构和流程组成,确保企业的 IT 职能能维持并拓展企业的战略和目标。

IT 治理知识是信息系统审计师工作的基本前提,也为制定健全的控制实务以及管理监督和审查机制奠定了基础。

此领域在 CISA 考试中所占比重是 18%(约 27 道题)。

领域 2 考试内容大纲

A 部分：IT 治理

1. 法律、法规和行业标准
2. 组织结构、IT 治理和 IT 战略
3. IT 政策、标准、程序和实务
4. 企业架构（Enterprise Architecture，EA）和注意事项
5. 企业风险管理（Enterprise Risk Management，ERM）
6. 隐私方案和原则
7. 数据治理和分类

B 部分：IT 管理层

1. IT 资源管理
2. IT 供应商管理
3. IT 性能监控与报告
4. IT 质量保证和质量管理

学习目标/任务说明

在此领域中，信息系统审计师应当能够：

- 按照信息系统审计标准和基于风险的信息系统审计战略执行审计。
- 与利益相关方沟通并搜集有关审计进度、发现、结果和建议的反馈。
- 进行审计后跟进,以评估是否充分解决了已识别的风险。
- 评估自动化和/或决策系统对组织的作用和/或影响。
- 评估 IT 战略，以便与组织的战略和目标保持一致。
- 评估 IT 治理结构和 IT 组织结构的有效性。
- 评估组织的 IT 政策管理和实务，包括对法律和监管要求的遵守情况。
- 评估 IT 资源和项目管理，确保其与组织的战略和目标保持一致。
- 评估组织的企业风险管理方案。
- 确定组织是否已定义 IT 风险、控制和标准的所有者。
- 评估 IT 关键绩效指标（Key Performance Indicator，KPI）和 IT 关键风险指标（Key Risk Indicator，KRI）的监控和报告。
- 评估组织维持业务运营的能力。
- 评估组织的存储、备份和恢复政策和流程。
- 评估与信息系统相关的业务案例是否符合业务目标。
- 评估 IT 供应商选择和合同管理流程是否符合业务、法律和监管要求。
- 评估是否已制定有效的流程来支持最终用户。
- 评估 IT 服务管理实务是否符合组织要求。
- 定期审查信息系统和企业架构，以确定与组织目标的一致性。
- 评估 IT 运营和维护实务是否支持组织的目标。
- 评估组织的数据库管理实务。
- 评估组织的数据治理方案。
- 评估组织的隐私方案。
- 评估数据分类实务,以确保其符合组织的数据治理计划、隐私方案和适用的外部要求。
- 评估组织的问题和事故管理方案。
- 评估组织的变更、配置、发布和修补程序管理方案。
- 评估组织的日志管理方案。
- 评估与资产生命周期管理相关的组织政策和实务。
- 评估组织的信息安全方案。

- 评估组织的威胁和漏洞管理方案。
- 评估组织的安全意识培训方案。
- 评估与新兴技术、法规和行业惯例相关的潜在机会和风险。

深造学习参考资源

Hales, A.; *The Definitive Handbook of Business Continuity Management, 3rd Edition*, John Wiley & Sons Inc., USA, 2011

International Organization for Standardization (ISO), *ISO/IEC 38500:2015: Information technology—Governance of IT for the Organization*, Switzerland, 2015

ISACA, *COBIT*

ISACA, *Getting Started with Governance of Enterprise IT (GEIT)*, USA, 2015

ISACA, *The Risk IT Framework, 2nd Edition*, USA, 2021

ISACA, White Papers

自我评估问题

CISA 自我评估问题与本手册中的内容相辅相成,有助于了解考试中的常见题型和题目结构。考生通常需从所提供的多个选项中,选出**最**有可能或**最**合适的答案。请注意,这些题目并非真实或过往的考题。有关练习题的更多指导,请参阅本手册开头的关于本手册部分。

1. 为使管理层能够有效地监控工作流程和应用程序的一致性,下列哪种措施**最**为理想?
    A. 中央文档库
    B. 知识管理系统
    C. 仪表板
    D. 基准测试

2. 下面哪项应包含在信息系统战略计划中?
    A. 计划硬件采购规范
    B. 未来业务目标分析
    C. 开发项目的目标日期
    D. IT 部门的年度预算目标

3. 下面哪种表述能**最**恰当地描述 IT 部门的战略规划过程?
    A. 根据组织层面上较大范围的计划和目标,IT 部门既需要制订短期计划也需要制订长期计划
    B. IT 部门的战略计划应从时间和项目出发,但不必详细到可用于解决和帮助确定满足业务需求优先级别的程度
    C. IT 部门的长期规划应反映企业目标、技术优势和监管要求
    D. 无须将 IT 部门的短期规划纳入企业的短期计划,因为技术进步对 IT 部门计划变革的推动速度要比企业计划快得多

4. 以下哪一项是企业数据安全官**最**重要的职责?
    A. 建议和监控数据安全政策
    B. 在企业内提高安全意识
    C. 确立 IT 安全政策程序
    D. 管理物理和逻辑访问控制

5. 以下哪一项被视为成功实施信息安全方案的**最**关键要素?
    A. 有效的企业风险管理框架
    B. 高级管理层的承诺
    C. 充分的预算流程
    D. 严谨的方案规划

6. 信息系统审计师应确保 IT 治理绩效指标能够:
    A. 评估 IT 监管委员会的活动
    B. 提供战略性 IT 推动因素
    C. 符合监管报告标准和定义
    D. 评估 IT 部门

7. 下面哪项任务可以由控制良好的信息处理计算机中心中的同一名人员执行?
    A. 安全管理和变更管理
    B. 计算机操作和系统开发
    C. 系统开发和变更管理
    D. 系统开发和系统维护

8. 下面各项数据库管理（Database Administration，DBA）控制手段中哪一项**最**重要？

    A. DBA 活动审批

    B. 访问权限授予/取消方面的职责分离

    C. 审查访问日志和活动

    D. 审查数据库工具的使用

9. 当在线系统环境中无法实现完全的职责分离时，下面哪一项职能应与其他职能相分离？

    A. 来源

    B. 授权

    C. 记录

    D. 纠正

10. 在难以实现职责分离的小型企业中，由一名职员兼任计算机操作员和应用程序开发人员的职能。信息系统审计师应推荐采取以下哪一项控制手段？

    A. 自动记录对开发库的更改

    B. 安排额外员工提供 SoD

    C. 实施相关流程，确保仅执行经过批准的程序变更

    D. 设立访问控制以预防操作员修改程序

自我评估问题参考答案

1. A. 虽然中央文档贮存库拥有大量数据，但可能没有监控和确保合规性过程所需的特定信息。
   B. 知识管理系统可提供有价值的信息，但管理层并不将其用于合适的目的。
   C. 仪表板提供了一系列信息来说明流程、应用程序和可配置元素的合规性，并使企业向既定方向发展。
   D. 基准检测过程提供的信息可帮助管理层根据趋势和环境及时对企业进行调整。

2. A. 计划硬件采购规范不属于战略信息。
   B. 信息系统战略计划必须考虑业务需要并能够满足未来的业务目标。可能会概述硬件采购规范，但不会具体制定；预算目标和开发项目也都不是正确的选项。
   C. 开发项目的目标日期不属于战略信息。
   D. IT 部门的年度预算目标不属于战略信息。

3. A. 通常情况下，IT 部门会制订同组织计划一致并与之整合的短期或长期计划。
   B. 这些计划必须以时间和项目为导向，并且符合企业层面上为实现目标而制订的较大范围计划。
   C. IT 部门的长期规划应反映企业目标、技术优势和监管要求。
   D. IT 部门的短期规划应当整合到企业的短期计划之中，以便 IT 部门能够更加敏捷地响应符合企业目的和目标的技术进步需求。

4. **A. 数据安全专员的首要责任是对数据安全政策提出建议并对其进行监控。**
   B. 在企业内提高安全意识是数据安全官的职责之一。然而，其重要性不如建议和监控数据安全政策。
   C. 为数据安全官建议的 IT 安全政策确立程序是 IT 部门（而不是数据安全官）的责任。
   D. 管理物理和逻辑访问控制是 IT 部门（而不是数据安全官）的责任。

5. A. 有效的企业风险管理框架不是信息安全方案取得成功的关键因素。
   B. 高级管理层的承诺是成功实施信息安全方案的基础。
   C. 虽然有效的信息安全预算流程有助于成功，但是高级管理层的承诺才是关键要素。
   D. 方案规划很重要，但是如果没有高级管理层的承诺还是不足以成功。

6. **A. 评估董事会和委员会提供监管的活动是治理的一个重要方面，应该对其进行衡量。**
   B. 提供战略性 IT 推动因素与 IT 治理绩效衡量指标评估无关。
   C. 遵守监管报告标准和定义与 IT 治理绩效衡量指标评估无关。
   D. 评估 IT 部门与 IT 治理绩效衡量指标评估无关。

7. A. 安全管理和变更管理是不相容的两种职能。安全管理访问权限的级别可能允许在不为人察觉的情况下发生变更。
   B. 计算机操作和系统开发是错误的选项，因为如果是这样，操作员就可能运行其修改过的程序。
   C. 系统开发和变更控制的组合可能允许程序修改绕过变更控制审批。
   D. 由同一个人执行系统开发和维护十分常见。在这两个任务中，编程人员都需要在开发环境中访问源代码，但在生产环境中不应允许其访问。

8. A. 审批数据库管理活动不能预防冲突功能的组合。审查访问日志和活动属于检测性控制。
   B. 职责分离可以预防将相互冲突的职能授予同一人。这属于预防性控制，同时也是最关键的 DBA 控制手段。
   C. 如果没有正确批准 DBA 活动，那么审查访问日志和活动可能无法降低风险。
   D. 审查数据库工具的使用也不能降低风险，因为这只是检测性控制，不能预防将相互冲突的职能授予同一人。

9. A. 创建与记录和纠正相结合并不能使得交易在记录系统内获准处理和得到承诺。
   B. 授权过程应该与记录保存的各项活动（创建、记录和纠正）分离。这种分离会提高检测未经

授权交易记录的能力。

C. 记录与创建和纠正相结合并不能使交易获得处理授权并在记录系统内提交。

D. 纠正与创建和记录相结合并不能使交易获得处理授权并在记录系统内提交。

10. A. 记录开发库的变更不能检测发现生产库的变更。

B. 在较小的企业中，通常无法招募额外职员来完成严格的职责分离。信息系统审计师必须考虑替代方案。

C. 信息系统审计师应该对生产资源和目标代码的更改的检测过程（如代码比较）提出建议，这样更改才可以由第三方定期审查。这属于补偿性控制流程。

D. 采取访问控制预防操作员修改程序并要求第三方来执行变更，这对小型企业而言不切实际。

A 部分：IT 治理

IT 治理不是孤立的规范。相反，IT 治理是综合企业/公司治理方案不可分割的一部分，后者通常包括审计、合规性、法律和风险管理等组织职能。治理方案中的所有职能共同负责制定战略方向、确保实现组织目标、确定风险是否得到适当管理，并验证资源的责任部署。

IT 治理流程通常始于为企业的 IT 职能设定目标、评估实现这些目标的风险，并建立控制以减轻该风险，然后参照目标监控 IT 职能的绩效并根据需要进行调整。

> **注意**
>
> 《CISA 考试复习手册》交替使用术语"企业信息和技术治理"（GEIT）、"信息和技术企业治理"（EGIT）和"IT 治理"（ITG）等术语。

2.1 法律、法规和行业标准

IT 治理必须考虑适用于企业的法律、法规和行业标准。适用于企业所处地理位置和行业的法律法规将影响企业在信息生命周期内的职能履行，包括数据的接收、处理、存储、传输、分发和销毁。为保护利益相关方的利益，各种法定要求已经制定。这些法律法规不断发展，要求信息系统审计师及时了解哪些法律和法规适用于其企业。

监管驱动因素要求制定和实施与 IT 治理相关的妥善维护、及时、相关且可操作的组织业务政策、程序和流程。全球公认的主要合规性要求包括保护个人数据的隐私性和机密性、知识产权以及企业所产生的财务信息的可靠性。此外，一些合规要求针对特定行业，例如适用于美国经纪公司电子通信的法规。

IT 组织应评估其保护所有 IT 资产和管理相关风险的有效性。应定期审查对访问和使用 IT 资源、系统和数据的法律法规要求的遵守情况。与任何风险一样，企业也可以权衡遵守法律或监管要求的选项，并决定接受不合规风险和处罚。

> **注意**
>
> 就 CISA 考试而言，信息系统审计师必须了解这些全球公认的概念；但考试不会测试具体法律法规的知识。

2.1.1 法律、法规和行业标准对信息系统审计的影响

企业可能需要接受与特定适用法律、法规和行业标准相关的审计。审计通常是为了确定是否符合法定要求。可能需要审计的法律示例包括：

- 美国法律：
  - 《格拉姆-里奇-布莱利法案》（GLBA）
  - 《家庭教育权和隐私权法案》（FERPA）
  - 《儿童在线隐私保护法案》（COPPA）
  - 《儿童网络保护法案》（CIPA）
  - 《健康保险流通与责任法案》（HIPAA）
  - 2002 年《联邦信息安全管理法案》（FISMA）
  - 2002 年《萨班斯-奥克斯利法案》（SOX）
- 加拿大《个人信息保护和电子文件法》（PIPEDA）
- 韩国《个人信息保护法》（PIPA）
- 2006 年日本《金融工具与交易法案》（FIEA）
- 南非《个人信息保护法》（POPI）
- 英国国防部的 DEFCON 658
- 英国《数据保护法》
- 欧洲《通用数据保护条例》（GDPR）
- 沙特阿拉伯《个人数据保护法》（PDPL）
- 1988 年澳大利亚《隐私法》

此外，如果企业在多个司法管辖区运营，则必须了解其运营所在地区的法律和监管要求。即使企业总部不在颁布某些法律和法规的司法管辖区，这些法规法律也可能适用。例如，GDPR 要求欧盟境内的企业以及处理与欧盟境内个人相关的受保护数据的企业遵循与该等数据的传输、存储和销毁相关的特定准则。因此，如果全球范围内的一家企业与欧盟境内的任何人士开展业务，则须遵循 GDPR。

按照内部审计师学会[①]的建议，审计师在审计法规合规性时应考虑以下因素：

---

① The Institute of Internal Auditors

- **标准和程序**。制定员工和其他实体应遵循的合规标准和程序，以降低犯罪活动的风险。
- **为高级人员分配责任**。为符合标准和程序，应将总体责任分配给组织高级管理层内的特定个人。
- **可靠的员工背景**。企业应在建立访问权限或权限角色之前对员工进行背景调查，以确保此等权力不会被授权给从事非法活动的个人。
- **程序的传达**。应通过培训或文档将企业标准和程序有效地传达给所有员工和其他代理。
- **合规性监控和审计**。企业应采取合理措施（如监控和报告）以确保其标准得到遵守。
- **执行一致性**。应在整个企业内始终如一地执行合规性，并对违规者施加适当的纪律处分。
- **合适的违规应对方案和类似违规的预防**。企业应在发现/发生违规后采取适当行动（即向有关当局和/或执法部门报告），并采取行动及时预防日后的此类违规。

联合国贸易和发展会议全球网络法律追踪系统[①]首次映射了全球网络法律。它跟踪194个UNCTAD成员国在电子交易、消费者保护、数据保护/隐私和网络犯罪领域的电子商务立法状况。它指出某个国家是否已通过立法或有待通过的法律草案。

2.1.2 治理、风险与合规性

治理、风险和合规性（Governance, Risk and Compliance，GRC）一词的兴起源于企业内部越来越认识到鉴证流程不能孤立地存在。这三者的高级别定义如下：

- **治理**。管理企业的政策、流程和决策。
- **风险**（管理）。识别、评估和处理潜在风险。
- **合规性**。遵守法律、法规、标准和政策。

根据创建GRC首字母缩略词的组织OCEG的说法，该术语涵盖了"使组织能够可靠地实现目标、应对不确定性并诚信行事以实现有原则的绩效的综合能力"。[②] GRC通常被视为单一业务活动，因为其组成部分包括企业内重叠且相关的鉴证活动。鉴证职能可能包括治理、内部审计、合规计划、企业风险管理、运营风险管理（Operational Risk Management，ORM）、事故管理和其他活动。

虽然可在组织的任何领域中实施GRC方案，但它通常侧重于财务、IT和法律领域。财务GRC确保财务流程正常运作，并遵守监管要求，例如美国的《萨班斯-奥克斯利法案》。同样，IT GRC力求确保IT流程的正确运行以及政策合规性。企业可以实施法务GRC，以关注其所在地和行业的整体监管合规性。

尽管不同企业甚至不同业务部门可能采用不同的做法，但GRC的总体目标是促进对可能阻碍企业实现其目标的风险的综合、整体看法。

2.2 组织结构、IT治理和IT战略

必须利用公司治理实务在企业内加快解决伦理问题、制定决策以及落实总体实务。这些会构成用于指导及控制企业的系统。董事会负责治理企业。IT治理中包括各领导人员、组织结构和各种流程，目的是确保企业的运营得以维持且其战略和目标得以扩展。

公司治理涉及公司管理层、董事会、股东及其他利益相关方之间的一系列关系。此外，公司治理还提供了一个结构，公司可据其设定目标，并确定达成这些目标以及监控绩效的方法。公司治理的目的是帮助建立信任、透明和责任环境，以促进长期投资、财务稳定性和业务完整性，进而为实现更强劲的增长和更具包容性的社会提供支持。[③]

为减少不准确财务报告的出现频率和影响、增强透明度和问责制，全球政府机构越来越倾向于使用公司治理框架。这些政府法规多数都要求高级管理层就内部控制的充足性进行签字确认，并要求在组织的财务报告中评估内部控制。图2.1介绍了企业治理框架的组件。

---

① United Nations Conference on Trade and Development, "Global Cyberlaw Tracker," UNCTAD,
② 开放合规与道德工作小组，《什么是GRC（治理、风险和合规）？》OCEG

③ Organisation for Economic Co-operation and Development, *G20/OECD Principles of Corporate Governance*, OECD, 11 September 2023

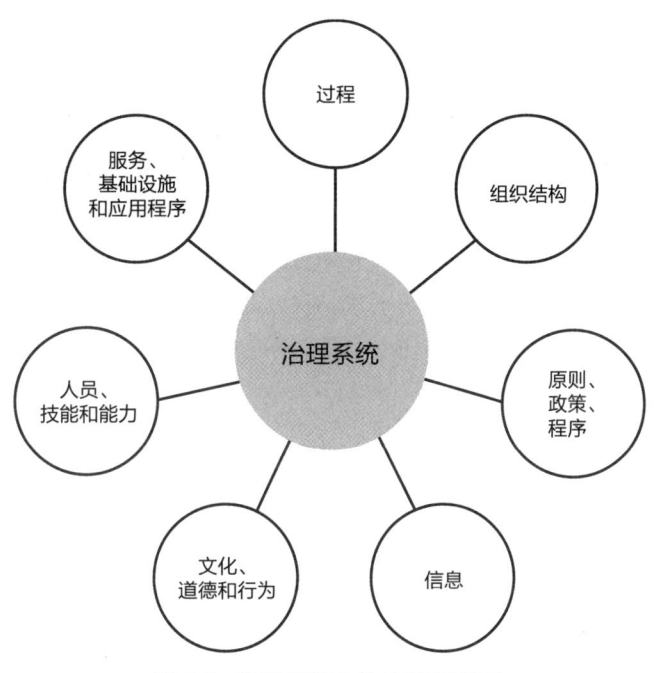

图 2.1 治理系统中的 COBIT 组件

资料来源：ISACA，《COBIT® 2019 框架：治理和管理目标》，美国，2018 年

2.2.1 企业信息和技术治理

EGIT 指所有利益相关方（包括董事会、高级管理层、内部客户以及财务等部门）均参与 IT 决策流程的系统。EGIT 是董事会和执行管理层的职责。换句话说，EGIT 是指代表所有利益相关方（内部和外部）管理 IT 资源，以满足他们的利益期望。负责此管理工作的董事会依靠管理层实施必要的系统和 IT 控制。

EGIT 的目的是引导 IT 工作，确保 IT 与企业目标保持一致并为实现所承诺的效益提供支持。此外，IT 应协助企业抓住机遇并实现效益最大化。应该以负责的态度使用 IT 资源，并妥善管理 IT 相关风险。

实施 EGIT 框架时，会实施可提供价值交付和风险管理反馈的实务，从而解决这些问题。整体流程包括：

- **IT 资源管理**。侧重于维护所有 IT 资源的更新目录，并应对风险管理流程。
- **绩效衡量**。侧重于确保所有 IT 资源按预期运营以便为业务创造价值和识别早期风险。此流程基于针对价值实现而优化的绩效指标，偏离绩效指标可能导致风险。
- **合规性管理**。侧重于实施针对法律和监管政策及合同合规性要求的流程。

为帮助企业优化信息资产价值而制定的 ISACA COBIT 框架，对治理和管理进行了明确区分。这两个学科涵盖不同类型的活动，需要不同的组织结构，并用于不同目的。COBIT 认为治理与管理之间的主要区别在于：

- **治理**。确保对利益相关方的需求、条件和选择方案进行评估，以确定全面均衡、达成共识的企业目标；通过确定优先级和制定决策来设定方向；对照达成共识的方向和目标监控绩效与合规性。
- **管理**。规划、构建、运行和监控与治理机构制定的方向相一致的活动，以实现企业目标。

EGIT 隶属企业治理，包括考虑如何在企业内应用 IT 时要解决的问题。

有效的企业治理是指将个人和团队的专业知识和经验集中于其最能发挥作用的领域中。IT 起初仅被视为组织战略的动力之一。但如今，IT 已被视作该等战略不可或缺的一部分。高级管理层一致认为 IT 和企业目标之间的战略一致性已成为企业的一项关键成功因素，而且不能简单地将其视为 IT 管理或 IT 专家操作。相反，IT 必须获得高级管理层的指导和监督以及董事会的监督。EGIT 的关键要素是业务和 IT 的一致性，这种一致性可以创造业务价值。

一般而言，EGIT 解决两个问题：（1）IT 为业务创造价值；（2）妥善管理 IT 风险。第一个问题可通过保持 IT 和业务的战略一致性来解决。第二个问题则可通过向企业引入问责制来解决。

2.2.2　EGIT 的良好实践

IT 治理系统的目的是满足利益相关方的需求，并通过使用 IT 来创造价值。该价值是效益、风险和资源之间的平衡。

致使 EGIT 越来越重要的因素有很多，包括：

- 企业管理人员和董事会要求从 IT 投资中获得更丰厚的回报（即 IT 符合业务所需，从而为利益相关方带来更大价值）。
- 担心 IT 支出逐渐提高。
- IT 控制需要满足隐私权和财务报告等领域的监管要求（如美国《萨班斯-奥克斯利法案》、《巴塞尔协议》和欧洲《通用数据保护条例》），以及财务、药品和医疗保健等特定行业的监管要求。
- 选择服务提供商以及管理服务外包和采购（如云计算）。
- IT 治理举措，包括采用控制框架和良好实践来帮助监控和改善关键 IT 活动，从而增加业务价值并降低业务风险（如新出现的与网络安全有关的风险）。
- 需要尽可能采用标准化而非特别制定的方法优化成本。
- 广受好评的框架日趋成熟，继而被更多用户接受。
- 企业需要对照公认标准以及同行表现评估自身表现（即基准检测）。

评估、指导和监控流程被全面整合到治理流程之中，并侧重于评估、指导和监控以下方面：

- 符合性与绩效。
- 内部控制系统。
- 对外部要求的遵从情况。

2.2.3　EGIT 中的审计角色

企业应遵循公认的良好实践，并通过制定控制确保这一点。良好实践指导企业确定如何使用资源。应衡量和报告结果，从而为控制的周期性修订和维护提供相关信息。

同样，IT 必须遵循良好实践，这可确保企业的信息及相关技术支持企业的业务目标（即战略一致性）、带来价值、负责任地使用资源、适当地管理风险并衡量绩效。

审计对于在企业内成功实施 EGIT 起着重要作用。审计可向高级管理层提供指导性实践建议，帮助他们提高所实施 IT 治理举措的质量和有效性。

审计作为监控合规性的实体，有助于确保遵从企业内实施的 EGIT 举措。持续监控、分析和评估与 EGIT 举措相关的指标时，需要采取中立公正的视角，确保进行定性评估，从而促进各 IT 流程和相关 EGIT 举措的定性改善。

EGIT 报告涉及企业最高层级的审计工作，可能跨事业部、跨职能或跨部门。应制定审计章程，规定审计人员必须能在企业内自由行动，并由审计治理机构（即审计委员会）批准。制定章程后，审计人员就可以开展与 EGIT 相关的业务，并明确界限。信息系统审计师应该确认审计职权范围中规定了以下内容：

- 工作范围，包括明确确定涵盖的职能领域和问题。
- 要采用的报告层级关系，识别出的 EGIT 问题要上报到企业的最高层级。
- 信息系统审计师对于企业内部信息以及第三方服务提供商信息的访问权利。

应该针对已规划审计的性质，考虑信息系统审计师的组织地位和技能是否合适。如果发现无法胜任，相应的管理层应考虑雇用独立的第三方来管理或执行审计工作。

根据为信息系统审计师定义的角色，需要评估与 EGIT 相关的以下方面：

- 企业治理与 EGIT 是如何保持一致的。
- IT 职能是否与企业的使命、愿景、价值观、目标和战略协调一致。
- 业务和 IT 职能所确立的绩效目标（例如有效

- 法律、环境、信息质量、信托、安全以及隐私方面的要求。
- 企业的控制环境。
- 信息系统环境内的固有风险。
- IT投资/开支。

三道防线模型

企业治理跨越整个企业，具有不同的角色，且每个角色都在企业风险管理中发挥作用。作为最佳实践，每个团队都为企业承担着特定的行动和责任，以确保控制流程设计得当并有效运行。这种做法被称为三道防线模型[①]（见图2.2），由IIA开发。

第一道防线是企业管理职能，其应对业务流程的正常运作具有强烈的兴趣。控制、相关度量和指标以及定期审查可作为识别弱点或缺陷的手段。隐含的期望是，第一道防线将进一步识别对企业控制环境的必要改进。

第二道防线是风险管理，旨在独立评估已知或新兴风险。通常使用适当的工具和方法来进行风险识别、分析和处理。第二道防线与第一道防线合作，确保通过设计和实施控制来识别、理解、记录和减轻风险。越来越多的企业正在建立第二道防线来完善其IT风险治理方案。

由于具有强制独立性，风险管理职能可能会通知和评估管理决策并提供指导，但不应替代或推翻这些决策。

第三道防线包括测试和鉴证。第三道防线是企业的审计职能，且是独立的，因为审计人员制定自己的审计方案并独立决定审计范围。这条防线包括企业内审计委员会通常独立的报告层级关系。

信息系统审计在EGIT中的作用是确保企业正在采取必要的措施来减轻可能阻碍企业实现其目标的风险。他们独立于基本管理结构运作，并向适当的监督机构（例如审计委员会）报告其发现。

2.2.4　信息安全治理

业务的战略方向应根据业务目的和目标来确立。信息安全必须支持业务活动，以便为企业创造价值。信息安全治理是公司治理的一部分，旨在为安全活动指明战略方向并确保实现目标。它可确保妥善管理信息安全风险并合理利用企业信息资源。根据美国国家标准与技术研究所：

信息安全治理可以定义为建立和维护框架，以支持管理结构和流程，保证信息安全战略符合并支持业务目标，通过遵守政策和内部控制保证符合适用的法律、法规，并提供责任分配；所有这一切均以管理风险为目的。

要实现有效的信息安全治理，管理层必须建立并维护一个框架，为制定和管理支持业务目标的综合信息安全方案提供指导。

信息安全治理框架通常包含以下要素：

- 本质上与业务目标相关联的综合安全战略。
- 针对战略、控制和监管各个方面的治理安全政策。
- 针对各项政策的一整套标准，用以确保各程序和准则符合政策。
- 有效的安全组织结构（不存在利益冲突）。
- 制度化的监控流程，用以确保合规性并针对有效性提供反馈。

该框架为制定支持企业的业务目标并且具有成本效益的信息安全方案提供基础。信息安全方案的目标是安排一系列活动，保证为信息资产设定的保护级别与其价值或实施折中方案可能为企业带来的风险相当。

---

① The Institute of Internal Auditors, *The IIA's Three Lines Model*, USA, 2020

IIA 的三道防线模型

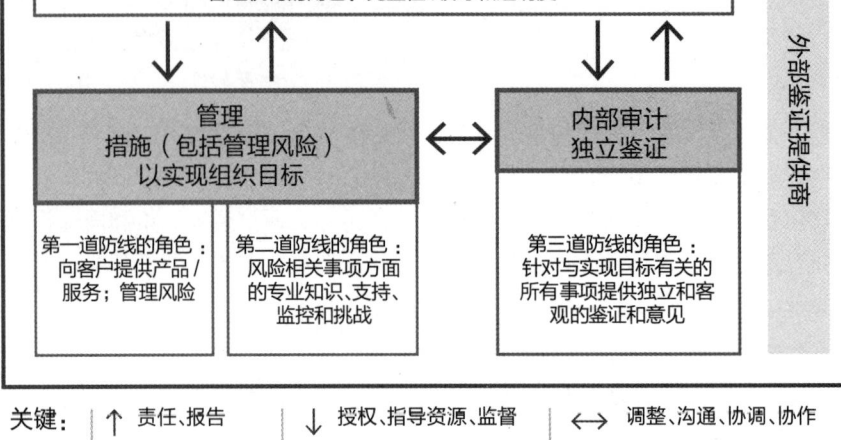

```
┌─────────────────────────────────────────────────────────┬──────┐
│              治理机构                                    │      │
│       负责确保利益相关方进行组织监督                      │      │
│  管理机构的角色：完整性、领导和透明度                     │  外  │
│         ↓   ↑              ↓   ↑                        │  部  │
│  ┌──────────────────┐  ┌──────────────┐                 │  鉴  │
│  │      管理         │  │   内部审计    │                 │  证  │
│  │ 措施（包括管理风险）│←→│   独立鉴证    │                 │  提  │
│  │   以实现组织目标   │  │              │                 │  供  │
│  ├────────┬─────────┤  ├──────────────┤                 │  商  │
│  │第一道防线│第二道防线│  │ 第三道防线的 │                 │      │
│  │的角色： │的角色：  │  │ 角色：针对与 │                 │      │
│  │向客户提供│风险相关事│  │ 实现目标有关 │                 │      │
│  │产品/服务│项方面的专│  │ 的所有事项提 │                 │      │
│  │；管理风险│业知识、支│  │ 供独立和客观 │                 │      │
│  │         │持、监控和│  │ 的鉴证和意见 │                 │      │
│  │         │挑战      │  │              │                 │      │
│  └────────┴─────────┘  └──────────────┘                 │      │
└─────────────────────────────────────────────────────────┴──────┘
关键：  ↑ 责任、报告    ↓ 授权、指导资源、监督    ↔ 调整、沟通、协调、协作
```

图 2.2 内部审计师协会三道防线模型

资料来源：The Institute of Internal Auditors, *The IIA's Three Lines Model*, 2020

有效的信息安全治理

鉴于其在 IT 治理流程中的突出角色，信息安全治理已经上升为需要给予最高程度关注的领域之一，其特定价值驱动因素包括：信息的机密性、完整性和可用性；服务的连续性；以及信息资产保护。由于网络的全球化、技术的快速革新和更替、对 IT 的依赖程度日益加剧、威胁代理和漏洞利用越来越复杂、企业向传统业务范围以外扩张，安全性已然成为一个重要的治理问题。因此，信息安全是 IT 治理不可分割的重要组成部分。如果忽略这一点，组织缓解风险以及利用 IT 机遇改善业务流程的能力将下降。

全球的董事会和 CEO 需承担信息安全治理方面的职责和责任。在信息安全治理方面，CEO 须对董事会负责，并负责通过其下辖的执行管理层以及组织和资源落实。

负责审批安全政策的高级管理层成员应当来自企业内部的各个运营和人事职能部门，以确保公正地代表整个企业。这将最大限度地避免偏向某个特定的业务优先事项、技术开销或安全问题。负责审批安全政策的董事会级委员会通常包括董事、CEO、首席运营官、首席财务官、首席风险官、首席信息官、首席技术官、人力资源主管、审计长、首席合规官和法律专员。应尽可能基于共识审批政策。

信息是所有企业的一项重要资源，且从信息创建之时直到其被处置（如销毁、删除、清理等）为止，技术都发挥着重要的作用。IT 的发展日新月异，已经广泛渗透到企业、社会以及公共和商业环境之中。因此，企业及其执行管理层都致力于实现以下目标：

- 维护高质量的信息以支持业务决策。
- 通过 IT 促成的投资创造业务价值（即通过有效和创新利用 IT 来达成战略目标、实现业务效益）。
- 高效可靠地运用技术，实现卓越运营。
- 将 IT 相关风险维持在可以接受的水平。
- 优化 IT 服务与技术的成本。
- 遵从日益增多的相关法律、法规、合同协议及政策。

过去，保护工作的重心一直在于采集、处理和存储信息的信息系统上，而非信息本身。但要实现必要的整体安全性，这种方法的覆盖范围太过狭窄。信息安全涵盖的范围更广泛，认为必须给予数据以及基于数据的信息和知识足够的保护，无论该等数据是在何处创建、接收、处理、传输/存储和处置的。这尤其适用于通过博客、新闻馈送、对等网络、社交网络或者网站轻松共享数据的情况。因此，尽力保护的范围应涉及生成信息的过程，以及对所控制流程生成的信息的长久保存。

全球业务正在经历重大变革，主流趋势包括外包内部流程以及增加对云计算的使用。在在岸与离岸外包模型中，信息安全的覆盖范围突破了企业经营所在地的地理界限。

有效信息安全治理的主要成果包括保持战略一致性、风险得到妥善管理、合规且实现价值。需通过以下开发工作实现这些成果：

- **绩效衡量**。衡量、监控信息安全流程并进行相关报告，以确保实现具体的、可衡量的、可达到的、实际的和及时的目标。要成功衡量绩效，应落实以下几方面：
  - 一组商定同意、有意义且明确的议定指标，与战略目标充分一致。
  - 一套测量流程，帮助识别缺点以及针对问题解决的进度提供反馈。
  - 通过外部评估和审计得到的独立鉴证。
- **资源管理**。高效且有效地使用信息安全知识和基础架构。应考虑与资源管理相关的以下方面：
  - 确保捕获相关知识且知识可用。
  - 记录安全流程和实务。
  - 开发安全架构以便高效地定义和使用基础设施资源。
- **流程整合**。侧重于整合企业在安全方面的管理鉴证流程。有时，安全活动会分割和分散在采用不同报告结构的领域。这使得无缝整合安全活动成为一项艰难的任务，有时甚至无法完成。流程整合旨在提高总体安全性和运营效率。

2.2.5 信息系统策略

信息系统在企业的支持、可持续发展和成长方面至关重要。以前，治理委员会和高管可以最大限度减少参与信息系统战略的指导和开发，而将多数决策权交给职能管理层。但由于企业越来越依赖甚至完全依赖信息系统来应对日常运营和实现增长，这种方法已经不再可接受或可行。除了职能和运营活动几乎完全依赖信息系统，企业还面临许多内部和外部威胁，包括信息系统资源滥用、网络犯罪、欺诈、错误和疏漏等等。信息系统战略流程是企业治理结构中不可分割的组成部分，旨在合理保证实现既定和新兴的业务目标，为提高竞争优势注入关键动力。

2.2.6 战略规划

从信息系统角度出发的战略计划，关系着企业在利用IT改善业务流程方面要长期坚持的方向。在高级管理层的职责下，需要考虑的因素包括在应对企业所面临的问题与机遇时，找出具有成本效益的IT解决方案，并就如何确定和获得所需资源制订行动计划。在制订战略计划的过程中，企业应保计划符合企业的总体目的和目标，并与之完全一致。IT部门管理层和IT指导委员会和战略委员会（提供与利益相关方价值相关的重要战略性意见）对计划的制订和实施均起着重要作用。

战略规划的频率取决于多种因素，如企业的性质、行业动态、市场状况，以及外部环境的变化速度等。尽管传统的方法是每三到五年制订一次战略计划，但人们越来越认识到，在当今快速发展的商业环境中，这可能还不够。

在颠覆性技术和市场趋势能够迅速重塑竞争格局的动态行业中，企业往往需要更频繁地重新评估和调整其战略。一些企业采用所谓的敏捷战略或战略敏捷性方法，在较短的时间范围内持续进行战略规划，以便更快地响应不断变化的情况。

此外，在高度不确定或不稳定的环境中运营的企业可能会受益于更频繁的战略审查。这有助于他们监控客户偏好、技术进步、监管变化或地缘政治发展的变化，并及时调整其计划。

归根结底，战略规划的适当频率将取决于每个组织的具体情况和需求。在敏捷性需求与稳定性和长期愿景的需求之间取得平衡至关重要。频繁监控和定期战略计划审查有助于确保其相关性和有效性。

要确保信息系统战略规划有效，需要考虑到企业对新启用和经修订信息系统的要求，以及IT组织通过治理有方的项目提供新功能的能力。确定对新版和修订版信息系统的要求时，需要综合考虑企业的战略意图、它们如何转化为具体的目标和业务计划，以及需要哪些 IT 能力来支持这些目标和计划。

在评估 IT 能力时，应该针对功能适用性、成本和风险审查现有系统组合。在评估 IT 的交付能力时，需要审查企业的技术性 IT 基础设施和关键支持流程（如项目管理、软件开发和维护实务、安全管理以及客户服务），以确定是否需要扩展或改进。战略规划流程必须包含新系统和新技术的交付，并考虑现有 IT 的投资回报率（Return on Investment，ROI）和旧版系统的停用。IT 战略计划应平衡好支持业务战略的现有系统的维护成本以及新举措或系统的成本。

信息系统审计师应充分重视信息系统战略计划的重要性，将管理控制实务纳入考虑范围。IT 战略计划应与总体业务战略保持同步。信息系统审计师必须重点关注战略计划流程或框架的重要性。应特别注意评估 IT 战略制定、战略计划内容、更新和传达计划的要求以及监控和评估要求中，是如何考虑业务部门的运营、战术或业务发展计划的。信息系统审计师还应考虑 CIO 或高级 IT 管理层如何制定整体业务战略。在制定业务战略时，如果没有 IT 人员参与，意味着可能存在 IT 战略和计划与业务战略不一致的风险。

2.2.7 商业智能

组织需要全面、有组织的数据来支持战略规划流程。商业智能（Business Intelligence，BI）对于战略规划至关重要，因为它为管理层提供了为未来做出明智决策所需的数据和见解。BI 工具可以帮助企业：

- **识别趋势和模式**。BI 可以帮助企业识别他们可能无法单单从数据发现的趋势和模式。这些信息可用于制定新的战略和机会。
- **了解客户行为**。BI 可以帮助企业更好地了解客户行为，包括他们的需求、愿望和偏好。这些信息可用于改进产品和服务，并开发更有效的营销活动。
- **评估绩效**。BI 可以帮助企业评估其绩效并识别有待改进的领域。这些信息可用于设定切合实际的目标，并随着时间的推移跟踪进展。
- **做出更好的决策**。通过为企业提供所需的数据和见解，BI 可以帮助他们为未来做出更好的决策。这可以改善财务绩效、提高客户满意度和竞争优势。

通过在 BI 技术方面进行投资，可以加深对众多业务问题的理解。一些使用 BI 来达到测量和分析目的的典型领域包括以下各项：

- 流程成本、效率和质量。
- 客户对产品和服务的满意度。
- 客户的盈利能力，包括确定哪些属性可以有效预测客户盈利能力。
- 员工和业务部门的关键绩效指标达成情况。
- 风险管理（例如，通过识别异常交易模式及事故累计和损失统计）。

BI 作为 IT 活动的一个独特领域，对其的关注由以下几方面因素推动：

- **现代组织的规模和复杂性不断提高**。结果是如果没有建立严谨的 BI 功能，甚至不能恰当回答基本的业务问题。
- **追求竞争优势**。多年来，大多数企业已实现了基本大批量活动的自动化。企业范围内的重大 IT 投资（如企业资源规划系统）现已司空见惯。许多企业正在增加对基于云的技术的投资，以分销产品/服务和集成供应链。投资于 IT 来维持和扩展企业的知识资本可带来使用技术掌握竞争优势的新机会。
- **法律要求**。现行法律是为了迫使公司了解"全盘业务"。金融机构现在必须能够报告客户拥有的全部账户/工具以及关于那些账户/工具的所有交易，包括任何可疑的交易模式。

要提供有效的 BI，企业必须设计和实施（多数情况下是循序渐进的）数据架构。完整的数据架构由两部分组成：

- 企业数据流架构（Enterprise Data Flow Architecture，EDFA）。
- 逻辑数据架构。

图 2.3 所示为优化的 EDFA 的图示。此数据流架构的各个层/要素的说明如下：

- **显示/桌面访问层**。最终用户在此处直接处理信息。这一层包括一些常见的桌面工具，如电子表格、直接查询工具及报告和分析套件，以及平衡计分卡（Balanced Score Card，BSC）和数字仪表盘等专用应用程序。超级用户能够建立自己的查询和报告，而其他用户通过预定义的方式与数据交互。
- **数据源层**。企业的信息来自若干来源：运营数据、外部数据和非运营数据。
- **核心数据仓库**。核心数据仓库用于获取和整理企业感兴趣的所有（或至少大部分）数据以协助报告和分析。数据仓库通常构建为大型关联数据库。虽然并未完全达成一致，但很多学者建议数据仓库应储存完全标准化的数据，以支持其灵活处理复杂且不断变化的业务结构。
- **数据栈层**。数据栈是指从核心数据仓库中挑选而出并按一定方式加以组织的信息子集，用于满足特定业务部门或业务线的需求。数据栈可能是关联数据库或联机分析处理数据结构（也称为多维数据集）。数据栈与标准化的数据仓库相比结构更加简化。
- **数据暂存和质量层**。这一层负责数据复制、转换为数据仓库格式和质量控制（Quality Control, QC）。只有可靠的数据才能加载到核心数据仓库。这一层要能够处理操作系统定期抛出的问题，如账号格式的改变及旧账户和客户号码的重新使用（当数据仓库仍然将信息保存在原实体中时）。
- **数据访问层**。此层用于将数据存储和质量层与数据源层的数据存储连接在一起，且在此过程中无须确切了解这些数据存储的组织方式。
- **数据准备层**。此层处理数据的组装和准备以供将其加载到数据集市中。通常的做法是预先计算加载到 OLAP 数据储存库中的值以提高访问速度。专家数据挖掘通常也需要数据准备。数据挖掘会探索大量数据以确定信息模式和趋势。
- **元数据贮存库层**。元数据是关于数据的数据。保存在元数据层中的信息需要延伸到数据结构名称和格式之外，以提供有关业务目的和情境的详细信息。元数据层的范围应该全面，涵盖在不同层之间流动的数据，包括记录转换和验证规则。理想情况下，元数据层中的信息可由其他层中运行的软件根据需要直接提取。
- **仓库管理层**。这一层的功能是安排构建和维护数据仓库及填充数据栈必需的任务。这一层还涉及安全管理。
- **应用程序消息传递（传输）层**。此层用于在各个不同的层之间传输信息。除业务数据之外，这一层还包括控制消息的生成、存储和定向通信。
- **互联网/内联网层**。此层涉及基本数据通信，包括基于浏览器的用户界面和传输控制协议/互联网协议（Transmission Control Protocol/Internet Protocol，TCP/IP）网络。

为企业构建逻辑数据架构是一项重要工作，通常分几个阶段进行。按业务领域分离逻辑数据模型的一个原因是大型业务组织的不同部门通常处理不同的交易组合、客户和产品。

最终，数据架构的构成方式要能够高效地满足企业的需求。需要考虑的因素包括企业从事的交易类型、参与或构成这些交易某个部分的实体（如客户、产品、工作人员和沟通渠道），以及对于业务很重要的维度（层次结构，如产品和企业层次结构）。

对于现代数据仓库而言，存储容量不再是问题。因此，目标应该是尽可能获得最粒子化或原子化的数据。最低级别的数据最可能具备可用于分析目的的属性，如果加载汇总后的数据，这些属性可能丢失。

数据架构师/分析师使用的各种分析模型包括如下各项：

- **上下文关联图**。列出企业的主要流程以及企业与之进行交互的外部相关方。
- **活动或泳道图**。解构业务流程。
- **实体关系图**。描述数据实体及其关系。

这些数据分析方法在开发企业数据模型的过程中发挥着重要作用。不过，熟悉业务的操作人员参与到流程中也很重要，这样才可以获得对数据业务目的和关联情境的正确认识。同时也减轻将未达最佳标准的数据配置从现有系统和数据库复制到数据仓库中的风险。

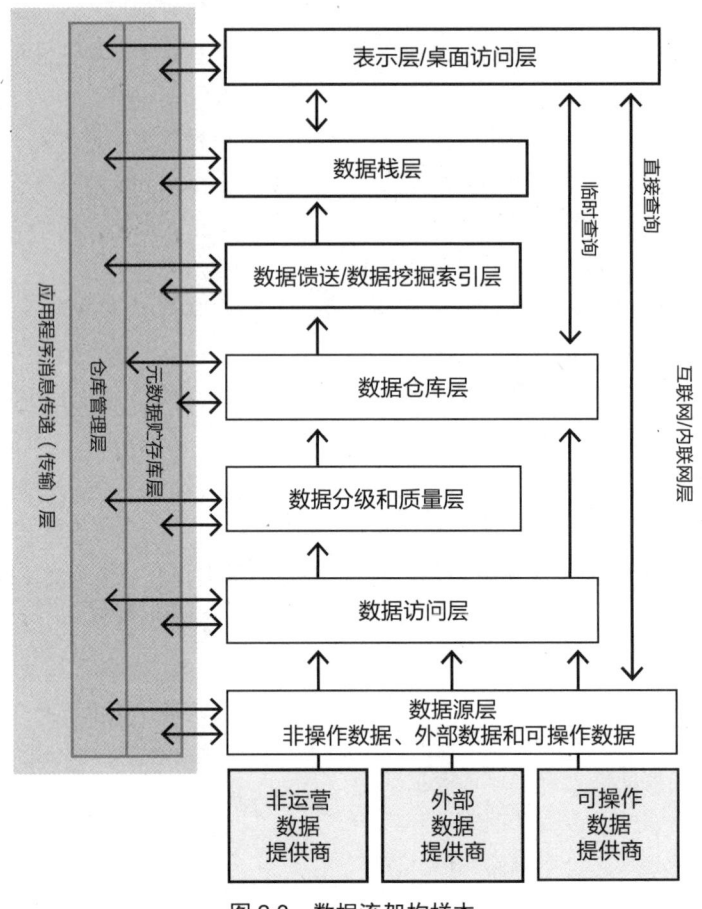

```
                    表示层/桌面访问层
                         ↕
                       数据栈层
                         ↑
                 数据馈送/数据挖掘索引层
                         ↑
                      数据仓库层
                         ↑
                   数据分级和质量层
                         ↑
                      数据访问层
                         ↑
                      数据源层
             非操作数据、外部数据和可操作数据

          非运营         外部         可操作
          数据           数据         数据
          提供商         提供商       提供商
```

左侧纵向标签：应用程序消息传递（传输）层 | 仓库管理层 | 元数据仓储库层

右侧纵向标签：直接查询 | 临时查询 | 互联网/内联网层

图 2.3　数据流架构样本

2.2.8　组织结构

组织结构是治理的关键组成部分。它能识别企业的主要决策实体。以下部分可为 EGIT 内的组织结构、角色和职责提供指导。实际结构可能会因企业的规模、所在行业和地点而有所不同。

IT 治理委员会

过去，企业通常会设立执行层指导委员会来处理与整个企业相关的 IT 问题。应透彻理解 IT 战略与指导级别的含义。ISACA 发布了一份文件，对 IT 指导委员会相较于传统 IT 战略委员会的职责进行了清晰的分析（见图 2.4）。企业还可能设有其他指导 IT 运营的委员会，如 IT 执行委员会、IT 治理委员会、IT 投资委员会和/或 IT 管理委员会。

> **注意**
>
> CISA 考生应当了解 IT 指导委员会的职责分析。

等 级	IT 战略委员会	IT 指导委员会
职责	就一些主题向董事会提供建议和意见，例如： • 从业务角度得出的 IT 发展相关性 • IT 与业务方向的一致性 • 战略性 IT 目标的达成情况 • 实现战略目标所需的合适 IT 资源、技能和基础架构的可用性 • IT 成本的优化，包括外部 IT 资源的角色和价值交付 • IT 投资的风险、回报和竞争力 • 主要 IT 项目的进展情况 • IT 对业务的贡献（创造预期的商业价值） • IT 风险暴露（包括合规性风险） • IT 风险抑制 • 相对于 IT 战略的管理方针 • 董事会 IT 战略的推动力和促进因素	• 确定 IT 开支的总体水平以及如何分配成本 • 调整和审批企业的 IT 架构 • 审批项目计划和预算，并设置优先级和里程碑 • 获得并分配合适的资源 • 确保项目始终满足业务要求，包括对业务案例的重新评估 • 监控项目计划是否按时交付预期价值和期望的结果及其是否在预算内 • 监控企业各部门和 IT 职能间以及各项目间的资源和优先级冲突 • 对战略计划的更改提出建议和请求（优先级、资金、技术手段、资源等） • 将战略目标传达给项目团队 • 是促使管理层执行 IT 治理职责、落实 IT 治理实务的主要因素
授权范围	• 就 IT 战略向董事会和管理层提供建议 • 受董事会委派，负责提供战略建议和准备审批 • 关注当前和未来的战略性 IT 问题	• 帮助高管实施 IT 战略 • 监督 IT 服务交付和 IT 项目的日常管理 • 关注实施情况
成员	• 董事会成员和专家级非董事会成员	• 高管发起方 • 业务高管（关键用户） • 首席信息官 • 关键顾问（根据需要，可以有 IT、审计、法律和财务顾问）

图 2.4　IT 指导委员会的职责分析

高级管理层和董事会的角色和职责

信息安全治理需要战略方向和推动力。它不仅需要承诺、资源，还需要为信息安全管理层分配责任，并为董事会制定用以确定是否达到目的的方法。

只有让董事会和/或高级管理层参与批准政策，确保适当监控及审查指标、报告和趋势分析，才能实现有效的信息安全治理。

董事会

董事会成员必须了解企业的信息资产及其对业务持续运营的关键性。为此，需定期为董事会提供简要的综合风险评估以及业务影响分析（BIA）结果。对信息资源进行业务依赖性评估也可以达成这一目的。这些活动应包括董事会成员的批准，以评估要保护的关键资产，这样有助于确保保护级别和优先级符合应有的审慎性标准。

高层的态度必须有利于实现有效的安全治理。如果连高级管理层都没有践行安全措施，就没有道理期望级别更低的人员遵从。高级管理层对固有安全要求的支持确保企业所有级别都达到安全预期。必须从董事会级别自上而下地定义、传达和施行对违规行为的惩罚措施。

董事会是企业的负责和责任机构。责任是指董事会负责确保组织企业遵守法律、以符合道德的方式行事，并有效地利用其资源。

高级管理层

实施有效的安全治理并制定企业的战略安全目标是一项复杂的任务。与任何其他主要举措类似，要达到目的，必须得到执行管理层的领导和持续支持。制定有效的信息安全战略需要业务流程所有者的合作与配合。成功的结果确保信息安全活动能够支持业务目标。此项任务的完成度将决定信息安全方案在实现既定目标（即为业务信息和流程提供明确级别的可预测保证，并将不良事件所带来的影响控制在可接受的范围内）方面的成本效益。

信息安全标准委员会

安全在某种程度上影响企业的所有方面，必须深入整个企业的各个方面才能起作用。为确保受安全考量因素影响的所有利益相关方均参与其中，许多企业都设立了指导委员会，成员是受影响团队的高级代表。这有助于在设定优先顺序和权衡取舍时达成一致。它还可以作为有效的沟通渠道，为持续确保安全方案与业务目标一致奠定基础。此外，它还可以帮助组织改变行为方式，逐渐形成更有益于实现良好安全性的文化。

首席信息安全官将主要负责推动信息安全方案，使之具有可以实施、可以审计、可以实现绩效与安全之平衡且合理的政策、标准、程序和流程。但有必要让受影响的团队参与审议委员会，也可以称之为信息安全标准委员会。ISSC 包括来自执行管理层的成员，以及来自 IT、应用程序所有者、业务流程所有者、运营、HR、审计和法律等部门的高级管理者。委员会将在企业背景下审计所建议控制和良好实践的适宜性，包括操作系统和数据库的安全配置。审计师必须参加，通过提供适宜的审计轨迹和日志，保证系统的可审计性。法律部门需要就责任和法律冲突提出建议。这份清单并非规定 ISSC 必须包含哪些成员。可以根据企业的实际情况调整委员会的成员，也可根据需要指定其他成员，以确保适合相关的控制目标。

首席信息安全官

所有组织都有首席信息安全官，无论是否有人担任这一具体职务。即使设有信息安全官或信息安全总监一职，此职责也可能由 CIO、CTO、CFO 甚至 CEO 执行。信息安全的范围和界线就是如此，因此，所需的权力和承担的责任必定都落在高层执行官或高级管理层身上。这可以包括 CRO 或 CCO 之类的职位。默认情况下，法律责任将向上延伸至领导层，最终由高级管理层和董事会承担。

如果未认识到这一点并实施不合适的治理结构，高级管理层可能意识不到此责任以及相关义务。此外，这通常还会导致业务目标与安全活动无法有效地保持一致。随着组织慢慢意识到自身对信息的依赖性以及信息正在面临越来越多的威胁，明智的管理层正逐渐将信息安全官一职提升为高级管理职位。

IT 指导委员会

企业高级管理层应任命一个规划或指导委员会来监督 IT 职能及其活动。

高级信息系统指导委员会对于确保 IT 部门与企业使命和目标协调一致非常重要。强烈建议指定一名了解风险和问题的董事会成员负责 IT 并担任委员会主席，尽管这种做法还不常见。委员会应包括来自高级管理层、各业务部门、HR 和财务等企业部门以及 IT 部门的代表。

应通过正规章程明确规定委员会的责任和义务。委员会成员应熟知 IT 部门政策、程序及实务。他们都应在各自领域的团队内拥有决策权。

此委员会通常负责重大信息系统项目的综合审查，不应介入常规运营活动。该委员会履行的主要职能包括：

- 审查 IT 部门的长期和短期计划，以确保它们与企业目标一致。
- 在董事会批准的权限范围内审批重大软硬件采购案。
- 审批和监控重大项目以及信息系统计划和预算的状态，确立优先级，审批标准与程序，并监控信息系统总体绩效。
- 审批所选或全部信息系统活动的资源开发战略，包括职能的内包或外包，以及全球化或离岸外包。
- 从时间、人员和设备三方面审查资源充足性和资源分配情况。
- 制定决策决定职责是集中还是分布式处理。
- 支持企业级信息安全管理方案的开发和实施。
- 向董事会报告信息系统活动。

> **注意**
>
> 企业不同，上述职责可能有所不同；所列职责均为 IT 指导委员会的最常见职责。每家企业都应正式记录并审批其指导委员会的职权范围。信息系统审计师应熟悉 IT 指导委员会章程并了解赋予其成员的主要职责。许多企业可能将此委员会冠以其他名称。信息系统审计师需确认履行前述职能的团队。

结果和职责矩阵

有关有效安全治理的成果与管理层职责之间的关系，如图 2.5 所示。此矩阵并不全面，仅指明了一些主要任务以及负责这些任务的管理层。根据企业的性质，职位可能有所不同。但即使所用标签不同，这些角色和职责仍应存在。

> **注意**
>
> 尽管图 2.5 并不在 CISA 考试中专门考查，但 CISA 考生仍然应当了解此信息。

管理层级别	战略（上）的一致	风险管理	实现价值	绩效衡量	资源管理	流程保证
董事会	要求进行可论证的调整	• 确定风险容忍度 • 监督风险管理政策 • 确保监管合规	要求报告安全活动成本	要求报告安全有效性	监督知识管理和资源利用政策的落实情况	监督鉴证流程整合政策的落实情况
高级管理层	制定用于将安全性与业务目标整合的流程	• 确保角色和职责涵盖所有活动中的风险管理 • 对合规性进行监督	要求对安全活动执行业务案例研究	要求对安全举措进行监控并设定指标	确保用于获取知识和效率指标的流程	监督要整合的所有鉴证职能和计划
指导委员会	• 审查和协助实施安全战略及整合工作 • 确保业务主管支持整合工作	识别新兴风险，推广业务部门安全实务，识别合规性问题	审查安全举措并就其对业务职能的支持是否充分提出建议	审查安全举措是否符合业务目标并提供建议	审查知识获取和传播流程	• 确定关键业务流程和鉴证提供商 • 指导保证整合工作
CISO/信息安全管理层	制定安全战略，监督安全方案和举措的实施情况，并与业务流程所有者联系以持续进行调整	• 确保进行风险和业务影响评估 • 制定风险缓解策略 • 强制执行政策并确保合规性	监控安全资源的利用情况及有效性	制定并实施监控和指标设定方法，指导和监控安全活动	制定知识获取和传播方法，设定有效性和效率指标	• 与其他鉴证提供商进行联系 • 确保识别出缺陷和重复情况并进行处理
审计执行层	评估和报告协调一致的程度	评估和报告企业风险管理实务及结果	评估和报告效率	评估和所采取措施及所用指标的有效性	评估和报告效率或资源管理情况	评估和报告不同领域的管理层所执行鉴证流程的有效性

图 2.5 安全治理成果与管理层职责之间的关系

IT 组织结构和职责

可采用不同的方式构建 IT 部门。图 2.6 显示了其中一种方式。所示组织架构图中包括与安全、应用程序开发和维护、网络系统管理的技术支持以及运营相关的职能。该组织结构显示的是典型的由 IT 经理/总监或 CIO（大型企业中）领导的 IT 部门。

> **注意**
>
> CISA 考试不会考查具体的工作职责，因为在不同的企业中工作职责可能有所不同。但是，可能会考查普遍知晓的职责，如业务所有者、信息安全职能和执行管理层的职责，尤其是在考查访问控制和数据所有权时。CISA 应熟悉职责分离。

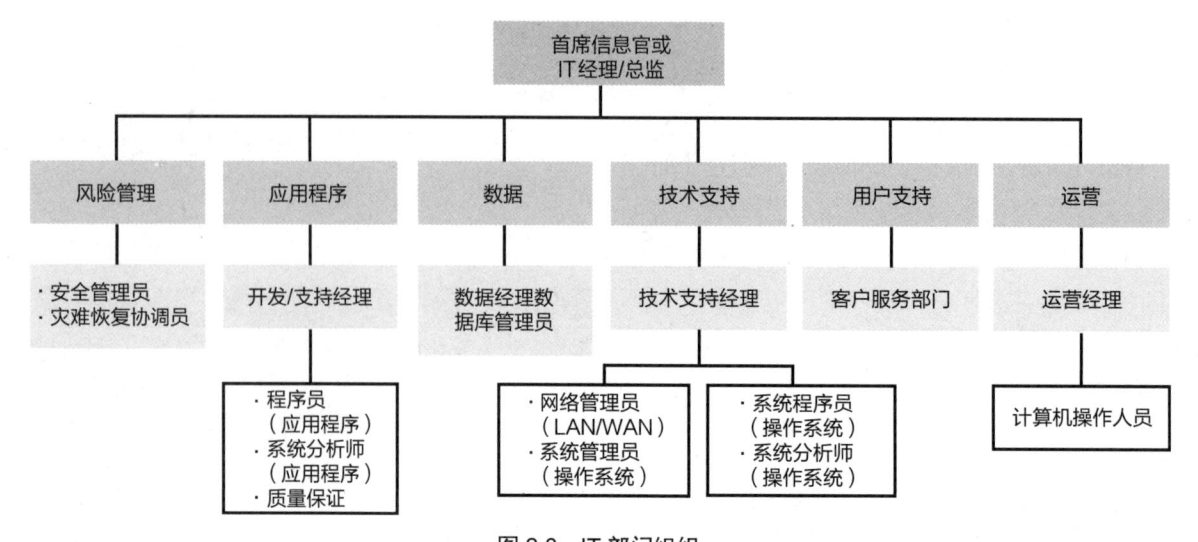

```
                    ┌─────────────────┐
                    │  首席信息官或    │
                    │  IT经理/总监    │
                    └────────┬────────┘
     ┌──────────┬────────────┼────────────┬──────────┬──────────┐
┌────┴────┐┌────┴────┐┌──────┴──┐┌────────┴───┐┌─────┴────┐┌────┴────┐
│风险管理 ││应用程序 ││  数据   ││  技术支持  ││ 用户支持 ││  运营   │
└────┬────┘└────┬────┘└─────┬───┘└──────┬─────┘└────┬─────┘└────┬────┘
┌────┴────┐┌───┴─────┐┌─────┴────┐┌─────┴──────┐┌───┴──────┐┌───┴────┐
│·安全管理员││开发/支持││数据经理数││技术支持经理││客户服务部││运营经理│
│·灾难恢复 ││  经理   ││据库管理员││            ││    门    ││        │
│ 协调员  │└───┬─────┘└──────────┘└─────┬──────┘└──────────┘└───┬────┘
└─────────┘┌───┴──────┐┌──────────┐┌─────┴──────┐           ┌───┴──────┐
           │·程序员   ││·网络管理员││·系统程序员 │           │计算机操作│
           │(应用程序)││(LAN/WAN) ││(操作系统)  │           │  人员    │
           │·系统分析师││·系统管理员││·系统分析师 │           └──────────┘
           │(应用程序)││(操作系统)││(操作系统)  │
           │·质量保证 │└──────────┘└────────────┘
           └──────────┘
```

图 2.6 IT 部门组织

数据所有权

职责包括根据相关风险识别数据并对其进行分类，授予对数据的访问权限，审查访问控制，确定他们所拥有的数据保护机制。简而言之，数据所有者负责整个数据生命周期（从创建到销毁）内的数据安全。

数据所有者

数据所有者通常是负责使用信息运行和控制业务的经理和主管。他们的安全职责包括：授予访问权限、确保访问规则在人员发生变动时得到更新，以及定期对其负责的数据进行访问规则审查。

数据保管员

数据保管员负责存储和保护数据，包括系统分析员和计算机操作员等信息系统人员。

安全管理员

安全管理员负责充分确保信息系统程序、数据及设备的物理和逻辑安全。物理安全不一定总是由安全管理员负责，其他人也可以处理。通常，信息安全政策会提供基本准则，安全管理员可以依此执行操作。

新 IT 用户

一般来说，所有分配了 PC 或其他 IT 资源的新用户均应签署一份文档，其中阐述他们应了解并履行的主要 IT 安全义务。这些义务包括：

- 阅读并同意遵守安全政策。
- 不泄露登录 ID 和密码。
- 根据政策创建有质量的密码。
- 在不使用时锁定其终端设备屏幕。
- 报告可疑的安全违规情况。
- 通过保持室门上锁、保护访问密钥、不泄露通道门锁密码组合以及问询陌生人员等方法维持良好的物理安全。
- 遵守适用的法律法规。
- 仅将 IT 资源用于获得授权的业务用途。

数据用户

数据用户包括内部和外部用户社区。这些访问级别应由数据所有者来进行授权，并由安全管理员来进行限制和监控。他们在安全方面的职责是，对工作区域内未经授权人员的监控保持警惕，以及遵守一般的安全准则和政策。

书面记录的授权

数据访问应以书面形式进行识别和授权。信息系统审计师可以审查这些授权的样本，以确定是否提供了适当级别的书面授权。如果机构实行数据所有权，则仅由数据所有者提供书面授权。

IT 角色和职责

组织结构图对所有员工都很重要，因其清晰界定了部门的层级和权限。此外，工作说明、执行人、责任人、咨询人、被通知人表和泳道式工作流程图可以让 IT 部门的员工更加完整和清晰地了解自己（以及他人）的角色和职责。信息系统审计师应花时间观察受审方的某个领域，并确定正式的工作说明和结构是否详尽并与真实情况相符。通常，应审查以下 IT 职能：

- **系统开发经理**。系统开发经理对实施和维护新系统的编程人员和分析师负责。
- **项目管理**。项目经理负责规划和执行信息系统项目。他们可能会向项目管理办公室或开发组织报告。项目管理层使用所分配的预算提交信息系统方案并向 IT 指导委员会报告项目进度。项目经理负责规划、协调以及向企业交付 IT 项目，在实现 IT 战略和 IT 指导委员会的愿景方面发挥核心作用。
- **客户服务部门（服务台）**。越来越多的企业意识到为 IT 部门设立客户服务职能很重要。客户服务部门是企业中的一个单位，负责响应用户遇到的技术问题及难题。大多数软件公司都设有客户服务部门。问题和答案均可通过电话、传真、电子邮件或即时消息传送。客户服务人员可使用第三方客户服务软件，快速查找常见问题的答案。应实施记录已报告、已解决及已上报问题的程序，以便分析难题/问题。它有助于监控用户组以及改进软件/信息处理设施（IPF）服务。客户服务部门/支持管理包括以下活动：
  - 为最终用户购置硬件/软件（HW/SW）。
  - 帮助最终用户解决 HW/SW 难题。
  - 就 HW/SW 和数据库的使用对最终用户进行培训；回答最终用户的问询。
  - 监控技术发展成果，并将相关信息告知最终用户。
  - 确定生产系统的问题来源并启动整改措施。将可能影响最终用户控制 HW/SW 升级安装的 HW/SW 或数据库问题告知最终用户。
  - 启动更改以提高效率。
- **最终用户**。最终用户负责与业务应用程序服务相关的操作。术语"最终用户"与"用户"之间有细微差别。最终用户要更具体一些，指访问业务应用程序的人员。用户的范围更广，可以指管理账户以及平台访问账户。
- **最终用户支持经理**。最终用户支持经理是 IT 部门与最终用户之间的联系纽带。

- **数据管理**。数据管理人员负责较大 IT 环境中的数据架构，将数据作为公司资产进行管理。
- **质量保证经理**。QA 经理负责协商和推动 IT 所有方面的质量活动。
- **信息安全管理**。此职能通常需要与 IT 部门分离，并由 CISO 领导。CISO 可能向 CIO 报告或者与 CIO 为非直属（间接报告）关系。即使安全官向 CIO 报告，也可能存在冲突，因为 CIO 的目标是有效益地提供连续的 IT 服务。而如果降低成本会影响保护的质量，CISO 可能不太关注降低成本的问题。

供应商和外包商管理

随着外包业务的增加（包括使用多个供应商），可能需要专人来管理供应商和外包商。这可能需要员工执行以下职能：

- 充当 IT 职能部门内供应商与外包商的主要联系人。
- 就问题对外包商提供指导，并在企业和 IT 职能部门内上报。
- 监控服务水平并向管理层汇报。
- 审查因新增要求而对合同做出的改动，并获得 IT 职能部门批准。

基础设施的运营与维护

运营经理负责管理计算机运营人员，包括有效和高效地运营数据中心所需的全部工作人员（例如，计算机操作员、库管理员、调度员和数据控制人员）。数据中心包括服务器和主机，外围设备比如高速打印机、网络设备、磁性介质和存储区域网络。数据中心是一项重大的资产投资，影响着企业的运作能力。

控制小组负责输入的搜集、转换和控制，以及平衡和分配到用户社区的输出。控制小组的主管通常向 IPF 运营经理报告。输入/输出控制小组应处于只有授权人员受许可的隔离区域内，因为他们处理的是敏感数据。

介质管理

介质管理对记录、发布、接收和保护可移动介质上保存的所有程序和数据文件是必需的。因企业规模而异，此职能可分配给全职个人或者运营团队中执行其他职责的成员。

此职能至关重要。因此，很多企业都会使用可帮助维护库存、转移、版本控制和配置管理的软件以提供额外的支持。

数据录入

数据录入对信息处理活动至关重要，包括批量录入和在线录入。在大多数企业中，用户部门的人员操作其自己数据的在线录入。在很多在线环境中，数据获取自原始来源（例如，电子数据交换输入文档、来自时间管理条形码的数据、百货公司库存）。用户部门和系统应用程序必须具备控制，以确保数据有效、准确、完整且经过授权。

监督控制和数据采集系统

随着工业厂房内技术的进步，企业正在实施数据采集的运营技术。工业控制系统是一个统称，包含多种类型的控制系统（详见第 5 章信息资产的保护）。这些系统包括条形码阅读器或监督控制和数据采集系统。SCADA 通常是指监控和控制整个站点的中央系统，或分布在较大范围（例如，涵盖数公里或英里范围）内的复杂系统。这些系统都是典型的工业工厂、炼钢厂、发电厂、电力设施等。大多数站点控制由远程终端设备或可编程逻辑控制器自动执行。主机控制功能仅限于基本站点覆盖或管理级别干预。数据采集自动化系统的一个示例是，石油钻塔中用于测量和控制石油提取以及控制温度和水流的系统。数据采集始于 RTU 或 PLC 层级。它包括按需传达给 SCADA 的仪表读数和设备状态报告。随后系统会对数据进行编译和格式处理，使得采用人机界面网络的控制室操作员可以制定管理决策，以调整或覆盖正常的 RTU 或 PLC 控制。数据还可以馈入历史日志（通常基于商品数据库管理系统构建），能够进行趋势分析及其他分析审计。

SCADA 应用程序传统上使用专用的通信线路，但如今已明显转向互联网。这会有明显的优势，包括更容易整合到企业的业务应用程序之中。但劣势则是许多此类企业都是国家关键基础设施，很容易受到网络攻击的危害。

系统管理

系统管理员负责维护主要的多用户计算机系统，包括局域网、无线局域网、广域网、虚拟机/服务器/网络环境、个人区域网、存储区域网络、内联网和外联网，以及中型和大型机系统。典型职责包括以下活动：

- 添加和配置新工作站及外围设备。
- 建立用户账户。
- 安装系统范围的软件。
- 执行用于预防/检测/纠正病毒传播的程序。
- 分配海量存储空间。

小型企业可能只有一个系统管理员，大型企业则可能拥有一个这样的团队。某些以大型机为中心的企业可将系统管理员称为系统编程人员。

安全管理

安全管理始于获得管理层的承诺。管理层必须了解和评估安全风险，制定并强制实施阐明了应遵守之标准和程序的书面政策。政策中应定义安全管理员的职责。为进行充分的职责分离，这一职位应当由可以直接向基础设施主管报告的全职员工担任。但是，在小型企业中，专门为此职位雇用一名全职员工可能不切实际。履行此职能的个人应当确保不同用户均遵循企业的安全政策，并且所采取的控制足以预防他人在未经授权的情况下访问公司资产（包括数据、程序和设备）。安全管理员的职能通常包括：

- 维护数据和其他 IT 资源的访问规则。
- 维护已授权用户 ID 和密码签发与维护的安全性和机密性。
- 监控安全违规行为，采取整改措施确保充分的安全性。
- 定期审查和评估安全政策并向管理层建议必要的改进措施。
- 准备和监控面向所有员工的安全意识计划。
- 测试安全架构以评估安全强度并检测可能的威胁。
- 与合规、风险管理和审计职能人员合作，确保根据审计反馈或测试，合理设计和更新安全方案。

数据库管理

作为企业数据的管理者，数据库管理员负责定义和维护企业数据库系统中的数据结构。DBA 必须了解企业的要求，以及用户数据和数据关系（结构）。此职位负责存储在数据库系统中的共享数据的安全。DBA

负责公司数据库的设计、定义及合理维护。DBA 通常直接向 IPF 总监报告。DBA 的职责包括：

- 指定物理（面向计算机的）数据定义。
- 更改物理数据定义以改善性能。
- 选择和实施数据库优化工具。
- 测试和评估编程及优化工具。
- 解答编程人员的疑问并对编程人员进行数据库结构方面的培训。
- 实施数据库定义控制、访问控制、更新控制及并行控制。
- 监控数据库的使用、搜集性能统计数据并调整数据库。
- 定义和启动备份及恢复程序。

DBA 可以使用工具建立对数据库的控制并能够改写这些控制。DBA 还能获得对所有数据（包括生产数据）的访问权限。禁止或完全阻止 DBA 访问生产数据的做法通常不切实际。因此，IT 部门必须通过以下方法对数据库管理员施行严密控制：

- 职责分离。
- 由管理层审批 DBA 活动。
- 由监督人员审查访问日志和活动。
- 对数据库工具的使用实施检测性控制。

系统分析师

系统分析师是根据用户需求设计系统的专业人员，通常会参与系统开发生命周期初始阶段的工作。这些人员会解读用户需求，制定需求和功能规格以及高层级设计文档。这些文档能够帮助编程人员创建特定的应用程序。

安全架构师

安全架构师负责评估安全技术；设计安全相关的网络拓扑、访问控制、身份管理及其他安全系统，以及建立安全政策和要求。有人可能会认为系统分析师也执行同样的职责；但是，二者所需的技能组合其实大相径庭。交付内容（例如，程序规格说明与政策、要求、架构图）也有所不同。安全架构师还应与合规、风险管理和审计职能人员合作，将他们对安全的要求和建议整合到安全政策和架构中。

系统安全工程师

系统安全工程师如 ISO/IEC 21827:2008:信息技术—安全技术—系统安全工程设计—能力成熟度模型所述，负责向企业提供信息系统安全工程技术支持，包括以下各项：

- 项目生命周期，包括开发、操作、维护和废弃活动。
- 整个企业，包括管理、组织和工程活动。
- 与其他学科的并发互动，如系统软件与研究、人类因素、测试工程、系统管理、操作和维护。
- 与其他企业的互动，包括采购、系统管理、鉴定、认证和评估。

应用程序的开发与维护

应用程序人员负责开发和维护应用程序。开发工作包括开发新代码或更改应用程序的现有设置或配置。这些人员所开发的程序或更改的应用程序设置将在生产环境中运行。因此，管理层必须确保应用程序人员无法修改生产程序或应用程序数据。应用程序人员应仅在测试环境下工作，将他们工作交付至另一个工作组，由后者将程序和应用程序更改移入生产环境。

基础设施的开发与维护

基础设施人员负责维护系统软件，包括操作系统。此职能要求人员对整个系统拥有广泛的访问权限。IT 管理层必须密切监控活动，要求电子日志记录此类活动，并确保电子日志不易更改。基础设施人员应仅对其所维护的特定软件的系统库具有访问权限。应严密控制和监控域管理及超级用户账户。

网络管理

许多企业的 IPF 非常分散。这些组织可能会设立一个中央 IPF，但同时也会在大范围内使用以下选项：

- 分支和远程位置的 LAN。
- WAN，其中 LAN 可以相互连接，从而方便已授权人员从其他位置访问。
- 通过移动设备建立的无线网络。

网络管理员负责管理此基础设施中的关键组件（如路由器、交换机、防火墙、网络分区、性能管理和远程访问）。由于地理分布的原因，每个 LAN 都可能需要一名管理员。根据企业政策，这些管理员可以向 IPF 总监报告，或以分散操作的方式向最终用户经理报告。不过，最好至少与 IPF 总监有一条虚线报告线。此职位负责针对 LAN 的技术和管理控制。其中包括确保传输链路正确运营、进行系统备份，以及软硬件采购经过批准且安装正确。在较小型安装中，此类人员可能会负责 LAN 的安全管理。LAN 管理员不承担应用程序编程方面的职责，但可能对系统编程和最终用户担责。

IT 部门内的职责分离

由于业务规模和性质的不同，各个企业中的实际职务名称和组织结构大不相同。但信息系统审计师应获取足够的信息来了解并记录各种工作职能、职责和权限之间的关系，评估职责分离的充分性。

通过职责分离可以规避一个人负责多种关键职能的可能性；这样可能会出现错误或滥用现象，并且无法在正常的业务流程中被及时发现。

职责分离是阻止和预防欺诈和/或恶意行为的重要手段。应当分离的职责包括：

- 资产监管。
- 授权。
- 记录交易。

如果没有充分的职责分离，可能会出现以下情况：

- 资产滥用。
- 财务报告作假。
- 财务凭证不正确（即存在错误或违规）。
- 未被检测到的不当使用资金或修改数据的情况。
- 未被检测到的未经授权或错误的数据和程序变更或修改。

施行职责分离之后，可以限制对计算机、生产数据库、生产程序、编程文档以及操作系统和相关实用工具的访问，从而减轻由单一人员的行为带来的潜在损害。应合理规划信息系统和最终用户部门，以施行充分的职责分离。如关于那些不应合并的工作职责的指导信息，如图 2.7 所示。

> **注意**
> 职责分离控制矩阵（见图 2.7）不是行业标准，而只是意在起到一个指导作用，主要描述应将哪些职责分离，以及将哪些职责合并后，需采取补偿性控制。该矩阵说明了潜在的职责分离问题，不应将其视为或用作绝对标准，而应借助它来确定可能发生的冲突，以便提出相应的问题来确定补偿性控制。

	控制小组	系统分析师	应用程序开发人员	客户服务部门和支持经理	最终用户	数据录入	计算机操作人员	数据库	网络	系统	安全管理员	系统开发人员	质量保证
控制小组		X	X	X		X	X	X	X	X		X	
系统分析师	X			X	X		X				X		X
应用程序开发人员	X			X	X	X	X	X	X	X	X	X	X
客户服务部门和支持经理	X	X	X		X	X		X	X	X	X		
最终用户		X	X	X			X	X	X		X	X	
数据录入	X		X	X			X	X	X	X			
计算机操作人员	X	X	X			X							
数据库管理员	X		X	X	X	X	X		X	X		X	
网络管理员	X		X		X	X	X	X					
系统管理员	X		X		X	X	X	X	X		X		
安全管理员		X	X					X				X	
系统开发人员	X			X	X	X					X		X
质量保证		X	X		X						X		

X — 将这些职能授予同一人可能会导致潜在的控制弱点。

图 2.7 职责分离控制矩阵

在实际工作中，不同企业中的职能和职称可能会有所不同。此外，由于部署的业务流程和技术性质不同，涉及的风险也可能各不相同。但对于信息系统审计师来说，了解本手册中每个特定称呼的职能是十分重要的。信息系统审计师需要了解合并工作职能的风险，如图2.7所示。此外，根据所部署应用程序和系统的复杂性，可能需要使用自动化工具，依照职责分离矩阵评估用户的访问权限。大多数工具都带有必须按照企业IT和业务流程定制的预定义职责分离矩阵，其中包括所交付职责分离矩阵中未涵盖的任何其他职能或风险领域。

至于系统的特权用户，应当启用远程日志记录（向单独的日志服务器发送系统日志），以便特权用户不能访问自己的日志。例如，DBA的活动可以被远程记录到其他服务器，IT部门的管理者则可在这里审查/审计该DBA的行为。同样，可以将日志审查职责分离到独立的日志服务器上，从而监控系统管理员的活动。

补偿性控制属于内部控制，可在无法适当分离职责时，缓解现有或潜在控制弱点的风险。在针对相关环境确定适用的控制时，应考虑企业结构及角色。例如，企业可能没有矩阵中描述的部分职务，或者一名成员可能负责其中的多个角色。IT部门的规模也是一个应该考虑的重要因素（即特定规模的IT部门中绝对不应将多项特定职责授予同一人）。但是，如果因某些原因需要合并角色，则应制定和落实补偿性控制。

职责分离控制

有些控制机制可用于加强职责分离。以下章节对这些控制进行了详细介绍。

交易授权

交易授权是用户部门的职责。部门中授予的权限级别与获得授权之个人的职责等级相关。管理层和审计人员必须定期检查，以检测未经授权的交易输入。

资产所有权

企业资产的所有权必须适当确定和分配。数据所有者的角色通常被分配给特定的用户部门。所有者的职责应具体且以书面形式定义。数据所有者负责确定提供充分安全性所需的授权级别。同时，行政团队通常负责实施和执行安全系统。

数据访问

在用户领域和IPF将物理、系统和应用程序安全相结合，可以实现对数据访问的控制。物理环境必须受到保护，以防备未经授权的人员访问连接到中央处理单元的各种实体设备，进而访问其中的数据。系统和应用程序安全是附加的层面，可以预防未经授权的个人访问企业数据。由于互联网的出现，大家越来越担心通过外部连接访问数据的安全性。因此，IT管理层又增加了一个责任，即保护信息资产免遭未经授权的访问。

访问控制决策的主要依据是企业政策和两个广受认可的实践标准——职责分离和最小特权。为提高使用有效性而施行的控制不应为正常的工作流程造成不必要的干扰，或者给审计师或获得授权的用户带来过重的负担。必须针对进一步访问设立条件限制，并且访问控制必须充分保护企业资源。

政策可以确立数据及其他资源的敏感度级别，如绝密、秘密、机密和未归类。应将这些级别用作指导，以确立适当的信息资源处理程序。此外，这些级别还可用作制定访问控制决策的依据。应仅授予个人特定敏感度级别或以下资源的访问权限。可使用标签标识电子文档的敏感度级别。基于政策的控制可能具有强制性或自主性。

授权书

系统所有者必须向IT提供定义每位个体之访问权限的正式授权书（纸质或电子形式）。也就是说，经理必须规定谁可以访问什么。授权书必须具有经过管理层批准的合理证明。通常，必须通过管理层的正式请求向所有用户授予特定的系统访问权限。在规模较大或那些具有远程站点的企业中，应维护签名授权记录，并将正式请求与签名记录进行比较。应定期审查相关访问特权，以确保这些权限当前与用户的工作职能相符。

用户授权表

IT部门应使用授权书中的数据构建和维护用户授权表。这些表格定义了谁能更新、修改、删除和/或查看数据。上述特权主要在系统级别、交易级别或域级别中提供。实际上，这些就是用户访问控制列表。必须通过附加密码保护或数据加密来防范他人在未获授权的情况下访问这些授权表。控制日志应记录所有用户活动，相应的管理层应审查此日志。应调查所有异常项。

未施行职责分离时的补偿性控制

在 IT 部门仅由四五人组成的小型企业中，必须采取补偿性控制来缓解因未施行职责分离而产生的风险。在将系统生成的报告或功能用作补偿性控制之前，信息系统审计师应先认真评估报告、应用程序和相关流程，以确定合适的控制（包括测试和访问控制），从而对这些报告或功能进行相应改进。补偿性控制包括：

- 审计轨迹是所有设计良好的系统的重要元素。审计轨迹可提供流程图，从而帮助 IT、用户部门以及信息系统审计师追溯交易流程。通过审计轨迹，用户和信息系统审计师可以在更新文件中重新创建从开始到发生的实际交易流程。如果没有充分的 SoD，良好的审计轨迹可能是一种适当的补偿性控制。信息系统审计师应能够确定交易发起人、输入日期和时间、输入类型、其中包含的信息字段，以及更新的文件。
- 对账最终是用户部门的职责。在某些企业中，数据控制小组可以使用控制总数和资产负债表，执行有限的应用程序对账。这种独立的校验类型可加倍确保应用程序处理成功且数据处于适当的平衡状态。
- 异常报告应由管理者层级处理，并且需要证据（例如报告上的签名）来证明已妥善解决异常。管理层还应确保及时解决异常。
- 交易日志记录可以手动或自动生成。例如，提交供处理之前的交易记录（分组或批量）就属于手动日志记录。自动交易日志记录所有已处理的交易，由计算机系统维护。
- 监督审查可通过观察和问询来执行，也可以远程执行。
- 独立审查的目的是弥补在执行规定程序的过程中出现的错误或人为失误。当小型组织中的职责无法合理分离时，执行此类审查是非常重要的。这种审查有助于发现错误或违规行为。

2.2.9 审计 IT 治理结构与实施

虽然在审计 IT 职能时，信息系统审计师需要关注的情况有很多，但一些潜在问题的重要指标包括：

- 成本过高。
- 预算超支。
- 项目延迟。
- 员工流失率高。
- 员工经验不足。
- 软硬件频繁出错。
- 用户请求积压过多。
- 计算机响应时间慢。
- 众多开发项目中止或暂停。
- 软硬件采购不受支持或未经授权。
- 软硬件频繁升级。
- 大量异常报告。
- 无人跟进异常报告。
- 缺少接班计划。
- 过度依赖一名或两名关键员工。
- 缺少足够的培训。

审查文档

信息系统审计师应当审查以下治理文档：

- IT 战略、计划和预算。
- 安全政策文档。
- 组织/职能图。
- 职位描述。
- IT 指导委员会报告。
- 系统开发和程序变更流程。
- 操作程序
- HR 手册。
- QA 程序。

应对文档进行评估以确定它们是否：

- 经过管理层的批准并按其目标意图创建。
- 是当前最新的。

2.3 IT 政策、标准、程序和准则

政策、标准、程序和准则等术语的应用有很大差异。本文中使用的定义和解释与主要标准制定机构一致。应使用这些术语以确保清晰的沟通。政策和标准分别被视为治理和管理工具。程序和准则由运营部门负责。

2.3.1 政策

政策是对管理层的意图、期望和指导方向的高级别说明。在成熟的企业中，精心制定的高级别政策可在很长时期内保持稳定的状态。政策可被视为治理的"宪法"，它们必须明确地与企业的战略目标保持一致，并为实现战略目标提供支持。

高级别的企业政策为企业奠定了基调，而各个部门也应制定较低级别的政策。较低级别的政策适用于相应部门的员工及其运营，侧重于业务层面的活动。较低级别的政策应与高级别政策一致，并提供支持。

管理层应定期审查所有政策。理想情况下，这些文档应载明政策的批准人和审查日期，以便信息系统审计师检查是否符合最新要求。政策必须定期更新，以反映新技术、风险和控制环境的变化（如合规要求），以及业务流程的重大变更。信息系统审计师应密切关注利用新兴技术提高工作效率和效益或竞争优势的流程。政策必须支持业务目标的实现，并应通过实施信息系统控制得到加强。高级别的宏观政策和低级别的细节性政策都必须与业务目标保持一致。

由于政策的存在是为了支持战略目标，因此信息系统审计师应考虑审计范围内的政策，并测试政策是否合规。或者，假设另一个鉴证职能测试政策以测试合规性。在这种情况下，如果符合审计部门的标准，信息系统审计师或许可以依赖于这项工作。信息系统控制应基于企业的政策确定，信息系统审计师应将政策用作合规性评估的基准指标。但是，如果政策妨碍到业务目标的达成，必须查出并报告该等政策以便改进。信息系统审计师还应考虑政策对第三方或外包服务提供商的适用程度、第三方或 OSP 对政策的遵守程度，以及第三方或 OSP 的政策是否与企业的政策冲突。

信息安全政策

信息安全政策是企业制定的一套规则和/或声明，旨在保护其信息和相关技术。信息和相关技术的安全政策有助于指导行为。它是为技术驱动型企业构建安全基础设施的基础。政策通常会提供一个框架，指明企业需要的工具和程序。ISP 必须在控制水平和生产力水平之间进行权衡。此外，控制成本不应超出预期可带来的效益。在设计和实施此类政策时，企业文化发挥着重要作用。ISP 必须得到高级管理层的批准。它应记录在案，并适时传达给所有员工、服务提供商以及业务伙伴（如供应商）。信息系统审计师应以 ISP 为执行各项信息系统审计任务的参考框架。安全政策的充分性和适当性也可作为信息系统审计师的一个审查领域。

ISP 应说明管理层的承诺，并概述企业管理信息安全的方法。可采用 ISO/IEC 27001 标准（或同等标准）以及 27002 准则作为基准指标，确定 ISP 文档涵盖的内容。许多企业根据领域和 ISO/IEC 27001 的主要分节来建立自己的 ISP 模型。

政策文档一般应包括以下要素：

- 企业对信息安全的定义。
- 政策文件的范围和目标。
- 声明管理层对信息安全的意图和期望。
- 确认用于设定控制目标和控制的框架，包括风险评估和风险管理结构。
- 简要介绍信息安全政策、原则、标准以及对企业特别重要的合规性要求，包括：
  - 符合法律、法规及合同要求。
  - 信息安全教育、培训和意识方面的要求。
  - 业务持续性管理和灾难恢复计划。
  - 违反信息安全政策的后果。
- 定义信息安全管理的总体和具体责任，包括报告信息安全事故的准则。
- 参考可为政策提供支持的补充文档（例如，针对用户应遵守的特定信息系统或安全规则的更详细安全政策、标准和程序）。

ISP 应在整个企业内以便于目标用户获取和理解的方式，将信息安全政策传达给用户。ISP 可能是一般政策文件的一部分。如果能确保不会泄露敏感的企业信息，也可以将其分发给第三方和企业的外包服务提供商。一些企业会保留一份详细的 ISP 供内部使用，同时保留一份摘要供对外分发。所有有权访问信息资产的员工或第三方在受雇时都必须签署协议，表示理解并愿意遵守 ISP，并在受雇以后定期（如每年）签署协议以考虑政策随时间推移而发生的变化。

企业可根据需求和适用性将信息安全政策记录为一套政策。通常涉及以下政策问题：

- 高级信息安全政策应包含有关机密性、完整性和可用性的陈述。

- 数据分类政策应说明数据的类别、每个类别的控制力度以及所有潜在用户的责任（包括所有权）。
- 综合的可接受使用政策，应纳入所有信息资源（如软件、硬件、网络和互联网等）的信息，并描述使用IT和信息相关资源的企业权限。
- 最终用户计算政策规定了台式机、移动计算和其他工具的参数和用户使用情况，包括将个人设备用于企业业务。
- 访问控制政策说明定义和授权用户访问各种IT资源的方法，如网络访问、应用程序访问和远程网络访问。
- 事故响应政策，说明在发生泄密或攻击时应采取的步骤、为尽可能降低风险暴露而应采取的步骤，以及发生泄密时应通知的人员。
- 远程访问政策或在家办公政策，规定了对远程安全措施、公共网络、家庭网络、VPN协议以及企业和客户数据处理的要求。

审查信息安全政策

应指定一名ISP并明确其职责，由其对信息安全政策的制定、审查和评估进行管理。ISP应按照计划的时间间隔（至少每年一次）或者在企业、企业的业务运营或者内在安全相关风险出现重大变化时，审查信息安全政策，以确保其适用性、充分性和有效性。审查时应评估企业ISP和信息安全管理方法的改进机会点，以应对组织环境、业务状况、法律条件或技术环境的变化。

维护和更新ISP时应考虑这些审查的结果。政策应受制于明确的管理审查程序，包括审查时间表或期限、更新政策、最终批准以及向内部和外部利益相关方分发的责任。

管理层审查的输入应包括：
- 利益相关方的反馈。
- 独立审查的结果。
- 预防性、检测性和整改措施的状态。
- 之前管理层审查的结果。
- 流程性能和ISP合规性。
- 可能影响企业信息安全管理方法的变更，包括组织环境、业务状况、资源可用性，以及合同、法规和法律条件或技术环境方面的变更。
- 使用某些第三方关系、外包服务提供商或离岸IT或业务职能。
- 与威胁和漏洞相关的趋势。
- 报告的信息安全事故。
- 相关当局、管理机构或监管机构提出的建议。

管理层审查的输出应包括针对以下事项的决策和措施：
- 信息安全与业务目标一致性方面的改进。
- 企业信息安全管理方法及其流程的改进。
- 风险评估和风险管理流程的改进。
- 控制目标和控制的改进。
- 资源和/或责任分配方面的改进。

应维护管理审查记录，包括版本控制号、修订日期和分发日期。修订后的政策应得到管理层的批准。

> **注意**
> 此审查由管理层执行，目的在于应对环境因素的变化。

审查政策时，信息系统审计师需要评估以下内容：
- 定义政策的依据或框架。
- 政策的适当性和完整性。
- 政策内容。
- 政策的例外情况—注明政策不适用的范围及原因（例如，密码政策可能与旧版应用程序不兼容）。
- 政策审批流程。
- 政策实施流程。
- 政策实施的有效性。
- 意识和培训。
- 定期审查和更新流程。

2.3.2 标准

标准是经过公认的外部标准机构批准的强制性要求、实务准则或规范。在企业中，标准是用于确定程序、流程或系统是否符合政策要求。如果政策是企业的"宪法"，则标准就是用于衡量政策合规性的法律。标准通过设定程序运作的范围、安全基线和管理层指示的可接受风险偏好，来管理程序和准则的创建。范围一般是针对流程、人员和技术方面允许的限制来设定的。

在当今日新月异的环境中，遵守强有力的标准实属必要。标准有助于确保产品和服务的有效性和可靠性。这些对于确保持续增长所需的信任和有效性是不可或缺的。标准会视需要进行更新，以应对最新的思想和技术。

> **注意**
> 专业标准是指由 ISACA 和 IIAA 等专业组织颁布的标准，以及协助专业人员实施和遵守其他标准的相关准则和技术。

2.3.3 程序

程序是明确定义的、用于实现特定政策目标的一系列书面步骤。程序必须源于父项政策，反映政策声明的主旨或意图，同时在标准的范围内运作。程序的编写必须简洁明了，以便于执行步骤的人员正确理解。程序记录业务流程和与之相对应的 IT 流程以及嵌入式控制。程序通常由流程负责人拟定，是政策的有效解释。

通常，程序相较其对应的父项政策更具动态性。程序必须反映业务、支持性 IT 系统和合规环境的不断变化。因此，频繁的审查和程序更新对于保持相关性至关重要。信息系统审计师应审查程序，以识别控制，评估控制设计，并测试对业务和支持性 IT 流程的控制。应评估程序中嵌入的控制，以确保其在保证流程尽可能高效实用的同时，达成必要的控制目标。如果运营实务与书面程序不符，或书面程序不存在，程序的执行就可能不一致，尤其是在新员工入职时。由于缺乏文件记录，管理层和审计师将很难识别和评估控制。

程序最关键的一个方面是依赖于程序的个人对程序的认识。如果执行人员对程序一知半解，那么程序是无效的。经理和流程负责人应使用可靠的部署方法和自动化手段来保留、分发和管理 IT 程序，以确保对程序的认识。虽然程序不像政策那样正式，但也应通过变更管理步骤进行更新、审批和分发。

在可能的情况下，应将程序嵌入信息系统，以进一步在企业内部整合这些程序，并减少与预期程序步骤的偏差。

2.3.4 准则

执行程序的准则通常由流程负责人制定，以便为执行程序步骤的人员提供更多细节。准则应包含有助于执行程序的信息，例如阐明政策和标准、依赖关系、建议以及示例，叙述性地阐明程序、可能有用的背景信息以及可以使用的工具。准则在许多其他情况下也很有用。在本文中，我们将在信息安全治理的背景下考虑它们。

为了将这些概念结合起来，并阐释在实践中可能出现的情况，图 2.8 使用常见的系统访问示例来说明政策、标准、程序和准则之间的联系，且每个要素都建立在前一个要素的基础上。

政策	必须控制信息资源，以有效预防未经授权的访问
标准	企业采用最小特权原则，因此只应授予个人履行其工作职能所需的最低限度的系统资源和授权
程序	会计人员可根据其具体职称和角色访问应付账款系统
准则	为每位会计团队成员分配与其在部门内的职能相对应的特定职称和角色。对 AP 系统的访问权限进行配置，以确保个人仅可访问其执行工作所需的功能。HR 系统中的工作变动和离职将触发该人员的经理的强制性审查。如果在五天内未响应，则自动取消访问权限

图 2.8 政策、标准、程序和准则示例

2.4 企业架构和注意事项

随着现代企业 IT 环境的复杂性日益增加，需要与企业架构相关的透明度。EA 涉及以结构化方式对企业的 IT 资产进行记录，以便了解、管理和规划 IT 投资。从投资的角度来看，企业需要了解额外投资将如何影响其 IT 环境，并且管理层需要确定这些投资的回报或损失。

《企业架构框架：背景、说明和效用》[①] 由 John

[①] Zachman, J.A.; "企业架构框架: Background, Description and Utility", 2016

Zachman 于 20 世纪 80 年代末首次发布，这是在 EA 领域具有突破性意义的工作。许多当代 EA 项目仍以 Zachman 的框架为基础。Zachman 认为构建 IT 系统与建造房屋极其相似。建造房屋时，参与者利用模型和图纸（例如，设计图、平面图和接线图）将抽象概念转化为实物。构建 IT 系统也是如此，使用不同工件（例如图表、流程图、数据/类模型和代码）来更加详尽地表示企业系统的不同方面。在这两种情况下，都会有不同的参与者参与不同的项目阶段。图 2.9 显示了基本的 Zachman 企业架构框架。

	数据	功能（应用）	网络（技术）	人员（组织）	流程（工作流程）	战略
范围						
企业模型						
系统模型						
技术模型						
详细说明						

图 2.9 Zachman 企业架构框架

其目标是填妥此矩阵中的所有单元格。在 EA 项目的初始阶段，多数企业难以为每个单元格提供详细信息，对于最高层而言尤为如此。尝试构建 EA 图时，企业可以从技术角度或业务流程角度应对这一难题。

从技术角度构建 EA 将试图阐明现代企业所面临的复杂技术选项。理念是提供有关以下问题的指导：何时将领先技术环境（如 JavaEE 或.NET）用于应用程序开发、如何更好地连接组织内和组织间系统、如何在不进行大规模重写的情况下将旧版和 ERP 应用程序用于网络部署、是内包还是外包 IT 职能，以及何时使用虚拟化和云计算等解决方案。

专注于业务流程的 EA 试图了解企业的核心增值和支持流程。通过了解流程、流程组成部分以及支持流程的技术，可在不断重新设计和改进各环节的同时改善业务。企业业务流程模型的内容可映射到 Zachman 框架的上面几行。完成映射后，企业可考虑优化组合所需技术，为业务流程提供支持。

其他 EA 框架包括 The Open Group Architecture Framework（TOGAF），它提供了设计、规划、实施和管理企业信息技术架构的高级别方法，以及专注于信息安全架构的 Sherwood Applied Business Security Architecture（SABSA）。

审计基础设施与运营时，信息系统审计师应遵循企业选择的整体 EA 并将其作为主要的信息来源。此外，信息系统审计师还应确保各个系统与 EA 保持一致并满足企业的目标。

2.5 企业风险管理

从 IT 角度来看，ERM 是指识别企业为实现业务目标所用信息资源中的漏洞和威胁，并根据信息资源对企业的价值，决定采取何种对策（保护或控制）将风险降至可接受的水平（即残余风险）。

ERM 作为管理职能运作，而不是像内部审计那样作为独立的审计职能。因此，ERM 的作用是向高层领导提供建议，即采用哪种策略来达到企业可接受的风险水平或风险偏好。对企业风险偏好的清晰了解是所有风险管理工作的前提，而就 IT 而言，则会影响未来对技术的投资、IT 资产的受保护范围以及所需的鉴证级别。风险管理包括识别、分析、评估、处理、监控和传达风险对 IT 流程的影响。确定风险偏好并识别风险暴露后，便可制定风险管理战略并明确相关责任。

风险偏好是指企业为实现其战略目标而愿意承担的风险。这是企业高层领导深思熟虑的决定。风险容忍度是与企业风险偏好的可接受偏差。它是企业在不损害其实现战略目标的能力的前提下能够承受的风险（即企业愿意冒风险的资金量）。风险偏好与风险容忍度密切相关。风险偏好是一个更具战略性的概念，而风险容忍度是一个更具战术性的概念。风险偏好在企业层面设定，而风险容忍度可以在不同层面设定，如部门或项目层面。

例如，一家科技企业可能具有高风险偏好，因为它处于快速变化的行业中。企业可能愿意承担更多风险来开发新产品和服务并进入新市场。然而，企业对财务损失的风险容忍度可能较低,因为保持健康的资产负债表对企业至关重要。企业的风险偏好和风险容忍度影响着其决策过程。当企业考虑推出新产品时,会评估产品推出的风险,并将其与整体风险偏好和风险容忍度进行比较。新产品将产生研究、开发和营销成本,以及由于现有产品的关注度下降而导致的机会成本。如果产品推出的风险过高,则企业可能会决定不推出该产品。

管理层和董事会可根据风险类型及其对业务的重要性,选择以下应对措施之一:

- **规避**。规避的目的是通过不从事某些会产生风险的活动、流程、业务关系或企业来消除风险暴露。
- **缓解**。风险缓解通过定义、实施和监控适当的控制来降低风险事件发生的可能性或风险对企业的影响。
- **分担或转移**。分担风险通过合作将风险的影响分散到多家企业。与分担一样,风险转移通过保险、合同协议或其他方式将影响转移给第三方。
- **接受**。接受后,接受即表示管理层承认风险的存在,并同意继续推进其计划,尽管可能产生影响。当风险被认为不可避免时,有时就会接受风险。在容忍度水平内,管理层认为企业能够独立吸收风险。在这种情况下,将实施正式监控以确保企业在风险增加时做出适当反应。

因此,组织可以规避、缓解、转移或接受风险。企业也可以忽视风险的存在,拒绝风险。这样做可能非常危险,信息系统审计师应将其视为一种危险信号。

需要注意的是,应在多个层面实施 IT 风险管理,包括:

- **运营层面**。在运营层面,需要注意可能会对 IT 系统和支持架构的有效性与效率造成危害的风险、绕开系统控制的能力、受损可能性或关键资源(如系统、数据、通信、人员和场地)的不可用性以及违背法律法规的行为。
- **项目层面**。风险管理需要重点关注理解和管理项目复杂性的能力;如果不能有效地做到这一点,则应关注因此而导致的无法完成项目目标的风险。
- **战略层面**。风险关注点转移到以下方面:IT 功能与业务战略的一致程度,与竞争对手的比较情况以及技术变化带来的威胁(与机遇)。

在各个层面中,由企业内不同的个人和团队负责 IT 风险的识别、评估和管理。但这些个人和团队不应各自为政,因为某一层面或领域的风险还可能影响其他层面或领域的风险。重大系统故障可能削弱企业提供客户服务或者与供应商接洽的能力,并且可能具备需要高级管理层关注的战略意义。同样,大型项目出现问题也可能具有战略意义。再比如,项目在交付新的 IT 系统和基础设施时,必须考虑新的运营风险环境。

2.5.1 开发风险管理方案

制定风险管理方案的步骤包括:

- **明确风险管理方案的目的**。第一步是确定企业创建方案的目的。该方案的目的应与企业的整体战略保持一致。风险管理方案通常用于向管理层提供与实现其目标相关的风险建议。通过在启动风险管理规划之前明确意图,企业可定义关键绩效指标、关键风险指标和评估结果的指标,以确定方案的有效性。通常由高级管理层和董事会一同设定风险管理方案的基调和目的。有关更多信息,请参阅 2.10 IT 性能监控与报告部分。
- **为风险管理方案分配责任**。第二步是指派相应人员或团队,由其负责 ERM 方案的开发和实施。虽然有团队主要负责风险管理方案,但成功的方案要求整合企业各个层面的风险管理。运营人员和董事会成员应协助风险管理委员会识别风险,并制定合理的损失控制及干预战略。

2.5.2 风险管理生命周期

为确保企业采用一致、恰当的风险管理方法,应确定并建立一套可重复的流程来管理 IT 风险。图 2.10 描述了 IT 风险管理生命周期。

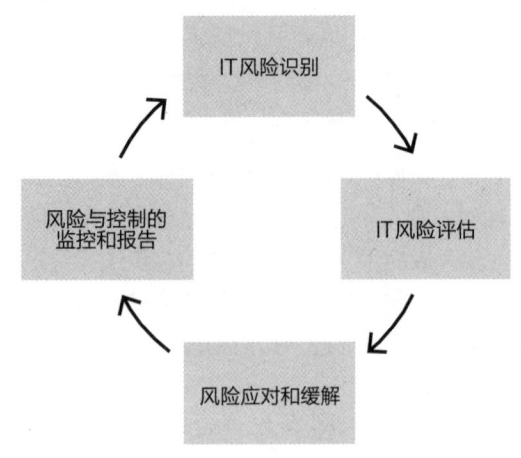

图 2.10 IT 风险管理生命周期

资料来源：ISACA, *CRISC Official Review Manual 7th Edition, Revised*, USA, 2023

以下部分介绍了风险管理流程中的基本步骤。

步骤 1：IT 风险识别

流程的第一步是识别和搜集相关数据，以有效识别、分析和报告 IT 相关风险。这将有助于识别因为易受威胁攻击而需要保护的信息资源或资产。本文中，威胁是指任何有可能危害信息资源的情况或事件（如破坏、泄露、篡改数据和/或拒绝服务）。此分类的目的可能是确定深入调查活动的优先级并确定相应保护措施（按资产价值简单分类），也可能是运用标准保护模型（按关键性和敏感性分类）。最关键的数据支持企业继续运营。与信息和 IT 相关的典型资产示例包括：

- 信息和数据。
- 硬件。
- 软件。
- 文档。
- 人员。
- 客户和顾客。

其他应考虑的更为传统的业务资产包括建筑物、存货（库存）、现金以及信誉或形象/声誉等无形资产。

步骤 2：IT 风险评估

流程的第二步是评估与信息资源相关的威胁和漏洞及其发生概率。常见的威胁类别有：

- 错误和疏漏。
- 恶意破坏/攻击。
- 欺诈。
- 窃取。
- 设备/软件故障。

IT 风险之所以存在，是因为威胁（或诱发条件）有可能利用到与信息资源使用相关的漏洞。漏洞是指可被威胁利用进而造成危害的信息资源的特性。漏洞示例包括：

- 用户缺乏认识。
- 缺少安全功能。
- 用户意识/教育不足（如密码选择不当）。
- 技术未经测试。
- 传输未受保护的信息。

攻击漏洞的实现，必须有利用漏洞的人为或环境威胁。典型的人类威胁载体（或人为造成的威胁）为：

- 新手（脚本小子）。
- 黑客行动主义者。
- 罪犯。
- 恐怖分子。
- 民族和国家。
- 暴动和内乱。
- 政治不稳定和过渡。

典型的环境威胁包括：

- 洪灾。
- 闪电。
- 龙卷风。
- 飓风。
- 地震。
- 火灾。

威胁代理利用漏洞导致的结果称为影响。影响由严重性、持续时间和速度等其他因素决定。在商业企业中，威胁通常会造成短期的直接经济损失或长期的间接经济损失。此类损失的示例包括：

- 直接经济损失（现金或信用卡）。
- 违反法律（例如，未经授权的披露）。
- 损失信誉/声誉。
- 危及员工或客户。
- 违背信用。
- 丧失商业机遇。
- 运营效率/绩效下降。
- 业务活动中断。

影响可能因企业的性质而有很大差异。小型零售商的客户数据丢失可能会使其声誉受损，甚至破产，而大型企业则可以存活下来。同样，如果医院丢失客户数据（即患者病历），则可能导致生命损失。

确立各项风险要素后，将它们组合在一起，即可获得对风险的总体认识。本练习旨在确定企业风险的相对优先级。组合各个要素的常用方法是针对每项威胁进行计算：发生概率 × 影响程度。这样可测得总体风险。

风险与损失/损害的价值以及威胁的预计可能性成正比。近年来，速度等因素被用来衡量风险可能对企业造成广泛影响的速度。当考虑其他因素时，速度因素也会改变评分。例如，计算方法可以是发生概率×影响程度×影响速度。

步骤 3：风险应对和缓解

识别到风险后，可评估现有控制（或设计新控制），将漏洞减少至可接受的水平。这些控制被称为对策或保障措施，包括为抵消风险的影响或发生的可能性而实施的行动、设备、程序或技术（即人员、流程或产品）。可从控制的内在或设计优势及其生效概率出发，衡量控制的优势。

最强大的控制是预防性、自动化和正式的控制，因为这些控制无须人为干预即可阻止事件的发生，并且其有效性已经过测试。最薄弱的控制是非正式和手动的控制，因为这些控制的部署并不一致。在开发控制时，如果无法实现全面的自动化，企业可以选择依赖于信息技术的控制，或混合控制，其中包括人工和自动化流程的组合。控制的强度可以根据矩阵来判断（见图2.11）。

残余风险是应用控制后仍存在的风险水平。管理层可确立一个可接受风险水平（风险偏好）。应通过实施更严格的控制或二级控制来降低高于此水平的风险。对于低于这一水平的风险，应进行评估以确定是否控制过度，以及能否剔除这些过度控制，从而节省成本。最终接受残余风险的考虑：

- 组织政策。
- 风险偏好。
- 风险的识别和衡量。
- 风险评估方法中的不确定性。
- 实施的成本和有效性。
- 控制成本与效益。

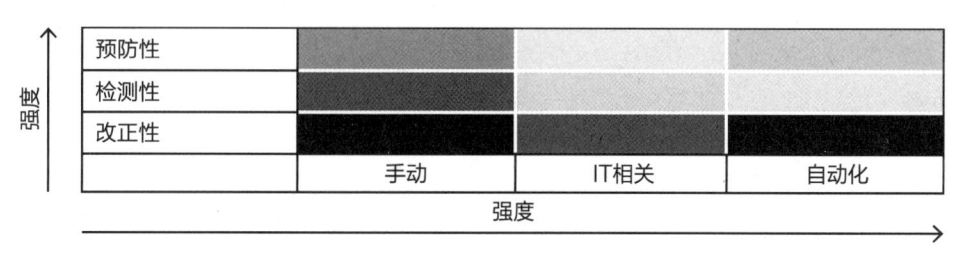

图2.11 控制矩阵

信息系统审计师往往关注与敏感性关键信息的机密性、完整性或可用性，以及生成、存储和操纵此类信息的底层信息体系和流程相关的高风险问题。审查这些类型的IT相关业务风险时，信息系统审计师通常会评估企业所用风险管理流程的有效性。

分析使用IT产生的业务风险时，信息系统审计师透彻理解以下方面非常重要：

- 行业和/或国际公认的风险管理流程。
- 业务的目标和性质、业务所处的环境以及相关业务风险。
- 实现业务目的和目标时对技术的依赖性。
- 使用IT的业务风险及其如何影响业务目的和目标的实现。
- 对业务流程的全面概述以及IT和相关风险对业务流程目标的影响

风险评估流程是反复性的生命周期，流程第一步即为确定业务目标、信息资产以及底层系统或信息资源，后者用于生成、存储、使用或操纵对实现这些目标而言极其重要的资产（如硬件、软件、数据库、网络、设施、人员）。由于IT风险是动态的，因此管理层要认识到建立自适应IT风险管理流程以支持业务风险管理流程的必要性。因此，可将大部分工作转移到企业最敏感或最关键的资产上。接下来，应执行风险评估以确定漏洞和威胁，并确定事件发生的概率和可能产生的影响，以便制定出更多的安全保障措施，将此影响降低到管理层可接受的程度。

在风险缓解阶段，应确定可应对已识别风险的控制。这些控制应该能够预防风险事件发生或者降低发生的可能性、检测风险事件是否出现、将风险的影响降到最小或者将风险转移给其他企业。

通过成本效益分析进行对策评估，评估期间应选择控制，以便将风险降低到管理层可接受的水平。此流程可基于以下方面：

- 与将风险降至最低的好处相比，控制的成本如何。
- 管理层的风险偏好（即管理层准备承受之残余风险的水平）。
- 降低风险的首选方法（例如终止风险、最大限度降低发生概率、将影响降至最低、通过保险的方式转移风险）。

步骤4：风险与控制的监控和报告

最后阶段涉及监控所管理风险的绩效水平，识别环境中会触发风险重新评估的任何重大变化，并保证控制环境也相应改变。要确定风险是否降到了管理层可接受的水平，最后一个阶段需要经历三个流程：风险评估、风险缓解和风险重新评估。需要注意的是，为确保有效，企业中的风险评估应该是一个持续的流程，以便努力持续识别和评估新产生的风险及风险演变。

总之，风险管理流程应在运用安全控制（作为对策）与适应重大威胁之间取得成本效益平衡。有些威胁关系到对某些行业来说极其敏感的安全问题。

2.5.3 风险分析方法

最常见的风险分析方法包括定性、半定量和定量方法。每种方法都具备各自的优势和局限性。

定性分析方法

定性风险分析方法使用文字或描述性等级来描述影响或概率，通常基于检查清单、面谈和主观风险评级，如高、中或低。此方法最简单，也最常用，主要用于风险水平较低的情况。

虽然定性分析往往没有其他方法那么复杂，但它缺乏会计和管理惯用的严谨性。此外，搜集、解构和分析基于文本的信息以形成分析可能会耗费大量时间，而数据相对而言没有那么有用。

半定量分析方法

在半定量分析中，描述性等级有一个对应的数字量表。无法使用定量方法或想要降低定性方法中的主观性时，通常采用此种方法。例如，定性衡量指标"高""中""低"可分别给予量化权重5、3和1。所评估主题领域的总权重可以是用此方法得出的各种考虑因素之权重的总和。此方法通常用于问卷调查中的以下问题：使用从1到5的评分标准（1为最低，5为最高），您认为网络钓鱼攻击导致数据丢失的风险有多大？

定量分析方法

定量分析方法基于来自各种来源的数据（如历史记录、过往经验、行业惯例以及各种记录、统计理论、测试和实验），使用数值（如货币）描述风险的概率和影响。这些方法提供了可测量的结果。

许多定量风险分析方法目前广泛应用于军事、核能、化学、金融实体及其他领域。定量风险分析通常在BIA过程中进行。此过程中的主要问题是信息资产估值。不同人对同一资产的估值可能不同，具体取决于信息与个人的相关性。对于技术资产，不仅要考虑资产成本，还要考虑更换成本以及资产所处理信息的价值。

在一些需要遵守财务报告法规（如SOX）的企业中，应用程序根据其处理的交易量或交易额被纳入监管范围。如果一家企业拥有两个销售终端系统，分别处理98%和2%的企业收入，则可能只有处理98%收入的系统才会被纳入监管范围，并受制于正式控制文件和测试要求。

2.6 数据隐私方案和原则

数据隐私治理方案确保企业内所有个人信息得到识别和管理，满足个人信息使用和保护的法律要求、治理政策、程序和准则，以及数据主体的权利。虽然不同法规的定义有所不同，但个人数据通常是与可识别身份的个人相关的任何信息。

隐私管理实务领域包括建立与数据有关的隐私角色和职责；推动隐私培训以及意识沟通和活动；监控

供应商和第三方管理实务；制定隐私审计流程，以及实施隐私事件管理能力。

企业必须设计、实施和运行适当的控制，在个人和相关敏感信息的整个生命周期中保护和管理个人隐私。为此，企业必须确定对企业隐私方案和实务的内外部要求。关键要求因有关具体实施的具体法规或法规而异，可分为内部和外部要求，如图 2.12 所示。

要求的类型	考虑因素
内部要求	• 分配隐私角色和职责 • 定义个人信息并编制清单 • 实施企业员工隐私政策、程序和培训 • 制定供应商管理方案 • 管理隐私事故 • 执行隐私审计和评估 • 与组织文化相协调（或在管理层的支持下进行改变） • 考虑信息系统的能力和局限性
外部要求	• 识别和记录适用的法律、法规、标准和合同义务 • 选择隐私原则和框架 • 发布反映企业实际做法且符合法律要求的隐私告知 • 保持对第三方的监督 • 维护数据主体的权利 • 满足客户、投资者和行业人士的要求 • 适应现有的合同关系

图 2.12　隐私方案要求

资料来源：ISACA，《CDPSE 官方考试复习手册》（第 2 版），美国，2023 年

既定隐私框架内的隐私原则促使企业能够以全面且一致的方式对所有业务活动实施隐私控制。一些常用的隐私原则示例包括：

- ISO/TS 17975:2022 健康信息学。同意搜集、使用或披露个人健康信息的原则和数据要求。
- OECD 隐私原则。
- AICPA 普遍接受的隐私原则。
- ISACA 隐私原则。

数据隐私是一个监管日益严格的领域，欧盟和美国通过的各项法律通常基于上述原则。例如，欧盟监管机构通过了 GDPR 和《跨大西洋数据隐私框架》等法律，以保护存储在美国的欧盟个人数据。这些数据隐私法律影响在欧盟境内开展贸易的所有企业和国家。

2.6.1　隐私记录

文档记录是有效的隐私治理方案不可或缺的一部分。维护各种类型的文档至关重要，有助于清楚地展示企业数据管理实务和目标；履行适用隐私法律规定的义务；建立关键利益相关方之间的信任；以及践行隐私方案管理方面应有的谨慎标准。

- 内部政策和程序、外部隐私告知以及其他相关文件符合适用的隐私法律、法规、合同义务和其他法律要求。
- 任何必要的或企业采用的行业标准均反映在企业的隐私记录和实务中。
- 定期审查和评估面向内部的政策、程序和相关文档以及面向外部的隐私告知、网站、社交媒体页面和相关文档，以确保满足隐私要求。
- 隐私方案的广度和深度达到或超过适用法律、法规或标准的要求。

文档类型

必须有各种文档来支持和展示全面的隐私管理方案并满足各种隐私法律要求。本节讨论了隐私从业者必须了解的常见文档类型，且通常需要他们创建、维护、评估以及与他人沟通这些文档。

此处并未穷举支持所有类型隐私管理方案所需的全部文档形式。此外，也未按照隐含的重要性或使用情况顺序列出文档类型。每个企业应以此列表作为起点，确定满足适用法律要求和缓解隐私风险所需的文档。

隐私告知

隐私告知是面向外部数据主体和数据保护机构的声明。它描述了企业如何搜集、使用、保留、保护和安全地披露个人信息。本手册稍后将讨论隐私政策；但要指出的是，当从企业内部考虑时，作为隐私告知对外发布的相同条款通常被称为隐私政策或隐私声明。

由于隐私依赖于知情同意，企业的隐私告知确立了其法律责任。监管机构、审计师和律师根据企业实务来评判企业隐私管理方案和管理者，因为这些做法

与企业在使用和保护数据方面所做的承诺有关。数据控制者和数据处理者负责遵守隐私告知中确定的参数。

除问责制外，隐私告知还用于其他目的，包括：

- 使用易于理解的语言向数据主体提供以下解释：
  - 搜集哪些个人数据及其原因。
  - 为什么搜集个人数据。
  - 如何使用和处理个人数据。
  - 在数据主体不知情的情况下与谁共享个人数据。
  - 个人数据将保留多长时间。
  - 数据搜集对数据主体的潜在影响。
  - 个人数据的销毁位置和销毁方式（如适用）。
- 告知数据主体如何行使其对相关个人信息的权利的程序。
- 支持数据主体做出同意或其他合法授权，从而允许数据控制者按预期目的或计划使用其个人信息。
- 建立和维护数据主体的信任。

隐私告知各不相同，可能以多种方式呈现给数据主体，例如：

- 企业网站上有一个专门的页面说明隐私相关活动。
- 要求提供个人信息的表格，并说明企业将如何使用和保护个人信息。
- 手册（例如支付卡企业每年在美国分发的手册）中说明了隐私保护和权利。
- 在企业设施（例如医疗诊所或医院）提供的文档中说明了如何搜集、使用和共享个人信息，并指出个人访问其个人信息的权利。
- 合同（例如贷款或其他金融服务合同）中描述了企业如何搜集、使用、存储、共享和保护个人信息。
- 建筑物或内墙上的标志（例如表示正在使用闭路电视摄像机的警告标志）可作为一种隐私告知。

使用条款声明通常包含了企业如何使用个人信息的规定的说明，相关企业将这些声明作为其隐私告知。虽然这是一种常见的做法，但最好维护单独的隐私告知和使用条款，以避免重复或混淆。此外，还应考虑隐私告知与搜集数据的相对时间，在通知与搜集之间留出足够的时间，以便数据主体评估接受是否符合其最佳利益。如果在搜集数据前留给数据主体的时间太短，即使是全面的通知也可能被视为不足，从而给企业造成不可接受的风险。

同意书

数据主体对隐私告知条款的同意以同意书的形式记录。同意书的预期用途是提供信息，以供潜在数据主体当前和未来参考，以及记录主体与获得同意的实体之间的交互。

同意书应包括以下条款：

- 获得对现有个人数据的同意。
- 如果不合规，则更新同意。

同意书的形式包括选择加入/选择退出按钮、隐私声明、网页上隐私告知底部的复选框或包含类似隐私声明的纸质表格底部的签名框。必须对隐私告知表示同意的规定越明确，企业获得的保护就越大，不至于日后因用户理解不充分而遭受索赔。

仅签署同意书可能不构成充分的同意过程。知情同意过程指企业与数据主体之间持续的信息交换。可能采取的方式包括答疑会、电子邮件、社区会议和录像演示。[1]

获得书面同意是一项单独的活动，除此之外，数据控制者还需要告知数据主体如何进行查询或向企业通知各种决定（例如，撤回同意、要求删除个人数据或要求删除数据）。在大多数情况下，数据主体有权随时取消其同意，用于征得同意的机制应考虑到数据主体取消同意的可能性。与隐私告知相关的清晰度水平一样，撤回同意的容易程度是帮助数据搜集企业维持可接受风险水平的因素之一。

个人信息清单

个人信息清单是企业搜集、提取、处理、存储或以其他方式处理的个人数据资产的文档化贮存库。与其他因法律或监管要求而产生的文档不同，个人信息清单是针对内部的文档，旨在通过提高对可能存在风

---

[1] 美国卫生和公众服务部，"知情同意常见问题解答"

险的内容的认识来支持各种隐私和数据保护措施。将数据流映射纳入数据清单可为企业提供宝贵的见解，因此建议在任何可能的情况下都这样做。

由于清单本身并非监管要求，且个人信息也没有通用的定义，因此每个企业都必须确定要在其企业的个人信息清单中记录的具体信息项。具体信息项应反映与企业的服务、产品、地点、客户、患者、员工和供应商以及其他决定因素有关的个人信息的既定定义。隐私从业者应确保制定程序，不断更新清单及任何现有的数据流图。

个人信息清单通常与IT、安全或治理手册或自动化工具结合使用，包含有关企业网络、应用程序、系统、存储区和物理形式的信息。

清单支持隐私管理方案举措的工作，以记录有关企业个人信息（例如人力资源数据、客户数据或市场营销数据）。每个企业都是独特的，因此个人信息清单项目会因企业的不同而存在差异。个人信息清单可以记录在硬拷贝媒体、电子表格、文字处理文档、数据库或用于资产清单的其他工具类型中。

其他类型的文档

目前有许多其他类型的文档可支持企业管理隐私方案并满足广泛的特定法律要求。这些文档的格式和内容通常因企业的不同而存在很大差异。一些重要但没有严格定义的文档类型包括：

- **活动日志**。记录隐私管理活动的日志，可以手动创建、由应用程序和系统生成，也可以通过供应商提供的或内部创建的各种工具自动生成。日志可详细说明参加过隐私培训的人员姓名、身份验证尝试失败的次数、使用给员工发放车辆位置，以及有权访问个人信息记录的人员身份等信息。
- **数据保护的法律要求**。企业应识别并记录适用于其运营的所有隐私法律要求。此文档应提供给整个企业的关键利益相关方，尤其是隐私工程师，以帮助他们确保所设计的系统、应用程序、网络以及其他服务和产品能够适当地支持法律要求。
- **隐私风险评估报告**。隐私风险评估报告反映了关于企业及其第三方服务提供商如何搜集、使用、共享、维护和销毁个人信息的系统性评估的发现。隐私风险评估报告是概述企业隐私风险状态的重要文档。它不仅有助于满足法律要求（包括GDPR和CCPA等隐私法规的要求），还能够管理伴随新兴技术产生的风险并解决法律要求未涵盖的隐私风险。
- **隐私影响评估（Privacy Impact Assessment，PIA）报告**。PIA通常是一个过程，用于确定个人信息是否得到了适当的保护、使用、共享，是否妥当地提供给了与之相关的个人，以及是否进行了恰当的销毁处置。PIA报告详细阐述了PIA的发现，并且包括如何适当缓解已发现的隐私风险的相关文档。有关更多信息，请参阅2.11.1数据清单和分类部分。
- **隐私治理报告**。隐私治理报告旨在向关键利益相关方传达整个企业隐私合规性的当前水平；自上次隐私治理报告发布之后所做的改进；自上次隐私治理报告发布之后遇到的风险、事故和问题，以及隐私方案和实务变更的状态和结果。这类报告之所以必要，有很多原因，主要原因是：
  - 展示隐私部门和治理方案的价值。
  - 使关键利益相关方了解整个企业的隐私问题和风险。
  - 在隐私方案中传达成功与改进。
  - 加强隐私从业者和关键利益相关方的互动，并了解关键利益相关方所关注的领域。
- **培训活动**。记录培训的时间、主题、参加培训的人员以及培训的日期是很重要的。此外，记录培训的方式以及受训人员的所有测验或测试的结果也很重要。此类文档提供了向审计师或监管机构证明培训活动遵循了应有的谨慎标准的重要证据。文档还提供了已开展的培训活动的历史记录，有助于更好地了解培训的有效性，并能为如何改进培训方案提供见解。
- **数据事故登记表**。将所有个人数据事件的记录存储在清单或日志中。它必须包含有关事故的事实、违规影响、修复措施和预防措施，以避免将来再次发生违规。
- **个人权利登记簿**。记录个人关于其记录的所有请求，以及如何/何时接收和获取这些请求。这可能包括提供其记录副本、要求更正等个人请求。

2.6.2 审计流程

数据隐私审计、评估、测试与合规性审查用于确保企业的隐私政策、程序、实务、个人信息规则和标准符合内部和外部的法律、法规、指令以及其他法律要求和隐私标准。年度数据保护审计是支持合规性的重要元素。隐私审计、评估或类似的活动也可用于识别企业架构和信息架构由于未基于设计原则和未考虑支持隐私保护的因素从而造成的业务风险。

执行数据隐私审计可证明企业遵循了应有的谨慎标准，并支持ISACA隐私原则9：监控、衡量和报告，[①] 该原则建议企业应针对隐私管理方案和工具的有效性建立适当和一致的监控、衡量和报告。为了支持这项工作，企业应：

- 建立一个审计、衡量/评估和监控以下方面的框架：
    - 数据隐私管理方案的有效性。
    - 对相关政策、标准和法律要求的合规程度。
    - 隐私工具的使用和实施。
    - 隐私增强技术的进步。
    - 隐私法律法规的变更。
    - 发生的隐私泄露的类型和数量。
    - 数据控制者数字生态系统内的隐私风险领域。
    - 有权访问个人信息、敏感信息和相关风险级别的第三方。
- 向关键利益相关方报告对隐私政策、适用标准和法律的合规性。
- 将国际公认的隐私实务整合到企业的业务实务中，并在隐私审计期间进行检查，确保这些实务已得到适当的实施和一致的遵循。
- 针对内部或外部审计师在调查、监控、持续审计、分析等过程中对个人数据的使用建立相应的程序。
- 如果地方/国家法律不允许通过监控个人数据来预防欺诈/犯罪等，应对个人数据进行匿名处理；执行审计，确保在整个企业内有效且一致地应用匿名化流程。

为了支持企业，信息系统审计师在评估数据隐私方案方面发挥着至关重要的作用。这涉及评估数据隐私政策的有效性，包括：

- 数据隐私要求包含在第三方合同中。
- 实施数据保留和销毁政策。
- 在数据流程中遵守数据隐私的跨境法规。
- 员工接受有关数据隐私法规的培训。
- 创建并维护数据清单。
- 数据主体请求得到妥善处理。

2.7 数据治理和分类

企业必须编制详细的信息资产清单，以有效地控制数据、信息资产和资源。创建此清单是对资产进行分类并确定各项资产所需保护等级的第一步。创建初始清单和分类后，必须定期审查和更新清单。必须审查分类的适当性。

信息资产在实现业务目标方面具有不同程度的敏感性和关键性。通过为信息资源分配敏感性和关键性的类别或级别并为每个类别建立特定的安全规则，可以定义适用于每项信息资产的访问控制级别。信息资产的分类有助于在整个企业中建立和维护对数据资源安全要求的一致看法。其次，此举还支持成本效益分析，通过将数据安全与业务目标联系起来，实施适量的控制，以降低不必要的保护所带来的超支风险。

信息所有者对信息负责，应根据企业的数据分类和处理政策确定适当的分类。分类应简单明了，例如根据敏感性和关键性的不同程度指定。最终用户经理和安全管理员随后可在其风险评估流程中使用这些分类，以确定谁能访问哪些信息以及最适当的访问级别。大多数企业都使用包含三到五个敏感性级别的分类方案。在确定分类的类别数目时应考虑企业的规模和性质，过于复杂的方案可能并不实用。

数据分类是将数据作为资产进行管理的一个重要部分。作为一项控制，数据分类应定义：

- 信息资产的重要性。
- 信息资产所有者。
- 授予访问权限的流程。
- 批准访问权限和访问级别的负责人。

[①] ISACA，《ISACA 隐私原则和计划管理指南》，美国，2016年

- 安全控制的程度和深度。

数据分类必须考虑到有关保持信息隐私性、机密性、完整性和可用性的法律、法规、合同和内部要求。此外，通过数据分类还可以确定谁应当能够访问用于企业运营的生产数据，以及谁有权访问开发过程中的测试数据和程序。例如，应用程序或系统开发编程人员不应具有对生产数据或程序的访问权限。

采用一种分类方案并将信息分配到同一敏感性级别可以实现统一的数据处理，这样可以只应用特定于某个级别的政策和程序，而不必针对每种信息类型进行处理。如果没有为文档和介质分配敏感性级别，并且没有指导用户处理每条信息的程序，则很难遵循信息安全政策。假设文档或介质没有根据分类方案进行标记。在这种情况下，这表明可能存在信息滥用。用户可能会因其不了解禁止泄露的相关要求而泄露机密信息。社会工程将在最终用户层面利用这种误解。信息分类的示例包括：

- **公共**。公共数据是公开的，可供公众自由访问。任何人都可以使用、重复使用和重新分发公共数据。公共数据的示例包括营销材料和新闻稿。
- **内部**。内部数据严格限于明确获得信息访问权限的员工。内部数据的示例包括业务计划、组织结构图和报告。
- **机密**。机密数据需要保密。机密文件包括未公开的财务信息、客户名单、支付卡信息或一旦泄露可能会产生负面影响的合同。机密数据也可能受 HIPAA 和 PCI DSS 等数据隐私和安全法律的管辖。
- **受限**。受限数据高度敏感，一旦泄露可能会导致刑事指控或法律罚款。受限数据的示例可能包括专有信息或受州和联邦法规保护的研究和数据。

对敏感数据进行盘点和分类可以为处理企业关键数据资产提供指导。IT 治理团队必须优先考虑数据保护工作，以保证组织的利益，通过数据安全和遵守法规来进一步实现业务目标。

2.7.1 数据清单和分类

完全指定并填充的数据清单和分类是执行隐私影响评估的最重要资源，因为这份清单涵盖了所有敏感数据。数据清单涵盖了所搜集的个人信息类型和确保隐私合规性所需的信息。为确保 PIA 能够确认控制是否充分并识别漏洞，数据清单和分类的范围必须涵盖整个企业并保持最新。

敏感信息的数据清单内容和范围与元数据贮存库基本一致，后者由数据治理部门实施和管理。作为企业元数据管理的一环，隐私数据清单应该由隐私部门和数据治理部门协同管理，并且应考虑个人数据的无意捕获、使用和存储。

2.7.2 法律目的、同意和合法权益

法律目的、同意和合法权益关系到处理个人信息的所有方式，包括如何搜集、使用、共享、处理、提供给相关人员（数据主体）、保留以及供其他类型的活动访问。

虽然这些术语和概念在主观意义上已经被人们使用和理解了几十年，但它们在欧盟 GDPR 中明确使用令它们受到了越来越多的关注，并强调了理解相关含义和要求的必要性。GDPR 包括本节所列三项处理依据之外的几项处理依据；不过，这些是最常用的依据，并且通常也包含在全球其他隐私和保护标准（包括自我监管模型）中。隐私工程师尤其有必要了解这些术语和概念，因为他们设计的大部分系统、应用程序、网络、服务和程序都必须符合这些术语所定义的法律要求。

法律目的

长期以来的一项隐私原则是，当企业搜集和使用个人信息时，数据控制者应：

- 于隐私告知中或以其他传达方式描述和指定搜集个人信息及任何相关敏感信息的目的，确保该目的符合适用法律的要求并有允许的法律依据。
- 根据所述目的和获得的同意调整对个人信息和敏感信息的后续使用，并遵守有关使用限制的法律要求。
- 必要时，与适用的数据保护法律机构就合法目的和使用限制进行沟通。

搜集、使用和共享个人信息的目的必须符合相关法律要求，例如 GDPR。[①]虽然欧盟成员国必须满足最低要求，但每个成员国还可以制定其他更具体的要求。因此，对每个企业来说，了解搜集和处理的个人信息所在国家/地区的要求非常重要。此外，不同法规对法律目的依据的具体要求可能并不一致，尤其是在涉及同意的方法和充分性时。

同意

企业在搜集个人信息时，应该：[②]

- 根据有关个人信息搜集、使用和披露的所有相关法规的强制要求，获得明示或默示的同意。
- 确保已获得适当和必要的同意：
  - 在开始搜集活动之前。
  - 将个人信息用于最初搜集目的之外的其他用途之前。
  - 将个人信息转移给第三方或其他司法管辖区之前。

如果通过电子传输方法获得同意，则最好附上一张封面，告知接收方随附的文件可能包含特权信息，必须加以保护，以预防未经授权的披露。

隐私工程师需要确保向个人提供适当并且一致的同意选项。隐私工程师还应确保正确记录相关的同意和取消同意。对于拒绝同意的情况，由于个人可能未提供任何拒绝记录，因此隐私工程师需要建立一种方法，以数字或手动方式记录该拒绝同意的情况。

未来的服务和产品设计必须支持：

- 关于使用或不使用个人信息的决策。
- 遵守使用限制的相关法律要求。

世界各地的多项法规对如何以及何时搜集和使用同意书有具体的要求（例如 GDPR 和 HIPAA）。

合法权益

企业的合法权益可构成其在未征得相关个人同意的情况下进行各种数据处理活动的法律依据，这些合法权益包括：向消费者或员工搜集个人信息；从 IoT 设备数据或 AI 活动中获取个人信息；从代表其执行活动的另一家企业获得个人信息。上述情况的前提是，考虑到个人基于与企业的关系做出的合理预期，相关个人的权益或合法权利不高于企业合法处理数据的权利。简而言之，合法权益是合法处理数据的基础。

通常，当个人是指客户、消费者、患者，或受雇于企业或与企业有某种关系时，个人（数据主体）与企业（数据控制者）之间存在相关且适当的关系。例如：

- 当企业需要使用员工的个人信息来创建利益相关方年度报告或提交国家/地区纳税申报报告时。
- 为了国家安全，比如获得患者感染统计数据时，确定国家各个地区感染 COVID-19 的患者人数，以支持控制病毒传播。
- 在开展取证分析时确定网络黑客攻击事故的来源。

确定是否适用合法权益取决于对具体情况的评估，包括有关个人在搜集其个人信息时是否能够合理预期对其个人信息的分析能够合理进行。如果个人没有合理预期的进一步处理，则个人的利益或合法权利可能高于企业的利益。隐私工程师在创建涉及个人信息使用的服务和产品时，应意识到此类合法权益，这一点很重要。由于需要通过评估来确定合法权益，因此，隐私工程师应该让法律顾问、信息安全官和隐私官来参与决策。

数据隐私工程师可以通过识别目的、必要性和平衡要素来开展合法权益评估，并确定是否可以就合法权益的适当性、合法性或是否需要更严格的审查做出决定。

GDPR 通常被视为要求开展合法权益评估的主要法规。然而，其他地方、州和国家法律法规也可能允许在将个人信息用于搜集个人信息时未明确说明目的之前考虑合法的利益。

---

① 欧盟欧洲议会和理事会，通用数据保护条例，2016 年 4 月 27 日，欧洲议会和理事会 2016 年 4 月 27 日关于在个人数据处理和此类数据自由移动时保护自然人的法规（EU）2016/679，并废除指令 95/46/EC［通用数据保护条例（或 GDPR）］（OJL 119，2016 年 4 月 5 日，第 1 页）

② *Op cit ISACA*，2016 年

2.7.3 数据主体的权利

关于数据主体权利（即与个人信息关联的个人的权利）的争论一直没有间断过。在过去几十年中，法律法规确立了广泛的数据主体权利。隐私工程师和其他隐私从业者需要识别、记录和理解适用于搜集、获取、存储、传输、共享、访问或以其他方式处理的个人信息的数据主体权利。

NIST 隐私框架，[①]这是一个企业用以构建隐私管理方案的工具，其中包括两项特定功能来支持数据主体对于其个人信息的访问、控制和沟通的权利：

- **Control-P**。开发并实施适当的活动，以使企业或个人能够以足够的粒度处理数据，从而管理隐私风险。Control-P 职能从企业和个人的角度考虑数据处理过程中的管理。
- **Communicate-P**。开发并实施适当的活动，使企业和个人能够正确地认识并参与有关数据处理方法和相关隐私风险的对话。Communicate-P 职能确认企业和个人可能需要了解数据处理方式以有效地管理隐私风险。

隐私工程师可以使用控制 Control-P 和 Communicate-P 功能的类别和子类别中描述的控制来指导允许个人访问其相关个人信息的服务和产品的工程设计。这些类别包括：

- **Control-P 类别：**
  - 数据处理的政策、流程和程序（CT.PO-P）：维护政策、流程和程序，并将其用于管理与企业保护个人隐私的风险策略一致的数据处理（比如，数据处理生态系统的目的、范围、角色和职责，以及管理层的承诺）。除组织政策外，还必须考虑法律和监管要求。
  - 数据处理管理（CT.DM-P）：根据企业风险战略管理数据，以保护个人隐私，提高可管理性，并践行隐私原则（例如，个人参与、数据质量、数据最小化）。
  - 取消关联处理（CT.DP-P）：数据处理解决方案根据企业风险战略增加了数据不可关联性，以保护个人隐私并践行隐私原则（例如，数据最小化）。

- **Communicate-P 类别：**
  - 沟通政策、流程和程序（CM.PO-P）：维护政策、流程和程序，并用于提高企业数据处理实务（例如，数据处理生态系统的目的、范围、角色和职责，以及管理层的承诺）和相关隐私风险的透明度。
  - 数据处理意识（CM.AW-P）：个人和企业对数据处理实务和相关的隐私风险具有可靠的认知，并使用和维护有效的机制来提高可预测性，从而与企业保护个人隐私风险战略保持一致。

在 NIST 隐私框架中可以找到以上所列出的每个类别的子类别及其相关详情。[②]这些子类别为隐私工程师提供了在支持数据主体权利时需要考虑的特定类型的指南、功能和控制。

跨境数据流

跨境数据流指的是两个国家/地区之间的数据传输。可以通过海底电缆、电话、电视通信线路和卫星进行信息（如电子邮件、发票、付款通知等）传输。选择传输方案时，应考虑成本和可能的传输延迟。源国家/地区或目标国家/地区可能有若干适用于跨境数据流的法律，应将此考虑在内。法律合规性和保护，以及数据安全性和完整性，是跨境传输需要关注的问题。由于源国家/地区和目标国家/地区之间有关保护和访问个人信息的法律可能存在差异或冲突，因此隐私权也是一个需要关注的问题。

有些国家/地区还有关于加密通过跨境通信发送的数据/信息的法律，从而将影响可能在各国之间进行交换的数据的安全与防护。

这是互联网通信中一个特别重要的问题，因为信息传输路线由路由器决定且不固定，因此即使连接同一国家/地区内的两台计算机也可能跨越国界。

[①] 美国国家标准与技术研究院，NIST 隐私框架：A Tool for Improving Privacy Through Enterprise Risk Management, Version 1.0, 16 January 2020

[②] 同上。

B 部分：IT 管理

IT 管理包括监督与 IT 运营和资源相关的活动。IT 管理按照治理主体设定的方向计划、构建、实施、运行和监控活动，以实现企业目标。IT 管理需确保 IT 继续支持企业目标。

2.8 IT 资源管理

每家企业都面临着一大挑战，即利用有限资源（包括人力和财力）达成目的和目标。企业为达到一个目标而投入资源时，便产生机会成本，因为其无法再追求可能为企业带来价值的其他目标。信息系统审计师应了解企业的投资和分配实务，以确定企业是否能够通过资源投资获得最大价值。

过去，IT 专业人员和高层经理在讨论 IT 投资的 ROI 时，主要考虑的是财务效益，包括对企业预算和财务的影响（例如成本降低或收入增加）。而如今，业务领导还会考虑 IT 投资的非财务效益，包括对运营、实现战略目标和其他结果的影响，例如客户满意度提高、信息更加全面以及周期进一步缩短。在可行的情况下，应使用相关算法将非财务效益转换为看得见、摸得着的货币价值，以便了解其影响并改善相关分析。

2.8.1 IT 的价值

IT 项目的选择基于投资的感知价值。IT 项目的价值由企业投入的资本（成本）与取得的回报（效益）之间的关系决定。效益相对于成本越大，IT 项目的价值越高。

IT 组合管理有别于 IT 财务管理，它在确定企业将投资或继续投资的金额以及要撤出投资的领域时，有明确的指导性战略目标。

2.8.2 实施 IT 组合管理

IT 组合管理确定企业是否正在寻求最佳 IT 相关项目以实现企业目标。无论组合标准是财务、战略还是战术方面，均可对其进行分类和评估。虽然标准应该保持全面，但它们也需要能够随着企业战略的变化而改变。

实施的第一个必要实用步骤是对企业术语进行标准化以减少误解。初始任务包括：

- 确保管理层的承诺和商定的目标得以实现。
- 根据企业的管理流程对组合管理模型进行规划。
- 指定组合的入选标准。
- 描述相关角色、任务和决策。
- 提供所需工具、支持和说明。

实施方法包括：

- 风险状况分析与评估。
- 项目、基础设施和技术多元化。
- 与业务目标的一致性和持续调整。
- 持续改进。

虽然许多项目由企业自行决定，但也有一些项目是确保监管合规或减轻技术债务的强制性项目。无论是何种情况，都要求具有书面业务案例。完成后，不应从项目组合中删除方案。相反，应更改其状态，并根据原始计划评估结果。

2.8.3 IT 管理实务

在大多数企业中，IT 部门都具有服务或支持职能。服务部门的传统作用是帮助生产部门更有效且高效地运营。在现代企业中，IT 是一项贯穿企业运营的关键职能。IT 管理实务反映针对各种 IT 相关活动制定的政策和程序的实施情况。信息系统审计师必须了解并意识到一个管理良好的 IT 部门对于实现企业目标的重要程度。

IT 管理活动包括审查影响 IT 职能的政策和程序。审查应包括人力资源管理、企业变革管理、财务管理实务和信息安全管理的有效性。

2.8.4 人力资源管理

HR 管理涉及员工招聘、雇用、培训和晋升的企业政策和程序。HR 还参与衡量员工绩效、纪律处分、继任规划以及留住和解雇员工。涉及 IT 职能时，这些活动的有效性会影响员工的素质和 IT 职责的执行情况。

> **注意**
>
> 信息系统审计师应了解HR管理方面的问题。然而，由于该等信息具备主观性并且与组织的特定主题相关，CISA考试不会对此进行测试。

招聘和雇用

企业的招聘做法非常重要，可确保选择最合格的候选人，并且企业遵循招聘方面的法律规定。常见的控制包括：

- 背景调查（如犯罪记录、教育、财务、职业背景调查）。
- 保密协议。可在这些协议中做出具体规定，要求遵守前雇主的安全政策，不得利用该企业的内部控制信息。
- 员工担保，用于预防因盗窃、过失和疏忽造成的损失。员工担保的做法并非在全世界范围内都可接受；在某些国家/地区，这是不合法行为。
- 利益冲突披露。
- 职业行为规范/道德准则。
- 非竞争性协议。

残余风险包括以下可能性：

- 员工可能并不适合招聘职位。
- 可能没有进行推荐人核实或存在欺诈行为。
- 临时员工和第三方承包商可能引入无法控制的风险。
- 缺乏对保密要求的意识可能导致整体安全环境受损。

员工手册

雇用时发放给员工的员工手册中应说明如下事项：

- 安全政策和程序。
- 可接受的行为和不可接受的行为。
- 组织的价值观和道德准则。
- 公司期望。
- 员工福利。
- 休假（假期）政策。
- 加班规定。
- 劳务派遣。
- 绩效评估。
- 应急程序。
- 针对如下行为的纪律处分：
  - 旷工情况严重
  - 违背保密协议和/或安全规定。
  - 不遵守各项政策。

通常，企业应发布一份行为准则，指明每位员工的责任。员工手册不是控制，只是信息来源。

培训

培训包括新员工入职培训和持续培训。新员工培训为所有员工建立了基准指标，以确保所有个人都获得了雇用所需的信息。新员工培训通常包括网络安全、保密、数据管理、合规性和利益冲突等主题的IT培训。对于IT专业人员，还可能包括信息安全、访问控制方面的专门培训和应用程序的最终用户培训。持续培训包括重要主题的温故培训，以及工作职能和工具的更新培训。

应定期向所有员工提供培训，并重点关注员工可能缺乏知识或专业技能的领域。鉴于技术和产品更新换代的速度飞快，培训对于IT专业人员尤为重要。它能够保证更有效和高效地使用IT资源，鼓舞员工士气。安装新硬件和/或软件时，必须进行培训。培训还应包括相关管理、项目管理和技术培训。

交叉培训是指让多名员工接受相应培训以执行具体工作或程序。这种做法的优点是减轻对某位员工的依赖，可作为接班计划的一部分。交叉培训还可确保当有员工因故缺勤时，可以安排其他人顶替，从而保证运营不间断。不过，使用这种方法时，谨慎的做法是事先评估若单个人完全了解整个系统所有部分，是否会存在风险，以及可能带来哪些风险暴露。

日程计划安排和时间报告

合理的日程计划安排会使计算资源的操作和使用更高效。输入或记录到该等系统中的信息必须准确无误。通过时间报告，管理层可监控日程计划安排流程，这样，管理层便可判断工作人员是否充足以及操作能否高效运行。

IT行业最稀缺的资源之一就是时间，准确报告时间有助于更好地管理这一有限资源。对于IT治理而言，时间报告堪称极佳的信息来源。此项输入对成本分摊、发票开具、退款、KPI的衡量及各项活动的分析（例如，企业为改进应用分配多少时间，为开发新应用分配多少时间）非常有用。

雇用条款和条件

作为合同规定的一部分，员工、承包商和第三方用户应同意并签署雇用的条款和条件，其中应规定他们以及企业需承担的信息安全责任。雇用条款和条件确保员工、承包商或其他第三方用户了解对继续雇用的期望以及违反这些条款和条件的后果。雇用条款和条件不仅要反映企业的安全政策，而且还应阐述和规定以下内容：

- 有权访问敏感信息的所有员工、承包商和第三方用户必须在获得对内部信息的访问权限之前签署保密协议。
- 员工、承包商和任何其他用户的法律责任和权利（例如，关于版权法或数据保护立法的责任和权利）。
- 对信息进行分类的责任，以及管理与员工、承包商或第三方用户所处理的信息系统和服务相关的企业资产的责任。
- 员工、承包商或第三方用户对接收自其他企业或外部相关方的信息进行处理的责任
- 企业处理员工、客户和供应商个人信息的责任，其中包括因与企业建立雇用关系或在雇用关系存在期间所创建的个人信息。
- 在企业经营场所之外以及非正常工作时间（例如，远程办公和混合办公）所承担的延伸性责任。
- 当员工、承包商或第三方用户忽视企业的安全要求时将采取的措施。

企业应确保员工、承包商和第三方用户同意与信息安全相关的条款和条件，并且这些条款和条件适合他们对企业中与信息系统和服务相关资产的访问性质和范围。适当时，雇用条款和条件中所包含的责任应在雇用结束后的一段规定时间内仍有效。

雇用期间的期望

管理层应要求员工、承包商和第三方用户根据企业制定的政策和程序应用安全措施。应在经过审批的工作说明中记录具体的责任。本指南将有助于确保员工、承包商和第三方用户了解其责任以及信息安全威胁和疑虑。明确的指导确保他们能够在正常工作期间支持企业的安全职能，并降低人为错误的风险。

为了确保在雇用个人的整个过程中始终采取安全措施，应该对管理层的责任进行定义。为了将安全风险降至最低程度，在安全程序中，应使所有员工、承包商和第三方用户具有足够的安全意识，并为其提供相应的教育和培训，同时还应确保他们访问内部资源。应该制定有关违反安全要求的纪律处分流程。

员工绩效管理

绩效管理包括目标设定和绩效评估。[①]目标设定为个人设定了特定时期的明确目标。目标可能基于履行职位描述、完成项目或展示行为。通常，经理和员工使用 SMART 目标框架共同制定目标。SMART 目标应：

- 具体、清晰、易懂。
- 可衡量、可验证且以结果为导向。
- 可实现但具有足够的挑战性。
- 与部门或企业的使命相关。
- 有时间表和特定里程碑的时间限制。

绩效评估衡量实现目标的进展情况。企业可以通过此流程衡量员工的抱负和满意度，并找出问题所在。加薪、绩效奖金和晋升均应基于绩效。

纪律处分

当出现与员工行为或绩效相关的问题时，HR 可能会介入以进行纪律处分。最常见的纪律处分形式之一是绩效改进计划（PIP）。PIP 的目标是帮助员工以结构化、可衡量的方法纠正行为并解决绩效问题。

晋升政策

晋升政策应公平公正，员工须清楚了解其内容。这些政策应基于客观标准，除个人的绩效、教育背景、工作经验和职责轻重外，还应考虑业务需求。

信息系统审计师应确保 IT 组织制定并始终遵守明确定义的晋升政策和程序。例如，可以对历史晋升数据进行审计，以识别针对特定人群的偏向性指标。

[①] Ravishankar, R.A.; K. Alpaio; "5 Ways to Set More Achievable Goals," Harvard Business School Publishing, 30 August 2022

必休假期

设定必休假期（休假）可确保一名员工每年至少有一次休假机会，由他人代其执行工作职责。这样做可降低出现不当行为或非法行为的概率。在此期间，若员工没有勾结起来掩盖可能存在的偏差，组织就可以发现欺诈行为。

实行岗位轮换属于额外控制，这样一来，同一个人便不会始终执行同一任务，因此可减少欺诈或恶意行为。这样一来，除专门指派的人员外，其他人也可以执行工作，并注意到可能出现的异常情况。此外，岗位轮换也可以通过传播程序和控制以及具体技术方面的经验，预防出现过度依赖关键人员的风险。否则，一旦关键员工无法履职，企业就可能受到伤害。

> **注意**
> CISA 考生应熟悉减少内部欺诈的方法。强制休假即可作为此类控制。

保留和接班计划

HR 还负责员工保留和接班计划。保留计划可能涉及薪酬、加薪、福利（例如带薪休假）、辅导方案和职业发展。

接班计划承认员工最终将离职或退休。接班计划通过冗余准备或培训其他人来替代特定人员，确保有其他人来执行关键的工作职能。

离职政策

应制定书面的离职政策，清楚说明员工离职时需遵循的步骤。制定政策时应该为企业的计算机资产和数据提供充足的保护。离职实务应涵盖自愿离职和非自愿（如立即）离职两类。在某些情况下（如不利条件下的非自愿离职），企业应落实明确的书面程序，将解约员工带离工作场所。然而，应始终遵循以下控制程序：

- 归还所有设备、访问密钥、ID 卡和证章。预防对企业资源的物理和逻辑访问。如果允许员工使用个人设备，则应阻止或删除这些设备上的公司信息。
- 删除/取消指定的登录 ID 和密码。禁止访问系统。访问取消应包括特定于应用程序的凭据，而不仅仅是网络 ID 和密码。
- 通知。通知相关员工和安全人员，其员工状态已变更为"解约"。
- 最终薪酬程序安排。将员工从现行的薪资管理文件中删除。
- 开展离职面谈。深入了解员工对管理层的看法，并找出提高员工保留率的机会。

> **注意**
> 如果工作角色和职责发生变化（如调到另一部门），则可能需要取消和授予不同系统及工作区的访问权限，类似于离职程序。

2.8.5　企业变更管理

企业变更管理是指通过一套明确的书面流程，在基础设施和应用程序级别识别并应用对企业有利的技术改善，涉及受变更影响的所有层级。这一层面的参与和沟通不仅可确保 IT 部门充分了解用户的期望，还可保证变更实施后，用户不会拒绝或忽略。

IT 部门是领导或推动企业变更的中坚力量。这包括跟上可能带来重大业务流程改进的最新技术变更的步伐，以及获得高级管理层对用户层级所需变更或项目的承诺。

获得高级管理层对推进变更或项目的支持后，IT 部门便可以开始与各职能领域及其管理层开展工作，以获得他们对变更的支持。此外，IT 部门需要开发一个针对最终用户的沟通流程，以提供有关变更的最新信息、变更对其工作的影响以及变更带来的预期效益。沟通应包括获取用户反馈和参与的方法。

应在项目的整个过程中（包括业务需求的验证、最终用户验收测试以及关于新功能或更改功能的培训）持续获取用户反馈。

请参阅第 4 章，了解更多信息。

2.8.6　财务管理实务

财务管理是所有业务职能的关键要素。从财务角度来看，技术成本是企业预算的主要组成部分。技术资源的获取、开发和维护成本高昂。此外，这些资源的使用寿命相对较短，需要企业定期承担更换成本。

成本分配

一些企业采用以下流程：接收部门产生成本，并将 IT 成本分配回支持的业务职能。实施此计划时，将向最终用户收取根据标准的（统一的）公式或计算得出的信息系统服务成本（包括员工时间、计算机时间以及其他相关成本）。这种用户付费方法可改进信息系统开支和可用资源的应用及监控。

使用退款为所有相关方提供与 IPF 服务的市场费率类似的成本。如果实施的话，扣款政策应由董事会制定并由首席财务官、用户管理层和信息系统管理层联合实施。

信息系统预算

与所有其他部门一样，信息系统管理层必须制定预算。预算有助于预测、监控和分析财务信息。预算包括预期的资金分配，尤其是在费用高昂的信息系统环境中。信息系统预算应与短期项目和长期 IT 目标挂钩。

软件费用与资本化

将软件成本正确分类为运营或资本支出是 IT 领域的一个重要财务要素。在美国和使用国际会计准则委员会指引的其他国家/地区，会计准则要求公司了解其开发工作量（包括花在具体项目和活动上的时间）。信息系统审计师应当了解这些要求以及公司用于跟踪软件开发成本的实务。

国际会计准则 38（IAS 38）概述了将开发成本资本化时必须达到的 6 条标准。其中规定，企业应证明"无形资产未来可能如何产生经济效益。"[①]无形资产包括符合此标准的网站和软件。对"表明无形资产的有用性"的解释不尽相同。因此，如果与遵循国际财务报告准则的企业合作，信息系统审计师必须向负责财务报告的注册会计师寻求指导。

同样，在购买软件时，某些成本可能被视为资本而非运营支出，但这些成本必须遵循会计准则。例如，直接购买并在本地安装的软件通常是资本支出，而以订阅的方式购买基于云的软件通常是运营支出。通过欺诈手段操纵这些分类可能会导致重大财务报告错报。尽管信息系统审计师可能不需要了解该领域的所有会计规则，但他们可以通过确保团队依据批准的预算正确跟踪费用来帮助企业。

2.8.7 信息安全管理

信息安全管理的主要作用是确保企业的信息及信息处理资源得到适当保护。信息安全管理团队负责保护企业的信息资产，预防其受到未经授权的访问、使用、披露、中断、修改或破坏。其主要目标是维护企业的信息机密性、完整性和可用性。他们在保护企业敏感信息、维护客户和合作伙伴的信任以及确保业务连续性以应对不断变化的网络安全威胁方面发挥着至关重要的作用。信息安全管理中的一些关键职责包括：

- **风险评估和管理**。他们识别和评估企业信息系统和资产的潜在风险。这涉及定期开展风险评估、评估漏洞和实施风险管理战略。
- **安全政策制定**。他们为企业制定和执行信息安全政策、标准、准则和程序。这些政策概述了员工、承包商和其他利益相关方应遵循的规则和最佳实践，以确保信息安全。
- **事故响应和管理**。团队建立安全事故处理程序并协调响应工作。他们调查安全漏洞、减轻影响并采取必要措施以预防此类事故再次发生。
- **安全意识和培训**。他们为员工开展安全意识计划和培训课程，以传授信息安全最佳实践、威胁以及员工的责任。这有助于在组织内营造安全意识文化。
- **安全架构和设计**。他们与其他团队合作设计安全的信息系统、网络和基础设施。他们确保安全控制（例如防火墙、入侵检测系统、加密和访问控制）得到有效实施。
- **漏洞管理**。他们定期扫描系统和网络是否存在漏洞，应用修补程序和更新并执行渗透测试，以识别攻击者可以利用的弱点。他们还确保企业拥有及时解决漏洞的流程。
- **业务持续计划和灾难恢复计划**。他们执行 BIA 和桌面场景，以确定恢复时间目标（Recovery Time Objective，RTO）和恢复点目标（Recovery Point Objective，RPO）等关键指标。RTO 是可接受的最长停机时间，或在中断后恢复系统、应用程序或服务的时间。RTO 定义了企业必须恢复运营以避免严重后果的时间。RPO 界定了企业在发生数据丢失时愿意容忍的最大数据丢失量（通常以时间单位表示）。请参阅第 4 章信息系统的运营和业务恢复能力，了解更多信息。
- **身份和访问管理**。他们管理企业系统和应用程序内的用户账户、访问权限和特权。这包括实施强大的身份认证机制、执行最小特权原则以及监控用户活动是否存在可疑行为。有关更多信息，请参阅 5.3 身份和访问管理部分。
- **合规和监管要求**。团队确保企业遵守信息安全相关的法律法规和行业标准。他们开展审计、实施控制并提供文件以证明合规性。
- **安全事故监控和分析**。他们监控来自各个系统的安全日志和警报，并使用安全信息和事件管理工具来检测和分析潜在的安全事件。他们调查异常情况、识别模式并采取适当的行动来减轻威胁。

2.9 IT 供应商管理

IT 供应商和第三方风险管理已成为企业的主要关注点。企业越来越依赖于第三方供应商提供的产品和服务，这增加了发生安全事故、数据泄露和其他风险暴露的可能性。近年来，许多最严重的数据泄露事件都源于供应商对企业网络的访问。IT 供应商面临的风险暴露不断增加，这要求企业在其客户或运营面临负面影响前，积极管理和减轻第三方风险。

IT 供应商管理风险的最佳实践包括：

- 在授予合同前，对所有潜在 IT 供应商进行风险评估。
- 在所有供应商合同中纳入审计权条款。
- 为供应商提供所需的最低访问权限（即最小特权原则）。
- 维护所有 IT 供应商的准确清单，以及所提供的权限级别。
- 关系结束时删除供应商访问权限。
- 定期监控和认证所有 IT 供应商。

2.9.1 资源开发实务

资源开发实务涉及企业通过怎样的方式获得能支持企业业务所需的 IT 职能。企业可采用集中的方式在内部执行所有 IT 职能（称为"内包"），或者在全球范围内将所有职能外包。制定资源开发战略时应考虑每个 IT 职能，并判断哪种方法能够使 IT 职能有利于实现企业目标。

IT 职能的交付方式的特点如下：

- **内包**。完全由企业员工执行。
- **外包**。完全由供应商的工作人员执行。
- **混合**。由企业和供应商的员工共同执行；可能包括合营企业/增补员工。

IT 职能可在全世界范围内执行，以充分利用时差以及劳工费用套利，并且可分类为：

- **公司内部**。员工在公司内部的 IT 部门工作。
- **公司外部**。也称为近岸外包，员工在同一地理区域内的远程位置工作。
- **离岸外包**。员工在其他地理区域内的远程位置工作。

企业应评估其 IT 目标和当前的人员配置模型，并确定最合适的 IT 职能履行方法，同时考虑以下问题：

- 这是否是企业的核心职能？
- 此职能是否具有对于实现其目的和目标至关重要的特定知识、流程和员工，且不能从外部或其他位置复制？
- 此职能是否可由另一方执行或者可在其他位置执行，并且保证价格不变或更低、质量不变或更高且不增加风险？
- 企业是否拥有管理第三方的经验或在偏远/离岸位置执行信息系统或业务职能的经验？
- 是否存在任何合同或监管限制，导致不能在离岸位置执行或聘用外国公民？

制定好资源开发战略后，IT 指导委员会应审查并在达成一致意见时批准该决定。此时，如果企业已选择使用外包，则应遵循严格的流程，步骤如下：

- 确立要外包的 IT 职能。
- 描述需要达到的服务水平和要满足的最低指标。
- 了解对预期服务提供商在知识、技能以及质量方面的理想水平。
- 了解目前的内部成本信息以与第三方报价做比较。
- 对潜在的服务提供商进行尽职调查。
- 确认针对满足合同或监管要求的任何结构性考虑素。

- 向受影响的内部利益相关方传达决策和任何监控要求。

企业可以利用这些信息详细分析服务提供商的报价，然后判断此项外包能否使企业以极富成本效益的方式实现目标，同时将风险保持在较低的水平。当企业选择离岸外包其IT职能时，应考虑遵循相同的流程。

信息系统审计师必须了解供应商提供的服务范围（如商用现成硬件/软件产品、外包的服务，包括云产品、管理服务）以及这些服务满足的职能要求。此外，信息系统审计师需要了解供应商现有的用于满足系统/软件操作和技术支持要求的SLA。其他考虑因素还包括供应商的财务实力、许可的可伸展性和软件托管条款。

尽管信息系统审计师不是法律方面的审计师或合同审计师，但他们必须了解构成需求请求书（RFP）的要求规格的重要性。他们必须了解以下需求：必要安全性和要指定的其他控制；供应商选择的基本要素，确保选择可靠且专业的供应商，以及合同基本内容——最重要的是要采用第三方托管协议的需求（如适用）。合同中还必须说明审计权。

合同还应规定由受信任第三方进行鉴证测试和报告的要求（如通过国际标准认证）。例如，许多基于云的服务提供商必须每年提交一份SOC报告，详细说明其内部控制部门和外部审计师完成的测试结果。

2.9.2 外包实务与战略

外包是允许企业将服务交付转移给第三方的机制。外包的基本原则是接受一种理念：尽管服务交付转移了，但责任却始终由客户企业的管理层承担，必须确保妥善地管理风险且服务提供商持续创造价值。决策流程的透明度和所有权必须在客户的职权范围内。

外包是战略决策，而不仅仅是采购方面的决定。采取外包做法的企业其实是在重构其价值链，即识别要保留的核心业务和要外包的非核心业务。从治理角度出发了解这一点很重要，不仅因为治理良好的企业已显示出能够增加股东价值，而且也因为组织正身处一个竞争日益激烈的全球化动态市场中。

要确立并保持竞争力和市场优势，企业必须能够有效应对竞争和变化莫测的市场条件。只有当企业了解其业务的哪些部分能够带来竞争优势时，外包才能发挥作用。

外包实务涉及合同协议，企业会根据协议将IT部门的部分或全部职能的控制权移交给外部相关方。大多数IT部门使用来自众多供应商的信息资源，因此，需要明确的外包流程来管理与这些供应商签订的合同协议。

承包商提供执行议定服务所需的资源和专业知识。在许多企业中，外包变得越来越重要。信息系统审计师必须了解外包可采用的不同形式以及相关的风险。

不同企业外包IT的目标各不相同。通常，外包的目的是通过企业重组，利用供应商的核心竞争力，从而在业务流程和服务方面持续取得有意义的改善。与缩减或精减人员的决策类似，外包服务和产品要求管理层再次考虑其可以依赖的控制框架。

使用外包的原因包括：

- 希望将精力集中在核心活动上。
- 在利润率方面面临压力。
- 竞争越来越激烈，需要节约成本和加快上市时间。
- 追求组织、结构和市场规模方面的灵活性。

信息系统审计师应判断企业在制定外包实务和战略时，是否考虑了图2.13中描述的优势、劣势、业务风险以及风险缓解方案。

另外，企业应考虑在外包合同中纳入以下条款：

- 纳入服务质量期望，包括使用（ISO/IEC TR 33015:2019 信息技术—流程评估—流程风险确定指南）、CMMI、ITIL或ISO方法。
- 确保合同充分考虑企业和供应商的访问控制/安全管理。
- 确保合同中包含违规报告和跟进要求，并且最好有相关的SLA。
- 确保纳入通知所有者和配合调查的规定。
- 确保合同中包含在实施阶段和生产阶段进行变更/版本控制和测试的规定。

优　　势	劣势和业务风险	风险缓解方案
• 商业外包企业可通过部署可重复使用的组件软件来实现规模经济效应 • 与内部员工相比，外包供应商对特定项目可能会投入更多的时间，更专注运营的效率和有效性 • 与内部员工相比，外包供应商处理各类问题、难题和技术的经验可能更加丰富 • 使用外包服务制定的规范和合同协议可能优于单纯由内部员工制定的规范 • 由于外包供应商对耗时的转移和变更非常敏感，因此出现特征蠕变或范围偏离的可能性极小	• 成本超出客户的期望值 • 缺少内部 IT 经验 • 缺乏 IT 控制 • 供应商违约（一直担忧的问题） • 产品访问权限受限 • 难以变换或更改外包安排 • 在遵守法律和监管要求方面有欠缺 • 不遵守合同条款 • 承包商人员对客户缺乏忠诚度 • 由于外包安排而导致客户/员工心怀不满 • 整个合同期限内的服务费用没有竞争力 • 供应商 IT 系统过时 • 任一方企业不能通过外包安排获得预期效益 • 由于项目失败，对一家或两家企业的声誉造成损害 • 导致历时较长且费用高昂的诉讼 • 信息或者流程缺失或泄露	• 基于合作关系确立可衡量的共同目标和奖励 • 托管软件，确保其得到维护 • 与多个提供商合作或保留部分业务作为激励措施 • 定期执行竞争性审查和基准检测/基准趋势分析 • 实施短期合同 • 组建跨职能的合同管理团队 • 增加合同条款，将合理预见的各种意外情况包含在内

图 2.13　外包的优势、劣势和业务风险及风险缓解方案

- 确保已充分界定责任方和网络控制要求，并已划定责任的必要界限。
- 规定必须满足的具体绩效参数；例如，交易的最短处理时间或承包商的最短等待时间。
- 纳入容量管理标准。
- 提供合同更改方面的合同条款。
- 明确规定争端上报流程和解决流程。
- 确保合同能够保护企业免受外包服务责任组织造成的损害。
- 需要保护双方利益的保密协议。
- 纳入清晰明确的"审计权"条款，确保有权审计供应商与合同服务相关的运营情况，例如设施的访问、记录的访问、复制权利、人员的接触情况、对计算机化文件的规定。
- 确保合同针对业务连续性、灾难恢复条款和合理测试等内容做出详细规定。
- 规定必须维护企业所有数据的机密性、完整性和可用性（有时称为 CIA 三要素），并清楚确定数据的所有权。
- 要求供应商遵从所有相关法律和监管要求，包括合同生效后颁布的要求。
- 确立供应商代表客户开发的知识产权的所有权。

- 确立明确的保修期和维修期。
- 提供软件托管条款。
- 保护知识产权。
- 遵守法律规定。
- 确立各方的明确角色和责任。
- 要求供应商遵循企业的政策，包括信息安全政策，除非企业已事先同意供应商自己的政策。
- 供应商必须确定好所有转包关系，并要求在变更转包商时必须经企业审批。

外包需要管理层主动管理外包关系和外包的服务。由于外包协议受合同条款制约，同外包服务提供商签订的合同中应说明与提供 IT 服务和产品以及 QC 相关的手段、方法、流程和结构。这些协议的正式性或合法性取决于各方的关系以及负责人为业务执行者设定的要求。

选定外包商后，信息系统审计师应定期审查合同和服务水平，确保它们符合要求。另外，信息系统审计师可以审查外包商的书面程序及其质量方案的结果，包括 ISO/IEC TS 33061:2021、CMMI、ITIL 和 ISO 方法。应定期审计质量方案以保证程序和流程符合质量标准。

外包不仅是一项成本决策，也是对管理有重要控制意义的战略决策。服务质量、保证服务连续性、控制程序、竞争优势和技术知识都是在制定外包 IT 服务决策时需要考虑的问题。选对供应商极其重要，尤其是当外包是一项长期战略时。供应商在文化和人员方面的兼容性是不容管理层忽视的重要问题。

目前企业内如果决定外包一项特殊服务，必须给予合同谈判一定程度的重视。面面俱到的合同和 SLA 对于保证质量和各相关方之间的未来合作至关重要。服务等级协议规定了要求的服务等级和支持方案，并让供应商承诺做到。这包括在停机或正常运行时保障系统的性能水平，并且提供指定级别的客户支持。同时还规定了软件和硬件要求。SLA 还规定了对未提供服务的处罚条款和执行方案。它们还可能包括对超越服务水平的激励措施，例如奖金或收益分享。

SLA 是帮助 IT 部门管理由供应商管控的信息资源的合约式手段。总而言之，应将 SLA 用作一种控制手段。如果外包供应商来自其他国家/地区，企业应了解跨境立法。所有外包均须经过企业法务团队的审批。

行业标准/基准检测

大多数外包组织必须遵循一套客户可以依赖的明确标准。这些行业标准为确定类似外包安排的服务水平提供了一种手段。可通过供应商用户组、行业刊物和专业协会获得这些标准。示例包括 ISO 9001:2015：质量管理系统—要求和 CMMI。

全球化实务与策略

除外包之外，许多企业还选择将 IT 职能全球化。全球化 IT 职能的目的与外包大致相同；但企业可以选择不完全外包 IT 职能。全球化 IT 职能需要管理层主动监督偏远或离岸位置。

企业在内部履行职能时，可以选择将 IT 职能移到外部或进行离岸外包。信息系统审计师可为此流程提供帮助，确保 IT 管理层在定义全球化战略并完成向偏远离岸位置的后续交接时，考虑到如下风险和审计问题：

- **法律、法规和税务问题**。在不同国家/地区运营可能带来新风险，而企业对此可能所知有限。
- **运营的连续性**。业务连续性和灾难恢复可能没有经过充分的设计和测试。
- **人事**。可能没有考虑到需要修改人事政策。
- **电子通信问题**。偏远或离岸位置的网络控制和访问可能更常面临断电的问题或者存在更多安全风险暴露。
- **跨境和跨文化问题**。管理跨多时区、语言和文化的人员和过程可能存在意想不到的挑战和问题。跨境数据流也可能需要遵从法律规定（例如，数据在传输过程中必须加密）。
- **计划的全球化和/或重要扩张**。了解未来的业务扩张计划可能会影响离岸人员的地点选择。

外包和第三方审计报告

信息系统审计师若要鉴证服务提供商实施的控制，方法之一是要求提供商定期递交第三方审计报告。此类报告涵盖与数据机密性、完整性和可用性相关的问题。在部分行业，第三方审计需要在法规监管和控制下进行，比如鉴证业务准则公告第 18 号以及美国注册会计师协会开发的审计指南，后者提供了三种服务组织控制报告选项（SOC 1、SOC 2 和 SOC 3 报告）的框架。随着企业越来越关注财务报告报告以外的风险（如隐私），这些报告标准应运而生，与之前使用的审计准则公告第 70 号（SAS 70）报告相比有很大变化。国际审计与鉴证准则理事会也在鉴证业务国际标准 3402"有关服务组织控制的鉴证报告"中发布了这方面的新指南。

信息系统审计师应当熟悉以下内容：

- 管理层认定及其在阐明服务提供商所提供服务方面的有效性。
- SSAE 18 报告如下：
  - **SOC 1**。报告服务组织中可能与用户实体的财务报告内部控制相关的系统控制。
  - **SOC 2**。报告服务组织中与安全性、可用性、处理完整性、机密性或隐私性（包括服务组织对于其隐私实务的遵从性）相关的系统控制。
  - **SOC 3**。与 SOC 2 报告类似，但不包括详细了解控制的设计以及审计师所执行的测试。
- 其他第三方审计报告，如渗透测试和安全评估。

- 如何验证由独立、客观和具备相应资质的第三方进行的第三方评估。
- 处理评估员合格意见的内部流程。
- 当新的年度报告无法按预期时间提供时,使用过渡函。
- 如何获得、审查并向管理层呈报报告结果以便采取进一步的措施。

2.9.3 云治理

在考虑使用云计算时,业务和 IT 的战略方向通常是主要关注点。随着企业逐渐从传统的内部管理转向通过云来提供 IT 服务,他们将需要做出一定的改变,以确保继续达成业务目标、其技术部署和业务保持战略一致性,且风险得到有效管理。确保 IT 与业务相一致、系统安全且风险得到有效管理,这在任何环境下都可能具有挑战性,而在第三方关系下情况会更加复杂。在应对云技术问题以及与其提供商接洽时,应特别注意目标设定、政策和标准开发、角色和职责定义以及风险管理等典型治理活动。

和所有企业变更一样,预期将需要对业务流程的处理方式做一些调整。数据处理、开发和信息检索等业务/IT 流程都是可能需要改变的方面。此外,还需要重新审视详细说明信息存储、存档和备份方式的流程。

云引发了需要企业解决的许多独特状况。一个巨大的治理问题是,过去必须通过 IT 获得服务的业务部门人员现在可以绕过 IT,从云直接接收服务。必须修改或制定政策以应对采购、管理和中止使用云服务的流程。

应将管理与第三方的关系的责任委派给特定的个人或服务管理团队。另外,企业还应确保第三方分配了检查合规性以及强制实施协议规定的责任。应确保有足够可利用的技术技能和资源用于监控协议规定(尤其是信息安全规定)是否得到满足。当发现服务交付方面存在缺陷时,应采取适当的措施,例如执行 SLA 或确定供应商是否仍然是可行的合作伙伴。

对于敏感信息、关键信息或是第三方访问、处理或管理的 IPF 的各个安全方面,企业应保持足够的整体控制并保证能够全面了解这些信息。

企业还应确保通过清晰明确的报告流程、格式和结构,保证变更管理、漏洞识别以及信息安全事故报告/回应等安全活动的透明度。

针对这些领域的一些考虑因素包括:

- 制定云风险管理策略。
- 实施强有力的网络安全控制。
- 管理云的恢复能力、外包、供应商锁定和集中风险。
- 确保员工拥有足够的技能来管理云风险。

外包时,企业必须明确,外包方所处理的信息的最终责任由企业自己承担。

> **注意**
> 信息资产的保护对云计算和云计算交付模型的技术方面进行了讨论。

2.9.4 外包中的治理

外包治理涵盖必要的职责、角色、目标、接口和控制,用于预测变化并管理第三方所提供服务的引入、维护、绩效、成本和管理。客户和服务提供商必须携手合作,在双方的利益相关方中,提供一致、有效、共同的方法来确立必要信息、关系、控制和交流。

外包决策以及随后对该关系的成功管理离不开有效治理。大多数执行外包合同的人员纳入了基本控制和服务执行条款;但外包合同中规定,外包治理流程的主要目标之一是确保服务连续性维持在合理水平、保证其盈利能力和实现增值,从而维护双方在商业上的可持续性。实践证明,许多企业做出了有关外包主张中应包含哪些内容的假设。尽管无法在合同中商定每个细节和每项措施,但可将治理流程作为平衡风险、服务需求、服务提供和成本的机制。

外包治理将双方(即客户和供应商)的责任扩大到以下各项:

- 通过不断审查、改进以及为双方带来效益,确保合同的可行性。
- 在合同中加入明确的治理时间表。
- 管理关系以确保通过 SLA 和运营水平协议履行合同义务。
- 确定并管理所有利益相关方以及他们的关系和期望。
- 针对决策制定、问题上报、纠纷管理、需求管理和服务交付确定明确的角色和职责。

- 根据已确定优先顺序的需求分配资源、开支和服务消费。
- 持续评估绩效、成本、用户满意度和有效性。
- 与所有利益相关方持续沟通。

由于技术革新步伐加快，技术解决方案空间不断扩大。招聘、培训和留住合格员工需要付出的成本变得越来越高。投资于昂贵的技术实施和培训不仅仅是企业的核心活动，更是一种能力——企业能够在适用时整合服务外包，从而在整个价值链实现高效工作。

尽管"业务一致性"一词司空见惯，但其中所含内容并不总是明确。广义而言，一致性涉及使企业IT职能提供的服务更接近业务用户的需求和愿望。企业厘清自己业务的核心以及能够带来差异化优势的服务之后，将支持这些服务的活动外包，即可实现"业务一致性"目标。这意味着必须针对绩效及用户满意度制定、监控和衡量服务等级协议和运营等级协议。业务一致性应由接受服务的一方来推动。

应将治理作为服务成本优化的一部分预先计划并纳入合同。外包关系的必要性和条件随着服务需求和交付的变化以及技术的革新而变化，因此确定的治理流程也应随之改进。

在涉及保密信息和敏感流程的外包活动中，信息系统审计师必须了解审计权条款和控制，其中包括：

- 根据合同条款，允许如何对外包服务的提供商开展审计。
- 信息系统审计师可在多大程度上审查外包服务提供商实施的内部控制，以合理保证有效落实了机密性、完整性、可用性、预防性、检测性及改正性控制。
- 要求签订有关问题管理（包括事故响应）的书面形式SLA，并传达给受外包协议影响的所有方。

2.9.5 容量和发展规划

考虑到IT在企业的战略重要性以及技术的不断革新，容量和发展规划必不可少。此活动必须反映长期和短期业务计划。必须在预算过程中考虑这一点。容量变更应当反映底层基础设施以及可支持企业的员工数量的变化。缺少具有相应资质的员工可能导致企业的关键项目进度落后或者无法达到议定的服务等级。这会导致有些企业选择外包作为应对发展的解决方案。

2.9.6 第三方服务交付管理

每家使用第三方服务的企业均应配备一个服务交付管理系统，以便按照第三方服务交付协议实施和维持一定水平的信息安全性和服务交付。

企业应检查协议的实施情况、监控对于协议的遵从情况并管理变化，以确保交付的服务满足与第三方议定的所有要求。

第三方服务的监控和审查

应定期监控和审查第三方提供的服务、报告和记录，并且应定期执行审计。监控和审查第三方服务时，应确保协议中的信息安全条款和条件得到遵从，信息安全事故和问题得到妥善管理。这涉及企业与第三方之间的服务管理关系和流程，从而完成以下任务：

- 监控服务履行程度，检查协议是否得到遵从。
- 审查第三方生成的服务报告并根据协议要求安排定期进度会议。
- 提供有关信息安全事故的相关信息，以及第三方和企业根据协议以及任何辅助性准则和程序的要求，对该信息的审查结果。
- 审查第三方审计轨迹和记录，其中涉及与所交付服务相关的安全事件、运营问题、故障以及对故障和中断的追查结果。
- 解决并管理发现的问题。

管理第三方服务变更

管理服务条款的变更时（包括维护和改进现有信息安全政策、程序和控制），应考虑所涉及业务系统和流程的关键性并重新评估风险。

确定第三方服务变更的管理流程时，需要考虑如下事宜：

- 企业为实施以下项目所做的变更：
  - 对当前所提供服务的改进。
  - 开发的任何新应用和系统。
  - 对企业政策和程序的修改或更新。
  - 用以处理信息安全事故并提高安全性的新控制。
  - 对政策（包括IT安全政策）的更新。

- 第三方服务中用于实施以下项目的变更：
  - 网络变更和改进。
  - 应用新技术。
  - 采用新产品或更新版本/发行版。
  - 新的开发工具和环境。
- 变更服务设施的物理位置。
- 更换供应商或转包商。

服务改善和用户满意度

SLA 设定了外包商执行 IT 职能的基准指标。另外，企业可将服务改善期望写入合同，列明相关惩罚和奖励措施。服务改善的示例包括：

- 客户服务部门呼叫的数量减少。
- 系统错误的数量减少。
- 系统可用性提高。

用户和 IT 应就服务改善达成一致，以提高用户满意度和实现业务目标为目的。应按照 SLA 周期对用户进行面谈和调查，从而监控用户满意度。

2.10 IT 性能监控与报告

企业已认识到需要加大对 IT 及相关技术的投资。完成投资后，管理层的期望也会随之提高，因为他们希望看到进展和投资回报。利益相关方必须确保这些投资在战略上保持一致，得到妥善管理并专注于实现业务目标。IT 绩效衡量和报告可能是法定要求或者合同要求。适用于企业的绩效衡量实务包括针对业务价值、竞争优势的成果衡量指标，以及显示 IT 绩效好坏的明确绩效指标。激励（如奖励）、薪酬和表彰应与绩效衡量挂钩。此外，与员工、顾客和利益相关方分享结果和进展也十分重要。

有效的 IT 绩效管理需要采用监控流程。需要进行监控，以确保采取适当的行动，使项目始终遵循既定的方向和政策。监控流程包括定义关键绩效指标、关键风险指标、关键控制指标、系统性且及时的绩效报告，以及在发现偏差时及时采取行动。这些指标描述了对企业至关重要的质量，需要可测量的基准指标，通常还需要衡量成败的阈值。这些衡量指标不仅有助于对照目标监控所取得的成果，还有助于评估业务流程的有效性和效率。

2.10.1 关键绩效指标

许多企业在用于监控流程的最常见指标之一 KPI 上投入了大量时间和精力，以确保团队和企业均可实现其目标。KPI 的一个示例是员工满意度。该 KPI 衡量员工对其所获得的 IT 服务的满意度。员工满意度评级高表明 IT 部门正在满足业务需求。

KPI 是一种衡量指标，用于在实现预期目标的过程中判断流程的执行情况。它是确定目标是否可能实现的超前指标，也是衡量能力、实务和技能的良好指标。例如，IT 交付的服务对 IT 而言是一个目标，对业务而言则是一种绩效指标和能力。因此，绩效指标有时被称为绩效驱动因素，尤其是在 BSC 中。

为实施选定控制之后，亦应确立判定控制运营水平和有效性的标准。这些标准通常是以表明控制是否正确发挥作用的 KPI 为基础的。例如，实施流程的一项 KPI 是对照预期的绩效目标衡量转变措施的相对成功度。转变措施的成功度通常以错误百分比、故障报告数量、系统停机持续时间或客户满意度来衡量。管理层可通过 KPI 了解变更控制流程是否得到正确管理并具备充分的质量和测试水平。

2.10.2 关键风险指标

KRI 提供早期预警，可以帮助企业识别可能有损于业务绩效的风险暴露事件。KRI 的一个示例是网络钓鱼尝试的百分比增加。KRI 表明威胁级别有所增加。通常，KRI 包括一个阈值，超过该阈值就会向监控风险的指定个人发送警报。

2.10.3 关键控制指标

关键控制指标（key Control Indicators，KCI）衡量控制在缓解风险的原因、后果或可能性方面的表现。KCI 的一个示例是符合安全政策的 IT 资产的百分比。该 KCI 衡量企业 IT 安全政策在确保 IT 资产得到适当保护方面的有效性。

制定指标通常涉及四个步骤：

1. 识别实现业务目标所需的关键数据点。
2. 从既定流程中识别具体、可量化的工作产出。
3. 对照可评分的结果制定目标。
4. 参照指标监控绩效，并向可以调整的人员报告结果。

为确保指标有效，应采用一致的衡量方法。此外，衡量指标应基于可接受的最佳实践，适用于内部和外部比较，并对 IT 的客户和发起人具有实用意义。搜集的数据应准确无误；应以数字、百分比或计量单位表示，并且与特定的上下文相关。

信息系统审计师应确保绩效指标涵盖：

- 对长期组织目标（例如，技术、财务和运营目标）的影响。
- 与短期业务和 IT 计划相比的绩效。
- 法规风险与合规性。
- 内部和外部用户对服务水平的满意度。
- 关键 IT 流程，包括解决方案和服务交付。
- 面向未来的活动（例如，新兴技术、可重复使用的基础设施、业务和 IT 人员技能组合）。

大多数企业必须持续监控 IT 资源的绩效和容量，以确保根据管理层反馈和不断变化的业务需求定期审查、修订和更新绩效衡量方法。

2.10.4　绩效优化

绩效衡量系统的运行情况，包括用户和利益相关方对服务的满意度。绩效优化是提高信息系统效率的过程，同时以最少的 IT 基础设施额外投资将感知的服务绩效保持或提高到可能的最高水平。有效的绩效管理方法可创建和推动改进绩效和企业治理的行动。绩效衡量不用于分配责任或遵守报告要求。

明确定义的绩效衡量流程还能确保持续、可靠地监控绩效。有效的治理可大大促进整体绩效优化，实现这一目标的前提是：

- 目标由高级领导层设定，并与经批准的高级别业务目标保持一致。
- 指标由流程所有者制定，并与旨在实现业务目标的目标保持一致。
- 绩效由每一级管理层进行监控。

关键成功因素

绩效优化工作的成败通常取决于一系列 CSF。每个 CSF 都是至关重要的因素，任何一个因素的失败都不利于绩效优化的成功。

关键的治理成功因素包括：

- **领导层支持**。流程优化是一项复杂而耗时的工作，因此获得高层领导的支持至关重要。领导层应参与制定流程优化目标、提供资源、向企业传达流程优化的益处，并对优化方案承担最终责任。
- **明确的目标和目的**。在企业优化其流程前，必须定义流程优化计划的具体目标和目标。企业确定想要实现的目标后，就可以识别可以改进流程的领域。
- **数据驱动的决策**。流程优化应基于数据，而非直觉。企业必须搜集有关其当前流程的数据，以识别有待改进的领域。这些数据可以通过调查、面谈和流程图来搜集。
- **员工参与**。在企业中工作的人员是其流程的专家。他们知道问题出在哪里，并且能提出改进问题的最佳想法，因此应组建流程改进团队或举行头脑风暴会议，让员工参与流程优化过程。
- **持续改进**。流程优化无法一蹴而就。它是识别和改进企业流程的持续过程。通过在企业中创造持续改进的文化，企业中的每个人都会不断寻找改进流程的方法。

由于 IT 是一个复杂而又技术性很强的主题，必须使用常用、易于理解且对利益相关方而言有意义的语言表述目标、衡量指标和绩效报告，以维持透明性，并采取恰当的行动。

方法和工具

各种改进和优化方法补充了简单的内部开发方法。包括：

- 持续改进法，如计划—实施—检查—处理（PDCA）周期。
- 综合性最佳实践，如 ITIL。
- 框架，如 COBIT。

PDCA 周期是在业务中用来控制和持续改进流程及产品的迭代式四步管理方法。每个 PDCA 连续周期的步骤包括：

1. **计划**。确立为按照预期输出交付结果而必需的目标和流程（目标或目的）。通过确立预期结果，结果的具体规范的完整性和准确性也是目标改进的一部分。如果可能，先从小范围开始，以测试可能的效果。

2. **实施**。实施计划，执行流程并制作产品。为后面"检查"和"处理"步骤的图表制作与分析搜集数据。

3. **检查**。研究（在"实施"步骤中衡量并搜集的）实际结果并与预期结果（在"计划"步骤中确立的目标或目的）进行比较，以确定任何差距。对照计划确定实施中存在的偏差，确定计划的适当性/完整性，以便推进执行（即"实施"步骤）。通过图表数据，更容易从几个 PDCA 周期看出趋势并将搜集的数据转化为下一步所需的信息。

4. **处理**。要求对实际与计划结果之间的重大差距采取整改措施。分析差距以确定存在差距的根本原因。确定需要在哪些方面进行变更，包括对流程或产品的改进。如果经过这四个步骤之后没有发现改进的必要，则可调整 PDCA 的应用范围，以在下一个迭代周期中更详细地计划和改进，或者需要将注意力转移到流程的其他阶段。

如果在敏捷开发时使用 PDCA，可在整个开发生命周期的各个时间点再次评估项目的进展方向。这通过冲刺或迭代来完成，要求工作组生产功能性产品。由于强调缩短工作周期，敏捷方法被描述为迭代式和增量式方法。相比采用瀑布法一次性实现项目的所有方面，敏捷开发便于不断重温每个方面。EGIT 框架的其他示例如下：

- COBIT 由 ISACA 开发，通过提供一个框架来确保 IT 与业务保持一致、IT 使业务正常运转并使企业获得最大效益，以及负责任地使用 IT 资源和妥善管理 IT 风险，从而支持 EGIT。COBIT 提供的工具可用于评估和衡量企业中 IT 流程的绩效。
- 国际标准化组织/国际电工技术委员会 27000 系列属于一套最佳实践，可向各组织提供实施和维护信息安全方案方面的指导。ISO/IEC 27001 标准在业界已广为人知。
- 信息技术基础设施库由英国商务部与 IT 服务管理论坛联合制定，该框架详细描述了关于如何确保 IT 运营服务管理取得成功的实用信息。另外还包括业务价值交付。
- 开放式信息安全管理成熟度模型是一个针对安全性并基于流程的信息安全管理成熟度模型。
- ISO/IEC 38500:2015 信息技术—组织 IT 治理可为企业的治理机构成员提供在其企业内有效、高效且恰当使用 IT 方面的指导性原则。
- ISO/IEC 20000 是服务管理规范，与 ITIL 的服务管理框架一致。ISO/IEC 20000-1:2018 信息技术—服务管理—第 1 部分：服务管理系统要求囊括了服务管理改进的具体要求，而 ISO/IEC 20000-2:2019—信息技术服务管理—第 2 部分：服务管理系统应用指南为 ISO/IEC 20000-1:2018 的应用提供了指导和示例。
- ISO 31000:2018 风险管理—准则为企业提供关于风险管理的准则和通用方法。

2.10.5　方法和技术

以下各章节将介绍可促进衡量、良好沟通和组织变更的工具和技术。

六西格玛

六西格玛和精益六西格玛是经过考验的定量（数据驱动）流程分析与改进方法，可轻松应用于 IT。六西格玛旨在实施以测评为导向的战略，侧重于改进流程和减少缺陷。六西格玛缺陷是指不符合客户规范的任何问题。精益六西格玛与之类似，但还寻求消除无法实现增值的非必要步骤。

业务敏捷性/敏捷方法

业务敏捷性（或敏捷）通常被描述为在向企业交付价值时强调灵活性的思维模式或工作方式。敏捷的目标是以较小的增量更早地交付产品和服务，而不是一次性交付所有产品和服务，而且交付时间点要晚得多。通过这种方式，IT 就可以根据不断变化的需求和业务要求来调整交付。敏捷通过响应变化和纳入客户反馈，优先考虑客户满意度。尽管敏捷最初是为软件开发团队而开发，但后来已被调整为项目管理方法。

敏捷方法的关键原则包括：

- **客户协作**。客户或利益相关方积极参与整个项目，以搜集要求、提供反馈并确保最终产品满足其需求。
- **迭代开发**。将项目分解为较小的迭代（通常被称为冲刺），每次迭代都会交付可工作且潜在可装运的产品增量。
- **自组织团队**。跨职能团队紧密协作，共同做出决策，自主组织工作并选择实现项目目标的最佳方法。
- **持续反馈**。定期搜集客户和利益相关方的反馈，为开发流程提供信息、调整计划并进行改进。
- **适应性和灵活性**。接纳变革，而不是严格遵循刻板的计划。敏捷团队能够响应新需求、市场动态和新出现的风险，从而在开发过程中进行调整。
- **强调简单性**。优先考虑设计和功能的简单性，以最大限度地提高价值并减少浪费。首先提供最基本的功能，然后逐步纳入其他功能。

常用的敏捷框架包括每日立会、看板和极限编程。每日立会是最常见的一种框架，它使用时间盒迭代（冲刺）、产品待办列表和定义的角色（例如，产品所有者和 Scrum Master）来管理和指导开发过程。

IT 平衡计分卡

IT 平衡计分卡①属于管理评估技术，可用于评估 IT 职能和流程（见图 2.14）。该技术超越了传统的财务评估，通过消费者（用户）满意度、内部（运营）流程以及未来创新能力举措为之提供补充。这些额外的措施可促使企业优化 IT 利用，使其与企业的战略目标保持一致，同时让所有评估相关角度保持平衡。

IT 组合管理与平衡计分卡

IT 组合管理的最大优势在于其在调整投资方面的灵活性。通过 IT 组合管理，企业可以根据内在反馈机制调整投资。

相比之下，BSC 强调在任何投资决策中使用愿景和战略。BSC 的目标不是 IT 价值和运营预算控制。BSC 专注于战略计划的实施。虽然 BSC 和项目组合管理都包括反馈循环，但 BSC 循环与战略规划相关。而项目组合循环则考虑整个项目投资。

要将 BSC 应用于 IT，企业首先要理解并定义四个视角：
- 用户导向反映了最终用户对 IT 的看法或评价。
- 业务贡献体现了 IT 投资的业务价值。
- 卓越运营描述了用于开发和交付 IT 资源的 IT 流程。
- 面向未来代表着 IT 提供未来资源所需的人力和技术资源。

接下来，应采用多层结构（由每家企业确定）来应对四个角度：
- 使命。
  - 成为信息系统的首选供应商。
  - 交付经济、有效且高效的 IT 应用程序和服务。
  - 从 IT 投资中获得合理的业务贡献。
  - 挖掘机遇以应对未来挑战。
- 战略。
  - 开发特殊的应用程序和操作。
  - 发展用户合作关系并提供更好的客户服务。
  - 提高服务水平并改善价格体系。
  - 控制 IT 费用。
  - 为 IT 项目带来商业价值。
  - 提供全新的业务能力。
  - 培训并教育 IT 员工，促进员工卓越成长。
  - 为研发提供支持。
- 度量项。
  - 提供一组均衡的关键绩效指标，以便引导以业务为导向的 IT 决策制定。
  - 建立 KRI 作为早期预警系统，以防错失战略和目标。
  - 记录 KCI 以监控控制环境的有效性。
- 来源。
  - 最终用户人员（具体按职能确定）。
  - COO。
- 流程负责人。

使用 IT BSC 是帮助 IT 战略委员会及管理层确保 IT 和业务正确保持一致，从而实现 IT 治理的最有效方法之一。目标是建立一个窗口，以便管理层向董事会报告；促使关键利益相关方就 IT 的战略目标达成一致；证实有效性和附加价值；传达与 IT 绩效、风险和能力相关的信息。

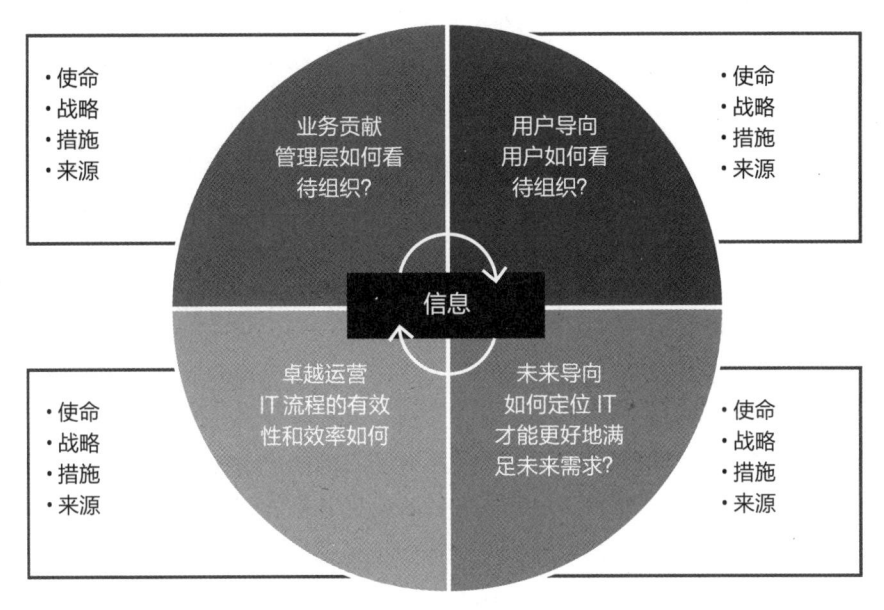

图 2.14　IT 平衡计分卡

绩效衡量的其他方法

基准指标系统性地将企业绩效与同行和竞争对手进行比较，以了解业务的最佳实践，包括质量、物流效率和其他指标。

业务流程再造（Business Process Reengineering，BPR）是对业务流程和管理系统的透彻分析和重大再设计，以形成更高效和更有效的结构，更快地响应客户期望和市场状况，同时实现实质性的成本节省。BPR通常力求从根本上重新设计业务流程，以实现显著的绩效改进，例如成本、质量、服务和速度。BPR 通常会使用 IT 来自动化和简化流程。例如，全自动的供应链利用技术来提高可见性、优化库存水平并降低运输成本。

根本原因分析是确定事件发生根源（根本原因）的诊断流程。一旦确定根本原因后，即可据此制定必要的控制，从而准确排除这些导致系统故障和缺陷的根本原因。此外，根本原因分析还使得企业能够从后果（尤其从错误和问题）中吸取经验教训，预防再次出现不希望的行为或结果。

生命周期成本效益分析评估成本与结果之比，从而确定 IT 企业系统和 IT 总体组合管理的战略方向。分析要素包括：

- **生命周期**。描绘企业投资（如产品、项目、方案）的存在过程的一系列阶段。
- 生命周期成本（Life Cycle Cost，LCC）。预计维护/更新、故障以及维持与主流和新兴技术之间的互操作性需要的成本。
- 效益分析（Benefit Analysis，BA）。源自信息系统的用户成本（或效益）和业务运营成本（或效益）。

2.11　IT 质量保证和质量管理

企业 IT 流程的完整性和可靠性直接影响企业内部整合和实施的 QA 流程。QA 方案以及对应的政策、程序和流程被纳入包含所有必要行动的预定系统性模型中，从而保证项目或产品符合既定的技术要求。

信息系统审计师必须理解 QA 和质量管理概念、结构以及企业角色和职责。

2.11.1　质量保证

QA 人员根据企业的变更发行管理政策验证系统变更在引入生产环境之前，是否以受控的方式进行授权、测试和实施。借助源代码管理软件等工具，相关人员还可以监督开发人员对生产环境访问权限的正确隔离、程序版本的维护和源代码的完整性。

术语"质量保证"和"质量控制"经常会互换使

用，指确保服务或产品质量的方法。但两个术语的含义之间确有不同：

- **质量保证**。为项目或产品遵守既定技术要求提供充分保证而需执行全部操作的计划系统模式。QA 帮助 IT 部门确保人员遵循规定的质量流程。例如，QA 会设定程序（如符合 ISO 9001 标准）来促进质量管理/鉴证实务的广泛运用。
- **质量控制**。用于满足质量要求的观察技术和活动。QC 负责执行测试或审查，以证实和确保软件没有缺陷且满足用户期望。此过程可在应用程序系统开发的各个不同阶段进行，但必须在程序投入生产之前完成。例如，QC 可帮助确保程序和文档符合相关标准及命名约定。

企业内的 QA 职能负责为 IT 职能制定、发布和维护标准。他们还提供对 QA 标准和程序方面的培训。QC 小组协助定期检查各类应用程序输入、处理和输出的准确性和真实性。

要使 QA 职能发挥有效的作用，QA 小组在企业内应当具备独立性。在某些企业中，此职能可能从属于较大的控制实体。规模较小的企业不太可能设立独立的 QA 职能，个人可能会身兼数职。但在任何情况下，个人都不应审查自己的工作。此外，审查不应当由角色可能造成职责分离冲突的个人来完成（例如，DBA 对可能影响数据库的应用程序系统变更执行质量审查）。

2.11.2 质量管理

质量管理是控制、衡量和改进 IT 部门流程的手段之一。此背景下，流程被定义为一系列任务，正确执行这些任务将会产生预期的结果。质量管理控制的领域可能包括：

- 软件开发、维护与实施。
- 硬件和软件的购置。
- 日常运营。
- IT 控制绩效。
- 服务管理。
- 安全。
- HR 管理。
- 一般行政管理。

IT 部门开发和维护的明确书面流程是有效治理信息资源的证明。坚持遵循流程及相关流程管理技术对于 IT 组织的有效性和效率至关重要。多种标准应运而生，用于帮助 IT 组织取得这些结果。人们越来越多地利用质量标准来帮助 IT 组织为其 IT 资源营造可预测、可衡量、可重复且经过认证的运营环境。

2.11.3 卓越运营

卓越运营团队负责提高企业运营的效率和有效性。他们识别并消除浪费、简化流程并改善沟通与协作。卓越运营团队还可以使用数据和分析来识别需要改进的领域。

卓越运营团队的具体职责将根据行业和团队的重点领域而异。不过，卓越运营团队的一些常见职责包括：

- 制定和实施最佳实践。
- 为其他员工提供培训和支持。
- 进行研发。
- 管理知识和信息。
- 充当其他员工和利益相关方的资源。

卓越运营团队可以在帮助企业提高绩效和实现目标方面发挥至关重要的作用。通过开发和实施最佳实践，卓越运营团队可以帮助企业提高效率、降低成本并提高客户满意度。

案例研究

信息系统审计师帮助一家小型但增长迅速的金融机构 Accenco 审查 IT 和业务目标的一致性。信息系统审计师需要获得包括业务目标和 IT 目标在内的相关信息。但审计师收到的信息仅限于在报告会议中使用的简短的业务目标清单和 IT 目标幻灯片。信息系统审计师还在提供的文档中发现，过去两年，风险管理委员会（由高级管理层组成）仅召开过三次会议，并且没有维护会议纪要。比较下一年的 IT 预算和 IT 战略计划后，审计师发现，下一年计划中提到的多项举措没有纳入该年的预算中。

信息系统审计师还发现 Accenco 没有全职 CIO。实体的组织架构图显示，信息系统经理向 CFO 报告，CFO 向董事会报告。在该实体中，董事会在监控 IT 举措方面发挥着重要作用，CFO 定期汇报 IT 举措的进度。

通过审查职责分离矩阵发现，显然应用程序开发人员只需获得 DBA 的批准即可直接访问生产数据。此外，信息系统审计师还发现，应用程序开发人员必须先将开发的程序代码提供给库管理员，再由其迁移到生产。信息系统审计由内部审计部门执行，内部审计部门在每个月的月末向 CFO 报告审计结果（作为业务绩效审查流程的一部分）。企业管理人员负责详细审查实体的财务结果并签字，以证明其中所含数据正确无误。

1. 以下哪个与 Accenco 的 IT 业务战略相关的选项**最**令信息系统审计师担忧？
   A. 战略文档非正式且不完整
   B. 风险管理委员会鲜少召开会议并且没有维护会议记录
   C. 预算看起来不足以支持未来的 IT 投资
   D. 没有全职 CIO

2. 以下哪个选项是亟待解决的与 Accenco 的 IT 业务战略相关的**最**重要问题？
   A. 与应用程序开发人员的访问和迁移代码相关的行为
   B. 缺乏 IT 政策和程序
   C. 与同类企业相比的风险管理实务
   D. IT 的报告结构

3. 在所描述的情况下，从 IT 治理角度来看，以下哪一项**最**令人担忧？
   A. 企业没有全职 CIO
   B. 企业没有 IT 指导委员会
   C. 董事会在监控 IT 举措方面发挥着重要作用
   D. 信息系统经理向 CFO 报告

4. 在所描述的情况下，从 SoD 角度来看，以下哪一项**最**令人担忧？
   A. 应用程序开发人员只需获得 DBA 的批准即得到对数据的直接写入访问权限
   B. 应用程序开发人员必须将开发的程序代码移交给库管理员，由其将程序代码迁移到生产
   C. 内部审计部门向 CFO 报告
   D. 仅需企业管理人员签字同意业务绩效审查结果

5. 从缓解控制的角度来看，以下哪一项可以**最**有效地解决数据完整性问题？
   A. 应用程序开发人员必须获得 DBA 的批准，才可直接访问数据
   B. 应用程序开发人员必须将开发的程序代码移交给库管理员，再由其将程序代码转移到生产
   C. 内部审计部门向 CFO 报告
   D. 业务绩效结果必须由企业管理人员审查和签字同意

6. 在这家小型企业中，假设 CFO 还担任着 CIO 的角色。信息系统审计师应该对治理结构提出什么建议？

7. 信息系统预算流程应与业务流程相结合，并与企业预算周期保持一致。信息系统审计师将为企业提出什么建议，以确保预算涵盖所有方面并且能被董事会接受？

8. 内部审计师向 IT 举措和运营的所有者 CFO 进行汇报。汇报关系会妨碍审计师的独立性。可启用哪些补偿性控制来改进审计工作？

案例研究相关问题参考答案

1. **A. 如果没有明确的战略文档，IT 就会忽视业务方向，从而加大项目选择的难度，而且难以界定服务水平。总体而言，IT 在交付和价值实现方面无法发挥最大作用。**
   B. 风险管理委员会未能定期召开会议并提供良好记录，这表明缺乏良好的风险治理。设定业务和 IT 目标时，风险也会随之而来。
   C. 虽然未来 IT 投资预算不足会引发关注，但其重要程度不如不完整的战略。
   D. 缺乏全职 CIO 可能是问题，但其重要程度不如不完整的战略。

2. A. 与应用程序开发人员的访问和迁移代码相关的行为表明缺乏 IT 政策和程序。
   B. 缺乏 IT 政策和程序会使所交付的 IT 相关工作不一致。政策反映了管理层的意图以及根据战略设定的规范。程序有助于完成日常 IT 交付。
   C. 无须将风险管理实务与同类企业进行比较。
   D. 虽然 IT 的报告结构非常重要，但其重要程度不及 IT 政策和程序。

3. A. 没有全职 CIO 可能是需要关注的问题，但不如信息系统经理向 CFO 报告严重。
   B. 没有 IT 指导委员会可能会引发问题，但不如信息系统经理向 CFO 报告严重。
   C. 董事会在 IT 举措中发挥重要作用并不是需要关注的重要问题。
   D. 理想情况下，信息系统经理应该向董事会或 CEO 报告，以便拥有足够的独立性。要求信息系统经理向 CFO 报告的报告结构并非理想方案，可能导致某些控制的效果大打折扣。

4. **A. 在访问数据之前，应用程序开发人员应该获得业务所有者的批准。DBA 只是数据管理员，并且只能提供数据所有者授权的访问权限。**
   B. 虽然这可能是需要关注的 SoD 问题，但不如 DBA 审批直接写入访问权限严重。
   C. 内部审计部门向 CFO 报告是需要关注的 SoD 问题，但不如 DBA 审批直接写入访问权限严重。
   D. 此 SoD 问题不如 DBA 审批直接写入访问权限严重。

5. A. 这不是缓解数据篡改风险的最佳方法。
   B. 将程序代码移交给库管理员并不是缓解数据篡改风险的最佳方法。
   C. 报告结构无法缓解数据篡改风险。
   D. 企业管理人员月底签字同意财务结果中包含的数据，可以发现在未经企业管理人员批准或企业管理人员不了解的情况下，通过不适当地直接访问所获得的数据并篡改数据从而可能导致的重大差异。

6. **可能答案**：在小型企业中，CFO 可同时担任 CIO。最好能让内部控制部门向不同高管（如人力资源或风险管理）报告。组织应拥有治理职能，以负责执行 IT 战略和 IT 指导委员会方针。应该尽可能最大限度地实现 SoD。可将监管审查或同行评审等补偿性控制用于当前控制。

7. **可能答案**：应定义符合 Accenco 企业周期（如财年、季度审查）的 IT 预算和投资流程。财务管理流程应包括预算活动，其中说明了所用的预算方法、遵循会计科目表的成本结构和审批链。业务案例流程应当用于证明流程的合理性以及说服董事会批准流程。

8. **可能答案**：这种情况下，内部审计师应寻求进一步的鉴证（例如，利用工具监控信息系统控制、对采购团队的工作执行基准检测、董事会临时执行外部审计或高级管理层审查）。

第 3 章

信息系统的购置、开发与实施

概述

本章旨在介绍信息系统的购置、开发与实施，概述了各企业在创建和更改应用系统与基础设施组件时，采用的关键流程和方法。

领域 3 在 CISA 考试中所占比重为 12%（约 18 个问题）。

领域 3 考试内容大纲

A 部分：信息系统的购置与开发

1. 项目治理和管理
2. 业务案例和可行性分析
3. 系统开发方法
4. 控制识别和设计

B 部分：信息系统实施

1. 系统准备和实施测试
2. 实施配置和发行管理
3. 系统迁移、基础设施部署和数据转换
4. 实施后分析

学习目标/任务说明

在此领域中，信息系统审计师应当能够：

- 将审计流程作为质量保证和改进计划的一部分进行评估。
- 评估 IT 战略，以便与组织的战略和目标保持一致。
- 评估 IT 资源和项目管理，确保其与组织的战略和目标保持一致。
- 确定组织是否已定义 IT 风险、控制和标准的所有者。
- 评估与信息系统相关的业务案例是否符合业务目标。
- 对在信息系统开发生命周期各个阶段执行的控制进行评估。
- 对信息系统的生产实施和迁移就绪情况进行评估。
- 对系统进行实施后审查，确定其是否满足项目交付成果、控制和要求。
- 评估是否已制定有效的流程来支持最终用户。
- 评估与资产生命周期管理相关的组织政策和实务。

深造学习参考资源

Baxter, C.; "IS Audit in Practice: Implementing Emerging Technologies—Agile SDLC Still Works," *ISACA Journal*, vol. 4, 1 July 2022

ISACA, *COBIT Focus Area: DevOps Using COBIT 2019*, USA, 2020

ISACA, *Software Development Certificate Program*

ISACA, *Systems Development and Project Management Audit Program*, 2009

ISACA, *White Papers*

Khan, M.; "Evolving Technology Calls for More Disciplined Approach From Auditors," ISACA Now Blog, 19 October 2017

Subramanian, S.; B. Swaminathan; "Security Assurance in the SDLC for the Internet of Things," *ISACA Journal*, vol. 3, 1 May 2017

自我评估问题

CISA 自我评估问题与本手册中的内容相辅相成，有助于了解考试中的常见题型和题目结构。考生通常需从所提供的多个选项中，选出**最有可能**或**最合适**的答案。请注意，这些题目并非真实或过往的考题。有关练习题的更多指导，请参阅本手册开头的关于本手册部分。

1. 为协助测试要购置的重要银行系统，企业已将其现有生产系统中的敏感数据提供给供应商。信息系统审计师的**主要关注点**是数据应该：

   A. 已清理
   B. 完整
   C. 有代表性
   D. 最新

2. 以下哪一项是执行并行测试的主要目的？

   A. 确定系统是否具有成本效益

   B. 实现综合单元及系统测试

   C. 找出含文件的程序接口中的错误

   D. 确保新系统满足用户要求

3. 在执行业务流程再造的审查时，信息系统审计师发现一项重要的预防性控制已被取消。在这种情况下，信息系统审计师应该：

   A. 将该发现告知管理层并确定管理层是否愿意接受取消此预防性控制所带来的潜在重大风险

   B. 确定过程期间该预防性控制是否已由某检测性控制替代，如果还未被替代，则报告预防性控制的取消情况

   C. 建议将该预防性控制以及流程重组之前就已存在的所有控制程序都包括在新的流程中

   D. 制定连续的审计方法来监控因取消该预防性控制而产生的影响

4. 以下哪种数据验证编辑能有效检测易位和抄写错误？

   A. 范围检查

   B. 校验数字位

   C. 有效性检查

   D. 查重

5. 在金融企业使用的企业资源规划软件中，以下哪个选项将被视为**最**严重的弱点？

   A. 没有审查访问控制

   B. 可用的文件有限

   C. 没有更换已使用两年的备份媒介

   D. 每天执行一次数据库备份

6. 在审计软件购置的需求阶段时，信息系统审计师应该：

   A. 评估项目时间表的合理性

   B. 评估供应商推荐的质量流程

   C. 确保购置的是最好的软件包

   D. 审查规格的完整性

7. 企业决定购买而非开发一个软件包。在这种情况下，传统的系统开发生命周期的设计和开发阶段将会被下列哪项取代：

   A. 选择和配置阶段

   B. 可行性和需求阶段

   C. 实施和测试阶段

   D. 没有，因为不需要取代

8. 使用传统（瀑布）系统开发生命周期方法时未能满足软件开发项目的用户规范。以下哪个方面**最**有可能是导致此问题的原因？

   A. 质量保证

   B. 需求

   C. 开发

   D. 用户培训

9. 在引进瘦（thin）客户端架构时，以下哪种与服务器相关的风险会显著增加？

   A. 完整性

   B. 并发性

   C. 机密性

   D. 可用性

10. 以下哪项**最**常与敏捷开发方法相关？

    A. 依赖于详细文档

    B. 依赖于严格的标准操作程序

    C. 缺乏用户需求

    D. 严重依赖于隐性知识

自我评估问题参考答案

1. **A.** 应该清理测试数据以预防敏感数据泄漏到未经授权的人员手中。
   B. 尽管保持数据集完整性很重要，但主要关注点是应当清理测试数据，以防敏感数据泄露，落入未经授权人员之手。
   C. 尽管包括交易数据的陈述很重要，但主要关注点是应当清理测试数据，以防敏感数据泄露，落入未经授权人员之手。
   D. 尽管数据集代表被处理的最新数据很重要，但主要关注点是应当清理测试数据，以防敏感数据泄露，落入未经授权人员之手。

2. A. 并行测试结果可能显示旧系统比新系统更具成本效益，但这并不是执行该测试的主要目的。
   B. 单元及系统测试是在并行测试之前完成的。
   C. 对含文件的程序接口的错误测试是在系统测试期间进行的。
   D. 并行测试的目的是保证新系统的实施可满足用户要求。

3. **A.** 应该立即通知管理层以确定他们是否愿意接受取消此预防性控制所带来的潜在重大风险。
   B. 使用检测性控制取代预防性控制通常会增加出现重大问题的风险。
   C. 业务流程再造期间通常会剔除很多非增值性控制。这种做法很好，除非控制会增加业务和财务风险。
   D. 信息系统审计师可能需要监控或建议管理层监控新的流程，但采取这种做法的前提是管理层已获悉并接受取消此预防性控制带来的风险。

4. A. 范围检查可检查数据是否符合预定的值范围。
   B. 校验数字位是一个经过算术计算的数值，可将其附加到相应数据以确保原始数据不被更改（例如被不正确但有效的值替换）。此项控制在检测转位和转录错误时非常有效。
   C. 可用性检查是根据预定标准检查数据有效性的程序校验。
   D. 查重过程中，应将新交易与之前输入的交易进行匹配，以确保系统中没有包含这些新交易。

5. **A.** 考虑到需要评估的数据和资产类型，在金融企业中，不审查访问控制可能导致严重的后果。
   B. 缺乏文档记录所产生后果的严重性不如未正确审查访问控制。
   C. 对于已使用两年的备份媒介，可能无法从中检索数据。
   D. 根据交易量，业务部门每天执行一次数据库备份是可接受的。

6. A. 项目时间表通常不会出现在需求文档中。
   B. 供应商的质量流程评估在需求阶段完成之后进行。
   C. 完成相关要求之后，才能决定向供应商购买软件包。
   D. 需求阶段的目的是指定所建议系统的功能；因此，信息系统审计师应侧重于规格的完整性。

7. **A.** 随着购买软件包的做法越来越普遍，传统的系统生命周期的设计和开发阶段逐渐被选择和配置阶段所代替。在决定购买软件之前，需要软件包系统供应商提供提案，并根据选择的预定义标准对其进行评估。购买软件后，应对其进行配置以满足企业的需求。
   B. 系统开发生命周期的其他阶段（例如可行性分析、需求定义、实施以及实施后分析）保持不变。
   C. SDLC 的其他阶段（例如可行性分析、需求定义、实施以及实施后审查）保持不变。
   D. 在本场景中，传统生命周期的设计和开发阶段可以用选择和配置阶段取代。

8. A. 质量保证的重点是软件开发的各方面形式，例如遵守编码标准或具体的开发方法。
   B. 未能遵守用户规范意味着已执行相应的要求工程来描述用户需求。否则，就没有检查时可参照的规范基准指标。
   C. 项目管理未能建立或验证控制，以确保正在开发的软件或软件模块符合用户规范。
   D. 在用户培训或验收测试期间可能会出现无法满足用户规范的情况，但这不是原因。

9. A. 由于其他要素不需要更改,完整性风险未增加。

   B. 由于其他要素不需要更改;并发性风险不会增加。

   C. 由于其他要素不需要更改,机密性风险不会增加。

   D. 当应用瘦(thin)客户端架构时,最主要的变化是,服务器对运营变得至关重要;所以,服务器之一出现故障的可能性有所增加,从而也增加了可用性风险。

10. A. 对于敏捷开发方法而言,项目文档的重要性通常不如实际功能。

    B. 严格的标准操作程序将不利于开发人员的创造性思考和协作能力。

    C. 所有开发方法都需要某种形式的需求定义。敏捷依赖于预先定义的明确需求。

    D. 敏捷方法利用大量隐性知识(即从经验中获得且难以记录的隐性知识)来提高开发团队的协作和创造力。

A 部分：信息系统的购置与开发

为确保信息系统的管理实务能满足企业目标，信息系统审计师需要了解企业如何评估、开发、实施、维护和处置其信息系统及相关组件。

> **注意**
>
> CISA 考生应该充分了解信息系统（硬件和软件）的购置、开发和实施流程。这种了解应不仅仅限于术语和概念的定义性知识，还需包括识别漏洞和风险，并推荐可有效缓解风险的适当控制的能力。同时还需要全面了解项目管理的各个阶段。此外，CISA 考生还应充分了解各种应用系统和架构，以及相关的流程、风险和控制。

3.1 项目治理和管理

所有企业通常都会有多个项目同时运行。为了确定这些项目之间的关系，通用方法是建立项目组合和/或计划管理结构。这有助于为业务组织确定共同目标，识别和管理风险并确认资源关联。

所有项目均要求治理结构、政策和程序以及具体的控制机制有效，能够在战略和战术上保证符合相关的企业目的、目标和风险管理战略。如果未进行适当的治理，可能会损害项目的方方面面。在项目治理结构中应涉及项目和职能直线组织。有关项目的所有治理决策均应通过业务案例来推动，并且必须定期审查获得的效益。

有效和高效的项目管理需要依据：硬性因素，如交付成果、质量、成本和截止日期；软性因素，如团队动力、冲突解决、领导力问题、文化差异和沟通，以及环境因素，如项目发起企业内部的政治和权力问题，管理利益相关方的期望，以及项目可能涉及的较大型道德与社会问题。

在重大转型方案中，可能会聘请第三方提供技术领导来嵌入技术，并支持技术解决方案的开发和实施（例如 SAP 和基础设施即服务解决方案）。在这种情况下，必须要确保第三方项目团队专注于使技术解决方案符合企业的业务需求，而不是试图将"通用"的技术解决方案强加于企业。

项目管理的结构取决于企业的规模和复杂程度。相应地，可将部分角色和职责分组或重组。这种情况下，信息系统审计师的职责是确保系统开发中有关职责分离的控制未被削弱。

项目管理的方法和标准有很多种。由于这些方法和标准在范围、内容和措辞上存在极大差异，因此信息系统审计师必须在参与特定项目前熟悉其所在企业所用的标准。

> **注意**
>
> 不会考查 CISA 考生对任何特定项目管理方法或标准的了解情况。但考生必须了解项目管理结构、政策和程序的基本要素，以及更具体地说，须了解相关控制。

3.1.1 项目管理实务

项目管理是指将知识、技能、工具和技术应用到各种活动以实现既定的目标，例如，满足为信息系统项目确立的用户需求、预算和截止期限。项目管理是项目导向型企业中的一个业务流程。项目管理流程以制定项目章程为起点，以项目完工为终点。按照项目启动、规划、执行、控制、监控和收尾的流程来描述项目管理知识和实务最有效。

由于项目管理工作较为复杂，因此必须细致明确地设计项目管理流程。因此，应将所有适用于业务流程设计的设计问题运用到项目管理流程。

3.1.2 项目管理结构

三种类型的项目管理组织结构概述了企业内部的权限和控制：

1. **职能型组织**。在职能型组织中，项目经理不具有正式的管理权力。相关工作会细分到各部门，项目经理仅可建议同事和团队成员应该完成哪些活动。

2. **项目型组织**。在项目型组织中，项目经理有正式权力，可以管理参与项目的人员。这包括有权管理项目预算、时间表和团队。

3. **矩阵型组织**。在矩阵型组织中，项目经理和部门负责人共享管理权限。

信息系统项目可由企业中的任何部门发起，包括 IT 部门。信息系统项目具有特定的目标、交付成果以及起始和结束日期。多数信息系统项目都可具体分成几个阶段（例如，系统开发生命周期）。

应将对主要项目的要求提交给 IT 指导委员会，并由委员会排定优先级。然后委员会确定一名项目经理。项目经理不必是 IT 职员，但应取得对项目的完全运营控制权，并获取适当的资源（包括 IT 专业人员和用户部门的其他职员），以确保成功完成项目。信息系统审计师可作为控制专家加入项目团队。信息系统审计师还可提供独立的客观审查，以确保责任方的参与（及承诺）程度恰当。这种情况下，信息系统审计师不执行审计，而是以顾问的角色参与到项目中。根据信息系统审计师的参与程度，在应用程序投入运营后，他们可能不适合执行审计工作。图 3.1 显示的是项目组织架构的一个示例。

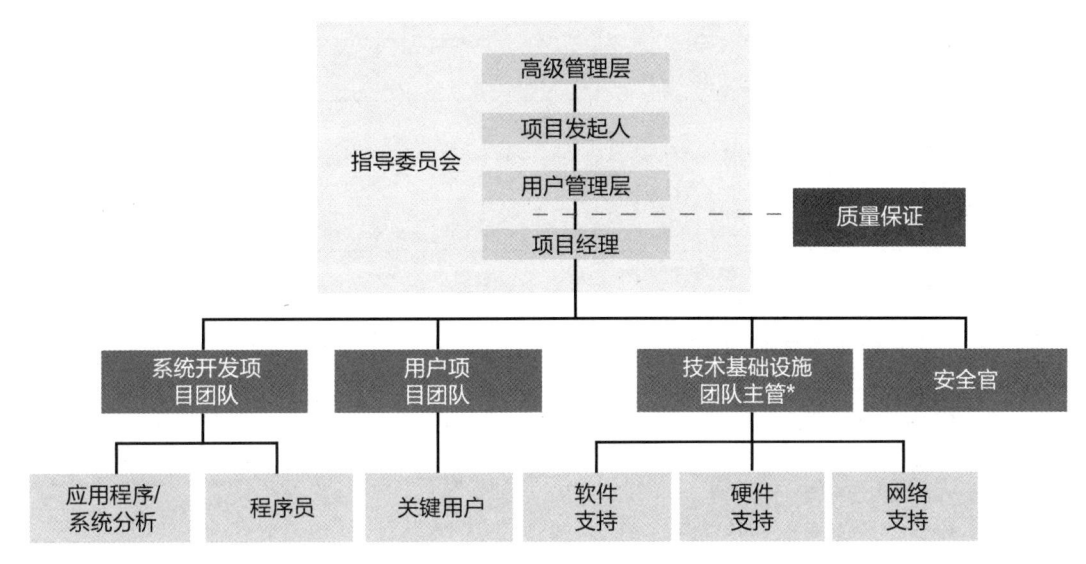

*定义为"系统开发管理人员"

图 3.1　项目组织架构图示例

3.1.3　项目管理角色和职责

可能参与项目管理流程的团队/个人的各种角色和职责如图 3.2 所示。

> **注意**
> CISA 考生应熟悉参与项目管理流程的团队或个人的一般角色和职责。

3.1.4　项目管理技术

有若干项目管理技术和工具可帮助项目经理控制系统开发所用的时间和资源，从简单的手动工作到更复杂的计算机化流程，不同场景下，适用的技术和工具可能有所不同。根据项目规模和复杂程度的不同，可能需要不同的方法。项目管理技术还提供用于估算软件规模、制定时间表、分配资源和衡量生产力的系统性定性和定量方法。这些工具和技术通常有助于理解本章后续几节介绍的领域。

在选择技术之前应始终考虑项目的众多元素。图 3.3 显示了这些元素间的关系。

项目管理层应注意三个相互交织的元素：交付成果、持续时间和预算（见图 3.3A）。它们的关系非常复杂，但图中仅简明扼要地进行了说明。项目持续时间和预算必须与交付成果的性质和特征相称。一般来说，对交付成果的要求越高，持续时间就越长，预算也越高。

预算根据执行项目所需的资源确定，方法是用每种资源的需求量乘以费用或成本（见图 3.3B）。在项目的一开始，需使用软件/项目规模估算技术估算项目需要的资源。

角　色	责　任
项目指导委员会	• 指明总体方向，确保项目成果适当代表主要利益相关方的利益 • 会对所有交付成果、项目成本和时间表负最终责任 • 由来自受拟议新系统或系统改造影响最大的各个业务领域的资深代表组成 • 项目经理也应该是该委员会的成员 • 授权各位成员对会影响到自己所在部门的系统设计做出决策。 • 包括项目发起人，该项目发起人需承担项目整体所有权和责任，并出任指导委员会主席 • 定期审查项目进度，并在必要时召开紧急会议 • 充当项目协调人和顾问；因此，委员会的成员应该可以回答有关系统和程序设计的问题并制定用户相关决策 • 必要时可根据项目进度采取整改措施并将问题上报给委员会
高级管理层	• 表现出对项目的承诺，确保完成项目所需的人员参与其中 • 批准完成项目所需的资源
项目发起人	• 为项目提供资金 • 为定义关键性成功因素和衡量项目成功与否的指标与项目经理密切合作 • 承担数据和应用程序的所有权 • 通常是负责主要业务部门（即应用程序将支持的部门）的高级经理
用户管理层	• 拥有项目和所建立系统的所有权 • 为团队指派合格的代表 • 积极参与业务流程的重新设计、系统要求定义、测试用例开发、验收测试和用户培训 • 在系统交付成果的定义和实施过程中对其进行审批
用户项目团队	• 完成分配的任务 • 作为主题专家积极参与开发过程，从而与系统开发人员开展有效沟通 • 遵照当地标准工作 • 向项目经理通知预期和实际的项目计划偏差
项目经理	• 提供项目的日常管理和领导 • 确保项目活动与总体方向保持一致 • 确保各相关部门都有一定的体现 • 确保项目遵从当地标准 • 确保交付成果达到关键利益相关方的质量预期 • 解决部门间的矛盾 • 监控成本和项目时间表 • 通常会帮助界定项目范围、管理预算，以及通过项目时间表控制各项活动 • 如果项目配备了专职人员，则对这些人员直接负责

质量保证	• 审查各阶段内和各阶段结束时取得的结果和交付成果，确认是否符合要求。审查点位置的设定取决于
	  ▪ 所用的系统开发生命周期方法
	  ▪ 系统的结构和规模
	  ▪ 潜在偏差的影响
	• 可能会审查基于流程的相应活动，这些活动可能与生命周期中特定阶段的项目管理有关，也可能与该阶段中特定软件工程设计流程的使用有关。这对于如期完成项目且不超出预算至关重要，而对于达到指定的软件过程成熟度也至关重要
	• 其目标是，衡量项目人员对企业 SDLC 的遵守情况，确保项目质量；发生偏差时，将这一情况告知相关人员并提出改进建议——改善流程或增加控制点

系统开发管理层	• 通过开发、安装和运行所需系统，为软硬件环境提供技术支持 • 保证系统与企业的计算环境兼容，与 IT 战略方向一致 • 负责系统安装后的运行支持和维护

图 3.2　项目管理角色和职责

第 3 章 信息系统的购置、开发与实施

角 色	责 任
系统开发项目团队	• 完成分配的任务 • 主动让用户参与到开发过程中,从而与用户建立有效沟通 • 遵照当地标准工作 • 向项目经理通知必要的项目计划偏差
安全官(或安全团队)	• 确保系统控制和支持流程能够基于按照企业安全政策和程序设置的数据分类,提供有效程度的保护 • 商讨在整个生命周期中应该将哪些合适的安全措施融入系统 • 实施前审查安全测试计划和报告 • 评估为报告系统安全有效性而开发的安全相关文档以进行认证 • 在安全系统的使用年限内,定期监控其有效性
信息系统安全工程师	• 应用科学和工程原理识别安全漏洞,并最大限度地减少或限制与这些漏洞有关的风险 • 根据广度防御和深度防御这两项原则定义需求、要求、架构和设计,以便构建网络、平台和应用程序结构
隐私官(或隐私团队)	• 通过确保适当的系统控制和支持流程可满足企业隐私计划所需的隐私相关要求,考虑适用的数据隐私因素,以维护数据主体的权利

图 3.2 项目管理角色和职责(续)

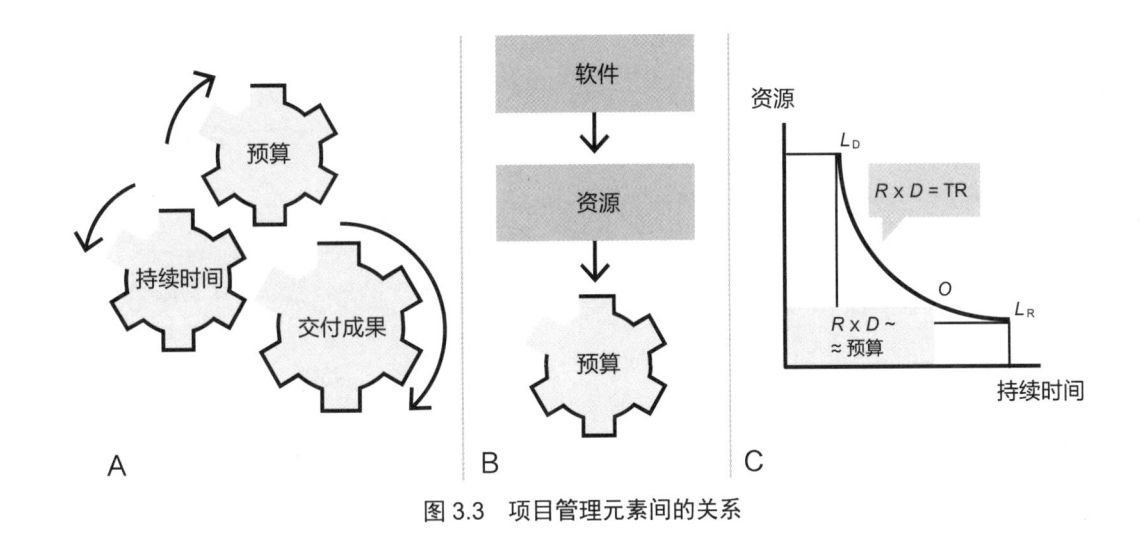

图 3.3 项目管理元素间的关系

资料来源:Personas & Técnicas Multimedia SL, 2009.保留所有权利。经授权使用。

规模估算将算出资源总量。项目管理人员将决定在特定时间点分配的资源。通常,分配几乎固定量的资源会很方便,以便最大限度降低成本(指导和管理)。图 3.3C 假设整个项目期间有固定量的资源。曲线显示,分配的资源(R)×持续时间(D)=资源总量(TR,常量);该曲线是经典的"人×月"困境曲线。曲线上的任何点都满足 $R \times D = TR$ 的条件。在曲线上任选一点 O,则矩形面积将是 TR,与预算成比例。如果使用的资源很少,项目将需要很长的时间(点靠近 L_R);如果使用的资源很多,则项目所需时间将缩短(点靠近 L_D)。L_R 和 L_D 是两个实际的限值:持续时间似乎不可能过长;使用过多(人力)资源,则可能难以管理。

3.1.5 项目组合/项目集管理

项目组合是指企业在规定的时间点实施的所有项目。项目集可视为一组项目和任务,它们通过共同的战略、目标、预算和时间表紧密联系在一起。项目组合、项目集和项目通常由项目管理办公室管控,该办公室负责监管项目管理流程,但通常不参与具体内容的管理。与普通项目一样,项目集也限定了时间范围(即定义的起始日期和结束日期)和组织界限。不同之处在于,项目集更复杂,而且通常持续时间更长、预

算更高、涉及的风险更大且更具战略意义。

一个典型的信息系统相关项目集是，实施大规模的企业资源规划系统，其中所含项目涵盖技术基础设施、云考虑因素、运营、组织改造、业务流程再造，以及优化、培训和开发。兼并与收购可视为非信息系统相关项目集的示例，但它对企业信息系统架构和系统、组织结构和业务流程的获得和/或剥离都有影响。

项目集管理的目标是顺利实施项目集，包括管理项目集的以下方面：

- 范围、财务状况（成本、资源、现金流等）、时间表以及目标和交付成果。
- 背景和环境。
- 沟通和文化。
- 企业。

为了在利用项目集中相关项目间协同关系的同时，保持各项目的独立自主，需要特定的项目集组织。典型的项目集角色为：

- 项目集所有者。
- 项目集经理。
- 项目集团队。

项目集所有者的角色不同于项目所有者。项目集中典型的沟通结构包括项目集所有者会议和项目集团队会议。项目集管理中所用的方法和流程与项目管理中所用的非常相似，并且二者平行运行。但是，不可将两者结合，必须分开处理和实施。要正式启动项目集，需要采用某种书面形式指定项目集发起人（所有者）、项目集经理和方案团队。由于项目集通常来源于项目，因此这种指定对于设置项目集背景、项目集范围和正式的管理权限至关重要。在项目集管理中，所有相关的项目需紧密关联，但项目组合与之不同，其中没有这样的要求。项目集中的项目包含在企业的项目组合中，与项目集无关的项目也包含其中。

为管理项目组合、项目集和项目，企业需要经过精心设计的特定结构，如专家库、PMO和项目组合团队。此外，还应综合运用项目管理准则、标准项目计划和项目管理营销工具等特定的工具。

3.1.6 项目管理办公室

PMO作为项目管理和项目集管理流程的所有者，必须为永久性结构并配备充足人手，以便在这些领域提供专业支持，从而在维护现有程序和标准的同时，开发新的程序和标准。PMO的目标是提高项目和项目集管理质量并保证项目顺利进行，但其侧重点仅为活动和任务，而并非项目或项目集的具体内容。

因此，信息系统审计师应当能对审计项目内容和项目集/项目的程序加以区分。项目组合管理的目标是：

- 优化项目组合（而非单个项目）的结果。
- 排定项目的优先级和时间表。
- 资源协调（内部和外部）。
- 整个项目过程中的知识转移。

项目组合数据库

对于项目组合管理来说，必须建立项目组合数据库。数据库中必须含有负责人、日程、目标、项目类型、状态和成本等相关项目数据。项目组合管理要求形成具体的项目组合报告。典型的项目组合报告中应包括项目组合柱状图、收益与风险矩阵以及项目组合进度图。

示例

1. 某企业正从遗留应用程序迁移到ERP系统，要实现的战略目标是提供尖端的计算机和保持高现金流，以便继续为研究和开发提供资金。为此，该企业正利用：

　　A. 其内部的应用程序开发人才队伍来制定战略性业务流程，用于制造新设计出来的计算机、履行销售订单、交付成品并实现现金收益，同时还要考虑其业务模式的敏感度。

　　B. 供应商的帮助来制定从采购到付款和财务会计的非战略性业务流程。

2. 该企业还想要一个方案，用于向第三方服务提供商外包在线销售和支付门户的交易流程。

在这个背景下，活动A.1、A.2和B分别属于一个项目。活动A.1和A.2代表单个方案，因为它们是从旧的应用程序迁移到ERP这个单一较大型活动的一部分，而活动B则是另一个外包非核心制造流程的较大型方案的一部分。活动A.1、A.2和B（假设实体中只开展这些活动）代表实体的组合。

3.1.7 项目效益实现

效益实现的目标是，确保 IT 和企业执行其价值管理职责，尤其是：

- IT 赋能的业务投资实现既定效益并产生可衡量的业务价值。
- 交付所需要的能力（解决方案和服务）：
  - 及时，在时间表和时间敏感的市场、行业和监管要求两方面。
  - 在预算内。
- IT 服务及其他 IT 资产继续带来业务价值。

有关效益实现的更多详细信息，请参阅第 2 章 IT 治理与管理。

就项目而言，需要一种经过计划的效益实现方法，着眼于比项目周期更加长远的周期，考虑新系统整个生命周期中的总业务效益和总业务成本。效益极少与计划中设想的完全相同。因此，企业必须不断检查和调整战略。项目效益实现的关键要素是：

- 描述效益管理或效益实现。
- 指定衡量指标和目标。
- 确立跟踪/衡量方法。
- 记录设想。
- 为效益实现确立各个关键性职责。
- 验证企业中的预期效益。
- 规划要实现的效益。

一般而言，项目层面的效益实现包括四个阶段（见图 3.4）。

项目效益实现是综合考虑了成本、质量、开发/交付时间、可靠性和可信性等主要因素之后的折中结果。战略制定者需进行全面的研究，评估哪些因素合适或更胜一筹，然后再将这些因素同可用于完成和维护系统的服务的优势、劣势和能力进行比较。大多数大型企业采用结构化项目管理原则来适应信息系统环境的变化。

信息系统审计师应首先了解企业是如何定义开发相关项目的价值或投资回报率的。如果企业无法持续达到其 ROI 目标，这可能表明其 SDLC 和相关项目管理实务中存在弱点。

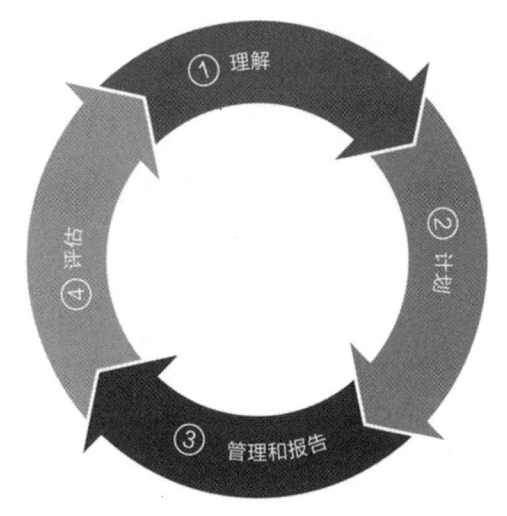

图 3.4 四个效益实现阶段

资料来源：State of New South Wales, *Benefits Realisation Management Framework: Part 3: Guidelines*, Australia, 2018

示例

某企业正打算投资部署一个应用程序，以方便客户在线管理其订单。以下因素与 ROI 计算相关：

1. 业务成本
   a. 在线应用程序的开发成本
   b. 在确保静态数据和处理中数据完整性的同时，确保不可否认性的控制成本
2. 业务效益
   a. 在客户满意度的推动下，预期业务剧增所带来的运营利润的增加（收益的百分比）
   b. 运营成本的下降（在之前专门负责与客户互动交流和执行更改的人员方面）

可用效益与成本的比值衡量 ROI，然后将其与企业的资金成本相比较，以便做出继续/停止的决定。这种 ROI 框架随后可用作基准指标来评估项目流程，如果实际 ROI 与计划的 ROI 不一致，还可用来确定原因。

项目效益实现是一个连续的过程，其管理方式与所有业务流程相同。使用业务案例评估效益实现流程应该是效益实现流程的关键要素。效益实现通常包括在系统实施后进行实施后审查。必须允许有足够的时间解决初始的技术问题，并让项目收益随着用户对新流程和程序的熟悉而增长。项目效益实现必须成为项目治理和管理的一部分，还必须包括业务支持。

3.1.8 项目开始

项目由项目经理或发起人启动，他们为要创建的项目搜集通过审批所需的信息。这些信息通常用于确立职权范围或项目章程，其中将说明项目目标、新系统的利益相关方以及项目经理和发起人。项目启动文档或项目请求文档通过审批即表明获得授权，项目可以启动。根据项目的规模和复杂程度以及受影响方的不同，项目启动可通过以下方式实现：

- **一对一会议**。一对一会议和项目启动研讨会有助于促进项目团队成员与项目经理间的双向沟通。
- **启动会议**。项目经理可能通过启动会议通知整个团队必须为项目完成哪些工作。涉及重要项目事件的沟通应当作为项目构件的一部分进行记录（即项目章程会议、启动会议、关卡式审查、利益相关方会议等）。
- **项目启动研讨会**。为确保项目团队成员间的沟通坦诚清晰，首选方法是利用项目启动研讨会获得所有团队成员的配合以及利益相关方的支持。这有助于在项目早期获得对项目的一致理解并传播项目文化。
- **综合使用以上三种形式**。企业可选择使用上述方法中的两个或更多方法来启动项目。

3.1.9 项目目标

项目目标是旨在为项目目标的实现提供支持的具体行动说明。所有项目目的都会有一个或多个目标被确定为实现该项目目的所必须采取的行动。项目目标是实现项目目的的手段。

项目必须有清晰明确的结果，即具体、可衡量、可达到、切合实际、有时限要求。被广泛接受的项目目标定义方法是从目标分解结构（Object Breakdown Structure，OBS）着手。此结构描述解决方案的各个组成部分及其相互间的层次关系，以图形或表格形式显示。OBS 有助于确保重要的交付成果不被忽略，尤其是在应对组织性企业发展等无形的项目结果时。

OBS 编制完成或者解决方案制定完成后，应设计工作分解结构（Work Breakdown Structure，WBS），以精心安排在项目期间构建 OBS 元素需要完成的所有任务。WBS 描述项目中可管理和可控制的工作单元，在项目中用作重要的沟通工具，是成本和资源规划的基准。

与 OBS 不同，WBS 不包含要构建解决方案的基本元素，而只显示单个工作包（Work Package，WP）。WBS 的安排以流程为导向并且分阶段进行。WBS 的详细程度是项目发起人、项目经理和项目团队成员就详细目标进行协商的基础。图 3.5 显示了此流程的一个示例。

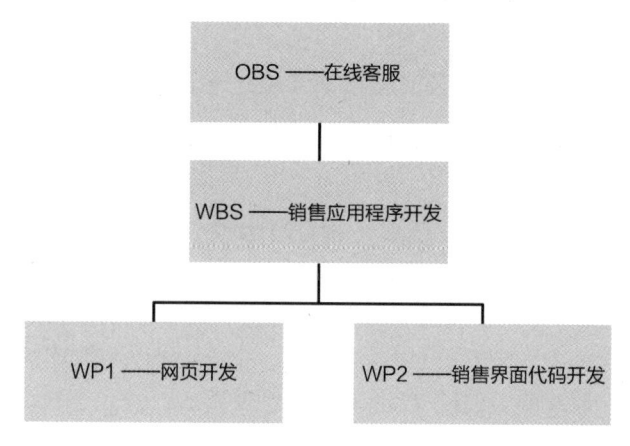

```
OBS ——在线客服
    |
WBS ——销售应用程序开发
    |
 ┌──┴──┐
WP1    WP2
网页开发 销售界面代码开发
```

图 3.5　定义项目目标

WP 中包含有关 WBS 的详细规范。每个 WP 必须拥有明确的所有者和一系列主要目标，还可加入一系列附加任务和超出范围的目标。WP 规范中应包括与其他 WP 的依赖关系，还应定义绩效和目标达成情况的评估方法。图 3.6 显示了 WBS 的一个示例。

关于 WBS 及各自的 WP，需要记住的关键内容包括以下各项：

- WBS 顶层表示项目的最终交付成果。
- 次级交付成果包含分配给企业部门或单位的 WP。
- 不需要在同一层面定义 WBS 的所有元素。
- WP 定义为取得次级交付成果而必须完成的任务的具体工作、持续时间和成本。
- WP 的持续时间不应超过 10 天。
- WP 需要在 WBS 中相互独立。
- WP 是唯一的，整个 WBS 中不能有重复的 WP。

为加强沟通，通常会采用任务列表。任务列表包含为完成 WP 而要执行的一系列活动，其中包括分配的职责和截止日期。任务列表可帮助各个项目团队成员完成运营规划并达成协议。通常，这些任务列表需要在项目的规划阶段编入项目时间表，并在项目的控制阶段用于监控和跟踪 WP 的进度和完成情况。项目时间表是动态文档，应指明 WP 的各项任务、起始和结束日期、完成的百分比、任务间的依赖关系，以及计划负责完成这些任务的人员的姓名。项目日程还可用于指明 3.2 业务案例和可行性分析部分中介绍的阶段界限。

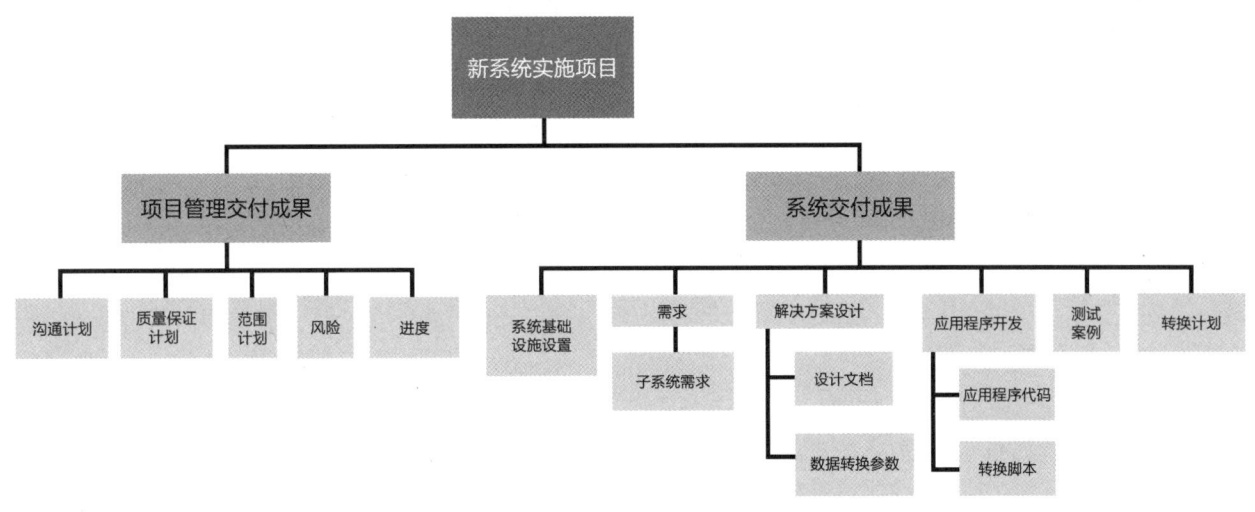

图 3.6　工作分解示例

3.1.10　项目规划

必须对项目进行规划和控制。项目经理应当确定下述事项：

- 项目的范围（与利益相关方达成一致）。
- 生产预期的业务应用程序系统需要完成的各项任务。
- 应按怎样的次序或顺序完成这些任务。
- 每项任务的持续时间或时间窗。
- 每项任务的优先级。
- 完成这些任务所需且可用的 IT 和非 IT 支持资源。
- 每项任务的预算或成本。
- 用于获取项目所需人力、服务、材料、厂房和设备资源的资金来源和融资手段。

下文介绍了几种不同的选型和衡量技术。

信息系统开发项目成本估算

信息系统开发项目在范围和规模通常相对较大，侧重于更加全面和整合的解决方案（硬件、软件、设施、服务等）。因此，这种项目要求在估算和预算方面进行更广泛的规划。

有四种常用的信息系统购置和开发项目的成本估算方法，包括：

- **类比估算法**。项目经理可以利用既往项目的估算来拟定新项目的估算成本。这是最快捷的估算方法。
- **参数估算法**。项目经理可以查阅类比估算中使用的相同过往数据，利用统计数据（估算的员工工时、材料成本、技术等）进行估算。这种方法的准确度高于类比估算法。
- **自下而上估算法**。在这种方法中，尽可能详细估算项目中每项活动的成本（即从底部开始），然后将所有成本相加，得出整个项目的成本估计数字。尽管这种方法最准确，但也最耗时间。
- **实际成本法**。类似类比估算法，这种方法从既往项目中同一种系统发生的实际成本进行推算。

软件规模估算

软件规模估算涉及确定要开发应用程序软件的相对物理规模的方法。估算可用于指导资源的分配、判断开发所需的时间和成本，以及比较资源所需的全部工作。

传统方法采用单点估算（基于单个参数）度量软件规模，例如，源代码行数（Source Lines of Code，

SLOC）。对于复杂的系统，单点估算技术行不通，因为其不支持不同类程序中的多个参数，会影响成本、时间表和质量指标。为克服这一局限性，多点估算应运而生。

最新技术现采用较为抽象的表达形式，例如，图表、对象、电子表格单元格、数据库查询和图形用户界面小工具。与需要创建的工作或代码行相比，这些技术与功能交付成果的关联更密切。

功能点分析

功能点分析（Function Point Analysis，FPA）技术是一种多点技术，被用于估算大型业务应用程序开发的复杂性。

FPA 的结果是，根据输入、输出、文件、界面和查询（用户可以看到并与之交互）的数量和复杂性，衡量信息系统的规模。相对于 SLOC 计数等直接的规模衡量指标而言，这是软件规模和软件开发流程的间接衡量指标。

要计算功能点（Function Point，FP），首先需要填写一张表格（见图 3.7），以确定特定条目是简单、一般还是复杂。共定义了五个 FP 计数值，包括用户输入数、用户输出数、用户查询数、文件数和外部界面数。

> **注意**
>
> 使用功能点方法的企业应制定标准来确定特定条目是简单、普通还是复杂。

将 FP 计数值输入表中后，可以基于对可靠性、关键性、复杂性、可重用性、可变性和可移植性等相关问题的回应，通过考虑复杂度调整值（即评级系数）的算法，计算用于推导功能点的计数总数。通过该方程推导出来的 FP 随后将以类似于 SLOC 计数的方式，用于衡量成本、生产力和质量指标（例如，生产力=FP/人·月数，质量 = 缺陷数/FP，成本 = $/FP）。

FPA 是软件规模的间接衡量指标。

> **注意**
>
> CISA 考生应熟悉功能点分析的用法；但 CISA 考试并不考查有关如何执行 FPA 计算的具体细节。

FPA 在估算业务应用程序方面效果很好，但对于其他类型的软件（例如操作系统、流程控制、通信和工程）效果一般。其他估算方法更适合该类软件（例如，构造性成本模型）。

衡量参数	计 数	加权系数			
		简单	平均值	复杂	结果
用户输入数		□ 3	4	6	=____
用户输出数		□ 4	5	7	=____
用户查询数		□ 3	4	6	=____
文件数		□ 7	10	15	=____
外部界面数		□ 5	7	10	=____
计数合计：					

图 3.7 计算功能点指标

成本预算

应分析系统开发项目以估算执行各项任务所需的工作量。对各项任务的估算应涵盖以下部分或全部要素：

- 各类人员（例如系统分析师、编程人员、办事员）花费的时间。
- 机器运行时间（主要是计算机时间，但也包括复制设施、办公设备和通信设备）。
- 其他外部成本，例如，第三方软件、项目工具许可、顾问费或承包商费、培训成本、认证成本（如果需要）和占地成本（如果项目额外需要空间）。

如果已尽力按人员的任务估算预期工作量(例如，实际时间、最小值/最大值），则成本预算流程现在变为两步以实现下述结果：

1. 将每个阶段内任务的预期工作量加总，按阶段估算出人员和机器工作量。

2. 将以小时表示的工作量乘以相应的小时费率，得出按阶段估算的系统开发费用。

其他成本可能需要招标或报价。

软件成本估算

成本估算是软件规模估算的结果，有助于采用正确方式确定项目范围。可在信息系统开发的每个阶段通过自动化技术估算项目成本。为了使用这些产品，通常会将一个信息系统分成若干组件，并确定一套成本推动因素。组件包括：

- 源代码语言。
- 执行时间限制。
- 主存储器限制。
- 数据存储器限制。
- 计算机访问。
- 用于开发的目标机器。
- 安全环境。
- 员工经验。

定义完所有推动因素后，方案将估算信息系统和整个项目的成本。

日程计划安排和确定时间范围

预算过程中需要计算各项任务中人员和机器的工作总量，日程计划安排过程中则需要确定任务间的顺序关系。按照以下两个要素安排任务即可实现目标：

- 最早的开始日期，这需要考虑任务间的逻辑顺序关系，并尽可能以并行方式执行任务。
- 最新的预期完成日期，这需要考虑各预算的估计时间、预期的可用人员或其他资源并考虑已知的不可用时间（例如，假期、招聘时间、全职/兼职员工）。

可以使用各种技术以图形方式显示时间表，例如甘特图、关键路径法（Critical Path Method，CPM）或计划评审技术图。在项目执行期间，应重新审查预算和时间表，以便在关键点和里程碑处验证符合性和确定差距。应该对偏离预算和时间表的情况展开分析并确定原因和整改措施，从而最大限度降低或消除项目总偏差。应及时将偏差和偏差分析结果报告给管理层。

甘特图

甘特图（见图3.8）可帮助安排完成项目所需的活动（任务）。甘特图不仅会沿时间轴显示活动应该开始的时间以及结束的时间，还会显示哪些活动可以同时进行以及哪些活动必须按顺序完成。甘特图还可反映分配给每项任务的资源以及分配的比重，通过与基准指标对比，该图还有助于识别提前或延迟完成的活动。用户可确定整个项目的进度，确定与基准项目计划相比，项目是落后、提前还是符合预期。甘特图还可用于跟踪达成的项目里程碑或重大成就，例如一个项目阶段的结束或关键交付成果的完成。

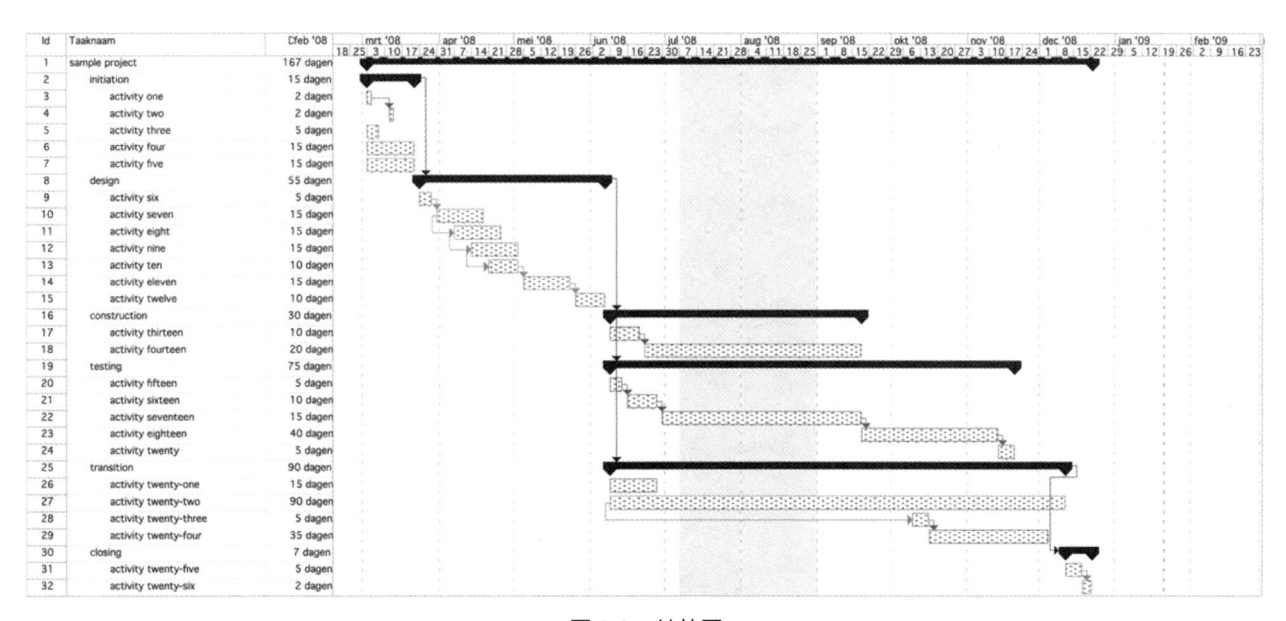

图 3.8　甘特图

关键路径法

关键路径是产生通过项目的最长路径的活动序列。所有项目时间表都有（至少）一条关键路径，非操纵项目时间表中通常只有一条。关键路径非常重要，因为如果一切都按时间表进行，它们有助于估算完成整个项目可能需要的最短时间。非关键路径上的活动存在松弛宽放时间，这是各项活动可能的最晚完成时间与最早完成时间之差，其中，可能的最晚完成时间不会导致整个项目的完成时间延后，最早完成时间基于所有先行活动。关键路径上的活动不存在松弛宽放时间。只需在整个网络中一步一步向前，即可确定可能完成活动和项目的最早时间。

所有项目时间表都有关键路径。由于项目活动有序且独立，因此可以将项目表示为网络，其中活动显示为连接到节点的分支，节点前后都紧跟活动。网络中的路径是一组任意的连续活动，从项目开始延续到项目结束。在网络中，各项活动都有一个关联的数值，代表活动将消耗时间的最接近估算值。

大多数 CPM 包都可帮助分析单位时间（例如天、周）的资源利用情况和进行资源均衡，让资源利用的波峰和波谷趋平。资源利用达到波峰和波谷时，需要耗费大量资金，因为会产生管理、雇用、解雇和/或加班和资源闲置成本。最好能将资源利用率维持在恒定的基础水平。目前科学（算法型）的资源均衡方法即使有也很少，但是有很多高效的启发式方法（由 CPM 包提供）可带来令人满意的结果。

计划评审技术

计划评审技术（Program Evaluation and Review Technique，PERT）是 CPM 型技术，对每项活动的持续时间使用三个估算值。随后会（应用数学公式）将三个估算值简化为单个数值，然后应用经典的 CPM 算法。PERT 通常用于持续时间不确定的系统开发项目（例如，药物研究或复杂的软件开发）。

图 3.9 显示了如何使用 PERT 网络管理技术，其中事件是启动和完成活动（箭头）的时间点或里程碑。为确定任务的完成情况，图中显示了针对每项活动的完成所做的三个估算。第一个是最好（乐观）的情况，第三个是最坏（悲观）的情况。

第二个估算是最可能的情况。该估算基于从规模和范围相似的项目中获得的经验。

要计算每项给定活动的 PERT 时间估算值，可使用下面的公式：

[乐观时间+悲观时间+4（最可能的情况）] / 6

使用 PERT 也可得出关键路径。关键路径是网络中的最长路径；一个网络中只有一条关键路径。关键路径是缩短（加速）或延长（延迟）项目所遵循的路径。在图 3.9 中，关键路径是 A、C、E、F、H 和 I。

在所提供的示例中，PERT 相对于 CPM 的优势是：公式以合理的假设为基础，即三个时间估算值遵循 beta 统计分布，而且其相应概率及相关置信水平与项目总持续时间相关。

在为系统开发项目设计 PERT 网络时，第一步是确定项目的所有活动和相关事件/里程碑事件及其相对顺序。例如，事件或结果可以是完成操作可行性分析，也可以是用户接受详细设计的时刻。分析师必须注意不忽视任何活动。此外，必须先完成分析和设计等活动，然后才可开始编程。活动列表决定了 PERT 网络的细节。分析师可以准备多份图表，提供越来越详细的时间估算值。

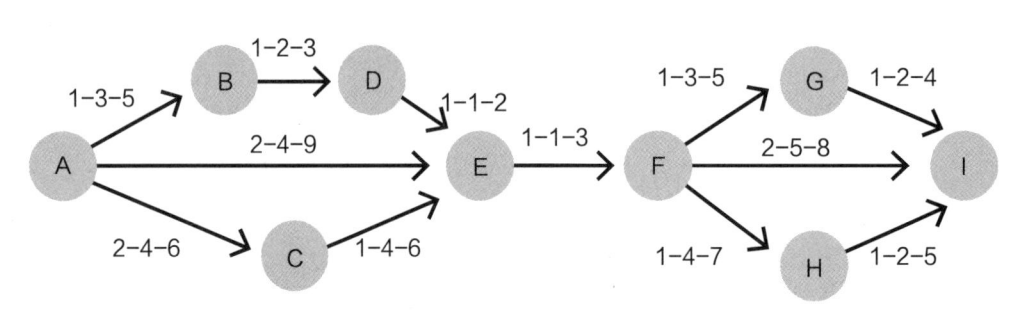

图 3.9 PERT 基于网络的图

时间盒管理

时间盒管理是一种项目管理技术，用于在相对短暂且固定的时间段内，使用预定的特定资源定义和配置软件交付成果。必须在时间盒内取得平衡，在保证软件质量的同时，满足交付要求。时间盒管理可用于完成原型设计或快速应用开发，帮助在短时间内交付主要功能。主要功能包括用于未来集成的接口。该方法的主要优点是，可以预防项目成本超支和交付期限延后。项目不必消除对质量流程的需求。因为使用的是较新的开发工具和技术，所以设计和开发阶段将缩短。最终用户的参与使得测试用例的准备和测试要求很容易被记录下来。系统测试和用户验收测试通常一起执行。

3.1.11 项目执行

完成规划工作后，按计划、流程和程序所述，方案经理将与 PMO 协作，开始实际执行项目的既定任务。方案和项目管理团队开始监控内部团队的生产和质量指标，并监控承商和供应商的这些指标。关键成功因素是项目要对综合团队进行 IT 系统需求、架构、设计、开发、测试、实施和生产运营过渡等方面的监督。

3.1.12 项目控制和监控

项目的控制和监控活动包括管理范围、资源使用情况和风险。需要注意的是，必须记录项目的新要求，并在获得批准时分配合适的资源。控制项目过程中的更改可确保按照利益相关方对时间、资金使用和质量目标的要求完成项目。通过高效而准确地获取需求、恰当维护文档记录、制定基准指标以及开展经验丰富的指导委员会活动，可博得利益相关方的满意。

要监控和衡量开发工作，需要制定一些指标。第一步是确定用于信息系统和软件开发的资源（例如，具备必要技能的人员、开发工具、设备）。这可帮助您估算系统和软件开发资源以及编制预算。

范围变更管理

管理项目范围时，必须以 WBS 的形式认真维护文档记录。此文档记录构成项目计划或项目基准指标的一部分。范围的变更几乎总会导致所需活动的变化，并影响到截止期限和预算。因此，有必要制定包括提交给项目经理的正式变更请求的变更管理流程。只有利益相关方可以提交变更请求。所有变更请求的副本都应存档到项目文件中。项目经理应判断每个变更请求对项目活动（范围）、时间表和预算的影响。随后，变更咨询委员会将评估变更请求（代表发起人）并决定是否建议执行该变更。如果接受变更，委员会将指示项目经理根据请求的变更，更新项目计划。更新后的项目计划必须由项目发起人正式确认，即接受或是拒绝变更咨询委员会的建议。

资源使用管理

资源使用是花费项目预算的过程。要确定实际开销与计划开销是否一致，必须衡量和报告资源使用情况。除了开销外，还必须监控生产力以确定资源分配是否正常运行。可以使用挣值分析（Earned Value Analysis，EVA）技术检查是否做到了这一点。

EVA 包括在项目执行期间定期对指标进行比较，如：

- 到目前为止的预算
- 到目前为止的实际开销
- 待完成的估算值
- 完成时的估算值

例如，如果项目仅含一项任务，计划在 3 个工作日内完成，每天 8 小时，则第一天过后，即视资源已经花费 8 小时，还剩 16 小时。为了解项目是否按计划运行，应询问员工完成任务还需花费多少额外时间。如员工回答还需 16 小时以上，则项目已超时且未按计划进行。

风险管理

风险是指会影响项目相关方面的不确定事件或状况。项目风险主要有两类：影响业务效益（进而危及项目存在理由）的风险和影响项目本身的风险。项目发起人负责缓解第一类风险，项目经理负责缓解第二类风险。

请参阅第 2 章 IT 治理与管理，了解更多信息。

3.1.13 项目收尾

项目具有一定的生命周期，在某一时刻，新系统或改良的系统将移交给用户和/或系统支持人员，项目必须进入收尾阶段。此时,需分配所有待解决的问题。项目发起人应该证明生产的系统可接受并且可随时交付。

需要考虑的关键问题包括:

- 项目经理将在什么时候发布最终的项目收尾通知?
- 由谁发布最终的项目通知?
- 项目经理将如何协助项目团队过渡到新项目,或者解散团队,让成员返回其正常的工作岗位?
- 项目经理将如何处理悬而未决的行动、风险和问题?将由谁完成这些行动,以及如何提供相关资金?

在此阶段将移交相关文档和职责,项目团队和其他利益相关方将确定从项目中汲取到的经验教训。

审查可能是诸如项目后审查这样的正式流程。与此相反,实施后分析通常在项目投入使用(或投入生产)一段时间后执行,这段时间应足够长,足够了解其业务效益和成本,并有助于评估项目整体是否成功及其对业务部门的影响。用于量化项目价值的指标包括总体拥有成本和 ROI。

3.1.14 信息系统审计师在项目管理中的角色

为确保项目圆满成功,审计职能应在新系统或业务应用程序的生命周期开发中发挥积极作用(如适用)。这将有助于确保设计出合适的控制并运用到新系统中(例如,无纸化电子商务系统的连续同步控制)。信息系统审计师需要了解正在开发的系统或应用程序,以便确定需要控制的潜在漏洞和薄弱点。如果缺少控制或者流程混乱,信息系统审计师有责任将这些缺陷告知项目团队和高级管理层。还可能需要向参与信息系统购置和开发活动的人员提出建议,推荐他们实施并遵循合适的控制或流程。

信息系统审计师的角色可能要在项目期间或完工时执行。这些任务通常包括:

- 会见关键系统开发和用户项目团队成员以确定系统的主要组件、目标和用户要求,从而确定需要控制的领域。
- 与系统开发和用户项目团队成员讨论如何选择适当的控制,确定并评级系统的主要风险和暴露风险。
- 与系统开发和用户项目团队成员讨论权威性参考来源,确定控制以缓解系统风险和风险暴露。
- 评估可用控制并参与系统开发和用户项目团队成员的讨论,为项目团队提供有关系统设计和控制实施方面的建议。
- 定期会见系统开发和用户项目团队成员,通过审查文档和交付内容来监控系统开发流程,从而确保实施了控制、满足了用户和业务需求并且遵循了系统开发/购置方法。审查和评估应用程序系统审计轨迹,确保记录的控制部署到位以解决所有安全、编辑和处理控制。变更管理系统中的跟踪信息包括:
  - 所有工作指令活动的历史记录(工作指令的日期、分配的编程人员、所做的更改以及结束日期)。
  - 编程人员登录和退出登录的历史记录。
  - 程序删除的历史记录。
  - SoD 和质量保证活动的充分性。
- 通过确定和测试现有控制来判断生产库是否足够安全,从而确保生产资源的完整性。
- 审查和分析测试计划,以确定是否在验证定义的系统要求。
- 通过分析测试结果及其他审计证据来评估系统维护流程,从而确定是否已达成控制目标。
- 通过审查相关文档、与关键人员讨论以及进行观察来评估系统维护标准和程序,从而确保其充分性。
- 讨论并检查支持记录来测试系统维护程序,从而确保按照标准所述应用这些程序。
- 参与实施后审查。

3.2 业务案例和可行性分析

业务案例提供了企业决定项目是否应该继续进行所需的信息。根据企业以及投资规模的不同,业务案例开发可能是项目的第一步,也可能是项目开始的先导动力。业务案例应充分描述项目的业务理由或效益,并且应能足够详细地描述启动和继续执行项目的正当理由。它应回答以下问题:为何应该开展和/或继续此项目?在项目的整个生命周期中,业务案例应是决策流程的关键要素。如果在任何阶段认为该业务案例不再适用,项目发起人或 IT 指导委员会应考虑是否继续该项目。精心策划的项目中会设立多个决策点（通常称为"阶段关卡"或"终结点"）,应在这些决策点对业务案例进行正式审查,以确保其仍适用。如果在 IT 项目的实施过程中,业务案例发生变化,则应通过部门级规划和审批流程重新审批该项目。

初步批准推进项目后,应着手分析以明确定义需求并确定能够满足需求的备选方案。这一分析过程称为可行性分析。最初的业务案例通常来自项目启动/规划阶段的可行性分析。这是对问题进行的早期分析,目的是评估某个解决方案是否可行,能否在既定的预算和时间安排范围内达到要求。可行性分析通常包含以下六个要素：

1. **项目范围**。定义需要面对的业务问题和/或机会。应该清楚、简明、中肯。

2. **当前分析**。定义和建立对系统、软件产品等的理解。根据这一分析,可能得出的结论包括：现有系统或软件产品运转良好、需要一些细微修改,或者需要全面升级或更换。在这一流程点,会确定现有系统或软件产品的优点和弱点。

3. **要求**。根据利益相关方的需求和限制定义项目要求。软件要求的定义不同于系统。以下是用于定义要求的需求和限制示例：

   A. 业务流程、合同流程和监管流程。

   B. 最终用户的功能需求。

   C. 定义操作和工程参数的技术和物理属性。

4. **方法**。定义一系列行动以满足所推荐的系统和/或软件解决方案的要求。这一步将明确考虑过的替代方案,以及选择首选解决方案的理由。在这个流程中,会考虑使用现有的结构或商业替代方案（即是自行构建还是购买）。

5. **评估**。基于之前在可行性分析中完成的要素来检查项目的成本效益。最终报告阐述所选方法的成本效益。最终报告包括以下要素：

   A. 如果选择了首选解决方案以及替代方案来比较成本,项目的估计总成本,包括：

   （1）完成项目所需要的员工工时估算。

   （2）材料和设施成本。

   （3）供应商和第三方承包商成本。

   B. 项目日程计划安排的起始和结束日期。

   C. 成本和评估摘要,如成本效益分析、ROI 等。

6. **审查**。对之前完成的可行性分析要素进行（正式）审查,以验证可行性分析的完整性和准确性,并做出批准或者否决项目的决定,或要求更正然后再作最终决定。审查和报告工作是与所有关键利益相关方一起执行的。如果可行性分析获得批准,所有关键利益相关方均要在文件上签字。如要否决可行性分析,则应当阐述理由,并作为经验教训附加在文件上,供将来的项目研究使用。

3.2.1 信息系统审计师在业务案例开发中的角色

信息系统审计师应当了解企业如何定义在针对信息系统开发相关项目开展可行性分析和综合确定 ROI 期间使用的业务案例。如果企业无法持续达到其 ROI 目标,则可能表明其系统开发方法和相关项目管理实务中存在弱点。

信息系统审计师在可行性分析的审查和评估中发挥着重要作用。这是为了确保以公正有效的方式制定流程和决策。信息系统审计师在审查可行性分析时通常执行的任务如下：

- 审查和评估业务和信息系统流程要求的关键性。
- 判断某解决方案能否在现有系统中实现。如果无法实现,审查备选方案评估的合理性。
- 根据其优缺点确定所选解决方案的合理性。
- 判断是否所有的成本理由/效益均能得到证实,以及其是否反映要实现的预期成本和效益。
- 审查生成的文件的合理性。

由于审查工作适用于可行性分析中的需求定义,因此信息系统审计师应执行以下职能：

- 获取详细的要求定义文档,通过与相关用户部门面谈验证其准确性和完整性。
- 确定项目团队中的关键团队成员,核实所有受到影响的用户组都有或有过相应的代表。
- 验证项目的启动申请与成本预算已获取适当的管理层审批。

- 审查概念设计规格说明（例如转换和数据说明）以确保其满足用户需要。
- 审查系统设计是否已明确各项控制参数。
- 确定是否有适当数量的供应商已收到包含项目范围和用户需求的建议书。
- 审查用户验收测试规范。
- 确定应用程序是不是使用嵌入式审计例程的候选应用程序。如果是，要求将该例程纳入系统的概念设计当中。

3.3 系统开发方法

系统开发方法是企业用于规划和控制信息系统和软件以及新业务应用程序开发的结构。由于系统的复杂性不断提高，并且需要更快地实施新系统以便在业务发生变化之前取得效益，系统和软件开发从业者开始采用许多组织信息系统和软件项目的方法。

3.3.1 业务应用程序开发

业务应用程序开发是生命周期流程的一部分，其中包含适用于部署、维护和退出的明确阶段。在此流程中，每个阶段都在为下一阶段做铺垫，以确保在业务应用程序系统的构建和运行中实现有效管控。

开发的业务应用程序系统可归为两大类别中的一种：

- **以组织为中心**。以组织为中心的应用程序的目标是搜集、比较、储存、存档信息，并根据按需知密原则与业务用户和各种适用的支持功能共享信息。因此，销售数据可供会计、行政、政府征税部门等使用。以组织为中心的应用程序还能满足监管征税（即税务合规）的要求。以组织为中心的应用程序项目通常使用 SDLC 或其他更详尽的软件工程开发方法。
- **以最终用户为中心**。以最终用户为中心的应用程序的目标是为绩效优化提供不同角度的数据。此目标包括决策支持系统和地理信息系统。这些应用程序大都使用备选开发方法来开发。

通常会因为出现以下一种或多种情况而启动业务应用程序开发项目：

- 出现与新业务流程或现有业务流程相关的新机会。
- 出现与现有业务流程相关的问题。
- 出现企业可以利用技术的新机会。
- 当前技术出现问题。
- 业务应用程序要与业务合作伙伴/行业标准体系及各自接口保持一致。

所有这些情况都与关键业务推动因素密切相关，后者是业务职能的属性，其推动该业务职能的运转和执行以实现战略业务目标。因此，在系统开发项目期间，必须为业务运营中涉及的各方将所有关键业务目标（来源于企业战略）转换为关键业务推动因素。目标应遵循 SMART（参见 3.5.9 项目目标部分），以便可以采用计分卡形式表示一般要求，从而搜集客观证据来衡量应用程序的商业价值并确定要求的优先顺序。该方法的关键益处是能使所有相关方对业务目标和如何为企业提供支持有一个清晰的共同认识。此外，还可以在项目早期检测出冲突的关键业务推动因素（如成本与功能）和相互依赖的关键业务推动因素并解决这些问题。

在执行所定义流程的过程中，应该通过明确的程序或活动启动业务应用程序项目，以便将业务需求传达给管理层。这些程序通常会要求详细的文档记录，识别需求或问题、指定理想的解决方案并确定会给企业带来的潜在效益。应确定受问题影响的所有内部和外部因素及其对企业的影响。

3.3.2 SDLC 模型

SDLC 有几个不同的模型，包括：

- 传统瀑布模型。
- V 形模型。
- 迭代模型。

传统的 SDLC 瀑布模型及其变体通常会涉及生命周期验证方法，可确保及早纠正潜在的错误，而不是在最终的验收测试阶段才发现问题。此生命周期方法是最早且最常用的业务应用程序开发模型。当项目需求稳定且明确时，这种方法效果最佳。有助于在开发工作相对较早的阶段明确系统架构。这是按特定步骤顺序进行的系统和/或软件开发方法（见图 3.10）。传统方法对于开发 Web 应用程序很有用，其中需要在屏幕上进行原型设计以帮助完成要求和设计。

瀑布方法的主要优点是提供一个包含定义、设计、编程等有关需求解决方法的模板。然而，使用这种方法时可能遇到一些问题，如：

- 导致迭代的意外事件，从而在运用该方法时带来问题。
- 很难如方法所要求，从客户/用户处获得完整明确的需求。
- 管理需求，并说服用户承认系统功能中的不适当或不合理要求可能会导致项目中出现冲突。
- 使用此方法时需要客户/用户具有耐心，因为系统程序的工作版本直到项目生命周期的末期才可用。
- 在交付客户/用户的需求之前，瞬息万变的业务环境导致其已发生变化或更改。

验证和确认模型也被称为 V 模型或 V 形模型，也强调开发阶段和测试水平之间的关系（见图 3.11）。最细粒度的测试，单元测试，应在程序编写完成后立即执行。根据此模型，测试的目的是确认详细设计。系统测试检测是否合乎系统的架构规格，而最终 UAT 则用于确定是否符合要求。

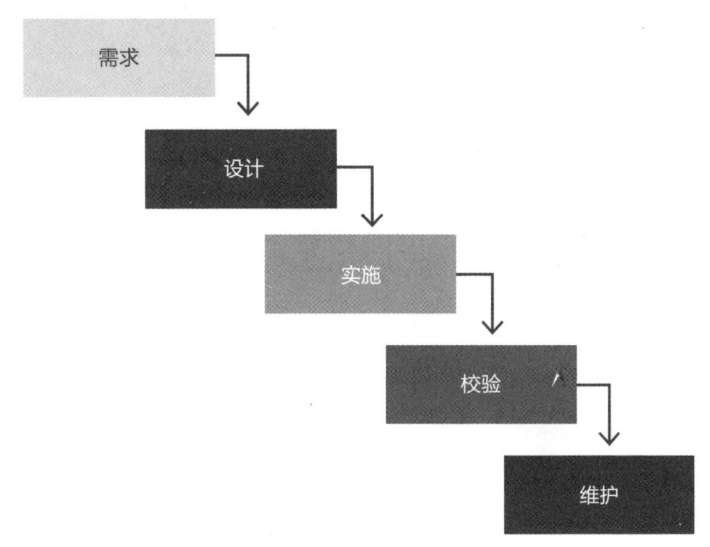

图 3.10　瀑布 SDLC 模型

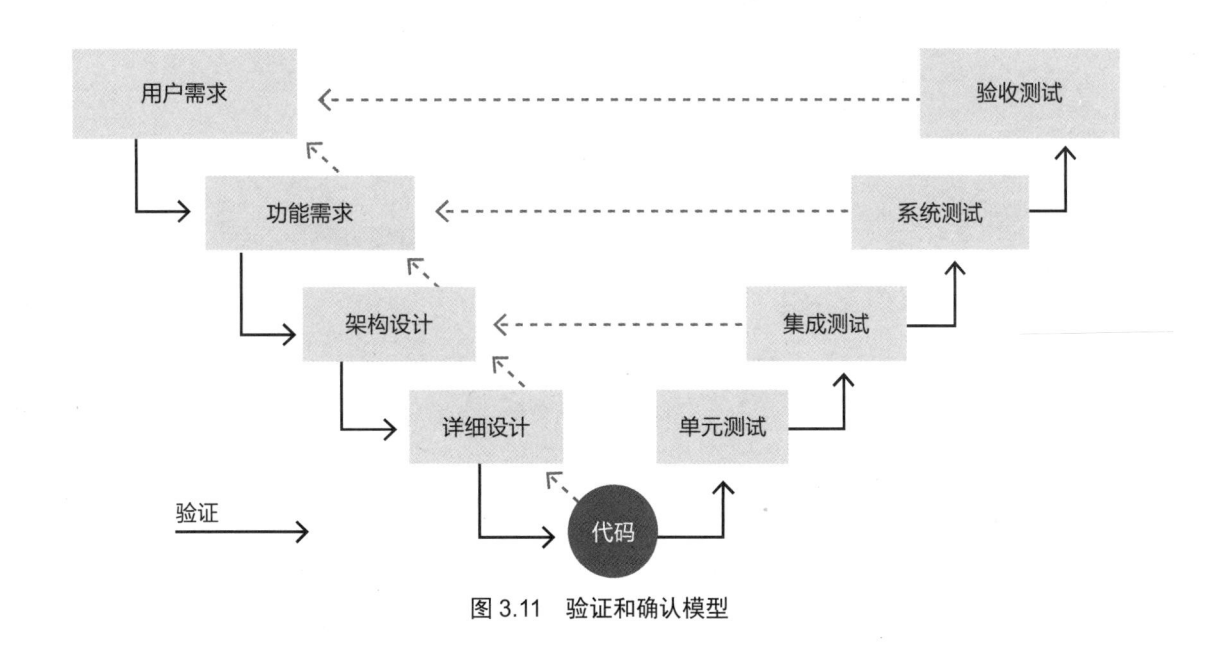

图 3.11　验证和确认模型

V形模型提供了许多优点，尤其是对于较小的项目。这是一个高度规范的模型，在整个开发生命周期中具有严谨的阶段以及验证和确认活动。对规范和测试的重视可以更好地保证满足用户需求，并在开发过程中维持安全性。然而，使用这种方法时可能遇到一些问题，包括：

- V形模型缺乏灵活性，因此很难应用于复杂的项目或在开发过程中很可能会发生变化的项目。
- 并发事件或开发依赖性可能会导致整个开发时间线的延迟。
- 过度依赖于文档可能会缩短花费在开发上的时间。

迭代模型是一种周期性流程，以迭代方式开发和测试业务需求，直至设计、构建和测试整个应用程序。在每次迭代期间，开发流程都会经历从需求到测试的每个阶段，并且每个后续周期都会逐步改进流程，如图 3.12 所示。该模型适用于大型项目，并可定期向用户交付独立的功能。然而，使用这种方法时可能遇到一些问题，包括：

- 可能需要额外且更复杂的项目管理。
- 需要更频繁地进行风险分析，而且很可能需要高效和高素质的资源。
- 项目的总体完成日期可能不明确。

> **注意**
> CISA考生应当了解系统开发模型，并知道如何使用模型来评估是否存在关键系统开发控制及其有效性。CISA考生还应了解如何应用选定方法以及流程能否适当满足项目要求。

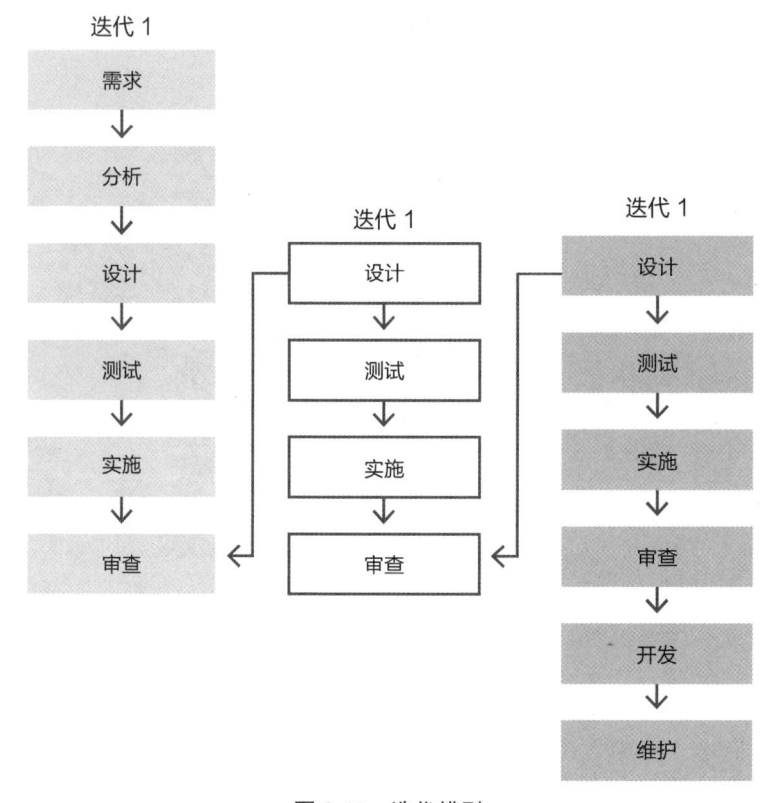

图 3.12 迭代模型

3.3.3 SDLC 阶段

SDLC方法分为六个阶段（见图 3.13），每个阶段都有一组明确定义的活动和结果。根据分配的职责、预期结果和目标完成日期来定义每个阶段的目标和要执行的活动。其他解释可能会使用数目略有不同的阶段，且阶段名称可能不同。

SDLC 阶段	概要描述
阶段 1：可行性分析	确定开发新系统在提高生产力或规避未来成本方面产生的战略效益，识别和量化新系统其带来的成本节约，并估算开发新系统的资本回报率。此外，还应考虑和评估一些无形因素，比如业务用户的就绪情况和业务流程的成熟度。此业务案例可提供进入下一阶段的合理理由
阶段 2：需求定义	定义需要解决的问题或需求，以及解决方案系统的功能和质量要求。不管采用定制的方法，还是使用供应商提供的软件包，都必须遵守清晰的书面购置流程。无论采用哪种方法，用户都应积极参与其中
阶段 3A：软件选择与购置（采购的系统）	根据定义的要求，准备一份需求请求书，概述实体要求向潜在供应商招标，说明有意向供应商或解决方案提供商采购的系统
阶段 3B：设计（内部开发）	根据已定义的要求确定系统和子系统的规格基准，描述系统的组成部分、各部分之间如何连接，以及如何使用选定的软硬件和网络设施进行系统实施。通常，设计还包括程序和数据库规格说明，并将涵盖所有安全注意事项。此外，还需要建立正式的变更控制流程，预防新要求随意加入开发流程
阶段 4A：配置（采购的系统）	对于软件包系统，则需要对其进行配置，使其符合企业的要求。最好通过配置系统控制参数来完成，而不要更改程序代码。软件包极其灵活，只需启用或禁用功能并设置表中的参数，就能适用于多个企业。另外，可能需要构建接口程序，以将购置的系统与现有程序和数据库相连
阶段 4B：开发（内部开发）	使用设计规范开始设计系统的支持操作流程，并使之正规化。在此阶段还会进行各种级别的测试，以验证和确认开发出来的成果。这通常包括所有单元和系统测试以及反复多次的用户验收测试
阶段 5：最终测试与实施	在此阶段，通过实际运行新的信息系统，执行最后一轮的 UAT 并让用户签字同意。此外，在此阶段还可能对系统执行认证和鉴定流程，以评估业务应用程序在将风险降至适当水平方面的有效性，并让管理层明确系统在满足既定目标和建立合适级别的内部控制方面的有效性
阶段 6：实施后分析	成功实施新系统或经过大幅优化完善的系统之后，应实施一个正式的流程，根据可行性阶段的发现和偏差评估系统的充分性，以及预计的成本效益或投资回报率。这样，可以从信息系统项目和最终用户管理中总结经验教训和/或解决系统缺陷的计划，并为未来的系统开发项目及其遵循的项目管理流程积累可行的做法

图 3.13 传统的系统开发生命周期（SDLC）方法

每个项目的实际阶段可能会有所不同，取决于所选的解决方案是开发还是购置。例如，系统维护工作要求的详细程度和阶段数目可能不同于新应用程序。应在项目早期的规划阶段确定阶段和交付成果。

多年来，业务应用程序开发主要采用传统的 SDLC 方法。由于外购软件的做法越来越普遍，传统生命周期的设计和开发阶段逐步被选择和配置阶段取代。

以下子章节详述了各阶段、其目的及其与前一阶段的关系、常规情况下开展的活动和预期成果。

阶段 1：可行性分析

可行性分析是对所识别的问题领域，分析其经济效益和解决方案。分析过程中应开发业务案例来说明系统的实施将在提高生产力或规避未来成本方面产生的战略效益；确定和量化新系统实现的成本节约；估算为实施系统而投入资本的回收时间表，或者显示预计的投资回报。

还可以识别诸如提高员工的士气等无形的效益，但应尽可能量化效益。

可行性分析可实现以下目标：

- 明确所需实施解决方案的时间范围。
- 确定基于风险且最适宜的备用解决方案，以满足业务需要和常规信息资源需求（例如，是开发还是购置系统）。此类流程可以轻松映射到 SDLC 和 RAD。
- 确定现有系统能否在不修改或少修改的情况下解决问题（例如，变通方案）。
- 确定供应商的产品能否解决问题。
- 确定开发用于解决问题的系统预计所需成本。
- 确定解决方案是否符合业务战略。

以下因素影响的是开发还是购置系统：

- 系统运行使用的日期。

- 开发系统与购置系统的成本对比分析。
- 开发系统或实施供应商解决方案所需的资源、人员（可用性和技能组合）和硬件。
- 供应商系统的许可使用特性（例如，每年延期或永久使用）和维护成本。
- 需要与供应商系统进行信息交互的其他系统，且系统之间应有接口。
- 是否与战略业务计划匹配。
- 是否符合风险偏好和监管合规需求。
- 是否与企业的 IT 基础设施兼容。
- 将来需要变更系统功能的可能性。
- 系统旨在增加价值的特定领域的专业知识。

所完成可行性分析的结果应该是对比报告，其中显示根据条件（例如，成本、效益、风险、所需资源和组织影响）分析所得的结果，并推荐一种备选方案/解决方案以及行动计划。

与可行性分析密切相关的是影响评估。影响评估旨在研究开发项目将来可能会对当前项目和资源产生的影响。文档应该列明执行特定行动计划的优势和局限性。

阶段 2：需求定义

需求定义是指在可行性分析期间，明确待开发系统的业务要求。要求包括以下各项的描述：

- 系统应该做什么。
- 用户如何与系统交互。
- 系统在什么条件下运行。
- 系统应该满足的信息标准。

此阶段也处理全局性问题，有时称为非功能要求（例如，访问控制）。在 SDLC 背景下，特别是在需求定义期间，如果能够给予安全和数据隐私足够的关注，许多 IT 安全和隐私漏洞都可以得到修复。

若要成功完成需求定义阶段，项目团队应当执行以下活动：

- 确定并咨询利益相关方以确定他们的要求。
- 识别任何相关的数据隐私和治理要求。
- 分析要求以检测和纠正冲突（主要是要求与期望之间的差异），并确定优先级。
- 确定系统界限以及与环境的交互方式。
- 确定任何相关的安全要求。
- 将用户要求转换为系统要求（例如，用于描述屏幕外观的交互式用户界面原型）。
- 以结构化格式记录要求。以前，要求记录在书面的要求规范中，可能还会加入一些图解模型加以说明。现在，市面上出现了许多商业要求管理工具，允许将要求和相关信息存储在多用户数据库中。
- 验证要求是否完整、一致、明确、可验证、可修改、可测试和可追踪。由于在下游的开发阶段纠正要求相关问题的成本很高，因此有效审查需求将会收到事半功倍的效果。
- 解决利益相关方之间的冲突。
- 解决需求组合与可用资源之间的冲突。

用户将在此流程中指定自己的信息资源要求以及他们希望系统如何处理这些要求（例如，访问控制、监管要求、管理信息要求和接口要求）。

通过此交互式流程，可以开发系统的概要设计，并将其呈送给用户的管理层审查和批准。需制定开发、测试和实施系统的时间表。此外，还应获得系统开发人员和涉及的用户部门承诺，确保他们会提供完成项目所需的资源。值得注意的是，所有管理层和用户群都必须主动参与需求定义阶段，以防出现耗费资源开发的系统无法满足业务要求之类的问题。要获得承诺并充分利用系统的优势，用户参与是必要条件。如果没有管理层的支持、明确的要求以及用户的参与，可能永远无法实现效益。

信息系统审计师应当密切关注企业系统安全工程团队在业务应用程序的整个数据生命周期内，参与安全控制开发的程度。这意味着在从创建/接收、处理、存储到最终销毁的整个周期落实相关控制，确保维护数据的机密性、完整性和可用性。这包括是否在系统中纳入了足够的审计轨迹，因为这些审计轨迹会影响到审计师识别问题并适当跟进的能力。信息系统审计师还可能确定正在制定的解决方案的法规、法定和法律要求。

阶段 3A：软件选择与购置

在项目的这一阶段，可以评估开发新系统与外部采购经过测试和验证的完备系统的风险和效益。同时，还应考虑企业是否有能力承担其拟定的开发项目、开发项目的成本和风险，以及完全拥有和控制新系统而非依赖供应商的益处。软件购置不是标准 SDLC 中的阶段之一。但是，如果决定购置软件而非开发软件，则软件购置应该是要求定义阶段之后的流程。做决定时通常需要考虑各种因素，例如开发与购置之间的成本差额、通用软件的可用性，以及开发与购置的时间差。请注意，如果最终决定外购软件，则用户必须积极地参与到软件的评估和选择中。

阶段 3B：设计

应根据要求定义阶段所定义的概要设计和用户要求开发详细的设计方案。通常会为编程和分析团队分配以下任务：定义描述系统总体设计图的软件架构，再详细设计系统或将系统分解为各个组成部分（例如，模块和组件）。此方法可以促进设计资源的有效分配，并且有助于定义系统将如何满足所有信息要求。根据系统的复杂性，可能需要反复多次定义系统级规格，才能达到开始开发活动（例如编码）所需的详细程度。

设计阶段的关键活动包括以下各项：

- 开发系统流程图和实体关系模型以说明信息如何在系统中流动。
- 确定使用结构化设计技术（即通过一系列数据或过程流程图来定义应用程序的过程）来显示从顶级一直到具体细节的各种关系。
- 描述输入和输出，例如屏幕设计和报告。如果计划使用原型设计工具，则其最常作为集成开发环境（IDE）的一部分，用于屏幕设计和演示流程（通过在线编程设施）。
- 在处理功能要求的要求时，确定处理步骤和计算规则。
- 确定数据文件或数据库系统文件设计。
- 为定义的各种要求或信息标准编制程序规格说明。
- 为各种级别的测试制订计划：
  - 单元（程序）。
  - 子系统（模块）。
  - 集成（系统）。
  - 与其他系统的接口。
  - 加载和初始化文件。
  - 压力测试。
  - 安全。
  - 备份和恢复。

- 制订数据转换计划，将数据和手动操作程序从旧系统转换到新系统。详细的转换计划有助于减少因数据不兼容、资源不足或人员不熟悉新系统的操作而引发的实施问题。
- 对数据流进行风险评估，包括当新系统处理并与第三方系统共享个人数据时的个人数据保护法规的影响。

与软件开发相关的风险

设计和开发软件系统时可能出现多种类型的风险，包括：

- **战略风险**。在识别业务目标和确定相应权重时，如未考虑企业战略，则会产生该风险。业务目标的战略重要性取决于相关业务领域的战略重要性。
- **业务风险（或效益风险）**。如果存在新系统无法满足用户的业务需求、要求和期望的可能性，就可能出现该风险。例如，新系统无法满足本应解决的业务要求，并且整个流程造成了资源浪费。此时，即使系统得以实施，仍然存在因利用率不高和缺少维护而在短时间内遭弃用的可能性。
- **项目风险（或交付风险）**。如果设计和开发系统的项目活动超出了为项目预留的财务资源，导致项目延期或无法完成，则会产生该风险。软件项目的风险分为多个等级：
  - 项目内风险（例如，未能正确识别出要求以应对系统本应解决的业务问题或机遇，以及未能在时间和成本限制内妥善管理待交付项目）。
  - 供应商相关风险（例如，未能清楚传达要求和期望，从而导致供应商交付延迟、超过预期成本和/或质量存在缺陷）。
  - 企业内风险（例如，利益相关方没有为项目投入所需或承诺的资源，企业优先事项和政治文化发生变化）。
  - 外部环境相关风险（例如，某些措施对项目产生影响，客户偏好、竞争对手、政府/监管机构和经济条件发生变化）。
  - 所选技术相关风险（例如，所选技术突然被更具性价比的技术取代；市场兼容性不足，导致潜在用户在使用新系统时遇到障碍）。

导致这些问题的主要原因是，管理软件开发流程时缺少纪律规范，或者使用的方法不适合所开发的系统。在上述示例中，企业并没有提供必要的基础设施和支持来帮助项目规避这些问题。因此，即使项目成功完成，也是不可重复的，并且没有充分定义和遵从SDLC活动（即成熟度不足）。然而，如果管理有效，可以控制、衡量和改进SDLC管理活动。

信息系统审计师应意识到仅仅遵循SDLC管理方法并不能确保成功完成开发项目。信息系统审计师还应针对以下方面审查项目管理纪律：

- 项目能够实现协作目的和目标。
- 执行项目规划工作，其中包括对于资源、预算和时间的有效估计。
- 控制范围偏离情况并确立软件基线，以防向软件设计添加要求或者开发流程不受控。
- 管理层跟踪软件设计和开发活动。
- 高级管理层为软件项目的设计和开发工作提供支持。
- 在项目的各个阶段执行定期审查和风险分析。

使用结构化分析、设计和开发技术

使用结构化分析、设计和开发技术，与传统的经典SDLC软件开发方法有密切的联系。这些技术提供的框架，可通过各种不同抽象程度的图形符号识别和表示应用程序中的数据和流程组件，直至达到能够使编程人员为系统编码的抽象程度。例如，在项目初期，定义新系统的要求时可进行以下活动：

- 开发系统关联图（例如高级业务流程图）。
- 执行分层的数据流/控制流程分解。
- 开发控制转换。
- 制定微规格说明。
- 开发数据字典。
- 定义所有外部事件——来自外部环境的输入。
- 根据每个外部事件定义单一转换数据流图。

下一层级的设计为系统构建提供更详细的信息，包括开发系统流程图、输入/输出、处理步骤和计算、程序和数据文件或者数据库规格说明。值得一提的是，功能陈述按自上而下的模块化方式进行。这使得编程人员能够以线性方式系统地开发和测试模块。

如果使用的是传统SDLC业务应用程序开发方法，信息系统审计师应特别注意结构化方法下的流程是否有明确定义、记录并遵从。

实体关系图

实体关系图（Entity Relationship Diagrams，ERD）是形成概要设计的重要工具。ERD用于描述系统数据及其之间的相互关联。ERD可作为要求分析工具，用于了解系统需要获取和管理的数据。这种情况下，ERD代表逻辑数据模型。在开发后期，ERD还可用作设计工具帮助记录将要实施的实际数据库模式。在这种情况下，ERD代表物理数据模型。

顾名思义，ERD的基本组成是实体和关系。实体是类似于数据元素或实例的分组，代表实际物理对象或逻辑结构。实体通过属性来描述，即实体所有或部分实例共有的属性或特征。特定属性（单个或多个组合）构成实体的键。实体的主键唯一地标识该实体的每个实例。在ERD中，以含有标识名称的矩形框表示实体。

ERD的示例如图3.14所示。

软件基线

软件设计阶段是确立软件基线的最佳时间点。术语"软件基线"表示设计中的截止点，又称为设计冻结点。此时，将逐项审查用户要求，并考虑时间和成本。考虑各种风险类型之后再进行变更，如果未经过基于成本效益影响分析且正式严格的审批程序，变更将不会发生。如果未能通过确立基线充分管理系统的要求，将会导致多种风险。其中最主要的风险是项目范围偏离，即需求在开发期间发生变更的过程。

确立软件基线的同时，应正式确立软件配置管理流程。此时，将软件工作成果确立为带版本号的配置基线。这包括功能要求、规格说明和测试计划。所有这些工作成果都是配置项，并且是在正式的变更管理控制之下标识和产生的。此流程用于整个应用程序系统生命周期，其中会对新要求或现有要求变更强制执行SDLC的分析、设计、开发、测试和部署程序。

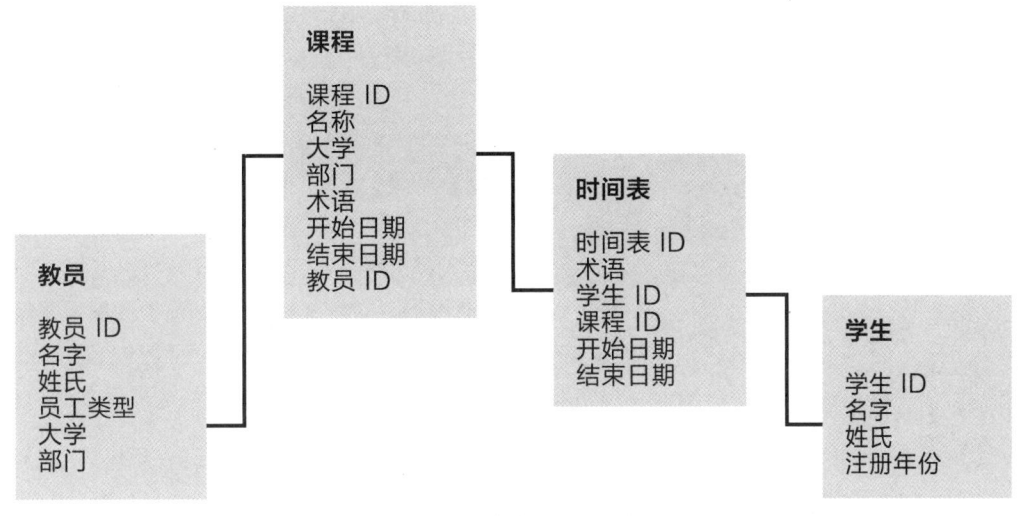

```
                    ┌─────────────┐
                    │   课程      │
                    │             │
                    │  课程 ID    │
                    │  名称       │
                    │  大学       │        ┌─────────────┐
                    │  部门       │        │  时间表     │
                    │  术语       │        │             │
┌─────────────┐     │  开始日期   │        │  时间表 ID  │
│   教员      │     │  结束日期   │        │  术语       │
│             │─────│  教员 ID    │────────│  学生 ID    │
│  教员 ID    │     └─────────────┘        │  课程 ID    │        ┌─────────────┐
│  名字       │                            │  开始日期   │        │   学生      │
│  姓氏       │                            │  结束日期   │────────│             │
│  员工类型   │                            └─────────────┘        │  学生 ID    │
│  大学       │                                                   │  名字       │
│  部门       │                                                   │  姓氏       │
└─────────────┘                                                   │  注册年份   │
                                                                  └─────────────┘
```

图 3.14　实体关系图示例

资料来源：ISACA, *Software Development Fundamentals*, USA, 2021.

用户参与设计

记录完业务流程并了解这些流程在新系统中的执行方式后，设计阶段用户的参与将会受限。

如果经常在设计审查期间开展技术讨论，那么最终用户参与审查详细的设计工作成果通常是不合适的。但是，开发人员应能够说明软件架构将如何满足系统要求并概述关键设计决策的理论依据。特定的硬件和软件配置可能造成利益相关方需要了解对成本的影响，以及信息系统审计师所关注的对控制的影响。

完成详细设计（包括用户批准和确立软件基线）后，设计将分发给系统开发人员进行编码。

信息系统审计师在项目设计中的角色

信息系统审计师主要关注是否在系统规格说明和测试计划中融入了适当的控制系统，以及是否在系统中内置了持续在线审计功能（尤其是对于电子商务应用和其他类型的无纸化环境）。此外，信息系统审计师注重于评估设计流程本身的有效性（例如，在使用结构化设计技术、原型设计和测试计划以及确立软件基线时），以建立正式的软件变更流程，从而在没有正式的审查和批准流程的情况下，有效冻结对系统要求所做的更改。在此阶段得到的关键文档包括系统、子系统、程序和数据库规格说明、测试计划，以及明确且书面的正式软件变更控制流程。

信息系统审计师应履行如下职能：

- 审查系统流程图是否遵循总体设计。
- 验证是否所有变更都已获得合理审批，并且相应的用户管理层已对这些变更进行了讨论和批准。
- 审查设计要进入系统的输入、处理和输出控制是否适当。
- 与系统的关键用户面谈，确定他们对于系统运行方式的理解，评估他们对输入屏幕格式和输出报告的设计的投入水平。
- 评估审计轨迹是否足以保证系统交易的可跟踪性和责任。
- 验证关键计算和过程的完整性。
- 验证系统是否能够正确识别和处理错误数据。
- 审查这个阶段所开发的程序的 QA 结果。
- 核查是否已按照所有建议整改编程错误，并已将建议的审计轨迹或嵌入式审计模块编码到相应的程序中。
- 执行风险评估

阶段 4A：配置

与 SDLC 关联的系统配置包括对购置的系统内变更的确定、追踪和控制，以满足业务需求。对于 ERP 系统，通常需要修改配置表并执行某些开发工作，主要是为了确保 ERP 系统能与现有 IT 架构集成。配置选项可能是有限的或唯一的，具体取决于本地或云基础设施的选择。系统配置受变更管理政策和流程支持，政策和流程定义了：

- 角色和职责。
- 根据业务风险对所有变更进行的分类和优先分级。
- 影响评估。
- 业务流程负责人和 IT 人员对所有变更的授权和批准。
- 变更追踪与变更状态。
- 对数据完整性的影响（如通过系统和应用程序控制而非通过用户直接干预对数据文件做出的所有变更）。

阶段 4B：开发

开发阶段使用在阶段 3B 开发的详细设计。此阶段的责任主要由构建系统的编程人员和系统分析师承担。在测试/开发环境中执行的关键活动包括：

- 编码以及开发程序和系统级文档。
- 调试和测试所开发的程序。
- 开发新旧系统数据转换程序。
- 创建用户程序以确保顺利过渡到新系统。
- 对所选用户进行新系统培训，因为需要这些用户的参与。
- 确保修改内容已记录在案，并且能够准确而完整地应用到从供应商处购置的软件，从而确保将来能够应用该供应商提供的更新版本的代码。
- 识别安全编码和配置标准，通过设计确保安全性。

编程方法和技术

要提高编程活动的质量和未来的维护能力，必须应用程序编码标准。要想在不重新参阅设计规格说明的情况下，清晰明了地编写、阅读和理解代码，程序编码标准至关重要。程序编码标准的元素包括内部（源代码级）文档记录的方法和技术、数据声明的方法、语句构建的方法以及输入/输出技术。所应用的编程标准是非常重要的控制，因为在系统开发期间，这些标准用作程序团队成员之间以及团队与用户之间沟通信息的方法。程序编码标准是高效进行程序维护和修改的必要条件，它可降低因人员变动而导致的系统开发受挫，提供有效使用系统所需的材料。

此外，在开发高质量且易于维护的软件产品时，应该采用传统的结构化程序设计技术。这些技术是从之前介绍的自上而下的结构化设计技术自然发展而来的。与设计规格相似，结构化应用程序更易于开发、理解和维护，因为它们被分为子系统、组件、模块、程序、子例程和单元。通常，所描述的每个软件项在越大程度上执行单一的专门功能（内聚）以及与其他可比项保持独立（耦合），维护和增强系统就越容易；因为这样更易于确定在何处以及如何应用变更，并且更容易减少发生意外结果的可能性。

在线编程设施（集成开发环境）

为便于有效使用结构化程序设计方法和技术，在线编程设施应成为 IDE 的一部分。这样就能使编程人员通过终端设备或客户端 PC 工作站上的远程计算机或服务器对程序进行交互式编码和编译。通过该设施，编程人员可以在开发机上输入、修改和删除编程代码，并且还可以编译、存储和列出程序（源和对象）。非信息系统人员也可以使用在线设施直接从计算机文件更新和检索数据。

在线编程设施在 PC 工作站上使用。程序库位于服务器上（例如大型机库管理系统），但在工作站上执行修改/开发和测试。此方法可以降低开发成本、保持快速回应时间，以及扩展可用的编程资源和辅助工具（例如，编辑工具、编程语言、调试辅助工具）。从控制角度看，此方法可能引入以下弱点：

- 激增多个版本的程序。
- 增加未经授权的访问和更新的可能性，从而降低程序和处理的完整性。
- 存在有效更改被其他更改覆盖的可能性。

总之，在线编程设施可以加快程序开发进度，并且有助于强制使用标准和结构化程序设计技术。在线系统可以提高编程人员解决问题的能力，但由于未经授权访问导致存在漏洞。应该使用访问控制软件来帮助降低风险。

编程语言

必须以编程人员容易编写且能被计算机读取的语句、指令或编程语言对应用程序进行编码。然后，语言转换器/编译器会将这些语句（源代码）转换为计算机可以执行的二进制机器码或机器语言（目标代码）。

常用于开发应用程序的编程语言包括：
- 高级通用编程语言，如通用商业语言和 C 编程语言。
- 面向对象的商用编程语言，如 C++、Eiffel 和 Java。
- 自动提供编码模板的 IDE，如 Visual Studio 或 Jbuilder。
- Web 脚本语言（如超文本链接标示语言、JavaScript、层叠样式表）。
- 以数据为中心的编程语言（如 R、Scala、交互式数据语言、统计分析系统）。
- 脚本语言（如 Shell、Perl、Tcl、Python、JavaScript 和 VBScript）。在 Web 开发中，通常使用脚本语言编写通用网关接口脚本，用于扩展 Web 服务器应用软件的功能（例如，与搜索引擎交互、创建动态网页和响应用户输入）。
- 针对通常用于嵌入式应用程序（贩卖机、自动售货机、航空设备）的特定处理器类型而设计的高级汇编语言。
- 第四代高级编程语言由数据库管理系统、嵌入式数据库管理器、非过程化报告和屏幕生成设备组成。4GL 通过连续不断的设计实现快速迭代。FOCUS、Natural 和 dBase 都是 4GL。
- 决策支持或专家系统语言（如 EXPRESS、Lisp 和 Prolog）。
- 低代码/无代码（LCNC）以及在开发过程中不再需要传统开发人员的影响。

程序调试

编程人员在测试环境下运行程序后，会在系统开发流程中检测到许多编程错误。在系统开发过程中调试程序的目的是，确保在最终程序投入生产之前检测到和纠正所有程序异常终止（因编程错误导致的程序意外结束）和程序编码缺陷。调试工具是协助编程人员调试、修复或微调所开发程序的一套程序。编译器有可能会为编程人员提供反馈，但其不属于调试工具。调试工具主要分为三类：

- **逻辑路径监控器**。用来报告程序执行事件的顺序，从而为编程人员提供有关逻辑错误的线索。
- **内存转储**。提供某一时间点内存上的内容快照。这一信息通常在程序失败或中止时生成，旨在为编程人员提供有关数据或参数值不一致的线索。一个名为 trace 的变量将在程序执行的不同阶段执行同样的操作，以显示机器级结构（如计数器和寄存器）中的变化。
- **输出分析仪**。帮助检查程序执行结果的准确性。这可以通过比较预期结果和实际结果来实现。

阶段 5：最终测试与实施

在实施阶段将实际运行和测试新信息系统。在此环境下进行最终的 UAT。此外，还可能对系统执行认证和鉴定流程，以评估业务应用程序在将风险降至适当水平方面的有效性，并让管理层明确系统在满足既定目标和建立合适级别的内部控制方面的有效性。这包括适用的安全测试（例如渗透测试、控制验证）。

成功完成全面的系统测试之后，即可将系统迁移到生产环境。确定系统迁移的日期后，便可以开始生产转移。对于大型企业和复杂系统，这可能需要单独的项目和分阶段的方法。

应在实际实施日期前规划实施步骤，在设计阶段拟订一份正式的实施计划，并随着开发工作的推进按需进行修改。应规定建立生产环境的各个步骤，包括指定负责人、如何验证步骤以及出现问题时应遵循的回退程序。如果新系统与其他系统连接或者分布在多个平台上，可能需要对生产环境进行最终的调试测试，以验证端到端的连通性。运行此类测试时应格外小心，确保测试交易未保留在生产数据库或文件中。

如果是购置软件，应该由用户管理层协调实施项目，信息系统管理层应视需要给予帮助。不应将整个流程委托给供应商，以免供应商员工/代表在未获授权的情况下更改信息或引入恶意代码。

实际运行之后，下一步是执行现场验收测试，这是在实际运行环境下执行的全面系统测试。UAT 旨在确保系统已做好投入生产的准备并满足所有书面要求。在此阶段还可能执行安全测试（如渗透测试）。

阶段 6：实施后分析

成功实施新的或者经过大幅改良的系统后，最好验证系统的设计和开发是否合理，以及是否已将合适的控制构建到系统中。实施后分析应达成如下目标：

- 评估系统的充分性。
  - 系统是否满足用户需求和业务目标？
  - 控制的定义和执行是否充分？
- 评估预计的成本效益或投资回报衡量结果。
- 制定建议以消除系统的不足之处和缺陷。
- 制订计划以实施上述建议。
- 评估开发项目流程。
  - 所选方法、标准和技术是否得到遵从？
  - 使用的项目管理技术是否合适？

3.3.4 信息系统审计师在 SDLC 项目管理中的角色

在整个项目管理流程中，信息系统审计师应分析与 SDLC 每个阶段相关的固有风险和暴露风险，并确保设立了适当的控制机制，能以具有成本效益的方式最大限度地降低风险。应当格外小心以避免建议的控制所耗费的管理成本高于其所针对的相关风险的成本。

在审查 SDLC 流程时，信息系统审计师应获取来自各个阶段的文档并参加项目团队会议，在整个系统开发流程中为项目团队提供建议。信息系统审计师还应评估项目团队按承诺日期生成关键交付内容的能力。

通常，信息系统审计师应审查以下项目管理活动的充分性：

- 项目委员会/董事会的监管水平。
- 项目内的风险管理方法。
- 问题管理。
- 成本管理。
- 规划和依赖管理流程。
- 对高级管理层的报告流程。
- 变更控制流程。
- 利益相关方参与管理。
- 签字同意流程（至少经过负责项目成本和/或使用系统的开发人员和用户管理人员的签字批准）。

此外，SDLC 流程中各个阶段的所有相关文件都应当一目了然。典型的文档类型包括：

- 定义每个阶段要完成哪些任务的目标文档。
- 按阶段划分的关键交付内容文档，其中分配了直接负责交付内容的项目人员。
- 强调关键交付内容完成日期的项目计划安排。
- 定义完成每个阶段任务所需的资源及资源成本的阶段性经济预算。

3.3.5 软件开发方法

有几种不同方法可用于设计和开发软件系统。具体方法的选择受企业政策、开发人员的知识和偏好以及所使用技术等因素影响。软件开发方法的选择通常与项目组织模型的选择无关。对于划分为几个阶段的项目（例如，软件开发的传统瀑布模型，或每次短迭代都交付工作软件的敏捷项目方法），可以使用面向对象的方法。

原型设计/进化式开发

原型设计也称为启发式或进化式开发，是快速组建工作模型（原型）以测试各个设计方面、展示思路或功能并搜集早期用户反馈的过程。它使开发人员和客户了解和应对各个演进层级的风险（将原型设计作为一种风险降低机制）。它通过维持系统性的阶梯式方法，结合经典 SDLC 的最佳特性并将其融入更真实地反映现实情况的迭代框架中。

原型开发期间，会将初始重点放在报告和屏幕上，这是系统中最终用户最常用的方面。这使得最终用户在短期内便可看到拟建系统的工作模型。基本的原型设计方法或方式有两种：

1. 通过构建模型来进行设计（即用于定义需求的机制）。然后以此模型为基础，开发具有全部所需性能、质量和维护特性的系统设计。

2. 通过适用于所构建系统的 4GL 逐步构建将在生产环境中运行的实际系统。

第一种方法的问题在于实施早期原型的压力相当大。遵循工作模型的用户往往无法理解早期原型为何需要进一步细化。他们往往不明白原型需要扩展以处理交易量、客户端-服务器网络连接以及备份和恢复程序，同时提供安全性、数据隐私、可审计性和控制。

第二种方法通常适用于使用 4GL 工具的小型应用程序。而对于较大型的应用程序，即使使用 4GL，也有必要为系统制定设计策略。仅使用 4GL 技术，将会遇到与采用传统方法开发业务应用程序时会遇到的类似问题（如质量差、可维护性差和用户满意度低）。

原型设计的另一个总体劣势在于系统经常要加入初始需求文档中并未述及的某些功能或附加要求。超出初始需求文档内容范围的所有重大增强功能都应该进行审查，以确保其满足企业的战略需求且具有成本效益。否则，最终系统可能功能很丰富，但效率却不高。

原型系统的潜在风险在于，成品系统的控制不佳。系统开发人员主要关注的是用户需求和用户所见，因此可能会忽略一些源自传统系统开发方法的控制，如备份恢复、安全性和审计轨迹。

对于原型系统，变更控制通常会复杂得多。设计和需求更改的频率非常快，因此很少进行记录或审批，并且系统会逐步升级到无法维护的程度。

尽管信息系统审计师应该了解与原型设计有关风险，但同时也应该清楚，这种系统开发方法可以为企业节省大量的时间和成本。

快速应用开发

快速应用开发（Rapid Application Development，RAD）方法可以使组织在降低开发成本和保证质量的同时，快速开发具有战略意义的重要系统。这可通过明确定义的方法中一系列经过实践验证的应用开发技术来实现。这些技术包括使用：

- 训练有素的小型开发团队。
- 进化式原型。
- 支持建模、原型设计和组件复用性的强大集成工具。
- 中心贮存库。
- 互动式需求和设计研讨会。
- 严格限制开发时间框架。

RAD 支持单个应用程序系统的分析、设计、开发和实施。但是，RAD 不支持界定整个企业或企业中某个主要业务领域的信息需求所需的规划或分析。RAD 提供了一种更快地开发系统，同时降低成本和提高质量的方法。具体实现方法是通过自动化 SDLC 的大部分功能，严格限制开发时间框架并重复使用现有组件。

RAD 方法有四个主要阶段：

- **概念定义阶段**。定义系统将会支持的业务功能和数据主题领域，并确定系统范围。
- **功能设计阶段**。采用研讨会建立系统的数据和流程模型并构建关键系统组件的工作原型。
- **开发阶段**。完成物理数据库和应用程序系统的构建，创建转换系统，并制订用户辅助和部署工作计划
- **部署阶段**。包括最终用户的测试和培训、数据转换和应用程序系统的实施。

RAD 将原型设计作为其核心开发工具，而不管使用的底层技术是什么。相比之下，面向对象的软件开发和面向数据的系统开发使用持续发展变化的模型，但重点关注内容解决方案空间（例如，如何更好地解决代码复用和维护的问题），并且可以通过传统的瀑布方法进行应用。另外，还要注意的是，BPR 试图进行的是现有业务流程转换，而非动态更改。

敏捷开发

敏捷开发是软件开发的备选方法。假设所有要求都不能在前期明确地确定下来，敏捷方法（如每日立会方法）提出了一个更迭代式的方法，来代替 SDLC 的顺序方法。Scrum（即每日立会）旨在将计划和引导任务从项目经理转移到项目团队，使项目经理有精力为团队扫除障碍，从而使团队能够实现其目标。其他敏捷方法包括极限编程、水晶方法、自适应软件开发、特征驱动开发和动态系统开发方法。这些流程均被称为敏捷流程，因为其旨在灵活处理所开发系统或执行开发的项目中的变化。

这些敏捷开发流程具有很多共同特征：

- 采用有时限的短期子项目或迭代。在这种情况下，各个迭代构成计划下一迭代的基础。
- 每次迭代（Scrum 中称为"冲刺"）结束时重新计划项目，其中包括重新安排需求的优先顺序、识别任何新需求以及确定在哪个版本中实施所交付的功能。
- 与传统方法相比，更加依赖隐性知识（即人们头脑中的知识），而非记录在项目文档中的外部知识。
- 对有效传播隐性知识和促进团队合作的机制有重大影响。因此，团队规模不能太大，包括业务代表和技术代表，并且他们应该在同一地点办公。每天都要召开团队会议，口头讨论项目进度和存在的问题，但会议时长要严格

限制。
- 至少部分敏捷方法规定使用结对编程（两个编程人员编写系统同一部分的代码），以此作为分享知识和检查质量的手段。
- 项目经理的角色发生了变化,从主要关注项目计划、任务分配和进度监控的人员转变为协助者和倡导者。
- 计划和控制的责任授权给团队成员。

敏捷开发并没有忽视传统软件开发关切的问题，只不过是从另一个角度予以解决。敏捷开发：

- 仅对下一次迭代进行详细计划,而不是规划后续开发阶段
- 使用的方法可根据需求进行相应调整,而不注重管理需求基准指标
- 重点是通过构建功能来快速地验证架构,而非在早期使用逐渐详细的模型和描述正式地定义软件和数据架构
- 承认缺陷测试存在限制,但尝试通过频繁构建测试周期来验证功能,并在下一个子项目中纠正存在的问题,以免花费更多的时间和成本
- 不注重已经定义好的可重复流程,而是通过频繁的检查来执行和调整开发

面向对象的系统开发

面向对象的系统开发（Object-Oriented System Development，OOSD）是解决方案说明和建模的流程；在此过程中，数据和程序可以归入一个实体（称为对象）。对象的数据称为对象的属性,而对象的功能称为对象的方法。这与传统（结构化 SDLC）方法相反，传统方法将数据与作用于数据的程序分开考虑(例如，程序和数据库规格说明)。OOSD 的支持者宣称，数据与功能相结合符合人们概念化日常对象的方式。

OOSD 是一种编程技术，而不是软件开发方法。在使用 OOSD 的同时，可以遵循各种软件开发方法的任意组合。使用特定的编程语言或特定的编程技术并不意味或要求使用特定的软件开发方法。

对象通常使用被称为类的通用模板创建。模板中仅包含类的特征，不包含需要插入到模板中以便构成对象的特定数据。类是对象中大部分设计工作的基础。类要么是具有一组基本属性或方法的超类（即根类或父类），要么是继承了父类特征且可根据需要添加（或删除）功能的子类。除继承之外，类也可以通过共享数据（称为聚合或组件分组）或共享对象交互。

聚合类可以通过消息交互，而这些消息就是服务从一个类（称为客户端）传递到另一个类（称为服务器）的请求。两个或多个对象在执行时对消息有不同的解释（取决于调用对象的超类）的能力被称为多态性。

要充分实现使用面向对象编程的全部益处，必须采用 面向对象的分析和设计方法。处理对象应允许分析师、开发人员和编程人员考虑使用较大的系统逻辑块，从而使编程过程清晰明了。

OOSD 的主要优点如下：

- 能够管理各种各样的数据类型。
- 提供建立复杂关系模型的方法。
- 能够满足不断变化的环境需求。

OOSD 中的一项重大发展是使用统一建模语言（Unified Modeling Language，UML）。UML 是一种通用标记语言，用于为大型面向对象的项目明确说明和可视化复杂软件，但也可用于其他目的。这标志着面向对象的开发方法已经成熟。尽管面向对象尚未普及，但绝对可以说，其已进入了计算主流技术。使用面向对象技术的应用程序包括：

- Web 应用程序。
- 电子商务应用程序。
- 用于软件开发的计算机辅助软件工程。
- 电子邮件和工作指令的办公自动化。
- 人工智能。
- 用于生产和流程控制的计算机辅助制造。

基于组件的开发

基于组件的开发可以看作是面向对象开发的自然发展结果。基于组件的开发是指从可执行软件的协作包组装应用程序，从而通过已定义的接口提供服务(即可使被称为对象的程序段互相通信，而不管其是使用哪种编程语言编写或者运行的是什么操作系统)。几种基本的组件包括：

- **进程内客户端组件**。这些组件必须在父/主机容器(如移动应用程序、虚拟机设备或小程序)内运行。
- **独立客户端组件**。为其他软件提供服务的应用

程序也可以用作组件。Microsoft 的 Excel 和 Word 就是众所周知的例子。
- **独立服务器组件**。在服务器上运行的以标准化方式提供服务的进程可能是 Web 应用程序框架、应用程序服务器、Web 服务、轻量级目录访问协议目录服务等形式的组件。
- **进程内服务器组件**。这些组件在服务器中运行在容器内。示例包括 Microsoft 事务服务器和 Oracle 的 JavaBeans。

工具开发人员采用可用于设计和测试基于组件的应用程序的强大可视化工具，支持其中一项或多项标准。此外，越来越多的商用应用程序服务器也支持 MTS 或 Enterprise JavaBeans（EJB）。第三方组件的市场也在逐渐扩大。基于组件的开发的最大好处就是可以从商业开发人员那里购买到经过验证和测试的软件。可用组件的种类也在增多。最初的组件概念十分简单（例如按钮和列表框）。如今的组件可以提供的功能变得更加多样化。现在在 Web 上也能通过数据库来搜索商业组件。

组件在基于 Web 的应用程序中发挥着巨大的作用。而扩展静态 HTML、Active X 控件或 Java 则需要小程序。这两种技术均兼容组件开发。

基于组件的开发能够：
- **缩短开发时间**。如果应用程序系统可由预先编写的组件组装而成，并且仅需要开发系统中特定部分的代码，则速度应该比从头开始编写整个系统的代码快得多。
- **提高质量**。使用预先编写的组件意味着大多数的系统代码已经过测试。
- **允许开发人员更加专注于业务功能**。基于组件开发的成果及其支持技术进一步提高了通过高级语言、数据库和用户界面已经实现了的抽象概念。开发人员无须关注底层编程细节。
- **促进模块化**。通过促进或强制在分散的功能单元之间形成不可通行的接口，推动模块化。
- **简化复用性**。无须精通程序或类库，便可实现跨语言组合并允许可复用代码以可执行文件格式分布（即不需要源）。（迄今为止，大规模业务逻辑复用尚未出现。）
- **降低开发成本**。降低设计和构建所需投入，将软件组件成本分摊到多个用户。

- **支持多种开发环境**。用一种语言编写的组件可以与用另一种语言编写的组件或在其他计算机上运行的组件交互。
- **允许在构建和购买选项之间达成令人满意的折中方案**。无须购买整套解决方案，因为其可能并不完全符合要求，可以只购买需要的组件，并将其集成到自定义的系统中。

要发挥这些优势，应在开发过程中及早开始并持续关注软件集成。无论基于组件的开发多么高效，如果系统要求定义不明确或系统无法充分满足业务要求，项目也不会成功。与基于组件的开发相关的风险包括：

- 不同组件之间缺乏互操作性标准。
- 系统可靠性降低。
- 软件意外使用系统会带来漏洞风险。
- 将系统连接到互联网会增加外部风险暴露。
- 组件之间的集成会增加漏洞和攻击面。
- 系统更新问题。
- 新版本与用户要求不兼容。
- 不同组件的许可问题。

基于 Web 的应用程序开发

基于 Web 的应用程序开发是一种重要的软件开发方法，旨在在企业内部和企业间实现更容易、更有效的代码模块集成。过去，使用一种语言在特定平台上编写的软件采用的是专门的应用程序编程接口（Application Programming Interface，API）。采用专门的 API 会为跨平台集成软件模块带来诸多困难。因此开发了使用远程程序调用（Remote Procedure call，RPC）的公共对象请求代理架构和组件对象模型等技术来实现跨平台实时代码整合。但是，对不同的 API 使用这些 RPC 方法仍然非常复杂。基于 Web 的应用程序开发和相关的可扩展标记语言技术旨在进一步促进和标准化代码模块和程序集成。

基于 Web 的应用程序开发试图解决的另外一个问题是避免为冗余代码的固有需求而执行冗余计算任务。来自客户的地址更改通知就是这一问题的典型示例。无须在多个数据库中分别更新详细信息（如联系人管理、应收账款和信贷控制），通过一个通用更新流程一次性更新多个地方的地址才是更好的选择。Web 服务的目的便是让这样的要求实现起来相对容易。

Web应用程序开发在很多方面都不同于传统的第三代或第四代程序开发,从所使用的语言和编程技术,到用于控制开发工作的方法,再到用户测试和审批开发工作的方式,都存在诸多不同。但应用程序开发的风险未变。例如,自计算机编程发明以来,缓冲溢出一直是一种风险(例如,第一代计算机程序的截断问题),这一点众所周知,并且由于互联网的诞生,世界各地的几乎任何人都可以对其加以利用。

与传统程序开发一样,在评估Web应用程序的漏洞时应采用基于风险的方法:确定业务目标以及与开发相关的辅助性IT目标,然后再确定出可能出现什么故障。可以参照以前的经验,识别出与规格说明不充分、编码技术薄弱、存档记录不全面、质量控制和QA不足(包括测试不足)、缺乏适当的变更控制及投产控制等相关的风险,并将这些风险置于Web应用程序语言、开发流程和交付成果的环境中加以考虑(或者也可以借助与Web应用程序开发相关的最佳实践材料/著作)。应重点关注应用程序开发风险、相关的业务风险和技术漏洞,还应关注这些风险会如何发生,及如何控制/解决这些风险。有些控制看起来对于所有应用程序开发活动而言都是一样的,但是很多控制需要体现被审计的领域发生的开发活动的方式。

在基于Web的应用程序开发中,可使用XML语言简单对象访问协议(Simple Object Access Protocol,SOAP)来定义API。SOAP将配合能够理解XML的任何操作系统和编程语言使用。SOAP比使用基于RPC的方法简单,并且具有各模块间松散耦合的优点,这样一来,更改一个组件便通常不需要更改其他组件。

Web开发的第二个关键组件是Web服务描述语言(Web Services Description Language, WSDL),该语言也基于XML。WSDL用于标识SOAP规范,而此规范可用于代码模块API和SOAP消息格式(用于与代码模块之间的输入和输出)。WSDL也可用来标识可在企业内联网或整个互联网中通过发布到相关的内联网或互联网Web服务器进行访问的Web服务。

Web服务的最后一个组件是另一个基于XML的语言,即通用描述、发现和集成(Universal Description, Discovery and Integration, UDDI)。UDDI用于在UDDI目录中进行录入,此目录充当电子目录,可通过企业内联网或整个互联网访问,并让利益相关方知晓存在的可用Web服务。

软件再造

软件再造是一个通过提取和重用设计和程序组件来更新现有系统的流程。该流程用于支持企业运营方式的重大变化,并且有许多工具可支持它。软件再造中使用的典型方法通常分成以下几类:

- BPR是对业务流程和管理系统的透彻分析和重大再设计,旨在建立更完善的执行结构,即更快地响应客户群和市场状况,同时实现重大成本节约。
- 面向服务的软件再造方法基于面向服务的计算机架构,并且再造流程应用了许多采用RACI(执行人、责任人、咨询人以及被通知人)图和UML模型的RAD概念。

逆向工程

逆向工程是通过研究和分析应用程序、软件应用程序或产品来观察其如何运行并使用得到的信息开发类似系统的过程。这一流程可以通过以下不同方式完成:

- 将对象或可执行代码反编译成源代码并将其用于程序分析。
- 对经过逆向工程的应用程序进行黑箱测试以揭示其功能。

逆向工程的主要优点包括:

- 提高开发速度并缩短SDLC持续时间。
- 通过克服所逆向工程的应用程序的缺点,能够进行改进。

信息系统审计师应了解以下风险项目:

- 软件许可协议通常包含禁止获得被许可人对软件进行逆向工程的条款,以便保护所有商业秘密或编程技术不受损害。
- 反编译程序属于比较新型的工具,其功能取决于具体的计算机、操作系统和编程语言。这些组件中的任一更改都可能都需要开发或购买新的反编译程序。

DevOps和DevSecOps

DevOps是指开发和运营流程的集成,用于消除冲突和障碍。这种集成能带来大量益处,但也可能产生新风险。应根据企业的环境、风险容忍度和文化以及开发项目的范围等因素决定是否采用 DevOps。由于 DevOps 会改变环境并且通常会影响企业的控制环境和接受的风险水平，因此信息系统审计师应确保职责分离得当。

DevSecOps 流程的实施可采用符合逻辑的系统化方式完成，并用于增强软件开发的成熟度。这有助于推广安全设计等概念，从而降低开发过程中引入漏洞的总体可能性。有关更多信息，请参阅 5.12.10 DevSecOps 部分。

业务流程再造和流程变更

在通用流程中，某种形式的信息进入流程并经过处理，然后根据流程的目的或目标对结果进行衡量。所需的详细程度在很大程度上取决于流程的复杂性、相关员工的知识、公司对该流程的审计功能（绩效和合规性）的要求，以及它是否适合现有的质量管理体系。

流程产生的任何输出都必须与业务目标一致，并且遵守既定的公司标准。对效能（目标实现）、效率（最小的投入）和合规性的监控必须定期执行，并且应包含在管理报告中，以便在"计划、实施、检查、处理"周期中进行审查。

BPR 是应对竞争和经济压力的流程，而客户需要在当前业务环境中生存下来。这通常由自动化系统流程来实现，目的是减少手动干预和控制。通过实施 ERP 系统而实现的 BPR 通常是指软件包驱动的再造（PER）。BPR 的优势通常可以在再造流程恰当地满足业务需求时体验到。越来越多的企业开始将 BPR 用作通过简化运营来实现成本节约目标的方法。

成功的 BPR 包含的步骤有：
- 定义要审查的方面。
- 制订项目计划。
- 了解被审计的流程。
- 重新设计并简化过程。
- 实施和监控新过程。
- 建立持续改进过程。

随着再造流程的确立，一些新的结果开始显现，如：
- 基于价值和客户需求的新业务优先级。
- 注重旨在改进产品、服务和收益率的流程。
- 用于组织和激励企业内外部人员的新方法。
- 在开发、生产、交付商品和服务的过程中以新的方式使用技术。
- 以新方式使用信息以及功能强大且更易获得的信息技术。
- 供应商的角色得到细化，包括外包、联合开发、快速应对、适时存货和提供支持。
- 对客户和顾客的角色进行了重新定义，使他们能够更直接、更积极地参与企业的业务流程。

成功的 BPR/流程变更项目要求项目团队对现有流程执行以下操作：
- 将流程分解成有效评估业务流程所需的最低级别（通常称为基本流程），即在输入和输出均可确定的情况下所执行的工作单元。
- 确定客户、基于流程的管理人员或从头至尾负责流程的流程所有者。
- 记录与基本流程相关的概况信息，其中包括：
  - 持续时间。
  - 触发因素（触发过程运行的因素）。
  - 频率。
  - 工作量。
  - 职责（过程所有者）。
  - 输入和输出。
  - 外部接口。
  - 系统相互作用。
  - 风险和控制信息。
  - 性能测评信息。
  - 确定的有问题区域及其根本原因。

必须对现有的基准指标流程进行记录（最好采用流程图和相关概况文档形式），以便将这些流程与再造后的流程进行比较。新设计的业务流程不可避免地会涉及业务开展方法的变更，并且可能会影响到企业的财务、理念和员工及其业务合作伙伴和客户。

在整个变更流程中，BPR 团队必须对企业文化、结构、方向和变更组件保持敏感性。管理层还必须能够对相应的问题和难题进行预测和/或预料，并提供恰当的解决方法以加快变更流程。

BPR 团队可用于促进和协助员工过渡到再造的业务流程。BPR 专业人员对于监控企业战略计划进展情况具有重要作用。

BPR的主要关切问题在于关键控制可能是在业务流程之外再造的。信息系统审计师的责任是识别现有的关键控制并评估取消这些控制的影响。如果这些控制属于关键的预防性控制，信息系统审计师必须确保管理层对取消这类控制知情，并且愿意承担不设立这类预防性控制的潜在重大风险。

审查企业的BPR工作时，信息系统审计师必须确定：

- 企业的变更工作与整体文化和战略计划相一致。
- 再造团队正在试图最大限度地降低变更对企业员工的负面影响。
- BPR团队在完成BPR/流程变更项目后记录经验教训。

信息系统审计师还提供有关审计目标的鉴证或结论声明。

基准检测过程

基准检测意在改进业务流程。它被定义为一种持续的系统性流程，用于评估组织的产品、服务或工作流程，是全球化世界中公认的世界级"参考"。系统性分析参考产品服务或流程的目的在于：

- 比较和评级。
- 战略规划；优势、劣势、机会、威胁分析。
- 投资决策、企业接管和合并。
- 设计或重新设计/再工程产品或过程。
- BPR。

基准检测操作会进行以下步骤：

1. **计划**。基准指标团队识别关键流程，并了解如何衡量这些流程，了解所需的数据类型以及如何搜集所需数据。

2. **调查**。团队先搜集有关其所在企业的流程的基准指标数据，然后再搜集关于其他企业的这些数据。接下来，通过商业报纸和杂志、质量奖获得者、行业刊物和咨询公司等信息源，确定参考产品或企业。根据团队自身的偏好和资源以及所在市场，可能会出现以下几种情况：

    A. 满足企业利益的基准指标已经存在，可从专业协会、期刊或分析机构处免费获取。

    B. 企业可以参加或推广单一行业或跨行业专业Web门户（例如，书签门户网站）发起的调查。

    C. 企业可以自己实施或转包商业智能。

    D. 企业可与一个或多个同意共享信息的"基准指标伙伴"签订协议。

3. **观察**。下一步是搜集数据和访问基准检测伙伴。应该与伙伴企业签订协议、制订数据搜集计划和方法以促进正确观察。

4. **分析**。此步骤涉及总结和解释搜集的数据以及分析企业的流程与其伙伴的流程之间的差距。这一阶段的目标是将关键发现转换为新的运营目标。

5. **采纳**。采纳基准检测的结果是最困难的一步。在此步骤中，团队需要把发现转换为几个核心原则，并从这些原则入手制定战略乃至行动计划。

6. **改进**。持续改进是基准检测操作的关键关注点。基准检测将企业内的各个流程与改进策略和企业目标相关联。

> **注意**
>
> 基于研究阶段期间搜集的信息，可跳过或调整第3至6步。

3.3.6 系统开发工具和生产力辅助设备

系统开发工具和生产力辅助手段包括CASE应用程序、代码生成器和4GL。

计算机辅助软件工程

应用程序开发工作需要在应用程序、系统和程序级别搜集、组织和呈现大量数据。大量的应用程序开发工作都涉及将这类信息转换成程序逻辑和代码，以便后续进行测试、修改和实施。这通常是个非常耗时的流程，但对于开发、使用和维护计算机应用程序却必不可少。

CASE是指利用自动化工具来辅助软件开发流程。其用途可能包括应用软件工具进行软件需求获取和分析、软件设计、代码生产、测试、文档生成以及其他软件开发活动。

CASE产品一般分为三类：

1. **上层CASE**。用于描述、记录业务和应用需求的产品。此信息包括各数据对象的定义和相互之间的关系以及各流程的定义和相互之间的关系。

2. **中层 CASE**。用于生成详细设计的产品。其中包括屏幕和报告布局、编辑衡量标准、数据对象组织和流程。设计中的元素或关系发生变化时，仅需对自动化设计进行轻微改动，所有其他的关系便会自动更新。

3. **下层 CASE**。涉及程序代码和数据库定义生成的产品。这些产品利用详细的设计信息、编程规则以及数据库语法规则生成程序逻辑、数据文件格式或整个应用程序。

有些 CASE 产品包含其中两类或三类全都包含。IDE 就是一个例子，它是一种通过结合多种功能和需求（例如一站式编辑软件和测试）来促进更高效程序开发的应用程序。

CASE 工具提供统一的方法进行系统开发，从而方便文档存储和检索，并且降低开发和提供系统设计信息方面的人工投入。这种自动化功能可以消除或合并默写步骤，改变校验规格说明和应用程序的方式，从而改变了开发流程的性质。

信息系统审计师需要识别出开发流程中由 CASE 引起的变更。有些 CASE 系统可以让项目团队从 DFD 和数据元素生成完整的系统，而无须使用任何传统的源代码。在这种情况下，DFD 和数据元素便成了源代码。

信息系统审计师应鉴证相应的规格说明得到批准，用户继续参与开发流程，并且对 CASE 工具的投资提升了质量和速度。关于 CASE，信息系统审计师需要考虑的其他关键问题包括：

- CASE 工具可协助应用程序设计流程，但无法确保设计、程序和系统正确无误或完全满足企业的需要。
- CASE 工具应补充并融入应用程序开发方法，但仍需采取项目方法以使 CASE 生效。此方法应得到企业的软件开发人员的充分理解和有效运用。
- 在 CASE 产品之间或手动流程与 CASE 流程之间移动的数据的完整性需要予以监控和控制。
- 应用程序的变更应该在所存储的 CASE 产品数据中得到体现。
- 与传统的应用程序类似，应用控制也需要进行设计。

- CASE 贮存库（用于存储和组织文档、模型以及来自不同阶段的其他输出数据的数据库）需要按照按需知密的原则保障安全。对此数据库应该维持严格的版本控制。

信息系统审计师可使用 CASE 工具，因为其中的若干功能有助于审计流程。DFD 可以用作其他流程图技术的备用技术。此外，CASE 工具还可用于开发询问软件和 EAM。贮存库报告有助于了解系统和审查对开发过程施加的控制。

代码生成器

代码生成器这类工具通常会与 CASE 产品集成在一起，基于系统分析人员定义的参数或据 CASE 产品的设计模块开发的数据/实体流程图生成程序代码。这些产品可使大多数开发人员更高效地实施软件程序。信息系统审计师应当了解这类工具生成的源代码。

第四代语言

在软件开发中使用 4GL 可以减少总体工作和成本。4GL 的共同特征是：

- **非程序语言**。大多数 4GL 都不遵循连续语句执行、子例程调用和控制结构的程序化范例。而是由事件驱动且广泛使用面向对象的编程概念，例如对象、属性和方法。
  - 例如，某 COBOL 编程人员如果要生成一份按给定序列排列的报告，必须先打开并读取数据文件，对文件进行排序，最后生成报告。典型的 4GL 将报告视为具有属性（例如输入文件名称和排列顺序）和方法（例如对文件进行排序和打印报告）的对象。
  - 使用 4GL 时应小心谨慎。与传统语言不同，4GL 可能缺少执行某些数据密集型运算或在线运算所必需的低级别详细命令。开发主要应用程序时通常需要这些运算。因此，要将 4GL 用作开发语言，应该比照前文讨论过的传统语言进行仔细权衡。

- **环境独立性（便携性）**。许多 4GL 可跨计算机架构、操作系统和电子通信监控。一些 4GL 已在大型机处理器和微型计算机中实施。

- **软件工具**。这些工具包括设计或绘制检索屏幕格式的功能、开发计算机辅助培训例程或帮助屏幕的功能、生成图形输出的功能。
- **编程人员工作台概念**。编程人员可以通过终端设备访问易于归档的设施、临时存储区、文本编辑和操作系统命令。这类工作台方法与CASE应用程序开发方法密切相关，通常被称为IDE。
- **简单语言子集**。在信息中心，4GL通常具有可供经验较少的用户使用的简单语言子集。

4GL通常按以下方式分类：
- **查询和报告生成器**。这些专用语言可以提取和生成报告（审计软件）。近来，出现了更多功能强大的语言，它们可以访问数据库记录、生成复杂的在线输出以及采用几乎完全自然的语言进行开发。
- **嵌入式数据库 4GL**。取决于独立的 DBMS。这一特征往往使其更加用户友好，但也可能会导致应用程序无法顺利地与其他生产应用程序集成，示例包括 FOCUS、快速访问管理信息系统 II 和 NCSS Owned, Maintained, And Developed(NOMAD)2。
- **关联数据库 4GL**。这些高级语言产品通常是供应商 DBMS 产品系列中的可选功能。它们可以让应用程序开发人员更好地利用 DBMS 产品，但通常不会面向最终用户，例如 SQL+、MANTIS 及 Natural。
- **应用程序生成器**。这些开发工具可以生成第三代编程语言（如 3GL），例如 COBOL 和 C 语言。可以根据需要对应用程序进行进一步调整和自定义。数据处理开发人员（而不是最终用户）会使用应用程序生成器。

3.3.7 基础架构开发/购置实务

分析物理架构、定义新架构和确定从一个架构移至另一个架构所需的流程是 IT 部门的关键任务。这些任务不仅有经济上的影响，还有技术上的影响，因为这决定着许多其他下游决策的制定，例如操作程序、培训需求、安装问题和 TCO。由于互相冲突的要求（如朝着基于服务的架构发展、旧版硬件的注意事项、与数据位置无关的安全数据访问、零数据丢失、是否能够做到 24/7），单个平台无法同时满足所有这些要求。因此，物理架构分析不能只基于价格或孤立的功能，而是必须做出正式、理性的选择。通常由信息和通信技术（Information and Communication Technology，ICT）部门负责制定这些决策。建议的解决方案必须实现以下目标：

- 确保 ICT 符合企业标准。
- 提供适当的安全和隐私水平。
- 与当前 IT 系统整合。
- 考虑 IT 行业的趋势。
- 提供今后运营方面的灵活性，以便支持业务流程。
- 能够在不进行重大升级的情况下适应基础设施的预计发展。
- 包含在信息安全、安全存储等方面的技术架构考虑。
- 确保具有成本效益并能够支持日常运营。
- 促进标准化硬件和软件的使用。
- 最大限度地提高投资回报、成本透明度和运营效率。

物理架构分析的各个项目阶段

图 3.15 显示物理架构分析的项目阶段，以及执行供应商选择流程的时机。

审查现有架构

要启动流程，必须审查描述现有架构的最新文档。首次研讨会的参加人员应为各领域中受物理架构直接影响的 ICT 部门专家。例如服务器、存储、安全和整体 IT 基础设施等。

在确定影响物理架构的所有运营限制的特点时应特别注意以下问题：

- 接地问题。
- 尺寸限制。
- 重量限制。
- 目前电力供应情况。
- 工作环境限制（温度、湿度下限和上限）。
- 物理安全问题。

首次研讨会的成果是列出当前基础设施的组件以及定义目标物理架构的限制条件。

分析和设计

审查现有架构后，应按照良好实践并遵循业务要求，进行实际物理架构的分析和设计。

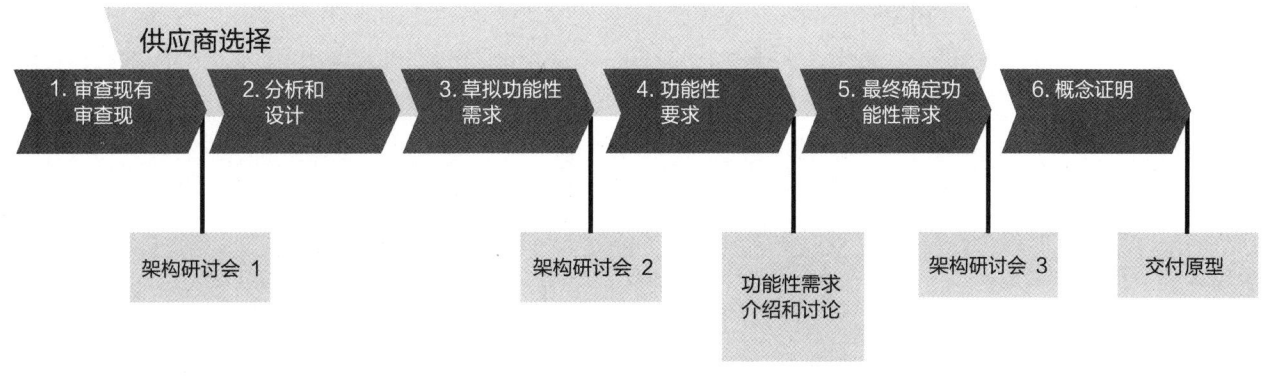

```
供应商选择
1.审查现有审查现 → 2.分析和设计 → 3.草拟功能性需求 → 4.功能性要求 → 5.最终确定功能性需求 → 6.概念证明
```

架构研讨会 1 —— 架构研讨会 2 —— 功能性需求介绍和讨论 —— 架构研讨会 3 —— 交付原型

图 3.15　物理架构分析的各个项目阶段

草拟职能要求

完成首个物理架构设计后，就可以编写第一份职能要求草案。这一材料是下一步以及供应商选择流程的基础。

供应商和产品选择

草拟功能性要求时，供应商选择流程也会同步进行。

编写功能性要求

草拟完功能性要求并为本项目的第二部分提供数据资料后，应编写功能性要求文档，并在第二次架构研讨会上向来自所有相关方的工作人员介绍此文档。大家讨论此结果，并形成需要细化或补充的要求列表。

这是在规模调整和概念证明（Proof of Concept，POC）开始之前最后一个检查点，但 POC 规划将在第二次研讨会后开始。功能性要求完成之后，POC 阶段随之开始。

概念证明

强烈建议建立 POC 来证明所选硬件、软件和数据能够满足所有预期，包括安全要求。POC 的交付成果应是运行原型，包括描述测试及其结果的相关文档和测试协议。

要启动此流程，POC 应基于采购阶段的结果（参见下文子章节）。出于此目的，应使用目标硬件中具有代表性的部分。运行 POC 的软件可为测试版本，也可为供应商已经提供的软件；因此，预计额外成本最小。为保持低成本，就要以简化形式执行框架中的大多数元素。但这些将会延续到后期阶段才会最终成形。

原型应展现如下特性：

- 核心安全基础设施的基本设置。
- 审计组件的正确功能。
- 安全措施的基本功能性实施应按照定义进行。
- 保障交易安全。
- 安装约束和限制方面的特性（服务器尺寸、服务器电力消耗、服务器重量、服务器机房物理安全）。
- 绩效。
- 恢复能力，包括基本恢复到可信的工作状态。
- 融资和成本计算模型。
- 数据和算法。

为部署准备的相关实施项目也应成为 POC 的一部分，因为它们将与物理架构生产中的使用方式相同。这一阶段结束时，将举行最后一次研讨会，讨论如何调整生产规模和布局以便将 POC 结论纳入在内。

如果实体进入应用程序部署和操作的外包/离岸模式，则可能适用其他考虑因素。IT 环境的运营平台（即拥有、基于云、虚拟化）也可能需要考虑额外的注意事项。例如，如果企业在受到高度监管的行业或需要高度可用性的行业运营，则在测试 POC 时，应当考虑充分的冗余和安保措施以确保数据隐私及机密性。

规划基础设施的实施

为确保结果质量，有必要采用分阶段方法将整个过程紧密拼接在一起。为之前描述的其他项目设置通信流程时，这同样很关键。通过这些不同的阶段，各个组件将组合在一起，并且在采购阶段以及后续阶段使用选择流程，可清楚了解到可用且可联络的供应商。而且，必须要选择关键业务和技术要求的范围，以便为今后各个步骤做好准备，其中包括交付、安装和测试计划的进展。另外，为了确保经得起未来考验的解决方案，运用合适的技能来选择合适的伙伴至关重要。

如图3.16所示，要求分析并不属于这个流程，但却会将结果不断地提供给流程。如果为这些阶段生成甘特图，有些阶段很有可能重叠；因此，必须将不同阶段视为迭代流程。

在四个阶段中，有必要将所有组件组合在一起，以便为项目下游（如数据迁移）做好准备。

采购阶段

在采购阶段，建立业务和分析项目之间的沟通，以了解所选解决方案的概况并确定交付成果的数量结构。要求声明也在此阶段制定。此外，采购流程还是服务水平管理流程的起点。在这些活动期间，将邀请首选业务伙伴参与协商流程，并签署交付成果、合同和SLA（见图3.17）。

授课时间

在交付时间阶段，将制订交付计划（见图3.18）。这个阶段的有些部分与采购阶段重叠。

交付计划中应包括优先级、目标和非目标、重要事实、原理、沟通策略、关键指标和关键任务的进度及责任等主题。

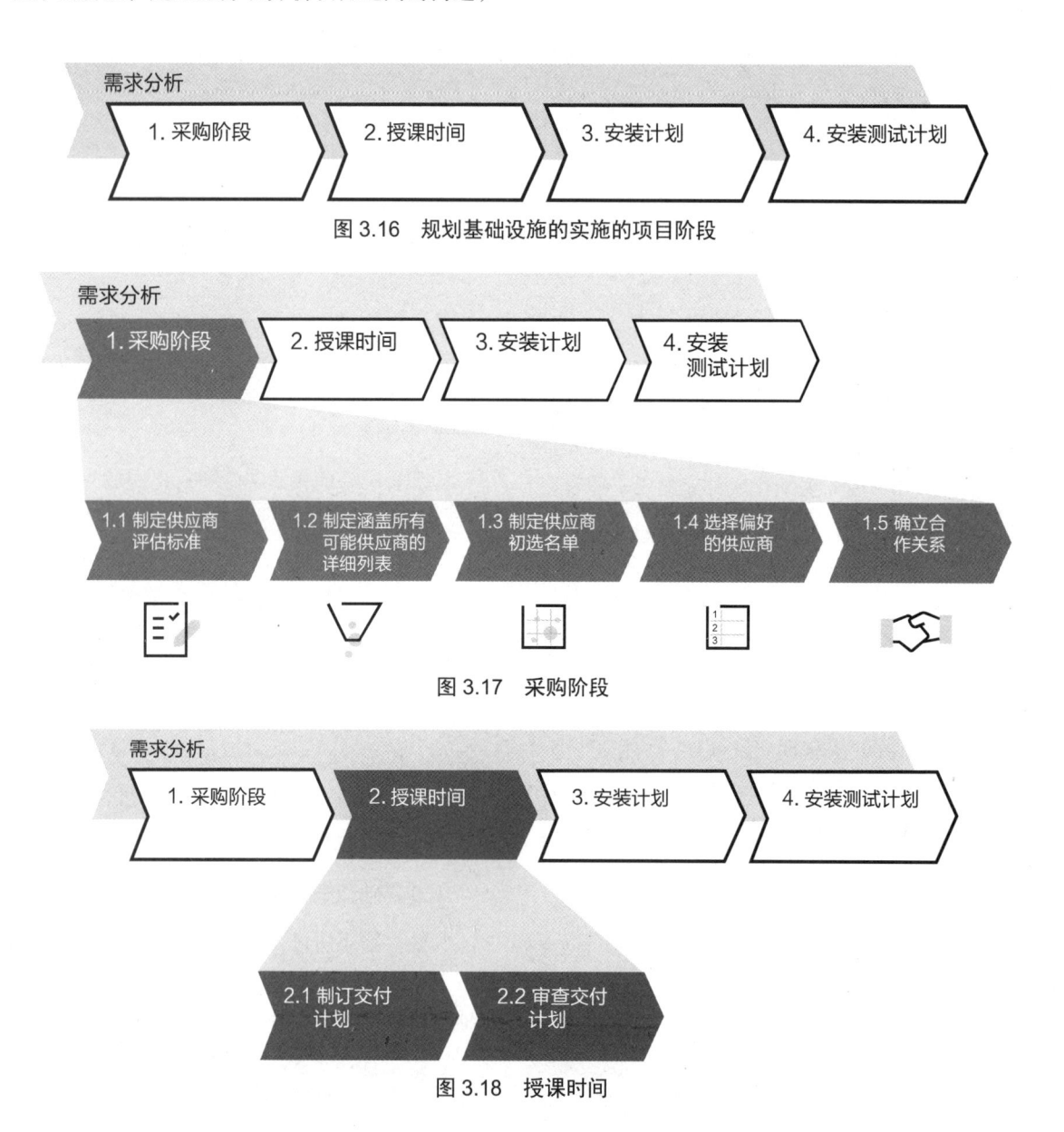

图3.16 规划基础设施的实施的项目阶段

图3.17 采购阶段

图3.18 授课时间

安装计划

在安装规划阶段，应与所有相关方协作制订安装计划（见图 3.19）。

额外的一步是与参与方以及负责整合项目的人员一起审查此计划。这是一个迭代流程。

安装测试计划

根据安装计划的已知依赖关系，制订测试计划。测试计划中包括测试案例、基本需求的规格说明，流程的定义以及尽量全面的应用程序和基础设施的衡量信息。项目的第一部分（物理架构分析）必须完成，并且必须制定出所需的基础设施决策。

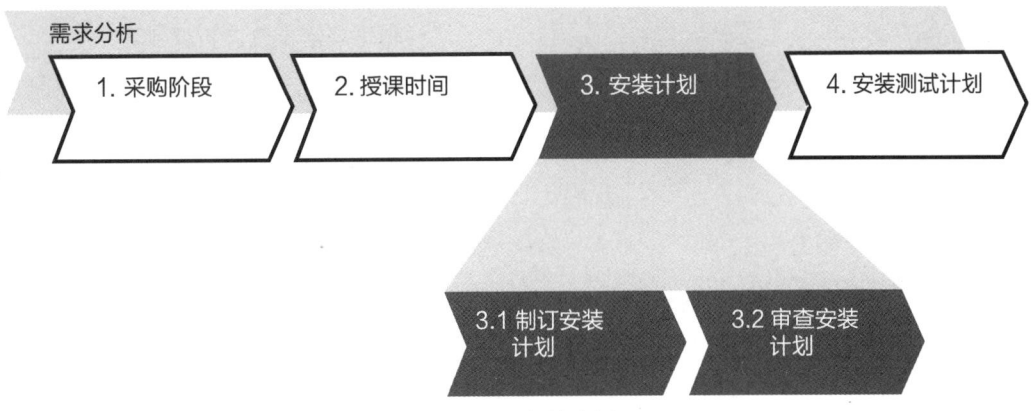

图 3.19 安装计划

3.3.8 硬件/软件购置

选择计算机硬件和软件环境时通常需要准备提供给硬件/软件（HW/SW）供应商的规格说明以及评估供应商建议书的衡量标准。规格说明有时以招标书（ITT）的形式呈现给供应商，也称为需求请求书（RFP）。规格说明中必须尽可能完整地定义所需设备的用途、任务和要求等相关问题，还必须包括设备使用环境的描述。

> **注意**
> 在本节中，术语"硬件"也可以指取代企业对传统硬件需求的云相关提供商。

购置系统时，规格说明中应包括以下内容：

- 组织性描述，表明计算机设施是集中式、分散式、分布式、外包、有人值守还是无人值守的 HW/SW 评估鉴证级别以确保安全稳健性。
- 信息处理要求，例如：
  - 主要现有应用程序系统和未来应用程序系统。
  - 工作量和绩效要求。
  - 处理方法（如在线/分批、客户端服务器、实时数据库、持续运行）。
- 硬件要求，例如：
  - 中央处理器速度。
  - 磁盘空间要求。
  - 内存要求。
  - 所需 CPU 数量。
  - 需要的或要排除的（通常出于安全方面的考虑）外围设备（磁盘驱动器、打印机、光盘驱动器、USB 外围设备、安全数字多媒体卡等直接访问设备）。
  - 接收并转换数据以便进行计算机处理的数据准备/输入设备。
  - 直接录入设备（如终端、销售终端设备或自动提款机）。
  - 联网能力（如以太网连接、调制解调器和综合服务数字网连接）。
  - 系统需要支持的终端设备或节点数量
- 系统软件应用程序，例如：
  - 操作系统软件（当前版本及任何必要的升级）。
  - 实用程序。

- 编译器。
- 程序库软件。
- 数据库管理软件和程序。
- 通信软件。
- 访问控制软件。
- 工作安排软件。
- 支持要求，例如：
  - 系统维护[出于预防、检测（故障报告）或纠正等目的]。
  - 培训（针对用户和技术员工）。
  - 备份（日常备份和灾难备份）。
  - 打补丁。
- 适应性，例如：
  - 硬件和软件升级能力。
  - 与现有硬件和软件平台的兼容性。
  - 转换到其他设备的能力。
- 限制，例如：
  - 员工水平。
  - 现有硬件能力。
  - 交付日期。
- 转换要求，例如：
  - 硬件和软件的测试时间。
  - 系统转换设备。
  - 成本/定价日程计划安排。

购置步骤

要从供应商采购（购置）硬件/软件，应考虑如下几项内容：

- 其他用户推荐或参观其他用户。
- 准备招标。
- 根据要求分析报价。
- 根据预定的评估标准在各个报价之间进行比较。
- 分析供应商的财务状况。
- 分析供应商提供维护和支持（包括培训）的能力。
- 根据要求审查交付安排。
- 硬件来源分析，用于验证并非来自"灰色市场"供应来源（例如，通过合法但非官方、未经原始制造商授权或并非其预期的分销渠道），否则可能增加恶意软件的风险及产品的其他可操作性未知因素。
- 分析硬件和软件升级能力。
- 分析安全和控制设备。
- 根据要求评估性能。
- 审查并协商价格。
- 审查合同条款（包括保修、违约金和审计权条款）。
- 编制一份正式书面报告，汇总各备选方案的分析结果并根据效益和成本证明所做选择的合理性。

应合理规划并记录用于评估供应商提案的衡量标准和数据。图 3.20 列出了评估过程中应考虑的一些标准。

术　语	定　义
项目日程计划安排	供应商提供的时间表，其中概述了他们对开始和结束日期的估计，以及完成项目必须实现的里程碑。这需要与客户的计划时间表和项目完成日期进行比较
周转时间	客户服务部门或供应商自登录之时算起，修复故障所用的时间
响应时间	系统响应用户特定查询所需花费的时间
系统反应时间	登录到系统或连接到网络所需花费的时间
吞吐量	系统在单位时间内所做有用工作的数量。吞吐量可按每秒（或者其他性能测量单位）的指令数进行衡量。涉及数据传输操作时，吞吐量衡量的是有用的数据传输率，并以千比特/秒、兆比特/秒和千兆比特/秒表示
工作量	处理所需工作量的能力，或者供应商的系统能够在给定的时间范围内处理的工作量
兼容性	现有应用程序在供应商所提供新系统中成功运行的能力
能力	新系统处理网络中针对应用程序的大量同步请求的能力，以及系统所能处理的来自每个用户的数据量
按使用率付费	系统可用时间与系统停机时间的比值

图 3.20　供应商评估标准

执行这一领域的审计工作时，信息系统审计师应当：

- 判断购置流程是否因业务需求而起，以及规格说明中是否已将此需求的硬件要求考虑在内。
- 判断是否考虑了多家供应商，以及是否已根据上述衡量标准对这些供应商进行比较。

3.3.9 系统软件购置

每当技术的发展又一次加快了计算速度或者催生出了新的功能，便会立即被具有更强抱负的应用程序置于计算资源的需求中，从而吸收这些进步。因此，这些进步通过捆绑在操作系统软件中来满足这些需求的各种功能，形成分散且相互连接的开放式系统。例如，网络管理和连通性目前已成为大多数操作系统的特性。

了解硬件/软件的能力是 IT 管理层的责任，因为这可能有助于改善业务流程，并以更有效的方式为各项业务和客户提供具有扩展功能的应用程序服务。短期计划和长期计划都应该记录信息系统管理层对于迁移到更新、更高效率且更有效力的操作系统以及相关系统软件的计划。

选择新的系统软件时，必须考虑业务和技术问题，其中包括：

- 业务、功能和技术需求以及规格说明。
- 成本和效益。
- 过时。
- 与现有系统的兼容性。
- 安全。
- 对现有员工的要求。
- 培训和雇用要求。
- 未来增长需求。
- 对系统和网络性能的影响。
- 开放源代码与专有代码。

可行性分析中应包含支持软件购置决定的文档。根据所需软件的不同，可能存在以下四种情况：

1. 所需为适用于通用业务流程的软件，供应商有现成产品可用，无须定制就可以实施。
2. （供应商的）软件需要经过定制才能满足业务流程需要。
3. 软件需要供应商专门开发。
4. 软件可通过云的方式提供软件服务（软件即服务）。一般可供通用流程使用。

应组建包含技术支持人员和关键用户的项目团队，以撰写需求建议书或招标书。需要针对前述情况分别准备 RFP。应广泛向合适的供应商分发邀请回复 RFP 的信函，如有可能，可以通过公共采购媒介（互联网或报纸）发布。企业通过此流程可以在做出回应的供应商中，挑选最具成本效益的最佳解决方案。

需求建议书应包括图 3.21 所示的各个方面。

如果事先知道产品及相关服务，用户企业通常会首选 ITT，这样可以获得价格与服务的最佳组合。涉及硬件、网络、数据库等采购时，这一点更加适用。如果要求倾向于解决方案和相关的支持与维护，企业通常会首选 RFP，因此可以根据要求衡量能力、经验和方法。这更适用于涉及交付或托管源代码的系统集成项目，例如 ERP 和供应链管理。

通常，在制定需求建议书之前，企业会提出信息请求，以请求软件开发供应商提供有关如何解决现有系统问题的建议。通过这种方式获得的信息可用于编制需求建议书。项目团队需要仔细检查和比较供应商对需求建议书的回应。比较时应使用客观的方法（例如，计分法和等级评定法）。检查完 RFP 回应后，项目团队可能可以确定一家供应商，其产品能够满足 RFP 中的大多数或全部要求。如果无法确定，团队可以将采购名单缩减至两家或三家可接受的候选者（即供应商初选名单）。应该采用适当的评估方法，根据一组指定的业务要求和条件来评估最适合的解决方案与供应商。应采用客观、公平、公正的方法 比较产品/供应商（例如，通过差距分析找出要求与软件之间的差异、需要修改的参数）。

项	描 述
产品和系统要求	所选供应商的产品应尽可能满足已明确的系统要求。如果没有任何供应商的产品能够满足要求，则项目团队（特别是用户）需要决定是否接受其不足之处。如果不能接受产品缺陷，供应商或买方可以对产品进行定制完善
产品的可伸展性和互操作性	项目管理层不仅要考虑供应商产品能否满足现有项目要求，还要考察产品在推进和/或支持企业业务流程方面的能力。应评估供应商产品与其他系统的互连能力，虽然互连目前不在项目范围之内，但将来可能需要
客户参考	项目管理方应检查供应商提供的参考信息，以验证供应商对产品性能及其所完成工作的声明
供应商安全要求	供应商对数据的保护程度应与采购企业的风险容忍度相匹配。这尤其适用于软件即服务或有权访问企业信息系统或数据的供应商。安全要求应概述适用的要求，以确保企业数据的机密性、完整性和可用性。安全要求还可能包括遵守适用法律、法规或合同的要求。此外，还应包括审计权的要求
供应商的存续能力/财务稳定性	提供或支持产品的供应商应具有良好的声誉并能提供证据证明自己的财务稳定性。某些供应商可能无法证明其财务稳定性；如果是新产品，此类供应商会使企业面临更加重大的风险
完整可靠文档的可用性	在购置产品之前，供应商应愿意并能提供整套系统文档以供审查。通常可以从文档的详细和精确程度看出系统本身设计和编程的详细精确程度
供应商支持	供应商应针对软件包提供全系列支持产品。这包括7×24小时的帮助热线、实施期间的现场 培训、产品升级、新版本自动通知以及必要的现场维护
源代码的可用性	应该在一开始从供应商处获取源代码，或者制定相关规定，明确供应商破产时，应该如何获取源代码。通常，这些条款是软件第三方托管协议的一部分，根据协议，如果发生此类事件，将由第三方托管软件。买方企业应确保第三方托管协议中包含产品更新和程序修复的内容
供应产品的年数	年数越长说明稳定性越强，对产品所支持业务的熟悉程度也越高
最近或计划的产品增强功能列表及日期	列表较短意味着产品未持续保持更新
使用产品的客户端站点数以及当前用户列表	数目越大说明产品的市场接受度越高
产品验收测试	验收测试在判断产品是否确实满足系统功能要求时发挥着至关重要的作用。必须先通过测试，然后才能做出采购承诺

图 3.21 需求建议书内容

牢记软件的最低要求和推荐要求非常重要，包括：

- 所需硬件（例如存储器）、磁盘空间以及服务器或客户端的特性。
- 所支持的 OS 及其补丁版本。
- 附加工具，如导入和导出工具。
- 所支持的数据库。

此外，可能有多个产品/供应商满足要求，并且各有优缺点。要解决这一问题，应召集初选名单中的供应商基于议程进行演示。基于议程进行的演示是将业务应用场景脚本化，旨在展示供应商将如何履行某些关键业务职能。供应商通常会受邀准备并演示指定的业务应用场景示例。强烈建议让各个用户群充分参与评估产品/供应商的适宜性以及系统的易用性。项目团队就有可能检测到无形的问题，例如，供应商对产品的了解以及供应商对业务问题的理解能力。通过让每个进入初选名单的供应商按照脚本化文档演示其产品，项目团队还能够利用在此过程中所了解的信息客观地评估并最终确定产品/供应商的选择。然后，要求进入最终入选名单的候选供应商组织现场参观，以确认在基于议程的演示中发现的问题并检查系统在实际环境中的表现。确认最终入选的供应商后，应组织会议室模拟活动。在会议室模拟活动中，项目团队可以和业务最终用户一起通过亲身实践来了解系统，并识别需要特定定制或变通方案的领域。

信息系统审计师应鼓励项目团队与当前用户联系。通过这些讨论或参观访问获得的信息，可以验证供应商在建议书中所做的陈述，并确定选择哪家供应商。与当前用户讨论时，应侧重于供应商的以下方面：

- **可靠性**。供应商的交付内容（增强功能或修补程序）是否可靠？
- **服务承诺**。供应商是否对其产品出现的问题给出了应对方案？供应商是否按时交付？
- 提供产品相关培训、技术支持和文档的承诺。客户的满意度如何？

在完成所提出的活动、供应商演示和最终评估后，项目团队可以做出产品/供应商选择。应记录做出特定选择的原因。

购置流程的最后一步是针对所选产品进行谈判以及签订合同。在签订合同之前，法律顾问应该对合同进行审查。合同中应该包括以下内容：

- 对交付成果及其费用的具体说明。
- 承诺的交付日期。
- 对提供文档、补丁程序、升级、新版本通知和培训的承诺。
- 对数据迁移的承诺。
- 如果交付成果不包括源代码，应允许签订软件第三方托管协议。
- 对安装/定制期间将提供支持的说明。
- 用户验收标准。
- 在做出购买的承诺之前，提供合理的验收测试期。
- 允许采购方企业做出变更。
- 维护协议。
- 允许复制软件以用于业务连续性工作和测试目的。
- 与实际交货日期相关的付款时间表。
- 保密条款。
- 数据保护和合规条款。
- 持续审计权（如适用）。

管理合同还应包括投入大量精力确保适时控制、衡量和改进部署工作。这可能包括要求定期报告状态。此外，应该与供应商就要报告的里程碑和指标达成一致。

信息系统审计师在软件购置中的角色

信息系统审计师应参与软件购置流程，以确定在达成任何协议之前是否考虑了适当级别的安全控制。如果安全控制不是软件的一部分，可能很难确保将通过系统处理的信息的数据完整性。软件包所涉及的风险包括审计轨迹不充分、密码控制不足，以及应用程序的总体安全性不够。由于存在风险，信息系统审计师应该确保将这些控制内置到软件应用程序中。

信息系统审计师在审查软件购置时应履行如下职能：

- 分析通过可行性分析产生的文档，以确定购置解决方案的决策是否适当（包括考虑通用衡量标准评估）。
- 审查 RFP 以确保其涵盖本部分列举的所有项目。
- 确定 RFP 文档是否支持选择的供应商。
- 参加既定议程的会议演示，以确保软件供应商针对要求建议书给出的反馈提议均能够通过拟采购的系统实现。
- 确保合同在签订之前已经过法律顾问审查。
- 审查 RFP 以确保供应商制订安全响应计划。
- 确保获得遵守适用法律、法规或合同要求的证据（例如，通过独立审计师报告）。
- 确定购置流程是否遵守内部采购政策和程序。

3.4 控制识别和设计

信息系统审计师必须能够识别和了解所设计的控制，以确保输入和输出各种业务和计算机应用程序以及由各种业务和计算机应用程序处理的数据的授权、完整性和准确性。信息系统审计师还必须熟悉控制技术，并知道如何以报告、日志和审计轨迹的形式证明每种控制技术。

3.4.1 应用控制

应用控制是对输入、处理和输出等功能的控制。它们包括用于确保以下方面的方法：

- 只有完整、精确和有效的数据才能输入或更新到计算机系统中。
- 处理操作完成正确任务。
- 处理结果符合预期要求。
- 维护数据。

应用控制可以包含编辑测试、总计、对账以及识别和报告不正确、缺失或异常数据。自动控制应伴随手动程序一起使用，以确保正确探查异常情况。

这些控制有助于确保数据准确、完整、有效、可验证性和一致性，从而实现数据完整性和数据可靠性。实施这些控制有助于确保系统维护完整性，确保可应用系统功能按预期运营并且系统所含信息在需要时相关、可靠、安全且可用。

输入/初始控制

输入控制程序必须确保待处理的每项交易都予以准确且完整的输入、处理和记录。这些控制应确保仅输入有效获得授权的信息，并且仅处理一次这些交易。这些控制包括机器输入和手动输入。在集成系统环境下，一个系统生成的输出是另一个系统的输入。因此，接收另一系统输出作为输入/来源值的系统，必须依次对这些数据应用编辑检查、验证和访问控制。

输入授权

输入授权核查所有交易都已经过管理层授权和批准。输入授权有助于确保仅输入获得授权的数据供应用程序处理。授权可以在数据进入系统时在线执行。另外，还会生成计算机生成报告，列出需要手动授权的项。控制贯穿整个处理过程以确保授权数据保持不变，这一点十分重要。这可以通过在应用程序设计中加入各种准确性和完整性检查来实现。

授权类型包括：

- **在批量表单或原始文件上签名**。提供正确授权的证据。
- **在线访问控制**。确保只有经过授权的个人可访问数据或执行敏感功能。
- **唯一密码**。通过使用另一个单独的授权数据访问权限，确保访问授权不会受损。个人的唯一密码还能为数据更改提供问责制，并通过严格的密码要求和/或使用多因素认证进一步增强。
- **终端设备或客户端工作站标识**。限制特定终端设备或工作站以及个人的输入。网络中的终端设备或客户端工作站可配置一个唯一标识（例如序列号或计算机名称），由系统认证身份。
- **原始文件**。记录数据。原始文件可以是一张纸、一个周转文档或显示在线数据输入的图像。精心设计的原始文件可实现多重目的。它可以提高记录数据的速度和准确性、控制工作流程、促进以机器可读的格式为模式识别设备准备数据、提高读取数据的速度和准确性，以及便利后续的引用检查。
- **输入数据的验证**。确保信息以预期格式接收，并确保输入不包含任何恶意或操纵活动。

理想情况下，原始文件应该预先印制或采用电子格式，以确保一致性、准确性和易读性。原始文件应该包括标准标题、名称、注释和说明。原始文件布局应该：

- 强调易用性和可读性。
- 将类似字段归组以方便输入。
- 提供预定的输入代码以减少错误。
- 包含合适的交叉引用编号或可比较的标识符以方便研究和跟踪。
- 使用方框以预防字段大小错误。
- 包含适当区域以便管理层进行文件授权。

所有原始文件都应该进行适当的控制。应该建立程序以确保所有原始文件都已输入并予以考量。预先为原始文件编号有助于此控制。

只要需要人工干预输入，就应考虑额外的用户级安全控制，以确保所采取行动的问责制。在数据输入方面，问责制相关控制包括：

- **SoD**。确保没有人能够执行下列一个以上流程：发起、授权、验证或分配。通过观察和审查工作说明、授权级别及相关程序可以了解有关存在 SoD 以及其执行情况的信息。
- **活动报告**。提供有关各用户活动量和活动时间的详细信息。活动报告应予以审查以确保活动只在获得授权的操作时间内发生。
- **违规报告**。记录所有未成功和未经授权的访问尝试。违规报告应显示尝试访问的终端设备位置、日期和时间。这些报告应作为管理层审查的证据。重复的未经授权的访问违规可能表示有人试图避开访问控制。测试可能包括审查跟进活动。

批量控制和核对

批量控制将输入交易分组以提供控制总数。批量控制可基于以下内容：

- **货币总金额**。验证已经处理的各项的总币值是否等于批量文档的总币值。例如，批量中销售发票的总货币价值与处理的销售发票的总货币价值一致。这样可以保证为该批量处理的销售价值的完整性和准确性。

- **项目总数**。验证批量中各文档中包含项目的总数是否与已处理的项目的总数一致。例如，一批发票中订购单位的总数是否与已处理单位的总数一致。这样可以确保对已处理批量中所订购单位的完整性和准确性。
- **文档总数**。验证批量中的文档的总数是否等于已处理的文档的总数。例如，批量中的发票的总数与已处理的发票的总数一致。这样可以保证处理的发票数的完整性。
- **散列总计**。验证批量中的总数是否与系统算得的总数一致。散列总计是指批量中非数值字段的总和（如日期或客户编号字段的总量，其本身没有信息价值）。这样可以保证为批量中的数值域输入的数据的完整性和准确性。

批量标题表单是一种数据准备控制。所有输入表单都应该使用应用程序名称和交易代码予以明确标识。批量核对可以通过手动或自动对账执行。批量总计必须结合适当的跟进程序。应采取适当的控制以确保：

- 每笔交易都创建一个输入文档。
- 所有文档都包含在一个批量中。
- 所有批量均提交以待处理。
- 所有批量均被计算机接受。
- 执行批量对账。
- 遵循调查程序并及时纠正差异。
- 对重新提交被拒绝的项目存在着控制。

批量核对的类型包括：

- **批量登记表**。可以记录批量总数并在随后与系统报告的总数比较。
- **控制账户**。通过初始编辑文件来控制账户，以确定批量总数。然后将数据处理到主文件，并且将初始编辑文件期间处理的总数与主文件进行对账。
- **计算机协议**。将记录了批量总数的批量标题详细信息与计算的总数进行比较，从而接受或是拒绝该批量。

错误报告和处理

输入处理要求标识控制以核查仅仅接受了正确的数据进入系统并且输入错误已得到识别和整改。

数据转换流程期间需要整改数据转换错误。交易重复和数据录入不准确可以导致错误。这些错误可能进而影响数据的完整性和准确性。数据整改应该通过常规数据转换流程处理，并且应作为正常处理的一部分进行核查、授权并重新进入系统。

输入错误可能按如下方式处理：

- **仅拒绝有错误的交易**。仅拒绝包含错误的交易；正常处理批量的其余部分。
- **拒绝整批交易**。拒绝包含错误的所有批量，在纠正后才进行处理。
- **暂停批量**。任何包含错误的批量不会被拒绝；但会暂停该批量以待整改。
- **接受批量并标记错误交易**。任何包含错误的交易会被处理；但会标记那些包含错误的交易以进行识别，以便后续整改错误。

输入控制技术包括：

- **交易日志记录**。包含所有更新的详细列表。日志记录可以手动维护，也可以通过计算机自动记录提供。交易日志记录可与所接收的原始文件数保持一致，以确认所有交易都已输入。
- **数据对账**。控制是否正确记录和处理接收的所有数据
- **文档**。用户、数据录入和数据控制程序的记录（书面证据）。
- **错误整改程序**。包括：
    - 记录错误。
    - 及时纠正。
    - 上游重新提交。
    - 批准纠正。
    - 挂起文件。
    - 错误文件。
    - 验证纠正。
- **预测**。（用户或控制小组）预测数据的接收。
- **传输日志**。文档的传输或数据的接收。
- **取消原始文件**。取消原始文件的过程，例如，在原始文件上打孔或标记原始文件以避免重复输入。

- **输入清理**。在将用户输入存储到数据库或将其用于其他目的之前检查用户输入，以预防注入恶意代码。

处理程序和控制

处理程序和控制用于确保应用程序处理的可靠性。信息系统审计师应当了解可以对处理实行哪些程序和控制，以评估这些控制可以解决哪些风险暴露以及仍然存在哪些风险暴露。

数据验证和编辑程序

应该建立程序以确保尽可能接近原始时间和位置验证和编辑输入数据。预编程的输入格式确保以正确的格式将数据输入到正确的字段。如果输入程序允许监督人员重写数据验证和编辑，将执行自动记录。未启动重写的经理应该审查该日志。数据验证用于识别数据错误、数据不完整或缺失数据以及相关数据项之间的不一致性。如果使用智能终端设备，则可执行前端数据编辑和验证。

编辑控制是程序中使用的一种预防性控制，在处理数据前使用。如果未设立或不能有效工作，预防性控制将无效。这可能导致处理的数据不准确。图 3.22 介绍各种类型的数据验证编辑。

编辑	描述
顺序检查	控制编号按照顺序编制，任何重复或无序的控制编号均会被拒绝或记录到异常报告中以待跟进处理。例如，发票按顺序编号。某一天的发票从 12001 开始，到 15045 结束。如果处理期间遇到任何编号大于 15045 的发票，则会将其当作无效的发票编号予以拒绝
极限检查	数据不应超出预定的数额。例如，薪资支票不能超出 4000 美元。如果支票超出 4000 美元，数据会被拒绝以待进一步验证/授权
范围检查	数据应保持在预定的值范围以内。例如，产品类型代码范围从 100 到 250。任何超出此范围的代码都会被当作无效的产品类型予以拒绝
有效性检查（Validity check）	依照预定的衡量标准进行的数据有效性程序化检查。例如，薪资记录包含婚姻状况字段，可接受的状况代码是 M 或 S。如果输入任何其他代码，该记录将被拒绝
合理性检查	输入数据应符合预定的合理极限或发生率。例如，某小部件制造商通常收到的订单均不超过 20 个小部件。如果收到超过 20 个小部件的订单，则应设计计算机程序以打印记录，其上显示订单似乎不合理的警告信息
表查询	输入数据应遵循包含可能值的计算机化表中维护的预定衡量标准。例如，输入文员输入 1 到 10 的城市代码。这一数字对应计算机化表格中该代码匹配的城市名称
存在性检查	数据输入正确并符合有效的预定衡量标准。例如，交易代码字段中必须输入有效的交易代码
击键校验	由单独的个人重复键入过程，同时使用机器对比原始键入和重复键入的内容。例如，键入两次工号并进行对比，从而校验键入流程
校验数字位	将经数学计算得到的数值添加到相应数据，以确保原始数据未被篡改，或不正确但有效的值未被替换。此项控制在检测转位和转录错误时非常有效。例如，将校验数字位添加到账号，以便在使用时检查其准确性
完整性检查	字段应始终包含数据，而不是零或空白。应该检查这类字段的每个字节，以确定存在某种形式的数据，而不是空白或零。例如，新员工记录上的工号为空白。这被视为关键字段，因此该记录将遭到拒绝，并请求先完成此字段，才会接受该记录以进行处理
查重	新交易会与之前输入的交易进行匹对，以确保这些交易尚未输入。例如，将供应商的发票编号与之前记录的发票进行比较，以确保当前订单不是重复订单，否则将会给供应商付款两次
逻辑关系检查	如果某个特定条件为真，则一个或多个其他条件或数据输入关系可能也要为真，才能视输入为有效。例如，员工的雇用日期可能要求比其出生日期晚 16 年以上

图 3.22 数据验证编辑和控制

处理控制

处理控制用于确保累积数据的完整性和准确性。它们会确保文件或数据库中的数据保持完整和准确，直至获得授权的处理或修改例程导致变更。下列处理控制技术可用于解决累积数据的完整性和准确性问题：

- **手动重新计算**。手动重新计算交易样本，以确保该处理完成预期任务。

- **编辑**。个程序指令或子例程，用于测试数据的准确性、完整性和有效性。它可用于控制输入或之后的数据处理。
- **运行到运行的汇总**。在应用程序处理的各个阶段验证数据值。分步合计验证确保读取到计算机中的数据被接受并随后应用到更新流程。
- **程序化控制**。由软件来检测并启动针对数据和处理错误的整改措施。例如，如果提供不正确的文件或文件版本执行处理，则应用程序会显示消息指示使用正确文件和版本。
- **计算出的量的合理性验证**。由应用程序来验证计算出的量的合理性。可以测试合理性以确保符合预定的衡量标准。可以拒绝任何被确定为不合理的交易以待进一步审查。
- **对数量的极限检查**。确保正确输入或计算数量的预定义极限。超出极限的任何交易会被拒绝以待进一步调查。
- **文件总数对账**。应当在日常工作中执行文件总数的对账。对账可以通过使用手动维护的账户、文件控制记录或独立的控制文件来执行。
- **异常报告**。由识别可能不正确的交易或数据的程序所产生。这些项目可能超出预定范围，也可能不符合指定衡量标准。

数据文件控制程序

文件控制应确保仅对已存储数据执行获得授权的处理。数据文件的控制类型如图 3.23 所示。数据文件的内容或数据库表通常分为四个类别：

- **系统控制参数**。这些文件中的条目可更改系统的工作并且可改变系统执行的控制；例如，不会导致报告或阻断异常交易的最大容忍度。对这些文件的任何变更都应该按照与程序变更类似的方式进行控制。
- **常设数据**。这些主文件包含不经常更改并且在处理期间引用的数据（例如，供应商名称/客户名称和地址）。这些数据应该经过授权后才能输入或维护。输入控制可能包括已变更数据报告，其中变更已经过检查和批准。审计轨迹可以记录所有变更。
- **主数据/余额数据**。除非经过严格的批准和审查控制，否则不能调整交易更新的逐笔结计余额和总计。这里的审计轨迹很重要，因为财务报告可能暗示发生变更。
- **交易文件**。可以通过验证检查、总数核对控制、异常报告等对这些文件进行控制。

应用程序中内置的控制，代表着管理层对有关业务流程如何运行的控制设计。尽管应用程序包含适用于该业务的规则，属于处理结果的数据储存在数据库中。某个实体可能在应用程序中内置了最佳控制，但如果管理人员直接更新数据库中的数据，则应用程序中的最佳控制将被覆盖。

但企业有时可能必须对数据库进行直接更新。例如，如果由于系统中断，导致无法实时处理交易，则坚持一旦恢复系统可用性，应当在输入或处理随后几天的交易之前通过应用程序（前端）输入积压数据的做法是不现实的。在这种情况下，管理层可能决定直接更新数据库中的交易（后端）。

信息系统审计师应当确保设立控制，以保证这类直接后端数据修复得到企业的授权支持，从而保证其完整性和准确性，并由计算机运营控制进行处理。需要记住的要点是，在任何企业中，应用控制的质量都不会高于围绕直接后端数据修复的控制的质量。

3.4.2 输出控制

输出控制保证交付给用户的数据将会以一致且安全的方式提供、格式化和交付。

输出控制包括：

- **在安全的地方记录和存储可转让表格、敏感的表格和关键表格**。必须妥善地记录和保护可转让表格、敏感的表格和关键表格，从而可靠地预防偷盗、损坏或泄露。应该例行核对表单日志以便掌握清单，并且应适当地调查任何偏差。
- **通过计算机生成可转让票据、表格和签名**。必须妥善地控制通过计算机生成可转让票据、表格和签名。应该对计算机生成的表单详细列表与收到的物理表单进行比较。应适当说明所有例外、拒绝和毁损情况。

方法	描述
前后图像报告	可以记录和报告交易处理前后文件中的计算机数据。通过前后图像可以跟踪交易对计算机记录的影响
维护错误报告和处理	应设立控制程序来确保及时核对所有错误报告并提交整改措施。为了确保职责分离，错误整改应由非发起交易人员进行适当审查和批准
保留原始文件	原始文件应该保留足够长的时间，以便能够检索、重建或校验数据。有关原始文件保留的政策应予以强制执行。原始文件编制部门应保留原始文件的副本，并确保只有获得授权的人员才能访问。适当时，应在安全、受控的环境中销毁原始文件
内部和外部标记	可移动存储介质的内部和外部标记属于强制要求，以确保加载正确的数据进行处理。外部标记可基本确保加载正确的数据介质进行处理。内部标签（包括文件头记录）可以确保使用正确的数据文件并允许自动校验
版本使用	要保证处理正确，使用合适的文件版本以及正确的文件至关重要。例如，交易应该应用于最新版本的数据库，而重新启动程序应使用较早的版本
数据文件安全性	数据文件安全性控制预防有应用程序访问权限的用户未经授权访问来改变数据文件。这些控制不保证数据的有效性，但可以确保可能有应用程序访问权限的用户未经授权不能不当改变存储的数据
一对一检查	各个文档应与计算机处理的详细文档列表一致。必须确保所有文档均已接收以待处理
预录输入	某些信息字段预先打印在空白的输入表单上，以便减少初始输入错误
交易日志记录	所有交易输入活动都由计算机记录。随后会生成一份详细的列表，其中包括输入日期、输入时间、用户 ID 和终端设备位置，以提供审计轨迹。日志还能帮助操作人员确定哪些交易已经发布。这将有助于缩短调查异常所需的研究时间和缩短发生系统故障后所需的恢复时间
文件更新和维护授权	必须进行适当的文件更新和维护授权，以确保存储数据正确无误、保持最新且得到充分保护。除对整个系统的访问限制之外，各种应用程序也可能包含访问限制。这些附加安全保障提供不同的授权级别，同时为文件维护提供审计轨迹
奇偶校验	计算机系统中的数据传输应在相对无错的环境中进行。但是，在传送程序或重要数据时，还需增加控制。传输错误主要由错误检测代码或整改代码控制。前者更为常用，因为错误整改代码的实施成本比较高，而且不能整改所有错误。通常，使用校验数字位和冗余传输等错误检测方法便已足够。冗余检查是较为常见的错误检测例程。它将检查包含一个或多个记录或消息的传输数据块，以验证其中包含的字符数或位模式。如果字符数或者位模式不符合预定的参数，接收设备将忽略传送的数据，并指示用户重新传送。校验数字位通常由电子通信控制设备添加到传输数据，可以按水平或者垂直方向应用。这些检查与常用于现场设备内部的数据字符的奇偶校验类似。针对单个字符的奇偶校验通常称为垂直检查或列检查，针对所有等效位的奇偶校验称为水平检查、纵向检查或行检查。同时使用这两种检查可以极大地提高发现传输错误的可能性，单独使用其中一种检查可能会错过某些错误

图 3.23　数据文件控制

- **报告准确性、完整性和及时性**。报告通常用第三方数据分析和报告应用程序生成（如 ESSbase）。即使是最可靠、最准确的数据源，未经适当的配置、构建和准备的报告仍然属于重大风险。报告的设计和生成规格、模板和创建/变更请求流程是关键的系统输出控制。
- **系统生成的报告**。这些代表管理层做出业务决策和审查业务结果所依赖的数据。因此，确保报告中数据的完整性对信息系统中信息的可靠性至关重要。信息系统审计师应当验证报告准确并且提供正确陈述源数据。

信息系统审计师在验证报告时，应当根据实际情况应用评估方法（当组织进行过系统变更，或对照广泛使用的应用程序的标准报告评估定制报告时，需进行更多评估）。验证报告的方法包括以下几种：

- **报告分配**。应根据授权的分配参数分配输出报告。操作人员应该检查报告完整并且按日程计划安排交付。所有报告都应该在分发前进行记录。大多数环境下，在完成作业处理时会将处理输出发送到缓冲区或打印排队，在此等待可用的打印机。控制对打印排队的访问很重要，可以预防意外地从打印排队中删除报告或者将报告指向其他打印机。此外，更改输出打印优先级会延迟关键作业的打印。接触到所分发的报告可能会损害机密性；因此，应该充分控制报告的物理分发。包含敏感数据的报告应在安全、受控的条件下打印。应建立安全输出丢弃点。输出处置应该得到保护，以确保不会发生未经授权的访问。还应考虑电子方式分发，并实施逻辑访问控制。
- **核对与对账**。数据处理应用程序输出通常应与总数核对控制进行核对。应提供审计轨迹以便于跟踪交易处理和数据对账。
- **输出错误处理**。应针对应用程序输出中的错误建立报告和控制程序。错误报告应及时提交到原始文件编制部门进行审查和错误整改。
- **输出报告保留**。应严格遵守记录保留计划。保留政策应涵盖任何监管法律法规。
- **报告接收验证**。要确保敏感报告的正确分发，接收方应在日志上签字以作为输出的接收证据。

信息系统审计师应了解有关企业记录保留政策的现存问题并遵守相关法律要求。输出可以限制于特定的 IT 资源或设备（如某台特定的打印机）。

B 部分：信息系统实施

当系统完成安装并经过适当的系统和用户验收测试后移入生产环境时，便可实施信息系统。在此阶段需要：

- 通知并培训最终用户。
- 开展系统测试。
- 进行数据输入或转换。
- 进行实施后审查。

3.5 系统准备和实施测试

信息系统实施的必备条件是正确选择测试方法、制订完全符合要求的测试计划，以及获取成功完成测试必须具备的资源。测试一旦完成，即可让利益相关方相信，项目启动时，系统或系统组件将按预期运转并按要求实现效益。

信息系统审计师应了解各种测试形式的应用。信息系统审计师还应了解 QA 监控和评估对组织内部流程（例如项目管理、软件开发或 IT 服务）的质量以及由这些流程生成的最终产品（例如实施的系统或开发的软件）的质量有何帮助。

测试是系统开发流程中的一个重要环节，旨在验证和确认程序、子系统或应用程序能否实现预期的功能。通过测试还可以确定被测单元能否在运行时不出现故障或不对其他系统组件造成不利影响。

各种各样的系统开发方法和组织要求使得众多测试方案或等级应运而生。每组测试都要使用不同的数据集来执行，并由不同的人员或职能负责。信息系统审计师在测试过程中发挥预防或检测作用。

3.5.1 测试分类

对于根据所修改系统的规模和复杂度可以执行的各种方法，下列测试与其有着不同程度的关联：

- **单元测试**。对单个程序或模块的测试。单元测试使用一组测试案例，侧重于程序化设计的控制结构。这些测试可以确保程序的内部运行符合规格说明。
- **接口或集成测试**。种硬件或软件测试，用于评估将信息从一个区域传递到另一个区域的两个或多个组件之间的连接情况。其目标是采用经过单元测试的模块并构建满足设计要求的集成结构。此外，术语"集成测试"还指让被测应用程序与其他系统一起运行，以验证和确认其功能的测试；此间一组数据将从一个系统传输到另一个系统。
- **系统测试**。用来确保共同构成新系统或改良系统的各类修改程序、对象、数据库模式等正常运行的一系列测试。通常由被指定为测试团队的软件开发人员在非生产测试/开发环境中执行此类测试程序。在系统测试过程中可以执行以下特定分析：
  - **恢复测试**。检查系统在出现软件或硬件故障后的恢复能力。
  - **安全测试**。确保改良系统/新系统具有相应的访问控制规定，并且未引入任何可能危害其他系统的安全漏洞。
  - **负载测试**。通过大量的数据来测试应用程序，以评估其在高峰期的性能。
  - **容量测试**。通过递增记录量这种测试方法来研究应用程序因此受到的影响，从而确定该应用程序可以处理的最大记录（数据）量。
  - **压力测试**。通过递增并发用户/服务数量这种测试方法来研究应用程序因此受到的影响，从而确定该应用程序可以处理的最大并发用户/服务数。
  - **性能测试**。使用明确定义的基准指标比较系统与其他同类系统的性能。
- **最终验收测试**。在系统人员对系统测试感到满意后执行。验收测试在实施阶段进行。在此测试阶段，应将确定的待用测试方法纳入企业的 QA 方法中。QA 活动应积极支持对所有软件开发项目执行充分的测试。最终验收测试主要包括两个部分：针对应用程序的各方面技术执行的质量保证测试（Quality Assurance Testing, QAT），以及针对应用程序的各方面功能执行的用户验收测试。由于 QAT 和 UAT 的目标不同，因此不能合二为一。

QAT 主要关注书面的规格说明及采用的技术。通过测试逻辑设计和技术本身来验证应用程序是否按书面记录运行。其目的还包括确保应用程序符合规定的技术规格说明和交付成果。QAT 主要由 IT 部门执行。最终用户的参与度极低，具体视需要而定。QAT 不关注功能测试。

UAT 旨在确保系统已做好投入生产的准备并满足所有书面要求。方法包括：

- 定义测试战略和程序。
- 设计测试案例和方案。
- 执行测试。
- 使用结果验证系统是否准备就绪。

验收标准是为了满足用户的预定义需求而要求交付成果必须达到的规定要素。UAT 计划必须存档，用于系统完工后的最终测试。这些测试是从用户的角度设计，应尽量以贴近生产的方式来使用系统。例如，测试可以围绕典型的预定义业务流程应用场景来执行。如果为了适应新系统或改良系统而开发出新的业务流程，则此时还要测试这些业务流程。测试的一个关键方面还应包括测试人员设法验证支持流程是否以可接受的方式集成到应用程序中。成功完成测试后，项目团队通常可以交付一个含应用程序及支持程序的完整集成包。

理想情况下，应在安全的测试或过渡环境中执行 UAT。在安全的测试环境中，源代码和可执行代码均受到保护，这有助于确保在不执行标准系统维护流程的情况下，系统免遭未经授权或临时的更改。测试的性质和范围将取决于系统变更的程度和复杂度。

尽管供应商在发布购置的系统之前会进行测试，但最终用户和系统维护人员还是应该全面测试这些系统以及所有后续变更。这些补充测试将有助于确保程序按照供应商的设计运行，并且更改不会对现有系统产生不利影响。如果是购置软件，供应商在测试期间做出更改之后，应控制接受的版本并将其用于实施流程。不采取控制将会极大增加引入恶意修补程序/特洛伊木马程序的风险。

某些企业会依靠集成测试设施。通常在生产仿真系统中处理测试数据。由此可以确认新应用程序或模块在实际条件下的运行状态。这些条件包括峰值以及其他相关资源的限制。在这种环境下，信息系统将使用虚拟数据进行测试，而客户代表会挑选一些能涵盖大多数可能情况的生产数据，还会编造一些生产数据不能覆盖的测试数据。对于某些在测试环境中使用部分生产数据的企业，可能会更改这些数据以便测试人员无从获知真实信息，从而保障数据的机密性。这种情况通常在团队成员执行验收测试时发生，他们在正常情况下无权访问这些生产数据。

验收测试完成后，将执行认证和认可流程。这些工作应在系统实施并运行足够长的时间后进行，以便为这些流程提供所需的证据。这包括评估程序文档记录和测试有效性，并得出部署业务应用程序系统的最终决定。对于信息安全问题，评估流程包括审查安全计划、执行的风险评估以及测试计划，随后还会评估待部署安全控制和流程的有效性。通常，安全人员和应用程序的业务所有者会参与此流程，因此对于将接受用于部署的系统状态，业务所有者承担着一定的责任。有关更多信息，请参阅 3.7.5 认证/认可部分。

完成测试后，信息系统审计师应就系统是否满足业务要求、是否已实施适当的控制以及是否可用于生产向管理层提供意见。此报告应指出系统中需要纠正的缺陷，还应确定和说明企业因实施新系统而面临的风险。有关更多信息，请参阅 5.12.6 安全测试技术部分。

其他测试类型

其他测试类型包括下述各项：

- **Alpha 和 Beta 测试**。测试软件时在被认为完成之前所经历的两个阶段。第一阶段叫作 Alpha 测试，通常仅由开发软件的企业内部的用户执行（即系统测试）。第二阶段叫作 Beta 测试，这是一种 UAT 形式，通常涉及一定数量的外部用户。这涉及真实的风险暴露，例如将产品的 Beta 版本发送到独立的测试点或免费提供给感兴趣的用户。
- **试点测试**。针对系统的某些特定和预定方面执行的初步测试。其目的并不是替代其他测试方法，而是对系统进行有限的评估。POC 即属于早期试点测试，通常在临时平台上执行，并且只涉及基本功能。
- **白箱测试**。用于评估软件程序逻辑有效性的测试。具体而言，就是使用测试数据来确定程序准确性或程序特定逻辑路径的状态（即适用于单元和集成测试）。然而，要测试大型信息系统中所有可能的逻辑路径是不切实际的,并且需要巨额成本,因此仅应根据实际情况选择性使用白箱测试。

- **黑箱测试**。种基于完整性的测试形式,主要测试信息系统组件的"功能性"操作有效性,不涉及任何具体的内部程序结构。它适用于集成(接口)和 UAT 流程。
- **功能/确认测试**。与系统测试类似,但通常用于根据具体要求测试系统功能,从而确保开发的软件符合客户要求(即我们是否在开发正确的产品)。
- **回归测试**。在此测试流程中将重新执行部分测试方案或测试计划,以确保相关改进或纠正措施未引入新的错误。回归测试中使用的数据应当与原测试中使用的数据相同。
- **并行测试**。该流程将测试数据送入改良系统和备选系统(可能是原始系统)中,然后对这两个系统的结果进行比较。并行测试的目的是确定新应用程序是否采用与原始系统相同的方式执行,并且满足最终用户需求。
- **社交性测试**。用于确认新系统或改良系统可以在其目标环境中运行,并且不会对现有系统产生不利影响的测试。此测试应涵盖执行主要应用程序处理的平台以及与其他系统的接口,以及在客户端服务器或 Web 开发中对桌面环境执行更改的接口。

3.5.2 软件测试

测试计划识别系统中待测试的具体部分并汇总在测试期间可能发现的各类缺陷。这些缺陷大致可以分为:系统缺陷;要求、设计、规范不全;测试案例本身存在错误。此外,测试计划还指定了所发现问题的严重程度,并提供了业务优先级的确定准则。测试人员可以判断测试期间所发现问题的严重性。可以在实施之前纠正问题,也可以给予特别关注并在实施完成后采取纠正措施,具体根据问题的严重程度而定。项目发起人、最终用户管理层和项目经理可在测试阶段的早期定义好严重性。

测试计划还指定了软件测试方法,例如以下两种互逆方法:

- **自下而上**。先从程序或模块等基本单元开始测试,然后由下而上直到完成整个系统测试。优点包括:
  - 无须存根或驱动程序。
  - 可以在所有程序完成之前便开始测试。
  - 能够尽早发现关键模块中的错误。
- **自上而下**。测试按纵向优先或横向优先的搜索顺序执行相反的测试路线。优点包括:
  - 能够尽早测试主要功能和处理。
  - 能够提早发现界面错误。
  - 因为编程人员和用户能够看到运行中的系统,所以对系统的信心得到提升。

通常,大多数大型系统的应用程序测试都遵循自下而上的测试方法,其中涉及更高级别的集成和测试(例如,单元或程序、子系统/集成、系统):

- **处理和报告测试结果**。描述测试过程中所涉及的资源,包括参与人员和测试期间使用的信息资源/设施,以及实际测试结果与预期测试结果之间的比较。报告的结果应该与测试计划一起,作为系统永久文档记录的一部分保留。
- **解决还未解决问题**。确定执行的实际测试中存在错误和违规情况。发生此类问题时,必须在测试计划中重新设计相关的具体测试,直到重新执行测试时满足可接受的条件。

3.5.3 数据完整性测试

数据完整性测试是一组实质性测试,旨在检查目前系统中存储数据的准确性、完整性、一致性和授权情况。该测试所采用的方法与输入控制所用的测试方法类似。数据完整性测试指出输入或处理控制中的失效情况。通过定期检查文件中的数据,可以相应地实行一些控制来确保累积数据的完整性。针对获得授权的原始文件执行这项检查时,通常一次只检查文件的一个部分。由于会定期循环检查整个文件,因此该控制技术通常称为周期性检查。

数据完整性测试的两种常见类型有关系完整性测试和参照完整性测试:

- **关系完整性测试**。在基于数据元素和记录的层面上执行。关系完整性可以通过应用程序中内置的数据验证例程实施,也可以通过在数据库阶段的表定义中定义输入条件限制和数据特征来实施。有时则二者结合进行。

- **参照完整性测试**。定义需由 DBMS 维护的不同数据库表中的实体之间的存在关系。在关系数据模型中需要将其用于维持相互关系完整性。当两个或多个关系通过参照约束（主键和外键）相关联时，如果这些关系发生插入、删除和更新，则有必要保持相关参照的一致性。数据库软件通常会提供各种内置的自动化程序来检查和确保参照完整性。参照完整性检查包括确保来自其他表（即外键）的某个主键的所有参照都存在于其原始表中。在非点源数据库（如关联数据库）中，参照完整性检查包括确保所有外键都存在于其原始表中。

在线交易处理系统的数据完整性

在多用户交易系统中，有必要对通常由 DBMS 控制的存储数据的并行用户访问进行管理，并提供容错。其中有四个在线数据完整性特别重要，统称为 ACID 原则：

- **原子性**。从用户的角度而言，交易或者全部完成（即所有相关数据库表均已更新），或者全部未完成。如果出现错误或中断，则在该时间点之前所做的全部变更都将被取消。
- **一致性**。数据库中所有完整性条件的维持与每笔交易息息相关，其间数据库将从一个一致性状态变到另一个一致性状态。
- **隔离性**。每个交易都与其他交易相互隔离，所以每个交易只能访问一致性数据库状态的部分数据。
- **持久性**。如果交易已经以完成状态回报给用户，则产生的数据库更改应能够承受在此之后的硬件或软件故障。

3.5.4 应用程序系统测试

应用控制的有效性测试包括分析计算机应用程序、测试计算机应用程序控制或选择和监控数据处理交易。通过应用适当审计程序测试控制对于确保控制的功能和效力十分重要。每个类别的方法和技术请参阅图 3.24 中的介绍。

为了促进对应用程序系统测试的评估，信息系统审计师可能希望使用通用审计软件。这种软件对于发现特定应用控制弱点十分有用（例如影响对主文件记录的更新以及对特定交易记录的某些错误条件）。此外，通用审计软件可用于执行某些特定的应用控制测试，例如用于比较预期结果和实时数据的并行模拟。

自动化应用程序测试

可以使用测试数据生成器系统地生成可用于测试程序的随机数据。生成器工作时会使用数据的字段特征、布局和值。除测试数据生成器之外，还可以使用交互式调试辅助工具和代码逻辑分析仪来帮助执行测试。

信息系统审计师在信息系统测试中的角色

要确定用户要求是否得到验证、系统是否按预期执行以及内部控制是否按预期工作，测试至关重要。因此，信息系统审计师必须参与这个阶段的审查，并执行以下任务：

- 审查测试计划的完整性；指出用户参与的证据，例如用户开发的测试方案和/或用户签字同意的结果；考虑重新运行重要测试。
- 协调汇总核对控制和转换数据。
- 审查错误报告以了解它们在识别错误数据和解析错误方面的精确度。
- 核查周期性处理的正确性（月末处理、年终处理等）。
- 核查管理层及其他利益相关方使用的关键报告和输出的准确性。
- 与系统的最终用户面谈，了解他们对新方法、程序及操作说明的理解。
- 审查系统和最终用户文档，以确定其完整性并核查测试阶段的准确性。
- 审查并行测试结果的准确性。
- 通过开发和执行访问测试来核查系统安全是否按设计要求运作。
- 审查单元和系统测试计划，确定是否已计划和执行内部控制测试。
- 审查 UAT 并确保验收的软件已交付给实施团队。供应商不能替换此版本。
- 审查用于记录和跟进错误报告的程序。

技　　术	描　　述	优　　点	缺　　点
快照	记录经过程序内各逻辑路径的指定交易	验证程序逻辑	需要广泛了解信息系统环境
映射	确定尚未测试的具体程序逻辑，并在执行期间分析程序以指出程序语句是否已执行	• 通过识别未用代码来提高效率 • 识别潜在风险暴露	软件成本
跟踪和标记	• 跟踪可以显示应用期间所执行的指令线索 • 标记主要是在输入时将指示符加在所选交易上，并通过跟踪来跟踪这些交易	精确直观地记录顺序发生的事件，适用于实时交易和模拟交易	执行跟踪例程需要花费大量的计算机时间，还需要熟悉应用程序和进行额外的编程
测试数据/卡片组	通过真实程序模拟交易	• 实际主文件或虚拟数据的副本可以用作测试数据 • 不必审查源代码 • 可以应对突发性使用 • 为程序控制和编辑提供客观性审查和验证 • 初始使用可限制于特定的程序功能，最大限度地减小范围和复杂性 • 对了解 IS 环境的要求最小	• 很难保证检查正确的程序 • 存在未包括所有交易情景的风险 • 需要非常了解应用程序系统 • 不测试实际的主文件和主文件记录
基础案例系统评估	• 将开发的测试数据集用作综合程序测试的一部分 • 在验收之前验证系统操作是否正确，并定期进行重新确认	综合测试验证和符合性测试	• 需要投入大量精力来维护数据集 • 需要所有相关方密切合作
并行操作	使用现有程序和新开发的程序同时处理生产数据并比较结果，并在替换现有流程之前验证生产变更	在停用旧系统之前验证新系统	增加处理成本
集成测试设施	在数据库中创建虚拟文件，同时处理测试交易与实时数据	定期测试不需要单独的测试进程	• 需要仔细规划 • 测试数据必须与生产数据分离
并行模拟	使用模拟应用程序逻辑的计算机程序处理生产数据	不需要准备测试数据	必须开发程序
交易选择程序	使用审计软件筛选和选择已输入到正规生产周期中的交易	• 独立于生产系统 • 由审计师控制 • 不需要修改生产系统	存在开发和维护成本
嵌入式审计数据搜集	使用嵌入主机应用程序中的软件进行筛选。该软件选择输入交易并在输出期间生成交易。通常，该软件将作为系统开发的一部分来进行开发。类型包括： • 系统控制审计审查文件。由审计师判断包括到正常处理过程的测试是否合理。用于提供信息以待进一步审查。 • 示例审计审查文件。随机选择交易，以提供代表性文件进行分析	提供抽样和生产统计数据	• 开发和维护成本较高 • 审计师独立性问题
扩展记录	搜集受到特定程序影响的所有数据	记录将被放入同一个便于操作的文件	增加数据存储成本、间接费用，以及系统开发成本

图 3.24　测试应用程序系统

3.5.5 系统实施

实施仅在测试阶段成功完成后启动。系统安装应按照企业的变更控制程序进行。

信息系统审计师应核查在实施之前是否已获得相应的签字同意，并执行以下操作：

- 审查用于计划和运行系统的程控程序以及用于执行生产计划的系统参数。
- 审查所有系统文档，以确保文档的完整性，并且确认来自测试阶段的所有最新更新均已纳入其中。
- 核查所有数据转换，以确保其正确和完整后再实施生产系统。

实施规划

当完成开发工作并做好运行准备后，项目交付的新系统需要一个有效的支持结构。仅针对支持结构确立职责并任命员工来执行这些职责是远远不够的。支持人员需要学习新技能。必须合理分配工作，以保证人尽其才，因此开发新流程时需遵守 IT 部门的规定。此外，必须为支持人员提供专用的基础设施。由于这些和其他原因，建立支持结构本身通常就是一个项目，需要规划并借鉴从过往经验中总结的方法和良好实践。

此类项目的目标是针对新的技术基础设施开发和建立支持结构。主要目标是完成以下内容：

- 为一线、二线和三线支持团队提供恰当的支持结构。
- 提供单一联系点。
- 定义相关职责和技能并提供相应的培训计划。

通常，项目发起人的组织会运行和支持原有解决方案，并根据新的系统架构实施新的系统环境。现有支持程序和组织单元必须支持新系统，以便为新平台以及旧平台提供适当力度的支持。

为顺利帮助相关人员了解业务流程的变更并引入新软件，需要解决如下一些重要问题：

- 在不影响当前运行系统的情况下，现有支持人员如何参与设置新项目？
- 必须在培训计划中提到的知识/技能差距是什么？
- 当前旧环境下的运行与新平台的运行之间存在多大差异？

过渡项目通常应遵照以下准则：

- 从现有平台平稳过渡到新平台，不给系统用户带来负面影响。
- 尽量多地利用现有支持人员来运行新系统环境，尽量少聘用新员工。

要逐步弃用现有系统并启用新系统，一大挑战是管理从构建、集成到迁移的各个阶段。迁移无法一蹴而就，应逐步过渡受影响的服务。此外，旧环境的实施流程可能不同于新平台，因此必须将所有变更传达给用户和系统支持人员。

实施计划/知识转移计划

按照良好实践，应采取效仿法和接力棒法转移。效仿法使得员工有机会通过观察逐渐熟悉系统。接力棒方法是以透明方式转移知识和责任的最合适概念。接力棒这个比喻形象地表达出了必须达到的效果（即将知识划分成较小的部分转移）。

培训计划

定义完角色和职责后，以图表的形式将它们记录在案，形成清晰且易于阅读的概述文档。

例如，员工培训计划应涵盖以下所有必要培训的相关信息：

- 内容。
- 日程计划安排信息。
- 持续时间。
- 授课机制（现场授课和/或网络授课）。
- "训练培训师"的概念。

制订培训计划时要考虑未来新结构中的角色定义和技能概况，还应考虑差距分析的结果。计划考虑到需要接受培训的员工仍须运行当前系统，因此必须与日常业务任务保持周密协调。

以下列举为实现项目整体目标而确立的工作任务：

- 核对现有的支持结构文档。
- 审查现有的 IT 组织模型。
- 定义新的支持组织结构。
- 定义新的支持流程。

- 将新流程映射到组织模型。
- 执行新的组织模型。
- 建立支持职能。
- 为支持人员编写沟通材料。
- 进行情况通报和培训。
- 审查动员进展。
- 转移到新的组织结构。
- 审查之前的项目。

3.6 实施配置和管理

要有效及高效开发和维护复杂的IT系统,需要在企业内实施和遵守严格的配置、变更和发行管理流程。这些流程对系统IT组件(硬件、软件、固件和网络连接,包括物理连接媒体线缆、光纤和无线电频率)的属性提供系统、一致和明确的控制。了解计算环境的配置状态对系统的可靠性、可用性和安全性以及实现这些系统的及时维护至关重要。必须仔细评估、计划、测试、批准、记录和传达对IT系统的变更,以便将其对业务流程造成的不良影响降至最低。

信息系统审计师应该了解可用于管理配置、变更和发布管理的工具和现有控制,以确保实现开发人员和生产环境之间的SoD。管理配置、变更和发布的工具包括ManageEngine Service Desk、SysAid和ServiceNow。

3.6.1 配置管理系统

由于对系统和编程维护活动实行控制存在困难,因此更多的企业开始实施配置管理系统。在许多情况下,监管要求强制规定实施这些级别的控制,以便在所有相关系统流程中提供高度的可靠性和可重复性。在配置管理系统中,维护请求必须由变更控制小组(例如,配置控制委员会)正式记录和审批。此外,还应该通过检查点、审查和签字同意程序,对维护流程的每个阶段实行严格控制。

配置管理涉及系统硬件和软件生命周期(从需求分析到维护)中的各个程序,以识别、定义系统中的软件项目,为这些项目设立基准指标,并为问题管理、变更管理和发行管理奠定基础。通常,记录组织内硬件和软件资产信息的配置管理数据库将支持这一过程。

签出流程能结合硬件、网络、系统架构审查和批准对硬件资产及库存跟踪系统所做的变更或升级,来预防或管理同步代码编辑。

签入是指将某个项目移到受控环境的流程。需要变更时(且受变更控制单支持),配置经理将签出项目。变更后,可用另外一个不同的版本号对该项进行标记。签出流程也可预防和管理多人同时编辑代码。结合硬件、网络、系统架构审查和批准对硬件资产及库存跟踪系统所做的变更或升级。

要使配置管理发挥作用,管理层支持至关重要。通过制订并遵循配置管理计划及作业程序,实施配置管理流程。此计划不应仅限于开发的软件,还应包括所有系统相关文档、测试计划和程序。

商业软件产品通常用于实现某些流程的自动化。这类工具应该始终保持对应用程序软件的控制,从开始系统分析和设计一直到实际运行,全程控制。配置管理工具通过以下方式支持变更管理和发行管理:

1. 识别受拟议变更影响的项目,以协助进行影响评估(功能、运营和安全性)。
2. 记录受授权变更影响的配置项目。
3. 按照授权情况记录实施变更。
4. 实施经授权的变更和发布时登记配置项目变更。
5. 记录与发布(已知后果)有关的基准;如果实施的变更失败,企业将会恢复到此发布。
6. 筹备发布以避免产生人为错误和资源成本。

新版本系统(或构建)只能根据经过基准化的项目构建。基准指标成为这些系统和应用程序的可信恢复来源。这些基准指标应根据行业公认的来源或基准建立或制定。例如,互联网安全中心提供的基准就是安全配置系统的配置基准指标和实践。值得注意的是,不仅要使用基准指标进行恢复,还要确保系统以最少的必要功能实施,以免在环境中引入不必要的漏洞。

从信息系统审计角度来说,有效使用配置管理软件可为管理层承诺对维护流程实行严格控制提供重要证据。

3.7 系统迁移、基础设施部署和数据转换

与旧应用程序相比，新的软件应用程序更全面且集成度更高。此外，企业在制定决策时越来越依赖数据仓库、模型和模拟；因此将旧（传统）系统中的数据导入新的应用程序非常重要。需保留或适当转变数据格式、编码、结构和完整性。必须设定迁移场景并制订复原计划。有许多直接（从旧应用程序到新应用程序）和间接（利用中间仓库）战略和工具。在许多开发项目中，数据转换是一次性任务。保证结果正确至关重要，能否成功取决于开发团队是否采用了良好实践，因为开发中设计的输入检查无法用于转换过程。必须正确描述源数据的特征，目标数据库必须能容纳现有的全部数据值。应仔细测试生成的数据。必须将在测试环境中制定的转换步骤记录下来，以便在生产系统中重复。

信息系统审计师应该确保为该流程选择的工具和技术都正确且适当，数据转换能够达成必要的目标而不丢失或损坏数据，数据丢失量极小且可被用户管理层正式接受。

3.7.1 数据迁移

如果源系统和目标系统使用的字段格式或大小不同、文件/数据库结构或编码方案不同，则需要进行数据转换（又称数据移植）。例如，一个数字既可存储为文本或浮点，也可存储为二进制编码的十进制数。

如果源系统和目标系统处于不同的硬件和/或操作系统平台，或使用不同的文件或数据库结构（如关联数据库、平面文件或虚拟存储访问方式），通常需要进行转换。

数据转换的目标是在保留数据的含义和完整性基础上，将现有数据转换为新的格式、编码和结构。数据转换流程必须提供如审计轨迹和日志等方法，来验证所转换数据的准确性和完整性。可结合使用手动流程、系统实用程序、供应商工具和一次性专用应用程序来验证准确性和完整性。

由于大规模的数据转换需要大量分析、设计和规划，因而可能会成为项目内的一个独立项目。为成功完成数据转换，须执行如下步骤：

- 确定需要使用程序转换的数据，并确定哪些数据需手动转换（如有）。
- 转换前完成必要的数据清理工作。
- 确定用于验证转换的方法，例如自动文件比较法（即以抽样方式比较记录数目和控制总数、账户余额以及单个数据项）。
- 为成功转换创建参数（例如，是新旧系统间必须完全一致，还是在定义的范围内可存在一定差异？）。
- 排定转换任务的执行顺序。
- 设计审计轨迹报告以便将转换工作记录在案（包括数据映射和转换）。
- 设计异常报告以记录无法自动转换的数据项。
- 确立验证和签字认可各转换步骤的责任，以及验收整体转换工作的责任。
- 开发和测试包括功能和性能的转换程序。
- 执行一次或多次试行转换，让相关人员熟悉事件的执行顺序以及自己的角色，并使用真实数据测试端到端的转换流程。
- 通过包含保密、数据隐私、数据销毁和其他保证条款的适当协议，来对转换流程的外包加以控制。
- 在所有必要人员均在场或均能取得联系的情况下运行实际转换。

如果在预算范围内能够按时交付质量达标的新系统，则说明数据迁移成功。应周密规划数据迁移项目，并使用适当的方法和工具将以下风险降至最低：

- 日常运行中断。
- 破坏数据的安全性和机密性。
- 原有运行平台与迁移后的运行平台之间发生冲突和资源争用。
- 迁移过程中出现数据不一致或丧失数据完整性。

数据模型和新应用程序模型应存储在企业存储库中。通过使用贮存库，可在项目开展过程中模拟迁移方案，并保证可追溯性。企业贮存库有助于概要了解再造和数据迁移流程（比如了解模块和实体处于哪个阶段）。在后面部分所述的流程中，会进一步改进这些模型。

完善迁移方案

为确定项目实施的范围，应开展模块分析以确定受影响的功能模块和数据实体。应根据此信息和业务要求分析来完善实施项目的计划。

下一步是制订迁移计划。这是一份将新系统部署用于生产的详细任务清单。在此计划中，应在决策点做出"继续"或者"停止"的决定。以下流程需要决策点：

- **迁移支持流程**。必须实施管理企业贮存库的支持流程。由于应在项目完成后使用此贮存库来管理新架构的软件组件，所以此流程应能够支持未来的开发流程。通过支持原有架构变更的逆向工程并推动生成影响分析报告，企业贮存库管理和报告生成功能可为迁移提供支持。
- **迁移基础设施**。项目将制定迁移项目基础设施的配置说明。这种方法可确保一致性并提升对回退方案效用的信心。迁移项目团队简要分析新旧数据模型后建立两种模型之间的联系，并在后续阶段进行完善。迁移基础设施是指定以下组件的基础：
  - 数据重定向器（临时适配器）。根据良好实践，应分期部署应用程序，以最大限度降低最终用户对其实施的影响，并采取影响力最小的回退方案来降低风险。因此，在分布式应用程序中，需要在不同的平台上使用基础设施组件处理分布式数据。新架构上的数据重定向器设计与面向服务的架构对应并涵盖以下特性：在运行时能够访问尚未迁移的旧数据；通过 Open Group for Unix Systems eXtended Architecture（X/Open XA）接口等标准保证数据的一致性；新架构为同一种类。
  - 数据转换组件。通常需要创建企业数据模型来消除数据冗余和不一致现象。因此，必须提供可将旧数据模型转换为新数据模型的基础设施组件。这些组件的描述如下：
    — 卸载组件，以便复制旧数据库中已确定需要迁移的数据（即保持原样或适当修改，以匹配目标系统的数据格式）。
    — 传输组件，以执行从旧系统到新系统的数据传输。
    — 加载组件，以执行将数据加载到新数据库的操作。

完成软件评估后，应立即购置可为数据迁移提供支持的软件包，如 ERP 和文档管理软件。数据转换计划应基于所选供应商提供的可用数据库和迁移工具。

作为实施项目的一部分，必须基于数据模型的交易量和更改程度决定使用哪种方法执行数据转换。

回退（回滚）方案

并不是所有新系统的部署都会按计划推进。为降低任务关键型系统停机的风险，良好实践要求，在尝试进行生产转换之前，必须确保取消迁移所需的工具和应用程序可用。可能需要作为项目的一部分开发部分或全部此类工具和应用程序。

还必须提供可取消所有更改的组件，以便在新应用程序无法正常工作时，将数据恢复到原始应用程序。应将以下两类组件视为回退应急计划的一部分。

第一个组成部分包括：

- 卸载组件，用于从新数据结构中卸载数据。
- 传输组件，用于进行数据转换。
- 加载组件，用于将数据加载到旧数据结构。

第二个组成部分包括：

- 日志组件，用于记录服务层内的新数据模型在运行时期间的数据修改情况。
- 传输组件，用于进行数据转换。
- 加载组件，用于将数据加载到旧数据结构。

另一个重要的考虑因素是新系统的数据结构。要确定此信息，可通过阅读软件的用户指南，分析 ERD，了解数据元素之间的关系并查看新系统中关键术语（如实体和记录）的定义。

下一步，务必审查有关如何在新系统中执行业务流程的决策。这样便可找出变动内容，并且这一操作的结果是根据数据元素的现有定义生成一份新数据词汇表格。在这一步中，项目团队需确定如何在新系统中定义现有数据。这一步完成后，将进行数据清理以消除当前数据库中的不一致（如果可行），同时查找并解决数据集重复的问题。明确定义并记录转换规则，目的是确保新系统中所执行业务流程生成的结果能够保持数据完整性并维持数据之间的关系。

数据转换规则由软件开发团队制定。创建数据转换脚本的目的是将数据从旧数据库转换到新数据库。针对为涵盖各类情形而精选出的离散数据进行测试。此过程也被称为程序或单元测试。编程人员签字认可数据转换脚本后，便可在生产数据库的测试副本上运行脚本。执行各项评估（包括业务流程测试）以验证数据值。对转换脚本进行微调后，用户和开发人员即完成了测试周期。完成测试后，下一步是将经过转换的数据库用于生产。

在数据转换项目中，需要考虑的要点是确保：

- 数据转换完整。
- 数据的完整性。
- 转换中数据的存储和安全性。
- 数据的一致性。
- 数据访问的连续性。

转换前从旧平台复制的最后一份数据副本以及转换后复制到新平台中的第一份数据副本应在存档中分开保存，以供将来参考。

3.7.2 转换（上线或切换）技术

转换是指让用户停用现有（旧）系统的应用程序，转而使用替代（新）系统的应用程序。只有在测试完新系统的程序和相关数据后，此方法才适用。转换有时被称为上线技术，因为其可启用新系统；也称为切换技术，因为有助于弃用旧系统，顺利过渡至新系统。

有三种不同的方式可实现这项技术。

并行转换

此项技术是指先运行旧系统，然后并行运行新旧两套系统，最后在对新系统的运行充满信心后完全转换到新系统。采用此方法时，用户必须在一段时间内并行使用两套系统。这会将使用新系统的风险降至最低，同时有助于找出用户在开始使用新系统时会遇到的困难、问题和忧虑。并行使用期过后，用户便可放心大胆地依赖新系统了。此时，将停止使用旧系统，完全切换到新系统上使用。请注意：在图 3.25 中，新旧系统中的模块数（分别为 m 和 n）可以不等。

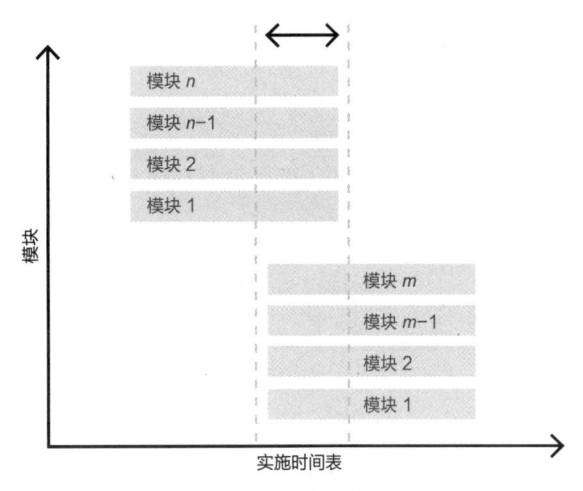

图 3.25　并行转换

分阶段转换

采用此方法时，旧系统将分解为若干个可交付模块。一开始，使用新系统的第一个模块，同时停用旧系统的第一个模块；然后，使用新系统的第二个模块，停用旧系统的第二个模块；依此类推，直到最后一个模块为止。因此，采用的是预先计划好的分阶段形式完成从旧系统到新系统的转换，如图 3.26 所示。

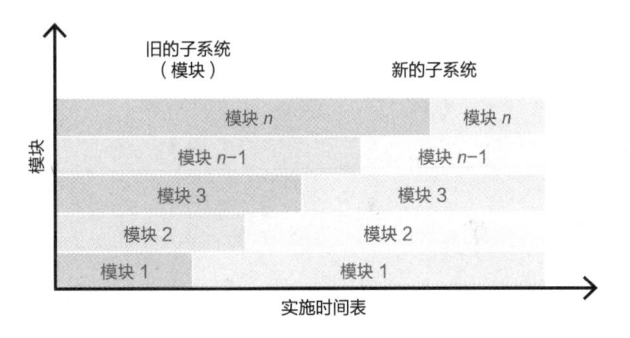

图 3.26　分阶段转换

分阶段转换时可能存在一些风险，包括：

- 资源挑战（在 IT 方面，指能够维护两个独特的环境，例如硬件、操作系统、数据库和代码；在运营方面，指能够维护用户指南、程序和政策、系统术语定义等）。
- 项目生命周期延长，涵盖两个系统。
- 为了继续为旧系统提供支持，对各种要求和自定义项的变更管理。

一次性转换

采用这种方法时，旧系统到新系统的转换在确切的截止日期和时间完成，转换完成后，旧系统即会停止使用，如图 3.27 所示。

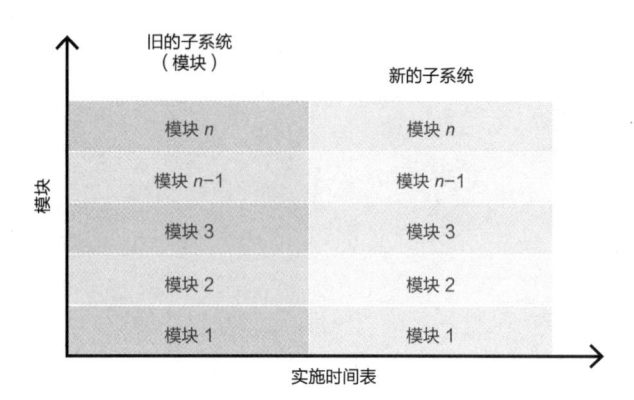

	旧的子系统（模块）	新的子系统
模块	模块 n	模块 n
	模块 n-1	模块 n-1
	模块 3	模块 3
	模块 2	模块 2
	模块 1	模块 1
	实施时间表	

图 3.27 一次性转换

向新系统的转换涉及四个主要步骤或活动：

1. 转换文件和程序；在测试台上试运行。

2. 安装新的硬件、操作系统、应用程序系统和迁移的数据。

3. 分组培训员工或用户。

4. 安排操作和试运行，准备上线或转换。

与转换相关的风险项包括：

- 资产保护。
- 数据完整性。
- 系统有效性。
- 系统效率。
- 变更管理挑战（取决于考虑的配置项）。
- 记录重复或丢失（如果数据清理不当，有可能存在重复或错误的记录）。

3.7.3　系统变更程序和程序迁移流程

系统在实施和稳定之后将进入持续开发或维护阶段。这一阶段将一直延续到系统停用。这个阶段涉及在整改系统错误或增强系统功能时需要进行的活动。

就这一点而言，信息系统审计师应考虑以下几个方面：

- 对于用户提出的系统变更请求是否存在一套审批、确定优先级和跟踪的方法，以及对该方法的使用情况。
- 操作手册中是否对紧急变更程序有所阐述。
- 对于用户和开发组而言，变更控制是不是正式程序。
- 变更控制日志能否确保所有显示的变更均已得到解决。
- 用户对变更请求的周转情况（及时性和成本）的满意度。
- 生产源和可执行模块是否具有足够的安全访问限制。
- 企业的相关程序是否足以处理紧急程序变更。
- 应急登录 ID 的使用是否具有足够的安全访问限制。

信息系统审计师应检查变更控制日志上的一系列变更，以便：

- 确定要求的变更是否引发生成相应的变更开发文档，例如程序和操作文档。
- 确定变更是否按文档记录进行。
- 确定当前文档是否反映变更后的环境。
- 评估现有程序是否足以测试系统变更。
- 审查证据（测试计划和测试结果），以确保相关程序按组织标准所规定的内容执行。
- 审查为确保可执行代码和源代码完整性而建立的程序。
- 审查生产可执行模块并核查程序源代码有且仅有一个对应版本。
- 检查变更管理工具的技术控制。

此外，信息系统审计师还应审查总体变更管理流程，以便针对该流程的确认、响应时间、响应效力以及用户满意度等方面识别可能的改进点。

关键成功因素

规划实施时的关键性成功因素包括：

- 为避免延迟，必须让技术熟练的合适员工参加研讨会，并让他们参与到项目的整个过程中。
- 开展这项工作所需的记录需要在项目启动时准备就绪。
- 决策制定者必须参与到所有步骤中，以确保能够制定出所有必要的决策。

最终用户培训

培训计划的目的是确保最终用户能够独立使用系统。最终用户培训的重点之一是确保在开发流程的早期考虑培训事务并制订培训项目计划。必须制定考虑时间安排、内容范围和授课机制的战略。

应召集不同领域的用户集中试讲，以确定如何根据不同用户群的需求定制培训。试讲后，可按照试点组的反馈意见，视需要调整培训方法。

应该为将协助培训流程的员工开设单独课程。"训练培训师"课程也会带来有用的反馈意见，可帮助改进培训计划的内容。

培训授课的时间安排至关重要。如果培训开展得过早，在系统投入运行时，用户可能已经忘记大部分内容。如果培训开展得过晚，则会没有足够的时间从试点组获得反馈意见，因而无法对主要培训计划做出必要更改。应根据用户在企业内的角色定制培训课程，以适应用户不同的技术水平和需求。

要制定培训战略，企业必须任命一名培训主管。培训主管将针对用户的具体工作职能确定需要接受培训的用户。应考虑以下授课形式和授课机制：

- 案例研究。
- 基于角色的培训。
- 讲座和分组讨论。
- 按照经验水平划分不同的模块。
- 讲授如何使用系统的实用课程。
- 修复性计算机培训（如果需要）。
- 有关网络或物理介质的在线培训。

维护一个包括用户错误以及系统相关响应的案例或测试库很重要。培训主管应将学员信息及学员提出的课程改进意见记录到数据库或电子表格中。

3.7.4 系统软件实施

系统软件实施涉及确定可以在整个企业中应用功能、配置选项和标准配置的控制。另外，实施还涉及在非生产环境中测试软件，并且获得某种形式的认证和认可，从而将通过审批的操作系统软件投入生产。

3.7.5 认证/认可

认证是一种评估员参照管理标准以及信息系统的操作和技术控制标准执行全面评估并确定合规水平的流程。评估机构会检查对于特定要求（如标准、政策、流程、程序、工作说明和准则，用以支持认可）的遵从程度。其目的是判断控制的实施是否得当、控制是否如期运行以及产生的成果是否令人满意，进而确定是否满足系统的安全要求。认证的结果将用来重新评估风险和更新系统安全计划，从而为授权机构做出鉴定决定提供事实依据。

认可属于一种官方管理决定（由高级官员做出），用以批准信息系统的运行，并且根据一组议定要求和安全控制的实施情况明确接受企业的运营、资产或人员方面存在的风险。安全鉴定是一种形式的QC，可促使管理人员和各级别技术人员在任务要求以及技术、运营和成本/时间表等因素的限制下，尽可能对信息系统实施最有效的安全控制。

信息系统得到高级官员的认可后，如果发现安全违规行为，该官员需为此系统的安全承担责任，并对企业遭受的所有负面影响负全责。因此，鉴定的核心原则是承担相应的职责和责任。

3.8 实施后分析

项目应正式收尾，以提供有关项目结果的准确信息、改善未来的项目并实现项目资源的有序发布。在收尾流程中应确定项目目标是否已达成或得到免除，并应当总结经验教训以避免错误的再次发生，同时鼓励推广良好实践。与项目收尾相反，实施后分析通常在项目完成后的几周或几个月内执行，此时可了解所实施解决方案的主要优缺点。审查是效益实现流程的一部分，包括评估项目的总体成功情况及其对业务的影响。

实施后审查还用于确定是否在系统中内置了适当的控制。它应考虑到技术详细信息以及在项目实施过程中遵循的流程，包括：

- 系统的充分性：
  - 系统是否满足用户需求和业务目标？
  - 控制的定义和执行是否充分？
- 预期成本与效益或 ROI 衡量。
- 旨在解决系统不足和缺陷的建议。
- 任何建议的实施计划。
- 开发项目流程的评估：
  - 所选方法、标准和技术是否得到遵从？
  - 使用的项目管理技术是否合适？
  - 系统操作当中的风险是否在可接受水平范围内？

并非在指定项目完成时，就立即可以获得与该项目关联的所有教训。对于项目开发团队和部分最终用户而言，最佳实践是在项目完成且系统已投入生产足够长时间之后再执行一次联合审查，以评估其对企业的有效性和价值。

结束项目是一个正式流程，注重于总结教训供将来使用。图 3.28 概述了项目结束时应执行的五个步骤。

步　　骤	操　　作
1	向特定个人分配任何未解决问题的责任，并确定解决这些问题所需的相关预算（如适用）
2	分配合同保管职责，将文件存档或将其传递给需要的人
3	与项目团队、开发团队、用户和其他利益相关方执行实施后审查，以确定可应用于未来项目的教训。包括以下信息： • 与内容相关的标准，例如： 　■ 是否实现交付目的以及任何其他目标 　■ 是否获得与项目相关的奖励 　■ 是否遵守时间表和成本规定 • 与流程相关的标准，例如： 　■ 团队动态与内部通信 　■ 项目团队与外部利益相关方之间的关系
4	记录在项目实施期间已识别的任何风险（包括可能与正确使用交付成果相关联的风险）并更新风险登记表
5	在项目交付成果已完成很长时间足以实现真正的业务成本效益之后再执行一次实施后审查，使用该审查的结果衡量项目整体是否成功和业务影响

图 3.28　项目收尾步骤

必须注意的是，为确保实施后分析的有效性，应在项目可行性分析和设计阶段确定要审查的信息，并在项目的各个阶段进行搜集。例如，项目经理可以设置一些检查点，以便在项目执行阶段衡量软件开发流程的有效性和软件估算的准确性。业务衡量值应预先确定，并且在项目启动前和项目执行后对各项值进行搜集（见图 3.29）。

生产力	• 每位用户的花费（美元） • 每个月的交易数 • 每位用户的交易数
质量	• 出现偏差的次数 • 出现争端的次数 • 检测到欺诈/误用的次数
经济价值	• 总处理时间的减少量 • 管理成本的货币价值
客户服务	• 客户问题处理的周转时间 • 与用户进行有效沟通的频率

图 3.29　关键成功因素的衡量指标

在新系统中完成足够数量的业务交易，以便实现新系统的实际投资回报率，这一点同样很重要。

实施后项目审查应由项目开发团队和相应的最终用户共同执行。通常情况下，此类内部审查的重点是评估和评价项目流程，实施后审查的目标则是评估和衡量项目对于业务的价值。另外，与项目实施（内部或外部审计）无关的独立小组也可以执行实施后分析。

3.8.1　信息系统审计师在实施后审查中的角色

执行实施后审查的信息系统审计师应该与系统开发流程无任何关联。因此，与项目团队就系统开发进行过协商的信息系统审计师不得执行此审查。与内部项目团队审查不同，信息系统审计师执行的实施后审查倾向于关注系统开发和实施过程的控制方面。

应在审计工作底稿中完整记录对开发项目执行的全部审计工作，以便为信息系统审计师的审计发现和建议提供支持。应在维护和发生变更期间重复利用此审计报告和文档，以验证、确认和测试系统变更的影响。

应定期审查系统，确保系统能经济高效地持续实现业务目标，同时保持控制的完整性。

信息系统审计师应履行如下职能：

• 确定是否已达到系统的目标和要求。在实施后分析期间，应多加留意最终用户对系统的使用情况、故障单、工作指令和总体满意度。该审查可表明是否已达到系统的目标和要求。

• 确定在可行性分析中确认的成本效益是否已进行衡量、分析并准确报告给管理层。

- 审查执行的程序变更请求以评估系统所需的变更类型。请求的变更类型可能表明在设计、编程或用户要求解释中存在的问题。
- 审查系统的内置控制,确保其运行符合设计要求。如果系统中包含企业资产管理,则应使用此模块来测试关键运行。
- 审查操作人员的错误日志,以确定系统内部是否存在任何固有的资源或运行问题。这些日志可以在实施之前指明系统的计划或测试不当。
- 审查输入和输出控制差额和报告,验证系统能否正确处理数据。

案例研究

Wonderwheels 是美国一家大型全国性零售商，专门销售各种户外运动、狩猎、钓鱼和露营产品，包括他们赖以得名的各式各样的全地形车。该企业目前在美国开展业务，并制订了将其零售中心扩展到欧盟部分地区的长期业务计划。

作为当前正在开展的业务的一部分，管理层已要求内部信息系统审计师审查企业是否已准备就绪，能够满足保护持卡人信息的要求。这应该是对公司立场的高层次概述，而不是对其是否遵守具体标准的逐点审查（这将在今年晚些时候单独进行）。

在初步评估期间，信息系统审计师了解到以下信息：

- **POS 收银机加密**。该零售商使用无线 POS 收银机与各家商店所配置的应用服务器相连。这些收银机使用有线等效保护加密。
- **POS 本地应用程序服务器位置**。POS 应用程序服务器通常位于各家商店的客户服务区中央，可通过帧中继网络将所有已应用强加密的销售数据转发到位于 Wonderwheels 公司总部的数据库服务器，然后通过虚拟私有网络将其发送到信用卡处理机构进行销售审批。
- **企业数据库位置**。企业数据库位于企业局域网受保护、屏蔽的子集上。
- **销售数据分发**。按生产线汇总的周销售数据将从企业数据库按原样复制到磁介质，然后寄送到第三方进行购买模式分析。
- **当前的 ERP 系统合规性**。企业 ERP 系统的当前状态可能不符合新的法律法规要求。在初始评估期间，信息系统审计师确定 ERP 系统未遵守欧盟的通用数据保护条例。

此外，由于以下几个因素，Wonderwheels 的数据库软件在两年多内未得到修补：

- 由于供应商被竞争对手收购并将剩余的业务重新集中到其他软件服务上，供应商对数据库软件包的支持未能到位。

- Wonderwheels 的管理层已实施升级到新数据库软件包的计划。升级正在进行中；然而，花费的时间比预期的要长。

关于数据库升级，公司预计到会有大量的定制工作，已开始采用分阶段执行的方式，先交付部分成果。这些交付内容发布给了用户，以供其在真实数据和实际项目上试用。同时，下一阶段的设计和编程正在进行中。尽管初步测试结果是积极的，但内部审计小组表示，其尚未纳入有关新系统配置和测试的关键合规性决策中。此外，运营交易在执行期间经常出现排队或"挂起"现象，而且数据库中的数据越来越频繁地出现损坏的情况。其他问题也逐渐显露：已经整改的错误开始再次出现，经过测试的功能修改开始出现其他错误。进度本已落后的项目此时处于十分危急的情况。

1. 以下哪个选项会使零售商面临**最**大的风险？

   A. 数据库修补程序严重过时
   B. 无线 POS 收银机使用 WEP 加密
   C. 通过互联网发送信用卡持卡人信息
   D. 将汇总的销售数据寄送给第三方

2. 根据案例研究，**最**需要实施以下哪项控制？

   A. POS 收银机应使用双因素认证，并使用强制复杂密码
   B. 无线接入点应使用介质访问控制地址过滤
   C. 应当修补当前的 ERP 系统以符合 GDPR 要求
   D. 汇总销售数据应在分发前进行匿名和加密处理

3. 在向管理层提交的初步报告中，关于数据库升级的状态，以下哪项是信息系统审计师应该包括的**最**重要的内容？

   A. 内部审计应包含在指导委员会的批准项中
   B. 新数据库可能与现有的 ERP 解决方案不兼容
   C. 需要 ERP 升级和/或修补程序，以确保更新后数据库的兼容性
   D. 内部审计应该能够审查升级后的数据库，以确保符合支付卡行业数据安全标准

4. 为了更直接地帮助解决数据库升级问题，信息系统审计师应该：

   A. 审查改进软件基准定义所依据的功能项目规格说明的有效性
   B. 提议以交付内容 QC 顾问的身份加入项目团队
   C. 进一步研究相关问题，从而找出根本原因并制定相应对策
   D. 与项目负责人联系，讨论项目计划并建议使用 PERT 方法重新制定交付时间表

案例研究相关问题参考答案

1. A. 未安装修补程序的数据库服务器位于屏蔽子网中，所以可以减轻企业因此面临的风险。
   B. 使用 WEP 加密可能会带来最大的风险，因为 WEP 使用易于破解的固定密钥。通过无线收银机传输信用卡持卡人的信息很容易遭到拦截，从而带来非常严重的风险。
   C. 因为使用强加密，所以通过互联网发送信用卡持卡人数据所产生的风险较小。
   D. 由于发送给第三方的销售数据是汇总数据，其中应不包括持卡人信息。

2. A. 根据案例研究，尚不清楚 POS 收银机是否已经使用双因素认证。已知的是，汇总的销售数据按原样复制到其他媒体上用于外部分发，且未采用任何控制。
   B. 根据案例研究，不清楚无线接入点是否使用了 MAC 地址过滤。已知的是，汇总的销售数据按原样复制到其他媒体上用于外部分发，且未采用任何控制。
   C. 由于目前只在美国运营，遵守 GDPR 固然重要，但并不是最重要的，而希望扩展到欧盟只是企业的长期愿景。
   D. 目前还不清楚销售数据是否安全且不含个人识别信息，如信用卡信息和社会保障号码。这方面可能带来最重大的风险，应予以解决。

3. **A. 如果内部审计隶属指导委员会，那么在生产发布中将要包含的合规和安全相关控制方面，它将拥有发言权。**
   B. 确保数据库合规性是一项运营职责，而不是审计职责。
   C. 与现有架构的兼容性必须是整个数据库实施项目团队的一项职能，其中既包括内部审计，也包括运营。因此，这不是最佳选项。
   D. 升级后的数据库解决方案必须符合影响企业的所有法规，这种审查不应局限于一项法规。因此，这不是最佳选项。

4. A. 功能性项目规格说明应由用户和系统分析员执行，而不应由审计师执行。
   B. 提议担任项目质量顾问不会带来必要的帮助，因为质量是一个形式上的特征，而当前案例的问题实质是系统不稳定。
   C. 虽然明显是技术性问题，审计师不太可能单凭自己找到问题原因，但唯一适当的行动仍然是继续研究。
   D. 与项目负责人联系并重新设计交付时间表不能解决该问题。而且，真实原因的确定实际上会改变项目环境。

第 4 章

信息系统的运营和业务恢复能力

概述

信息系统运营和业务恢复能力很重要，它可以为用户和管理层提供按预期水平交付服务的保证。服务水平的预期来源于组织的业务目标。IT 服务交付包括信息系统的运营、信息系统的 IT 服务和管理以及负责支持工作的小组。中断通常也是不可避免的业务因素之一。

做好准备是在保护人员、资产和声誉的同时维持业务运营的关键。采用业务恢复能力策略可帮助组织解决这些问题并减小其影响。

此领域在 CISA 考试中所占比重为 26%（约 39 个问题）。

领域 4 考试内容大纲

A 部分：信息系统运营

1. IT 组件
2. IT 资产管理
3. 作业调度和生产流程自动化
4. 系统接口
5. 最终用户计算和影子 IT
6. 系统可用性和容量管理
7. 问题和事故管理
8. IT 变更、配置和修补程序管理
9. 运营日志管理
10. IT 服务水平管理
11. 数据库管理

B 部分：业务恢复能力

1. 业务影响分析
2. 系统和运营恢复能力
3. 数据备份、存储和恢复
4. 业务持续计划
5. 灾难恢复计划

学习目标/任务说明

在此领域中，信息系统审计师应当能够：

- 按照信息系统审计标准和基于风险的信息系统审计战略执行审计。
- 评估自动化和/或决策系统对组织的作用和/或影响。
- 评估 IT 战略，以便与组织的战略和目标保持一致。
- 评估组织的 IT 政策管理和实务，包括对法律和监管要求的遵守情况。
- 确定组织是否已定义 IT 风险、控制和标准的所有者。
- 评估组织维持业务运营的能力。
- 评估组织的存储、备份和恢复政策和流程。
- 评估 IT 供应商选择和合同管理流程是否符合业务、法律和监管要求。
- 评估供应链的 IT 风险因素和完整性问题。
- 评估是否已制定有效的流程来支持最终用户。
- 评估 IT 服务管理实务是否符合组织要求。
- 评估 IT 运营和维护实务是否支持组织的目标。
- 评估组织的数据库管理实务。
- 评估组织的数据治理方案。
- 评估组织的问题和事故管理方案。
- 评估组织的变更、配置、发布和修补程序管理方案。
- 评估组织的日志管理方案。
- 评估与资产生命周期管理相关的组织政策和实务。
- 评估与影子 IT 和最终用户计算相关的风险，以确定补偿性控制的有效性。
- 评估组织的威胁和漏洞管理方案。
- 评估逻辑、物理和环境控制，以验证信息资产的机密性、完整性和可用性。

深造学习参考资源

CM, S.; *Architecting Cloud-Native Serverless Solutions*, Packt Publishing, UK, 2023

Crask, J.; *Business Continuity Management: A Practical Guide to Organizational Resilience and ISO*

22301, KoganPage, USA, 2021

Cuel, R.; D. Ponte; F. Virili; eds; *Exploring Digital Resilience: Challenges for People and Organizations*, Springer International Publishing, Switzerland, 2022

Eryurek, E.; U. Gilad; V. Lakshmanan; A. Kibunguchy-Grant; J. Ashdown; *Data Governance: The Definitive Guide: People, Processes, and tools to Operationalize Data Trustworthiness*, O'Reilly Media, USA, 2021

International Organization for Standardization/International Electrotechnical Commission, *ISO/IEC 20000-1:2018, Information technology—Servicemanagement—Part 1: Service management system requirements*, Switzerland, 2018

ISACA, *COBIT®*, www.isaca.org/cobit

Kegerreis, M.; M. Schiller; C. Davis; *IT Auditing Using Controls to Protect Information Assets*, McGraw Hill, USA, 2020

Mannino, M.; *Database: Design, Application Development & Administration*, Chicago Business Press, USA, 2019

Pal, S.; D. Le; P. Pattnaik; *Cloud Computing Solutions: Architecture, Data Storage, Implementation and Security*, Wiley, USA, 2022

Philips, B.D.; *Business Continuity Planning: Increasing Workplace Resilience to Disasters*, Elsevier, USA, 2021

Scholl, H.; E. Holdeman; F. Boersma; *Disaster Management and Information Technology: Professional Response and Recovery Management in the Age of Disasters*, Springer, Switzerland, 2023

Sikdar, P.; *Practitioner's Guide to Business Impact Analysis*, Auerbach Publications, USA, 2017

Snedaker, S.; *Business Continuity & Disaster Recovery for IT Professionals*, Syngress Publishing Inc., USA, 2014

Wallace, M.; L. Webber; The *Disaster Recovery Handbook: A Step-by-Step Plan to Ensure Business Continuity and Protect Vital Operations, Facilities, and Assets*, Amacom, USA, 2018

Watters, J.; *Disaster Recovery, Crisis Response & Business Continuity*, Apress, USA, 2014

自我评估问题

CISA 自我评估问题与本手册中的内容相辅相成，有助于了解考试中的常见题型和题目结构。考生通常需从所提供的多个选项中，选出**最**有可能或**最合适**的答案。请注意，这些题目并非真实或过往的考题。有关练习题的更多指导，请参阅关于本手册部分。

1. 在相似的信息处理设施环境下，确定性能水平的**最佳**方法是下列哪一项？

   A. 用户满意度
   B. 目标完成情况
   C. 基准检测
   D. 容量和发展规划

2. 对于中断容忍度低且恢复成本巨大的关键任务系统，信息系统审计师原则上会推荐使用以下哪种恢复选项？

   A. 移动站点
   B. 温备援中心
   C. 冷备援中心
   D. 热备援中心

3. 对于信息系统审计师来说，下列哪一项是用来测试程序变更管理流程**最**有效的方法？

   A. 从系统生成的信息追踪到变更管理文件
   B. 检查变更管理文件以找到证据证明准确性
   C. 从变更管理文件追踪到系统生成的审计轨迹
   D. 检查变更管理文件以找到完整性的证据

4. 下列哪一项会允许企业将其内联网通过互联网延伸至其业务伙伴？

   A. 虚拟私有网络
   B. 客户端／服务器
   C. 拨号访问
   D. 网络服务提供商

5. 根据软件应用（它是 IS 业务持续计划的一部分）的关键性进行的分类由以下哪项确定？

   A. 业务性质及应用程序对业务的价值
   B. 应用程序的替换成本
   C. 供应商为应用程序提供的支持
   D. 应用程序的相关威胁和漏洞

6. 当执行客户端服务器数据库安全审计时，信息系统审计师**最**应该关注下列哪一项的可用性？

   A. 系统实用程序
   B. 应用程序生成器
   C. 系统安全文档
   D. 访问存储的程序

7. 当审查互联网通信网络时，信息系统审计师**首先**要检查：

   A. 密码更改的有效性
   B. 客户端/服务器应用程序的架构
   C. 网络架构和设计
   D. 防火墙保护和代理服务器

8. 信息系统审计师应该参与：

   A. 观察灾难恢复计划的测试
   B. 制订 DRP
   C. 维护 DRP
   D. 审查供应商合同中的灾难恢复要求

9. 在以下哪种情况下，应该将数据镜像作为恢复战略实施？

   A. 恢复点目标很低
   B. RPO 很高
   C. 恢复时间目标很高
   D. 容灾能力很强

10. 下列业务持续计划的哪个要素**主要**是由组织的 IT 部门负责？

    A. 制订 BCP
    B. 选择和批准用于 BCP 的恢复战略
    C. 宣告灾难
    D. 灾难之后还原 IT 系统和数据

自我评估问题参考答案

1. A. 用户满意度是保证有效的信息处理操作满足用户要求的量度。
   B. 目标完成情况可对性能和预定目标对比的有效性进行评估。
   C. 基准检测提供了确定相似信息处理设施环境所提供性能水平的手段。
   D. 由于组织内 IT 的重要性和技术的不断变革，容量和发展规划很有必要。

2. A. 移动站点是特别设计的拖车，可以快速地将其运输到业务地点或备用站点，以提供就绪状态的信息处理设施。
   B. 温备援中心经过部分配置，通常有网络连接和所选的外围设备（如磁盘、驱动器和控制器），但是没有主计算机。
   C. 冷备援中心只有运行 IPF 的基本环境。冷备援中心可以接收设备，但是不会在需求未发生前在站点中提供任何组件。
   D. 热备援中心可以在数小时之内（有时甚至可以在一小时之内）实现完全配置并做好运行准备。

3. **A. 当测试变更管理时，信息系统审计师应从系统产生的信息开始（包含模块上一次更新的日期和时间），并从那里追踪到授权变更的文件。**
   B. 同样，仅仅关注所检查文档的准确性不能确保实际记录了所有变更。
   C. 反方向追踪可能存在漏检未记录变更的风险。
   D. 同样地，仅仅关注所检查文档的完整性不能确保实际记录了所有变更。

4. **A. 虚拟私有网络技术允许外部伙伴使用公共网络作为传输或共享的专用网络，来安全地参与外联网。由于成本低，使用公共网络（互联网）作为传输工具是主要的方法。VPN 依靠隧道/封装技术，它们允许互联网协议承载多种不同的协议（如系统网络架构和互联网数据包交换）。**
   B. 客户端/服务器不能解决将网络延伸到业务伙伴的问题（客户端/服务器指通过网络通信连接的组织内的一组计算机，这里客户端是请求机而服务器是供应机）。
   C. 企业使用拨号接入的方法延伸其内联网也许在技术上有可能，但这样做并不现实，或者不具备成本效益。
   D. 网络服务供应商可以通过提供互联网服务为共享的专用网络提供服务，但其没有延伸组织的内联网。

5. **A. 关键性的分类由应用程序系统在支持组织策略中所扮演的角色确定。**
   B. 应用程序的更换成本不会反映应用程序对业务的相对价值。
   C. 供应商支持不是确定关键性分类的相关因素。
   D. 仅在应用程序对业务至关重要时，才会对相关威胁和漏洞进行评估。

6. **A. 系统工具可能允许对客户端服务器数据库中的数据做出未经授权的更改。在数据库安全审计中，对于这类实用程序的控制应该是信息系统审计师的主要关注点。**
   B. 应用程序生成器是客户端服务器技术一个内在的组成部分，而且 IS 审计师应该评估生成器访问数据库权限的控制而不是其可用性。
   C. 安全文档应该限于获得授权的安全人员，但这不是主要关注点。
   D. 访问存储的程序不是主要关注点。

7. A. 对密码变更有效性的审查会作为实质性测试的一部分执行。
   B. 了解网络架构和设计是确定各信息层以及各层之间访问架构（例如客户端/服务器应用程序）的起点。
   C. 审计网络的第一步是了解网络结构和设计。了解网络架构和设计提供网络及其连接性的总体情况。
   D. 了解网络架构和设计是确定各信息层以及各层之间访问架构（例如代理服务器和防火墙）的起点。

8. **A. 当测试灾难恢复计划以确保测试的恢复程序可以达到所需恢复目标且恢复程序快速有效时，信息系统审计师应该一直在场并酌情报告**

结果。

B. 信息系统审计师可能会参与计划制订的监督，但是不大可能参与实际的制定过程。

C. 同样，也可以执行计划维护程序的审计，但是信息系统审计师师通常不会负责实际维护。

D. 信息系统审计师可能会被要求针对供应商合同的各种要素提出意见，但是也并非总是如此。

9. **A.** 恢复点目标指的是可接受的恢复数据的最早时间点。换句话说，RPO 指示的是所恢复数据的"年龄"，即数据是在多长时间以前备份或复制的。如果 RPO 非常低，如几分钟，这意味着组织无法承受丢失哪怕只是几分钟的数据。在这样的情况下，应该使用数据镜像（同步数据复制）作为恢复策略。

B. 如果 RPO 很高，如几小时，那就可以使用其他备份程序。

C. 恢复时间目标高意味着灾难中断/宣告之后并不立即需要 IT 系统，就是说可以稍后再恢复。

D. RTO 时间从灾难中断/宣告开始，其间业务可以容忍无法使用 IT 设施。如果 RTO 很高，可以使用较慢的恢复策略来恢复 IT 系统和设施。

10. A. 组织的高级管理层主要负责监督制订组织的业务持续计划并对其结果负责。

B. 管理层还要对用作灾难恢复的策略进行选择和审批。

C. IT 可能参与宣告灾难，但不是主要的负责人。

D. 组织的 IT 部门主要负责发生灾难后在指定的时间框架内还原 IT 系统和数据。

A 部分：信息系统运营

信息系统的运营对于现代组织有效管理和维护系统和网络至关重要。信息系统运营包括硬件和软件安装、系统配置、网络管理、数据备份和恢复、安全监控和用户支持。IT 运营涉及协调资源、人员和流程，以确保信息系统可靠且不间断地运行，从而使组织能够实现其目标。

高效的 IT 运营有助于提高生产力、简化流程、增强数据完整性并提高决策能力。组织可以通过优化系统性能、最大限度地减少停机时间并及时解决技术问题来提高竞争力并避免中断。

IT 运营专业人员在此领域发挥着至关重要的作用。他们对计算机系统、网络和软件应用有着深入的了解，这使他们能够有效地诊断和解决技术问题。他们确保系统遵守行业标准和监管要求，保护敏感数据免遭泄露和未经授权的访问。

为了向用户和管理层保证提供预期的服务水平，IT 运营实践发挥着重要的作用。服务水平的预期来源于组织的业务目标。IT 服务交付包括信息系统运营、IT 服务，以及信息系统和支持团队的管理。

4.1 IT 组件

IT 运营的组成部分因特定组织及其 IT 基础设施而异。IT 运营可能很复杂，需要根据企业的特定需求、行业和运营规模采用高度定制的方法。信息系统审计师应熟悉相关法规（例如，欧盟《通用数据保护法规》、美国《健康保险流通和责任法案》以及行业特定的要求），并评估 IT 运营是否符合所有适用法规和标准。由于技术环境不断变化，信息系统审计师应及时了解新兴技术和行业趋势，例如云计算、虚拟化、人工智能和网络安全威胁。这些知识将支持他们评估 IT 运营期间与这些技术相关的风险和控制。

IT 运营中最常见的元素为：

- **基础设施**。网络基础设施对于组织内的连接和数据传输至关重要。基础设施内的硬件包括工作站、存储设备以及打印机和扫描仪等外围设备。它包括路由器、交换机、防火墙和其他网络设备。作为基础设施的一部分，大型组织通常拥有容纳服务器、存储系统和网络设备的数据中心。数据中心旨在提供受控的环境，具有气候控制、供电、消防、物理安全和冗余措施等功能，以确保 IT 系统的可用性和可靠性。数据中心是托管关键基础设施组件、应用程序和数据的中央位置。信息系统审计师应该全面了解组织的 IT 基础设施，包括硬件、软件、网络、数据中心和云服务。这些知识将支持审计师评估基础设施组件的有效性、效率和安全性。

- **网络**。网络组件对于连接设备、实现通信和促进数据传输至关重要。典型的网络组件包括路由器、交换机、防火墙、负载均衡器、虚拟私有网络集线器、网络电缆和卫星通信设备。公司需要访问互联网上的资源（尤其是在实施多个分布式位置时），并通过广域网连接这些资源以确保 IT 服务的可用性。为了满足这些需求，物理网络通常被配置成逻辑电路来分隔流量，当流量必须通过 WAN 或互联网服务提供商传输时，则使用特殊设备进行转发或切换协议。通常，在转发网络流量前，网络设备会应用加密以确保其机密性。以往的电信和网络服务通常被软件定义广域网等成本较低的虚拟服务所取代。信息系统审计师应深入了解网络安全控制，包括访问控制、网络安全、数据保护、加密、漏洞管理和事故响应。审计师应评估这些控制的充分性和有效性，以降低安全风险。

- **应用程序和软件**。应用程序和软件解决方案支持各种业务功能和流程。IT 运营部门通常负责选择、开发、实施和维护可靠、安全和最新的软件，以优化生产力、简化运营并满足业务需求。IT 运营部门管理着各种软件组件，包括操作系统、应用程序、数据库和中间件。信息系统审计师应了解变更管理流程，评估变更控制的有效性，并评估在软件更新和升级时是否遵循了适当的测试、文档和授权程序。应用控制应包括用户访问审查、接口控制、职责分离、备份和加密。

- **系统监控和管理**。IT 运营部门通过监控工具、日志分析、事件管理以及主动问题检测和解决，持续监控 IT 基础设施、网络性能和应用程序的运行状况。监控依赖于实施监控工具和性能管理实践来识别瓶颈、检测问题并优化系统性能。信息系统审计师应了解现有的监控系统，评估其在检测和响应性能问题方面的有效性，并评估组织的容量规划和优化实践。

- **备份和灾难恢复**。组织数据的完整性和可用性至关重要。组织需要高效的数据管理实践，包括可靠的备份系统、灾难恢复计划和数据复制机制，以预防数据丢失并最大限度地减少系统故障、自然灾害或其他破坏性事故期间的停机时间，确保在数据丢失或损坏的情况下可以恢复数据。信息系统审计师应熟悉事件管理流程，并评估其在检测、报告和响应事故方面的有效性。审计师应评估组织的业务连续性和 DRP，以确保及时恢复关键的 IT 运营。

- **虚拟化和云计算**。随着虚拟化和云技术的日益普及，IT 运营通常涉及管理虚拟机、虚拟机监视器和云基础设施。这包括在虚拟和云环境中配置、扩展和优化资源。在云服务中，IT 运营可能包括管理云平台的采用，例如基础设施即服务、软件即服务、平台即服务以及虚拟化技术，以提高技术的灵活性、可扩展性和成本效益。信息系统审计师应通过直接测试或依赖于第三方审查（例如系统和组织控制报告）来确保控制到位。

- **文档和知识管理**。IT 系统、配置和流程的综合文档以及有效的知识管理实践对于有效的 IT 运营至关重要。知识管理系统有助于存储和共享程序、故障排除指南、流程叙述和端到端流程图，以确保 IT 团队内的高效运营、平稳过渡和有效协作。信息系统审计师应审查所有 IT 文档，以确保其完整、最新且可供日后参考。

> **注意**
>
> 本手册中使用的供应商专用的专业术语仅用于说明目的。不会考核考生供应商专用的硬件组件或其专用专业术语，除非这类专业术语已十分普遍且在全球范围内使用。

4.1.1 网络

对网络概念的概述有助于对 IT 运营和组件进行讨论。网络架构标准的目的在于通过为组织提供可用于构建计算机之间通信及网络通信过程的参考模型，从而简化构建过程。

开放式系统互连（Open Systems Interconnection，OSI）参考模型是此流程的基准标准。OSI 是一种七层概念验证模型，每层指定具体的任务或功能。每层均独立存在，就功能而言，各层之间相对独立。因此，更新某一层提出的解决方案，不会对其他层造成不利影响。

OSI 模型的目的是从概念上描述信息（数据）的移动。OSI 项目源自对国际性网络标准的需求，专用于简化硬件与软件系统之间的通信，而不必考虑底层基础设施之间的差异。

请务必注意，在 OSI 模型中，每一层不仅与本地堆栈中的上下各层进行通信，还与远程系统中的相同层进行通信。例如，本地系统中的应用层会与远程系统中的应用层进行通信。在应用层中，所有关于如何在堆栈后续层处理数据的详细信息是不可见的。模型中的每一层都是如此。每一层与远程系统中的相同层都有直接（虚拟）连接。

应用层—应用层为必须与网络中的设备进行通信的应用程序提供标准接口（例如打印联网打印机上的文件、发送电子邮件或将数据存储于文件服务器）。因此，应用层提供网络接口。此外，应用层还可将计算机的可用资源传送至网络的其他部分。不应混淆应用层和应用程序软件。应用程序软件使用应用层接口访问联网资源。

表示层转换数据以为应用层提供标准接口，同时提供通用通信服务，例如加密、文本压缩和重新格式化。表示层将传出数据转换为网络标准可接受的格式，然后将数据传到会话层。反之亦然，表示层将从会话层收到的数据转换为应用层可接受的格式。

会话层控制计算机之间的对话（会话）。它建立、管理和终止本地与远程应用层之间的连接。应用层之间的所有会话、数据交换和对话均由会话层管理。

传输层提供终端间数据的可靠透明传输、端到端错误恢复和流控制。传输层确保会话层发给自己的所有数据均被远程系统的传输层接收。传输层负责确认从远程传输层收到的每个数据包，确保从远程传输层收到对每个所发送数据包的确认。如果未收到数据包的确认，则重新发送数据包。

网络层在本地设备的传输层与远程设备的传输层之间创建虚拟电路。堆栈的这一层用于解析 IP 地址并负责路由和转发。这一层为数据链路层准备数据包。

数据链路层在物理链路上实现可靠的数据传输。它从网络层接收数据包，将其封装成帧，然后以位流形式发送到物理层。这些帧由原始数据和必要的控制字段组成以提供同步、错误检测和流控制。错误检测通过计算循环冗余检测（Cyclic Redundancy Check，CRC）值完成，然后将其添加到每个数据帧中。数据链路层接收方计算所接收帧的数据部分的 CRC 值，如果算出的值与收到的值不符，则丢弃帧。CRC 计算将检测所有单个位错误和大多数多个位错误。

从物理层收到的位流也同样转换为数据包并发送到网络层。数据链路层使用介质访问控制（Media Access Control，MAC）地址在逻辑上连接到相同网络段的另一设备。网络上的每台设备都有一个在出厂时分配的唯一 MAC 硬件地址。可以改写 MAC 地址，但建议不要这样做。数据链路层通常只收听发给自己的 MAC 地址的数据。这一规则有一个重要例外情况，即网络接口可配置为混杂接口，将收听物理层发送的所有数据。

物理层提供通过相应介质或载体发送和接收电子、光学或无线电信号等形式的位流的硬件。这一层定义将设备物理连接到网络所需的硬件，如电缆、连接器、网卡和物理性能等。物理层通常不进行错误纠正和检测，但要注意一些例外情况。

OSI 模型意在提供每一层的标准接口，确保每一层都不必考虑其他层的实施细节。

这种方法支持系统到系统通信（对等关系），即发送端的每一层都将信息提供给接收端的对等层。这个过程具有数据遍历过程的特点，会执行以下操作：

- 数据在本地端向下穿过各层。
- 协议控制信息（标头/尾部）用作每一层获取控制信息的包封。
- 数据在接收/目的地端向上穿过各层。
- 协议控制信息（标头/尾部）被删除，因为信息已传递到位。

介绍这一过程的传统 OSI 模型如图 4.1 所示。

OSI 模型的概念用于组织网络架构的设计和开发，包括局域网、WAN 和城域网，以及基于公共传输控制协议/互联网协议的全球互联网。

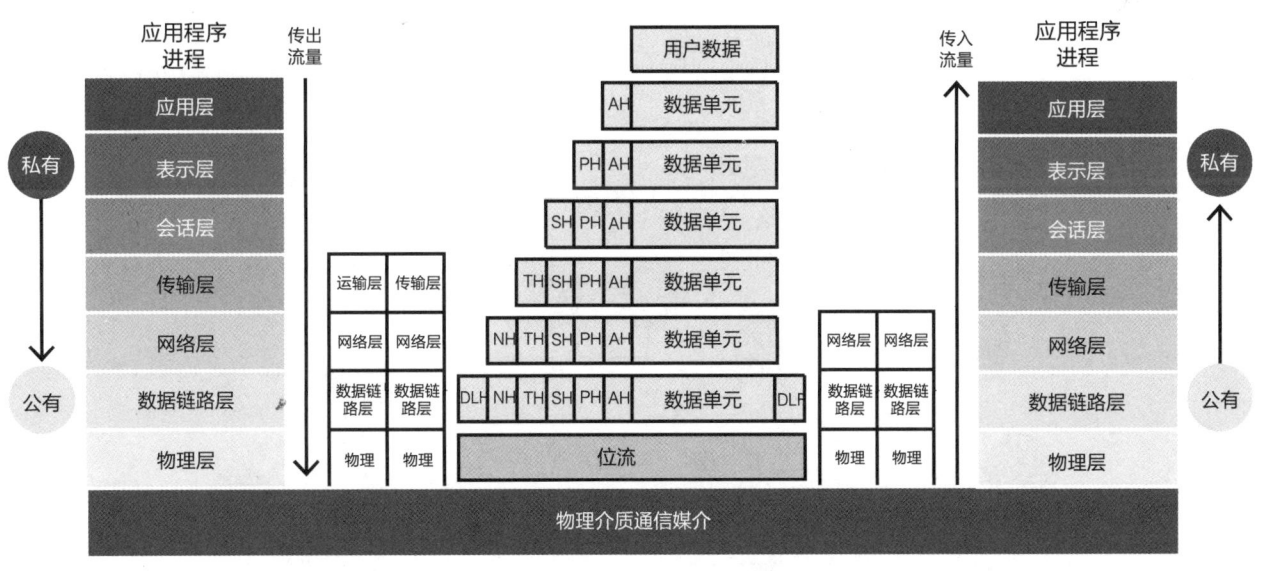

图 4.1 传统 OSI 模型

AH—应用层报头　　SH—会话层报头　　NH—网络层报头　　DLF—数据链路层帧尾
PH—表示层报头　　TH—运输层报头　　DLH—数据链路层报头

局域网

LAN 覆盖小的局部区域——从一个房间里的几台设备到跨越几栋大楼的网络。随着价位合理的带宽的增加，已经降低了为各种规模的组织提供具有成本效益的 LAN 解决方案的设计工作量。

随着 LAN 规模和流量的增长，对于仔细规划网络逻辑配置的要求变得越来越重要。网络规划师需要具有极高的技能和广博的知识。可供使用的工具包括可监控关键链路流量的流量监控器。跟踪流量、误差率和响应时间对大型 LAN 的重要性完全不亚于对分布式服务器和大型机的重要性。

要搭建 LAN，组织必须评估成本、速度、灵活性和可靠性。问题包括：

- 评估用于物理传输数据的介质。
- 评估适用于物理网络介质的方法。
- 从性能和安全角度了解如何在网络中传输数据，以及如何组织和构建 LAN 网络，以优化所连接的设备性能。

网络物理介质规范

物理介质的类型和特性（如速度、对外部干扰的敏感度、信号损失和传播以及安全性）不仅影响实施和支持成本，而且影响网络的容量、灵活性和可靠性。

LAN 可通过各种介质实施，其中包括：

- **铜线（双绞线）电路**。两条绝缘线缠绕在一起，电流以相反方向流过其中。这降低了同一束双绞线中线对之间的串音概率，可降低每个线对内的电磁干扰敏感度（屏蔽双绞线电路）。双绞线电路还可用于某些专用数据网络。无屏蔽双绞线的缺点在于，它无法抵御电磁干扰的影响并应铺设在专用管道中，远离荧光灯等潜在干扰源。而且应避免长距离并排架线，因为一条线缆上的信号可干扰相邻线缆上的信号（一种被称为串音的电磁干扰情况）。

- **光纤系统**。玻璃纤维用于以闪灯形式承载二进制信号。与双绞线电路相比，光纤系统的传输损耗更小。光纤既不辐射能量，也不导电。此外，它们不受电磁干扰影响，出现安全问题（如遭窃听）的风险极低。光纤是比较易碎的介质，对变更并不频繁的应用来说更具吸引力。相对于同等容量的金属电缆，光纤的体积更小且重量更轻。光纤是大容量长距离布线的首选。例如，光纤可用于将落地式交换机连接到企业数据交换机。此外，光缆也常用于将服务器连接到存储区域网络。

- **无线电系统（无线）**。使用广播（或辐射）并接收电磁信号（代表数据）的低功率系统在设备间交流数据。

LAN 拓扑结构与协议

LAN 拓扑结构定义如何从物理角度布置网络，而协议则定义系统如何解释通过网络传输的信息。

以前，LAN 物理拓扑结构和用于通过线缆传输信息的协议有着紧密的联系。如今，这种情况已不复存在。对于现行技术，物理拓扑结构由易于构建、可靠性及实用性驱动。在常用的物理拓扑结构中（总线、环形和星型），只有星型结构适用于任何规模的新建工程。图 4.2 介绍常用的物理拓扑结构。

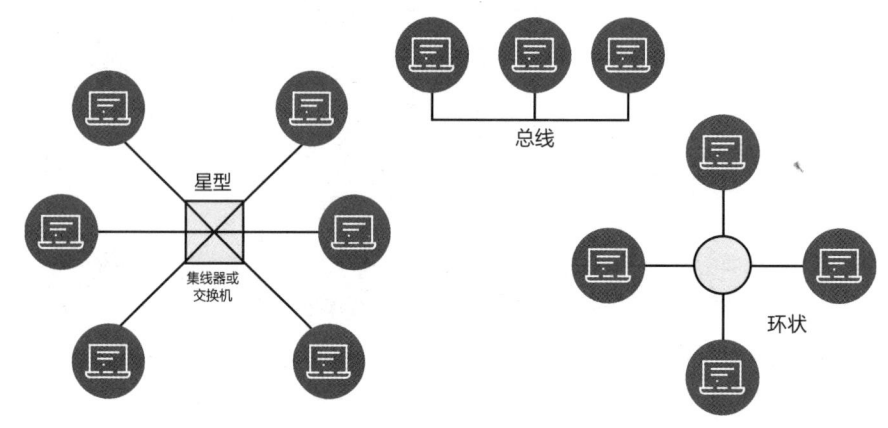

图 4.2 常用的物理拓扑结构

用于访问物理传输介质的 LAN 介质访问技术允许设备共享访问网络，同时又预防某一台设备独占网络。

LAN 组件

LAN 组件由硬件和软件技术组成，旨在协同工作以实现 LAN 中的数字通信。它们包括中继器、集线器、网桥、交换机和路由器。

- **中继器**。中继器是扩展网络范围或将两个独立网络段连接起来的物理层设备。中继器从一个网络分段接收信号并进行放大（再生），以补偿传输过程中信号强度下降（即衰减）导致的信号（模拟或数字）失真。

- **网桥**。网桥是数据链路层设备，用于连接 LAN 或根据一个网络段创建两个独立的 LAN 或 WAN 网络段，以减少碰撞域。在 OSI 参考模型的数据链路层之下，两个网络段分别用作不同的 LAN，但从该层开始往上，它们用作一个逻辑网络。向目的地传输帧时，网桥用作存储转发设备。这是通过分析数据包的 MAC 标头来实现的，该标头代表网卡的硬件地址。网桥还可根据第 2 层信息过滤帧。例如，它们可阻止来自预定义的 MAC 地址的帧进入特定网络。网桥基于软件，其效率低于基于硬件的同类设备（如交换机）。因此，在如今的企业网络设计中，网桥并不属于主要组件。

- **第 2 层交换机**。第 2 层交换机是数据链路层设备，可划分和连接互联网分段，有助于减少以太网络中的冲突域。此外，交换机还基于第 2 层 MAC 源和目的地地址，在网络分段之间存储和转发帧、过滤和转发数据包，就像网桥和集线器在数据链路层执行的操作一样。但与桥接器相比，交换机提供更可靠的功能，因为使用通过专用硬件（称为专用集成电路）实施的更为复杂的数据链路层协议。这项技术的优点在于通过降低成本、缩短延迟或空闲时间、提高交换机上具有专用高速带宽功能（例如交换机上的许多端口都可提供 10/100 兆以太网和/千兆以太网速度）的端口数量获得运行效率。交换机也适用于 WAN 技术规范。

- **路由器**。路由器类似于网桥和交换机，因为它们都连接两个或多个物理上独立的网络分段。通过路由器连接但在逻辑上仍保持独立的网络分段，可以当做独立网络使用。路由器通过检查网络地址（即编入 IP 数据包中的路由信息）在 OSI 模型的网络层运行。通过检查 IP 地址，路由器可以做出明智的决定，以将数据包指向其目的地。路由器与交换机的不同之处在于，交换机运行在数据链路层，而路由器采用基于逻辑的网络地址，使用与所有端口断开的不同网络地址/网络分段，封锁广播信息，拦截通向未知地址的信息传输，并根据网络或主机信息过滤通信。

路由器的效率通常不如交换机高，因为路由器一般是基于软件的设备，会对通过的每个数据包进行检查，而这会导致网络中出现重大瓶颈。因此，要仔细考虑路由器在网络中的位置。出于运行效率考虑，应在网络设计中充分利用交换机，并对网络中的其他路由器应用负载均衡原则。

LAN 风险

与使用 LAN 相关的风险包括：

- 由于未经授权的更改导致数据和程序完整性丧失
- 由于无法保持版本控制而导致缺乏对当前数据的保护。
- 由于用户验证不力和可能通过远程连接访问公共网络而导致外部活动风险暴露。
- 病毒和蠕虫感染。
- 由于是一般访问规定，而不是按需知密访问规定，导致数据公开不当。
- 通过模仿或伪装成合法 LAN 用户进行非法访问。
- 内部用户嗅探（从网络中获取可用于发起攻击的看似不重要的信息，例如网络地址）。
- 内部用户的欺骗（重新配置网络地址以伪装成不同的地址）。
- 缺少启用的详细自动化活动日志（审计轨迹）。
- 销毁记录和审计数据。

LAN 安全

可提供的 LAN 安全保障取决于软件产品、产品版本和实施情况。常见的网络安全管理功能包括：

- 声明程序、文件和存储器的所有权。
- 依据最小特权原则限制访问,用户只能访问执行其职责所需的内容。
- 实施记录和文件锁定以预防同步更新。
- 强制实施用户 ID/密码登录程序,包括有关密码长度、格式和更改频率的规则。
- 使用交换机实施端口安全策略,而不是集线器或不可管理的路由器。这可预防具有未知 MAC 地址的未经授权主机连接到 LAN。
- 使用互联网安全协议加密本地流量。

为了全面了解 LAN,信息系统审计师应识别并记录以下内容:

- 拥有特许访问权限的用户或群组。
- LAN 拓扑和网络设计。
- LAN 管理员/LAN 所有者。
- LAN 管理员/所有者执行的功能。
- 不同的 LAN 用户组。
- 在 LAN 上使用的计算机应用程序。
- 与网络设计、支持、命名约定以及数据安全相关的程序和标准。

广域网

广域网(WAN)是在地理上分散的 LAN 上(例如,工厂之间、城市和国家之间)传输信息的数据通信网络。

WAN 的主要特征包括:

- 适用于 OSI 参考模型的物理层和数据链路层。
- 数据流可以是单工(单向流动)、半双工(某一时刻只能向一个方向流动)或全双工(同时在两个方向上流动,避免了周转延迟)。
- 通信线路可以是交换的或专用的。

WAN 的实现

如今,大多数大容量网络连接已经使用光缆。可供使用的其他系统包括:

- **微波无线电系统**。微波无线电能够通过空气进行语音和数据的视距传输。过去,模拟微波电路提供了大多数长途低速数据和语音传输。使用这项技术的原因在于,它在那一时期为小容量电缆承载系统提供了一种较低成本的备选方案。大多数重路由微波系统此后已被光缆系统取代,因为后者可提供更大的容量和更高的可靠性,且每信道英里的成本也远远小于相当容量的微波系统的成本。所有新建微波系统都使用数字信号,以显著提高数据率和降低误差率(相较于模拟电路)。微波无线电路现在仍常用于光纤不占成本优势的"轻路由"系统。大多数电力公司都使用微波系统连接其监督控制和数据采集系统。微波电路的设计必须考虑区域的物理拓扑结构和气候条件。微波天线必须能够互相"看见"。气象条件(如降雨)可对微波链路造成不利影响。
- **卫星无线电链路系统**。此类系统包括多个接收器/放大器/发射器组件(统称为转发器)。每台转发器有 36 MHz 带宽,工作频率稍有不同,有独立的发射站,将窄束微波信号发送给卫星。与微波相似,卫星信号可受天气影响。虽然卫星信号每次可携带的信息量更大,但其缺点在于,相较于其他介质来说延迟更大,因为它要从地球"跳"向卫星并返回(传统上估计约为 300 毫秒)。然而,近地轨道卫星网络(如 Starlink)的扩展部署正在将延迟减少到 100 毫秒以下(有时甚至低至 20-30 毫秒),从而改变了与基于卫星的互联网服务相关的期望和可能性。

图 4.3 列出了网络可用的每种物理层介质的优缺点。这些物理规范适用于 WAN 技术。

WAN 消息传输技术

WAN 消息传输技术包括:

- **消息交换**。将一条完整的消息发送到集中存储点,一旦通信路径可用就立即路由到目标点。传输成本基于消息长度。
- **虚拟电路**。两个网络设备之间的逻辑电路,以实现可靠的数据通信。有两种类型可供选择:交换式虚拟电路和永久虚拟电路。SVC 将动态建立按需连接,而 PVC 将建立常开型连接。

媒 体	用途和距离	优 点	缺 点
双绞线	• 用于不到 200 英尺（60.96 米）的短距离 • 支持音频和数据	• 价格低廉 • 易于安装 • 容易获得 • 易于修改	• 易被窃听 • 容易拼接 • 串音 • 干扰 • 噪声
同轴电缆	• 支持数据和视频	• 易于安装 • 简单直接 • 容易获得	• 厚 • 价格昂贵 • 不支持许多局域网 • 距离敏感 • 难以修改
光纤	• 用于长距离 • 支持语音、数据、图像和视频	• 高带宽性能 • 安全 • 难以窃听 • 无串音 • 比铜线的体积小、重量轻	• 价格昂贵 • 难以拼接 • 难以修改
无线电系统	• 用于短距离	• 价格低廉	• 易被窃听 • 干扰 • 噪声
微波无线电系统	• 音频和数据信号的视线载体	• 价格低廉 • 易于安装 • 可用的	• 易被窃听 • 干扰 • 噪声
卫星无线电链路系统	• 使用转发器发送信息	• 高带宽和不同的频率	• 干扰 • 噪声 • 易被窃听

图 4.3 传输介质

TCP/IP 及其与 OSI 参考模型的关系

TCP/IP 协议族是互联网约定俗成的标准。TCP/IP 协议族包含面向网络的协议和应用程序支持协议。图 4.4 显示了与 TCP/IP 套件相关的一些标准及其在 OSI 模型中的位置。TCP/IP 协议族是在 ISO/OSI 框架之前开发的；因此，TCP/IP 标准与该框架的各个层之间并没有直接的匹配。

网络管理和控制

网络管理可从性能和安全两方面确保网络运行正常。其职责包括监控使用情况和吞吐量、负载均衡、对安全违规和故障情况做出反应、保存和恢复数据，以及随着网络使用量的增长对可伸展性进行更改。因此，需要适当了解网络结构和拓扑、使用的协议，以及可用的管理工具。

用于监控网络和执行更改的软件应仅限网络管理员访问。此软件是与特定网络设备（主要是交换机和路由器）关联的网络操作系统软件。

网络操作系统提供了许多旨在将网络塑造成统一、受控且一致的计算环境的功能，其中包括：

- 支持本地和远程终端设备访问主机和服务器。
- 支持公共网络资源的共享，例如文件和打印服务。
- 建立到主机和服务器的链接。

网络操作系统提供许多面向用户的功能，包括：

- 允许对网络主机的各种资源进行透明访问。
- 检查特定资源的用户授权情况。
- 协调和简化对远程资源的访问，使其像访问本地资源一样简便。
- 在整个网络中建立统一的登录和日志记录程序。
- 提供最新的在线网络文档。
- 使单个主机或服务器上的操作尽可能可靠，特别是在使用成组的等效主机时。

OSI 模型	TCP/IP 概念层	协议数据单元（PDU）	TCP/IP 协议	设备	层功能	层功能
7 应用程序	应用程序	数据	超文本传输协议 文件传输协议 简单邮件传输协议 简单文件传输协议 网络文件系统 名称服务器协议 简单网络管理协议 远程终端设备控制协议 行式打印机后台程序 X Windows 域名系统 动态主机配置协议/Boot	网关	提供用户界面	文件、打印、消息、数据库和应用程序服务
6 演讲					表示数据 执行处理工作，例如加密	数据加密、压缩和转换服务
5 会话层					维持不同应用程序的数据的独立性	对话控制
4 传输层	传输层	数据段	传输控制协议 用户数据报协议	第4层交换机	提供可靠或不可靠的交付	端到端连接
3 网络	网络接口层	数据包	互联网控制消息协议 地址解析协议 逆地址解析协议 互联网协议	路由 第3层交换机	提供路由器用来确定路径的逻辑寻址	路由
2 数据链路层	LAN 或 WAN 接口层	帧	以太网络 快速以太网 光纤分布式数据接口 令牌环 点对点协议	第2层交换机 桥接器 无线 AP 网卡	将数据包组合为字节，然后将字节组合为帧提供对使用 MAC 地址的介质的访问权限执行错误检测，不执行错误纠正	组合为帧
1 物理		位		集线器中继器 NIC	在设备之间移动比特流指定电缆的电压、线速和接点	物理拓扑

图 4.4　OSI 与 TCP/IP 协议族的关联

网络性能指标

主要的网络性能指标包括延迟、抖动、吞吐量和服务质量：

- **延迟**。消息或数据包在从源传输到目的地的过程中所遭遇的延误。因为信息需要跨越不同的设备（交换和路由时间），并且信号必须传播一定距离（传播延迟，影响程度较小），所以会出现延迟。当网络设备繁忙时，数据包要么必须等待、在缓冲区排队，要么被丢弃。测量 TCP/IP 网络中延迟的一个简单方法是使用 ping 命令。
- **抖动**。抖动是数据包流从来源到目的地之间的延迟差异，以毫秒为单位。延迟和抖动之间的主要区别在于，延迟是通过网络的延迟，而抖动是延迟量的变化。延迟的显著变化被称为"高抖动"，而较小的变化被称为"低抖动"。
- **吞吐量**。系统在单位时间内所做有用工作的数量。在电信中，它是每秒穿过一个通道的字节数。
- **服务质量控制**。衡量网络整体性能，尤其是从网络用户的角度来看。它是衡量网络向用户提供优质服务的能力的指标。它考虑了延迟和抖动，以及传输延迟、可用性和数据包丢失等其他指标。

此外，还会测定网络错误计数和重传次数以评估网络性能。

网络管理问题

WAN 与 LAN 和主机系统网络架构流量的混合体或与纯粹面向 LAN 的流量进行通信，这在如今已十分常见。几乎所有的组织都纷纷对自己的电信、与 TCP/IP 相关的基础设施和最新型路由器实施了标准化改造。

在 TCP/IP 环境中指定电信网络的特定名称（即 WAN）表明了这种采用不同技术设计方法的趋势。需要对 WAN 进行与 LAN 相似的监控和管理。作为其通信建模工作的一部分（ISO/IEC 10040），ISO 定义了五个与网络管理相关的基本任务：

- **故障管理**。检测出现了某种技术故障的设备。
- **配置管理**。用户可以远程了解、定义和更改任何设备的配置。
- **记录资源**。保存 WAN 中的资源使用记录（使用者和使用的资源）。
- **性能管理**。监控使用级别并设置超出阈值时的警报。
- **安全管理**。检测可疑的流量或用户，并生成相应警报。

网络管理工具

在组织的现代网络环境中，任务通常是使用一组网络管理工具来完成的。

响应时间报告，确定主机系统应答终端设备用户输入的命令所需的时间。响应时间很重要，如果响应速度太慢，用户就不愿意充分利用信息系统资源。这些报告通常会针对各电信线路或系统，确定在给定时间间隔内的平均、最差和最佳响应时间。信息系统管理层和系统支持人员应对这些报告进行审查，以追踪潜在问题。如果响应时间很慢，则应调查所有可能的原因，例如输入/输出通道瓶颈、带宽利用率和中央处理器运算能力。应对各种解决方案进行分析，并应采取适当且符合成本效益的整改措施。

故障报告跟踪电信线路和电路的可用性。故障报告将确定由于电力/线路故障、流量过载、操作员错误或其他异常情况而导致的中断。如果停机时间过长，信息系统管理层应该考虑以下修复措施：

- 增加或更换电信线路。
- 改用更可靠的传输线路（例如，由共享线路改为专用线路）。
- 安装备用电源。
- 改进访问控制。
- 密切监控线路利用率，以便更好地预测用户的近期和长期需求。

在线监控，检查数据传输的准确性和错误。监控过程会对所有传输执行回送检查（将接收的数据返回给发送方进行验证）和状态检查，从而确保不会丢失或重复传输消息。

网络监控，提供网络节点和状态的实时显示。

网络（协议）分析器是连接到网络链路的诊断工具，使用网络协议的情报来监控沿链路流动的数据包并生成网络使用情况报告。网络分析器通常基于硬件，并且在数据链路和/或网络级别运行。输出包括：

- 使用的协议。
- 沿所监控的链路流动的信息包的类型。
- 流量分析。
- 硬件错误、噪声和软件问题。
- 性能统计（例如，所用带宽的百分比）。
- 问题和可能的解决方案。

简单网络管理协议，是一种基于 TCP/IP 的协议，用于监视和控制整个网络中的不同变量、管理配置并搜集有关性能和安全性的统计信息。主控制台会定期轮询所有网络设备并显示全局状态。SNMP 软件能够实时接受特定的操作员请求。根据操作员指令，SNMP 软件会向启用 SNMP 的设备发送特定命令并检索所需的信息。要执行这些任务，所有设备（如路由器、交换机、集线器、PC、服务器）都需要运行 SNMP 代理。实际的 SNMP 通信发生在所有代理与控制台之间。

融合协议

融合协议是指通过将专有协议与标准协议合并，在不同介质上实现通信的协议。这是信息安全架构的一大优势，因为它简化了安全性，并且通常将相同的基础设施用于多种场景。融合协议通常使用现有的

TCP/IP 支持网络基础设施来托管特殊或专有服务，而无须进一步部署其他底层网络硬件，从而为企业节省大量成本。不过，这种架构也会引入更多需要在同一基础设施上管理的协议和设备，从而增加复杂性。信息系统审计师关注的融合协议架构示例包括：

- **光纤通道**。FC 是一种网络数据存储形式，可在长达 10 公里的距离内以高达 16 Gbps 的速度高速、无损地传输文件。它专为在光缆上运行而设计，通常需要独立于常规客户端应用程序的专用基础设施。FC 主要支持点对点网络，通常用于块存储、低延迟应用，如支持高速在线交易处理、在线票务和虚拟环境的数据库。FC 通常比基于 IP 的存储网络更安全。
- **以太网光纤通道**。FCoE 是通过以太网网络封装 FC 帧的技术解决方案。它通常需要 10Gbps（或更高速度，最高达 40 Gbps）以太网方可支持 FC 协议。这意味着 FCoE 可作为网络层或 OSI 第 3 层协议运行，取代 IP 作为标准以太网网络的有效载荷。为 FCoE 提供保证的信息系统审计师应注意，尽管该技术可靠且具有容错性，但由于交换机和存储阵列等所需基础设施的成本较高，因此实施成本非常昂贵。
- **多协议标签交换**。MPLS 是一种高吞吐量、高性能的网络技术，它基于短路径标签（而非较长的网络地址）在网络上引导数据。与基于 IP 的传统路由过程相比，MPLS 可节省大量时间，而且复杂性较低，因为它提供了一种独立于路由表的网络流量模式工程机制。在 MPLS 环境中，对数据包头的分析仅执行一次，然后将数据包分配到由标签标识的数据流中。标签是数据包前端的一个固定长度的短值（20位），用作标签转发表的查找索引。转发表存储每个标签的转发信息以及其他信息，如用于确定数据包转发优先级的服务等级值。MPLS 的一个主要优点在于，它可以通过封装处理各种协议，从而避免对 TCP/IP 的依赖。这就允许使用其他几种网络技术。
- **IP 语音**。VoIP 是一种隧道机制，用于通过 TCP/IP 网络传输语音和/或数据。与其他方法相比，它的成本较低，并提供更多的选项和功能，包括在计算机网络和移动设备上直接替代电话。VoIP 可支持视频和数据传输，以进行视频会议和项目远程协作。VoIP 提供商用和开源选项。一些 VoIP 解决方案需要专门的硬件，以将传统电话听筒/基站插入 USB 适配器并连接到网络电话系统。其他解决方案则仅基于软件。VoIP 通话通常比固定电话和手机呼叫便宜。
- **互联网小型计算机系统接口**。iSCSI 是一种 SAN 协议，支持通过网络进行独立于位置的文件存储、传输和检索。它通常被视为 FC 的低成本替代品。它是一种基于 IP 的网络标准，用于在 TCP/IP 网络上传输携带 SCSI 命令的数据。它连接数据存储设备，提供对存储设备的块级访问。它允许两台主机通过使用 IP 网络（采用高性能本地存储总线）来插入和交换 SCSI 命令，在网络上对其进行仿真，并创建 SAN。其组成部分包括：
  - **iSCSI 启动器**。启动器是安装在服务器中的基于主机的软件或硬件，允许向/从存储阵列发送数据。源阵列通常充当在存储阵列之间进行数据迁移的启动器。
  - **iSCSI 目标**。目标是放置在存储设备上的系统，其本质上是托管存储资源的服务器。它也可以访问存储。它通常代表硬盘存储，并且通常通过基于以太网的网络访问。

信息系统审计师应该了解使用 iSCSI 技术的优势。iSCSI 可重复使用，并且组织的现有服务器可以多次配置 iSCSI。该技术也易于理解和配置；因此，知识有限的员工也可以实施。这使得它非常适合支持灾难恢复流程。优势包括：

- **降低成本**。iSCSI 提供块级低成本网络。它有助于减少对其他网络设备的需求，因为它在实施中并不总是需要使用主机总线适配器、单独的布线或其他特定设备。
- **增强灵活性**。它在 IP 上运行，使其更具灵活性，并且不限制启动器和目标之间的距离。它还利用了 TCP/IP 和以太网的互操作性优势。
- **提供高效的数据传输**。iSCSI 快速高效，可用于海量数据传输系统。它通常配置为 10 GbE 基础设施，可以在任何给定时间传输大量数据
- **增强安全性**。iSCSI 协议通过启用身份认证、

网络隔离、完整性和机密性来确保网络安全恢复能力。网络隔离可确保有效的启动器连接到存储阵列，从而保护数据免遭未经授权的访问。

互联网协议网络

IP 网络为其他协议的通信奠定基础，使设备能够进行通信。IP 本身是一种无连接协议。IP 网络有两种常见类型：

- **互联网协议版本 4（IPv4）**。IPv4 用于分组交换链路层网络（例如以太网）。它提供约 43 亿个地址的寻址能力，是最常用的 IP 地址。它由一个 32 位地址组成，地址之间用点号十进制符号隔开。

- **互联网协议版本 6（IPv6）**。与 IPv4 相比，IPv6 更先进且具有更好的功能。它代表了下一代 IP 寻址，并且能提供无限数量的地址。它正在逐步取代 IPv4，以适应全球范围内不断增长的网络数量，并帮助解决影响互联网通信的 IP 地址耗尽问题。与 IPv4 相比，IPv6 提供了更大的地址空间，并简化了标头信息和路由器任务。它与移动网络的兼容性也更强，允许在通信中使用更大的有效载荷。

图 4.5 从安全角度总结了 IPv4 和 IPv6 之间的主要区别。

	IPv4	IPv6
校验和字段	使用校验和字段	互联网协议版本 6（IPv6）不使用校验和字段
传输方法	广播	多播
数据安全	不支持加密和身份认证	提供加密和身份认证
地址配置	支持手动和动态主机配置协议配置	支持手动、DHCP、自动配置和重新编号功能
端到端连接完整性	无法实现端到端的连接完整性	可以实现端到端连接完整性
安全特性	该版本并非出于安全目的而开发，安全性取决于应用程序	该版本出于安全目的进行了增强
数据包流识别	没有识别数据流的机制	标头中的流标签字段用于识别数据包流

图 4.5　IPv4 和 IPv6 的比较

将 IPv4 转换为 IPv6 的过渡策略包括：

- **双堆栈**。双堆栈允许组织在同一设备上实施两个版本。所有通信设备必须支持 IPv4/IPv6 双栈，连接到双栈网络的接口还必须同时配置 IPv4 和 IPv6 地址。
- **隧道**。该方法利用 IPv4 提供的当前路由系统，在 IPv6 流量需要通过时对其进行容纳。这种方法的优点在于它能保持 IPv4 路由器和主机配置的一致性。

网络地址转换

网络地址转换是将内部 IP 地址数据包标头转换为公共 IP 地址以通过互联网传输的机制。开发 NAT 的初衷是允许专用网络使用任何 IP 地址，而不会与具有相同 IP 地址的公共互联网主机发生冲突。

NAT 的主要类型有：

- **静态 NAT**。静态 NAT 将特定内部 IP 地址永久映射到外部 IP 地址。此外，外部地址始终是相同的 IP 地址。简而言之，每个节点都有一个静态内部/外部地址对，允许内部主机（例如 Web 服务器）拥有专用 IP 地址并可通过互联网进行访问。它还允许外部实体与外部系统进行通信。

- **动态 NAT**。动态 NAT 是一种 NAT 架构，其中外部地址和内部地址之间的映射在会话中发生变化。内部 IP 地址动态映射到来自大量 IP 地址的外部 IP 地址，允许内部网络访问互联网，而无须租用更多的公共 IP 地址。由于它减少了公共 IP 地址的滥用，这是一种成本较低的方法。

- **带端口地址转换的 NAT（NPAT）**。NPAT 允许多个专用网络设备在网络中共享相同的公共 IP 地址。动态唯一端口号通过专用网络动态分配给每台设备。随后，NAT 路由器将端口号和专用 IP 地址转换为单个外部地址，从而允许通过使用单个公共 IP 地址在互联网上的多台设备之间快捷地进行通信。

NAT 具有以下重要优势：

- **降低成本**。组织可以仅使用一个租用的公共 IP 将整个网络连接到互联网，并节省 IP 地址空间。此外，还可以使用或重复使用专用 IP 地址，并且仍能与互联网通信。
- **改善隐私**。NAT 对互联网隐藏设备的 IP 地址和寻址方案以及网络拓扑。攻击者只能看到一个 IP 地址，或者 IP 地址频繁变化，因此难以发起攻击。
- **提高安全性**。NAT 限制连接，只允许来自内部受保护网络的连接流量从互联网返回网络。因此，大多数入侵攻击都会被自动击退。NAT 还通过保持内部寻址对外部网络的私密性来增强专用网络的安全性。
- **提高灵活性和可扩展性**。当网络发生变化时，NAT 可消除地址重新编号，从而使网络系统变得更加灵活。它还提高了 IPv4 的可扩展性。
- **实施边界**。由于组织 LAN 内部使用的专用 IP 地址无法从外部路由，因此更容易实施网络边界。这样就可以强制流量在路由前通过网络防火墙以进行检查。

尽管 NAT 具有诸多优势，但也有其局限性。例如，NAT 的实施非常耗时，并且需要巨大的存储容量来维护处理器中的连接表等数据记录。它还可能干扰其他协议（例如 IPSec）的正常运行。启用 NAT 后，某些应用程序可能会停止运行，尤其是当其他网络系统不兼容时。启用 NAT 后，还可能会出现切换路径延迟，从而导致整个组织通信系统出现意外延迟。

4.1.2 计算机硬件组件和架构

计算机系统硬件组件是执行特定功能且相互依赖的组件，可将其分类为处理组件或 I/O 组件。

处理组件

计算机的核心组件是 CPU。计算机可以：

- 在单个芯片上有 CPU（微处理器）。
- 拥有不止一个 CPU（多处理器）。
- 在单个芯片上包含多个 CPU（多核处理器）。

CPU 由算术逻辑单元、控制单元和内部存储器组成。控制单元由用于控制/引导计算机系统中所有运算的电路构成。ALU 执行数学和逻辑运算。内部存储器（即 CPU 寄存器）用于处理交易。

计算机的其他关键组件包括：

- 主板。
- 随机访问内存。
- 只读存储器。
- 永久存储设备（硬盘驱动器或固态硬盘驱动器）。
- 供电单元。
- 冷却系统。
- 操作系统（参见 4.10.2 操作系统部分）。
- Wi-Fi。
- 蜂窝无线电（例如 LTE、5G 等）。
- 蓝牙。

HDD 和 SSD 都是存储设备，但它们使用不同的技术来存储和访问数据。HDD 使用机械旋转磁盘和移动读/写头来访问数据，而 SSD 使用闪存来存储数据。SSD 没有移动部件，这使得它们比 HDD 更快、更耐用且不易出现机械故障。

许多设备都包含图形处理单元。开发 GPU 的初衷是减轻 CPU 处理图形密集型任务的负担。在服务器和云虚拟系统上，GPU 执行涉及大量数据的密集计算，并将 CPU 从此类任务中解放出来。这使它们大受欢迎，适合在机器学习、人工智能和其他高性能计算应用中运行复杂计算。

输入/输出组件

输入/输出组件用于向计算机传输指令/信息以及显示或记录由计算机生成的输出。一些组件为仅输入设备，例如键盘和鼠标，而另一些组件为既可输入又可输出设备，例如触摸屏。打印机是仅输出设备的实例。

- 计算机类型

计算机可以根据若干标准进行分类，主要是它们的处理能力、大小和架构。这些类别如图 4.6 所示。

超级计算机	处理速度最高、非常庞大且昂贵的计算机，用于需要强大处理能力的专业用途或领域（例如复杂的数学或逻辑计算）。它们通常专用于少数特定的专业系统或应用程序
大型机	庞大的通用型计算机用于向数千个内部或外部用户共享处理能力和设施。大型机几乎可以同时执行大量不同的任务，从而实现这种共享用途。这类计算机的能力范围非常广泛。大型计算机通常具有专有的操作系统，可对运行并行应用程序的后台程序（批处理）和实时（在线）程序提供支持。大型机一直都是大型组织的主要数据处理和数据存储资源，长期以来都得到许多早期安全工具和控制工具的保护
高端中型服务器	能够同时支持数千个用户的多处理系统，在尺寸和功率方面可与大型机相媲美。高端/中端服务器具有大型机的许多控制功能，例如在线内存、中央处理器管理以及物理和逻辑分区。在处理数据和执行客户端程序方面，其能力与大型机相当，但成本远低于大型机。其操作系统和系统软件基础组件通常是商业化产品。高端设备通常使用 UNIX，并且在许多情况下充当数据库服务器。相比之下，较小的设备更有可能使用 Windows 操作系统，并充当应用程序和文件/打印服务器
个人计算机	被称为 PC 或工作站的小型计算机系统为个人用户而设计。PC 价格低廉，基于微处理器技术。它们用于管理办公自动化功能，例如文字处理、电子表格和电子邮件；管理小型数据库；以及与基于网络的应用程序和个人图形、语音、成像、设计、网络访问和娱乐工具交互。虽然这类计算机设计为单用户系统，但通常会相互连接构成网络
瘦客户端计算机	瘦客户端 PC 通常配置最低限度的硬件（例如无盘工作站），其目的在于使用 Microsoft Terminal Services 或 Citrix Presentation Server 等软件，在服务器层级访问一系列应用程序，完成大多数处理
笔记本电脑	便于携带的轻便（10 磅/5 公斤以下）个人计算机，可以通过常规的交流电源连线或可充电电池组供电。笔记本电脑与台式个人电脑的功能类似，也具有类似的 CPU、内存容量和磁盘存储容量。它们的电池组使其不易受到电源故障的影响。由于笔记本电脑便于携带，因此很容易被盗。有人可能偷窃这类设备来获取其中存储的信息，并在内部局域网或以远程方式劫持连接
下一代计算单元	NUC 是一种小型设备或计算机元件，可提供完整的台式电脑体验、游戏体验或边缘设备体验
单板机	SBC 是功能齐全的计算机，其微处理器、输入/输出功能、内存和其他功能均构建在单个电路板上（例如 Raspberry Pi、Arbor、Forlinx、Gateworks、WinSystems）。其内置既定容量的 RAM，并且没有用于外围设备的扩展插槽
智能手机、平板电脑和其他手持设备	手持设备可让用户使用小型计算设备替代笔记本电脑。其功能包括日程计划安排、电话和地址簿、待办事项列表、费用管理器、电子阅读器和网页浏览器。此类设备可以结合计算、电话和网络功能，随时随地可供使用。手持设备还能够与 PC 连接，以备份或传输重要信息。同样，也可以从 PC 下载信息到手持设备

图 4.6 常见的计算机类型

4.1.3 常用的企业后端设备

在分布式环境中，会使用许多设备交付应用程序服务。近年来发生重大变化的一个因素是物联网的快速增长。组织需要接纳许多互联产品，包括汽车、恒温器、摄像机、床垫和医疗设备，并了解它们对运营的影响。虽然创新、生产力和服务的增加可以带来好处，但物联网的使用也会带来数据泄露和隐私问题等风险。请参阅第 5 章信息资产的保护，了解更多信息。

一些最常见的设备包括：

- **打印服务器**。所有规模的业务都需要用户能够通过多个站点和域使用获取打印功能。通常，网络打印机通常根据打印机的物理位置以及组织内人员的使用需求进行配置。打印服务器允许企业整合打印资源以节约成本。

- **文件服务器**。文件服务器用于为整个组织提供访问文件和程序的功能。文档贮存库可以集中部署到组织内的几个位置，然后通过访问控制矩阵进行控制。使用一个文档贮存库，而不是分散在多个工作站上进行存储，更便于分组协作和文档管理。

- **应用程序（程序）服务器**。应用程序服务器通常托管一些软件程序，它们向客户端计算机提供应用程序访问功能，包括处理应用程序业务逻辑以及与应用程序的数据库通信。将应用程序和许可证整合到服务器中可实现集中管理以及更加安全的环境。

- **Web 服务器**。Web 服务器通过网页为外部客户和内部员工提供信息和服务。Web 服务器通常通过 URL 访问。

- **代理服务器**。代理服务器提供用户和资源之间的中间链接。与允许直接访问的服务器不同，代理服务器将代表用户访问服务。与直接访问相比，代理服务器可提供更加安全的访问和更加快速的响应，具体取决于所代理的服务。
- **数据库服务器**。数据库服务器存储数据并充当贮存库。这类服务器专注于存储信息，而不是以可用形式呈现信息。应用程序服务器和Web服务器将数据库服务器中存储的数据处理成可用信息。
- **数据丢失防护网关**。DLP网关是一种网络安全设备，用于预防数据丢失和泄露。它通常位于内部网络和互联网之间，检查进出组织的所有流量。DLP网关可以通过识别敏感数据并阻止将其发送到组织外部的尝试来帮助预防数据泄露。
- **实用工具（专业设备）**。实用工具提供特定服务，并且通常无法运行其他服务。它们比专业化程度较低的设备明显更小、更快、更高效。鉴于容量和性能要求，有时需要在实用工具而非通用服务器上运行某些服务。实用工具示例包括：
  - 防火墙。
  - 入侵检测系统。
  - 入侵防御系统。
  - 交换机。
  - 路由器。
  - VPN。
  - 负载均衡器。

> **注意**
>
> 有关这些设备的更多信息，请参阅第5章信息资产的保护。

代理服务器

代理服务器是代表用户运行的服务器。代理服务器主要有两种类型：正向代理和反向代理。

正向代理位于客户端和互联网之间。它们拦截来自客户端的所有流量，并代表客户端将其转发到互联网。正向代理可用于多种目的，例如：

- **提高性能**。正向代理可以缓存经常访问的网站和内容，从而缩短用户的页面加载时间。
- **过滤流量**。正向代理可用于过滤流量，并阻止对某些网站或内容类型的访问。
- **匿名数据**。正向代理可用于隐藏客户访问的网站的IP地址。

反向代理位于互联网和Web服务器之间。它们拦截来自互联网的所有流量，并代表互联网将其转发到Web服务器。反向代理可用于多种目的，例如：

- **均衡负载**。反向代理可以跨多个Web服务器分配流量，从而提高性能和可靠性。
- **安全性**。反向代理可通过过滤流量和隐藏Web服务器的IP地址来保护Web服务器免受攻击。
- **缓存**。反向代理可以缓存经常访问的内容，从而提高用户性能。

开放代理是互联网上任何人都可以访问的代理服务器。专业组织通常不会使用开放代理，因为它们可能被用于恶意目的，例如网络钓鱼和垃圾邮件。

4.1.4 USB大容量存储设备

可移动存储设备（例如通过USB端口连接的通用串行总线闪存驱动器、外部硬盘驱动器和安全数字卡）通常被称为USB大容量存储类设备。这些设备提供了方便且便携的方式来存储和传输数据。USB的设计目的在于允许将多种外围设备连接到一个标准化的插口，并通过允许热插拔（即允许在不重新启动计算机或关闭设备的情况下将设备连接到计算机或断开设备与计算机的连接）来提高即插即用性能。

其他便利功能包括为低功耗设备供电（不需要外部电源），支持多种设备（无须安装生产商特定的单独设备驱动程序）。USB闪存驱动器、外部硬盘驱动器和SD卡通常可通过USB端口读取。SD卡可通过专用SD端口或插入USB端口的读卡器读取。

USB端口可以连接的计算机外围设备包括鼠标、键盘、平板电脑、游戏手柄、摇杆、扫描仪、数码相机、打印机、个人媒体播放器、闪存驱动器和外部硬驱动器。USB设备连接时，大部分操作系统都能识别并加载必要的设备驱动程序。

SD/xD卡或闪存驱动器是可与数码相机、手持和移动计算机、电话、音乐播放器、视频游戏控制台以及其他电子设备一起使用的固态电子数据存储设备。它们可提供较高的可记录性、无电源存储能力、小巧的外观和坚固耐用的环境规格。

与 USB 大容量存储设备相关的风险

USB 大容量存储设备极为常见并被个人广泛使用。由于其普遍性，信息系统审计师应熟悉相关风险。与使用 USB 大容量存储类设备相关的风险因素包括：

- **病毒和其他恶意软件**。USB 大容量存储类设备经常变成计算机病毒载体，很难防范。在两台机器之间传输文件时，恶意软件（例如病毒、间谍软件和键盘记录器等）也可能被传输，USB 驱动器也不例外。某些 USB 大容量存储类设备有一个物理开关，可通过此开关将驱动器设置为只读模式。将文件传输到不受信任的机器时，处于只读模式的大容量存储类设备将阻止任何数据（包括病毒）写入设备。
- **数据盗窃**。黑客、公司间谍和心怀不满的员工会窃取数据，在许多情况下，这些属于机会型犯罪。使用 USB 驱动器时，具有 USB 端口的所有无人看管且未锁定的 PC 就会让犯罪活动有可乘之机。能够物理访问公司 PC 的黑客可以窃取数据或植入间谍软件。
- **数据和介质丢失**。USB 大容量存储类设备的便携性增加了数据和介质丢失的风险。如果未加密的 USB 大容量存储类设备丢失，发现它的任何人都能够访问驱动器上的数据。
- **数据损坏**。如果驱动器没有正确拔出，数据可能因设备损坏而丢失。USB 大容量存储类设备不同于其他类型的可移动介质，因为计算机不会在移除 USB 大容量存储类设备时自动报警。使用 USB 大容量存储类设备的用户必须在打算移除设备时提醒计算机；否则，计算机将无法执行断开设备连接所需的必要清理功能，特别是在设备中的文件正处于打开状态时。
- **兼容性问题**。不同版本的 USB 端口可能与各种设备存在兼容性问题，从而导致潜在的数据传输失败或损坏。
- **物理损坏风险**。USB 大容量存储类设备由于尺寸小且便于携带，很容易受到物理损坏，可能导致数据丢失。
- **机密性丧失**。由于 USB 大容量存储类设备具有方便小巧的尺寸和大容量，因此可以存储大量数据，包括机密数据。当驱动器丢失时，数据落入竞争对手手中的风险就会增加。机密性的丧失也可能引起法律问题。例如在美国，丢失或泄露患者资料可能意味着侵犯患者隐私权，进而违反 HIPAA。

与 USB 大容量存储设备相关的安全控制

一些控制有助于降低与使用 USB 大容量存储类设备相关的风险：

- **加密**。理想的加密策略允许数据存储在 USB 大容量存储类设备上；不过如果没有所需的加密密钥（如强密码或生物特征数据），则会使数据无效。市面上相关产品可用于实施强加密并符合最新的加密标准。加密是一种很好的方法，可以防范写入设备的信息丢失或失窃。但是，除非网络或本地工作站硬盘上的信息也加密，否则敏感数据仍有失窃风险。
- **精细控制**。一些解决方案可用于以集中方式提供 USB 端口的精细管理。此类专用软件允许组织阻止 USB 大容量存储类设备，但仍允许连接 USB 鼠标和键盘等外围设备。软件可以配置为允许来自特定制造商的 USB 大容量存储类设备，或允许某些计算机使用特定的 USB 大容量存储类设备。正如所有安全问题一样，单靠一种技术解决方案远远不够。必须实施严格的政策、程序、标准和准则来确保存储卡和 USB 端口的安全性。此外，必须实施积极的用户意识计划，以引导员工行为的转变。
- **个人安全教育**。闪存驱动器体积小、不引人注意，很容易被藏匿并带出企业。物理安保人员应当了解 USB 大容量存储类设备及其存在的风险。
- **锁定桌面政策的实施**。在高风险环境中，桌面计算机应当配置为短暂间隔后即自动锁定。这可以预防有人在计算机操作员离开时插入 USB 大容量存储类设备。
- **防病毒政策**。应将防病毒软件配置为扫描所有附加驱动器和可移动介质。应培训用户在打开文件之前先进行扫描。
- **仅使用安全设备**。强制使用加密。集中式软件可以管理通过 USB 端口插入的设备、强制加密或仅接受加密设备。

- **加入返还信息**。如果 USB 驱动器丢失或放错了地方，加入一条包含返还信息的可读文本小文件，有助于找回设备。比较明智的做法是不要包含公司信息，而只包含一个电话号码或邮政信箱。此外，建议包含一个法律免责声明，声明中明确指出驱动器中的信息是机密信息且受法律保护。

4.1.5 无线通信技术

无线通信技术是任何组织的重要组成部分。这些技术使用户能够连接到互联网、相互通信并跟踪货物和库存。最常见的无线通信技术包括但不限于 Wi-Fi、蓝牙和射频识别。

Wi-Fi 是一种使用无线电波提供无线高速互联网访问的无线网络技术。Wi-Fi 是当今最常用的无线通信技术，广泛应用于计算机、智能手机和平板电脑等各种设备中。

蓝牙是一种允许设备在短距离内相互通信的无线通信技术。蓝牙通常用于连接智能手机、耳机、无线扬声器和某些跟踪设备等。

有关 Wi-Fi 和蓝牙技术的更多信息，请参阅 5.9 移动、无线和物联网设备部分，因为这些技术常用于联网场景。

RFID 是一种利用无线电波来识别和跟踪物体的无线通信技术。RFID 标签是可以附着在对象上的小型电子设备。随后可以使用 RFID 读取器读取标签并识别对象。RFID 通常用于资产跟踪、库存管理和访问控制等应用。

无线通信技术相对于传统有线通信技术具有许多优势，例如：

- **便利性**。无线通信技术比有线技术更便于使用，因为它们不需要电缆。这使得它们非常适合用于各种环境，如家庭、办公室和工厂。
- **移动性**。无线通信技术允许设备相互通信，即使其没有物理连接。这使得它们非常适合用于手机和笔记本电脑等移动应用。
- **可伸展性**。无线通信技术可轻松扩展以支持大量设备。这使得它们非常适合用于大型网络，如企业网络和公共 Wi-Fi 网络。

有关数据相关风险的更多信息，请参阅 5.11 信息系统攻击方法和技术部分。

4.1.6 硬件维护程序

为了确保正常运行，必须对硬件进行例行清洁和维护。维护要求取决于复杂性和性能负载（例如，处理要求、终端设备访问和运行的应用程序的数量）。应制订维护计划并尽可能使其与供应商所提供的技术规范一致。对于控制温度和湿度、防火以及电力的环境硬件来说，维护也很重要。硬件维护程序主要用于以文件形式记录维护执行情况。

这一程序维护的信息通常包括：

- 适用于每个硬件资源所需例行维护的声誉良好的服务公司信息。
- 维护计划信息。
- 维护成本信息。
- 维护执行情况历史信息，例如已计划与计划外维护，已执行与异常维护。

信息系统管理应监控、识别和记录偏离供应商维护规范的情况并提供这类偏离行为的支持性证据。

执行这一领域的审计工作时，信息系统审计师应当：

- 验证计划涵盖的范围和目标是否符合业务需求，并指出存在的差距。例如，在某些偏远地区，硬件供应商可能无法提供与位于中心地带的办事处相同的覆盖范围，因此可能难以实现范围和目标。审计师应基于已识别的差距评估组织的风险。
- 确保已经制订正式的维护计划，并得到了管理层批准，且正在按计划执行中。
- 识别超出预算或额外的维护成本。这些超支费用可能表示未遵守维护程序或即将到来的硬件变更。应进行适当的质询和跟进程序。

硬件监控报告和程序

以下是用于监控是否有效和高效地使用硬件的典型报告和程序：

- **可用性报告**。这些报告指明计算机处于工作状态且可由用户或其他程序使用的时间段。这类报告解决的主要关切问题是信息系统过度的不可用性，也称为停机时间。不可用性可能表明硬件设施不足、操作系统维护过多、需要预防性维护、环境设施（例如电源或空调）不足或对操作人员的培训不足。
- **硬件错误报告**。这些报告提供 CPU、I/O、电源和存储故障。这些报告应当由信息系统运营管理层来审查以确保设备功能正常、检测故障并采取整改措施。信息系统审计师应当意识到，硬件或软件错误的属性并不一定可以轻易地立即确定。应当检查报告中间歇性发生或重复发生的问题，这种问题很难正确诊断错误。
- **资产管理报告**。提供网络连接设备（例如，PC、服务器、路由器和其他设备）的详细目录。
- **利用率报告**。记录机器和外围设备的使用情况。软件监控可获取处理器、通道和辅助存储介质（如磁盘驱动器）的利用率计量。根据操作系统的不同，大型机/大型计算机中发现的多用户计算环境的资源利用率平均值应在 85%到 95%之间，允许利用率偶尔达到 100%或 70%以下。信息系统管理层可以根据从利用率报告中得出的趋势来预测是需要增加处理资源还是减少处理资源。

4.1.7　硬件审查

审计基础设施与运营时，硬件审查应包括图 4.7 中列出的领域。

要审查的领域	要考虑的问题
硬件购置计划	• 该计划是否与业务需求一致？ • 该计划是否与企业架构一致？ • 是否定期比较该计划与业务计划，以确保与业务需求持续同步？ • 该计划是否与信息系统计划同步？ • 是否制定了购置硬件的标准？ • 环境是否足以容纳当前安装的硬件和在改进的硬件购置计划中将要添加的新硬件？ • 是否已经完整记录了硬件和软件规格、安装要求以及与计划购置相关的订货至交货的大概时间？
硬件的购置	• 该项购置是否与硬件购置计划一致？ • 信息系统管理人员是否发布了有关购置和使用硬件的书面政策说明，是否已将这些说明传达给用户？ • 是否建立了程序和表格以便于购置批准流程的进行？ • 请求是否伴随有成本效益分析？ • 是否通过采购部门进行购置以简化流程、避免重复购置、确保遵守招投标要求和法规，并利用批量折扣等数量和质量优势？
IT 资产管理	• 是否为硬件贴了标签？ • 是否指定了所有者？ • 将把硬件放置于何处？ • 是否保留了合同/服务等级协议的副本？
容量管理和监控	• 在硬件性能监控计划中使用的标准是否基于从 IS 故障日志、处理时间表、工作计算系统报告、预防性维护时间表和报告中获取的历史数据和分析？ • 是否对硬件和系统软件的性能和容量进行了持续的审查？ • 对于已经编程使其在发生设备故障时与制造商进行联系的设备（无手动或人为干预），是否对其进行了充分的监控？
预防性维护时间表	• 是否遵守各硬件供应商建议的规定维护频率？ • 是否在非高峰工作负荷期间开展维护工作？ • 是否在系统未处理关键或敏感应用的时间执行预防性维护工作？
硬件可用性和使用情况报告	• 硬件可用性是否充分满足工作负荷时间表和用户要求？ • 备份硬件是否足够灵活，能够适应所需的硬件预防性维护工作？ • 对于关键应用程序，信息系统资源是否就绪可用？
问题日志和作业计算系统报告	• 信息系统管理人员是否审查了硬件故障、重新运行、异常的系统终止和操作人员的操作？

图 4.7　硬件审查

4.2 IT 资产管理

资产是具有有形价值或无形价值的、值得保护的东西，包括人员、信息、基础设施、财务和声誉。为了保护和管理资产，必须制定一份清单来识别资产、指定其位置并指示其是否已分配所有者。IT 资产管理的第一步是识别所有 IT 资产并创建 IT 资产清单。

每项信息资产的清单记录应包括：

- **所有者**。对资产负责的个人或实体。
- **指定托管人**。负责资产维护和保养的个人或团队。
- **特定标识**。资产的唯一标识符。
- **相对价值**。资产对组织的价值。
- **损失影响和恢复优先级**。信息资产丢失的潜在影响及其恢复工作的优先级。
- **位置**。资产的实际或虚拟位置。
- **安全/风险分类**。资产在安全和风险方面的分类。
- **资产组**。资产所属的广泛信息系统。
- **生命周期管理**。资产生命周期的当前阶段。
- **合规要求**。与资产相关的任何法律或监管义务。
- **访问控制**。授权访问资产的详细信息。
- **处置日期**。资产归还或停止流通的日期。

构建初始清单的常用方法包括咨询采购系统、审查合同以及审查已安装的软件。许多工具可以帮助识别公司自有设备（例如笔记本电脑和移动设备）上的软件。软件审计会使用一些工具来标记未经批准的软件使用（请参阅 4.5 最终用户计算和影子 IT 部分）。与此同时，其他安全解决方案限制软件安装只能由 IT 管理员进行。

创建清单后，必须进行维护。这包括在购置和分配新资产时添加新资产，定期确认资产仍由其所有者拥有，以及在归还或销毁后删除资产。IT 资产管理应同时针对软件和硬件资产。常见做法有给硬件资产贴物理标签。此外，通常通过网络扫描和每年确认是否仍需要软件许可证来跟踪软件（请参阅 4.10.6 软件许可问题部分）。根据资产的性质和所有者访问数据的风险分类，当个人表示打算离开组织或报告资产丢失或被盗时，可能需要远程擦除或禁用资产（请参阅 5.5.1 信息资产安全政策、程序和准则部分中有关信息资产分类和保护的更多信息）。

4.3 作业调度和生产流程自动化

在复杂的信息系统环境中，计算机系统每日传输成千上万份数据文件。一般创建的作业调度中会列出必须运行的作业及其运行顺序，包括任何依存性。由于这一流程固有的复杂性，自动化作业调度软件提供了对调度流程的控制。除批处理任务调度之外，作业调度软件还可用于调度备份和其他维护活动。作业调度是 IT 部门的一项主要职能，与作业调度相关的控制受到高度重视。调度时间表包括必须运行的作业、作业执行顺序以及触发程序执行的条件。

高优先级作业应给予最佳资源可用性，同时应尽量在非高峰时段执行备份和系统重组等维护工作。作业调度时间表可保证客户需求处于可管理水平，并允许及时处理意外作业或请求的作业，而避免不必要的延迟。当时间允许时，就会安排低优先级的工作，以减轻 IT 人员的负担，并确保准确一致的执行。

作业调度程序属于必备程序，可确保根据处理要求优化使用信息系统资源。如今，对于应用程序持续可用的要求愈来愈高，这使得作业调度（维护或处理时间长的作业）面临前所未有的挑战。

4.3.1 作业调度软件

作业调度软件是处理大量批处理例程的设施中使用的一种系统软件。调度软件设置每天的工作时间表。它自动确定哪些作业必须提交给系统进行处理。自动调度软件需要持续的维护和优化，以确保实现预期结果。

使用作业调度软件的优点包括：

- 作业信息只需设置一次，减少了对操作员的依赖和出错概率。
- 可以定义作业依存性，因此如果某个作业失败，依赖该作业输出的后续作业将不会被处理。
- 维护所有作业成功和失败的日志。
- 确保生产数据访问的安全性。
- 减少或消除手动任务的负担。

4.3.2 日程审查

图 4.8 描述了审查工作负荷作业调度和人员调度

时应考虑的审计方法。

要审查的领域	要考虑的问题
• 定期安排的应用程序 • 输入截止日期 • 数据准备时间 • 预计处理时间 • 输出截止日期 • 搜集、报告和分析关键绩效指标的程序	• 项目是否包含在服务等级协议中？ • 这些项目是否根据 SLA 运作？
作业日程表	• 是否识别了关键应用程序并为其分配了最高优先级？ • 是否已为其他应用程序建立了处理优先级，所分配的优先级是否合理？ • 对紧急/重新运行作业的调度是否与为其分配的优先级一致？ • 调度程序是否在满足服务需求的同时，促使计算机资源得到最佳利用？ • 操作员是否记录要处理的作业以及所需的数据文件？ • 操作员是否使用自动或手动排程软件基于预定的时间安排对作业进行处理？
日常作业排程	• 为每个班次分配的人员数量是否足以支持工作负荷？ • 此日常作业日程表是否用作审计轨迹？ • 日程表是否为计算机操作员的每次轮班提供要执行的工作、程序运行的顺序以及何时可以执行较低优先级工作的指示？ • 在班次结束时，每名操作员是否会交给工作调度员或者下一班操作员一份说明，列出已完成的工作以及任何计划的工作未完成的原因？
主机控制台日志	• 作业是否按日程表运行并完成？ • 是否对所有失败的作业进行了标记和传达，以便采取行动？ • 是否调查并确定了作业失败的根本原因？ • 作业失败的原因是否合理？ • 是否向所有适当的最终用户利益相关方传达了作业失败？
例外处理日志	• 在安排"只请求"作业时，操作员是否从拥有者那里获得书面或电子批准？ • 操作员是否记录所有异常处理请求？ • 操作员是否审查异常处理请求日志，以确定所执行程序的适当性？
重新启动作业	• 所有重新启动的作业是否都经过适当授权并记录在案，以供信息系统（IS）管理层审查？ • 是否为作重新运行的作业建立了程序，以确保使用正确的输入文件，并酌情重新运行序列中的后续作业？ • 是否验证了重新启动作业的完成情况？
人员	• 那些能够分配、更改作业日程表和优先级的人员是否获得了执行这些操作的权限？

图 4.8　日程审查

4.4　系统接口

系统包括一系列硬件和软件组件，它们协同工作来运转一台或多台计算机。系统接口允许将一个应用程序输出的数据作为输入发送到另一个应用程序，且只需要很少甚至不需要任何人为交互。涉及人的接口通常称为用户界面。

即使系统使用不同的编程语言或由不同的开发人员创建，系统接口也能够传输数据。这为组织提供了更高的灵活性，即使特定领域需要共享数据，也可以选择最适合这些领域的应用程序。

通过系统接口传输的数据通常可分为三类：

1. 系统到系统。
2. 合作伙伴到合作伙伴。
3. 个人对个人。

系统间接口支持两个系统（无论是内部还是外部）之间的数据传输。系统间接口在大型组织中司空见惯，用于在使用不同工具的团队之间转移信息，以及在不同的业务周期中移动财务数据。数据可以传送到专门的工具进行分析。此类用途的增加部分是因为商业智能和分析应用程序的重要性日益提升，这涉及将数据从贮存库传输到分析工具，以通过数据挖掘、报告和可视化获取情报和见解。

当组织需要两个或更多合作伙伴组织直接进行交互时，就会发生合作伙伴之间的交互。例如，一家大型制造公司可能需要多家供应商共同努力为最终产品提供复杂的零件。合作伙伴之间的接口支持本无直接联系的各方之间的交互。数据在商定的系统之间来回传输。

人员间的传输是涉及数据交换的人际交互。这些传输通常是最不被注意和不受管理的。数据交换可以非常简单，例如将数据文件附加到电子邮件并发送，或提供对共享驱动器的访问。这些传输形式往往更难以观察、管理、保护和控制。

4.4.1 与系统接口相关的风险

鉴于实时提供准确数据的重要性日益提高，组织更加注重使用集中式方法来跟踪和管理系统接口，并确保记录的审计轨迹可用于相关政府法规。

一些常见的风险包括：

- 如果不迅速纠正系统间接口的问题，可能会导致普遍性错误。
- 合作伙伴间的接口可能会将机密数据泄露给第三方，或通过合作伙伴组织造成网络安全漏洞。
- 人员之间的接口可能会导致难以及时发现的人为错误、安全风险暴露和隐私问题。

组织必须确保通过系统接口交换的数据的准确性和完整性。如果接口未正确运行，不正确的管理报告（例如，研究、财务、情报、绩效和竞争）就会对业务和决策产生重大负面影响。除对业务价值的影响之外，即使是一个小错误也可能会引发合规责任。

与数据安全相关的另一个风险通过系统接口传输数据的过程。从原始系统中提取的数据必须与下载并记录在接收系统中的数据相同。在整个传输过程中，数据都需要保护和保密。

在通过接口传输数据的过程中，可能会出现通过拦截、恶意活动、错误或其他手段对数据进行未经授权访问的情况。例如，将共享驱动器的高级别访问权限授予错误的个人、成为网络钓鱼攻击的目标或允许通过不安全的第三方进行访问。

由于可能会生成不完整的报告，导致系统接口无法使用数据的系统中断也会影响数据可靠性（例如，准确性和完整性）。

4.4.2 与系统接口相关的控制

信息系统审计师应确保组织拥有相关程序，根据业务需求和目标来跟踪和管理所有内部和外部系统接口以及数据传输。该程序应能够查看所有传输（包括临时传输），无论组织是使用商用还是自定义托管文件传输（MFT）系统。信息系统审计师应确保该程序能够：

- 管理多种文件传输机制。
- 使用多种协议。
- 处理加密和解密。
- 压缩/解压缩数据文件。
- 连接到公共数据库服务器。
- 支持电子邮件传输。
- 将定期数据传输自动化。
- 分析、跟踪和报告数据属性。
- 确保监管合规。
- 提供中断处理。
- 与后台应用程序集成。
- 对用户进行身份认证和授权。
- 记录要求的数据/事件。

信息系统审计师应确保组织拥有相关程序，根据业务需求和目标来跟踪和管理所有内部和外部系统接口以及数据传输。该程序应记录所有传输（包括临时传输），无论组织使用商用还是自定义 MFT 系统，或实施应用程序编程接口调用。信息系统审计师应确保该程序能够：

- 管理多种文件传输机制和/或 API。
- 使用多种协议。
- 自动对数据文件和 API 调用进行加密、解密和电子签名。

组织必须实施控制，以确保发送系统上驻留的数据与接收系统上记录的数据相同。例如，组织可以在提取期间使用软件包生成控制，在将数据记录到接收系统之后，该措施会自动进行数据对账。

虽然自动化控制通常是首选，但仍应有一种机制来协调通过接口传输的任何数据的完整性和准确性。对账可以通过运行发送的数据报告并将其与接收的数据报告进行比较来手动完成，也可以利用加密哈希校验和自动完成。对账监控应由能够检测数据中重大差异的合格人员进行。

信息系统审计师应确定组织是否在每次使用时都视情况使用加密，以便在传输过程中保护数据。当未经授权的访问或拦截的风险相对较高（例如，有工业间谍活动、身份盗窃、信用卡数据被盗）时，加密是必要的。传输过程可能需要强大的访问和身份认证控制，并且数据文件可能受密码保护。

针对不可否认性也应实施控制，确保数据的预期接受者一定是其实际接收方。

为了确保审计跟踪与系统接口相关联，组织需要捕获重要信息，包括数据的发送人、发送时间、接收时间、使用的数据结构（例如，xls、csv、txt 或 xml）、数据的发送方式以及数据的接收人。此外，还应评估路径上各服务器的自动日志，特别是当数据传输到外部系统并接触多个互联网主机时，此时更容易受到黑客和网络犯罪分子的攻击。

4.5 最终用户计算和影子 IT

最终用户计算是指允许个人用户（通常是非 IT 专业人员）创建、管理和利用技术资源的技术和工具。EUC 涵盖广泛的应用程序、设备和平台，使最终用户无须 IT 人员直接参与即可执行任务。EUC 通常由组织的 IT 职能管理。当最终用户绕过官方 EUC 流程独立购买、安装和实施技术资源时，其结果被称为影子 IT，因为 IT 部门不知晓该技术。

4.5.1 最终用户计算

最终用户是访问由他人编程、维护和安装的业务应用程序的人员。最终用户计算是指最终用户（通常不是编程人员）利用计算机软件产品来设计并实施自己的应用程序或信息系统的能力。通常，最终用户支持经理会充当 IT 部门与最终用户之间的联系枢纽。

EUC 的优点之一是可让用户快速构建和部署应用程序，减轻了 IT 部门的压力。EUC 使组织能够更灵活、更快速地应对不断变化的市场、法规和消费热点。

EUC 中如果缺少 IT 部门参与也会带来相关的风险，因为应用程序可能并未经过独立审查，并且常常都不是在正式的开发方法背景下创建的。

缺乏 IT 部门对 EUC 的监督可能导致安全风险。示例包括：

- **授权**。可能没有安全机制来授予访问系统的权限。
- **身份认证**。可能没有安全机制来对系统用户进行身份认证。
- **审计日志**。标准的 EUC 解决方案（例如 Microsoft Excel 和 Access）中可能没有此项功能。
- **加密**。应用程序可能包含尚未加密或以其他方式予以保护的敏感数据。
- **数据丢失**。应用程序可能无法正确备份。
- **合规风险**。应用程序可能存储敏感或私人信息。
- **监控/审计挑战**。应用程序可能无法在 IT 清单中捕获，从而阻碍任何监控流程。
- **维护/安全修补**。应用程序和数据库可能不包含在 IT 维护和安全修补计划中。

在大多数情况下，EUC 应用程序不会对企业构成重大风险。尽管如此，管理层应定义风险标准来确定应用程序的关键性。组织需要管理和控制 EUC，信息系统审计师应确保制定有关 EUC 使用的政策。EUC 应用程序还应进行数据分类，并且应编制所有此类应用程序的清单（有关更多信息，请参阅 4.2 IT 资产管理部分）。被认定为关键的应用程序应受到和任何其他应用程序一样的控制。

4.5.2 影子 IT

影子 IT 是指未经 IT 或网络安全部门适当审查和批准，在企业网络或企业基础设施内使用系统、服务、硬件或软件。随着低成本、基于云的软件的兴起，以及用户习惯于智能手机的普及性、易用性和台式设备的计算能力，越来越多的部门和个人可以在几分钟内获得 IT 资源，而无须遵循正规渠道。当个人通过家庭网络工作和/或使用个人硬件时，该问题会进一步加剧。

影子 IT 包括在组织内部用于协作、开发软件、共享内容、存储和处理数据或服务于任何其他目的的应用程序、工具、服务或系统，且未经组织的 IT 和/或信息安全职能的书面政策和程序审查、测试、批准、实施或保护。影子 IT 可以推动颠覆和创新，但也有可能使企业面临重大风险。为了管理影子 IT 的收益和风险，组织必须识别是否有必要进行 IT 升级或开展数字化和创新计划，确定控制需求，采用适当的控制，并认识到应用控制并非一次性活动。如果需要控制，必须在实施后对其进行定期评估，以确保它们仍然存在并有效运行。

许多控制可以解决与影子 IT 相关的威胁，而且可采用多种评估方法。根据不同的企业类型、组织规模及其风险偏好，许多控制和方法都是独一无二的。典型的控制包括：

- **影子 IT 政策**。与业务目标保持一致并支持安全性要求的影子 IT 政策。
- **IT 部门作为服务交付组织**。鼓励和奖励在 IT 部门与业务部门之间建立强大的支持性关系的文化，其中 IT 职能以咨询方式运作。
- **IT 预算和采购**。要求 IT 部门审查和批准所有与 IT 相关的采购。
- **IT 系统整合（在可行的情况下）**。限制用于存储、处理或传输数据以及整合应用程序的服务提供商、网络、平台、设备和/或媒体的数量，以促进数据管理和环境（例如数据中心）与总体技术领域的整合。
- **用户访问权限和管理权限**。明确分配用户管理权限或数据访问权限。未分配的用户无法自由安装或采用新的应用程序。
- **用户教育**。针对所有业务部门人员的正式 IT 用户教育方案
- **用户活动监控**。记录和监控用户活动。
- **用户数据交换**。建立强大的终端控制。

4.6 系统可用性和容量管理

系统性能研究的是整个系统，包括物理硬件、组件及软件，以及其运行方式。企业希望确保系统按预期运营，并及时识别和解决问题。了解信息系统架构和相关软件的功能以促进系统性能管理流程十分重要。

4.6.1 信息系统架构和软件

大多数计算机的架构都可以看作是按层级结构部署的许多电路层和逻辑层，以与计算机的操作系统交互。层级结构的底层是计算机硬件，其中包含一些硬编码指令（固件）。再往上一层包含核心（内核）功能。这些功能与操作系统的基本进程有关，包括：

- 处理中断。
- 进程创建/销毁。
- 进程状态切换。
- 调度。
- 进程同步。
- 进程间通信。
- 支持 I/O 进程。
- 支持内存的分配与重新分配/释放。

核心部分是享有高度特权的区域，在这里，大部分用户的访问权限都会受到限制。核心部分之上是支持用户的各种操作系统进程。这些进程（或系统软件）是一系列计算机程序集合，用于设计、处理和控制所有运行和维护计算机系统的计算机应用程序。系统软件由系统实用程序和程序组成，可确保系统完整性，控制计算机程序和事件的流程并管理计算机接口。为计算机开发的软件必须与其操作系统兼容。示例包括：

- 访问控制软件。
- 数据通信软件。
- 数据库管理软件。
- 程序库管理系统。
- 磁盘管理系统。
- 网络管理软件。
- 工作安排软件。

- 实用程序。

部分或全部软件可能内置于操作系统中。

4.6.2 操作系统

在考虑各种形式的系统软件前，需要先了解与计算机相关的最重要的系统软件，即操作系统。操作系统中包含在用户、处理器和应用程序软件之间交互的接口程序。操作系统运行计算机并充当调度程序和流量控制器。它主要用于管理诸如处理器、实际内存（如RAM）、辅助存储器（如磁盘存储器）和 I/O 设备等计算机资源的共享和使用。

大多数现代操作系统已扩充了基本的操作系统功能，包括更高效地运行系统和应用程序软件的能力。例如，所有现代操作系统都具有虚拟存储内存能力，可让程序使用和引用的地址范围超过实际内存。这种将大而慢的存储器的一部分映射到小而快的工作内存的技术广泛应用于现代系统内的各级高速缓存之间。

各种操作系统在管理的资源、管理的全面性和所使用的资源管理技术方面有所不同。计算机的类型及其预期用途、正常和预计的连接设备以及网络都会影响操作系统要求、特性和复杂性。例如，在单机模式下运行的单用户微型计算机需要能够有效分类文件和加载程序的操作系统。处理大量交易以进行合并和分发的大型计算机需要能够管理大量资源和许多并发操作、能进行应用程序输入和输出以及高度可靠的操作系统。例如，z/OS 操作系统就是专为这种环境而设计的。

对于有多个用户要与数据和程序交互（从数据库服务器和中间件连接到传统大型机应用程序）的服务器，则需要能够适应多处理、多任务和多线程功能的操作系统。这种操作系统必须能在多个用户和系统进程之间共享磁盘空间（文件）和 CPU 时间，并能管理到网络设备的连接。例如，UNIX 就是专为适应这种环境而设计的。

在网络环境中用作服务器并具有专用功能（例如应用程序、数据库管理系统[DBMS]和目录/文件存储）的微型计算机能够与多个用户的数据和程序交互，为整个网络中的客户端工作站提供服务。

在虚拟服务器上运行操作系统也很常见。在虚拟环境中，可以使用软件将一个物理服务器分成多个独立的虚拟服务器。然后，这些环境可以各自运行自己的操作系统（需要时还可运行其他的操作系统）。对操作人员来说，操作系统的行为就像在物理服务器上运行一样。

软件控制功能或参数

各种操作系统软件产品都为系统定制和功能激活（例如，活动日志）提供了参数和选项。参数对于确定系统的运行方式非常重要，因为参数允许为不同环境自定义标准软件片段。

软件控制参数处理：

- 数据管理。
- 资源管理。
- 作业管理。
- 优先级设置。

参数选择应符合组织的工作量和控制环境结构。确定控制在操作系统内如何发挥作用的最有效方式是审查软件控制功能和/或参数。

操作系统的实施和/或监控不当可导致不能发现所处理数据的错误和损坏，并造成未经授权的访问和错误记录系统使用情况。

软件完整性问题

操作系统完整性是非常重要的要求，包括使用特定硬件和软件功能，以便：

- 预防有意和无意的修改。
- 确保特权程序不受用户程序干扰。
- 提供有效的进程隔离以确保：
  - 同时运行的多个进程不会意外或故意互相侵扰，并且预防写入互相的内存中（如更换说明、共享资源等）。
  - 执行最小特权的目的是确保进程拥有的权限不超过执行功能和操作模块所需的权限，并且只在需要时才调用权限更高的例程。

为了维护系统和数据完整性，必须要正确且一致地定义、执行和监控操作环境以及授予的权限。信息系统管理层负责适当授权技术的执行，以预防非特权用户获得执行特权指令的能力,并因此控制整个机器。

例如，IBM 大型机 z/OS 系统可在系统生成（SYSGEN）时进行定制。启动这些系统时（初始程序加载），会从存储在关键系统目录（SYS1.PARMLIB 分区数据集）中的信息中读取重要选项和参数。此目录规定了用于满足数据中心安装要求（即为作业调度、安全和活动日志等操作激活的其他系统软件）的关键初始化参数。如果这些选项不受控制，就会向非特权用户提供访问操作系统监管状态的途径。信息系统审计师应审查所有操作系统中的系统配置目录/文件，了解用于保护监管状态的控制选项。

基于 PC 的客户端/服务器 Windows、UNIX 和 Linux 操作系统也拥有特殊系统配置文件和目录。配置系统、控制系统以及更新系统到最新安全修补程序方面如果存在程序缺陷或错误，会使系统更容易遭受入侵。重要 Windows 系统选项和参数都在一组特殊的系统配置文件（称为"注册表"）中进行设置。注册表是信息系统审计的一个重要方面。注意注册表中的任何变化对于维护系统完整性、机密性和可用性至关重要。在基于 UNIX 的操作系统中也是如此。应对涉及内核（kernel）操作、系统启动、网络文件共享和其他远程服务的关键系统配置文件和目录进行适当保护和检查以确保其正确性。

操作系统审查

审计操作软件的开发、购置或维护时，应该考虑图 4.9 中所示的详细内容。

4.6.3 访问控制软件

访问控制软件旨在于检测或预防未经授权的数据访问、未经授权的系统功能和程序使用、未经授权的数据更新/更改以及未经授权的计算机资源访问尝试。（有关访问控制软件的更多信息，请参阅第 5 章信息资产的保护。）

4.6.4 数据通信软件

数据通信软件用来从一点到另一点传送消息或数据，可以是本地传送，也可以远程传送。例如，来自一位最终用户的数据库请求是从用户的终端设备传送到一个在线应用程序，然后再以数据通信软件处理后的消息形式传送到 DBMS 中。对用户的响应也以相同方式处理（即从 DBMS 传送到在线应用程序，然后返回到用户终端设备）。

典型的简单数据通信系统有三个组件：

1. 发送器（源）。
2. 传送路径（通道或线路）。
3. 接收器。

单向通信在一个方向上流动。在双向通信中，两端同时担当发送源和接收器，数据在相同通道内双向流动。数据通信系统只关注两点之间的正确传送。不对信息内容做任何处理。

数据通信系统分为多个功能层。在每一层中，软件与硬件交互来提供具体功能集。所有数据通信系统都至少有一个物理层和一个数据链路层。（请参阅第 5 章信息资产的保护，了解更多信息。）

基于通信的应用程序在局域网和广域网环境中执行操作，以支持：

- 电子资金转账系统。
- 数据库管理系统。
- 客户电子服务/电子数据交换。
- 互联网论坛和电子邮件。

数据通信系统与操作系统、应用程序、数据库系统、电子通信地址方法系统、网络控制系统、作业调度系统和操作员控制台交互。

要审查的领域	要考虑的问题
系统软件选择程序	• 这些程序是否与企业架构一致？ • 这些流程是否符合短期和长期信息系统计划？ • 这些程序是否满足信息系统需求？ • 这些程序是否与业务目标保持一致？ • 这些程序是否包含信息系统处理和控制要求？ • 这些程序是否包含对于软件和控制选项功能的概述？

图 4.9 操作系统审查

要审查的领域	要考虑的问题
可行性分析和选择过程	• 是否为所有建议书应用了相同的选择标准? • 系统软件的成本效益分析程序是否解决了: • 与产品相关的直接财务成本? • 产品维护的成本? • 硬件要求和产品的功能? • 培训和技术支持的要求? • 产品对处理可靠性的影响? • 对数据安全的影响? • 供应商运营的财务稳定性?
系统软件安全	• 是否已经建立了程序以限制避开逻辑安全访问控制的能力? • 是否已经实施了程序以限制对系统中断功能的访问? • 是否已经实施了程序以管理软件补丁并使系统软件保持最新状态? • 物理和逻辑安全规定是否足以限制对主控制台的访问? • 是否在安装时更改了供应商为系统软件提供的安装密码?
IT 资产管理	• 是否指定了所有者? • 是否保留了合同/服务等级协议的副本? • 许可协议是什么? • 是否已遵守许可协议?
系统软件实施	• 以下方面是否受到足够的控制: ■ 变更程序? ■ 授权程序? ■ 访问安全功能? ■ 文档需求? ■ 系统测试文档? ■ 审计轨迹? ■ 对生产中软件的访问控制?
授权文档	• 是否记录了对访问授权的添加、删除或更改? • 文档是否存在任何违规的尝试? 如果存在,是否对其进行了跟进?
系统文档	• 是否完整记录了以下各方面: ■ 安装控制语句? ■ 参数表? ■ 退出定义? • 活动日志/报告?
系统软件维护活动	• 文档是否可用于对系统软件进行的更改? • 供应商是否为当前的软件版本提供支持? • 是否有定义的补丁流程?
系统软件变更控制	• 对包含系统软件的库的访问是否局限于需要具有此类访问权限的个人? • 是否完整记录了对软件的更改并且在实施该软件之前进行了测试? • 在将软件从测试环境迁移到生产环境之前,是否对软件进行了正确授权?
对安装已更改的系统软件的控制	• 是否实施了所有适当级别的软件? • 是否更新了之前的软件? • 系统软件更改是否安排在了对信息系统处理影响最小的时段? • 是否建立了测试系统软件更改的书面计划? • 测试程序是否足以提供合理保证,以确保应用于系统的更改可以纠正已知问题并且不会引起新问题? • 是否正在按照计划完成这些测试? • 是否已经解决了在测试期间遇到的问题,以及是否重新测试了这些更改? • 是否已实施回退或恢复程序以应对生产故障?

图 4.9 操作系统审查(续)

4.6.5 实用程序

实用程序是指系统软件,用于执行正常处理运行期间经常进行的维护和例行操作。实用程序可按用途分为五个功能领域:

1. 了解应用程序系统(流程图绘制软件、交易概要分析器、执行路径分析器和数据字典)。

2. 评估或测试数据质量(数据操作实用程序、数据库转储实用程序、数据对比实用程序和查询工具)。

3. 测试程序正确运行和维护数据完整性的能力(测试数据生成器、在线调试工具、输出分析仪和网络模拟器)。

4. 协助加快程序开发(视觉显示实用程序、库复制、文本编辑器、在线编码工具、报告生成器和代码生成器)。

5. 提高运行效率(CPU和内存使用监视器以及通信线路分析器)。

较小的计算机系统(即 PC 和服务器操作系统)通常配备特定的实用程序,以实现以下操作:

- 对硬盘和可移动内存单元进行校验、清理和碎片整理。
- 初始化可移动数据卷和磁盘/可移动内存卷。
- 保存/恢复系统映像。
- 重建和恢复(逻辑上)取消的文件。
- 测试系统单元和外围设备。

很多这类实用程序都能够在安全系统外执行操作,或者能够在不产生活动审计轨迹的情况下运行。因此,对访问和应用这些敏感而强大的实用程序,应施加控制和限制。

4.6.6 软件许可问题

必须遵守软件版权法律,以防范企业可能蒙受的侵权罚款损失,也可避免增加被认为企业非法使用软件的声誉风险。软件许可协议是确立软件开发商(所有者)向用户许可一个软件(即可以合法使用)的条款与条件的合同。软件许可分两种类型:免费(见图4.10)和付费(见图4.11)。

类型	描述
开源	软件可以根据需要使用、复制、研究、修改和分发。开源软件通常随附程序源码和一份软件许可证(例如 GNU 通用公共许可证)。比如 Linux 就是一个众所周知的例子
免费软件	这类软件是免费的,但源代码不能再次分发。比如,Adobe Acrobat Reader 就是一个众所周知的例子。免费软件也可能有限制,仅限于个人使用
试用软件	这类软件可能起初是免费的,但只能试用或与完整商用版本相比功能受限(也称为试用版、演示版或评估版)

图4.10 免费软件许可类型

类型	描述
按中央处理器(CPU)付费	取决于服务器的处理能力,特别是 CPU 的数量;可能包括 CPU 内核的数量
按席位付费	取决于系统的唯一用户数量
按并发用户付费	取决于在一个预定期限内使用该软件的用户总数
按使用率付费	取决于 CPU 的繁忙程度或特定时间点的活跃用户数量
按每台设备	取决于连接到该软件的设备(不是用户)数量
企业软件	通常允许在整个组织内不受限制地使用该软件而无须适用上述任何规则,但可能有另外一些限制
混合软件	上述许可证类型的组合(例如,仅允许每个用户在一定数量设备使用的按座位许可证)

图4.11 付费软件许可类型

要检查软件许可违规行为,信息系统审计师应:

- 审查所有标准、经使用和已授权应用程序以及系统软件的列表。
- 获得所有软件合同的副本,用以判断许可协议的性质,是非限制性企业许可、每客户许可还是个别副本。
- 利用资产和漏洞管理解决方案提供的软件清单功能扫描网络以生成已安装软件的列表,从而识别恶意设备并对已安装的软件进行编目。

- 如有必要，审查服务器规格列表，包括 CPU 和内核。
- 将许可协议与安装的软件进行比较，注意是否有任何违规情况。

预防软件许可违规行为的现有措施包括：

- 确保制定了良好的软件资产管理流程（参见 4.2 IT 资产管理部分）。
- 集中控制、分发和安装软件（包括条件允许时禁止用户安装软件）。
- 要求所有 PC 均为受限工作站，禁用或锁定磁盘驱动器、USB 端口等。
- 定期扫描用户网络终端，以确保未加载未经授权的软件副本（方法是将实际加载的软件与软件资产列表进行比较）。
- 执行明文规定的政策和程序，要求用户签署不会在未经管理层授权以及未获得软件许可协议的情况下安装软件的协议。

软件许可主要是合同遵循，也就是说，组织同意遵守软件发行商的条款和条件，其中可能存在，也可能不存在财务因素。在某些情况下，信息系统审计师可能需要专家的法律意见来确认是否合规。

某些软件发行商的许可证要求对被许可人使用许可证的情况进行审计。信息系统审计师必须做好准备，支持此类审计要求，确保事先准确搜集所有使用的许可证。

在许可方面，一些软件合同包括基于其他因素或指标的定价，例如：

- **交易量**。根据交易数量计算，例如 API 调用量。
- **数据量**。基于发送的千兆字节数或处理的分钟数。
- **收入分成**。以收入或交易费用的百分比计算。

> **注意**
> 有些灾难恢复安排可能需要额外的许可证以及托管额外的测量软件。有关更多信息，请参阅 4.16 灾难恢复计划部分。

4.6.7 源代码管理

源代码是用人类可读、以编程语言编写的文本，在作为程序指令执行之前必须转换为机器语言。由汇编程序和编译器转换为目标代码，告诉计算机怎么做。鉴于其根本性质，源代码可能包含知识产权并应受到保护，访问应受限制。

对源代码的管理权限可能因应用程序以及与供应商之间协议的性质而有所不同。如果不提供源代码，则可能必须获取第三方托管协议。如果是软件包，则许可证下可能授予源代码的访问权限，以便进行自定义修改。如果是定制或自行开发的软件，组织将拥有完整的源代码访问权限。在所有这些情况下，源代码都须受软件开发生命周期的制约（参见 3.3 系统开发方法部分）。源代码管理还与变更、发布、质量保证和信息安全管理紧密关联。

源代码应使用版本控制系统（Version Control System，VCS）（通常称为版本控制软件进行管理。VCS 维持有一个中央贮存库，允许编程人员检查某个程序的源代码以进行变更。检入源代码即会创建程序的一个新版本。VCS 提供源代码变更与其他开发人员的变更同步功能，包括同时对源代码的同一部分做出变更时的冲突解决。

VCS 还允许分支，也就是独立存在一份主干（原始主代码）副本，从而针对不同的客户、国家、地点等进行定制。

常见的 VCS 示例包括 Apache® Subversion® 和 Git 及其云实施，例如 GitLab 和 GitHub。Git 是一种分布式版本控制系统。虽然 Subversion 管理单一集中贮存库，但 DVCS 拥有多个贮存库。在 DVCS 中，可以在本地复制整个贮存库，并在需要时将变更提交保存到主贮存库。这就使得开发人员能够远程工作，而无须连接。

VCS 的优点包括：

- 控制源代码访问。
- 跟踪源代码变化。
- 允许并行开发。
- 允许回滚到更早的版本。
- 允许分支。

信息系统审计师应始终了解以下事项：

- 谁有权访问源代码。
- 谁可以交付代码（将代码推向生产）。
- 程序源代码与程序对象的一致性。
- 与变更和发行管理的一致性。

- 源代码的备份，包括异地和第三方托管协议。

4.6.8 容量管理

容量管理用于规划和监控计算和网络资源，以确保有效且高效地使用可用资源。这要求随着总体业务的增长或降低而相应地增加或减少资源。容量计划应根据用户和信息系统管理的输入来制订，以确保能够以最有效和最高效的方式来实现企业目标。容量计划应至少每年审查和更新一次。

容量规划应包含根据经验所做的预测，考虑现有业务的增长以及未来的扩张。以下信息是成功完成这项任务的关键所在：

- CPU/vCPU 利用率。
- 计算机存储利用率。
- 电子通信。
- LAN 和 WAN 带宽利用率。
- I/O 通道利用率。
- 用户数。
- 新技术。
- 新应用。
- 物理主机上的虚拟机密度。
- 服务等级协议。

信息系统审计师必须认识到，这些要求的数量和分配本身具有很强灵活性。给定类别的专门资源可能影响其他类别的需求。例如，正确使用更智能的终端设备可能消耗的处理器资源和通信带宽比其他终端消耗得少。因此，容量规划的关键信息与使用或计划使用的系统组件类型和质量密切相关。

容量管理的要素之一是确定是将组织的应用程序分布式托管在多个小型服务器上、集中放在若干大型服务器上、置于云端、还是组合运用这三者。将应用程序集中整合到若干大型服务器上（也被称为应用程序堆叠）通常可以使整个组织更好地利用资源，但是它会增大服务器停机的影响，当服务器由于需要进行维护而必须关闭时，会影响更多的应用程序。利用云可以按需购买额外的容量，但同时又会带来对供应商产生依赖的风险。

大型组织通常拥有数百台乃至数千台服务器，这些服务器分成若干组进行排列部署，这种方式被称为服务器群。如果使用的是虚拟服务器，它们可组织成专用（或内部或企业）云。

如果组织已部署数据存储硬件，则信息系统审计师应审查包含数据存储和 SAN 利用率的容量管理计划。

容量管理必须包括网络设备，例如从物理上和逻辑上组成分离网络 VLAN 的交换机和路由器。

容量规划从业务和技术两个方面定义了业务对 IT 容量的要求。此外，它还反映了通过 IT 基础设施和应用在适当的时间以最优成本交付所需活动容量的结果。容量管理可确保以更具经济效益的方式满足业务当前和未来的所有容量和性能要求。

信息系统容量是 IT 系统的关键业务需求之一。只有当 IT 系统能够提供所需的容量时，业务运营和流程才能得到可靠的支持。IT 管理层应当在设计信息系统之前了解容量要求，并根据容量要求验证最终的设计。IT 管理层必须持续监控容量并随着业务的增长提供额外容量。例如，文件服务器可以存储所有业务文件，但当存储达到了 80%的阈值时，则可能需要安装额外的硬盘以满足存储需求。

IT 容量十分昂贵，根据 CPU 能力以及内存、硬盘或服务器的规格来衡量。组织不应购置超过当前需求的容量。容量规划是一个流程，用于确保资源供应始终满足业务需求。通过持续监控容量利用率的阈值，可在该阈值无法满足业务需求之前购置和部署额外容量。通过容量管理，仅在需要时才购置昂贵的资源，因而可节省成本。

容量管理监控资源利用率并帮助制订资源计划。在 IT 系统的采购过程中，容量管理团队会与架构师合作来估算资源需求，并确保能提供充分但不过量的资源，以支持新的解决方案。估算通常依据交易的数量、存储数据的规模、交易处理时间和响应时间等因素。估算有助于确定新解决方案的容量需求。

容量管理旨在始终如一地在正确的时间以适当的成本提供所需的 IT 资源，以满足业务的当前和未来需求。容量管理通过尽量延后新增容量的成本，根据业务需求优化容量，从而提高效率并节约成本。容量管理通过监控资源利用率阈值，在发生资源短缺之前供应新资源，从而降低出现性能问题或故障的风险。容量管理还可以通过针对新服务进行应用选型和建模，来提供准确的容量预测。

容量规划和监控包括的元素如图 4.12 所示。

开发	制订描述 IT 资源当前和未来容量需求的容量计划
监控	监控 IT 组件以确保实现商定的服务等级
分析	分析通过监控活动搜集的数据以识别趋势，借此建立正常利用率、服务等级或基准指标
优化	基于分析和解读的监控数据，针对实际或预计工作量优化系统
实施	引入变更或新的容量以满足新的容量需求
建模	对 IT 资源的行为进行建模和预测，以确定未来的容量趋势和需求
应用选型	考虑新增容量预测资源。在设计应用程序时，应确定其规模（可以处理的并发用户数、交易数和数据存储需求）以及所需的服务器功能、内存大小、处理能力等

图 4.12 容量规划和监控元素

4.7 问题和事故管理

计算机资源如同任何其他组织资产一样，应有益于整个组织。这包括在需要的时间和地点，以可识别和可审计的成本向授权人员提供信息。计算机资源包括硬件、软件、通信、网络、应用程序和数据。

对这些资源的控制有时也称作常规控制。因为管理业务依赖计算机处理，所以对计算机资源的有效控制至关重要。

4.7.1 问题管理

问题管理旨在通过调查和深入分析重大事故或类似的若干事故以确定根本原因，从而解决问题。根本原因分析的标准方法包括绘制鱼骨/石川因果图、头脑风暴以及五个为什么方法——用于探究问题背后的因果关系的一种迭代提问方法。

识别问题并通过分析发现根本原因后，该情况就变为已知错误。然后就可以制定解决方案来处理错误状态并预防今后发生相关事故，随后将问题添加到已知错误数据库。其目标在于主动防范相同的错误在其他地方再次发生，或者万一事故再次发生，至少可以立即实施的变通方案。

问题管理和事故管理相互关联，但方法和目标各不相同。问题管理的目标在于减少事故数量和/或降低事故的严重程度，而事故管理的目标在于使受影响的业务流程尽快恢复正常状态，从而最大限度地减轻对业务的影响。有效的问题管理可以展现信息系统组织服务质量的显著提高。

4.7.2 事故处理过程

事故管理是 IT 服务管理中的一个关键过程。有关更多信息，请参阅 4.10 IT 服务水平管理部分。IT 问题需要不断得到解决，才能更好地为客户服务。事故管理的重点是通过减少或消除中断对 IT 服务的不良影响，提供持续的服务。它涵盖了 IT 服务的几乎所有非标准操作，从而定义了范围（包括任何非标准事件）。除启动之外，事故生命周期的其他步骤还包括分类、指派专家、解决和结案。

事故处理流程必须在确定影响和紧迫性之后确定事项的优先顺序。例如，可能出现这样的情况，首席信息官提出的关于打印机问题的服务请求与技术团队提出的处理服务器崩溃的请求同时达到。信息系统管理层应设置一些参数，根据这些事故的紧迫性和影响分配优先级。

未解决的事故应根据信息系统管理层设定的衡量标准进行上报。事故管理具有响应性，其目标在于尽快响应和解决问题，恢复正常服务（如 SLA 所定义）。有时要制定正式的 SLA 来定义各种事故管理统计数据的可接受范围。

4.7.3 异常情况的检测、记录、控制、解决和报告

由于软件、硬件及其相互关系的高度复杂性，因此应设立一种机制来检测和记录任何异常情况，从而有可能发现错误。这类文档通常采用自动或手动日志的形式，如图 4.13 和图 4.14 所示。

出于控制目的，不应限制添加至错误日志的能力。不过，对于更新错误日志的能力，应限于获得授权的个人，并且更新应该具有可追溯性。合理的职责分离要求将关闭错误日志条目的能力分配给负责维护或启动错误日志条目之外的不同人员。

信息系统管理层应确保事故和问题管理机制得到妥善维护和监控，并应确保待解决的错误及时得到处理和解决。

• 应用程序错误	• 网络错误
• 系统错误	• 通信错误
• 操作人员错误	• 硬件错误

图 4.13　记录的典型错误

• 错误日期	• 日志条目关闭负责人的名称缩写
• 错误解决办法说明	
• 错误代码	• 错误解决方案负责部门/中心
• 错误描述	
• 错误来源	• 问题解决的状态代码（例如，问题待解决、问题已关闭以待指定的将来某个日期解决或问题在当前环境下无法解决）
• 上报日期和时间	
• 日志维护负责人的名称缩写	
	• 错误解决状态的描述

图 4.14　错误日志条目中显示的项目

信息系统管理层应制定运营文档，以确保设立适当的程序，将未解决的问题上报至更高层级的信息系统管理层。虽然有很多原因导致某个问题长时间处于待解决状态，但不应接受某个问题无限期地处于未解决状态。对未解决的问题缺乏重视而导致的主要风险是业务运营中断。未解决的硬件或软件问题很可能破坏生产数据。问题上报程序应予以详细记录。信息系统管理层应确保正确遵守问题上报程序。问题上报程序通常包括：

- 可以处理特定类型问题的人员姓名/联系信息。
- 急需解决的问题类型。
- 可等到正常工作时间再予解决的问题。

问题解决方式应传达给适当的系统、编程、操作人员和用户，以确保问题及时得到解决。信息系统审计师应检查问题报告和日志，确保将问题分配给最胜任的个人或小组，并及时得到解决。

负责解决问题的部门和职位应记录在问题管理文档中。必须妥善维护此文档以确保其有用。

4.7.4　技术支持/客户服务部门

技术支持职能的职责在于提供生产系统的专业知识，以识别和协助系统变更/开发和问题解决。此外，技术支持的另一职责是告知管理层可能有利于整体运营的新技术。

对于须由技术支持人员执行的任务，必须根据组织的总体战略和政策制定相关程序。图 4.15 对常见的支持职能进行了说明。

发起客户服务部门工单/呼叫时，一般会对支持进行分类，然后根据问题的复杂程度和解决问题所需的专业技能级别进行上报。

客户服务部门的主要目的是为用户提供服务。客户服务部门人员必须确保详细记录发生的所有硬件和软件事故并根据管理层制定的优先级进行上报。在不同的组织内，客户服务部门的含义有所不同。不过，客户服务部门的基本职能是为提供用户首选的单一集中联系点，并跟进事故管理流程。

- 确定计算机事故源头并采取适当的整改措施。
- 应要求启动问题报告，并及时解决事故。
- 详细了解网络、系统和应用程序知识。
- 回答与特定系统相关的咨询。
- 向业务用户和客户提供第二级和第三级支持。
- 为计算机化的电子通信处理提供技术支持。
- 维护供应商软件文档，包括新版本发布和问题修复程序的发行，以及内部开发的实用程序和系统的文档。
- 与信息系统运营部门沟通，以指出调用或应用程序行为中的异常模式。

图 4.15　典型支持职能

4.7.5　网络管理工具

在组织的现代网络互联环境中，图 4.15 中的所有任务都可以通过一套网络管理工具来完成。

响应时间报告，确定主机系统应答终端设备用户输入的命令所需的时间。响应时间很重要，如果响应速度太慢，用户就不愿意充分利用信息系统资源。这些报告通常会针对各电信线路或系统，确定在给定时间间隔内的平均、最差和最佳响应时间。信息系统管理层和系统支持人员应对这些报告进行审查，以追踪潜在问题。如果响应较慢，则应调查所有可能的原因，例如 I/O 通道瓶颈、带宽利用率和 CPU 容量。应分析各种解决方案，并采取适当且成本合理的整改措施。

故障报告跟踪电信线路和电路的可用性。故障报告将确定由于电力/线路故障、流量过载、操作员错误或异常情况而导致的中断。如果停机时间过长，信息系统管理层应该考虑以下修复措施：

- 增加或更换电信线路。
- 改用更可靠的传输线路（例如，由共享线路改为专用线路）。
- 安装备用电源。
- 改进访问控制。
- 密切监控线路利用率，以便更好地预测用户的近期和长期需求。
- 考虑实施软件定义网络来捆绑连接。

客户服务部门报告由一个团队编制，该团队由经过培训的 IT 技术人员组成并提供支持，以处理在常规信息系统使用期间发生的问题。遇到问题的最终用户可以联系客户服务部门。客户服务部门设施对于电信环境至关重要，因为它们为终端用户提供了一种简便的方法，可以在对信息系统性能和最终用户资源利用率产生重大影响之前发现并解决问题。客户服务部门编制的报告包含问题及其解决方案的历史记录。

在线监控，检查数据传输的准确性和错误。监控过程会对所有传输执行回送检查（将接收的数据返回给发送方进行校验）和状态检查，从而确保不会丢失或重复传输消息。

网络监控，提供网络节点和状态的实时显示。

网络（协议）分析器是连接到网络链路的诊断工具，使用网络协议的情报来监控沿链路流动的数据包并生成网络使用情况报告。网络分析器通常基于硬件，并且在数据链路和/或网络级别运行。输出包括以下信息：

- 使用的协议。
- 沿受监控链路流动的数据包类型。
- 流量分析。

- 硬件错误、噪声和软件问题。
- 其他性能统计（例如，所用带宽的百分比）。
- 问题和可能的解决方案。

SNMP 是一种基于 TCP/IP 的协议，可监视和控制整个网络中的变量、管理配置并搜集有关性能和安全性的统计信息。主控制台会定期轮询所有网络设备并显示全局状态。SNMP 软件能够实时接受特定的操作员请求。根据操作员指令，SNMP 软件会向启用 SNMP 的设备发送特定命令并检索所需的信息。要执行所有这些任务，每台设备（所有路由器、交换机、集线器、PC 和服务器）都必须运行 SNMP 代理程序。SNMP 通信发生在所有代理程序与控制台之间。通常使用 SNMP。要发送和接收数据以管理基础设施设备，通常会使用 SNMP。由于这些消息中经常包含敏感信息，因此建议使用 SNMP 第 2 或第 3 版（缩写为 SNMPV2 或 SNMPV3）来集成加密和其他安全功能。

互联网控制消息协议是专门为错误报告而设计的网络监控协议。路由器等网络设备使用 ICMP 发送错误信息，以处理无法联系到主机/客户端或无法获得所请求信息的情况。与 SNMP 不同的是，ICMP 不会在系统内部或系统之间交换数据。它是 TCP/IP 堆栈的一个组件，为互联网协议提供支持。ICMP 为快速了解错误的来源和原因奠定了基础，同时执行在互联网上完成日常任务所使用的大多数常见实用程序。

4.7.6 问题管理报告审查

审查问题管理报告时，应考虑图 4.16 中所示的审计方法。

要审查的领域	要考虑的问题
• 与信息系统操作人员面谈	• 是否制定了书面记录的程序，以指导信息系统操作人员按照管理层的意图和授权，及时记录、分析、解决和上报问题？
• 性能记录 • 未解决错误日志条目 • 服务台呼叫日志	• 处理过程中是否存在问题？ • 应用程序处理的延迟原因是否有效？ • 是否确定了重大和重复发生的问题，并采取了行动来预防其再次发生？ • 是否及时解决了要处理的问题，解决方法是否完善、合理？ • 是否有任何未向信息系统管理层报告的重复发生问题？
• IT 部门使用的程序 • 操作文档	• 为记录、评估、解决或升级任何操作或处理问题制定的程序是否足以满足需要？ • IT 部门用来搜集有关在线处理性能统计数据的程序是否足够，分析是否准确、完整？ • 是否对信息系统运营确定的所有问题进行记录以进行验证和解决？

图 4.16 问题管理报告审查

4.8 IT 变更、配置和修补程序管理

变更控制程序是变更管理中较为全面的职能之一。它由信息系统管理层建立，用以控制应用程序变更（程序、作业、配置、参数等）从进行开发和维护的测试环境迁移到进行全面测试的 QA 环境，再到生产环境中。通常情况下，信息系统运营员工负责确保生产环境的完整性，并通常担当任何生产变更的最终批准者。

变更管理服务于各种 IT 目的，包括修改硬件、安装或升级新的现成应用程序版本、修补应用程序以及调整防火墙、路由器和交换机等网络设备的配置。

与此流程相关的程序可确保：

- 所有相关人员均可获悉变更及其发生时间。
- 系统、运营和程序文档完整并且为最新，并符合既定标准。
- 已制定作业准备、排程和操作说明。
- 系统和程序的测试结果经过用户和项目管理团队审查和批准。
- 在必要时准确且完整地完成数据文件转换，并具备用户管理人员的审查和批准证据。
- 已经准确而完整地完成了系统转换，并具备用户管理人员的审查和批准证据。
- 已移交的作业的所有方面都已经过控制/操作人员的测试、审查和批准。
- 已经考虑了法律与合规事宜。
- 在必要时，已经审查了对业务运营有不利影响的风险，并制订了复原计划以便在必要时撤销变更。

除变更控制外，还需要标准化的变更管理方法和程序，以确保和保持议定水平的优质服务。这些方法旨在最大限度地降低变更可能引发的任何可能事故所产生的不利影响。

该目标可通过正式规定并记录变更请求、授权、测试、实施和用户沟通流程来实现。变更请求通常分为紧急变更、重大变更和次要变更。每种类型的变更可能对应不同的变更管理程序。

4.8.1 修补程序管理

修补程序管理涉及为所管理的计算机系统获取、测试及安装多个修补程序（代码变更），以使软件保持最新，并应对安全风险。修补程序管理任务包括：

- 随时了解最新修补程序的可用情况。
- 决定哪些修补程序适用于特定的系统。
- 确保正确安装修补程序，并在安装后进行测试。
- 记录所有相关的程序，例如所需的特定配置。

一些产品提供自动执行修补程序管理任务的功能。然而，修补程序也可能无效，并且造成的问题可能比修复的问题还多。为避免出现问题，系统管理员应在安装前对非关键系统执行备份并测试修补程序。修补程序管理可视为变更管理的一部分。

有关程序变更控制的详细信息，请参阅第 3 章信息系统的购置、开发与实施。

4.8.2 发行管理

软件发布管理是将软件提供给用户的过程。术语发布用于描述授权变更的集合。发布通常由几个问题修复和服务改进程序组成。

每一次发布（无论是主要还是次要）都将分配唯一标识。在某些情况下，较小的修复可能会在无意中导致新问题。经过全面测试的主要发布不太可能出现此类问题。由于时间、空间和资源的测试限制，可能会部署部分发布（被称为增量版本）。增量发布仅包含自上次发布以来已修改的项目。

发布是受控的，如果新发布出现任何问题，应该能够完全回退并将系统还原到之前的状态。如果不能完全恢复系统，还要制订适当的应急计划以采取适当的行动。这些计划必须在任何新发布实施之前制订。图 4.17 显示了一些主要的发布类型。

很多新的系统实施将涉及分阶段交付功能，因此需要多次发布。此外，按计划发布将实现一个持续的系统改进过程。

主要发布	通常包含重大变更或新增功能。主要升级或发布通常会取代之前所有的次要升级。将几个变更集中在一起，有助于进行全面的测试以及有计划的用户培训。大型组织通常会为在整个年度内实施的主要发布预定义一个时间表（例如，每季度一次）。小型组织可能一年只有一个发布，而如果组织正在迅速发展，则可能一年有多次发布
次要软件发布	升级；通常包含小改进和修复。次要升级或发布通常会取代之前所有的紧急修复。次要发布通常旨在修复等不及下一个主要发布的较小可靠性或功能性问题。应遵循整个发布流程来准备和实施次要发布。这些任务可能会花费较少的时间，因为开发、测试和实施活动的要求低于主要发布
紧急软件发布	紧急发布是一些要求尽快实施的修复，以预防重要用户无法使用关键业务功能。根据所需发布的紧迫性，可在实施之前执行有限的测试和发布管理活动。应尽可能避免这类变更，因为增加了引入错误的风险

图 4.17 发布类型

应定义发布管理的主要角色和职责，确保每个人了解自己的角色和权限级别以及流程中涉及的其他人的角色和权限级别。组织应根据系统的规模和性质选择最适当的方法、需要的发布数量和发布频率以及任何特殊的用户需求（例如，在较长一段时间内，是否需要分阶段实施）。所有发布都应具有一个可供配置管理使用的唯一标识符。

规划一次发布涉及：

- 就发布内容达成共识。
- 就发布战略达成共识（例如，按时间划分阶段以及按地理位置、业务部门和客户发布）。
- 制定高级别的发布时间表。
- 规划资源情况（包括人员加班）。
- 议定角色和职责。
- 制订复原计划。
- 为发布制订质量计划。
- 计划支持团队和客户的验收流程。

在变更管理流程中，所有变更都要经过严格的测试和批准，而发布管理流程则是将软件变更投入生产。

4.8.3 信息系统运营

信息系统运营包括支持和管理整个信息系统基础设施、系统、应用程序和数据的流程和活动，侧重于日常活动。

信息系统运营人员负责准确而高效的网络、系统和应用程序运维，并为业务用户和客户交付高质量的信息系统服务。

信息系统运营人员的任务包括：

- 执行和监控计划的作业。
- 协助及时备份。
- 监控未经授权访问和使用敏感数据的情况。
- 监控并审查对信息系统和业务管理层所制定的信息系统操作程序的遵循情况。
- 参与 DRP 测试。
- 监控信息资源的绩效、容量、可用性和失效情况。
- 协助故障排除和事故处理。

详细说明运营任务的程序以及结合适当的信息系统管理监督措施的程序都是信息系统控制环境的必要组成部分。

文档记录应包括：

- 根据计算机和外围设备的操作说明及工作流程制定的操作程序。
- 监控系统和应用程序的步骤。
- 检测系统和应用程序的错误和问题的步骤。
- 处理信息系统问题和上报未解决问题的程序。
- 备份和恢复程序。

信息系统运营审查

由于各种安装情况下的处理环境有所不同，因此信息系统审计师通常会巡视信息处理设施，以更好地了解操作任务、程序和控制环境。审计程序应包括图 4.18 所述的程序。

要审查的领域	要考虑的问题
观察信息系统人员	• 是否已采取一些控制方法来确保操作的有效性，以及对已制定标准和政策的贯彻执行？ • 是否有足够的监管？ • 是否实施了与信息系统管理审查、数据完整性和安全性相关的控制？
操作人员访问	• 是否将文件和文档存储库的访问权限限定给操作人员？ • 是否对计算机及相关外围设备的操作责任进行了限制？ • 是否对纠正程序和数据问题的访问权限进行了限制？ • 对于允许对软件和/或数据进行系统修复的实用程序，是否应对其访问权限进行限制？ • 是否对生产源代码和数据库（包括运行程序）的访问权限进行了限制？
操作人员手册	• 说明是否足以说明： • 计算机及其外围设备的操作？ • 启动和关闭程序？ • 机器/程序故障事件？ • 要保留的记录？ • 日常作业职责和受限的活动？
对存储库的访问权限	• 是否预防程序包管理员访问计算机硬件？ • 库管理员是否只具有对数据管理系统的访问权限？ • 是否只为经授权的人员提供了对储存库设施的访问权限？ • 文件的删除是否由生产调度软件进行限制？ • 接收和返还的外部介质在入库时，是否由库管理员处理？ • 是否维护数据文件和介质的登录和登出日志？
离线存储的内容和位置	• 包含生产系统程序和数据的离线文件存储介质的内容是否有明确标识？ • 离线库设施是否远离计算机机房？ • 政策和程序是否足以： 　■ 管理离线库？ 　■ 检出/检入介质（包括签名授权的要求）？ 　■ 标识、标记、传送和检索离线备份文件？ 　■ 是否对异地备份文件进行了加密（尤其是那些在不同位置之间物理移动的文件）？ 　■ 盘存在线和离线介质的系统（包括所有介质的特定存储位置）？ 　■ 安全处理/销毁介质（包括签名授权的要求）？
文件处理程序	• 对于传送到/发送自其他位置的文件和辅助存储介质，是否已对其建立一套接收和发布的控制程序？ • 是否使用内部标签来确保安装了用于处理的正确介质？ • 既定程序是否充分并符合管理层的意图和授权？ • 这些程序是否得到遵循？
数据录入	• 输入文档是否经过授权以及文档是否包含正确的签名？ • 批次总计是否一致？ • 在负责加密数据的人员与负责审查已加密数据以检查准确性和错误的人员之间是否存在职责分离？ • 是否生成控制报告？报告是否准确？ 是否对报告进行维护和审查？
远程操作	• 为应对诸如自动化软件发生故障等意外事故，通常将对主控制台的远程访问权限授权给待命的操作人员。安全访问控制是否足以预防未经授权的使用？ • 应急计划是否考虑到在无人值守设施中正确识别灾难？ • 在恢复站点是否对自动化运行软件和手动应急程序进行了充分的记录和测试？ • 是否存在适当的程序变更控制和访问控制？ • 是否定期执行软件测试，特别是在应用更改或更新之后？ • 是否可确保错误未被软件隐藏以及所有错误都会通知操作员？

图 4.18 信息系统运营审查

4.9 运营日志管理

运营日志或审计轨迹跟踪和记录应用程序内的活动，提供所执行操作、系统事件和用户交互的历史记录。日志有助于监控和调查安全事故并确保问责制。在某些情况下，当无法建立主要控制时（例如，小型组织由于人数有限而无法完全实现职责分离），日志监控被用作补偿性控制。可以监控日志以预防任何人滥用其高级访问权限。

运营日志管理涉及搜集、监控、分析和存储组织IT基础设施内各种系统、应用程序和设备生成的日志。日志是捕获IT环境中事件、活动和错误的记录。在任何IT环境中，可能存在着许多不同类型的日志。

日志记录包含以下信息：

- 发生的事件类型。
- 事件发生的时间。
- 事件发生的位置。
- 事件来源。
- 事件结果。
- 与事件相关的任何个人、主体或对象/实体的身份。

4.9.1 日志类型

网络中的几乎每个组件都有可能生成日志，其中包含其创建、搜集或交互的信息类型。最常见的日志类型包括：

- **事件日志**。记录网络流量和使用情况、登录尝试、失败的密码尝试和应用程序事件等信息。事件日志非常常见，通常在违规发生后用作检测性控制。
- **服务器日志**。包含特定时间段内与特定服务器相关的活动的文本记录。
- **系统日志**。记录操作系统事件，例如启动消息、系统更改、意外关闭、错误和警告以及其他重要进程。
- **访问日志**。列出访问某些应用程序或文件的人员或机器人。当无法建立一般或应用控制（例如职责分离）时，访问日志通常用作补偿性控制。
- **变更日志**。包括应用程序或文件更改的时间顺序列表。变更日志包含在变更管理控制中，以确保授权人员正确执行所有系统修改。
- **可用性日志**。跟踪系统性能、正常运行时间和可用性。这些日志用于确定是否满足SLA。
- **资源日志**。提供有关连接问题和容量限制的信息。网络管理员经常监控这些日志，以确保环境规模适当。它们还可用作网络漏洞的早期指标。
- **威胁日志**。包含符合防火墙内预定义安全配置文件的系统、文件或应用程序流量信息。作为潜在违规的早期预警系统，威胁日志旨在触发警报。
- **数据库日志**。跟踪对数据库所做的更改，包括记录的插入、更新和删除。数据库日志有助于维护数据完整性、排除故障、评估数据库结构的有效性以及评估数据库安全性。
- **错误日志**。当系统遇到问题时，各种应用程序都会生成错误日志。错误日志通常包含有关事件性质的详细信息，有助于解决问题。
- **防火墙日志**。记录穿越防火墙的传入和传出网络流量，以识别潜在威胁。
- **操作系统日志**。识别用于生产处理的数据文件版本，评估计划和运行的程序，并揭示实用程序或服务ID使用情况。操作系统日志用于评估OS活动，以确保OS的完整性不会因系统参数和库的不当更改而受到损害。
- **应用程序日志**。评估应用程序的整体效率，并验证应用程序或其数据的更改是否按照正确的授权流程进行。应用程序日志还可用于评估未经授权的访问和使用，并识别可疑的用户行为。
- **访问控制日志**。评估关键数据文件/数据库和程序的访问控制，以及通信系统、DBMS和应用程序的安全设施。

许多入侵者会试图篡改日志来隐藏其活动。如果法律/法规要求使用日志，则需安全日志记录以维护证据真实性。保护日志不被篡改非常重要。一种常用的保护方法是在安全的服务器上使用安全信息与事件管理软件，捕获、汇总和分析日志。

4.9.2 日志管理

管理运营日志的目的是确保日志数据的可用性、完整性和机密性，这在 IT 运营、安全和合规性方面起着至关重要的作用。创建日志后，作为针对特定风险的控制流程的一部分，组织必须主动监控数据。日志管理遵循六个步骤（见图 4.19）。

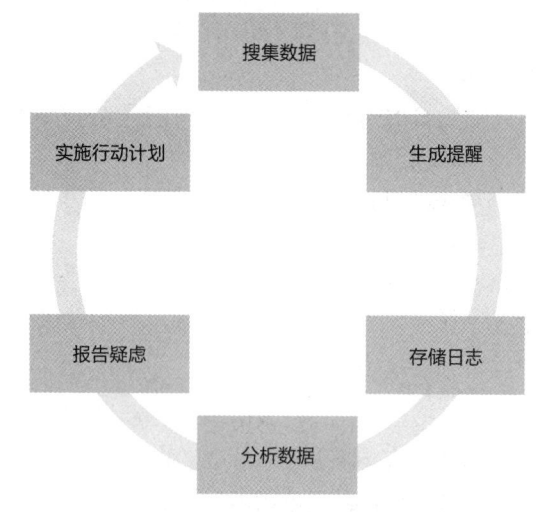

图 4.19 日志管理周期

日志管理基础设施通常包含以下三层：

1. **日志生成**。日志生成层由生成日志数据的主机组成。这些主机通常记录客户端应用程序或服务，并通过网络将其数据发送到第二层中的日志服务器。不过，其他主机会通过其他方式发送日志。例如，它们可以允许服务器对其进行身份认证并检索日志文件的副本。

2. **日志分析和存储**。日志服务器从日志生成层中的主机接收日志或日志数据副本。该数据会实时或偶尔批量传输到服务器，具体取决于特定的计划或待传输的日志数据量。从多个日志生成器接收日志数据的服务器被称为搜集器或聚合器。从存储需求来看，日志数据可以存储在日志服务器上，也可以存储在单独的数据库服务器上。

3. **日志监控**。日志监控层包含用于监控和查看日志数据以及自动日志分析结果的控制台。控制台可用于生成报告，并管理日志服务器和客户端。为确保良好的安全实践，应使用 POLP 提供控制台用户权限。

在确定哪些事件类型需要记录时，组织应考虑监控和审计要实施的每项控制。检测到攻击后，日志分析可以帮助企业了解攻击的范围。完整的日志记录可以显示攻击发生的时间和方式、访问了哪些信息以及数据是否被泄露。如果需要进行跟进调查或攻击长时间未被检测到，保留日志也至关重要。

数据搜集

运营日志管理涉及系统性地搜集来自不同来源的日志，例如服务器、网络设备、数据库、操作系统和应用程序。许多系统都有内置的日志记录功能。不过，对于想要集中数据搜集的组织而言，日志记录可能涉及部署日志搜集代理，或为没有此内置功能的系统配置集中式解决方案。日志记录应至少捕获操作发生时间的时间戳、执行操作的用户信息以及操作的事件信息。根据日志类型，还应捕获其他信息。

图 4.20 显示了常见 Windows 系统日志的示例。该日志表明用户在未弹出驱动器的情况下不当移除了 USB。捕获的事件带有时间戳和描述。

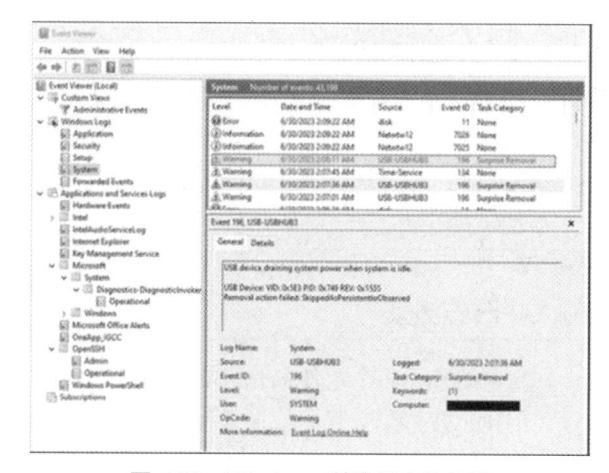

图 4.20 Windows 系统日志的示例

生成警报

搜集数据后，下一步是在出现潜在问题或威胁时向适当的个人发出警报。由于日志捕获不同类型的信息，因此每个日志可能需要向不同的个人或团队发出警报。例如，系统日志事件可能只需要向最终用户发出警报。而威胁日志可能需要向 IT 安全团队警示网络违规企图。警报旨在告知人们，以便他们可以立即采取行动。信息系统审计师确保根据适当的参数生成警报、实际收到警报并根据警报的关键性立即采取行动。

存储和保护日志

运营日志管理可保护日志数据免遭未经授权的访问、修改或删除。作为最佳实践，许多组织实施了集中式日志管理系统，从各种来源搜集和存储日志。集中化有助于简化日志分析、关联和监控。日志应遵循基于监管要求和业务需求定义的保留策略。日志数据存储在安全位置，以预防未经授权的访问和篡改。应考虑使用加密文件系统或具有异地备份的数据库来保护日志信息的机密性和完整性。应实施访问控制，仅允许授权人员访问日志数据，并使用基于角色的访问控制来确保个人根据其角色和职责拥有适当的权限。最后，应制订定期自动备份计划，以预防在硬件故障、系统崩溃或发生其他事故时丢失日志数据。此外，还应考虑异地备份或云存储选项，以增持冗余并支持灾难恢复。

分析日志数据

日志监控包括两项分析。首先是立即进行的威胁评估，并向个人发送警报以采取行动。根据特定日志事件或模式建立实时警报机制对于及时响应关键事故至关重要。当满足特定条件或阈值时，可以生成警报以通知 IT 团队或触发自动操作。第二项评估涉及使用日志分析工具和技术，通过从相关数据中查找趋势和模式来检测异常、错误、安全漏洞或性能问题。更深入的分析将聚合并关联来自多个日志的数据，以深入了解系统行为、识别模式并排除故障。日志分析技术可能涉及解析日志条目、关联事件以及应用数据分析方法来检测趋势、异常或潜在的安全威胁。

在解析日志时，来自不同系统和应用程序的日志可能具有不同的格式和结构。由于数据来自不同的来源，因此必须将其标准化。标准化日志数据涉及不同日志格式、时间戳和数据元素的标准化。这将确保一致性，并促进跨多个来源的有效日志分析和比较。日志解析技术从日志条目中提取相关信息，并将其转换为更易于分析的一致格式。正则表达式和解析库通常用于此目的。随后将关联事件数据。事件关联涉及分析日志条目，以识别事件之间的关系和关联。该技术有助于发现可能表明安全事故、性能问题或操作异常的模式和依赖关系。SIEM 系统等工具提供事件关联功能。

一旦数据相互关联，就可能出现趋势和模式。模式匹配技术涉及在日志数据中搜索预定义模式。此方法有助于识别值得关注的特定事件或行为，例如已知的攻击特征或错误条件。模式匹配可以使用专门的日志分析软件来完成。统计分析技术也可用于分析日志数据并识别异常值、趋势或异常行为。平均值、中位数、标准差或时间序列分析等统计方法有助于检测日志条目中的异常情况和不同寻常的模式。

报告疑虑

从日志管理中搜集的信息应传达给组织内的适当级别。IT 安全团队制定了清晰、成文的程序来报告日志监控中的问题。团队应定义要遵循的步骤，指定应通知谁、如何上报问题以及适当的报告渠道。分析过程中发现的事故应根据预定义的标准，基于所报告问题的严重性或关键性进行分类。分类有助于确定响应的优先顺序，并分配适当的资源。

随后，团队制订并维护事故响应计划，概述提出疑虑时要采取的步骤。该计划应包括角色、职责、通信协议、遏制和缓解策略以及事故后分析程序。一旦发现问题就必须报告。延迟报告可能会导致系统和数据的进一步损坏或泄露。报告过程应高效，并应及时通知所有利益相关方。报告流程还必须遵守任何适用的监管或法律要求。应妥善记录所报告的问题、采取的行动和结果，以用于审计、合规性和未来参考。

报告应清晰传达问题的性质，提供相关细节和背景信息，同时避免不必要的术语。为确保技术和非技术利益相关方都能理解报告，必须使用简单易懂的措辞。应包括问题来源（例如，特定的事件日志、警报或指标）、受影响的系统或资产、潜在影响，以及已采取或建议的任何行动等信息。报告应包括基于最佳实践、行业标准和组织事故响应计划的建议遏制、缓解和修复行动计划。行动计划应包含有关所报告问题的跟进和持续沟通流程，以便利益相关方了解所报告问题的进展、状态和解决方案。

日志管理与 SIEM 和 IT 治理集成

运营日志管理与 SIEM 系统和 IT 治理框架密切相关。在许多方面，运营日志是 SIEM 和 IT 治理方案的基础。

日志管理和 SIEM 是相关的概念，但在网络安全方面具有不同的用途。日志是 SIEM 工具的宝贵数据源，可增强威胁检测和响应能力。日志管理侧重于存储和分析日志，而 SIEM 通过集成来自多个日志源的数据并结合实时监控、事件关联和威胁检测来扩展这些功能，以增强组织的安全态势和事故响应能力。日志管理可以是独立的功能，也可以是 SIEM 解决方案的重要组成部分，具体取决于组织的安全需求、资源和合规性要求。

此外，日志管理符合 IT 治理框架，如 COBIT 或信息技术基础设施库，以确保遵守行业最佳实践。日志管理为事故检测、诊断和解决提供有价值的数据，在事故管理中发挥着至关重要的作用。日志可用于识别事件的根本原因、跟踪导致事故的事件顺序，并分析对服务的影响。日志数据有助于加快事故解决流程、最大限度地减少停机时间，并恢复服务的正常运行。

日志管理提供对重复发生的事故或潜在问题的见解，从而促进问题管理。分析日志可以帮助识别表明系统问题的模式、趋势或共性。日志数据可用于支持问题调查、根本原因分析以及永久解决方案或变通办法的开发。

日志管理为 IT 环境更改的影响提供可见性，以支持变更管理。日志有助于验证变更是否成功实施、识别变更导致的任何意外后果或问题，并评估对 IT 服务的总体影响。日志可以在变更前后和期间审查，以验证结果并确保符合变更管理流程。

日志管理通过搜集和分析与服务性能、可用性和安全性相关的日志来监控 IT 服务。日志可用于生成有关服务级别指标的报告，如正常运行时间、响应时间、误差率或 SLA 合规性。这些报告有助于评估服务质量、识别改进领域，并证明符合 ITIL 和其他 ITSM 要求。

日志包含有关系统、应用程序和设备配置的宝贵信息。日志管理可以提供配置更改的审计轨迹、捕获配置相关事件并协助配置协调或验证，从而支持配置管理。

日志可为 IT 支持团队提供丰富的知识和见解。日志管理系统可以通过促进捕获、组织和检索相关日志数据，为知识管理流程做出贡献。日志条目可用于确定是否需要创建知识文章、故障排除指南或常见问题解答，以帮助支持人员有效解决事故或问题。

运营日志管理作为一项 IT 控制，确保组织了解其 IT 基础设施、有效监控事件、及时检测异常或安全事故，并始终遵守相关法规和政策。

4.10 IT 服务水平管理

与 ITSM 相关的基本前提是 IT 可通过一系列为业务提供服务的独立流程来管理。尽管每个流程领域可能都各自具有不同而明显的特征，但流程之间具有高度依赖性。定义流程后，就可以通过 SLA 进行更好的管理，后者有助于维护和提高客户满意度（即最终业务）。

ITSM 专注于业务交付成果，涵盖支持和交付 IT 服务的 IT 应用程序基础设施管理。此管理包括微调 IT 服务以满足企业不断变化的需求，以及衡量和展示长远来看会降低服务成本的 IT 服务质量改进。

IT 服务可以通过 SLA 得到更好管理，而提供的服务则构成此类协议的依据。客户期望和所提供的服务之间可能存在差距，SLA 可以缩小这一差距，它完整地定义了所提供服务的性质、类型、时间和其他相关信息。SLA 还可辅以操作水平协议，后者属于内部协议，它所涵盖的服务交付支持 IT 组织交付其服务。

例如，收到投诉时，客户服务部门先将其分类并储存为事故，然后再从 KEDB 中查找可用的解决方案。反复出现或重大的事故可能会导致需要问题管理流程的问题。如果需要变更，流程/程序的变更管理小组可以在咨询了配置管理小组之后提供配合支持。

任何必要的变更都应经过变更管理流程，无论是起源于问题的解决方案、增强还是其他原因。在接受和批准变更之前，还要审查成本效益和可行性分析。应该分析变更风险并制订回退计划。变更可能适用于一个配置项或多个配置项，而变更管理流程会调用配置管理流程。

例如，软件可能包含多个系统，其中每个包括不同的程序并且每个程序具有不同的模块。配置可以在系统、程序或模块级别维护。组织可能有政策规定系统级别进行的任何变更将作为新版本发布。如果涉及其他应用程序的程序级别变更，也可以决定发布一个新版本。

应该获取并适当地分析服务管理指标，以提升服务质量。许多组织都已经利用 ITIL 和/或 ISO 20000 来改进其 ITSM。

ITIL 作为一个详细的框架而开发，其中包含了以业务价值交付为基础成功实现 IT 运营服务管理的实用信息。

ISO 20000 是国际 ITSM 标准，可帮助 IT 组织（内部、外包或外部）确保其 ITSM 流程符合业务需求和国际最佳实践。

4.10.1 服务等级协议

SLA 是 IT 组织和客户之间的协议，详细说明了要提供的服务。IT 组织可以是内部的 IT 部门或外部的 IT 服务提供商，而客户则是企业。公司可从内部 IT 组织中获得 IT 服务，如电子邮件服务、内部网、企业资源规划系统等。企业可能从外部 IT 服务提供商那里采购 IT 服务，如互联网连接、公共网站的主机托管等。

SLA 站在客户角度，以非技术术语描述服务。在协议期内，它是衡量和调整服务的标准。

服务水平管理是定义、协商、记录和管理所需且成本合理的服务水平的流程。服务水平管理不只处理 SLA 本身；它还包括服务目录的制作和维护、服务审查会议和对于没有达到 SLA 的领域的服务改进计划。

服务水平管理的目的是保持和提高客户的满意度以及改进交付给客户的服务。具备明确的服务水平定义后，IT 组织或服务提供商可以适当地设计服务，而客户可以监控 IT 服务的绩效。如果所提供的服务不符合 SLA 的规定，IT 组织或服务提供商必须改进其服务。如果不符合 SLA 条款，服务提供商可能需要根据其合同义务支付罚款或降低收费。

用于定义 SLA 的 IT 服务特征应包括准确性、完整性、及时性和安全性。许多工具可以用来监控 IT 人员提供服务的效率和效能，包括：

- **异常报告**。这些自动生成的报告识别了所有不能成功运行或发生故障的应用程序。异常过多可能表示：
  - 对业务需求理解欠佳。
  - 应用程序设计、开发或测试质量不佳。
  - 运行说明不足。
  - 运行支持不足。
  - 操作人员培训或性能监控不足。
  - 任务排序不当。
  - 系统配置不当。
  - 容量管理不当。
- **系统和应用程序日志**。应对各种系统和应用程序生成的日志进行审查以确定所有应用程序问题。这些日志可提供有关计算机上执行的活动的其他有用信息，因为大多数系统和应用程序异常事件都会在日志中生成记录。鉴于日志的大小和复杂性，很难进行手动审查。已经开发了一些程序来分析系统日志和报告定义的项目。审计师可使用此类软件执行测试以确保：
  - 只有经过批准的程序可以访问敏感数据。
  - 只有获得授权的 IT 人员可以访问敏感数据。
  - 可修改数据文件和程序库的软件实用程序仅用于经授权的用途。
  - 经过批准的程序仅按计划运行，反之，未经授权的运行不会发生。
  - 正确数据文件的生成用于生产用途。
  - 数据文件得到妥善保护。
- **操作人员问题报告**。操作人员使用此类手动报告对计算机操作问题及其解决方案进行记录。信息系统管理层应审查操作人员的响应情况，以确定操作人员的操作是否得当或者是否应该提供额外培训。
- **操作人员工作日程表**。此类日程表通常由信息系统管理层手动维护，以帮助人力资源进行规划。通过确保合理调配运维支持人员，信息系统管理层可确保满足最终用户的服务要求。在关键或繁重的计算机使用期间，这一点尤为重要。这些日程计划安排应足够灵活，以便能够进行适当的交叉培训和紧急的人员调配需求。

许多 IT 部门都会定义他们将保证向其 IT 服务用户提供的服务水平。这种服务水平通常记录在 SLA 中。当 IT 部门与最终用户或客户之间是合同关系时，定义服务水平显得格外重要。SLA 通常与扣款系统相关联，借此机制，最终用户部门会分摊 IT 部门一定比例的成本。当 IT 部门的职能由第三方执行时，具备外包 SLA 非常重要。

通常服务水平定义会包含硬件和软件性能目标（如用户响应时间和硬件可用性），但也可以包含各种其他性能衡量指标。这类衡量指标可能涉及财务绩效（如年比增量成本降低）、人力资源（如资源规划、员工流失率、发展或培训）或风险管理（如符合控制目标）。信息系统审计师应了解不同类型的可用衡量指标，并确保它们全面且包括风险、安全和控制衡量指标以及效率和有效性衡量指标。

4.10.2 服务水平监控

既定的服务水平必须由适当层级的管理层定期监控，以确保实现信息系统运营目标。审查对客户及组织的其他利益相关方的影响至关重要。

例如，银行可能在监控其自动柜员机的性能和可用性。指标之一可能是 ATM 服务的可用性达到预期水平（99.9%）；不过，也可能需要监控不可用情况对客户满意度的影响。99.9%的 SLA 意味着 ATM 每年大约有三天半不工作。类似的指标也可针对电子邮件和互联网等其他服务定义。

监控服务水平对于外包服务而言是基本要求，尤其是涉及第三方直接向组织的客户提供服务时，情况更是如此。达不到服务水平对组织的影响更甚于对第三方的影响。例如，由于第三方的控制弱点引起的欺诈事件可能导致组织面临声誉损失。

尤其要注意的是，将服务交付外包时，仅仅是将提供服务的职责外包，而不是责任，责任仍由组织承担。如果组织将服务交付外包，信息系统审计师应确定管理层如何保证第三方的控制设计适当并且运行有效。管理层可采取多种技术获取保证，包括问卷调查、现场视察或独立的第三方鉴证报告，例如鉴证业务准则公告第18号（SSAE 18）SOC 1报告或AT-101（SOC 2和SOC 3）报告。

4.10.3 服务水平与企业架构

定义和实施企业架构有助于组织协调服务交付（请参阅2.4企业架构和注意事项部分了解更多信息）。组织可以使用多种服务交付渠道，如移动应用程序、互联网、服务网点、第三方服务提供商和自动化服务站。这些渠道使用由相同的后端数据库服务的不同技术。

在考虑到可用性和恢复选项时，EA有助于更好地协调运营要求，以满足服务交付目标。例如，不可接受的恢复时间可能使组织为关键的服务交付渠道选择可容错、可用性高的架构（请参阅4.16.3恢复备选方案部分了解更多信息）。

4.11 数据库管理

DBMS 软件帮助组织、控制和使用应用程序需要的数据。DBMS 有利于创建和维护井然有序的数据库。主要功能包括减少数据冗余、减少访问时间以及提供对敏感数据的基本安全保护。

DBMS 数据按照多层级方案进行组织，最低层级有字段等基本数据元素（如"社会安全号码"）。各个字段之上的层级具有不同的属性，具体取决于数据库的架构。

DBMS 可能包括识别字段、字段特征及其用途的数据字典。活动数据字典需要所有元素的条目，并协助应用程序处理数据元素（例如提供验证特征或打印格式）。被动字典只是一个可供查看或打印的信息贮存库。

DBMS 可以控制如下层级的用户访问：

- 用户和数据库。
- 程序和数据库。
- 交易和数据库。
- 程序和数据字段。
- 用户和交易。
- 用户和数据字段。

DBMS 的一些优点包括：

- 应用程序系统的数据独立性。
- 轻松支持并灵活满足更改数据要求。
- 交易处理效率。
- 减少数据冗余。
- 能够最大限度地保证数据一致性。
- 能够通过数据共享最大限度地降低维护成本。
- 有机会实施数据/编程标准。
- 有机会实施数据安全。
- 存储数据的完整性检查。
- 便于终端设备用户临时访问数据，尤其是通过设计的查询语言/应用程序生成器进行访问。

4.11.1 DBMS 结构

定义数据库所需的数据元素称为元数据。元数据包括用来定义逻辑和物理字段、文件、数据关系和查询等的数据。元数据分为三种类型：概念模式、外部模式和内部模式。如果没有将这些模式调整至可以流畅地配合运转，DBMS 就可能无法满足用户的需求。

详细 DBMS 元数据架构

在每个层级当中，都有数据定义语言组件，用于创建解释和响应用户请求所需的模式表征。在外部层面，DBMS 会特别为一些与 DBMS 兼容的应用程序编程语言提供多个 DDL。概念层级会在外部和内部模式之间提供适当的映射。外部模式的位置独立于内部模式。

数据字典/目录系统

数据字典/目录系统针对外部模式、概念模式、内部模式以及所有相关的映射，帮助定义和存储所有数据定义的源和目标形式。数据字典包含索引以及存储在数据库中所有条目的描述。目录描述数据的位置和访问方法。

DD/DS 提供了如下功能：

- DDL 处理器，允许数据库管理员创建或修改外部和概念模式之间映射的数据定义。
- 验证所提供的定义以确保元数据的完整性。
- 预防未经授权访问或操纵元数据。
- 允许 DBA 查询数据定义的询问及报告能力。

DD/DS 可由多个 DBMS 使用；因此，使用一个 DD/DS 可以降低从一个 DBMS 切换另一个 DBMS 的影响。使用 DD/DS 的一些益处包括：

- 加强文档记录。
- 通用的验证衡量标准。
- 通过减少数据定义需求促进编程。
- 标准化编程方法。

4.11.2 数据库结构

数据库结构共分四种主要类型：层次型数据库、网状数据库、关联数据库和面向对象的数据库。大多数 DBMS 都具内置安全功能，可与操作系统访问控制机制/包进行交互。通常，DBMS 安全功能和安全包功能结合在一起，便可覆盖所有必要的安全功能。下文将讨论 DBMS 结构的类型。

层次型数据库模型

该模型具有父数据段和子数据段的层次结构。为创建它们之间的链接，这个模型使用父-子关系。这些属于通过逻辑树表示的记录之间的 $1:N$（一对多）映射，如图 4.21 所示。一个子段只能拥有一个父段，因此必须要进行数据复制以向多个父段表达关系。通过父段获取从属段。不允许反向指针。当数据关系属于层次型时，数据库很容易实施、修改和搜索。例如，Microsoft Windows 的注册表就属于层次型数据库。这种模型也用于地理信息系统中。

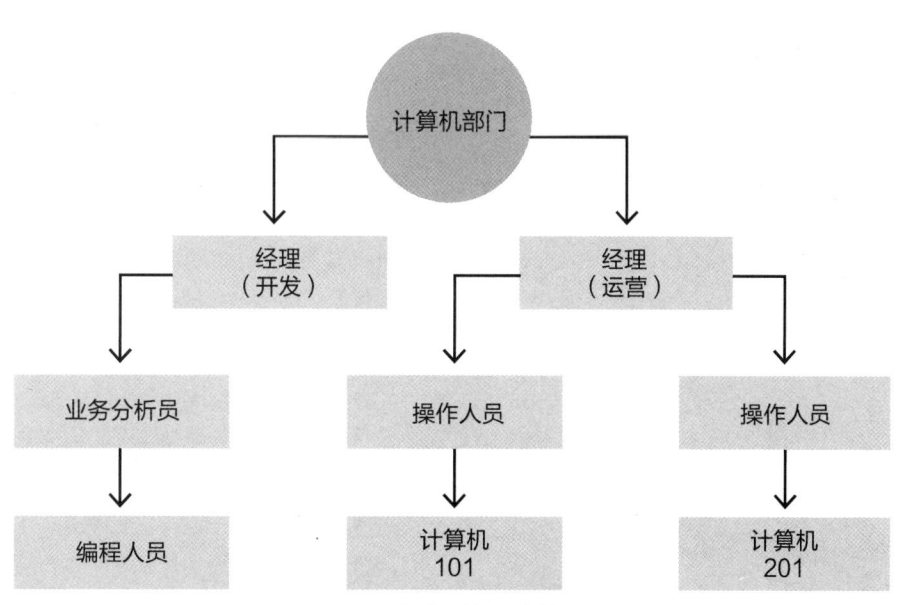

图 4.21 层次型数据库的组织

网络数据库模型

网络模型中的基本数据建模结构被称为集合。集合由所有者记录类型、成员记录类型和名称组成。成员记录类型可以在多个集合中拥有该角色，因此允许多个所有者关系。所有者记录类型同样可以是另一个集合的成员或所有者。通常，一个集合定义 1:N 关系，但也允许一对一（1:1）存在。网状模型的缺点在于这种结构可能极其复杂，出现故障时很难理解、修改或重建。在当前环境下，这种模型很少使用。如图 4.22 所示，层次型和网状模型不支持高级查询。用户程序必须导航数据结构。

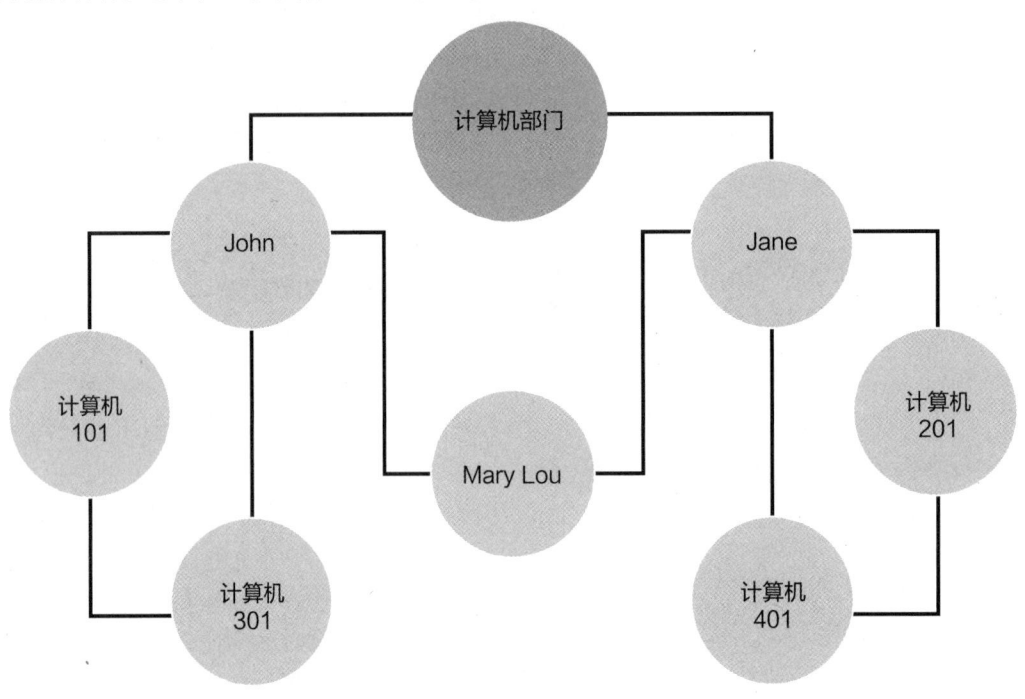

图 4.22 网状数据库的组织

关联数据库模型

关联数据库的一个示例如图 4.23 所示。关联模型基于集合理论和关联计算。关联数据库允许数据结构定义、存储/检索操作和完整性限制。在这种数据库中，数据中的数据和关系是以表的形式组织的。表是行的集合（也称为元组），并且表中的每个元组包含相同的列。列称为域或属性，与字段相对应。元组相当于传统文件结构中的记录。关联数据库用于大多数常见的 ERP 系统中。常见的关联数据库管理系统包括 Oracle、IBM、DB2 和 Microsoft 结构化查询语言服务器。

关联表具有如下属性：

- 值都是原子值（一个不可简化的单位）。
- 每一行都是唯一的。
- 列值属于同一类。
- 列的顺序无关紧要。
- 行的顺序无关紧要。
- 每一列都有唯一的名字。

某些字段可能已被指定为键，因此索引可以更快地搜索特定字段值。如果两个不同表中的字段都从同一个集合取值，则联结操作可通过匹配那些字段的值在两个表中选中相关记录。这可以延伸到基于多个字段联结多个表。这些关系只能在检索时指定，因此关联数据库是动态的。关联模型与数据结构的物理实施无关，并且，与层次型和网状数据库模型相比，具有许多优点。使用关联数据库便于：

- 理解和实施物理数据库系统。
- 从其他数据库结构进行转换。
- 执行投影和联结操作（即引用没有存储在一起的相关数据元素组）。
- 为应用程序创建新的关联。
- 对敏感数据实施访问控制。
- 修改数据库。

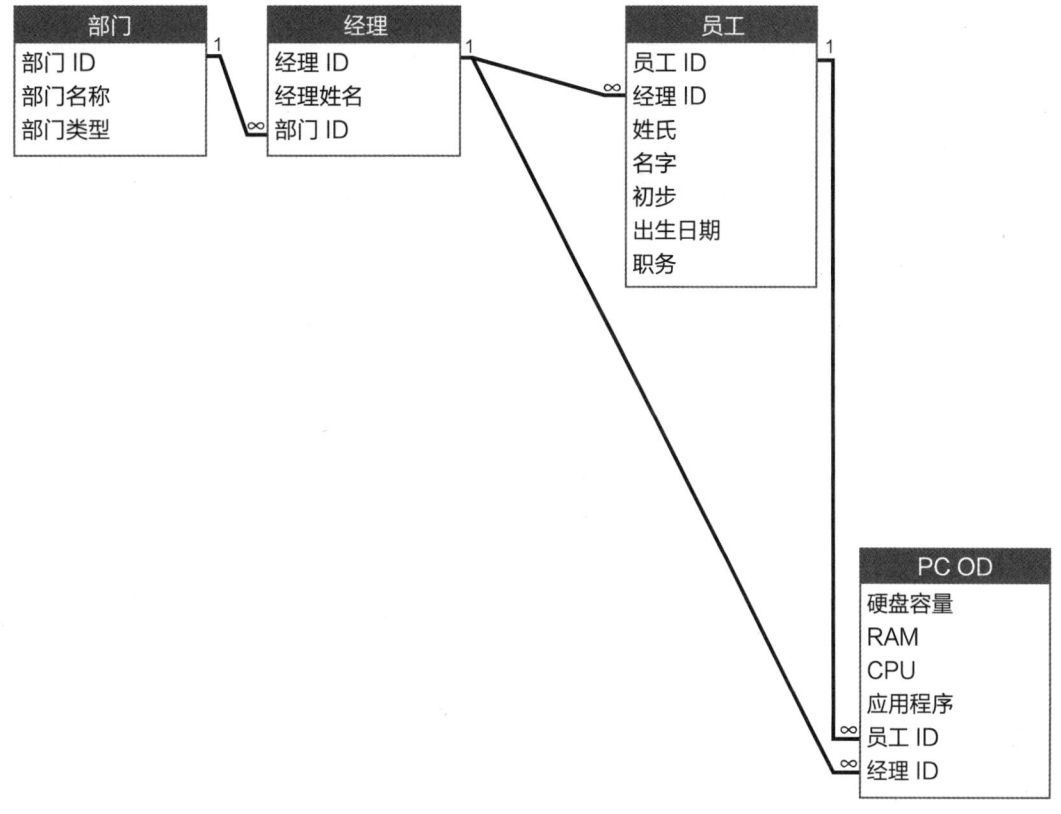

图 4.23　关联数据库的组织

关联数据库的一个重要特征是使用了正规化规则来最小化表中所需的信息数量，以满足对数据库进行结构化和非结构化的查询。通常遵循的正规化规则包括：

- 针对每一个属性，一个数据对象的给定实例仅有一个值。
- 属性代表的是基本数据项，不应包含内部结构。
- 每个元组（记录）由标识某个实体的主键以及一组零个或多个相互独立的属性值组成，这些属性值以某种方式描述实体（完全依赖于主键）。
- 任何外键都应有一个空值，或者拥有一个可链接到其他表的现有值；这称为参照完整性。

面向对象的数据库管理系统

面向对象的数据库管理系统（OODBMS）如图 4.24 所示。在 OODBMS 中，信息存储为对象（如面向对象的编程）而不是存储为数据（如关联数据库）。这意味着与面向对象的编程相关的所有功能都可以适用，包括封装（即创建数据类型或类，包括对象）和继承（即类继承来自其他类的特征）。由此产生包含可执行代码和数据的对象。在数据库中，对象的实际存储通过为每个对象分配唯一标识符来实现。在引用时，就会将这些对象加载到虚拟内存中，以便快速找到。OODBMS 已经在工程、科学和空间数据库等领域得到应用，当数据库由图形、图表或声音等不太容易由关联数据库定义或查询的内容构成时，经常会使用 OODBMS。

NoSQL

开发 NoSQL 数据库的目的在于应对互联网上存储数据量的增长，通常称为大数据。这些数据中很多都是非结构化的音频、视频、推特、日志、博客等，无法划分成关联数据库所要求的组件；但 NoSQL 数据库也可支持 SQL，所以命名为"Not only SQL"（不仅限于 SQL）。NoSQL 数据库可支持面向对象（如同 OODBMS）以及其他数据库技术，如图 4.25 所示。

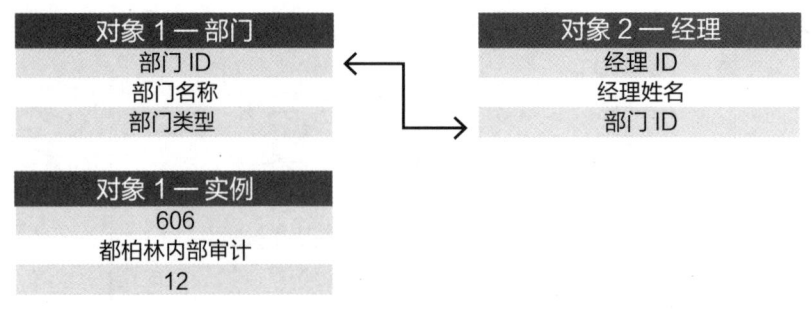

```
          对象1—部门                    对象2—经理
            部门 ID                      经理 ID
            部门名称              ←      经理姓名
            部门类型              →      部门 ID

          对象1—实例
             606
          都柏林内部审计
              12
```

图 4.24　面向对象的数据库的组织

数据模型	描　　述
键值	数据库中所有项均存储为有值的属性名（键）
面向列	一列的所有值都放在一起，接着是下一列的所有值，然后是再下一列的值，以此类推
图形数据库	数据库基于图形理论（对象之间关系的数学模型）
面向文档	数据库使用 XML 和 JSON 等存储方法来管理、存储和检索面向文档的信息
时间序列	通过时间戳对数据点进行存储和查询（例如库存数据、日志和传感器数据）
空间	数据库存储和查询空间数据，例如地图、地理和 GPS 坐标

图 4.25　NoSQL 数据库技术

NoSQL 数据库的优点包括：分库分表，能够将数据库在数据库服务器上进行水平分区以分散工作负载（处理大数据时非常重要），以及动态模式，即在添加数据前无须定义模式（与关联数据库中一样）。常见的 NoSQL 数据库包括 MongoDB 和 Cassandra。

4.11.3　数据库控制

数据库完整性和可用性必须得到维护。为此，应采取以下控制：

- 建立并执行定义标准。
- 建立并实施数据备份和恢复程序以确保数据库可用性。
- 针对数据项、表和文件建立必要的访问控制级别（包括特权访问）从而预防意外或未经授权的访问。
- 建立控制以确保仅获得授权的人员方可更新数据库。
- 建立控制以处理并发访问问题，例如多个用户尝试同时更新同一个数据元素（即交易提交、记录/文件锁定）。
- 建立控制以确保数据库中数据元素及关系的准确性、完整性和一致性如果可能的话，将这些控制包含在表/列的定义中，这一点很重要。这样一来，就不可能因为编程缺陷或者通过使用操作数据的实用程序而违反这些规则了。
- 在作业流的各个接合点处设置数据库检查点，从而最大限度地降低系统故障后的数据损失以及恢复到重新开始处理的工作量。
- 执行数据库重组，以减少闲置磁盘空间，并验证已定义的数据关系。
- 在进行逻辑、物理和程序变更时，遵循数据库重组程序。
- 使用数据库性能报告工具来监控和维护数据库效率（如可用存储空间、缓冲区大小、CPU 使用情况、磁盘存储配置和死锁条件）。
- 最大限度地降低使用非系统工具或其他实用程序（即那些外部安全控制）访问数据库的能力。
- 考虑实施数据库活动监控技术，以制定安全政策，并对数据库的信息系统方面进行监控、审计和报告。

4.11.4　数据库审查

审计数据库时，信息系统审计师应审查设计、访问、管理、接口、可移植性和数据库支持的信息系统控制，如图 4.26 所示。

要审查的领域	要考虑的问题
逻辑模式	• 实体关系图中的所有实体是否以表格或视图的形式存在？ • 是否通过外键表示了所有关系？ • 是否明确指定了约束条件？ • 是否只有在与实体关系模型中表示的基数一致时才允许外键空值？
物理模式	• 是否根据要求为表格、日志、索引和暂存区分配了初始空间和扩展空间（存储）？ • 是否存在主键或常用键的索引？ • 如果数据库未正规化，是否接受理由？
访问时间报告	• 是否使用索引来最大限度缩短访问时间？ • 索引的构建是否正确？ • 使用任何不基于索引的开放式搜索是否有合理的解释？
数据库安全控制	• 是否在数据库内确定了所有用户的安全级别及其角色，是否合理化了所有用户和/或用户组的访问权限？ • 是否制定并遵循了参照完整性规则？ • 触发机制是如何创建的，什么时候会触发？ • 是否有一套用于设置密码的系统？是否有密码修改机制？是否得到遵循？ • 有多少用户已被授予系统管理员权限？这些用户是否必须拥有该权限才能执行其工作职能？ • 是否启用了审计工具？审计轨迹是否受到监控？ • 数据库资源是否无须使用数据库管理系统命令和结构化查询语言语句即可访问？ • 作业调度员是否拥有系统管理员权限？ • 数据库实用工具作业和脚本中是否嵌入有实际的密码？ • 是否启用了所需的加密？ • 生产数据的副本是否得到授权？ • 生产数据的副本是否经过修改或遮蔽以保护敏感数据？
与其他程序/软件的接口	• 数据导入和导出程序是否影响到数据的完整性和机密性？ • 是否安排了合适的机制与程序，以确保并发访问期间的一致性和完整性？
备份与灾难恢复程序和控制	• 是否存在备份与灾难恢复程序以确保数据库的可靠性和可用性？ • 是否有技术控制来确保数据库的高可用性和/或快速恢复？
数据库支持的信息系统控制	• 对共享数据的访问是否适当？ • 是否使用了合适的变更程序以确保数据库管理软件的完整性？ • 是否已通过数据库管理系统最小化数据冗余？在存在冗余数据的情况下，是否在系统的数据字典或其他文档中维护了适当的交叉引用？ • 是否维护了数据库管理系统的数据字典的完整性？
IT 资产管理	• 是否指定了所有者？ • 是否保留了合同/服务等级协议的副本？ • 许可协议是什么？是否已实现合规？

图 4.26　数据库审查

B 部分：业务恢复能力

业务恢复能力旨在描述组织在发生业务中断和事故时做出调整，以维持持续运营和保护资产的能力。大多数组织都会制订某种 DRP 以备恢复 IT 基础设施、关键系统和相关数据。然而，许多组织并没有针对如何在 IT 中断期间保持关键业务部门正常运行而制订计划。CISA 考生应该了解灾难恢复和业务持续计划的组成、使二者相互协调并使之与组织的目标及风险容忍度相协调的重要性。以及数据备份、存储、保留和恢复的重要性。

4.12 业务影响分析

业务影响分析（Business Impact Analysis，BIA）是制定业务连续性战略并实施风险对策（尤其是 BCP）的关键步骤。

BIA 评估关键流程（和支持这些流程的 IT 组件），并确定时间范围、优先级、资源和相关性。即使在执行 BIA 之前已完成广泛的风险评估，而且在 BIA 中记录了关键性和风险，但最好是进行复查核对。通常，BIA 过程中能够发现相对隐蔽但支持关键业务流程的重要要素。对于将 IT 活动外包给第三方服务提供商的情况，还应考虑（BCP 背景下）合同承诺。

要成功执行这一阶段，负责人应了解组织、关键业务流程以及组织用来支持关键业务流程的 IT 资源。通常可以从风险评估结果中获得这些信息。BIA 需要高级管理层的大力支持/资助，以及 IT 人员和最终用户的广泛参与。支持组织业务流程的信息资源（如应用程序、数据、网络、系统软件、设施）的关键性必须经高级管理层批准。

对于 BIA 而言，必须涵盖所有类型的信息资源，不能仅局限于传统的信息资源（即数据库服务器），这一点至关重要。

信息系统包含多个组件。其中一些组件（如数据库服务器或存储阵列）是显而易见的。其他组件（如网关和传输服务器）的 BIA 相关信息应从组织中负责关键流程/应用程序的部门搜集。要针对特定流程/应用程序评估停机时间的影响，可以制定影响等级（即高、中、低），并按时间（小时、天、周）估计各个流程所受的影响。数据丢失的影响通过相同的方法来估计。必要时，还可以采用相同的方法估计财务影响，为财务价值指定具体的影响等级。

执行 BIA 时可以搜集与供应必要资源所需时间相关的数据——供应中断时组织可以运行多长时间，或者收到更换备件的时间。例如，如果未将含有芯片的塑料卡经过个人化处理变为信用卡，银行可以运行多久？或者当发生灾难后 IT 何时需要运送桌面工作站？

执行 BIA 的方法有多种。一种流行的方法是采用问卷调查，这种方法需制定一份详细的调查问卷并将其分发给 IT 和最终用户端的关键用户。接下来应汇总和分析搜集到的信息。如需其他信息，BIA 团队将联系相关用户。另一种常用方法是与一组关键用户面谈，然后汇总和分析面谈过程中搜集到的信息，从而制订详细的 BCP 和战略。第三种方法是将相关 IT 人员和最终用户（即关键流程所有者）召集到一起，总结不同等级的中断可能造成的业务影响。最后一种方法可在所有数据搜集完成之后使用。通过混合使用上述方法，应能快速确定可接受的停机时间和必要资源。

BCP 团队在确定如果系统长时间不可用所造成的业务影响时，应尽可能分析过去的交易量。这将证实 BCP 团队执行 BIA 的面谈流程。

图 4.27 说明了在 BIA 阶段应考虑的三个主要问题。

在决定 BCP 方法时，应考虑两个独立的成本因素，如图 4.28 所示。一个是灾难的停机时间成本。短期（如数小时、数天和数周）来看，这一部分会迅速上升，停机持续的时间越长，中断的影响越大。在某一时刻，增长将停止，反映出业务无法继续运作的时间点。停机时间成本（随时间的延长而增大）包括很多方面（取决于行业及特定的公司和环境）。其中包括闲置资源成本（如生产中）、销售下降（如订单）、财务成本（例如，无法开具发票或收款）、延迟（如采购）和间接成本（如市场份额、形象和信誉的丧失）。

1. 有哪些不同的业务流程？必须评估每个流程，以确定其相对重要性。表示流程比较关键的指标包括：
   - 支持健康和安全的流程，例如医院病历和空中交通管制系统
   - 流程中断将导致组织收入受损或不可接受的异常成本
   - 满足法律或法定要求的必要流程
   - 流程影响大量用户或业务部门

   一个流程关键与否，取决于运营时间和模式（如工作时间或自动提款机运营）等因素

2. 与组织的关键业务流程相关的关键信息资源有哪些？这是首先需要考虑的，因为信息系统资源的中断本身不是灾难，除非它与关键业务流程相关（例如，组织可能因信息系统故障而无法执行创造收益的业务流程）

   可能为关键业务流程的其他示例包括：
   - 收款
   - 生产商品或服务
   - 员工薪酬支付
   - 广告宣传
   - 成品调度
   - 遵守法律和监管要求

3. 什么是信息资源的关键恢复期（在此期间，必须恢复业务流程，以免造成重大或不可接受的损失）？恢复期的长短在很大程度上取决于所中断业务或服务的性质。例如，银行和经纪公司等金融机构的关键恢复期通常比制造企业短得多。同样，事发的时机（一年中的某个时段或一周中的某一天）也会影响恢复期的长短。例如，如果银行周日不营业，且大规模停电发生在周六午夜，则其恢复期要长于发生在周一午夜的重大停电

图 4.27　BIA 注意事项

另外一个因素是备用整改措施（即实施、维护和启动 BCP）的成本。这项成本随所选目标恢复时间减小。恢复成本也包括很多方面（多数是刚性-非弹性元素）。其中包括制订和定期测试 BCP、异地备份设施、保险费、备用站点安排等方面的成本。备用恢复战略的成本在时间与成本坐标系中显示为离散的点，各点相连形成一条曲线（见图 4.28）。整条曲线代表所有可能的战略。

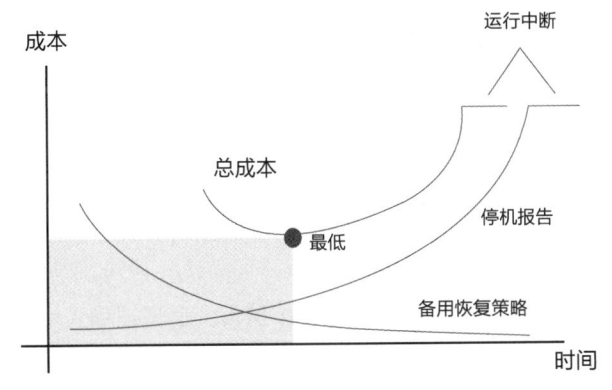

图 4.28　中断成本与恢复成本

每项可能的战略都有一个固定成本（即不会随时间改变，直到最终酿成灾难）。请注意，每项可能战略的固定成本通常不一样。业务连续性战略设定的目标恢复时间越长，其成本就越低，但更容易出现停机时间成本急剧上升的情况。目标恢复时间越短，固定成本越高。即使未发生灾难，组织也要为规划和实施付出成本。

如果发生灾难，可变成本将显著增加（例如，温备援中心合同可能包含固定年费，另外再按日收取实际占用费）。此外，还需要考虑额外员工、加班、运输及其他物流方面的成本（如员工日结津贴和新的通信线路）。可变成本取决于所实施的战略。

图 4.28 包含停机时间成本和备用恢复战略成本这两条曲线，显示了总成本曲线（另外两条成本曲线之和）。组织会选择总成本最低的点。

总而言之，所有成本的总和—停机时间成本和恢复成本—应降至最低。第一类成本（停机时间成本）随时间的增加而增大，第二类成本（恢复成本）随时间的增加而减小；二者之和通常是一条 U 型曲线，而最低点代表最低的成本。

> **注意**
>
> CISA 考试不会考查成本的计算。

4.12.1　运营和关键性分析分类

系统的风险水平涉及关键恢复期产生的影响以及

不利中断发生的可能性来确定风险。很多组织使用风险的发生概率来确定所需准备的合理成本。例如，组织可能会确定，下一个五年内遭受严重业务中断的概率是 0.1%（或千分之一）。如果评估的业务中断影响为 1000 万美元，则五年期间需准备的最大合理成本为 1000 万美元×0.1%＝1 万美元。这种方法称为年预期损失（ALE）。在这种基于风险的分析流程中，可以在制定恢复战略时排定关键系统的优先级。信息系统处理方和最终用户方一同执行风险水平评定程序。

典型的风险水平评定系统包含的分类如图 4.29 所示。

分类	描述
关键	除非用完全相同的功能替代，否则 这些功能无法执行。不能以手动方法代替关键应用程序。对中断的容忍度极低；因此中断的成本非常高昂
重要	只可以在较短时间内手动执行这些功能。对中断的容忍度高于关键系统，因此中断成本也较低，但必须在特定的时间范围内（通常是五天或以下）恢复功能
敏感	能够以可接受的成本在较长时间内手动执行这些功能。虽然可以手动执行这些功能，但执行过程困难重重，并需要额外的人员
不敏感	这些功能可长时间中断，对公司造成的损失极少或没有任何损失，并且功能恢复后无须采取后续措施

图 4.29　风险水平评定系统的分类

连续性管理的下一阶段是确定用于从中断和/或灾难中恢复的各种恢复战略和可用备选方案。制订 BCP 和 DRP 的下一步是根据 BIA 和关键性分析选择合适的战略。有助于确定恢复战略的指标是恢复点目标和平均修复时间。有关 RPO、RTO 和 MTTR 的更多信息，请参阅 4.16 灾难恢复计划部分。

4.13　系统和运营恢复能力

系统恢复能力是指系统承受和适应意外中断、压力或故障，同时保持其核心功能并将对其整体性能的影响降至最低的能力。它涵盖了系统吸收冲击、快速恢复并在不利条件下继续有效运行的能力。它包括设计能够承受硬件故障、网络中断、网络攻击或软件错误的系统。具有恢复能力的系统基于冗余组件、故障转移机制和强大的数据备份策略构建，以确保连续运行和数据完整性。

4.13.1　应用程序恢复能力和灾难恢复方法

要保护应用程序免受灾难，需要提供一种能使应用程序尽快恢复的方法，例如群集。群集是一种安装在运行应用程序的各个服务器（节点）上的软件（代理）。它包括对群集行为进行控制和调整的管理软件。群集可预防单点故障（一种资源的损失导致服务或生产的损失）。群集的主要目的是实现更高的可用性。

部署配置类型分为两种：主动-被动和主动-主动。

在主动-被动群集中，应用程序仅在一个（主动）节点上运行。仅当应用程序在主动节点上出现故障时，才会使用其他（被动）节点。在这种情况下，群集代理会持续监视受保护应用程序并在其中一个剩余节点上将其快速重新启动。这种类型的群集不需要从应用程序端进行任何特殊设置（即应用程序不需要是群集感知应用程序）。因此，这是确保应用程序可用性和灾难恢复的主要方式之一。在主动-主动群集中，应用程序运行在群集的每一个节点上。通过这种设置，群集代理对所有节点之间的信息处理进行协调，提供负载均衡并协调并发数据访问。当这种群集中的应用程序失败时，用户通常根本不会经历停机（可能会丢失未完成的交易）。

主动-主动群集要求所构建的应用程序能利用群集功能（例如，如果某交易在失败的节点上未完成，则剩余的其他节点将尝试重新运行该交易）。这种群集不如主动-被动群集常见，但可提供快速的应用程序恢复、负载均衡和可伸展性。这种类型的群集对网络延迟提出了更高的要求。组织通常会使用群集设置的组合方式，如对特定处理站点采用主动-主动群集，而在站点之间采用主动-被动群集。这种组合方式可预防应用程序发生软件或硬件故障（主动-主动）及站点故障（主动-被动）。覆盖范围为一个城市的群集被称为城区群集，而覆盖范围跨越城市、国家甚至大洲的群集被称为地理群集。

尽管可以在内部开发群集软件，但通常这种方式并不经济，而且各大软件供应商可提供多种解决方案。通常，群集应用程序要求在所有群集节点之间共享数据。主动-主动群集通常要求所有节点都能够使用同一存储。而主动-被动群集则没有那么严格的要求，只要求将数据从主动节点复制到其他节点。

4.13.2 电信网络恢复能力和灾难恢复方法

所用计划应包含组织的电信网络。如今，电信网络是大小型组织业务流程的关键。因此，用于确保持续电子通信能力的程序应被授予较高的优先级。

电信网络不但如同数据中心一样易受到自然灾难的影响，而且还很容易受到唯独会影响电信网络的几种灾难性事故的冲击。其中包括中央交换局灾难、电缆切割、通信软件故障、与黑客攻击和人为错误有关的安全漏洞。确保持续的通信能力是组织自身（而不是本地交换运营商）的责任。本地交换运营商不负责提供备份服务。然而，许多运营商确实备份了系统内的主要组件。因此，组织应为备份自己的通信设施做好准备。

要维护关键的业务流程，IPF 的 BCP 应提供足够的电信功能。电信功能包括电话语音电路、WAN（与分布式数据中心的连接）、LAN（工作组 PC 连接），以及第三方电子数据交换提供商。此外，还应针对不同的中断阈值为每种电子通信功能确定关键的容量需求，例如 2 小时、8 小时或 24 小时。不间断电源应足以为电子通信设备以及计算机设备提供备份电源。

网络保护的方法包括：

- **冗余**。涉及多种解决方案，其中包括：
  - 提供额外的容量，以便在正常的主要传输功能不可用时使用剩余容量。对于 LAN，可在替代路由上安装辅助电缆，以便在主电缆损坏的情况下使用。
  - 在路由器之间提供多条路径。
  - 使用动态路由协议，例如"开放最短路径优先"和"增强型内部网关路由协议"。
  - 提供故障转移设备以避免路由器、交换机、防火墙等设备中出现单点故障。
  - 保存配置文件以便在网络设备（例如路由器和交换机）发生故障时进行恢复。例如，组织应使用"简单文件传输协议"服务器。大多数网络设备都支持 TFTP 以保存和检索配置信息。

- **替代路由**。通过备用介质（如铜质电缆或光纤）路由信息的方法。此方法会在正常网络不可用时使用其他网络、电路或终端。大多数本地运营商正在部署反向旋转的光纤环。这些环具有光缆，可以沿两个方向传输信息，并且，为增强保护，光缆包裹在单独的电缆护套中。目前，这些环通过一个中央交换局连接。不过，随着这些环的扩展，未来可能会在电路中加入第二个中央交换局。一些运营商正在向不同的入网点或备用中央交换局提供替代路由。其他示例包括蜂窝和微波通信（作为陆地电路的替代方案）和信使（作为电子传输的替代方案）。

- **多样化路由**。通过分离电缆设施或重复电缆设施（带有不同的和/或重复的电缆护套）路由流量的方法。如果使用的是不同的电缆护套，则电缆可能位于同一导线管中，可能会受到与该电缆所后援的电缆相同的中断。虽然连接客户驻地的入口和出口可能位于同一导线管中，但通信服务用户可通过设置备用路径来复制设施。用户可以向当地运营商获取分离式路由和替代路由，包括双入口设施。但是，获取这种类型的访问不仅耗时，成本也高。多数运营商可提供替代和多样化路由设施，但是大多数的服务还是通过地面介质进行传输。这些电缆设施通常埋在地下或位于地下室中。由于城市的基础设施日渐老化，因此埋在地下的设施面临着很大的风险。此外，基于电缆的设施通常与机械和电气系统共处一室，因而会由于人为失误和灾难事件而面临巨大风险。

- **长距离网络多样化**。很多恢复设施的供应商使用主要长途运营商之间的地面电路提供了多种可用的长途网络。这样做可以确保在任何单一运营商经历网络故障时均可正常进行长途访问。现在有几家主要运营商已经安装了自动重新路由软件和冗余线路，可在线路出现中断时及时进行恢复。信息系统审计师应核实恢复设施是否具有这些重要的电子通信功能。

- **最后一英里电路保护**。很多恢复设施均提供本地运营商地面电路、微波和/或对本地通信环路的同轴电缆访问的冗余组合。这使得该设施在本地运营商发生通信灾难期间仍能够访问。此外，还使用了替代本地运营商路由。

- **语音恢复**。许多服务（尤其是金融和零售行业的服务）都依赖于语音通信。冗余布线和VOIP协议是处理故障的常见方法。
- **卫星连接**。某些电信选项在某些位置不可用。宽带卫星服务和临时卫星选项的连接性能不亚于依赖于信号塔的蜂窝网络。

4.14 数据备份、存储和恢复

由于数据是许多组织的最关键资产，因此数据备份、存储和潜在恢复是关键考虑因素。法律法规可能会对企业处理这些数据的方式产生影响，所以在开发适当的方法时应考虑这些因素。

4.14.1 数据存储恢复能力和灾难恢复方法

廉价磁盘冗余阵列（Redundant Array of Independent Disks，RAID）通常用作常见的恢复方法，是一种数据存储虚拟化技术，它将多个物理磁盘驱动器组件组合成一个或多个逻辑单元，以实现数据冗余、性能改进或两者兼而有之的目的。RAID用于提高数据存储系统的性能和可靠性。它可以从多个物理磁盘创建大型逻辑磁盘，也可以从单个物理磁盘创建多个逻辑磁盘。

很多供应商都提供存储阵列（可隐藏从物理磁盘形成逻辑卷的所有复杂性的硬件），因此完全消除了对低级配置的需要。通常，这些存储阵列提供了主要的RAID级别。然而，负责的IT员工还是需要了解不同RAID配置的影响。

存储阵列提供数据复制功能，以保护数据免受站点故障的影响，确保应用程序成功恢复（无论是否有群集），并确保数据保存到一个站点的磁盘上并显示在另一个站点上。根据可用的网络带宽和延迟，数据复制过程可能是同步模式（即直到将数据写入到另一站点上的磁盘中才会对本地磁盘写入进行确认）、异步模式（根据时间表复制数据）或自适应模式（根据网络负载从一种模式切换到另一种模式）。

基于阵列（硬件）的复制对于应用程序是绝对透明的（即操作系统或应用程序端不需要任何特别准备）。

如果没有磁盘阵列，仍然可以使用基于主机的数据复制解决方案，将存储在本地服务器卷（不管是否为RAID）上的数据复制到远程站点，类似于基于硬件的解决方案。

4.14.2 备份与恢复

由于数据是许多组织的最关键资产，因此数据备份、存储和潜在恢复是企业的关键考虑因素。根据BIA、RPO和RTO规划这些活动对于有效的数据备份和恢复策略至关重要，因为这些活动必须旨在基于预算和业务目标最大限度地减少数据丢失。法律法规可能会对企业处理这些数据的方式产生影响，所以在开发适当的方法时应考虑这些因素。

为了确保组织的关键活动（和支持性应用程序）在发生灾难时不被中断，可使用辅助存储介质来存储软件应用程序文件和相关数据以用于备份目的。即使组织使用基于云的备份，备份服务器仍具有存储信息的物理位置。基于云的备份（也被称为云备份或在线备份）涉及将数据和系统备份存储在云服务提供商提供的远程服务器或基础设施上。云备份有别于本地存储等传统备份方法，利用云计算的可扩展性、可访问性和可靠性来保护数据。

传统的辅助存储介质包括镜像磁盘（本地或远程）和网络存储。通常，可移动介质在一个设施中记录，并储存在一个或多个远程物理设施（异地库）中。这些远程储存设施的数量和位置基于可用性和感知到的业务中断风险。维护远程储存设施的存货清单（目录）可以自动执行（存储解决方案），也可以手动执行。在后一种情况下，异地库管理员负责对这些储存库的内容进行连续盘存，以控制对储存库介质的访问，并根据需要在各储存库之间轮换介质。随着信息量的增加，手动保存介质备份清单（本地或远程）变得越来越困难。这项任务正逐渐被处理备份目录的集成备份和恢复解决方案（远程和本地）所取代。

作为备份数据的通用控制手段，备份本身应该是不可变的，或者无法修改或更改。不可变备份是保护数据的一种方法，可确保数据固定、不可更改、加密或无法修改。备份可以存储在公共云上，因为它提供了使备份不可变的能力。例如，一些云服务提供商提供不可变备份存储，预防任何人（甚至具有管理员访问权限的用户）修改、删除或加密数据。

异地库控制

对物理和逻辑数据实施严格的控制至关重要。现场或传输过程中发生的对此类信息的未经授权访问、丢失或篡改，会影响信息系统为关键的业务流程提供支持的能力，从而使组织在不久的将来即会面临风险。

对异地储存库的控制包括：

- 保护对库中内容的物理访问，确保只有经过授权的人员才能访问。
- 加密备份介质，尤其是在运输过程中。
- 确保其物理结构能够耐火、高温、水淹等。
- 将数据库设置于远离数据中心的位置，最好是在不会受到相同灾难事件影响的设施中，以避免灾难同时影响到这两处设施。
- 确保储存在库中的所有存储介质和文件的清单都会保留到规定的保留时间。
- 确保所有存储介质出入库的记录都会保留到规定的保留/到期时间。
- 确保关于数据文件版本和位置的信息的目录会保留到规定的保留时间，并预防未经授权的披露。

不同记录的保留时间必须遵循企业保留政策。

云备份

云备份是指将异地存储库安全地存储在第三方云服务提供商运营的远程数据中心的做法。这种存储越来越受欢迎，因为它允许备份目标位于断开连接的基础施中，从而有助于保护数据免遭勒索软件（越来越多地针对备份基础设施）等的威胁。

对云备份的控制通常包括：

- 当传输中的数据通过互联网到达远程数据中心时对其进行加密。
- 确保加密数据存储在云库中，并根据"需知"原则授予对加密密钥的访问权限。
- 验证备份和还原时间是否适当，以确保 RTO 和 RPO。虽然典型的恢复测试通常仅针对样本进行，但信息系统审计师必须确保真正的恢复需要对范围内基础设施的较大部分（可能是全部）进行网络传输。

异地设施的安全和控制

异地 IPF 必须像原始站点一样安全和受控。这包括实施充分的物理访问控制，例如锁门、无窗户及主动监视等。异地设施不应从外部轻易识别出来。这是为了预防在原始站点受到恶意攻击破坏时有人蓄意破坏异地设施。当原始站点遭受灾难事件时，异地设施不应受到同一灾难的影响。

异地设施应拥有与原始站点相同的连续环境监控和控制，或根据业务需求规定的功能。这包括监控湿度、温度和周围空气，以获得存储光介质和磁介质的最优条件，并且，如果适用，还应对服务器、工作站、存储阵列和介质库进行监管。适当的环境控制包括 UPS（置于安装有适当烟雾探测器和水探测器的活动地板上）、气候控制、对温度和湿度的监控，以及可用的/通过测试的灭火系统。存储规定应确保纸质记录不会造成火灾危险。如果有特定的法律法规或业务需求，还应实施其他控制。

介质和文档备份

DRP（现场或异地）的一个关键要素是提供充足的数据。复制重要的数据和文档（包括备份数据和纸质记录的异地储存）是进行任何恢复的先决条件。

如果在主站点的机密环境中处理和存储信息，并且将备份存储在安全水平相似的位置，则应注意确保传输数据的方式（无论是以物理备份介质的形式还是通过网络上的镜像备份）能够为信息提供足够的保护。

备份设备和介质的类型

备份设备和介质必须根据各种因素进行选择：

- **标准化**。这种特定的技术要求对主站点和外部设施提供更多支持，成本很高。
- **容量**。备份介质应具有充足的容量，以减少实施备份集所必需的介质的数量。
- **速度**。备份和恢复过程应在可接受的时间内完成，以适应业务需求。
- **价格**。备份设备仅是成本的一部分；必须关注介质的价格。

有许多不同的设备和介质类型可供使用。所选择的技术必须足以满足业务需求。图 4.30 提供了一些例子。

可移植性	数量较少，变化较少	数量较多，变化频繁
可移动介质	CD、DVD、可移动硬盘驱动器或固态驱动器	基于磁带的备份系统（数字数据存储、数字音频磁带、数字线性磁带、先进智能磁带、线性磁带开放协议）
不可移动介质		基于磁盘的备份（如虚拟磁带库）、磁盘快照、基于主机或基于磁盘阵列的复制

图 4.30 介质类型

基于磁盘的备份系统分为不同类型：

- 虚拟磁带库由磁盘存储（通常为中型磁盘阵列）以及控制备份和恢复数据集的软件组成。对于外部用户，VTL（备份和恢复软件）的动作与传统的磁带库相似，不过数据存储在磁盘阵列中。通常，为了进行灾难恢复，会使用磁盘阵列提供的基于硬件的复制，将 VTL 的内容从主站点复制到备份站点。
- 基于主机的复制在主机服务器及目标服务器上运行的特别软件于主机(服务器)级别执行。可实时执行（同步模式，当备份站点发送信息确认复制数据已到达并已安全写入到磁带后才将数据写入到主站点中），也可延迟执行（异步模式，当数据传送到备份站点过程中发生延迟执行）。软件包可从各大软件供应商处获得。
- 基于磁盘阵列的复制与基于主机的复制相同，不过是在磁盘阵列级别执行，对服务器和应用程序是完全隐藏的。所有提供中端和高端磁盘阵列的各大硬件供应商均可提供此功能。此复制可通过 SAN 或 LAN 完成。
- 快照技术十分灵活，允许对卷或文件系统进行不同的瞬间复制。根据快照类型的不同，可以每次都创建完整副本，也可以仅复制已更改的数据块或文件。当与备份和恢复软件结合使用时，此技术特别高效且有效。例如，当拍摄快照并安装在不同的服务器时，可执行完整备份，从而节省生产系统的开销。另一个例子是将数据复制到远程站点，在远程站点拍摄快照并用这些快照进行备份和恢复，从而使用备份站点的服务器设备。

在使用服务器虚拟化的环境中，基于磁盘的备份系统可将整个虚拟服务器复制到恢复站点，因而可以提供出色的灾难恢复解决方案。

为异地备份提取的数据副本必须具有与原始文件相同的安全级别。因此，异地设施和运输安排必须满足备份介质上最敏感的数据类别的安全要求。

定期备份程序

数据和软件文件均应根据已定义的 RPO 定期进行备份。每个应用程序或软件系统的备份计划周期可能有所不同。例如，存储应用程序数据的位置（文件夹或卷）必须定期备份，因为日常交易会频繁更改数据。存储应用程序配置和软件文件（应用程序或操作系统）的位置并不会如此频繁地进行更新——仅在配置更改或应用补丁时才会进行更新。通常，执行大量交易处理的在线/实时系统需要每晚或每小时进行备份，或使用独立的远程处理设施进行数据复制。

定期备份的调度通常可通过自动备份/介质管理系统和自动作业调度软件轻松完成。使用备份/恢复程序和介质管理的整合解决方案可预防由于操作员失误而使备份周期出错或被漏掉。描述特定数据备份的日程表包含在备份程序中。

现代备份和恢复解决方案包括被称为"代理"的特殊软件，安装在受保护的服务器和工作站上。这些代理会搜集数据（数据文件、配置文件、软件应用程序文件）并将其传输到备份和恢复服务器上，服务器会对数据进行转换，然后将其存储在磁盘中。进行数据恢复时，会使用相同的代理。

轮换频率

数据和软件的备份必须允许更改持续发生。文件或记录的副本，必须保留用于备份目的，直至达到特定时间点。在该副本和当前时间之间的间隔内发生的所有更改或交易也会被保留。

建立文件备份日程表的注意事项包括：

- 必须为每个应用程序确定备份周期的频率和保留程度的代次。
- 备份程序必须预测处理周期中任何步骤的故障。
- 对于旧版系统，应以适当的时间间隔（例如在更新程序结束时）保留主文件，以在文件和系统之间进行同步。

- 应显示交易文件以与主文件一致，以便使上一代主文件完全更新，以重新创建当前主文件。
- DBMS 需要专门的备份，通常作为 DBMS 的一个整体功能提供，或作为专为数据库的特定构造和版本而设计的备份和恢复软件（代理）之特殊部分。
- 可能有必要取得在备用站点中使用特定供应商软件的许可；这应在需要之前提前安排好。
- 定制软件的备份必须包含目标代码和源代码库，并包含所有备份位置在现有基础上维护程序修补所需的配置。
- 异地设施应提供备份硬件，并与备份介质兼容。另外，为了长期保留，有必要制定技术支持和维护协议，以确保备用的备份硬件在启用恢复时能够正常工作。

同样，为了实现业务的一致和持续运营，所需的任何文档都应保存在异地备份设施中。这包括恢复生产数据库所需的原始文件。与数据文件一样，异地副本应保持最新以确保其有用性。务必记住，充足的备份是成功恢复的先决条件。

轮换的介质和文档类型

没有软件，计算机硬件也就没有价值。软件（包括操作系统、编程语言、编译器、实用工具以及应用程序）应与纸质文档副本（例如操作指南、用户手册、记录、数据文件、数据库等）一起在异地以最新状态存储和维护。这些信息为信息系统处理周期提供原材料和成品，应异地储存。

图 4.31 描述了要异地备份和储存的文档。

分　　类	描　　述
操作程序	应用程序运行书籍、作业流控制说明、操作系统手册以及特殊流程
系统和程序文档	流程图、程序源代码列表、程序逻辑描述、语句、错误条件以及用户手册
特殊程序	任何不寻常的程序或说明，例如异常处理、处理中的变化以及应急处理
输入原始文件、输出文件	审计、开展历史分析、履行重要工作、满足法律要求或加快保险理赔所需的复印件、影印件、缩微胶片、缩微胶卷报告或摘要
业务持续计划	供参考的正确计划的副本

图 4.31　异地储存

异地储存的敏感数据应储存在耐火磁介质容器中。当数据运回到恢复站点时，应储存并密封在磁介质容器中。

每个组织都应制定旨在管理存储内容和时间的政策。要在异地位置使用的备份日程表和轮换介质很重要。这种介质的轮换可以通过管理软件来执行。

4.14.3　备份方案

有三种主要的备份方案：完全备份、增量备份和差异备份。每种方案都有其优点和缺点。通常的做法是结合使用，以便可以互相补充。

完全备份

此备份方案将所有文件和文件夹复制到备份介质，创建一个备份集（用一个或多个介质，具体取决于介质容量）。其主要优势是在恢复时拥有唯一的贮存库，但与其他方法相比需要更多的时间和介质容量。

增量备份

增量备份会复制自上次增量备份或完全备份以来更改或新增的文件和文件夹。如果第 1 天执行了完全备份，则第 2 天的增量备份将仅复制从第 1 天到第 2 天更改的部分。在第 3 天，将仅复制从第 2 天到第 3 天更改的部分，以此类推。增量备份是较快的备份方法。其所需的介质容量也较少，但所有备份集必须恢复完全备份以来的所有更改，并且恢复会花更多的时间。

图 4.32 提供了完全加增量备份方案的例子。在第 1 天，执行了完全备份，所有文件都保存到备份介质中。在第 2 天到第 7 天，执行了增量备份。在第 2 天，文件 1 发生了更改。在第 3 天，文件 2 发生了更改。在第 4 天，文件 3 发生了更改。在第 5 天，文件 4 发生了更改。X 显示在哪几天备份了哪些文件。

	第1天	第2天	第3天	第4天	第5天	第6天	第7天
文件 1	X	X					
文件 2	X		X				
文件 3	X			X			
文件 4	X				X		

图 4.32　完全加增量备份方案

差异备份

差异备份会复制自执行完全备份以来增加或更改的所有文件和文件夹。与完全备份相比，这种类型的备份速度更快，所需的介质容量更少，并且只需要最后一个完全和差异备份集即可完成全面恢复。与增量备份相比，这种备份方式所需的恢复时间较少，但备份速度较慢，并且需要比增量备份更多的介质容量，因为备份的数据是累积的。

图 4.33 描述了完全加差异备份方案的例子。在第 1 天，执行了完全备份。在第 2 天到第 7 天，执行了差异备份。在第 2 天，文件 1 发生了更改。在第 3 天，文件 2 发生了更改。在第 4 天，文件 3 发生了更改。在第 5 天，文件 4 发生了更改。X 显示备份了哪些文件。

	第1天	第2天	第3天	第4天	第5天	第6天	第7天
文件 1	X	X	X	X	X		
文件 2	X		X	X	X		
文件 3	X			X	X		
文件 4	X				X		

图 4.33 完全加差异备份方案

请注意，在差异备份中，自完全备份以来更改的所有文件或文件夹都会重复复制到备份介质中。

轮换方法

尽管有许多介质轮换方法，但更为人们所接受的技术之一是"祖-父-子"方案。在这种方法中，会在一周期间执行日备份（儿子）。一周执行的最终备份就成为该周的备份（父亲）。早期的日备份介质随后会进行轮换，作为备份介质在第二周重新使用。到月底，最终的周备份会保留下来，作为该月的备份（祖父）。早期的周备份介质随后会进行轮换，在随后的几个月重新使用。到年底，最终的月备份会成为年备份。通常，每月和每年的存储介质会被保留下来，不受轮换周期的限制。如图 4.34 和图 4.35 所示，查看典型轮换周期的示例。测试 DRP 的所有方面是在紧急情况下取得成功的最重要因素。测试的主要目标是确保执行这些计划能够成功恢复基础设施和关键业务流程。

测试应着重于：

- 识别差距。
- 验证假设。
- 测试时间表。
- 实施有效的策略。
- 审查人员绩效。
- 准确且及时的规划。

测试可以促进团队之间的合作与协调，是一种有用的培训工具。许多组织都要求每年进行全面测试。此外，在每项草案计划或补充计划完成或做出重大修订之时，以及重要人员、技术或业务/监管环境发生变更之后，也应考虑进行测试。

必须认真规划和控制测试，以避免增加企业的风险。为了确保所有计划都能定期得到测试，信息系统审计师应当了解测试时间表以及要对所有关键职能进行的测试。

所有测试都必须完整记录，包含测试前、测试及测试后报告。信息系统审计师应对测试文档进行审查。在测试过程中还应验证信息安全性，以确保信息安全没有受到威胁。这种方法的一个关键要素是：直到替换品已送到异地，才应返回异地轮换的备份以供重新使用。例如，直到月末备份已安全地储存在异地，才应从异地储存设施返回第 1 周的备份介质。根据是否需要季度备份以及组织可能希望拥有的冗余数量，可以灵活变换使用此方法。

	第1天	第2天	第3天	第4天	第5天	第6天	第7天
第1周	介质1	介质2	介质3	介质4	介质5	介质6	介质7（介质周）
第2周	介质1	介质2	介质3	介质4	介质5	介质6	介质8（介质周）
第3周	介质1	介质2	介质3	介质4	介质5	介质6	介质9（介质周）
第4周	介质1	介质2	介质3	介质4	介质5	介质6	介质10（介质周）
第5周	介质1	介质2	介质3	介质4	介质5	介质6	介质7（介质周）

图 4.34 典型轮换周期示例 A

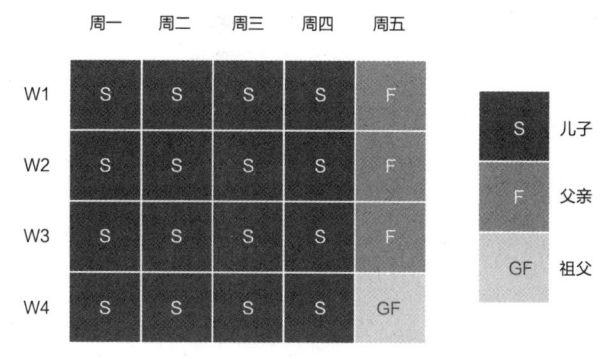

图 4.35 典型轮换周期示例 B

异地储存的记录保存

应维护异地储存位置的内容清单。该清单应包含以下信息：

- 所有备份介质的数据集名称、卷序列号、创建日期、会计期间，以及异地储存仓号。
- 所有关键文档的文档名称、位置、相关系统和最后更新日期。

自动化介质管理系统通常具有帮助记录和维护此信息的选项。如果备份介质在设施间运送，则应保存收货和发货记录，以便在丢失的情况下帮助进行追踪。

3-2-1 备份策略

3-2-1 备份策略将数据的多个副本保存在不同的存储设备和不同的位置。3-2-1 备份策略可减少单点故障的影响，例如介质错误或设备被盗。3-2-1 备份策略包括：

- 创建一份主备份和两份数据副本。
- 将备份保存到两种不同类型的介质。
- 异地保存至少一个备份文件。

切记，云服务提供商可能无法提供此选项。

4.15 业务持续计划

业务持续/灾难恢复计划的目的是使企业能够在出现任何类型的干扰时继续运营。要充分规划此类事件，有必要进行严密计划和资源投入。

制订新 BCP 或更新现有 BCP 的第一步是确定具有战略意义的业务流程——这些关键流程同时负责促进业务的永久增长和实现业务目标。理想情况下，BCP/DRP 应得到正式执行政策的支持，该政策主要说明组织的总体恢复目标，并支持参与计划制订、测试和维护的人员。

风险管理流程应从基于关键流程的风险评估开始。风险与对组织的影响和感知威胁的发生概率成正比。因此，风险评估的结果应确定以下内容：

- 支持关键流程的人力资源、数据、基础设施要素及其他资源（包括由第三方提供的资源）。
- 潜在漏洞——组织面临的危险或威胁。
- 这些威胁的预计发生概率。
- 现有风险缓解控制（风险对策）的效率和有效性。

BCP 主要是高级管理层的责任，正如 BCP/DRP 政策中所定义的，他们确保保护资产和维持组织的生存能力。采取恢复措施时，业务和支持部门通常都会执行 BCP，以便遭遇中断后立即在业务运营中提供削弱但足够的功能水平。该计划应涵盖维持企业生命力所需的所有职能和资产。其中包括对克服并最大程度减小业务中断的影响具有必要作用的连续性程序。

BCP 需要考虑以下事项：

- 对组织存续必不可少的关键运营设施。
- 支持这些运营设施的人力/物力资源。

除运营连续性计划之外，BCP 还包括：

- DRP，用来恢复无法使用的设施，包括将运营设施迁到新址。
- 恢复计划，用来让恢复的设施或新设施的运行回归正常状态。

根据组织的复杂程度，可以针对业务连续性和灾难恢复的各个方面制订一个或多个计划。这些计划不必综合到单个计划中。但每个计划都必须与其他计划保持一致，以便形成切实可行的 BCP 战略。

有必要制订一个综合型计划，以确保：

- 适当协调各项计划要素。
- 以最有效的方式利用所配置的资源，并且有理由相信，通过该计划的应用，组织将从中断事故中恢复。

即使同一个组织在不同地理位置使用的流程相似，其 BCP 和 DRP 解决方案也可能会因情况的不同而有所不同。由于合同要求，解决方案可能有所不同。例如，如果一家组织正在为一位客户处理一笔在线交易，而后台也在为另一位客户处理一笔在线交易，则用于在线服务的 BCP 解决方案将与用于后台处理的解决方案截然不同。

4.15.1 IT 业务持续计划

IT 业务持续计划使用的方法与企业的业务持续计划相同，IT 处理的连续性受到威胁的情况除外。IT 处理至关重要，因为多数关键业务流程都依赖于关键系统基础设施组件和数据的可用性。

IT 业务连续性计划应该符合组织的战略要求。在组织中部署的各种应用程序系统的关键性取决于业务的性质以及每个应用程序对业务的价值。

每个应用程序对业务的价值与信息系统在支持组织战略方面所起的作用成正比。信息系统的组成部分（包括技术基础设施组件）应该与应用程序匹配）例如，计算机或网络的价值由使用它的应用程序系统的重要性决定）。因此，信息系统的 BCP/DRP 是组织整体业务连续性和灾难恢复战略的主要组成部分。如果 IT 计划是独立的计划，其必须支持企业的 BCP 并与之保持一致。在整个 IT 业务持续（有时被称为 IT 服务连续性）计划流程中，应当考虑组织的总体 BCP；这同样应得到执行政策的支持。所有 IT 计划都必须支持企业的 BCP 并与之保持一致。这意味着支持关键运营的备用处理设施必须准备就绪，与原来的处理设施兼容，并且具有关于其使用的最新计划。

必须使用本手册其他章节中描述的方法，采取所有可能的措施来减小或排除发生中断的可能性。示例包括：

- 通过慎重选址来最大程度减小对数据中心的威胁：
  - 不在洪泛区。
  - 不处在或靠近地震断裂带。
  - 不靠近定期使用爆炸装置或有毒物质的区域。
- 使用弹性网络拓扑（如 Loop 或 Mesh）和已内置在网络基础设施中的备用处理设施。

制订和测试信息系统的 BCP/DRP 是组织整体业务连续性和灾难恢复战略的主要组成部分。该计划的基础是协调使用对组织可用的所有风险对策（如重复处理设施、冗余数据网络、弹性硬件、备份和恢复系统、数据复制等）。如果 IT 计划是一个或多个独立的计划，其必须支持企业的 BCP 并与之保持一致。

在关键业务流程、应用程序、信息系统和 IT 基础设施组件之间建立依存关系是风险评估的一个主题。得到的依存关系图反映出组件/依存关系（以及按关键性分组的关键应用程序）所面临的威胁和漏洞，这是风险评估的结果。

通过风险评估确定信息系统组件对于组织的重要性以及这些组件面临的威胁和漏洞后，可以制订修复行动计划以确立最合适的方法来保护它们。总有一个可以选择的风险缓解措施（风险对策）来消除威胁和/或修复漏洞。

可以定性（为威胁的影响及其发生概率分配定性值）或定量［为影响（即损失）分配货币价值并分配概率］方式估算风险。

> **注意**
>
> CISA 考试不会测试考生对风险分析的实际计算；但是，信息系统审计师应该熟悉风险分析计算。

假设组织愿意调查业务中断所造成的损失程度。在这种情况下，组织可以开展 BIA，如 4.12 业务影响分析部分所述。组织可以利用 BIA 确定特定应用程序可能的最长停机时间以及可能损失多少数据。中断发生后，组织还可以通过 BIA 量化不断增加的损失，从而就用于保护和恢复关键信息资产（信息系统、IT 组件、数据等）的技术（和设施）做出决策。

风险评估和 BIA 结果会纳入信息系统业务连续性战略当中，后者将概述支持 IT 保护和恢复的主要技术和原则，以及实施技术和原则的规划图。

在执行 IT 业务连续性战略及其总体 IT 战略的过程中，组织的 IT 基础设施会发生变化。此时会引入新的风险对策并淘汰旧的风险对策。必须相应更改并定期重新测试信息系统的 BCP，以保证这些更改符合要求。

与其他 BCP 一样，信息系统的 BCP 远不止是一个信息系统计划。BCP 用于确定业务在发生灾难时应该怎么做。例如，员工将在哪里上班？在计算机系统恢复期间，如何收取订单？应联系哪些供应商以提供所需的物资？BCP 的一个组成部分是 IT DRP。该计划专门介绍 IT 人员用来恢复计算机系统、通信、应用和数据的各种流程。DRP 可能包括在 BCP 中或完全作为一个独立的文档，具体取决于业务的需要。

不是所有系统都需要恢复战略。确定恢复选项时应考虑的首要因素是，成本永远不应高于效益（通常可在完成 BIA 之后明确）。除 RTO 和 RPO 之外，BIA 的一个重要成果是根据恢复时间对信息系统进行分类这一方法。除 RTO 和 RPO 之外，BIA 重要成果之一是根据恢复时间对信息系统进行分类（组）。这通常可以指导选择支持业务连续性和 IT 灾难恢复的技术解决方案（即控制）。

IT 灾难恢复通常在异常紧迫的情况（如火灾、洪水、飓风破坏）下发生。此时安全控制（包括物理和信息系统安全控制）通常未运行。因此，建议组织执行信息安全管理系统，以在正常和异常情况下维持信息系统的完整性、机密性和可用性。

值得注意的是，第三方提供的服务（例如云服务）中断可能无法由签约组织恢复。在某些情况下，组织必须等待供应商恢复对服务的访问，并在服务恢复前实施自己的 BCP。

4.15.2　灾难和其他破坏性事件

灾难会导致关键信息资源在一段时间内无法使用，从而对组织运营造成不利影响。中断时间可能从几分钟到几个月不等，具体取决于信息资源的损坏程度。更重要的是，发生灾难后必须采取恢复措施才能恢复运营状态。

灾难可能由地震、洪水、龙卷风、强雷暴和火灾等自然灾害引起，通常会对处理设施和所在地造成大规模的破坏。当由于自然灾害或其他原因，公司无法获得预期服务（如电力、电子通信、天然气供应或其他交付服务）时，可能会发生其他引发中断的灾难性事件。

并非所有关键服务中断或灾难都是由自然原因造成的。灾难也可能由人为事故造成，如恐怖袭击、黑客攻击或人为错误。造成服务中断的原因有时包括系统故障、意外删除文件、未经测试的应用程序版本、备份丢失、网络拒绝服务攻击、入侵和病毒。对于这些事件，需要采取措施来恢复运营状态，进而恢复服务。此类措施可能要求恢复硬件、软件或数据文件。

很多中断事故在开始时只是小型事故。通常，客户服务部门将充当早期报警系统，识别即将发生中断的早起迹象。但此类中断（例如数据库性能逐渐退化）经常不会被检测到。在这些潜伏性灾难爆发之前（例如，数据库停止工作），它们只会偶尔引发用户投诉。

应根据风险评估，在相协调业务连续性战略中说明最坏情况以及短期和长期的应急战略，并将其纳入 BCP。短期而言，可能需要备用处理设施来满足即时的运作性需要（如发生重大自然灾害时）。长期来说，必须针对灾难恢复指定和配备一个新的永久性设施，以定期继续信息系统处理服务。

流行病计划

流行病可定义为能够大范围（可能是全球范围内）迅速传播的人类流行性传染病或暴发的传染性疾病（如流感暴发）。流行病计划与传统的业务持续计划之间有明显不同，因此，信息系统审计师应当评估组织对流行病或其他暴发的准备情况。流行病计划带来独特挑战；与自然灾害、技术灾难、恶意行为或恐怖事件不同，由于规模和持续时间方面预期会存在差异，我们很难判定其影响。

应对形象、声誉或品牌的损害

诽谤性的谣言可能具有多种来源，并且可能与重大事故或危机有关，也可能无关。无论是自发产生，还是业务连续性或灾难恢复问题的副作用，它们都可能造成破坏性的后果。危机最严重的后果之一是失去信任。对组织而言，有效的公关活动在遏制企业形象损害方面扮演着重要的角色，能够确保危机形势不再恶化。部分行业（如银行、医疗保健机构、航空公司、石油精炼厂、化工厂、运输系统、核电厂或其他有相关社会影响的组织）应制定详细的事故和灾难应对方案。

遭遇重大事故的组织应考虑采用一些基本的良好实践。如果不顾及事故造成的客观后果（服务延迟或中断、经济损失等），可能需要为负面舆论或负面传闻付出高昂代价。发生危机时，向公众（或媒体）做出恰当的交代并非易事。事前应任命和配备一名经过适当培训的发言人。通常，高级法律顾问或公关总监是最佳人选。除发言人以外，任何人都不得发表任何公开声明，无论其在组织架构中的级别为何。

作为准备工作的一部分，发言人应起草和保存一份通用公告，并在其中留有空白，以便根据具体情况填写。公告模式不得因即兴而为或时间压力而出现偏差。公告不应陈述事故原因，而要说明已经启动调查，后面会公布结果。不应在公告中承担责任或是指责系统或流程。

出乎意料/无法预测的事件

管理层应考虑无法预测的（黑天鹅）事件可能对组织业务造成的影响。黑天鹅事件是指（对观察者而言）不同寻常、具有重大影响的事件，人们经常犹如"事后诸葛亮"，为其发生编造理由。黑天鹅事件是无法预料或计划的。尽管此类事件非常罕见，但它们可能会对组织造成颠覆性的影响。因此，管理层基于流程、行业或活动的关键性，开始考虑应对此类事件的应急计划。

积极主动管理的另一个例子是禁止肩负共同责任的高管一同出差，这样可确保在发生常见的灾难时，组织不会一个高级管理层都没有。

4.15.3　业务持续计划流程

业务持续计划流程可分为多个生命周期阶段，如图4.36所示。

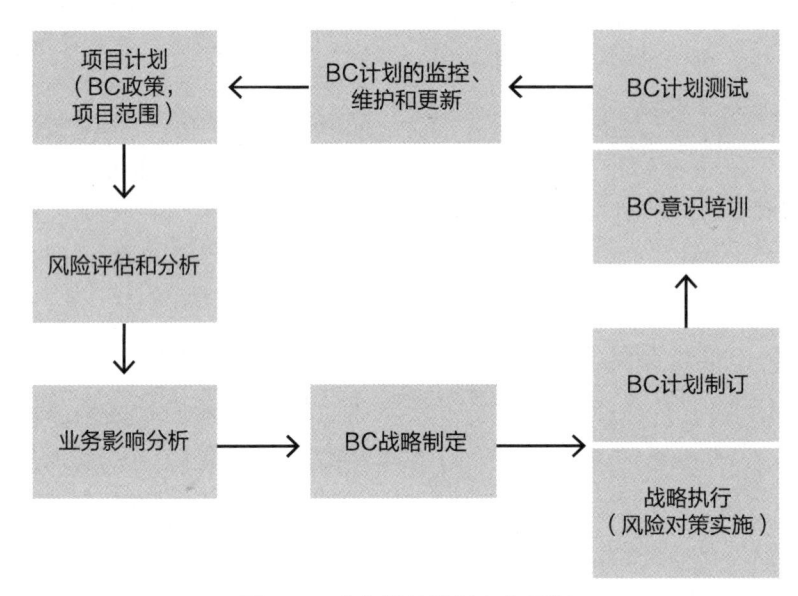

图4.36　业务持续计划生命周期

4.15.4　业务连续性政策

业务连续性政策是经高级管理层批准的文件，定义了组织中业务连续性工作（项目或进行中的计划）的程度和范围。业务连续性政策可分为对外政策和对内政策。业务连续性政策有几个目的，包括：

- 对内，它主要是向内部的利益相关方（即员工、管理层、董事会）传达一个信息：公司在付出努力以实现业务连续性、投入资源并期望企业的所有部门也这样做。
- 对外，它向外部利益相关方（如股东、监管方、当局等）传达一个信息，即组织正在以严肃认真的态度承担其义务（例如服务交付和合规性）。
- 为负责业务连续性的人员提供支持。
- 阐明业务连续性所依据的一般原则，例如风险评估、BIA和系统冗余目标。

业务连续性政策应该具备前瞻性。它应说明组织将使用所有可能的控制来检测和预防中断，并且如果确实发生了中断，则组织拥有必要的控制来减轻任何后果。该政策随后会反映在IT业务连续性战略及其执行中。

BCP（或IT DRP）是组织中最关键的改正性控制。它取决于其他有效的控制，尤其取决于事故管理及备份和恢复解决方案的有效性。

图4.37描述了控制在事故及其影响缓解方面的作用。

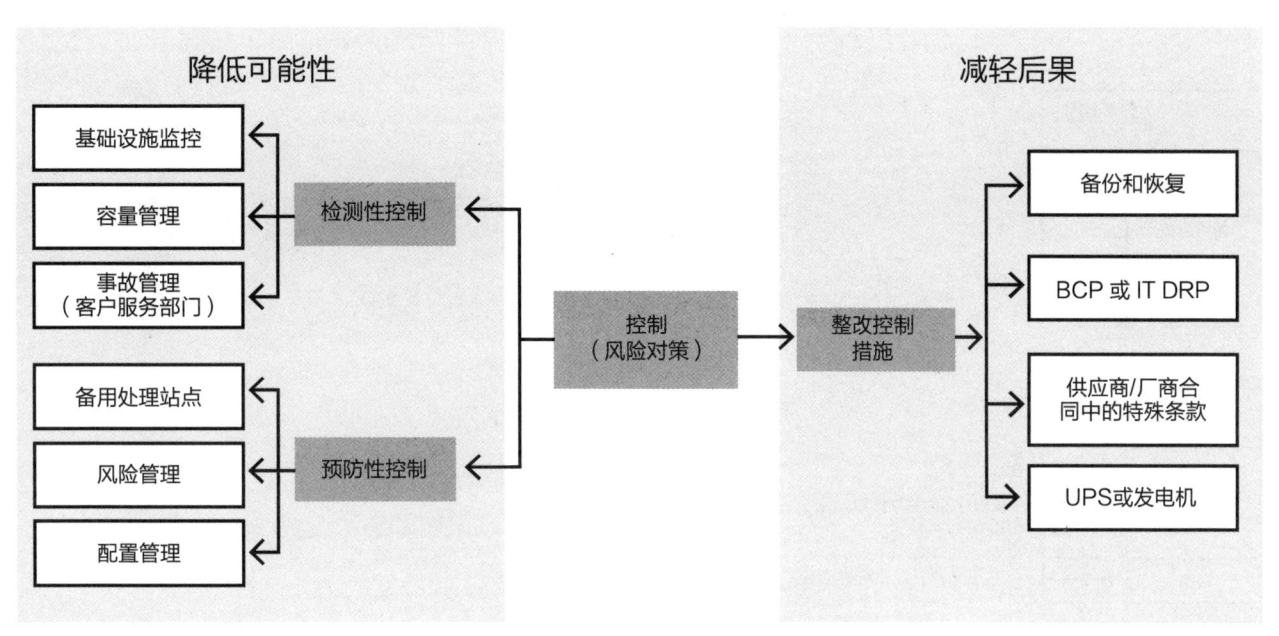

图 4.37　事故与影响关系图

为确保行之有效，事故管理团队应配备充足人力，并获得足够的危机管理支持和培训。此外，应精心设计、记录、深度测试和审计 BCP 并为其提供资金支持。

4.15.5　业务持续计划事故管理

事故本质上是动态变化的。它们随着时间和环境的不同而发展变化，而且变化速度通常既快又无法预测。因此，事故管理也必须具备动态性、前瞻性，并妥善记录。事故指任何未预料的事件，即使其未引起重大损害。（有关更多信息，请参阅 5.14 安全事故响应管理部分。）

应根据事故可能对组织造成损害的估计，对所有事故进行分类。在解决事故的过程中其类别可能会变化。分类体系可以包括以下类别：可忽略事故、轻微事故、重大事故和危机事故：

- 可忽略事故不会引起明显或重大的损害。例如，可全面恢复信息的暂时性操作系统崩溃，或在配有后备 UPS 时发生瞬时停电。
- 轻微事故不会造成相对重要的负面、实质性或财务影响。轻微事故包括大公司内某间办公室的互联网中断。受影响的用户将无法访问互联网、网络资源和基于云的应用程序，但该事故将被视为轻微事故，因为它只发生在个别办公室。

- 重大事故会对业务流程造成负面的实质性影响，而且可能影响其他系统、部门甚至外部客户。勒索软件攻击可被归类为重大事故。该攻击可能会损害所有服务器、工作站和设备，导致其无法运行，从而造成中断、财务损失和客户受影响。
- 危机是一种重大事故，可能对组织的 IT 基础设施、系统和服务的持续运行产生严重的实质性影响，从而严重扰乱业务运营。它也可能对其他系统或第三方造成不利影响。影响的严重程度取决于行业和环境，但通常与事故从发生到解决所持续的时间成正比。

应记录和重查轻微事故、重大事故和危机事故并对其分类，直到最终纠正或解决。这是一个动态过程，因为重大事故的严重程度有可能会暂时缓解，而后又扩大成危机事故。

可以对可忽略事故进行统计分析，查明任何系统性或可规避的诱因。

图 4.38 是事故分类系统和应对方案的一个示例。

服务包括对外部客户和内部部门的承诺。服务交付通常受 SLA 制约，其中可能会说明估计的最长停机时间和恢复用时。严重性在很大程度上取决于预计的停机时间，但也有例外情况。

级别		主要标准 （小时） 服务中断时间		补充标准	
		预测 >=	实际 >=	数据	平台
危机	7		24		
	6	24	12		受到黑客攻击或拒绝服务攻击
重大事故	5	12	6	数据库完整性丧失	病毒、蠕虫、硬件故障
	4	6	4		
	3	4	2		
轻微事故	2	2	1	失去交易	
	1	1	0.5		
可忽略	0				

等级		2 | 行动		
危机	7	遵循业务持续计划	警示高级管理层并最终通知监管 机构	
	6	遵循业务持续计划	警示高级管理层并最终通知监管 机构	
主要	5	准备制订业务持续计划	警示高级管理层	
	4	纠正/清理/恢复/取代	警示高级管理层	SM—高级管理层
	3	纠正	如确认，警示安全官	SO—安全官
轻微	2	纠正		
	1	纠正		
可忽略	0	日志	（定期分析日志）	

图 4.38 事故/危机级别

资料来源：Personas Y Tecnicas Multimedia SL© 2007. 保留所有权利。经授权使用。

其他衡量标准可能包括对数据或平台的影响以及对组织运作带来的不利影响的程度。保守的自动防故障方法会将任何不可忽视的事故定为 3 级初始性临时事故（见图 4.38）。随着事故的发展，责任人或责任团队（通常称之为事故响应或救急小组）应定期对此级别进行重新评估。

发生触发事件后，应立即将所有相关事故告知安全官或其他指定人员。随后，指定人员应遵照事先制定的上报方案行动（例如召集发言人、报告高级管理层及相关监管机构），随后可能会启动恢复计划，如 IT DRP。

4.15.6 制订业务持续计划

应该基于从 BIA、关键性分析以及管理层选择的恢复战略中获得的信息，制订或审查详细的 BCP 和 DRP。审查应解决业务流程中断所涉及业务连续性范围内的所有问题，包括灾难恢复。制订/审查计划时应考虑多种因素，包括：

- 灾难发生之前的准备工作，包括旨在解决影响业务流程的所有相关事故的事故响应管理。
- 疏散程序。
- 灾难宣告程序（等级评定与上报程序）。
- 宣告灾难的条件。并非所有中断都是灾难，但如果一个小的事故未能得到及时或妥当处理，可能导致灾难。例如，如果不能及时识别和抑制病毒攻击，可能导致整个 IT 设施瘫痪。
- 在计划中明确规定各项职责。
- 在计划中明确规定各项职能的负责人。
- 明确列出合同信息。
- 分步骤说明恢复流程。
- 明确列出从灾难中恢复以及确保组织连续运营所需的各种资源。

该计划应使用所有人都容易理解的简明语言进行记录和编写。

发生灾难时，通常会指定团队负责特定的任务。该计划的结构必须支持不同团队轻松应对其职责范围。在异地维护计划的副本。

4.15.7 计划制订过程中的其他问题

最关键资源的负责人必须对中断/灾难做出响应。因此，管理层和用户的参与对于 BCP 的成功执行至关重要。用户管理层的参与对于识别关键系统、其相关的关键恢复期以及所需资源的规格必不可少。BCP 的制订需要三个主要部门的参与：支持服务（最先发现突发事件/灾难信号的人）、业务运营（可能受到事故影响的人）和信息处理支持（将执行恢复计划的人）。

因为 BCP 的主要目的是恢复业务运营,所以制订计划时必须考虑整个组织,而不仅仅是信息系统处理服务。如果不存在适用于整个组织的统一 BCP,信息系统处理计划应该可以扩展,以囊括依赖于信息系统处理职能之所有部门和单位的计划。

制订计划时,应包括以下信息:

- 短期、中期和长期维持关键业务职能所需的人员清单及其备用联系信息(各联系人的备份)。
- 短期、中期和长期维持关键业务职能所需的建筑设施、桌椅、电话等设施的配备。
- 恢复/继续运营所需的资源(不一定是 IT 甚至技术资源)。

- 运营连续性计划。
- DRP。
- 业务恢复计划。

BCP 还可能包括:

- 支持连续性计划/IT 应急计划。
- 危机沟通计划。
- 事故响应计划。
- 运输计划。
- 场所应急计划。
- 疏散和紧急迁置计划。

BCP 组成部分的示例如图 4.39 所示。

4.15.8 业务持续计划的构成要素

根据组织规模和/或要求的不同,BCP 可能包括多份计划文档。BCP 应当包括:

计 划	目 的	范 围	计划关系
业务持续计划	提供程序,以确保在从重大中断中恢复的过程中,维持使命/业务运营	涵盖 COOP 使命必备职能较低或扩展层面的使命/业务流程	关注任务/业务流程的计划,可协同 COOP 计划一起启动以维持非 MEF
运营连续性计划	提供程序和指南,以帮助备用站点连续 30 天达到组织的 MEF;联邦指令强制要求实施	涵盖设施的 MEF;仅涵盖信息系统对于使命必备职能的支持	关注 MEF 的计划,也可酌情启动多项业务部门层面的 BCP、ISCP 或 DRP
危机沟通计划	提供发布内部和外部通信的程序;提供关键状态信息和控制谣言的手段	涵盖与人员和公众沟通的问题;侧重点不在信息系统	基于事故的计划,通常随 COOP 或 BCP 一起启动,但也可在公开曝光事件中单独使用
关键基础设施保护计划	提供政策和程序,用以按照国家基础设施保护计划中的规定,保护国家关键基础设施组件	涵盖代理机构或组织支持或运行的关键基础设施组件	风险管理计划,帮助具有关键基础设施和关键资源资产的组织支持 COOP 计划
网络事故响应计划	提供用于缓解和纠正病毒、蠕虫或特洛伊木马等网络攻击的程序	涵盖缓解和隔离受影响的系统、清理信息以及最大限度减少信息丢失	关注信息系统的计划,可根据攻击的程度启动 ISCP 或 DRP
灾难恢复计划	提供将信息系统运营事务迁至备用地点的程序	在发生具有长期影响的重大系统中断后启动	关注信息系统的计划,启动一个或多个 ISCP 以恢复单个系统
信息系统应急计划	提供恢复信息系统的程序和能力	涵盖在当前位置或适合备用位置恢复单个信息系统	关注信息系统的计划,可独立于其他计划启动,也可以作为更大型恢复工作的一部分,与 DRP、COOP 和/或 BCP 配合
场所应急计划	提供协调的程序,用于在应对人身威胁时,最大限度减少伤亡人数和保护财产免受损失	侧重于人员和财产,尤其是特定设施;与使命/业务流程或信息系统无关	基于事故的计划,在事件发生后立即启动,启动时间早于 COOP 或 DRP

图 4.39 业务持续计划的构成要素

资料来源:National Institute of Standards and Technology, *NIST Special Publication 800-34 Rev. 1: Contingency Planning Guide for Federal Information Systems*, USA, 2010. 转载自美国商务部国家标准与技术研究所。在美国不受版权保护。

对于 BCP 的规划、实施和评估阶段，应在以下方面达成一致：

- 制约所有连续性和恢复工作的政策。
- 每个阶段的目标/要求/结果。
- 用于执行任务和运营的备用设施。
- 要部署的关键信息资源（例如数据和系统）。
- 负责完成的人员。
- 可用的部署辅助资源（包括人员）。
- 确定了优先级的活动日程计划安排。

为了帮助恢复信息系统（数据存储区、服务器等）、用户工作站、其他选定设备（例如，读卡机、条形码扫描器、打印机等）和网络（例如，信道、设备），大多数 BCP 都会创建为程序形式。计划副本应异地保存，可保存在恢复设施、介质存储设施或者关键决策人员的家中。组织越来越频繁地将计划的电子版文档存放在镜像网站上。

关键决策人员

计划应包含电话号码列表或呼叫树（即 IT 及最终用户方发起和执行恢复工作所需的关键决策人员通知名录）。这通常是一个电话号码名录，其中包含在发生事故/灾难或灾祸时应通知的相关人员，而且此操作通常能够自动执行。准备列表时需记住的要点：

- 如果在正常上班时间发生对组织的办公室造成严重破坏且涉及范围广泛的灾难或火灾/爆炸，许多团队负责人可能无法联系上。
- 呼叫树应当是足够冗余的，采用纸质/硬拷贝方式（也可在内联网上）进行维护，并定期更新。

这份名录应包含以下信息：

- 按优先顺序列出的联系人清单（即应该先致电给谁）。
- 每个关键联系人的主要和紧急电话号码及地址。这些人通常是负责联系各自团队成员的关键团队负责人。
- 设备和软件供应商销售代表的电话号码和地址。
- 公司内部指派的负责提供用品和设备或服务的联系人的电话号码。
- 恢复设施（包括热备援中心代表和预先规定的网络通信路由服务）的联系人的电话号码。
- 异地介质储存设施的联系人的电话号码，以及公司内部授权的可从异地设施检索介质的联系人的电话号码。
- 保险公司代理的电话号码。
- 合同人员服务联系人的电话号码。
- 如果需要，还应包括法律/监管/政府机构的电话号码和联系人。
- 确认使用呼叫树时可联系到多少人的程序。

所需用品的备份

计划中应规定恢复期间继续正常开展业务活动所需的所有用品。这包括最新的、详细的纸质资料维护程序，确保即使是不熟悉标准和恢复工作的员工和联系人员，也可以轻松遵照执行。另外，还应保证异地场所特殊表格的供应，如支票表、发票和订货单。

如果数据录入功能依赖于特定硬件设备和/或软件程序，则热备援中心应提供这些资源。上述规则适用于加密设备，包括电子密钥（如 RSA 令牌和 USB 密钥）。

保险

计划应包含有关组织保险的关键信息。IT 处理保单通常是多重风险保单，旨在承保各种类型的 IT 业务。应分模块构建保单，以便根据被保险人的具体 IT 环境进行调整。

> **注意**
> CISA 考试不考查有关保单的具体内容，因为每个国家情况不同。考试内容包括保单和第三方协议中应包含的信息，但不考查具体承保类型。

可供选择的具体承保类型包括：

- **IT 设备和设施**。提供对信息处理设施和拥有设备的物理损坏的保护。（当承租人负责租赁设备的危险保险时，应为租赁设备购置保险。）信息系统审计师要注意审查这些保单，因为许多保单只是要求保险供应商使用"同种类和品质"的设备更换不可恢复的设备，而不一定使用受损设备的原供应商提供的新设备。
- **介质（软件）重建**。承保属于被保险人的财产并可能由被保险人承担责任的 IT 介质损坏。保险适用于当地、异地或运输中三种情况，承保财产的实际重建成本。所需的承保金额包括：重建受损介质的编程成本、备份费用，以及介质设备的物理更换。

- **额外支出**。旨在覆盖 IPF 发生损坏或损毁后继续运行的额外成本。额外支出保险基于备用设施和运行设备的可用性和成本。额外支出还可能承保计算机介质损坏造成的净利润损失，从而弥补由于设备或介质遭遇物理损失造成运行暂停，进而导致的金钱损失。要求此类承保的一个例子是：信息处理设施在六楼，而下面的五层楼被火灾烧毁。这种情况下，即使 IPF 未受影响，运行也可能中断。
- **业务中断**。承保因任何 IT 组织故障导致公司活动中断而造成的利润损失。
- **重要文件和记录**。涵盖被保险人工作场所中的文件和记录（未定义为介质）的实际货币价值，预防直接物理损失或损坏。
- **错误和遗漏**。在专业从业者由于不当行为、过失或疏忽而给客户造成财务损失时提供法律责任保护。此保险最初是针对服务中心而设计的，但现在许多保险公司都提供该保险，用以保护系统分析师、软件设计员、程序员、顾问和其他信息系统人员。
- **忠诚保险**。通常采用银行综合保证保险、超额保证保险和商业综合保证保险的形式，涵盖由于员工不诚实或欺诈行为造成的损失。运行自有 IPF 的金融机构普遍采用这种类型的承保。
- **介质运输**。涵盖异地 IPF 在运输过程中介质可能发生的损失或损坏。保单中的运输承保条款通常规定必须影印或复制所有文档。如果保单未明确规定在运输前影印数据，而且没有影印工作文档，则管理层应从保险公司获取信函，其中要明确说明运输公司的地位以及在数据发生损坏时的承保范围。

大多数保险仅承保基于历史绩效水平（而非当前绩效水平）的财务损失。信息系统审计师应确保诸如技术设备、基础设施和数据等投保物品的估值是否适当和最新。此外，保险不能赔偿声誉、形象、商誉方面的损失。

4.15.9 计划测试

在实际执行的业务连续性测试中，大多数未对所有运营部分进行全面测试。不应排除执行全面或部分测试，因为业务连续性测试的目的之一是明确计划的开展情况以及计划中需要改进的部分。

测试应安排在可最大限度降低正常运营中断的时间内执行。一般来说，周末是执行测试的最佳时间。关键恢复团队成员应参与测试过程并分配必要时间全力配合，这一点非常重要。测试应针对所有关键组件进行，并模拟实际黄金时间处理条件（即使在非工作时间执行测试）。

规范

测试应完成的任务包括：

- 检查 BCP 的完整性和精确性。
- 评估参加演练的人员的表现。
- 评估所有员工的培训和意识，而不仅仅是业务连续性团队成员。
- 评估业务连续性团队与外部提供商和供应商之间的协调情况。
- 衡量备用站点完成规定处理任务的能力和容量。
- 评估恢复重要记录的能力。
- 评估已迁移到恢复站点的设备和用品的状态和数量。
- 衡量与维持业务实体相关的总体运营和 IT 处理绩效。

> **注意**
> 评估 BCP 和 DRP 测试的结果和价值是信息系统审计师的重要职责。

测试执行

测试包括以下阶段：

- **测试前**。为实际测试阶段做准备而需要进行的一系列操作。包括将办公桌放到合适的运营恢复区域、运输和安装备用电话设备等。真正出现紧急状况时，由于没有事件预警且没有时间采取准备行动，因此这些活动不会真的发生。
- **测试中**。这是对业务连续性测试的实际操作。此间将开展实际的运营活动，以测试 BCP 的具体目标。其中应涉及数据录入、拨打电话、信息系统处理、处理订单以及人员、设备和供应商的调动。职员执行指定任务时，评估人员会审查他们的表现。这是对为响应紧急情况所做准备工作的实际测试。

- **测试后**。小组活动清理。此阶段包括以下事务：将所有资源放回恰当位置、断开设备连接、人员归位并从第三方系统中删除所有公司数据。测试后清理工作还包括对计划进行正式评估和实施指出的改进工作。

此外，还可以执行以下类型的测试：

- **案头评估（桌面或纸质测试）**。对整个计划进行浏览审查，这将涉及计划执行过程中的主要参与者，他们可以确定在特定类型的服务中断中可能发生的情况。参与者可以浏览审查整个计划，也可以仅审查其中的一部分。纸面测试通常在准备情况测试之前进行。
- **准备情况测试**。通常是完整测试的本地化版本，测试中会模拟系统崩溃并耗用实际资源。该测试应定期针对计划的不同方面执行。这可能是逐步获得计划有效性证据的经济高效的方法。还可以通过此测试逐步改善计划。
- **全面运行测试**。这与服务中断仅一步之遥。在完全中断运营之前，组织应该已经在纸面和本地对计划进行充分测试。对 BCP 测试而言，这称之为灾难测试。

结果记录

在测试的每个阶段，应详细记录观察到的信息、问题和解决方法。每个团队都应以日记形式维护一份表格，记录具体步骤和信息，用作存档记录。此文档可作为重要的历史信息，在真正发生灾难时协助实际的恢复工作。此外，保险公司或地方权力机构也可能要求查看此文档。此文档记录还有助于详细分析计划的优缺点。

结果分析

确立衡量计划成功与否以及既定目标达成情况的方法，这一点非常重要。因此，必须对结果进行定量衡量，而不是仅通过观察来评估。

具体的衡量方式会因测试和组织的不同而异，但通常采用以下常规方法：

- **时间**。完成规定任务、交付设备、集结人员以及到达预定站点所用的时间。
- **量**。办事员在备用站点执行的工作量以及信息系统处理操作量。
- **计数**。成功传送到备用站点的重要记录数与要求的数目对比，以及请求的用品和设备数目与实际收到的数目对比。此外，还可以通过处理的交易数来衡量成功恢复的关键系统数。
- **准确性**。恢复站点数据录入的准确性与正常准确性之比（以百分比形式表示）。此外，也可以将输出结果与正常条件下相同时间段内的结果进行比较，从而确定实际处理周期的准确率。

计划维护

应定期审查和更新业务持续计划和战略，以便根据不断变化的要求及时做出调整，或在出现影响计划和战略的重要变化时进行计划外修订。可能影响业务连续性要求以及计划更新需求的因素包括：

- 随着组织需要的变化（例如，业务流程的变化、新部门的设立、关键人员的变化），在某一时点适宜的策略可能不足以实现预定目标。
- 可能开发或购置新资源/应用程序。
- 业务战略的变化可能改变关键应用程序的重要性，或者导致其他应用程序也被视为关键应用程序。
- 软件或硬件环境的变化可能会导致当前的规定过时或不合适。
- 新事件或事件发生可能性的变化可能会导致中断。
- 关键人员或其联系详情可能有所变化。

维护 BCP 的重要步骤是，只要组织中发生了相关变化，即对 BCP 进行更新和测试。最好让 BCP 成为 SDLC 流程的一部分。

BCP 协调人员负责维护 BCP。具体的计划维护责任包括：

- 制定定期审查和维护计划的时间表，告知所有人各自的任务以及接受修改和相关建议的最后期限。
- 发生重大变化时要求进行计划外修改。

- 审查修改和相关建议，并在审查日后的特定期限（例如 30 天、2 周）内更新计划。
- 安排和协调计划内及计划外的 BCP 测试，以评估其充分性。
- 参与计划内的计划测试，每年应至少执行一次，并应在特定日期进行。对于计划内和计划外测试，协调人员将在特定期限（例如 30 天、2 周）内撰写评估结果，并将针对失败测试结果的更改整合到 BCP 中。
- 按照 BCP 所述，制定恢复人员应急和恢复程序培训时间表。培训日期应安排在每次计划修改和排定的计划测试后的 30 天内。
- 保留 BCP 维护活动（测试、培训和审查）记录。
- 定期更新公司内所有人员的通知通讯录变动，包括电话号码、职责或状态（至少每季度一次，建议安排更短的间隔）。

用于管理连续性和恢复计划的软件工具可能对跟踪和跟进维护任务非常有用。

4.15.10 业务连续性管理良好实践

不管组织是否处于制订 BCP 的最初阶段，必须持续定期重复审查和改进业务连续性计划，这对于组织制定出成功可靠的恢复战略非常关键。为提高业务连续性管理能力（并遵守规章准则），有些组织开始采纳行业独立以及行业特定实体和监管机构的良好实践。

一些示例包括：

- **业务连续性协会**。提供业务连续性管理方面的良好实践。
- **国际灾难恢复协会**。为业务连续性专业人员提供专业实践。
- **美国联邦应急管理协会**。提供企业和行业应急管理指南。
- **ISACA**。COBIT 提供有关相关 IT 控制的指导。
- **美国国家标准与技术研究院**。通过推进测量科学、标准和技术，促进创新和行业竞争力。
- **美国联邦金融机构检查委员会**。美国的一个跨部门机构，由多个联邦监管机构组成，负责监督和管理金融机构。
- **美国卫生与公共服务部**。描述《健康保险流通与责任法案》(HIPAA) 中管理健康信息的要求。

- **ISO 22301:2019:安全性和恢复能力**。业务连续性管理系统 — 要求 — 用于在组织内建立、实施、维护和持续改进业务连续性管理系统的框架。

为确保服务的连续性，应编写 BCP 以将业务中断产生的影响降至最低。BCP 应基于长期 IT 计划。它应该支持并符合整体业务连续性战略。开发和维护适当 DRP/BCP 的过程如下：

- 进行风险评估
- 识别在业务中断期间支持关键业务流程所需的系统和其他资源，并排定其优先顺序。
- 识别威胁和弱点，并确定优先顺序。
- 对关键业务流程无法执行及其对支持要素产生的结果汇入 BIA。
- 选择适于恢复支持关键业务流程的 IT 组件的控制和措施。
- 制订信息系统设施的详细恢复计划。
- 制订可以让关键业务功能以可接受的水平继续运营的详细计划。
- 测试计划。
- 随着业务变化和系统开发不断维护计划。

4.15.11 审计业务连续性

信息系统审计师与业务连续性相关的任务包括：

- 了解和评估业务连续性战略及其与业务目标的关系。
- 审查 BIA 发现，确保其反映当前业务优先级和当前控制。
- 评估 BCP 以确定其充分性和通用性，具体方法是：审查计划并将其与对应的标准和/或政府法规进行比较，包括 RTO、RPO 和 BIA 定义的其他指标等。
- 验证 BCP 是否有效，具体方法是：审查 IT 和最终用户方之前所执行测试的结果。
- 评估基于云的机制。
- 评估异地储存设施以确保其充分性，具体方法是：检查设施并审查其储存的资料、安全性和环境控制。
- 验证传输备份介质的安排，确保其满足适当的安全要求。
- 评估人员有效应对紧急状况的能力，具体方法是：审查应急程序、员工培训以及员工测试和演练结果。
- 确保计划维护流程恰当有效，并涵盖定期和不定期修订。
- 评估编写的业务连续性手册和程序是否简单明了且易于理解。完成此任务的方法是：通过面谈，确定是否所有利益相关方都知道自己在业务连续性战略方面的角色和职责。

审查业务持续计划

审查计划时，信息系统审计师应验证其中是否包含一份精心编制的计划应该具备的基本要素。切记，在与第三方合作时，审计的权利和范围可能受到合同的限制或约束。

应针对基本的 BCP 要素执行特定的审计程序。

审查文档

信息系统审计师应该：
- 获取当前业务连续性政策和战略的副本。
- 获取最新的 BCP 或手册副本。
- 获取一份最新的 BIA 发现，并识别 RTO、RPO 和其他关键战略指示。
- 抽样检查手册的分发副本，验证是否为最新版本。
- 验证 BCP 是否支持总体业务连续性战略。
- 评估记录的程序对启动 BCP 执行的有效性。
- 评估手册更新程序。应用和分发更新是否及时？是否记录了具体的手册维护责任？

审查计划涵盖的应用程序

信息系统审计师应该：
- 审查关键应用程序的识别、优先级和计划支持，包括基于服务器的应用程序和基于工作站的应用程序。
- 确定是否已审查所有应用程序，以确定其在灾难期间的容忍度。
- 确定是否已识别所有关键应用程序（包括 PC 应用程序）。
- 确定备用站点是否具有所有正确版本的系统软件。验证是否所有软件都兼容；否则，恢复期间系统将无法处理生产数据。

审查业务连续性团队

信息系统审计师应该：
- 获取各个恢复/连续性/响应团队的成员列表。
- 获取与使用备份设施相关的协议副本。
- 审查业务连续性人员列表（例如，紧急热备援中心联系人、紧急供应商联系人等）的适宜性和完整性。
- 抽取一部分人作为样本，按照指示验证其电话号码和地址是否正确，并验证他们是否持有业务连续性手册的最新副本。
- 与他们面谈，确认他们是否了解在发生中断/灾难时自己所承担的责任。

计划测试

信息系统审计师应该：
- 评估用于记录测试的程序。
- 审查 DRP 涵盖的每个方面的备份程序。
- 确定目前是否遵循了备份和恢复程序。

除前述步骤外，信息系统审计师还应该：
- 评估所有书面应急程序是否完整、恰当、准确、最新且易于理解。
- 确定通过恢复流程重新输入到系统中的交易是否需要与正常交易分开识别。
- 确定发生灾难时，是否所有恢复/连续性/响应团队都有需遵循的书面程序。
- 确定是否存在恰当的更新书面应急程序的程序。
- 确定是否记录了用户恢复程序。
- 确定计划是否充分应对到恢复站点的转移。
- 确定计划是否充分应对从恢复站点的恢复。
- 确定是否异地储存了重建 IPF 所需的项目，如设计图、硬件存货和接线图。

需要考虑的问题包括：
- 谁负责计划的管理或协调？
- 计划管理员/协调人员是否负责确保计划为最新？
- DRP 存储在哪里？
- 计划涵盖了哪些关键系统？
- 计划未涵盖哪些系统？为什么不涵盖？
- 计划未涵盖哪些设备？为什么不涵盖？

- 计划是否在任何假设条件下运作？它们是哪些要求？
- 计划是否为灾难管理委员会或应急管理团队确定了集合地点以决定是否应启动业务连续性管理？
- 书面程序是否足以成功完成恢复？
- 计划是否可应对不同破坏程度的灾难？
- 计划是否涵盖电子通信的备份（数据和语音线路备份）问题？
- 备份设施站点在哪里？
- 计划是否涵盖当原中心无法恢复时，迁址到新IPF的问题？
- 计划是否包括将主文件数据、自动介质管理系统数据等合并到灾难前文件中的程序？
- 计划是否涵盖将手动处理的数据加载到自动化系统的问题？
- 是否规定了正式的备份程序和职责？
- 已针对备份设备和既定程序的使用为相关人员提供了哪些培训？
- 是否记录了恢复程序？
- 是否会对所需的敏感和/或关键应用程序以及数据文件定期进行系统备份？
- 由谁决定针对已存储关键信息的数据备份方法和频率？
- 使用哪种介质进行备份？
- 是否使用异地储存来维护处理现场或异地操作所需关键信息的备份？
- 在发生灾难或数据丢失时是否有适当的存档记录来执行恢复？
- 计划是否包括测试和培训的时间表？
- 相关 SLA 中是否就服务的运营方式定义正常运营要求和灾难要求？

对以前测试结果的评估

BCP 协调人员应保留之前业务连续性测试结果的历史记录。信息系统审计师应审查结果并确定所需的整改措施是否已纳入计划。此外，信息系统审计师应在测试前评估 BCP/DRP，确定是否完全准确达成其目标。应审查测试结果，以确定是否取得了相关的结果，并确定问题的发展趋势和相应的解决办法。

对异地存储的评估

应评估异地储存设施以确保存在关键介质和正确的文档，并且关键介质和文档经过同步且为最新。评估应包括数据文件、应用程序软件、应用程序文档、系统软件、系统文档、操作文档、必要用品、特殊表格和 BCP 副本。信息系统审计师应执行详细的清单审查，包括测试介质的数据集名称、卷序列号、会计期和 bin 位置是否正确。信息系统审计师还应审查文档，将其与生产文档对比以确定其通用性，评估设施的可用性并确保其符合管理层要求。信息系统审计师还应审查与异地储存设施往来传输备份数据的方法，以确保其不会给 ISMS 带来漏洞。

对非异地设施安全性的评估

应评估异地设施的安全性，确保其配备有适当的物理和环境访问控制。这些控制包括：

- 仅允许已获授权的用户访问设施。
- 架空地板。
- 湿度控制。
- 温度控制。
- 专用电路。
- 不间断电源。
- 水探测装置。
- 烟雾探测器。
- 适当的灭火系统。

信息系统审计师应检查设备当前的检验和校准标签。审查过程中还应考虑介质运输的安全要求。

与关键人员面谈

信息系统审计师应与对成功恢复业务运营所需的关键人员面谈。所有关键人员都应了解自己的职责，并提供详述其任务的最新文档。

审查备用处理设备合同

信息系统审计师应取得与备用处理设施供应商所签订合同的副本。应检查供应商的介绍资料以确保其可靠性，所有供应商的承诺应以书面形式进行核实。合同审查应：

- 确保合同内容清晰且通俗易懂。
- 确保进行法律审查以确定必要的条款与条件，确保遵守所有适用的法律法规。

- 重新检查和确认组织的协议以及适用于与其他订户共享的站点的规则。
- 确保承保范围涉及和涵盖灾难带来的全部（或大部分）损失。
- 确保可在热备援中心定期执行测试。
- 审查和评估备份站点的通信要求。
- 确保由精通此类合同的律师审查可执行源代码托管。
- 确定违反协议时的限制追索权范围。

审查承保范围

承保范围必须反映恢复的实际成本。考虑保险费（成本）时，应审查介质损坏、业务中断、设备更换和业务连续性处理的承保范围是否充分。BIA、客户合同和 SLA 中应当阐述具体的风险领域，以及业务运营中断所造成的监管影响。

> **注意**
> CISA 考生应知道，要保护组织的利益，保单中必须包括哪些关键条款。

4.16 灾难恢复计划

支持业务运营/提供 IT 服务的灾难恢复计划是内部控制系统的一部分，用于管理可用性和在发生中断时恢复关键的流程/IT 服务。此连续的计划流程旨在确保实施有成本效益的控制来预防可能的 IT 中断，并确保能够在发生中断时恢复组织的 IT 能力。各个应用程序/IT 服务的可用性的重要程度视其所支持的业务流程的重要程度而定。可通过执行 BIA 以及分配 PRO 和 RTO，来定义这些业务流程及相应的 IT 服务和应用程序的重要性和紧迫性。业务数据的可用性以及对此类数据的处理能力对于任何组织的可持续发展和/或生存都至关重要。灾难恢复计划是风险管理和业务持续计划流程的重要组成部分。

灾难恢复计划是持续的过程。对业务流程和支持的 IT 服务以及系统和数据的关键性进行定义后，便要定期对其进行审查和重审。灾难恢复计划至少有两项重要成果：

1. IT 基础设施（服务器、网络、数据存储系统等）、支持性流程（提高成熟度）、程序和组织结构（新员工总数或新角色）的变更。以三到五年为间隔将这些变更合并到程序中，这通常称为 IT DR 战略。

2. DRP 作为灾难恢复流程的一部分制订，用于指导对各种事故（从简单的紧急事件到复杂的灾难）的回应。计划类型从部门层级的简单程序，到涵盖多个位置和多条业务线的多层模块化计划，不一而足。

灾难恢复计划流程的最终目标是应对可能对人员以及向市场交付货物和服务的运营能力产生影响的事故，以及遵守监管要求。

根据地理位置、业务性质以及法律法规框架的不同，灾难恢复计划可能会受到各种合规要求的制约。组织雇用第三方代其执行这些活动时，这些第三方须受合规要求的制约。多数合规要求侧重于服务的连续性，但人身安全才是最重要的方面。例如，发生火灾时，首先应安全撤离，其次才是恢复服务。

与业务连续性一样，如果为组织提供服务的第三方设施发生灾难，则签约组织可能别无他法，只能等待供应商实施其 DRP，然后才能恢复服务。

本节重点介绍组织为主动规划和管理灾难后果而必须执行的关键活动。

4.16.1 恢复点目标、恢复时间目标和平均修复时间

RPO 是由运营中断的情况下可接受的数据丢失来确定。它指明了恢复数据可接受的最早时间点。例如，如果流程可以承受在灾难发生前四小时内丢失数据，则最新备份应在灾难或中断前四小时内进行。恢复之后需要输入 RPO 期间和中断期间发生的交易（被称为补录数据）。

完全恢复数据几乎是不可能的。即使在输入增量数据之后，一些数据仍会丢失。这些数据被称为孤立数据。RPO 会对用于备份和恢复数据的技术产生直接影响。

RTO 是由运营中断的情况下可接受的停机时间来确定。它指明了业务运营（和支持性 IT 系统）在灾难后必须恢复的最早时间点。图 4.40 显示了 RTO 与 RPO 之间的关系，并列举了一些用于满足 RPO 和 RTO 的技术示例。

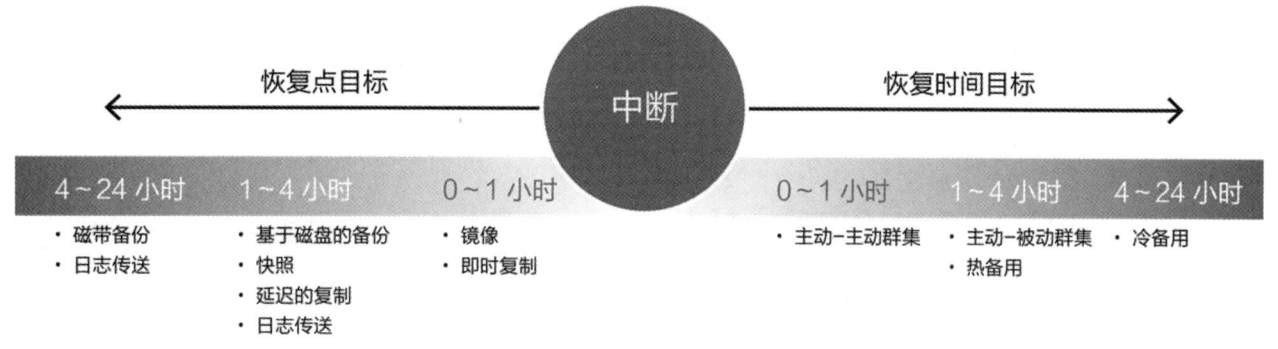

图 4.40　RTO 与 RPO 之间的关系

这两个概念均以时间参数为基础。时间要求距离中心越近（0~1 小时），恢复战略的成本越高。如果 RPO 以分钟为单位（可接受的数据丢失最低），则应实施数据镜像或实时复制作为恢复战略。如果 RTO 以分钟为单位（可接受的停机时间最低），则必须使用热备援中心、专用备用服务器（和其他设备）和群集。容灾是企业可以接受 IT 关键服务不可用的时间间隔；因此，RTO 越低，容灾值也就越低。

RTO 会对实现应用程序/IT 系统可用性的技术——用于恢复的方法（如温备援中心、热备援中心、群集）产生影响。RPO 通常会对数据保护解决方案（备份和恢复、同步或异步数据复制）产生影响。

> **注意**
>
> CISA 考生应了解适用于不同 RTO 和 RPO 参数的最佳恢复战略。

MTTR 衡量的是修复故障系统或设备所需的平均时间。其计算方法是将修复所花费的总时间除以执行的修复次数。对于企业和组织而言，MTTR 是一个重要指标，因为它会对生产力和成本产生重大影响。

高 MTTR 意味着系统和设备停机时间较长，这可能导致生产力和收入损失。低 MTTR 意味着系统和设备可以快速修复，从而最大限度地减少停机时间和中断。MTTR 可能受到多种因素的影响，例如：

- 正在修复的系统或设备的复杂性。
- 备件的可用性。
- 维修技术人员的技能和经验。
- 可用维修技术人员数量。
- 组织的维护程序。

除 RTO、RPO 和 MTTR 之外，还有一些其他参数对于定义恢复战略非常重要。包括：

- **中断时限**。组织可从故障发生的时间点等到关键服务/应用程序恢复的最长时间段。此时间段过后，因中断造成的逐渐增大的损失会变得无法承受。
- **服务交付目标**。恢复正常状况之前在交替过程模式期间要达到的服务水平。此目标与业务需求直接相关。
- **最大可容许的运行中断**。组织可以支持以备用模式进行处理的最长时间。此时间点过后，可能会出现不同的问题，特别是在备用 SDO 低于通常的 SDO 的情况下，并且需要更新的信息量可能过大。

4.16.2　恢复策略

恢复策略可确定在发生中断（包括灾难）的情况下恢复系统（一个或多个系统）的最佳方法，并基于制定的详细恢复程序提供指导。应考虑不同的策略，并将所有备选方案提交给高级管理层。高级管理层应从提供的备选方案中选择出最适合的策略，并接受固有的残余风险。

应使用所选的策略来进一步制订详细的 BCP。

恢复策略的选择取决于：

- 业务流程以及支持此类流程的应用程序的关键性。
- 成本。
- 恢复所需要的时间。
- 安全。

用于恢复关键信息资源的策略有多种。合适的策略是指具有可接受的恢复时间成本的策略，并且与 BIA 中确定的影响和发生的可能性相比，该策略也相对合理。恢复成本是指为可能发生的中断进行准备所花费的成本（例如在购置、维护、定期测试冗余计算机以及维护备用网络路由方面所产生的固定成本），以及在发生中断时将这些设备投入使用所产生的可变成本。一般可以为前者投保，但通常无法为后者投保。但是，如果有合适的计划，则通常可以降低灾难保险费。

通常，运行支持关键业务功能的应用程序的每个IT平台都需要恢复策略。应从恢复成本和影响成本这两方面考虑，根据在BIA中确定的相对风险水平，选择出最合适的备用策略。

4.16.3 恢复备选方案

当正常的生产设施无法使用时，企业可使用备用设施来维持关键处理能力，直到主设施得以恢复为止。图4.41列出了最常见的恢复备选方案。

恢复备选方案	描 述
冷备援中心	具有支持操作恢复所需的空间和基础设施的设施，但缺少IT或通信设备、程序、数据或办公支持。在使用冷备援中心的计划中，还必须包括针对购置和安装必要硬件、软件和办公设备方面的规定，以便在计划启用时支持关键的应用程序。如果用体育运动做比喻，冷备援中心就像坐在替补席上、待命上场的替补队员
移动站点	封装的模块化处理设施，安装在可移动车辆上，随时准备到达在启用时可能指定的位置并进行设置。有关移动处理使用情形的计划中必须指定可能使用的站点位置。该计划必须提供对供应商和公司所选站点的访问权限。此外，还必须提供用于支持该站点的所有必要的辅助基础设施，例如入口道路、水、废物处理、电力和通信
温备援中心	拥有一套完整的基础设施，但只配置了部分IT设施，通常配有网络连接和基本的外围设备，如磁盘驱动器和控制器。虽然此类设备在功能方面可能不及标准生产设备，但仍足以临时维持关键应用程序的运行。通常，会将员工调到温备援中心，并需要对程序的当前版本和数据进行加载，然后才能在温备援中心执行恢复操作。如果用体育运动做比喻，温备援中心就是正在热身、准备上场的替补队员
热备援中心	具有所需空间和基础设施，且已安装支持关键应用程序所需的所有IT和通信设备以及供员工使用的办公家具和设备。热备援中心通常维护备用于支持关键应用程序的已安装程序版本。数据也可以实时或近乎实时地复制到热备援中心。如果情况并非如此，那么在重新启动关键应用程序之前，可能需要加载最新的数据备份副本。尽管可能已经为热备援中心分配了一小部分员工，但通常会在启用时，将员工从主站点调到热备援中心，以支持运营操作。如果用体育运动做比喻，热备援中心就是站在边线上等待上场的替补队员
镜像站点	能够对生产站点的数据进行实时复制的完全冗余站点。镜像站点配备有充足的设备和人员，可以承担关键处理能力，而用户觉察不到中断
互惠协议	两家独立但相似的公司之间达成的一种协议，用于确保当一方丧失处理能力时能够临时共享对方的IT设施。由于在维护双方的硬件和软件兼容性方面存在约束，在共享操作期间维护安全性和隐私合规性方面十分复杂，同时在计划启动时通常会发生冲突而使协议难以执行，因此互惠协议并不被视为一种可行方案
与其他组织签署互惠协议	具有独特设备或应用程序的两个或多个组织之间签订的协议。在典型的协议中，参与方承诺在发生紧急情况时互相提供协助。与传统的互惠协议相比，这些协议的使用频率较低

图4.41 恢复备选方案

提供最快恢复时间的备选方案需要持续使用最专业的资源，因而会为公司带来最大的成本。通过将与关键流程（在BIA中得出）中断相关的业务成本与各种备选方案的成本进行比较，管理层将制定出一个最佳的RTO并选择一个合适的恢复备选方案。

选择备用站点时，要考虑到此站点的所在位置将处于计划中所指出的任何破坏性事件会影响到的地理区域之外。在确定与主站点保持足够的距离时，应考虑破坏性事件的影响和性质，而不是指定特定的分隔距离。

无论使用哪种备用处理方案，该计划都需要包括与备用站点建立网络通信的规定。该计划应提供冗余解决方案，以确保在任何预期原因导致正常处理中断后，能够建立与备用站点的通信。

备用处理设施可由第三方供应商或公司使用其自己的资源提供。当设施属于公司所有时，优先事项和冲突可以得到预防或由高级管理层快速解决。当设施由第三方提供时，公司需要在合同中明确规定要确保公司能够在灾难发生后立即访问所需资源。必须考虑多家公司不得不同时使用备用处理设施的可能性。该地区的其他公司也可能正在尝试恢复关键处理。

合同条款

有关使用第三方站点的合同条款应涵盖以下几方面：

- **配置**。设施的硬件和软件配置是否能够充分满足公司需求？是否有针对更新配置并进行测试的条款，以确保配置随着时间的推移保持充足？
- **灾难**。灾难的定义是否足够宽泛以满足预知的需求？
- **访问**。设施的使用是否具有排他性？当多个客户同时宣告发生灾难时，客户是否必须共享可用空间？公司是否得到保证在灾难发生后能够拥有对站点和资源的足够访问权限？该协议是否令人满意地指明了如何解决访问冲突？
- **优先级**。协议中是否为公司提供在灾难发生后令人满意的优先级？该协议是否排除了与可能在灾难发生后抢占公司优先权的政府实体共享所需资源？
- **可用性**。公司是否能够立即使用所需设施？
- **可用速度**。灾难发生后多久能够使用设施？
- **各站点容纳的用户**。协议中是否对各站点所容纳的用户数加以限制？
- **各区域容纳的用户**。协议中是否对各建筑物或区域内容纳的用户数加以限制？
- **首选项**。当通用或区域灾难发生时谁能获取优先权？备份设施是否有备份？设施是否独用，还是由同时宣布灾难的多个客户共用？供应商是否有多个设施供用户使用？
- **保险**。是否为备用站点的公司员工提供了充分的承保范围？现有保险是否会偿还这些费用？
- **使用周期**。设施能够使用多长时间？此期限是否足够？站点操作员将提供哪些技术支持？是否足够？
- **通信**。通信是否得当？如果需要，到备份站点的通信连接是否足以允许与备用站点进行无限制通信？
- **担保**。供应商将就站点可用性和设施充分性提供哪些担保？存在哪些责任限制？公司是否能接受这些条款？
- **审计**。是否存在允许对站点进行审计以评估逻辑、物理和环境安全的审计权利条款？
- **测试**。在合同中包括哪些测试权利？与保险公司核实，确定由于备份站点可用性而可能出现的任何保费降低。
- **可靠性**。供应商是否能证实所供站点的可靠性？理想情况下，供应商应具有 UPS、受限用户、良好的技术管理并确保计算机硬件与软件兼容。
- **安全性**。是否能充分确保站点的安全性以符合公司的安全政策？

采购备用硬件

计划使用冷备援中心或温备援中心的公司必须在其计划规定中包括采购硬件和软件，以便在启动时配备站点。公司可事先购置和储存必要的设备和软件，或计划在需要时购置硬件和软件。在做出决定时，要考虑的一个重要因素是：公司是否使用的是标准系统，在需要替换时能迅速获得；或者使用的是独特、专业化、过时的系统，很难在短时间内购置。如果公司依赖于无法立即获得的硬件来支持关键业务应用程序，则计划中必须包括及时购置该硬件以满足 RTO 的条款。这一事实可能要求公司应事先购置关键组件并将其储存起来，以备不时之需。

此外，IT 设施的恢复涉及电信，通常需要：

- 网络防灾注意事项。
  - 替代路由。
  - 多样化路由。
  - 长距离网络多样化。
  - 本地环路保护。
  - 语音恢复。
  - 可提供合适的电路和足够的带宽。

- 服务器 DRP。

4.16.4 灾难恢复计划的制订

IT 灾难恢复计划遵循与更广泛的业务连续性规划流程相一致的路径。在执行 BIA 和风险评估（或以其他方式确定风险和缓解控制的有效性）之后，需制定 IT 灾难恢复战略。实施此恢复战略就意味着对以下方面进行更改：

- IT 系统。
- 网络。
- IT 处理站点。
- 组织结构（员工人数、角色、职位）。
- IT 流程和程序。

IT DRP 是一系列结构良好的流程和程序，旨在使灾难响应和恢复工作迅速、高效且有效，以实现恢复团队之间的协同作用。应该使用简单易懂的语言来记录和编写计划。

IT DRP 内容

通常，IT DRP 包含：

- 宣告灾难的程序（上报程序）。
- 启用计划的条件［即在哪些情况下宣告灾难，何时实施 IT DRP，计划涵盖哪些情景（IT 系统损失、处理站点损失、办公室损失）］。
- 与总体计划的连接（例如，不同业务线的应急响应计划/危机管理计划/BCP）。
- 在计划执行过程中负责各项职能的人员。
- 恢复团队及其职责。
- 联系人和通知名单（恢复团队、恢复管理人员、利益相关方等的联系信息）。
- 对整个恢复流程的逐步说明［即应执行恢复的地点和时间（同一站点或备份站点）、必须恢复的内容（IT 系统、网络等）、恢复的顺序］。
- 针对每个 IT 系统或组件的恢复程序。注意：详细程度差别很大，具体取决于组织内使用的做法。
- 重要供应商和提供商的联系人。
- 明确列出从灾难中恢复以及确保组织连续运营所需的各种资源。

IT DRP 情景

尽管任何灾难都不会完全相同，但计划应概述将涵盖哪些情景，例如：

- 网络连接故障。
- 关键 IT 系统故障。
- 处理站点（服务器机房）故障。
- 关键数据丢失。
- 失去办公室。
- 丢失主要服务提供商（如云计算服务提供）。

通常情况下，本部分很短。不过，重要的是要记住，最好的计划总是考虑到最坏的情况（如销售高峰期、报告期结束等）。

恢复程序

根据灾难的类型，恢复工作的顺序可能会有所不同。然而，计划中应包含对每个主要灾难情景的简要、高层次的概述，以及更详细的恢复程序。

组织和职责分配

DRP 应确定发生事故/灾难时的行动团队及为其分配的职责。对于已为业务/流程恢复和关键决策制定的恢复程序，应确定要审查这些程序的信息系统和最终用户人员。关键人员通常会带领为响应计划中定义的关键职能或任务而创建的团队。根据业务运营的规模，团队可以被指定为单人职位。团队的参与程度取决于服务中断的程度以及所丢失或损坏的资产类型。最好就需要参与的团队与预估的恢复工作/中断程度之间的关联开发一个矩阵。

可指定的恢复/连续性/响应小组包括：

- 事故响应小组收到有关每一起可被视为对资产/流程构成威胁的事故的信息。所生成的报告可用于协调正在发生的事故或进行事后分析。对所有事故进行分析，可为恢复计划的更新提供新的内容。
- 应急行动团队包括第一响应者、指定的消防监察员和救火队，负责处理火灾或其他紧急响应情景。其主要职能之一就是有序撤离人员和挽救人们的生命。
- 信息安全团队制定必要的步骤，以维持与应急前主站点类似的信息和 IT 资源安全水平，并在备用环境中实施所需的安全措施。此外，该团队必须不断监控系统和通信链路的安全性，解决任何妨碍系统快速恢复的安全冲突，并确保安全软件的正确安装和运行。该团队还负责在灾难发生后的无序时期保证组织资产的安全。
- 损失评估团队在灾难发生后评估损失的程度。该团队的成员应能够评估损失并预估在受影响站点恢复运营所需要的时间。他们还应熟练使用测试设备，熟知系统和网络，并受过适用的安全法规和程序方面的培训。此外，他们还负责识别灾难的可能原因及其对损害和可预测的停机时间的影响。
- 应急管理团队负责协调所有其他恢复/连续性/响应团队的活动，并制定关键的决策。他们决定是否启用 BCP。其他职能还包括安排恢复工作的资金、处理由于灾难衍生的法律事务，以及处理 PR 和媒体问询。团队成员担任灾难监督员，并需要：
  - 从异地储存中检索关键数据和重要数据。
  - 在系统恢复站点（热备援中心、冷备援中心）安装和/或测试系统软件和应用程序。
  - 确定、购买硬件并在系统恢复站点进行安装。
  - 从系统恢复站点操作。
  - 重新路由 WAN 通信流量。
  - 重新建立局域用户/系统网络。
  - 将用户运送到恢复设施。
  - 恢复数据库。
  - 提供必要的办公用品（如基本用品、特殊表格、支票夹、键盘和其他计算机外围设备）。
  - 安排并支付员工在恢复设施处的搬迁费用。
  - 协调系统使用和员工工作时间表。
- 异地存储团队负责获取、包装介质和记录并将其传输给恢复设施，以及建立和监督在恢复站点操作期间创建的信息的异地储存时间表。
- 软件团队负责恢复系统包、加载和测试操作系统软件，以及解决系统级问题。
- 应用程序团队前往系统恢复站点，在备用系统上恢复用户包和应用程序。随着恢复工作的进行，该团队可能还要监控应用程序性能和数据库完整性。
- 应急操作团队由值班操作员和主管组成；他们常驻于恢复站点，在灾难和恢复项目的过程中对系统操作进行管理。如果热备援中心或其他设备就绪的设施未被指定为恢复中心，则另一项责任可能是协调硬件安装。
- 网络恢复团队负责路由广域语音和数据通信流量，在系统恢复站点重新建立主网络控制和访问，为数据通信提供不间断的支持，以及监管通信完整性。
- 通信团队前往恢复站点工作，与远程网络恢复小组合作建立用户/系统网络。通信团队还负责在恢复站点征求和安装通信硬件，并与本地交换运营商和网关供应商合作，重新路由本地服务和网关访问。
- 运输团队作为设施团队定位恢复站点（如果未预定一个恢复站点），并且负责协调运输工作，将公司员工运输到远处的恢复站点。该团队还可帮助联系员工，通知他们新的工作地点，并协助安排日程以及安排员工住处。
- 用户硬件团队对用户终端设备、打印机、打字机、影印机和其他必要设备的交付和安装进行定位和协调。该团队还向通信团队提供支持，并为任何硬件和设施的抢修工作提供支持。
- 数据准备和记录团队在连接到用户恢复站点的终端设备上工作，负责更新应用程序数据库。该团队负责监督其他数据录入人员，并协助抢救记录、获取主要文档和其他输入信息来源。
- 管理支持团队为其他团队提供文书支持。它充当用户恢复站点的消息中心。该团队还可控制会计和薪资管理职能以及持续的设施管理。
- 补给团队联系供应商并协调后勤部门，确保不间断地提供必需的办公用品和计算机用品，支持用户硬件团队的工作。
- 抢救团队管理重新安置项目。该团队还对设施和设备的损失进行比最初更为详细的评估；为应急管理团队提供所需的信息，以确定是应将计划引向重建还是搬迁；提供保险理赔所需的信息（保险是恢复工作的主要资金来源）；协调立即抢救记录所必需的工作（例如重新储存纸质文档和电子介质）。
- 重新安置团队协调从热备援中心转移到新地点或已恢复位置的过程。这涉及信息系统处理操作、通信流量和用户操作的搬迁。该团队还负责监控向正常服务水平的过渡。
- 协调团队负责协调位于不同地理位置的多个办公室的恢复工作。如果重要的 IT 职能已外包到远方的地理位置，该团队将成为在组织和第三方服务提供商之间进行协调的焦点。
- 法律事务团队负责处理由于任何事故或服务的不可用等原因而产生的法律问题（例如，根据许多国家颁布的新法律，组织负责保护其 IT 资产的安全，并在发生事故后对无过错方遭受的损失负责）。
- 恢复测试团队测试已制订的各种计划并分析结果。
- 培训团队为用户提供有关业务连续性和灾难恢复程序的培训。

注意

信息系统审计师应了解这些职责；不过，由于不同组织的规定有所不同，因此不会考查 CISA 考生对这些具体任务的了解程度。

4.16.5 灾难恢复测试方法

根据风险评估和 BIA 来识别要测试的关键应用程序和基础设施。应制定一份测试时间表。未经测试的恢复计划可能会不起作用，这对组织来说是无法接受的。由于测试计划需要耗费时间和资源，所以组织应当认真规划和制定测试目标，以确保能够取得可计量的效益。一旦确定了目标，便应由诸如信息系统审计师之类的独立第三方到场对测试进行监督和评估。评估步骤的一项成果应当是出具一份计划改进建议清单。概括来说，测试应当包括：

- 制定测试目标。
- 执行测试。
- 评估测试。
- 提出建议来提高测试流程和恢复计划的有效性。

- 实施跟进流程，以确保建议得到落实。

没有改进建议且一切都按计划发挥作用的可能性是非常小的。如果确实出现这种结果，则应当规划更具挑战性的测试。

测试的类型

灾难恢复测试的类型包括：

- **核对清单审查**。这是真实测试的一个预备步骤。恢复检查清单要分发给恢复团队的所有成员进行审查，并确保检查清单的通用性。
- **结构化浏览审查**。团队成员在纸上实际实施这些计划并审查每个步骤，以评估其有效性，找出提升方面、制约因素和不足之处。
- **模拟测试**。恢复团队在不启动恢复站点操作流程的情况下针对一次准备好的灾难场景进行角色扮演。
- **平行测试**。将恢复站点调到操作就绪状态，但主站点的操作正常持续。
- **完全中断测试**。关闭主站点的操作并按照恢复计划切换到恢复站点；这是最严格的测试形式，但代价高昂且可能具有破坏性。

测试应当循序渐进，在之前测试的基础上逐步提高测试目标和成功标准，以便建立信心并将业务风险降至最低。图 4.42 显示了可以如何逐步让测试变得更具挑战性。

大多数恢复测试都未对企业的所有运营部分进行全面测试。不应排除执行完全测试或部分测试，因为灾难恢复测试的目的之一就是确定计划能发挥多大作用，或计划的哪些部分需要改进。突袭测试很有利，因为它们与现实中的事故响应情形类似。但是，这类测试可能对生产和运营产生极大的破坏性，此外工作被测试打乱的人员可能会对此不满。应将测试安排在可最大限度减少正常操作中断的时间（如长假期）执行。关键恢复团队成员必须参与测试过程，并分配时间以全力以赴地进行测试。测试应针对所有关键组件进行，并模拟实际黄金时间处理条件（即使是在非工作时间执行测试）。理想情况下，应在单独对各个计划测试完毕并得到满意结果后，每年进行完全中断测试。

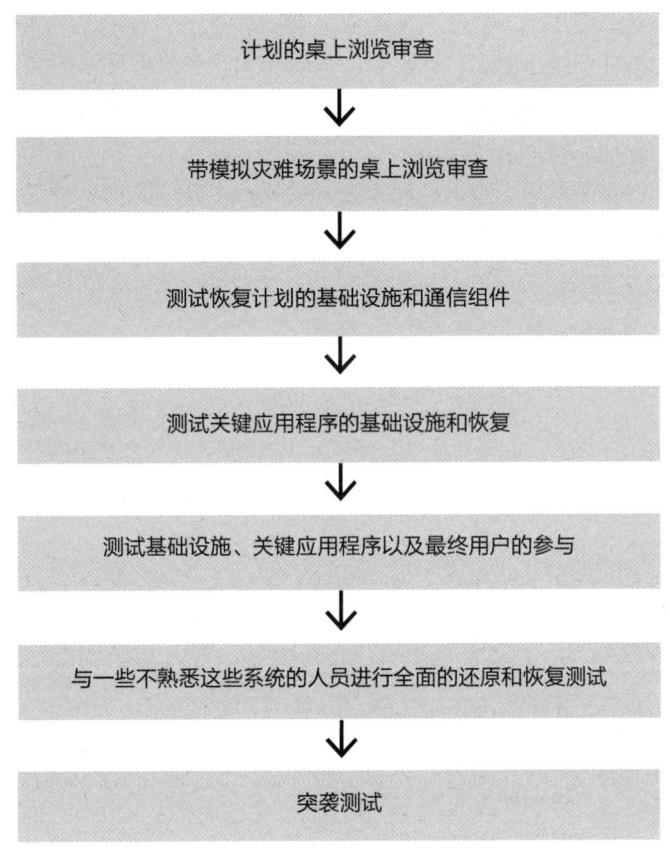

```
计划的桌上浏览审查
          ↓
带模拟灾难场景的桌上浏览审查
          ↓
测试恢复计划的基础设施和通信组件
          ↓
测试关键应用程序的基础设施和恢复
          ↓
测试基础设施、关键应用程序以及最终用户的参与
          ↓
与一些不熟悉这些系统的人员进行全面的还原和恢复测试
          ↓
       突袭测试
```

图 4.42　灾难恢复测试的进展

测试

测试应完成以下任务：

- 验证响应和恢复计划的完整性和准确性。
- 评估参加演练的人员的表现。
- 评价不属于恢复/响应团队的个人所表现出来的培训和意识水平。
- 评估团队成员与外部供应商和提供商之间的协调情况。
- 衡量备用站点完成规定处理任务的能力和容量。
- 评估恢复重要记录的能力。
- 评估已迁移到恢复站点的设备和用品的状态和数量。
- 衡量与维持企业实体相关的运营和信息系统处理活动的总体性能。

与业务连续性测试一样，DRP 测试包括：

- **测试前**。测试前阶段由为实际测试做准备的必要行动组成，包括运输和安装所需的备份设备、获取恢复站点的访问权、查阅恢复文档等。
- **测试**。测试阶段是灾难恢复测试的实际操作。执行实际操作活动，以测试该计划的具体目标。对应用程序进行故障切换；执行数据录入和业务处理。评估人员应在职员执行指定任务时进行审查。这是对为响应紧急情况所做准备工作的实际测试。
- **测试后**。测试后是小组活动的清理工作。此阶段包括一系列任务，例如将应用程序还原回到主位置并将所有资源返回到其正确的地方、断开设备连接、让人员返回其正常地点，以及从第三方系统中删除所有公司数据等。测试后清理工作还包括对计划进行正式评估和实施指出的改进工作。在测试的每个阶段，应详细记录观察到的信息、问题和解决方法。每个团队均应有一个日记簿，记录具体步骤和信息。此文档可作为重要的历史信息，在真正发生灾难时协助实际的恢复工作。它还有助于详细分析计划的优缺点。

测试结果

应制定并使用指标来衡量计划成功与否，并根据既定目标进行测试。测试结果应予以记录并定量评估，而不是仅基于口头描述进行评估。得出的指标应不仅用于衡量计划的有效性，更重要的是用于改进计划。虽然具体的衡量方法因测试和组织而异，但以下指标通常适用：

- **时间**。完成规定任务所用的时间。这对细化每项上报任务的估计响应时间至关重要。是否达到了 RTO？
- **数据**。是否所有要求的数据都已恢复？是否达到了 RPO？恢复点是否在所有相互连接的应用程序中都一致（如果要求）？
- **量**。办事员在备用站点执行的工作量以及信息系统处理操作量。恢复站点是否能够达到所需的吞吐量？
- **百分比和/或数量**。成功恢复的关键系统的数量可以用处理的交易数量来衡量。
- **准确性**。恢复站点数据录入的准确性与正常准确性之比（以百分比形式表示）。实际处理周期的准确性可通过将输出结果与正常条件下相同时间段内的结果进行比较来确定。

4.16.6　调用灾难恢复计划

BCP 与 DRP 应保持高度一致。如 4.15 业务持续计划部分所述，当发生任何触发事件后，应立即将所有相关事故告知指定人员。该人员随后应遵循预先制定的上报方案（例如召集发言人、报告给高级管理层及相关监管机构），之后可能会启用恢复计划，例如信息技术 DRP。

评估事故以确认其最接近哪种经过测试的场景后，应调动所需的团队。示例包括：

- 网络连接故障。
- 关键 IT 系统故障。
- 处理站点（服务器机房）故障。
- 关键数据丢失。
- 失去办公室。
- 丢失主要服务提供商（如云计算服务提供）。

响应特定事故的方法可能多种多样。应针对那些最有可能实现必要 RPO 和 RTO 的选项进行评估。然后，应遵循书面记录的恢复程序。恢复程序可能并未包括所有必要的恢复步骤，因为测试可能并不全面，或者选定的场景可能与事故不完全匹配。因此，响应团队可能需要在每一步评估其选择。应将所有决策记录成文，并在实现正常服务后用于更新恢复程序。

案例研究

信息系统审计师应邀在某任务组中代表她所在组织的内部审计部门，为拥有 16 家分行的社区银行 Pinkwater Bank 定义新分行自动化项目的需求。此新系统将处理存款、贷款以及其他机密客户信息。

分行位于相同的地理区域内，因此分行运营总监建议使用微波无线电系统提供连接，因为这种系统的运营成本低，而且是私人（非公共）网络。这位总监还强烈建议最好使用直接同轴电缆（来自当地有线电视提供商）为每个分行提供与互联网的备份连接，以防微波系统出现故障。

直接互联网连接也将连接到每个分行的无线接入点，以便为客户提供免费无线接入。该总监还要求为每个分行提供邮件和应用程序服务器，并由各分行的行政经理进行管理。银行的 IT 经理告知信息系统审计师，有线服务提供商将加密所有通过直接同轴连接发送到互联网的流量。

完成初步工作后，Pinkwater Bank 为其总部设施和 16 个分行的网络制订了修订版 BCP 和 DRP。目前的计划已有 8 年多未更新，此间组织规模已扩大三倍以上。大约有 750 名员工在总部工作。这些员工通过 LAN 连接到位于公司数据中心的 60 多个应用程序、数据库和文件打印服务器，并通过帧中继网连接到分行。出差用户利用 VPN 通过互联网远程访问公司系统。总部和分行的用户通过位于数据中心的防火墙和代理服务器访问互联网。

关键应用程序的 RTO 介于三到五天之间。分行之间的距离在 30 到 50 英里之间，分行与总部的距离均超过 25 英里。每个分行拥有 20 到 35 名员工，且都配备有一个邮件服务器和一个文件/打印服务器。数据中心的备份介质存储在 35 英里以外的第三方设施中。位于分行的服务器备份通过互惠协议存储到附近的分行。

目前与第三方热备援中心提供商签订的合同包括：25 台服务器、配备台式电脑且能容纳 100 人的工作区，以及一个单独的协议（协定最多将两台服务器和 10 台台式电脑运送到声明发生紧急情况的任何分行）。合同期限为三年，续约时会进行设备升级。热备援中心提供商在整个国家/地区拥有许多设施，可预防其他客户使用主设备或灾难而导致的不可用情况。高级管理层希望所有改进都能收获最高的成本效益。

1. 在审查此项目的信息时，基于上述情况使用微波无线电系统**最**重要的问题是什么？

    A. 传输的数据容易遭到拦截
    B. 缺乏可用的数据传输加密解决方案
    C. 服务中断的可能性
    D. 实施成本超支

2. 以下哪一项能够**最**有效地降低业务系统通过无线网络遭受公共互联网攻击的可能性？

    A. 扫描所有连接的设备以查找恶意软件
    B. 通过防火墙子网划分内部网络和公共互联网访问
    C. 记录所有访问并对失败的登录尝试发出警报
    D. 将所有网络访问限制在正常营业时间和标准协议中

3. 在与供应商协商新合同时，信息系统审计师应针对此情况中的热备援中心向管理层提出以下哪项建议？

    A. 应将热备援中心的台式电脑数增加到 750 台
    B. 应向热备援中心合同另外增加 35 台服务器
    C. 所有备份介质都应存储在热备援中心，以缩短 RTO
    D. 应按季度审查台式电脑和服务器设备要求

4. 在与供应商协商新合同时，信息系统审计师应针对分行的恢复工作向管理层提出以下哪项建议？

    A. 将各分行添加到现有热备援中心合同
    B. 确保分行有足够的容量能够相互备份
    C. 将所有分支的邮件和文件/打印服务器迁移到数据中心
    D. 向热备援中心合同新增容量，使之与最大的分行相等

案例研究相关问题参考答案

1. **A. 缺乏加密是最重要的问题，因为微波无线电系统很容易被窃听。**
   B. 缺乏可伸展性很重要，但不如确保客户数据的机密性和完整性那么重要。
   C. 发生服务中断的可能性很重要，但不如确保客户数据的机密性和完整性重要。
   D. 实施成本超支很重要，但不如确保客户数据的机密性和完整性重要。

2. A. 恶意软件的扫描不会检测用来搜集密码或揭示网络漏洞的调查工具的使用情况。
   B. 通过将无线网络置于防火墙子网中来将其隔离，能够最有效地降低攻击的可能性。
   C. 记录访问不会预防成功的攻击。
   D. 记录访问和将访问限制在正常营业时间，并不会预防成功的攻击。

3. A. 由于发生灾难时，并不是所有员工的工作职能都至关重要，因此不必在恢复设施内安排与员工数量同等的台式电脑数量。
   B. 同样，并不是所有服务器都对业务的连续运行至关重要。只需要恢复一部分。
   C. 由于不能保证热备援中心不会被占用，所以建议不要将备份介质存储在热备援中心。按照设计，这些设施通常不会提供大量的介质储存空间，而其他客户的频繁测试也可能会危及介质的安全。
   D. 由于快速成长型企业对设备的需求经常改变，因此需要每季度审查以确保恢复能力与组织保持同步。

4. A. 将各分行添加到热备援中心合同的成本更高。
   B. 最具经济效益的解决方案是建议分行配备能够容纳其他分行关键人员的容量。由于承担关键工作职能的员工可能只占受影响分行员工人数的 20%，因此只需准备可容纳四到七名关键职员的工作场所。
   C. 将分行服务器迁移到数据中心可能导致性能问题，并且无法解决如何安置被撤离员工的问题。
   D. 在热备援中心合同中增加容量可能无法取得所需的覆盖，因为热备援中心合同是根据覆盖的每个位置定价的。

第 5 章

信息资产的保护

概述

本章节旨在讨论保护信息资产所涉及的技术、挑战和最佳实践。信息应在其生命周期的各个阶段受到保护；尤其是在处理、传输过程中和静止状态下。应采取措施降低未经授权访问、使用、披露、修改和销毁信息的风险。有效的信息保护需要采用多学科方法，涉及人员、流程和信息技术，并且通常围绕机密性、完整性和可用性的目标。

此领域在 CISA 考试中所占比重为 26%（约 39 个问题）。

领域 5 考试内容大纲

A 部分：信息资产安全和控制

1. 信息资产安全政策、框架、标准和准则
2. 物理与环境控制
3. 身份和访问管理
4. 网络和终端安全
5. 数据丢失防护
6. 数据加密
7. 公钥基础设施
8. 云和虚拟化环境
9. 移动、无线和物联网设备

B 部分：安全事件管理

1. 安全意识培训和方案
2. 信息系统攻击方法和技术
3. 安全测试工具和技术
4. 安全监控日志、工具和技术
5. 安全事故响应管理
6. 证据搜集和取证

学习目标/任务说明

在此领域中，信息系统审计师应当能够：

- 按照信息系统审计标准和基于风险的信息系统审计战略执行审计。
- 进行审计后跟进，以评估是否充分解决了已识别的风险。
- 使用数据分析工具来增强审计流程。
- 评估自动化和/或决策系统对组织的作用和/或影响。
- 将审计流程作为质量保证和改进方案的一部分进行评估。
- 确定组织是否已定义 IT 风险、控制和标准的所有者。
- 评估组织的存储、备份和恢复政策和流程。
- 评估 IT 供应商选择和合同管理流程是否符合业务、法律和监管要求。
- 评估供应链的 IT 风险因素和完整性问题。
- 对在信息系统开发生命周期各个阶段执行的控制进行评估。
- 评估是否已制定有效的流程来支持最终用户。
- 评估组织的数据治理方案。
- 评估组织的隐私方案。
- 评估数据分类实务，以确保其符合组织的数据治理计划、隐私方案和适用的外部要求。
- 评估组织的问题和事故管理方案。
- 评估组织的日志管理方案。
- 评估与资产生命周期管理相关的组织政策和实务。
- 评估与影子 IT 和最终用户计算相关的风险，以确定补偿性控制的有效性。
- 评估组织的信息安全方案。
- 评估组织的威胁和漏洞管理方案。
- 使用技术安全测试以识别潜在漏洞。
- 评估逻辑、物理和环境控制，以验证信息资产的机密性、完整性和可用性。
- 评估组织的安全意识培训方案。
- 评估与新兴技术、法规和行业惯例相关的潜在机会和风险。

深造学习参考资源

Harper, A.; R. Linn; S. Sims; M. Baucom; D. Fernandez; H. Tejeda; M. Frost; *Gray Hat Hacking: The Ethical Hacker's Handbook, 6th Edition*, McGraw Hill, USA, 2022

ISACA, COBIT®

ISACA, *Security Considerations for Cloud Computing*, USA, 2013

International Organization for Standardization/International Electrotechnical Commission, ISO/IEC 27001: 2022, *Information security, cybersecurity and privacy protection — Information security management systems — Requirements*, Switzerland, 2022

International Organization for Standardization/International Electrotechnical Commission, ISO/IEC 27002: 2022, *Information technology — Security techniques — Code of practice for information security controls*, Switzerland, 2022

Kegerreis, M.; M. Schiller; C. Davis; *IT Auditing: Using Controls to Protect Information Assets, 3rd Edition*, McGraw Hill, USA, 2019

McClure, S.; J. Scambray; G. Kurtz; *Hacking Exposed 7: Network Security Secrets & Solutions*, McGraw Hill, USA, 2012

Peltier, T.; *Information Security Risk Analysis, 3rd Edition*, Auerbach Publications, USA, 2010

Stamp, *M.; Information Security: Principles and Practice, 2nd Edition*, John Wiley & Sons, USA, 2011

自我评估问题

CISA自我评估问题与本手册中的内容相辅相成，有助于了解考试中的常见题型和题目结构。考生通常需从所提供的多个选项中，选出**最**有可能或**最**合适的答案。请注意，这些题目并非真实或过往的考题。有关练习题的更多指导，请参阅关于本手册部分。

1. 在审查基于签名的入侵检测系统的配置时，发现以下哪一项问题将**最**令信息系统审计师担忧？

   A. 自动更新功能被关闭
   B. 应用程序的漏洞扫描功能被禁用
   C. 加密数据包的分析功能被禁用
   D. IDS被放置在隔离区和防火墙之间

2. 以下哪个选项能够**最**有效地为在本地服务器上处理的薪资数据提供访问控制？

   A. 记录对个人信息的访问
   B. 为敏感交易使用单独的密码
   C. 使用可以限制授权人员遵守访问规则的软件
   D. 将系统访问限制在营业时间以内

3. 一位信息系统审计师刚刚完成对某组织的审计工作，该组织拥有一台大型计算机和两个保存着所有生产数据的数据库服务器。以下哪个弱点会被视为是**最**严重的？

   A. 安全专员同时也是数据库管理员
   B. 没有对这两个数据库服务器进行密码控制管理
   C. 大型机系统的非关键应用程序没有相应的业务持续计划
   D. 大多数局域网都没有定期备份固定式文件服务器磁盘

4. 组织正在计划安装一个单点登录设施，该设施可以访问所有系统。该组织应意识到：

   A. 如果密码泄露，有可能遭受最严重的未经授权访问
   B. 用户访问权限将会受到其他安全参数的限制
   C. 安全管理员的工作量将会增加
   D. 用户访问权限将会提高

5. 当审查基于企业广域网的互联网协议语音协议系统的实施情况时，信息系统审计师应能发现：

   A. 流量工程
   B. 综合服务数字网数据链路
   C. 数据的有线等效加密
   D. 模拟电话终端设备

6. 某保险公司通过将公共云计算技术用于其某个关键应用程序来降低成本。以下哪项是信息系统审计师**最**应关注的问题？

   A. 在重大技术故障情况下无法恢复服务
   B. 其他公司访问共享环境中的数据
   C. 服务提供商不包括事故调查支持
   D. 目前供应商停业后是否能获得长期服务

7. 以下哪种情况**最**能确定是否存在用于保护传输信息的完整加密和身份验证协议？

    A. 已实施 Rivest-Shamir-Adleman（RSA）及数字签名

    B. 工作正在具有身份认证头和封装安全有效载荷嵌套式服务的隧道模式下进行

    C. 正在使用采用 RSA 的数字证书

    D. 工作正在具有 AH 和 ESP 嵌套式服务的传输模式中进行

8. 以下哪项关于电子消息安全的问题可通过数字签名来解决？

    A. 更改
    B. 未经授权的读取
    C. 窃取
    D. 未经授权的复制

9. 以下哪一项是分布式拒绝服务攻击的特点？

    A. 对中介计算机发动集中攻击以将同步假消息交换指向指定的目标站点

    B. 对中介计算机发动本地攻击以将同步假消息交换指向指定的目标站点

    C. 对主计算机发动集中攻击以将同步假消息交换指向多个目标站点

    D. 对中介计算机发动本地攻击以将交错假消息交换指向指定的目标站点

10. 以下哪个选项是**最**有效的预防性防病毒控制？

    A. 扫描邮件服务器上的电子邮件附件
    B. 通过原始副本恢复系统
    C. 禁用通用串行总线端口
    D. 使用最新病毒定义进行的在线防病毒扫描

自我评估问题参考答案

1. **A.** 基于签名的入侵检测系统最重要的就是能够预防已知的（签名）入侵模式。此类签名由供应商提供，对保护企业免受外部攻击至关重要。
   B. IDS 的一个主要缺点是其本身不能扫描应用程序级别的漏洞。
   C. IDS 不能通过中断加密数据包来确定输入通信的来源。
   D. 隔离区是一个内部网络段，可由公众访问的系统（如 Web 服务器）便安置在其中。为了提供最高的安全性和效率，IDS 应放置在防火墙后面，以便仅检测进入防火墙的攻击/入侵者。

2. A. 记录对个人信息的访问是一项很好的控制，因为如果担心未经授权的访问，将允许对访问进行分析。但是，这种控制不会阻止访问。
   B. 限制对敏感交易的访问仅会限制对某些数据的访问。而不会阻止对其他数据的访问。
   C. 应对服务器和系统安全进行定义，以便只允许获得授权的员工访问其日常所处理记录的对应员工信息。
   D. 将系统访问限制在上班时间内只会影响未经授权访问的发生时间，而无法阻止其他时间的未经授权访问。须考虑到，数据所有者负责根据书面软件访问规则决定哪些人可以访问数据。

3. A. 安全专员也是数据库管理员虽然是控制弱点，但带来的影响不像没有密码控制那么严重。
   B. 没有为两个存储着生产数据的数据库服务器实施密码控制是最大的弱点。
   C. 大型计算机系统的非关键应用程序没有业务持续计划虽然是控制弱点，但带来的影响不像没有密码控制那么严重。
   D. 多数局域网没有定期备份虽然是控制弱点，但带来的影响不像没有密码控制那么严重。

4. **A. 如果密码在启用单点登录时泄露，则所有系统都将有可能遭受未经授权的访问。**
   B. SSO 不应更改用户的访问权限，因为可能不会实施其他安全参数。
   C. SSO 的预期好处之一是简化安全管理。
   D. SSO 的预期好处之一是不大可能增加工作量。

5. **A. 为了确保达到服务质量控制要求，应保护基于广域网的互联网协议语音协议（VoIP）服务预防数据包丢失、延迟或抖动。为实现这一目标，可以管理网络性能，以使用流量工程等统计技术来提供 QoS 和服务水平支持。**
   B. 综合服务数字网数据链路的标准带宽不提供公司 VoIP 服务所需的 QoS。
   C. 有线等效加密是一种与无线网络相关的加密方案。
   D. VoIP 电话通常连接到企业局域网并且不是模拟的。

6. A. 云计算的好处是冗余和在出现技术故障时能够访问系统和数据。
   B. 考虑到保险公司必须保留客户的隐私/机密信息，未经授权的信息访问和数据泄露是主要关心的问题。
   C. 能否进行事故调查很重要，但最重要的是解决事故的风险：敏感数据的泄露。
   D. 如果云供应商停业，数据仍然可从备份中获取。

7. A. 数字签名可提供身份认证和完整性验证。
   B. 隧道模式提供针对整个互联网协议数据包的加密和身份认证。要实现这一目的，可以嵌套身份验证头和封装安全负载服务。
   C. 数字证书提供身份认证和完整性验证。
   D. 传输模式提供对更高层协议的主要保护［即保护范围覆盖 IP 数据包的数据字段（负载）］。

8. **A. 发起人传输数字签名时，数字签名应包含消息量的加密散列总计。如果消息随后被修改，此散列将不再准确，表明已经发生改变。**
   B. 数字签名不会识别、预防或阻止未经授权的读取。
   C. 数字签名不会识别、预防或阻止窃取。
   D. 数字签名不会识别、预防或阻止未经授权的复制。

9. **A.** 此选项最恰当地描述了分布式拒绝服务攻击。此类攻击是集中发起的,并会利用多台被入侵的计算机。此类攻击会像洪水一样利用假数据来淹没目标站点,从而淹没网络和其他相关资源。为了实现这一目标,攻击活动需要指向特定攻击目标并同时发起攻击。

   B. DDoS 攻击不是从本地发起的。

   C. DDoS 攻击不是使用主计算机发起的。

   D. DDoS 攻击不是交错的。

10. A. 扫描邮件服务器上的电子邮件附件是一种预防性控制。这可预防收件人打开受感染的电子邮件文件,从而避免计算机受感染。

    B. 通过原始副本恢复系统是一种预防性控制。这可确保不会从受感染的副本或备份中引入病毒,从而避免再次感染计算机。

    C. 禁用通用串行总线端口是一种预防性控制。这可预防受感染的文件从 USB 驱动器复制到计算机,从而保护计算机免受感染。

    D. 防病毒软件可用于预防病毒攻击。通过运行定期扫描,还可用于检测已经发生的病毒感染。需要对软件进行定期更新,以确保出现病毒时能够更新、检测和处理病毒。

A 部分：信息资产安全和控制

信息资产的保护包括用于确保信息资产 CIA 的关键要素。表面上，本章节所涵盖的许多主题对于考生来说似乎非常熟悉；但是，须注意：这些主题需要考生对所使用的技术以及可能会被攻击者利用的控制弱点有透彻的了解。CISA 考生应充分了解物理基础设施安全的要素、逻辑访问问题，以及信息安全管理的关键要素。

信息安全是不可或缺的治理和管理组件，它会影响实体级控制的所有方面。信息系统审计师应在整个审计工作中纳入适当的信息安全评估。信息安全管理职能负责企业建立具有成本效益的信息安全流程所必需的治理、政策、执行、监控和创新，同时在组织的风险偏好和预算范围内提供充分的信息安全保障。

5.1 信息资产安全政策、框架、标准和准则

信息安全政策、框架、标准和准则对组织很有帮助，因为它们可以提供有关如何保护和使用信息资产的指导。

5.1.1 信息资产安全政策、程序和准则

政策和程序为维持适当的运作和控制奠定了基础。信息系统审计师应审查政策和程序，以确定它们是否为适当的安全确立了基调，并提供了一种为维护安全信息系统环境分配职责的方法。此政策审查应包括审查最后一次更新的日期，以确保该政策保持最新，并满足组织的信息安全需求。信息安全政策是一组旨在确保信息资产保护的规则、指令和实践。它是由组织的高级管理层和董事会制定的一般性声明，明确规定了信息安全在组织中的作用。

信息安全政策的关键要素包括：

- **范围**。信息安全政策的范围在高级别制定，并指定信息所在的位置以及谁可以访问它。它还应强调信息可在程序、系统、设施或其他基础设施中存储的位置、方式和时间。
- **政策声明**。政策声明解释了组织的信息安全方法。它建立了组织运作的环境，规定了要遵守的法律法规，并描述了组织应处理的信息类型。
- **目标**。为了确定任何信息安全方案是否按预期有效运行，需要一套目标。目标应具体、可衡量、可实现、现实且有时限（SMART）。信息安全政策的目标包括：
  - **机密性**。机密性涉及通过保护信息免受未经授权人员的侵害来保持信息的私密性。它确保信息仅可供授权个人使用。
  - **完整性**。完整性需要确保信息可靠、准确和可信，通常通过保护信息免于在未经同意的情况下被更改或修改来实现。
  - **可用性**。可用性涉及确保组织中的授权人员能够访问完成日常任务所需的机密文件。确保系统始终正常运行的日常维护是确保可用性的一种方法。
  - **信息安全指南**。信息安全指南提供了组织范围内的通用信息安全方法。
  - **监控**。信息安全政策旨在提供保护信息资产的现有措施的记录。该目标有助于监控，以确保组织通过信息系统的高效和有效运营实现价值。
  - **治理**。这一目标强调组织致力于贯彻强有力的治理原则。这要求组织致力于制定结构化的决策、明确界定角色和责任，以及培养一种优先考虑不断改进信息安全实践的文化。
  - **合规性**。为确保合规性，组织通常会根据应用程序合规性要求来开发其信息系统。
  - **隐私**。信息安全政策应提供有关确保客户信息和其他关键信息隐私的指导。

信息安全政策的特征

某些要素对于在组织中建立和维护信息安全政策不可或缺。信息系统审计师应确保这些要素已经到位，并在整个过程中提供建议：

- **高管支持**。信息安全政策应得到管理层的支持。这要求信息安全专家向组织管理层解释信息安全的价值。了解信息安全的价值后，管理层应能够在预算和资源需求方面支持信息安全计划。

- **业务驱动**。组织中信息安全的目的是支持和扩展业务目标，并且政策应由业务目标驱动。信息系统审计师应定期评估政策是否与业务目标相符。
- **简单**。信息安全政策的重要特征之一是简单性和用户友好性。该政策应当是一个简单的文件，易于理解，并能够被组织的每个成员用作参考。
- **综合**。信息安全政策应当是一个综合的文档，涉及所有业务职能和流程的安全问题。它应包含针对具体问题的政策，涵盖组织内的各种活动、系统或部门。
- **可访问性**。可访问性是信息安全政策的关键要求。理想情况下，组织中的每个人都应可以访问它。展示可访问性的一个很好的示例是将政策发布到组织的内联网上。
- **战略性**。信息安全政策本质上应具有战略性，着眼于长期，并旨在使用数年。提高信息安全水平应成为组织战略目标的一部分。
- **专业**。政策应具有高水平的专业性，同时强调遵守政策的重要性。
- **处罚**。信息安全政策应包含对不合规行为的处罚。应实施处罚，以在组织所有成员中培养安全合规文化。
- **灵活**。信息安全政策应足够灵活，以适应组织运营环境的变化。它应提供一个框架，允许根据组织的发展和新的安全挑战进行修改。
- **定期更新**。信息安全政策应根据行业和业务运营环境的发展定期更新。政策修订应记录在案，包括修改的最后日期和负责修改的部门。

常见的信息安全政策类型包括：

- **组织信息安全政策**。该政策是涵盖整个组织安全方面的主要蓝图。它本质上是通用的，也被称为主信息安全政策。
- **系统特定的信息安全策略**。SysSP 源自组织信息安全政策，涉及单个系统、应用程序或网络的安全问题。它通常通过访问控制来执行。系统特定政策的一个示例是涉及工资系统安全性的政策。
- **针对特定问题的信息安全政策**。ISSP 建立在更通用的主信息安全政策的基础上，通常用于概述应对组织中特定威胁的指南。

图 5.1 显示了针对特定问题的政策的典型示例。

政策	政策描述
可接受使用政策	概述员工使用组织系统和/或网络时必须接受的约束
变更控制政策	指对 IT、软件开发和信息安全流程进行更改的正式流程指南
访问控制政策	概述对组织的数据和信息系统的访问控制以及用户获得访问权限所需 遵循的步骤
事故响应政策	提供组织管理、修复信息安全事故并从中恢复的系统性方法
身份识别和访问管理政策	通常涉及授权正确的员工使用系统和应用程序，以及系统如何对员工、承包商和第三方进行身份认证，以遵循安全标准
远程访问政策	概述远程安全连接到内部组织网络的可接受方法
自带设备政策	概述允许员工使用个人设备访问组织基础设施的要求，以及降低员工自有资产风险所需的步骤

图 5.1 针对特定问题的信息安全政策

信息安全程序

程序是为实现特定目标而应执行的分步任务。它们通常适用于用户、IT 员工、运营人员、安全成员以及组织中需要执行特定任务的任何人。程序涉及如何安装操作系统、配置安全机制、设置新用户账户、分配计算机权限、审计活动、销毁数据和报告事故等多个方面。程序被认为是文档链中的最低级别，因为它们最接近信息系统及其用户。它们应尽量详细，以支持广大员工的理解。

信息安全准则

准则用规范性不及程序的方法描述了如何达到一个特定的目标。当特定标准不适用时，准则可用作对用户的建议，并协助标准的实施。它们旨在根据最佳实践简化某些流程。准则本质上应该是通用的，并且可开放地解读。指南不需要被严格遵循，允许用户有解释的余地。

5.1.2 信息安全框架和标准

信息安全标准是一组旨在支持政策及其执行的强制性活动、行动或规则。典型的组织安全标准可以界定预期的用户行为，以确保组织中的特定技术、应用程序、参数和过程在整个组织中得到统一的实施。相比之下，政策仅定义发送敏感信息时是否需要使用经批准的加密过程。信息安全标准的优点包括：

- 它们提供了维护安全性的可重复方法，从而有助于实现信息安全管理的一致性。
- 它们通常基于合规性和最佳实践，以便组织就安全实践的实施做出客观的决策。
- 它们促进知识和最佳实践的共享，确保组织内对信息安全的概念、术语和定义有着共同的理解。
- 它们有助于确保产品和安装满足组织的需求。
- 它们有助于确保信息安全产品的功能和兼容性。

信息安全框架是指一套流程，定义了在组织中成功实施和持续管理信息安全方案所需的政策和程序。它有助于管理风险并减少漏洞。公认的框架用于定义安全任务并确定其优先级，并管理实施信息安全控制过程中的风险。它们通常为建立组织中有关信息安全管理的内部政策、程序和准则奠定了基础。信息系统审计师应了解组织所采用的信息安全框架的规定。

信息安全框架的复杂性和规模各不相同。组织应定制适用的框架来解决特定的信息安全问题，例如行业特定要求或不同的监管合规目标。此外，信息安全框架往往相互重叠，需要进行全面的映射，以减少重复工作，同时弥补差距。所选的信息安全框架应有效支持组织的运营、合规性和审计要求。特定信息安全框架的选择取决于几个因素，例如位置、行业类型和预期的合规性要求。

信息安全标准是组织可以用来改善其信息安全态势的一组指南或最佳实践。标准还帮助组织识别和实施适当的信息安全措施。

图5.2详细介绍了一些常用的信息安全框架和标准。

信息系统审计师应审查组织中框架的使用情况，评估其相关性，并确定其是否实现了预期目的。使用框架的原因包括：

- **改善信息安全管理**。框架鼓励组织积极实施必要的信息安全措施、流程和控制，以持续改善其信息安全态势。
- **有效的风险管理**。遵守信息安全框架可以降低组织遭破坏的风险。框架在组织中灌输风险管理文化。
- **有效且高效的事故响应**。框架确保组织在发生违规时能够做出有效的事件响应。
- **扩大市场覆盖范围**。获得认证或符合公认框架的组织通常会获得新的商机并提高市场竞争力，并且有资格争取到要求满足这些框架的某些合同。
- **提高安全可靠性**。框架支持组织更好地了解其安全需求，并使用正确的解决方案来防范已识别的风险。使用基于框架的方法可确保适当的控制、流程和程序到位，从而提高信息系统的可靠性和安全性。

审计组织的信息安全框架，会涉及审计逻辑访问、使用安全测试技术，以及使用调查技术。信息安全管理框架应根据信息安全框架的基本要素进行审查。其他需关注领域包括风险管理、风险评估结果、控制设计和事故管理。

5.1.3 信息安全基准指标

信息安全基准指标是指通常映射到行业标准并用于保护信息系统的特定产品、配置和类似机制。基准指标是系统、网络或设备必须遵守的最低安全级别。例如，组织可以指定所有计算机系统都必须符合最低可信计算机系统评估标准命令和控制标准。在基准指标计划之后，应有全面的安全评估和计划。图 5.3 介绍了各个基准安全主题及其相关建议。

图 5.4 显示了用于基准安全评估的检查清单。

框架	描述
国际标准化组织/国际电工技术委员会 27001	ISO/IEC 27001 是一项信息安全国际标准，规定了组织中信息安全管理体系的开发和维护程序。ISO/IEC 27001 提供了可在信息安全管理中采用的最佳实践。它涉及全面的组织、人员、物理和技术控制问题
Zachman 框架	Zachman 框架是用于分类和开发企业架构的模型。它由 John Zachman 开发，可用于主动为组织功能、流程和要素建模。它通常用于组织变革管理
开放组架构框架	TOGAF 是一个企业架构框架，用于定义业务目标并使其与架构目标相一致。它确保企业架构专业人员采用一致的标准和方法
舍伍德（Sherwood）商业应用安全架构	SABSA 是一种模型和方法，用于开发风险驱动型和机会导向型信息安全企业架构和服务管理，以支持关键业务职能和流程。它由一个生命周期组成，并始于战略规划、设计、实施以及管理和衡量组成部分
COBIT	COBIT 是一个 IT 治理框架，定义了企业 IT 治理的最佳方法和程序，以帮助组织最大限度地降低 IT 风险，同时确保可用资源的使用效率
NIST 网络安全框架	NIST CSF 由标准、准则和最佳实践组成，可帮助组织改进网络安全风险管理。该框架设计灵活，可与组织中现有的安全流程和程序集成。它可用于任何行业或部门
信息技术基础设施库	ITIL 是促进组织内 IT 服务管理标准化的框架。它旨在标准化组织内选择、规划、交付和维护整个 IT 生命周期的流程。这种标准化有望改善效率和 IT 服务交付
互联网安全中心的关键安全控制	CIS CSC 提供可应用于任何环境的技术安全和运营控制。它不涉及风险管理，仅侧重于降低风险和提高技术基础设施的恢复能力。控制包括库存、数据保护、日志管理、恶意软件和渗透测试。CIS 控制与现有风险管理框架相结合，有助于修复已识别的风险，对于缺乏技术信息安全信息的组织尤为重要
支付卡行业数据安全标准	PCI DSS 标准由主要信用卡公司制定，旨在增强支付账户数据的安全性。PCI DSS 要求适用于具有存储、处理或传输持卡人数据和/或敏感身份验证数据之环境的组织，以及具有可能影响持卡人数据环境安全性之环境的组织。该标准的要求还扩展到将支付环境或支付操作外包给第三方的组织
安全、信任、鉴证和风险	STAR 计划由云安全联盟开发，作为云服务提供商的鉴证框架。它结合了透明度原则、严格的审计流程和统一的云安全标准。STAR 为组织提供特定于云的结构，以实施其信息安全方案。它由自愿的自我评估、证明和认证组成，允许 CSP 验证其云安全态势并展示对最佳实践的承诺
云控制矩阵	CCM 由 CSA 开发，包括 17 个领域的 197 个控制目标，涵盖了云技术的所有关键方面。它广泛用于云实施的系统评估，并为消费者和 CSP 提供在云供应链中实施安全控制的指导。它通常被认为是云安全鉴证和合规性的事实标准，并已映射到其他行业接受的安全标准，例如 ISO 27001/27002、PCI DSS 和 NIST CSF。因此，它提供了将安全实践与其他领域中已有安全实践保持一致的方法

图 5.2 信息安全框架和标准

主题	目标	建议
环境/清单	建立和维护清单	用户应遵守管理连接到网络的计算机的标准，并且已注册网络地址。操作系统和所有者应该与提供的数据包括在一起
恶意软件	安装具有自动更新功能的防病毒软件	带自动 DAT 文件的防病毒软件应定期更新（至少每周一次）
密码	认识到密码的重要性	用户必须仅使用强密码。IT 部门应提供密码指导。为工作组创建部门账户以预防/避免密码共享
打补丁	使其自动执行；减少必要的工作量和发生危害的机会	每台机器都应该配置为对操作系统和基本软件进行自动修补。应建立一个适用于部门的流程，并最大程度减少不合时宜的中断。工作站应更加自动化，使系统管理员有时间将精力放在服务器上，以尽量减少对所提供服务的影响

图 5.3 IT 安全基准指标建议

主　题	目　标	建　议
最大程度减少系统提供的服务	从长远来看，消除不必要的服务可降低安全风险并节省时间	为了提高基本安全性并尽量减少维护系统的工作量，工作站应仅提供所需的服务。许多操作系统在安装后，服务处于打开状态。通过删除服务，可降低工作站受到危害的概率，并最大程度降低安全风险
解决漏洞	通过良好的系统管理消除许多漏洞，例如删除默认账户和删除未使用的账户以减少攻击面	系统受损可能非常耗时并损害企业的信誉和诚信。从组织范围扫描获得的信息有助于识别每个系统的漏洞，并在系统完整性存在问题时提供基准以进行比较
备份	有助于轻松从用户错误和硬件故障中恢复	应进行异地备份以提高安全性

图 5.3　IT 安全基准指标建议（续）

主　题	评估问题
环境/清单	• 企业维护哪些类型的数据（例如财务、统计、图形）？ • 以何种形式进行维护（例如电子表格、数据库）？ • 是否维护或处理任何关键或机密信息？如果是，如何对其进行保护？ • 处理数据是否有任何具体要求（法律或监管要求）？ • 是否有存储机密信息或需要访问机密信息的机器？ • 存在哪些类型的操作系统？ • 存在多少个子网？ • 存在多少台工作站/服务器？ • 有多少个地点存在 IT 基础设施？ • 是否部署了无线基础设施？如何对其进行保护？ • 是否已指示员工在离开时如何锁定工作站？ • 用户是否知道不应打开非预期的电子邮件附件？ • 员工是否知道很多损害是由于社会工程和信息共享造成的？ • 企业是否有包含 IP 地址、房间号和责任方的网络图？ • 企业是否已限制和保护对网络服务的物理和远程访问？ • 公司硬件是否定期升级？ • 企业是否有最新的硬件和软件书面记录清单？ • 公司的所有软件是否都得到授权？ • 如果需要进行软件审计，是否可获得许可文档（许可证、订购单）？
恶意软件防护	• 企业是否有反恶意软件政策？ • 是否所有工作站运行最新版本的防病毒软件、扫描引擎和病毒特征文件？ • DAT 文件是自动还是手动下载？如果是手动，多长时间下载一次，为什么？ • 员工是否知道在发现病毒时与谁联系？ • 防病毒系统是否有办法抵御零日攻击？
密码	• 是否存在公司规定提出强密码要求？ • 企业是否正在使用实施强密码的软件？ • 是否所有工作站都已禁用密码缓存功能？ • 是否更换密码？如果是，多长时间更换一次？ • 员工是否知道不得共享密码和账户？ • 系统管理员是否有检查弱密码的书面授权？ • 针对基于云的系统，是否为所有用户启用了多因素认证？
打补丁	• 在可能的情况下，是否所有操作系统都自动应用软件修补程序？如果是手动，多长时间应用一次？ • Web 浏览器和应用程序是否应用修补程序？如果是，多长时间应用一次？ • 应用修补程序前是否会备份每台机器？

图 5.4　基准指标安全评估检查清单

主 题	评估问题
打补丁	• 应用修补程序前是否会测试修补程序? • 部门是否有书面记录的修补流程? • 是否有足够的来源和群组来了解所有相关硬件和软件的修补程序?
最大程度减少系统提供的服务	• 是否识别了相互依赖以完成工作任务的服务? • 是否已删除默认安装的不必要服务? • 技术人员是否会审查安全设置和政策? • 是否已识别所提供的服务? • 远程访问的安全措施是否到位? • 组织是否使用安全服务?
解决漏洞/审计	• 是否已解决通过企业级扫描发现的漏洞? • 谁是漏洞扫描的联系人? • IT员工是否为企业完成独立的漏洞扫描? • 企业是否已部署任何形式的防火墙,或基于主机或网络的入侵检测系统(IDS)?有正在考虑中的方案吗?
备份和恢复/业务连续性	• 文件是否定期备份? • 文件是否保存在本地安全位置? • 备份文件是否发送到异地的物理安全位置? • 是否定期恢复备份文件来测试其是否为可行备份? • 能否确保任何形式的含有机密和敏感信息的介质在处置之前均已经过清理? • 如果单个硬件发生故障,是否有冗余硬件可继续工作? • 如果中央服务不可用,企业是否有能力继续运行? • 如果广域网发生故障,企业是否有能力继续运行? • 是否对滥用问题/事故做出了回应?是否已实现恢复? • 是否实施了不可变备份和使用代理服务?
IT员工	• 有多少全职/兼职IT员工? • 是否每名IT员工都有最新的工作说明? • 工作说明和评估是否包括IT安全职责? • 部门是否有足够的文档来简化入职/离职员工的过渡? • 企业是否有隐私政策? • 是否所有员工都了解隐私注意事项? • 管理层/部门用户是否了解系统管理员可获得的(隐私/非公开)信息的类型? • 企业是否有处理特权信息(机密协议/保密协议)的隐私政策? • 企业是否有防火墙、IDS或其他网络诊断软件? • 企业是否有需要特权才能访问通过路由器、交换机、IDS、防火墙等获取的机密信息的工具?

图 5.4 基准指标安全评估检查清单(续)

访问标准

信息系统审计师应审查访问标准,以确保其符合实现职责分离的组织目标,预防欺诈或错误,并满足将未经授权访问的风险降至最低的政策要求。

安全标准可按以下情况定义:

- 通用级别(例如,所有密码必须至少含八个字符)。
- 针对特定计算机(例如,所有Unix计算机都可以配置强制执行密码更改)。
- 针对特定应用程序系统(例如,销售记账员能够访问执行销售发票录入的菜单,但不能访问执行支票授权的菜单)。

5.2 物理与环境控制

信息资产的安全性需要物理和环境安全。信息系统审计师需要评估相关的控制。在许多组织中,物理和环境控制由设施管理人员而不是信息安全经理或 IT 来设计和实施。大多数 IT 资产需要环境控制，例如温度、湿度和功耗。信息系统审计师需要评估这些控制以提供保障。

5.2.1 环境风险暴露和控制

IT 基础设施以及信息资产暴露在环境之中。信息系统审计师应了解环境风险暴露及用于减轻这些风险的控制。

设备问题和与环境有关的风险暴露

环境风险暴露的发生主要是由于自然发生的事件，如雷暴、地震、火山喷发、飓风、龙卷风和其他类型的极端天气条件。此类情况会导致许多类型的问题。一个值得关注的领域是电源故障。通常，根据故障的持续时间和相对严重性，可将电源故障分为四个不同的类别：

- **全面断电（电力中断）**。电力完全丧失，影响范围可从单一建筑物直到整个地理区域，通常由气象条件（例如，暴雨、地震）或电力公司无法满足用户需求引起（例如，夏季期间）。
- **电压严重降低（电压起伏）**。电力公司无法在可接受的范围（在美国为 108~125 伏交流电）内供电。此类故障会对电子设备造成压力，并可能会缩短这些设备的使用寿命，甚至造成永久性损坏。
- **下降和急升**。暂时性快速降低（下降）或提高（急升）电压电平。这些异常情况会导致数据丢失、数据损坏、网络传输错误或硬件设备（例如硬盘或内存芯片）的物理损坏。
- **电磁干扰**。由雷暴或噪声较大的电气设备（例如发动机、荧光灯、无线电发射器）引起。这种干扰可能会导致计算机系统停止运转或崩溃，并造成类似由电压骤降和急升造成的损坏。

短时中断的持续时间从几百万分之一秒到几千分之一秒不等，通过使用正确安置的浪涌电压保护器便可进行预防。中期中断的持续时间从几秒到 30 分钟不等，通过不间断电源设备可进行控制。最后，长期中断的持续时间从几小时到几天不等，需要使用备用发电机。这些发电机可以是便携式设备，也可以是建筑物基础设施的一部分，由柴油、汽油或丙烷等可替代能源提供动力。

另一个需要关注的方面是水损/淹没。由于水损通常因为破裂的水管，所以即使是位于高层建筑上层楼面的设备，也应关注此问题。其他原因包括恐怖主义威胁/攻击、故意破坏公物、电击和设备故障。

组织必须解决的与环境问题和风险暴露相关的一些问题包括：

- 计算机设备的电源是否得到正确控制，以确保电源始终符合制造商的规格要求？
- 计算机设备的空调、湿度和通风控制系统是否足以将温度保持在制造商规格范围内？
- 是否使用防静电地毯或防静电喷雾等措施，使计算机设备免受静电影响？
- 计算机设备是否保持无尘、无烟、无其他颗粒物质（例如食品）？
- 是否存在相关政策，禁止在计算机设备附近进食、喝饮料和使用烟草制品？
- 是否对备份介质施加了保护，使其免受极端温度、磁场效应和水损造成的损害？
- 计算机设备是否存放在安全的位置以预防被盗？
- 是否制订了计算机设备的定期维护计划，以及它是否得到遵守？
- 计算机硬件故障是否得到及时解决？

环境风险暴露的控制

对于环境风险暴露，应当给予与物理和逻辑风险暴露同等程度的保护。当为使用共用位置或外包数据中心（包括云环境）的组织开展审计时，信息系统审计师应评估与托管环境相关的所有潜在风险暴露的控制是否充分。

警报控制面板

理想情况下，警报控制面板应该满足以下条件：

- 与经营场所中的防盗系统或安保系统分开。
- 消防部门人员可以随时取用。
- 置于防风雨的盒子内。
- 使用制造商设定的温度要求。
- 置于受控制的房间内以预防未经授权的人员接触。
- 通过单独的专用电路分配电力。

- 能够控制或禁用设施内的各个分离区域。
- 遵守当地和国家法规并经地方当局批准。

水探测器和烟雾探测器

在计算机机房内,水探测器应置于活动地板下方和排水孔附近,即使机房位于楼房高层也应如此(因为可能存在渗水的情况)。所有无人值守的设备存放设施应配备水探测器。激活后,这些探测器应会发出安全和控制人员能够听见的声音警报。为便于识别和拿取,应在机房的活动地板上标记出水探测器的位置。听到警报时,相关人员应负责调查起因并采取修复措施,同时安全和控制人员还应提醒其他员工有触电风险。

烟雾探测器应安装在整个设施中吊顶板的上方和下方,以及机房活动地板下方。探测器应在激活后发出声音警报并连接到受监控的警卫站(最好由消防部门监控)。为便于识别和拿取,吊顶板上方和活动地板下方烟雾探测器的位置应标记在瓷砖上。烟雾探测器应与灭火系统相辅相成,不能取而代之。

需要目视检查机房内是否安装有水探测器和烟雾探测器。应确定探测器的电源供应是否充足,尤其是电池供电的设备。此外,设备应设置在能及早发出火灾预警的位置(如所保护计算机设备的正上方),并且应明确标示,保证清晰可见。

手持式灭火器

灭火器应放置在整个设施中的各个关键位置。要将其贴上标签以供检查,且每年至少检查一次。

手动火警报警器

手动火警报警器置于整个设施中的关键位置。它们通常应设在安全出口附近以确保人员安全。由此发出的声音警报应连接到受监控的警卫站。

灭火系统

灭火系统设计为在检测到高温(通常由火引起)后立即自动激活。与烟雾探测器相同,它们应在激活后发出声音警报并连接到定时监控的中央警卫站。灭火系统应每年检查和测试一次。测试时间间隔应符合工业和保险标准及准则。理想情况下,系统应自动触发其他机制来控制火势,包括关闭防火门、通知消防部门、关闭通风管道并关闭非必要的电气设备。此外,还应将系统分段,这样大型设施中某部分起火时便不会波及整个系统。

施用灭火剂有两种方法:全淹没和局部应用:

- 在全淹没原理下工作的系统是在立体的封闭空间内施用灭火剂,以使灭火剂达到足以灭火的浓度(空气中灭火剂所占体积的百分比)。这些类型的系统可以通过检测和相关控制来自动操作,或者通过操作系统致动器来手动操作。

- 在局部应用原理下工作的系统是将灭火剂直接施加在火上(通常是平面区域),或施加在火中的物质或对象紧邻的立体区域。局部应用和全淹没两种设计之间的主要区别在于,在局部应用设计中,没有可封闭起火空间的物理屏障。在自动灭火系统的环境中,局部应用通常指的不是使用手动操作的轮式灭火器或手提式灭火器,尽管灭火剂传送的性质类似。

典型灭火系统包括但不限于:

- **水基灭火系统(喷水灭火系统)**。系统管道中始终存在水,这些水可能会泄漏,导致设备损坏。
- **干管自动喷水灭火系统**。在火警报警器激活水泵之前,水不会流动。
- **FM-200®**,又称七氟丙烷、**HFC-227** 或 **HFC-227ea**。通常被认为是首选的灭火方案。
- **Novec 1230**,又称全氟(2-甲基-3-戊酮)。主要用作 FM 200 的替代品。它是最清洁的灭火剂之一,作用与 FM-200 类似。

由于测试灭火系统测试成本高昂,信息系统审计师可能需要将测试工作限制为审查记录文档,以确保此系统在过去的一年中进行过检查和测试。确切的测试时间间隔应符合工业和保险标准及准则。

计算机机房的战略性定位

为了降低被水淹没的风险,机房不应位于地下室或顶层。研究表明,在多层建筑中,计算机机房的最佳位置是位于中间的楼层(例如三楼、四楼、五楼或六楼)。除灭火系统外,应尽量远离水管或煤气管道。应注意避免将机房设置在用于高风险功能(例如存储纸张)的区域附近。设立计算机设施时,还应考虑到邻近的各种组织机构的活动。例如,应避免将机房设在机场或化工厂附近,因为这些地方可能会存在有爆炸性的气体。

如果数据中心已经建在容易遭受水淹的区域内（如地下室），则除代价高昂的搬迁之外，还可以采用塑胶片材（或称"雨伞"）将该区域覆盖，使水淹没不到敏感设备。

消防部门的常规检查

为确保所有火警探测系统符合建筑规范，消防部门应每年检查相应的系统和设施。此外，还应让消防部门了解机房的位置，方便其准备应对电气火灾的合适的设备。

信息系统审计师应联系负责灭火设备维护的相关人员，询问最近是否已邀请当地消防部门的检查人员或安全保障评估人员来巡视和检查各项设施。如果事实如此，应获得一份报告副本，还要确定如何解决其中所记载的缺陷。

机房的防火墙壁、防火地板和防火天花板

信息处理设施四周的墙壁应能够抑制或阻止火势蔓延。周围墙壁应是从真正地板到真正天花板的墙壁，并应具有至少两小时的耐火等级。

在建筑管理人员的协助下，应能够找到标有 IPF 周围墙壁耐火等级的相关文档。墙壁应具有至少两个小时的耐火等级。

浪涌电压保护器

浪涌电压保护器可降低由于电力突升而对用电设备造成损害的风险。调压器可测量输入电流，通过增加或减少电荷来确保电流输出稳定。这种保护器通常内置于 UPS 系统中。

不间断电源/发电机

UPS 系统由电池或汽油动力发电机组成，与进入设施的电力和进入计算机的电力相连接。此系统通常会对功率进行控制，以确保进入计算机的电压保持稳定。如果发生电源故障，UPS 可在预先设定的时间内，继续通过发电机向计算机供电。根据 UPS 的复杂程度不同，电力会持续输送几天或几分钟，以便实现有序关机。UPS 系统可以内置在计算机中，也可以是外部设备。应确定最近的测试日期并审查测试报告。

应急断电开关

有时可能需要立即关闭计算机和外围设备的电源（例如机房失火或应急疏散期间）。应使用两个应急断电开关实现此目的：一个位于机房内，另一个位于机房外，但应在机房附近。

应急断电开关应有清晰贴标并方便操作，但应保证未经授权的人员无法接触到这些开关。应对这些开关使用防护罩以预防意外激活。此外，信息系统审计师应评估是否需要对其进行视频监控，作为针对恶意内部人员的劝阻控制和事故处理的信息来源。

应目视观察敏感昂贵的计算机设备中有无浪涌电压保护器。

来自两个变电站的电源线

接入设施的电力线面临着许多环境危害——水、火、闪电、不小心挖掘造成的切割等。在大多数情况下，降低由于此类风险暴露而导致的电源故障风险超出了组织的控制范围。冗余电源线应接入设施，以确保一根电源线的中断不会对电力供应产生不利影响。在建筑管理人员的协助下，应能够找到关于在 IPF 中使用和布置冗余电线的文档。

置于配电板和导线管中的接线

为降低电气火灾发生和蔓延的风险，应将接线置于耐火板和导线管中。此导线管通常位于机房耐火活动地板下方。

信息处理设施内禁止的活动

食品、饮料和烟草的使用可能会引发火灾、导致污染物成堆或对敏感设备造成损害（特别是液体）。应禁止将这些物品带入 IPF。禁令应明显易见，例如在入口通道上设立标志。

耐火办公用品

IPF 中的废纸篓、窗帘、办公桌、柜子和其他常用办公用品都应由耐火材料制成。桌面、控制台屏幕和其他办公家具/固定装置的清洁液不应是易燃材料。

书面记录且经过测试的应急疏散计划

疏散计划应强调人身安全，但也不应忽视 IPF 自身的物理安全。如果时间允许，应在紧急情况下对计算机采取受控关机的程序。

应获取一份应急疏散计划的副本。应对该副本进行检查，以确定其是否说明了如何有序地离开 IPF，而不会使设施在物理上处于不安全状态。应抽查几名

信息系统员工，与之面谈，以确定他们对书面记录的计划是否熟悉。应在整个设施内张贴应急疏散计划。

湿度/温度控制

应定期巡查 IPF 以确定温度和湿度是否适宜。

5.2.2 物理访问风险暴露和控制

物理风险暴露可能会导致经济损失、法律后果、信誉损失或竞争优势丧失。这类暴露风险主要源于自然和人为危害，可能使企业遭受未经授权的访问并导致企业信息不可用。

物理访问风险暴露

因有意或无意违反物理访问路径而导致的风险暴露包括：

- 未经授权的进入。
- 故意破坏、损坏或盗取设备或文档。
- 复制或查看敏感信息或受版权保护的信息。
- 更改敏感设备和信息。
- 公开披露敏感信息。
- 滥用数据处理资源。
- 敲诈。
- 盗用。
- 窃听/偷听。

可能的犯罪者包括已获得访问权限或未获得访问权限的员工，他们具有以下特点：

- 心怀不满（对组织或其管理层所采取的某种行动感到不满或者担忧）。
- 罢工。
- 受到纪律处分或解雇威胁。
- 沉溺于某种物质或赌博。
- 遇到经济或感情问题。
- 解雇通知。

其他可能的犯罪者包括：

- 离职员工。
- 有利害关系或知情的外部人员，例如竞争对手、窃贼、有组织犯罪成员和黑客。
- 意外的非恶意实施者（例如，在不知情的情况下实施违规行为的个人）。

尽管怀有恶意或欺诈意图的人员可能会造成最大的影响，但风险暴露最有可能源自不了解情况、无意或不知情的人员。

要考虑的其他问题和注意事项包括：

- 硬件设施是否得到合理的保护，以免遭到强行进入？
- 计算机设施的钥匙是否得到充分控制，以降低未经授权进入的风险？
- 计算机终端设备是否已上锁或已采取其他安全施，以预防电路板、芯片或计算机本身失窃？
- 是否需要授权的设备通行证，方可将计算机设备搬离正常的安全环境？
- 共用地点和外部数据中心是否接受定期审计？

从信息系统的角度来看，要保护的设施包括：

- 编程区。
- 计算机机房。
- 操作员主控台和终端设备。
- 磁带库、磁带、磁盘和所有磁性介质。
- 储藏室和用品。
- 异地备份文件储存设施。
- 输入/输出控制室。
- 通信间。
- 电信设备（包括无线电广播设备、卫星、接线设备、调制解调器和外部网络连接）。
- 微型计算机和 PC。
- 电源。
- 废弃物处置场所。
- 微型计算机设施。
- 专用电话/电话线路。
- 控制单元和前端处理器。
- 便携式设备（手持式扫描仪和编码设备、条形码读取器、笔记本电脑、打印机、袖珍局域网适配器和其他设备）。
- 本地打印机和远程打印机。
- LAN。

为了使这些保护措施有效，其保护范围不能只局限于计算机设施，而应当延伸到包含整个组织范围内所有易受攻击的接入点，以及组织边界/与外部组织相连的接口位置。这些 AP 可能包括远程位置，以及租用、租借或共享的设施。此外，如果服务提供商或其他第三方有可能成为组织内敏感信息的易受攻击 AP，信息系统审计师可能还需要确保服务提供商或其他第三方实施了类似的控制。

物理访问控制

物理访问控制旨在保护组织免受未经授权的访问。这些控制应将访问权限限制为只能由经过管理层授权的个人使用。这种授权可能是明显的（例如管理层授权具有钥匙的人打开门锁），也可能是隐性的（例如工作说明中暗示需要访问敏感报告和文档）。物理访问控制的示例包括：

- **螺栓门锁**。螺栓门锁需要传统的金属钥匙才能提供访问权限。这类钥匙应贴上"请勿复制"的标记，并且应在严格的管理控制下进行存放和发放。
- **组合门锁（密码锁）**。组合门锁使用数字键盘或拨号盘进入，通常在机场登机门和较小的服务器机房可以看到。这种密码组合应定期进行更改，或者在具有访问权限的员工出现调动、被解雇或受到纪律处分时进行更改。这样可以减少未经授权人员得知密码组合的风险。
- **电子门锁**。电子门锁需要使用磁性或基于芯片的嵌入式塑料卡式钥匙、令牌或输入传感器读取器的生物特征识别信息来获得访问权限。传感器读取设备在读取了卡片或令牌存储的特殊代码后激活锁门机制。与螺栓锁和密码组合锁相比，电子门锁具有几个优点：
    - 可以通过特殊的内部代码将卡片分配给可识别的个人。
    - 可以通过特殊的内部代码和传感器设备，根据个人的独特访问需要来限制访问权限。可针对特定的门或一天中的特定时间指定限制。
    - 它们难以复制。
    - 在与员工终止雇用关系或者卡片丢失或被盗时，可以轻松禁用卡片访问权限。
    - 如果尝试在未经授权的情况下进入，可自动激活无声警报或有声警报。
- **生物特征识别门锁**。参见 5.7.16 生物特征识别部分。
- **手动记录**。要求所有访客都填写来访日志，注明其姓名、代表的公司、来访原因、会见人员以及进入和离开的日期和时间。通常在前台和计算机机房入口进行此类记录。访客在获得进入权限之前，应提供身份证明，例如驾照或供应商识别标签。
- **电子记录**。对所有访问进行记录，并突出显示失败的尝试。
- **身份识别证章**。所有人员均应佩戴和出示证件。访客证章的颜色应与员工证章的颜色不同，以便于识别。完善的带照片证件也可以用作电子卡式钥匙。证章的发放、稽核和回收属于管理流程，必须谨慎控制。
- **视频摄像头**。视频摄像头应安装在关键位置，并由保安人员进行监控。为便于将来进行回放，应保留监控视频记录，且记录的分辨率应足够高，可放大图像识别入侵者。
- **保安人员**。保安在摄像机和带锁的门的辅助下，发挥着重要的作用。如果保安是由外部机构推荐的，应对其进行约束，以免组织遭受损失。
- **受控的访客访问**。所有访客均应由相关的员工陪同。访客包括朋友、维护人员、计算机供应商、顾问（长期顾问除外，这种情况下可能会提供特殊的来宾访问权）和外部审计师。
- **照明**。犯罪分子通常青睐光线较差的区域。因此，应确保物理场所周围有充足的照明，以阻止未经授权的访问并提高视频监控的有效性。

信息系统审计师必须了解，在信息安全管理的各个方面，应优先考虑人身安全。因此，信息系统审计师应验证应急程序、防灾准备和适当的疏散程序是否到位。

所有签署服务合同的人员（例如清洁工和异地储存服务人员）均应提供担保。这并不会提高物理安全性，但可以降低组织的财务风险暴露。

捕人陷阱或气锁入口（又称访问控制前厅）使用两道门，通常位于设施（例如计算机机房和安保要求高的区域）的入口。要操作第二道门，必须先关闭并锁好第一道入口门，同时只允许一个人位于等候区中。这样可以减少骑肩跟入法风险，即未经授权人员跟随获授权人员进入受保护入口。在一些设施中，使用全高度十字转门也可达到相同的效果。双门安全系统也可用于交货和发货区，外面的门先打开让货车进入，等外面的门关闭并锁住后再打开里面的门装货或卸货。

计算机工作站锁，用于将设备锁定到桌上，预防计算机被打开或解除键盘识别，从而预防被他人使用。另一个可用的功能是，一种钥匙锁可以预防在用旋转钥匙或卡式钥匙打开钥匙锁之前打开 PC 工作站。有时安保要求高的工作站（例如处理薪资的工作站）中也会使用这种锁。

受控的单一入口点，由接待员负责监视，所有进入人员均应通过这里。入口点越多，未经授权进入的风险就越大。应该消除不必要或未使用的入口点，例如通往外部吸烟区或休息区的门。紧急出口应配备警报太平门闩，以便快速撤离。

报警系统，应与停用的入口点、运动探测器以及只进只出门的逆向通行相关联。激活时，安全人员应能听到警报。

受保护的报告/文档分发推车，例如邮件推车，应进行遮盖和锁定，并且不应处于无人看管状态。

计算机机房等设施在外部应该看不到或识别不出；应没有窗户或方向标志。制定建筑或部门目录时应当格外谨慎，其中应仅指出 IPF 的大致位置。如果有窗户，则应安装钢化玻璃；如果窗户位于建筑物的一楼，则应通过设置栅栏等措施进一步加以保护。

审计物理访问

巡视计算机站点有助于审计师从总体上了解和感知所审查的设施。对于站点归第三方所有的环境控制，可能需要订立合同以确立审计权。通过这种巡视，审计师可以开始对物理访问限制（例如对员工、访客、入侵者和供应商实施的控制）进行审查。

计算机站点（即机房、开发人员区、介质储存室、打印机站和管理层办公室）以及任何异地储存设施均应包含在巡视范围内。通过目视观察保护措施，可以完成大部分物理保护措施测试工作。支持这项工作的文档包括紧急疏散程序、检查标签、灭火系统测试结果和钥匙锁日志。

测试范围不应局限于计算机机房，还应包括以下相关设施：

- 所有操作员主控台的位置。
- 打印机室。
- 计算机储存室（包括设备、纸张和其他物料存放的地点）。
- UPS/发电机。
- 网络图上标识的所有通信设备的位置。
- 介质存储。
- 异地备份存储设施。

为了完成全面测试，信息系统审计师应查看计算机操作中心的吊顶板上方以及活动地板下方，同时观察烟雾探测器和水探测器、大致的清洁度以及一直延伸至实际天花板（而不仅仅是装饰/吊顶天花板）的墙壁。对于一楼的计算机机房，审计师可能还应考虑在机房外围四处走动，同时查看所有窗户的位置、检查紧急出口是否按规程使用（例如有烟蒂或垃圾）并检查空调设备。审计师还应考虑机房附近是否存在任何其他潜在的风险，例如，储存有危险或易燃物品。

应对以下物理入口通道进行评估，以确保其具有适当的安全性：

- 所有入口。
- 紧急出口。
- 玻璃窗户和墙壁。
- 可移动墙壁和组合式隔间。
- 吊顶天花板上方和活动地板下方的区域。
- 通风系统。
- 窗帘或假墙后面的区域。

5.2.3 工业控制系统安全

工业控制系统（Industrial Control System，ICS）是指管理和运行水、电和交通等基础设施支持功能的系统。ICS 的类型包括：

- 监督控制和数据采集系统。
- 可编程逻辑控制器。
- 远程终端设备。

智能设备和物联网使用的持续增加正在显著改变 ICS，并引入了广泛的新安全风险因素。ICS 安全的重点是确保 ICS 的安全，包括系统的硬件和软件组件。

ICS 风险

ICS 环境中常见的弱点或风险包括：

- **安全状况不佳**。在大多数情况下，ICS 控制系统的信息安全规划仅考虑系统的物理安全状况，以及限制授权人员进行物理访问的控制的实施。设计人员较少考虑 ICS 组件、应用程序、网络设备、电信线路和其他基础设施元素的物理安全性。

- **输入验证不当**。输入验证可确保提供给 ICS 应用程序的内容不会为攻击者提供对意外功能的访问权限或特权升级。输入不当可能会影响 ICS 应用程序的控制流或数据流。
- **身份认证流程不当**。身份认证流程用于确定命令或客户端是否有效，以及是否具有 ICS 中的访问权限。大多数 ICS 远程元件不会验证向其发出的命令，因此可能执行非法命令。向第三方提供远程访问 ICS 域的授权需要建立信任。然而，第三方在信息安全方面的松懈也是一种威胁。
- **安全性配置和维护实践不佳**。ICS 平台、操作系统和 ICS 应用程序的修补程序管理不良、编程缺陷、配置错误或维护不当会增加风险。即使正在使用安全身份认证应用程序，但其配置可能不正确。
- **嵌入式软件**。诸如 SCADA 系统之类的 ICS 通常具有嵌入式联网控制器，由于其潜在的安全漏洞，这些控制器可以充当攻击向量。
- **网络设计弱点**。ICS 的网络基础设施环境通常根据业务和运营需求进行开发和修改，很少考虑潜在的安全风险。它们可能无法部署纵深防御策略，通常缺乏定义的区域，并且端口安全性有限甚至毫无安全性。
- **技术折旧周期**。由于处理和内存容量有限的技术普遍存在，ICS 的技术老化被认为是一种威胁。这些技术通常无法结合更安全的现代 ICS 应用程序运行。ICS 组件具有较长的使用寿命，并且其处理和内存容量可能仅允许运行较新的 ICS 应用程序。这会影响需要处理器功率和内存的加密安全模块的实现。
- **与信息安全标准不兼容**。严格执行基于 ICT 的安全标准（例如国际标准化组织/国际电工委员会 27001）可能会构成威胁。此类标准最初为办公环境而制定，可能不适用于 ICS。
- **薄弱的信息安全协议**。ICS 及其协议是在专有实践时期设计的，当时对 ICS 技术的了解有限，面临的威胁也很少。因此，ICS 协议并不总是保护协议消息的内容。大多数 ICS 实施的加密库都很薄弱，并且加密强度很可能不足，从而允许对 ICS 中的数据进行未经授权的访问。
- **对其他信息和通信技术系统的依赖**。ICS 域使用位于 ICT 域中的系统来获取对受控过程至关重要的信息，以降低成本并将系统安装在 ICS 域中。然而，ICT 处理的升级和/或重启可能会导致 ICS 不稳定。应急发电机和电池可为 ICS 过程的连续执行提供电力。然而，如果发电机和电池维护不当，当供电能力对于 ICS 和受控物理过程至关重要时，它们通常会发生故障。
- **位于现场的第三方**。ICS 维护工程师和系统集成商等第三方有时需要访问工程站、ICS 设备和组件。他们的活动通常不受监控，导致在 ICS 环境中出现不受控的修改风险。
- **合规风险**。ICS 架构和运营可能不符合特定的法律法规，这可能导致违规，并招致对企业来说代价高昂的处罚和罚款。

ICS 安全最佳实践

ICS 的最佳安全实践包括：

- **编制 ICS 资产清单**。资产清单可提供对 ICS 资产及其网络连接的全面可见性和了解，这对于安全至关重要。编制清单后，应进行资产分类，以确定 ICS 资产的关键性。
- **监控 ICS 网络基准指标**。应定期监控 ICS 网络，以建立网络基准指标。建立基准指标后，应将任何网络性能与基准指标进行比较，并检测和解决异常情况。
- **将 ICS 网络分段**。ICS 网络过去受到气隙保护，但这种做法已被摒弃。分段（通常是通过实施理解 ICS 协议的防火墙实现）至关重要，因为 ICS 并非设计用于连接到互联网。分段可预防常规信息系统攻击影响 ICS。
- **实施最小特权原则**。POLP 应在所有通常没有访问控制的系统（例如 ICS）中实施。这将确保即使提供了对 ICS 网络关键区域的访问权限，所造成的损害也可能很小，因为用户在获得访问权限后可以执行的操作有限。

- **部署入侵检测系统/入侵防御系统**。IDS 通过发出威胁警报来增强 ICS 安全性,使其能够响应现有的恶意软件感染和其他安全事故。还应实施 IPS 来识别并立即阻止试图利用已知漏洞的恶意实施者。
- **安全远程访问**。为了监控和管理地理上分散的 ICS 资产,通常需要远程访问。例如,数据在存储或向 ICS 站点传输时应加密。
- **安全物理访问**。ICS 应始终受到物理安全措施的保护,因为系统本质上是物理设备。可用于保护 ICS 的物理措施包括防护装置和证章。
- **实现冗余**。应为最关键的 ICS 组件提供冗余。这降低了生产中断的风险,因为如果一条线路发生故障或受到攻击,另一条线路将处于待命状态以保持生产在线。这对于核电站等高风险工业控制系统尤为重要。
- **加固 ICS 和网络**。为了提高 ICS 的安全性,系统和网络都应加固。例如,应阻止不使用的端口并安装安全修补程序。
- **制订事故响应计划**。ICS 经常面临来自攻击者的大量威胁。这些威胁具有相当大的风险,因为 ICS 的安全状况通常比较薄弱,发生事故在所难免。组织应制订计划来应对此类事故,并快速恢复正常运营。
- **供应链安全**。应对 ICS 供应链中涉及的第三方供应商和 SP 的安全实践进行评估,以确保其硬件和软件组件不含漏洞,包括恶意代码。这是为了预防污染整个 ICS 操作环境的风险。

5.3 身份和访问管理

由于识别和身份认证是大多数访问控制类型所需的过程,并且也是建立用户责任的必要条件,因此,I&A 是确保信息安全的重要组成部分。

对于大多数系统来说,I&A 是第一道防线,因为 I&A 可以预防对计算机系统或信息资产进行未经授权的访问(或未经授权的处理)。可使用多种方法来实施逻辑访问。信息系统审计师应了解各种架构的优点和缺点、与不同架构相关的风险以及如何解决这些风险。

身份识别和身份认证是两个独立的系统。两者在以下方面有所不同:

- 含义。
- 对其提供支持的方法、外围设备和技术。
- 保密和管理方面的要求。
- 属性。

另一个关键差别是身份通常不会改变,而身份认证令牌必须定期更换才能保证其可靠性。

有些较为常见的 I&A 漏洞可能会被用来获取未经授权的系统访问权限,其中包括:

- 较弱的身份认证方法(例如,不执行密码最小长度、复杂程度和修改频率规定)。
- 使用简单或容易猜测的密码。
- 用户有机会绕过身份认证机制。
- 存储的身份认证信息缺乏机密性和完整性。
- 未对通过网络传输的信息进行身份认证和保护加密。
- 用户对有关共享身份认证元素(例如密码和安全令牌)的风险缺乏了解。

5.3.1 身份和访问管理

身份识别和访问管理(Identity and Acess Management,IAM)框架由政策、程序、流程和技术组成,用于管理组织中的身份和访问信息。它促进和控制用户对本地和云环境中的关键组织信息的访问。其目的是在正确的时间为正确的人提供正确的访问权限,并尽可能减少干扰。IAM 的主要元素可分为四个部分,如图 5.5 所示。

身份认证服务	授权服务
• 单点登录	• 基于规则的访问控制
• 联合身份管理	• 基于角色的访问控制
• 多因素认证	• 基于属性的访问控制
• 生物特征识别身份认证	• 特权访问管理
• 自适应身份认证	• 远程授权
• 会话管理	
用户管理层	中央用户贮存库
• 配置	• 目录服务
• 取消配置	• 身份提供商
• 自助服务	• 数据同步
• 凭据管理	• 身份存储
• 委托管理	• 目录联合
	• 虚拟目录

图 5.5 IAM 服务组件

IAM 的好处

有效实施 IAM 方案的优势包括：

- **提高监管合规性**。标准可能要求针对谁可以出于什么目的访问数据制定严格的政策。IAM 系统支持公司设置和执行符合这些标准的正式访问控制政策。公司还可以跟踪用户活动以在审计期间证明合规性。
- **增强数据安全性**。传统安全性的一个主要风险是它通常存在一个故障点，即用户密码。如果攻击者设法破解密码，组织就容易受到各种类型的攻击。IAM 服务缩小了各种故障点。它们还可以通过添加额外的身份认证层（一种纵深防御形式）来减少凭据盗窃。威胁实施者必须渗透多个层才能到达敏感数据，而 IAM 可以限制恶意威胁行为者的横向移动。
- **促进数字化转型**。组织需要促进用户的安全访问，以引领数字化转型活动。IAM 系统通过集中 IAM 并维护安全性来支持此过程，而不会影响用户体验。
- **提高工作效率**。成功登录支持单点登录的 IAM 门户后，员工就不再需要记住密码来执行日常职责。他们可以访问各种工具来执行职责，从而减少信息系统员工的工作量。
- **简化访问控制**。IAM 可帮助组织简化云等复杂环境中的整个访问控制流程，从而简化访问控制的配置和管理。

IAM 生命周期管理

身份生命周期管理是为网络上的每个人类或非人类实体创建和维护数字身份的过程。它包括配置新用户、更新现有账户和取消配置不再需要访问权限的用户的流程。图 5.6 显示了 IAM 系统的各个阶段。

这些阶段的解释如下：

- **注册**。注册涉及创建和/或注册用户账户的过程。注册用户通常是访问组织系统或应用程序的最终用户。用户注册方式主要有三种：自动注册、自助注册和手动注册。自动注册由系统自动完成，而自助注册则涉及用户自己注册。

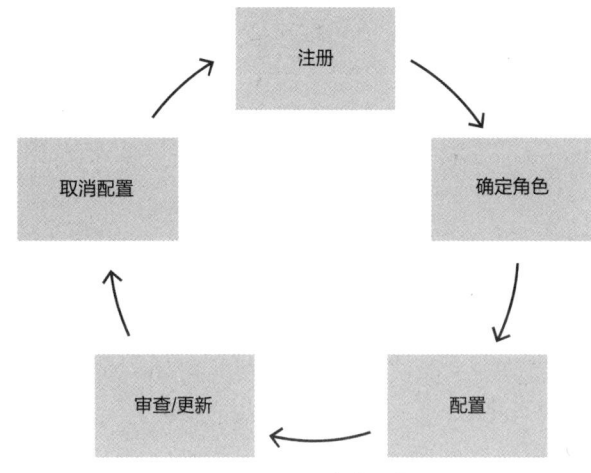

图 5.6 IAM 生命周期

- **角色确定**。IAM 生命周期的下一阶段涉及确定组织内注册用户的角色。一旦确定了角色，就可以确定权限和访问要求。信息系统审计师应能够区分此阶段和配置阶段。信息系统审计师需要注意的重点是，虽然角色可以确定访问权限，但角色本身并不包含权限、名称、描述或范围。
- **配置**。配置指定授予用户的访问级别。例如，某些用户可能被授予更新账户的权限，而其他用户则仅可查看。IAM 通过基于角色的访问控制定义的政策支持用户配置。用户被分配一个或多个角色，RBAC IAM 系统将自动授予其访问权限。
- **审查/更新**。账户更新涉及根据角色、权限和访问要求的变化持续执行更新。例如，员工晋升到需要新角色和职责的更高职位，此时就需要更新员工的身份信息以反映新的权利。信息系统审计师应注意此阶段中可能出现的特权蠕变。
- **取消配置**。取消配置的目的是避免前用户在离开组织后保留对组织系统的访问权限，从而构成安全风险。取消配置过程中涉及的操作包括删除账户、禁用账户以及保留账户并稍后禁用它。

IAM 最佳实践

图 5.7 确定了 IAM 中的主要差距和相应的最佳实践/建议。它们根据组织中 IAM 的关键阶段进行区分。

主要 IAM 概念	确定的差距和安全问题	良好实践/建议
确定创建和访问请求	授权批准不到位	• 必要的授权人（如用户经理、资源所有者或安全官）应授予用户访问权限
	在不分析需求的情况下授予特权访问权限	• 为了证明其需求的合理性，应在两级批准（报告经理和报告经理的经理，或应用程序、数据库或服务器所有者）后提供特权访问权限
	组共享访问权限	• 为了证明其需求的合理性，应在两级批准（报告经理和报告经理的经理，或应用程序、数据库或服务器所有者）后提供组共享访问权限 • 应用最小特权原则 • 账户可以存在的服务器数量应受到限制 • 共享账户的用户列表应得到预先批准 • 账户所有者应维护并发布有权访问共享账户的用户列表 • 应验证共享账户的日志记录活动 • 应定期更改密码，并在员工离开组织或更改角色时更改密码。频率应在流程文档中定义 • 如果发现有人获得了未经授权的访问权限，则必须立即更改密码
转移请求	授权批准不到位	• 必要的授权人应授予授权访问权限 • 如果出现员工调动或工作角色发生变化，则必须根据个人的新职责重新评估和调整访问权限
访问终止请求	终止后用户 ID 未立即取消	• 一旦收到访问终止请求，应立即执行访问终止
密码通信	传送密码的方式不安全	• 密码可以通过用户电子邮件以加密格式传送 • 密码必须存放在密封的信封中
密码管理	未遵循密码参数	• 最小密码长度应在很大程度上取决于要解决的威胁模型
	未满足密码复杂性要求	• 密码应包含大小写字母、数字和标点符号。密码应该难以猜测。密码不应包括： 　▪ 字典中的单词 　▪ 用户 ID 的变形 　▪ 常见字符序列 　▪ 个人详细信息，例如名字、姓氏、出生日期等 • 应保留加密的历史文件，并且至少应保留每个用户 ID 的最后 13 个密码 • 应培训用户，使其了解密码机密性，避免显示和打印密码 • 应强制执行密码更改：特权访问 ID 为 30 天，定期访问 ID 为 90 天 • 首次登录时，应执行强制性密码更改 • 在最多连续五次不成功的尝试后暂停账户，直到系统管理员将其重置为止
密码管理	不存在密码政策、标准和准则	• 无活动时间超时 15 分钟后应启用超时功能或屏幕保护程序 • 密码在存储中保存较长时间，或通过网络传输时，必须始终进行加密 • 当怀疑密码已泄露时，必须立即更改密码 • 每个用户 ID 应该是唯一可识别的，最好使用用户名 • 在登录时应该为用户显示上次登录日期和时间
政策管理	• 缺乏书面流程、政策和程序 • 缺乏及时的流程审查	• 文件审查应定期进行—最好每年进行一次。该文件必须具备： 　▪ 下次审查日期 　▪ 流程所有者的姓名

图 5.7　关键概念与相应的安全问题，有助于弥补差距的良好实践和建议

主要 IAM 概念	确定的差距和安全问题	良好实践/建议
政策管理		■ 流程审批者的姓名 ■ 流程范围 ■ 文档位置 ■ 角色和职责 ■ 衡量指标（关键绩效指标） ■ 工作流 ■ 模板、形式和格式
验证	• 验证流程不到位/未遵守验证流程 • 未及时对流程中未验证的账户采取措施	• 用户的经理应以固定频率重新评估每个用户账户——对于普通用户账户最好是六个月，对于特权用户账户最好是三个月 • 验证应由用户的经理或资源、应用程序或数据所有者进行审查
恢复认证	没有有效授权的恢复认证	• 应检查所有请求是否具有有效批准。不应恢复未经批准或未正确授权请求的用户账户
授权子流程	未经授权即授予访问权限	• 应检查所有请求是否具有有效批准。应在访问请求阶段阻止未批准或未正确授权的授权请求。 • 必要的授权人应授权用户，以授予访问权限
职责分离	缺少 SoD	• 所有通过 IAM 流程的请求都应验证是否通过了 SoD 策略检查。应在访问请求阶段阻止未通过 SoD 检查的请求 • 应使用自动化工具实施 SoD 控制
日志管理	缺乏事件日志记录、审计和审查	• 应当有记录管理流程
特权访问	在未验证访问需求的情况下向用户提供访问权限	• 为了证明其需求的合理性，应在两级批准（报告经理和报告经理的经理，或应用程序、数据库或服务器所有者）后提供特权访问权限
	定期重新验证流程不到位	• 必须有书面流程 • 特权账户的重新验证必须按季度进行
	重新验证流程到位，但没有终止未经验证的账户	• 至少应在一个工作日内终止/锁定未经验证的账户（最多五个工作日）
休眠/孤立用户账户	未识别用户账户的所有者或保管员	• 应调查并删除在拒绝期限内未登录的账户 • 需要识别并突出显示所有没有所有者或保管员的账户，以便分配或删除这些账户

图 5.7　关键概念与相应的安全问题，有助于弥补差距的良好实践和建议（续）

资料来源：Kaur, H.; "Identity and Access Management— Its Role in Sarbanes-Oxley Compliance," ISACA, 1 November 2011

5.3.2　身份认证、授权和问责制

用户问责制要求将计算机系统上的活动与具体的个人相关联，因此需要系统对用户进行识别。如果未能正确识别和验证用户身份（尤其是在当今的开放式系统联网环境下），组织将会受到未经授权的访问，因而更有可能面临风险暴露。

身份认证、授权和问责制（Authentication，Authorization and Accountability，AAA）是相互关联的。组织中这些概念之间的关系如图 5.8 所示。

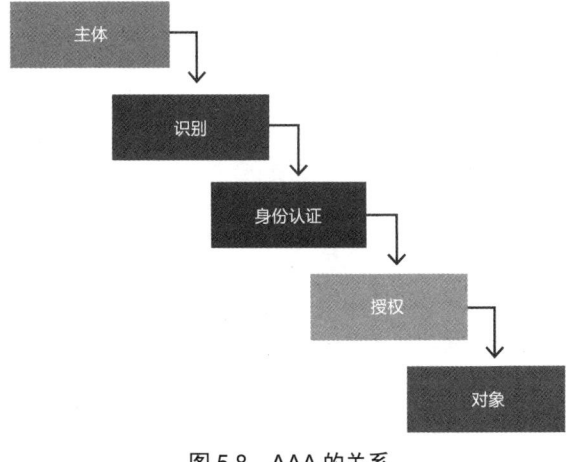

图 5.8　AAA 的关系

主体是具有访问和/或操作对象能力的任何实体（例如，人类用户或在内存上运行的进程）。而对象是包含信息或资源的实体。主体是主动实体，对象是被动实体。必须首先识别主体，然后进行身份认证以证明其身份。通过身份认证后，主体可以访问对象并对其进行操作，这就是授权。整个链条通过跟踪用户访问和资源消耗在问责制的背景下运作。

实现身份认证、授权和问责制的常用协议包括远程访问拨入用户服务、Kerberos、安全断言标记语言和开放身份验证。有关更多信息，请参阅 5.7.18 联合身份管理部分。

身份认证

身份认证是证明主体是他们所声称的人或物的过程；它验证主体的身份。它确保正确的用户和设备可以在正确的时间出于正确的原因访问正确的资源。当用户请求访问资源时，IAM 系统会参照目录中存储的凭据检查其用户凭据。如果匹配，则授予访问权限。IAM 可使用各种类型的身份认证：

- **密码身份认证**。密码是许多组织中最常用和最简单的身份认证方法（您知道的内容）。密码可以是字母、数字、特殊字符或这些项目的某种组合。信息系统审计师应认识到用户使用密码经常是为了方便而非安全，并且应鼓励良好的密码实践。
- **多多因素认证**。MFA 要求用户在获得组织系统访问权限前提供两个或多个身份认证因素来证明其身份。常见因素包括知识因素、持有因素和生物特征识别因素。
- **自适应身份认证**。自适应身份认证有时也被称为基于风险的身份认证，是随着风险变化而实时更改其要求的身份认证方法。当用户从其常用设备寻求身份认证时，通常仅需输入用户名和密码。然而，当从不受信任的设备登录时，用户可能需要提交其他身份认证因素。
- **基于令牌的身份认证**。基于令牌的身份认证是持有式身份认证技术（您拥有的内容）的典型示例，它要求用户仅使用其凭据登录一次以接收唯一加密随机字符串（即令牌）。随后，这些令牌用于访问组织的系统，而不需要用户多次输入凭据。数字令牌足以证明用户已拥有访问权限。基于令牌的身份认证广泛用于由多个客户端访问的 RESTful 应用程序编程接口（API）。
- **基于证书的身份认证**。基于证书的身份认证技术使用数字证书对主体进行身份认证。请参阅第 5.11.1 数字证书节。
- **生物特征识别身份认证**。请参阅 5.7.16 生物特征识别部分。
- **轻型目录访问协议身份认证**。LDAP 是一种基于标准的协议，用于存储有关用户、组、计算机或其他对象的信息和元数据。LDAP 目录中的元数据可用于动态身份认证系统或其他自动化流程。目前最常见的 LDAP 系统是 Microsoft Active Directory。LDAP 身份认证通过绑定操作完成。为了进行身份认证，客户端向 LDAP 服务器发送绑定请求以及用户的标识符和密码。如果用户提交的凭据与 LDAP 数据库中存储的凭据匹配，则用户将通过身份认证并获得访问权限。如果凭据不匹配，则绑定失败并拒绝访问。
- **智能卡身份认证**。智能卡身份认证技术与基于令牌的身份认证类似，但提供附加功能，例如计算机 MFA、无现金售货机和公司照片 ID。它与信用卡类似，但具有嵌入式微处理器和电子接口。智能卡的优势在于可以进行个性化和定制以满足组织的要求。

单点登录身份认证

SSO 是指将组织内所有基于平台的管理、身份认证和授权功能合并为单一的集中管理功能的过程。SSO 是基于用户名一密码的基本身份认证的子集。SSO 身份认证提供先进的安全性和多种功能，为最终用户打造顺畅的体验。个人只需输入用户名和密码一次，即可访问所有配置的应用程序。此功能提供与组织信息资源的适当接口，例如客户端-服务器和分布式系统、大型机，以及包括远程访问机制在内的网络安全。

SSO 允许用户使用一组登录凭据访问多个应用程序和服务。SSO 门户对用户进行身份认证，并生成证书或令牌，以充当其他资源的安全密钥。许多 SSO 系统使用开放式协议（例如 SAML），允许在 SP 之间共享密钥。SSO 过程从用户凭据引入组织 IT 计算环境的第一个实例开始。处理此功能的信息资源或 SSO 服务器称为主域。使用这些凭据的所有其他信息资源、应用程序或平台均称为辅助域。

通过 SSO 管理多样化平台所面临的挑战包括：在建立一套所有信息资源都可接受的凭据时，要克服组织中常见的各种网络、平台、数据库和应用程序的异构性质。为了有效融入 SSO 过程中，SSO 管理员需要了解每个系统如何管理凭据信息、访问控制列表授权规则，以及审计日志和报告。在这方面制定的要求应该基于安全域的政策和程序。SSO 的优点包括：

- 不再需要多个密码；因此，用户可能会更愿意并且更有动力选择更强的密码。
- 提高了管理员管理用户账户和所有关联系统权限的能力。
- 降低了在多个平台和应用程序中重置忘记密码时的管理开销。
- 减少了用户登录多个应用程序和平台所花费的时间。

SSO 限制包括：

- 难以支持所有主要操作系统环境。SSO 实施通常需要将许多解决方案集成到企业 IT 架构的整体解决方案中。
- 考虑到可能需要的接口开发和维护的性质及范围，与 SSO 开发相关的成本可能会很高。
- SSO 的集中性可能会给组织的信息资产带来单点故障和全面损害。为此，常常会执行具有复杂的密码要求和应用生物特征识别的强身份认证。

授权

授权是基于用户的身份认证流程授予对特定类型服务或资源访问权限的过程。它有助于根据物理位置、IP 地址或访问时间向用户提供受限权限。授权确保仅授权用户才能根据组织的权限和特权访问和使用组织资源。与授权相关的流程遵循最小特权、知情需要和职责分离。授权又分为粗粒度授权和细粒度授权：

- **粗粒度授权**。粗粒度授权是在高级别确定主体是否有权使用或访问对象的授权方法。然而，它无法确定主体可以查看什么内容，或在获得访问权限后可以执行什么操作。此方法通常在授予或拒绝访问时需要较低水平的特异性。例如，财务部门中担任特定角色的任何用户都可以访问云服务。
- **细粒度授权**。细粒度授权始于粗粒度授权，然后进一步细化主体访问权限。它根据各种条件授予和/或取消对敏感和关键数据的访问权限。该技术充当对象本身，并实施 POLP、知情需要和职责分离限制。细粒度授权的一个示例是，担任特定角色的用户（例如数据库管理员）只有在组织中工作了至少两个月后才能访问数据库服务。

授权问题

用于访问控制的授权流程要求系统能够识别和区分用户。

访问规则（授权）指定谁可以访问哪些资源。访问应按照访问类型，遵守文件规定的按需知密和按需执行原则。

计算机访问可以设置为多个不同级别（即文件、表、数据项）。当信息系统审计师审查计算机的可访问性时，需要了解通过相应访问能够执行哪些操作，以及有哪些操作受到限制。例如，文件级别的访问限制通常包括：

- 只能读取、查询或复制。
- 只能写入、创建、更新或删除。
- 只能执行。
- 以上各项综合。

只要访问的信息不是敏感或机密信息，只读便是危险性最小的访问类型。这是因为除基本的查看或打印之外，用户无法更改或使用该计算机化文件。

访问控制列表

为了对文件和设施提供安全授权，逻辑访问控制机制会使用访问授权表，也称作 ACL 或访问控制表。ACL 涉及以下内容的记录：

- 有权使用特定系统资源的用户（包括群组、计算机和进程）。
- 允许的访问类型。

ACL 在功能和灵活性方面具有明显的差异。有些只允许对特定的预设组（例如所有者、群组和世界）进行规范，而更高级的 ACL（例如允许用户定义的组）则更加灵活。更高级的 ACL 还可以用来明确拒绝对特定个人或群组的访问。通过更高级的 ACL，访问可任由政策制定者安排（并由安全管理员实施）或个人用户处理，具体取决于控制的技术实施方式。当用户在组织中的工作角色发生变化时，在添加新的所需访问权限之前，他们的旧访问权限通常不会被删除。未能删除旧访问权限可能是潜在的 SoD 问题。

逻辑访问安全管理

在客户端/服务器环境中，对访问 I&A 以及授权流程进行管理时，既可以使用集中环境，也可以使用分散环境。在分散环境中执行安全保护的优点是：

- 安全管理员分布于各个地点的现场。
- 安全问题可以及时得到解决。
- 安全控制可以得到更频繁的监控。

与分布式安全管理职责相关的风险包括：

- 可能实施当地标准而不是组织所要求的标准。
- 安全管理的水平可能低于集中管理所能保持的水平。
- 可能无法获得通常由中央管理提供的旨在确保标准得到维护的管理检查和审计。

控制远程站点和分布式站点的方式有很多，包括：

- 对计算机、数据文件的访问和对网络的远程访问实施软件控制。
- 采用可锁定终端设备和带锁机房等附加措施，使物理控制环境尽可能安全。
- 适当控制通过调制解调器和便携式电脑从远程位置对其他微型计算机的访问。
- 对系统文档和手册实施访问控制，减少未经授权人员获取系统信息的机会。
- 实际应用时，应通过中央监控确保所有远程处理的数据均已完整接收和准确更新。
- 当复制文件存在于多个位置时，应通过相应控制确保所有使用的文件都是正确和最新的。如果数据用于生成财务信息，控制应确保不会出现重复。

问责制

问责制是指跟踪用户活动和用户对资源的消耗，有时也被称为问责。从身份呈现到身份认证和授权的每个操作都应记录下来，以确保问责制。应存储日志以供审计，和/或发送到日志管理解决方案以进行分析。日志提供审计轨迹，并深入洞悉访问控制的有效性以及主体可能滥用访问的方式。问责制支持信息安全的各个方面，例如不可否认性、威慑、故障隔离和法律诉讼。IAM 工具生成报告，以确保整个过程的合规性和安全风险评估。为了确保在组织中正确实施问责制，信息系统审计师可以评估：

- 管理层是否致力于确保文化问责制。
- 信息安全政策中是否阐述了问责制。
- 没有共享的密码。
- 网络设备的默认管理员账户是否已被删除。
- 服务 ID 不能用于交互登录。
- 已安装门禁卡来控制用户登录。
- 已安装视频录制设备，以将事件日志条目与用户操作相匹配。

5.3.3 零信任架构

零信任架构（Zero-Trust Architecture，ZTA）是一种网络安全框架，要求每个访问请求都经过身份认证、授权以及安全配置和状态验证，然后才能被授予或允许维持对组织资源的访问。简而言之，零信任遵循"永不信任，始终验证"这一说法。

由于 ZTA 是一个新兴领域，信息系统审计师不应轻信市场上关于 ZTA 构成的各种解释。零信任的基础包括：

- **资源包括所有数据和计算服务**。所有数据源和计算服务都被视为资源，网络可能由多类设备组成。网络中还可能有一些将数据发送到聚合器/存储和软件即服务系统的设备。
- **通信安全**。无论网络位置如何，所有通信都是安全的，因为位置本身并不意味着信任。来自传统网络边界内资产的访问请求必须满足与来自任何非企业所属网络的访问请求和通信相同的安全要求。
- **基于会话的访问**。基于每个会话授予对组织资源的访问权限，并在授予访问权限前评估对请求者的信任。此外，还应根据 POLP 授予访问权限。
- **动态策略的动态访问控制**。组织通过定义其拥有的资源、成员身份以及这些成员所需的资源访问级别来保护资源。这些定义在组织的安全政策中有明确规定。POLP 用于限制可见性

- **监控和衡量**。企业监控和衡量所有自有和相关资产的完整性和安全状况。没有任何资产本质上是可信的。企业在评估资源请求时评估资产的安全状况。
- **动态身份认证和授权**。在允许访问前,将实施动态身份认证和严格执行的授权。这是在持续通信中获取访问权限、扫描和评估威胁、适应并不断重新评估信任的持续循环。
- **密集信息搜集**。企业尽可能多地搜集有关资产现状、资产安全状况、网络流量和访问请求的信息。它处理这些数据,并使用获得的任何见解来改进政策的制定和执行。

ZTA 最佳实践

ZTA 之所以备受关注,主要是因为其他信任模型较为薄弱。审查组织中 ZTA 实施情况的信息系统审计师应确保组织使用 ZTA 最佳实践来实现 ZTA 计划的成功。ZTA 的最佳实践包括:

- **监控网络流量和连接的设备**。可见性对于验证用户和机器并执行身份认证至关重要。
- **定期更新设备**。需要尽快修补漏洞,并限制对易受攻击设备的访问。
- **实施 POLP**。组织中的每个人都应拥有执行职责所需的最低访问权限。如果最终用户账户受到威胁,这可以最大限度地减少损失。
- **对网络进行分段**。将网络分割成更小的部分有助于确保在漏洞蔓延到整个网络之前尽早识别和遏制漏洞。
- **实现 MFA 的安全密钥**。基于硬件的安全令牌通常比一次性密码等软令牌更安全。
- **整合威胁情报**。信息系统审计师应始终牢记,攻击者正在不断更新和完善其策略。因此,应务必建议组织订阅最新的威胁情报数据源,以便在威胁传播前及时识别威胁。
- **实施良好的密码实践**。组织中的每个人都应遵守严格的密码要求。

使用 ZTA 实施 IAM

IAM 解决方案可通过以下方式使用 ZTA 实施:

- **集中管理**。ZTA 的关键原则之一是在身份级别管理对资源的访问;因此,对身份进行集中管理可以使这种方法变得更加简单。这可能意味着从其他系统迁移用户或将 IAM 与其他用户目录同步。
- **安全访问**。由于身份级别的安全性至关重要,因此 IAM 应确认登录者的身份。这可能意味着实施 MFA 或 MFA 与自适应身份认证的组合,以将登录尝试的位置、时间和设备等纳入考虑。
- **基于策略的控制**。应仅向用户授予执行其所需任务的权限,且不应超过必要的权限。IAM 的设计应允许用户根据其工作的角色、部门或任何其他合适的属性来访问资源。
- **安全特权账户**。访问管理系统中的所有账户并非都具有相同的权限。具有敏感信息特权访问权限的账户可以获得适合其组织看门人身份的安全和支持级别。

5.3.4 特权访问管理

特权访问管理包含信息安全策略和技术,用于控制信息系统环境中的用户、账户、进程和系统的特权或高级访问级别和权限。它是 IAM 解决方案的组成部分,具有保护特权账户所需的流程和技术。

在信息安全中,特权是授予计算机系统或网络中的账户或进程的权限。特权通常提供覆盖或绕过安全控制的授权。权限允许执行关闭系统、配置网络和配置账户等操作。特权账户包括:

- **管理账户**。仅提供对本地主机或实例的管理权限的非个人账户;对域内的所有工作站和服务器拥有特权管理权限。
- **紧急账户**。在紧急情况下对安全系统具有管理权限的非特权用户,也被称为"破窗"账户。
- **服务账户**。应用程序或服务用于与操作系统交互的本地或域特权账户。
- **应用程序账户**。应用程序用来访问数据库、运行批处理任务或脚本或提供对其他应用程序的访问权限的特权账户。
- **安全套接字外壳密钥**。一种访问控制协议,提供对关键组织系统的直接 root 访问。Root 是默认有权访问 Linux 或其他 Unix 相关操作系统上所有命令和文件的用户名或账户。

实施 PAM 可以为组织带来许多好处。

信息系统审计师应了解的一些好处包括：

- **减少攻击面**。PAM 帮助组织减少跨网络、服务器和身份的攻击面，并降低攻击风险。
- **支持最低特权执行**。PAM 协助执行 POLP，预防组织中出现特权蠕变的情况。
- **简化授权**。PAM 允许具有更高权限的用户、应用程序和其他系统流程访问某些资源，并完成与工作相关的任务。
- **监控特权账户**。PAM 为系统管理员提供管理特权账户所需的功能、自动化和报告。
- **解决安全风险**。PAM 解决方案可以解决安全漏洞，例如多个用户访问并获取特定服务的同一个管理密码。它还降低了系统管理员因担心造成意外中断而不愿更改长期静态密码的风险。
- **安全访问控制**。PAM 控制安全访问的关键方面，并简化管理员用户账户的配置、高级访问权限和云应用程序的配置。
- **减少数据泄露**。随着攻击面的减少，在组织中实施 PAM 可以降低由于内部和外部网络安全威胁而导致数据泄露的概率。

PAM 风险

组织在保护、控制和监控特权访问方面面临着重重挑战。信息系统审计师应对这些挑战保持警惕，并能够向管理层和董事会提供保证。挑战包括：

- **管理账户凭据的挑战**。PAM 需要自动化以提高轮换和更新特权凭据的效率。然而，许多组织仍依赖于容易出错的手动密集型流程。
- **跟踪特权活动的困难**。许多组织可能无法集中监控和控制特权会话，从而使企业面临信息安全威胁和违规情况。
- **无效的威胁分析**。如果组织缺乏全面的威胁分析工具，则可能无法主动识别、监控和分析特权账户的可疑活动并进行修复。
- **云特权用户访问**。组织通常难以有效控制云平台中的特权用户访问，从而产生合规风险和运营复杂性。
- **身份认证协议漏洞**。信息安全攻击者可能会利用 Kerberos 等身份认证协议中的漏洞并冒充授权用户，以获得对关键 IT 资源和机密数据的特权访问。

PAM 最佳实践

信息系统审计师应清楚地认识到，PAM 解决方案的有效性取决于其实施。如果解决方案实施不当，其运营效率可能较低。

组织应考虑采用最佳实践：

- **实施 POLP**。信息系统审计师必须意识到，如果不首先实施 POLP，就无法管理特权账户。限制安全环境以仅允许特权账户访问资源是成功实施 PAM 解决方案的前提。
- **跟踪所有特权账户**。如果特权账户不是 PAM 解决方案的一部分，则通常很难对其进行管理。因此，应跟踪所有特权账户，并将其纳入 PAM。
- **考虑临时特权升级**。与其授予用户永久特权访问权限，不如考虑仅在需要时提供访问权限，然后将其删除。
- **实施 RBAC**。仅当组织有基于角色的不同访问级别时，PAM 才能在系统中发挥作用。例如，在每个人都是管理员的环境中，PAM 的安全和管理更具挑战性。
- **自动化 PAM 流程**。自动化可降低人为错误的风险，并提高信息安全环境中的运营效率。
- **监控和审计**。攻击者通常以特权账户为目标，因此监控和主动记录所有特权账户活动对于确保组织拥有保护其环境所需的洞察力至关重要。
- **控制并保护基础设施账户**。建议将所有众所周知的基础设施账户放在一个中央数字保险库中，以提高可见性并便于管理。
- **限制横向移动**。限制横向移动有助于遏制攻击向其他系统的传播。应删除工作站上本地管理组中的所有终端用户，以阻止凭据被盗。
- **保护第三方应用程序的凭据**。第三方应用程序使用的所有特权账户应置于安全保管库中。这有助于消除商用现成应用程序的硬编码凭据。
- **投资于定期的红队演习**。红队演习通过测试组织防御能力的弹性来帮助验证和提高针对现实世界攻击的信息安全有效性。

5.3.5 目录服务

目录服务是用于存储和维护用户和资源信息的数据库。它存储用户名、密码和用户偏好等信息。IT 管理员通常使用它来添加用户、管理访问权限，以及监控和控制对应用程序和基础设施资源的访问。例如，当用户请求访问应用程序时，应用程序将引用目录服务，以确保用户是合法的并具有适当的权限。目录设计流程通常包括一套用于确定如何命名和识别网络资源的规则。规则规定名称必须唯一且明确。

域名系统（Domain Name System，DNS）提供给存储计算机主机名和其他域名与 IP 地址映射的服务器。DNS 客户端通过发送映射请求来访问 DNS 服务器。因此，所有计算资源（也被称为主机）都成为了 DNS 服务器的客户端。主机名映射允许用户使用主机名（而非复杂的数字 IP 地址）来轻松定位网络上的计算机。

目录服务管理的最佳实践包括：

- **实施 POLP**。域管理成员和其他特权组拥有许多特权，通常可以访问整个域、系统、数据和计算设备。信息系统审计师应建议组织实施 POLP。
- **删除开放访问**。应删除广泛使用的安全标识符（例如"每个人"、"经过身份验证的用户"和"域用户"），因为它们往往会向网络资源授予不适当的用户权限。使用这些安全标识符将给黑客留下可乘之机，以利用组织的网络，因为他们将可访问大量用户账户。
- **更改默认密码**。应更改默认密码以减少攻击面。本地管理员账户是威胁实施者所熟知的账户，通常在域中的每台计算机上配置相同的密码，因此应将其禁用。
- **实施有效的密码政策**。制定有效的密码政策对于目录服务的安全性至关重要。用户应定期更改密码以提高安全性。理想情况下，组织应实施控制密码生成和维护的自动化系统。
- **实施备份和恢复程序**。信息系统审计师应建议组织定期备份目录服务。备份程序应在灾难恢复/业务连续性计划中指定。应至少备份一台域控制器。建议在多个位置保留备份。
- **执行定期监控**。应定期监控目录服务，以查找任何被入侵的迹象。监控允许组织发现漏洞或入侵的迹象。最佳实践是定期执行渗透测试，以确保目录服务中不存在漏洞。
- **执行定期审计**。组织必须审计对目录服务所做的所有更改。所有未经授权的变更均应予以解释。除其他审计请求外，组织还应能解释所做变更的类型、确定进行变更的人员，并提供变更时间。这些信息有助于加强控制。
- **教育员工**。当员工无意中点击可疑链接时，会给目录服务带来严重的安全风险。应教育他们识别网络钓鱼攻击和诱使他们泄露敏感组织数据的诈骗电子邮件。
- **设置安全管理工作站**。SAW 是一个专用系统，只能用于执行特权账户的管理任务。它不应将其用于其他活动，如查看电子邮件或浏览互联网。

5.3.6 身份治理和管理

身份治理是跟踪和监控用户对组织资源操作的流程。其目的是阻止用户滥用权限，并查找网络中的攻击者。身份治理对于监管合规性也很重要，因为组织使用用户活动数据来确保其信息安全政策符合适用的法律和监管框架。信息系统审计师必须注意，身份治理和管理（Identity Governance and Administration，IGA）是 IAM 的一个子类别，因此必须将 IGA 的各个方面纳入整体 IAM 审计中。然而，IGA 系统通常提供超越标准 IAM 解决方案的高级功能。

IGA 解决的常见 IAM 挑战包括：

- **促进对用户身份的高效管理**。IGA 支持安全管理员有效管理整个企业的用户身份和访问权限。
- **提高可见性**。IGA 提高安全管理员对身份和访问权限的可见性，并帮助他们实施必要的控制，以预防不当或有风险的访问。
- **简化治理和管理**。IGA 将身份治理和身份管理相结合，从而整体地解决这两方面的问题。
- **提高用户问责制**。借助 IGA 解决方案，信息安全人员可以跟踪、监控和控制用户对本地和基于云的系统的访问，作为云治理工作的一部分。
- **改善整体安全态势**。信息安全架构师可以确保正确的用户账户对正确的系统具有正确的访问权限，并检测和预防不当访问，从而保护用户的安全。

- **降低安全风险**。通过利用 IGA 实施妥善的控制，企业可以最大限度地降低风险并保持监管合规。
- **促进合规性**。详细的报告和分析简化了安全理解，支持安全专业人员解决问题并保护关键业务资源。数据集中有助于满足合规性要求。
- **提高员工生产力**。借助强大的 IGA 解决方案，组织可以安全地允许和控制远程访问，以保持业务连续性，同时预防违规。这种灵活性使员工能够远程工作，从而提高其生产力和绩效。
- **增强组织的可扩展性**。IGA 解决方案支持集中式政策和自动化工作流程，有助于降低运营成本、确保员工能够访问所需的资源、降低风险并提高合规性。所有这些好处都有助于组织有效地扩展。

IGA 的要素

IGA 解决方案允许组织准确、高效地简化其用户身份生命周期管理。安全管理员可以在整个用户访问生命周期中自动执行配置和取消配置用户访问的流程。为了实现这种自动化，IGA 解决方案与 IAM 流程协同工作。IGA 还与 IAM 协作，以帮助信息安全管理员通过准确的报告来管理权限并维持合规性。信息系统审计师应能够区分构成身份管理（IA）的要素和构成身份治理的要素，如图 5.9 所示。

身份管理的要素	身份治理的要素
连接器：实施连接器是为了与包含用户信息和授权级别的目录和其他企业系统集成。连接器创建新用户并授予其访问权限，从而实现身份联合	**职责分离**：SoD 可以预防用户同时执行两项或多项职责，以减少串通。SoD 应在指定应用程序内以及跨多个系统和 IAM 应用程序实施，以增强安全性
自动化工作流程：自动化工作流程简化了用户请求流程，使安全管理员能够轻松添加和删除用户，确定特定角色所需的访问级别，并批准用户对这些角色的访问权限	**用户访问权限审查**：IG 解决方案可简化审查和验证用户对各种应用程序和系统资源的访问权限的流程。它们还可以在必要时简化访问取消
配置生命周期管理：IA 简化了用户和应用程序级别的自动账户配置、更新和取消配置流程	**基于角色的访问控制**：RBAC 根据用户角色确定用户访问权限。这消除了用户对敏感数据的不必要访问，从而提高了安全性并有助于预防泄露
权限管理：通过权限管理，信息系统安全管理员可以指定用户在各种应用程序和系统中可拥有的权限。例如，某些用户可以添加或编辑数据，而其他用户仅可查看数据	**分析和报告**：IG 解决方案提供用户活动的可见性，以便信息系统专业人员识别安全问题或风险，并立即做出响应。分析组件还可用于启动修复流程、解决安全政策违规并生成安全合规性报告

图 5.9 身份治理管理的要素

5.3.7 身份即服务

身份即服务（Identity as a Service，IDaaS）是指通过云以订阅方式提供的 IAM 服务。IDaaS 通常完全在内部部署，并通过一组软件和硬件提供。身份服务以可管理和查询的形式存储与数字实体链接的信息，以便在电子交易中进一步使用。IDaaS 解决方案（即第三方提供基于云的 IAM 服务和工具）也越来越受欢迎。组织通常会将重要但耗时的任务外包，例如创建新用户账户、访问请求的身份认证和身份治理。为了提高安全有效性，IDaaS 解决方案应支持：

- SSO。
- MFA。
- 用户身份管理。
- 访问配置功能。
- 云目录服务。

IDaaS 的优势

数字服务的持续增长和普及推动了 IDaaS 解决方案的广泛使用。IDaaS 为组织提供了诸多好处，组织选择正确的 IDaaS 风险提供商至关重要。信息系统审计师在就 IDaaS 的优缺点向组织管理层提供建议方面发挥着重要作用。在组织中实施 IDaaS 的一些好处包括：

- **降低成本**。IDaaS 可以在硬件、软件和维护费用方面节省大量成本。
- **提高安全性**。DaaS 为管理用户身份和访问提供了更安全的环境。它提供先进的身份认证方法（例如 MFA），可以增强安全性并降低因凭据泄露而导致数据泄露的风险。
- **可伸展性**。IDaaS 旨在轻松扩展并容纳大量用户和资源。随着组织的发展和扩张，可扩展性使得管理用户身份和访问变得更加容易。
- **灵活性**。IDaaS 提供灵活的解决方案，可进行定制以满足组织的特定需求，并适应不断变化或新的用户需求。IDaaS 的灵活性包括提供与其他基于云的服务和本地应用程序集成的选项。
- **简化的身份管理**。IDaaS 提供集中式界面，以便组织一站式管理用户身份和访问。这简化了用户身份的管理以及跨不同应用程序和服务的访问。

IDaaS 风险

与 IDaaS 相关的一些风险包括：

- **对互联网连接的依赖性**。IDaaS 依赖于互联网连接，这意味着如果互联网连接出现问题或 SP 遭遇停机，组织可能会面临服务中断。简而言之，失去互联网连接意味着无法进行账户配置或取消配置。
- **有限的定制**。虽然 IDaaS 提供了一定的灵活性，但它可能不如本地解决方案那样可定制，这可能会限制组织配置服务以满足特定需求或与某些应用程序集成的能力。
- **安全问题**。IDaaS 涉及将敏感的用户身份和访问信息传输给第三方 SP。这引起了对数据安全和隐私的担忧，因为 SP 可能成为信息安全攻击的目标，或者其安全实践可能不如组织本身严格。
- **监管合规性**。组织在使用 IDaaS 时可能会面临监管合规性问题，尤其是如果其所在的行业制定了严格的数据隐私法规。使用第三方 SP 可能需要采取额外的合规措施，以确保敏感信息

的安全和隐私。
- **集成挑战**。将 IDaaS 与现有系统和应用程序集成可能具有挑战性，尤其是当系统和应用程序在设计时没有考虑基于云的 IAM 时。

IDaaS 最佳实践

为了有效管理与 IDaaS 相关的风险并确保其安全性和合规性风险状况达标，组织应实施 IDaaS 最佳实践。IDaaS[1]最佳实践包括：

- **获得高级管理层的支持**。在组织中实施 IDaaS 解决方案前，信息系统审计师应确保管理层了解 IDaaS 的优势和风险，并致力于其实施。IDaaS 是一项付费订阅服务，因此需要分配资金才能继续使用。
- **对 IDaaS 解决方案提供商执行尽职调查**。组织应对 IDaaS 供应商开展尽职调查，并涵盖定价、声誉安全选项、部署效率和客户支持等方面。应选择最适合组织目标的解决方案。
- **实施强身份验证**。SSO 和 MFA 是典型的身份认证控制，它们在 IDaaS 解决方案中提供额外的保护层，从而进一步加强组织的安全态势。
- **实施日志管理**。实施日志记录和日志管理流程可以及时检测安全事故。IDaaS 解决方案可以利用智能高级分析功能来深入了解访问权限的使用情况。
- **员工培训和发展**。通过培训和发展，员工更有可能遵守 IDaaS 解决方案管理所需的所有预防措施，并正确管理用户身份以及对应用程序和数据的访问。培训可包括有关密码管理、访问控制政策和安全意识的课程。
- **实施 DR/BC 计划**。如果发生任何停机或灾难，IDaaS 解决方案应能够恢复并继续运行。应制订 DR/BC 计划，以确保数据和访问控制将继续运作。

5.3.8 系统访问权限

系统访问权限是指对计算机资源执行操作的特权。这通常指技术特权，例如读取、创建、修改或删

---

[1] Roy, A.; "Identity as a Service Audit Implications and Best Practices," ISACA Now Blog, 23 May 2023

除文件或数据，执行程序，或者打开或使用外部连接等权利。

对计算机化信息资源的系统访问是在物理和/或逻辑层面上建立、管理和控制的。有关物理控制的更多信息，请参阅 5.2 物理与环境控制部分。

逻辑系统访问控制可以约束系统的逻辑资源（例如，交易、数据、程序、应用程序等），并在需要相关资源时应用。通过分析单个安全配置文件和资源，可以确定是否允许请求的访问。控制可以构建到操作系统中，或通过独立的访问控制软件调用。

对任何计算机化信息的物理或逻辑系统访问均应基于采用最小特权的按需知密原则，并记录在案。授予访问权限时须考虑的其他事项包括问责制和可追溯性。信息系统审计师在评估用于权限定义和安全特权授予的标准是否合理时应使用这些原则。

逻辑安全下的 IT 资产可以分为四层 —— 网络、平台、数据库和应用程序。这种为系统访问安全分层的概念可以加大对信息资源的控制范围和精细度。例如，网络和平台层可以对用户进入系统、系统软件和应用程序配置、数据集、加载库以及任何生产数据集库时的身份认证进行全面的常规性系统控制。通过对记录、具体数据字段和交易的访问控制，数据库和应用程序控制通常可以提高对某些特定业务流程内用户活动的控制程度。

为保护其控制的信息资源，负责准确使用和报告信息的信息所有者或管理者应在向用户或定义的角色授予访问权限时提供书面授权。经理应将此文档直接移交给安全管理员，以确保不会出现授权处理不当或发生更改的情况。

逻辑访问功能通过安全管理的一系列访问规则实施，其中规定了哪些用户（或用户组）有权访问特定级别（例如只读、只更新或只执行）的资源，以及有哪些适用条件（例如一天中的某段时间或计算机终端设备的某个部分）。收到信息所有者或管理者的合理授权请求之后，安全管理员将调用相应的系统访问控制机制，授予指定用户访问或使用受保护资源的权限。

应定期评估访问授权，以确保其持续有效。员工和部门所做的更改、恶意操作以及失误会导致权限范围的偏离，从而影响访问控制的有效性。在很多时候，当员工离开组织时并未移除其访问权限，因此增加了发生未经授权访问的风险。为此，信息资产所有者应通过预先确定的授权矩阵定期审查访问控制，该矩阵应根据个人的工作角色和职责为其定义具有最小特权的访问级别和权限。如果有任何访问超出授权矩阵或实际授予的系统访问级别中的访问原则，则必须对其进行相应的更新和更改。一种良好实践是将访问权限审查与人力资源流程相结合。当一名员工转任其他职位（例如，由于晋升、同级调动或降级）时，应同时调整相关访问权限。通过培养安全意识，可以提高访问控制的有效性。

有权访问企业信息系统资源的非雇员有责任遵守安全规定并对安全漏洞负责。非雇员包括合同制员工、供应商编程人员/分析员、维护人员、客户、审计师、来访者和顾问。

5.3.9 访问控制的类型

访问控制描述了各种保护机制，以预防未经授权访问计算机系统或网络。访问控制可以通过多种方式实施，控制的有效性取决于公司制定的数据规则。图 5.10 显示了访问控制的类型。

5.3.10 信息安全和外部相关方

由外部相关方访问、处理、传达或管理的组织信息和信息处理设施的安全性应得到维护，并且不应因引入外部相关方的产品或服务而有所降低。外部相关方对组织信息处理设施的任何访问以及任何信息处理和交流都应受到控制。这些控制应得到外部相关方的同意，并在协议中进行定义。组织应有权审计最终安全控制的实施和运行。此类协议有助于降低与外部相关方相关的风险。

识别与外部各方相关的风险

在授予访问权限之前，应该识别涉及外部各方的业务流程中组织的信息和信息处理设施所面临的风险，并实施适当的控制。如果有必要允许外部相关方访问组织的信息处理设施或信息，应该执行风险评估，以确定是否需要采取特定的控制。在识别与外部相关方访问相关的风险时，应该考虑图 5.11 中所述的问题。

访问控制	描 述
强制访问控制	MAC 具有逻辑访问控制过滤器的作用，可用来验证无法由正常用户或数据所有者控制或修改的访问凭证；这是默认设置。MAC 可以通过比较信息资源（如文件、数据或存储设备）的敏感性来执行，也可将 MAC 保留在安全对象上不可由用户修改的标签上，与访问实体（如用户或应用程序）的安全许可进行比较。借助 MAC，只有管理员可以更改资源类别，并且没有人可以授予访问控制政策中明确禁止的访问权限。MAC 是禁止性的；将禁止所有未获得明确许可的行为。因此，MAC 通常只用于使用特别敏感信息的环境
自主访问控制	DAC 是可由数据所有者自行决定激活或修改的保护措施，例如在数据所有者定义的信息资源共享中，数据所有者可选择允许谁访问该资源并决定访问的安全级别。DAC 无法覆盖 MAC；DAC 将作为附加过滤器，使用相同的排除原则进一步禁止更多访问。当信息系统执行 MAC 政策时，该系统必须对 MAC 和灵活性更强的自主政策加以区分。在对象创建、分类降级和标记期间，必须严格区别二者
基于规则的访问控制	RuBAC 模型通常通过访问控制列表预定义访问规则，并不断评估以确定访问权限。RuBAC 定义了主体可以或不能访问对象的具体和详细情况，并指定了一旦授予访问权限主体可以做什么。与防火墙规则一样，这些规则对所有用户平等执行。RuBAC 提供了一种简单直接的访问控制权限管理方法。其挑战在于，当在更细粒度的级别上管理访问权限时，该方法是一种非常复杂且效率低下的控制
基于角色的访问控制	RBAC 基于用户角色进行访问限制。通常会创建自定义角色，并在不再需要时取消访问权限。RBAC 是一种常见的访问控制方法。例如，一个角色可能是信息系统审计师。在加入组织后，新的信息系统审计师将被添加到角色组中，并立即获得相同的访问权限。RBAC 通常被认为是行业标准良好实践，并在许多组织中广泛使用
基于属性的访问控制	ABAC 根据用户属性、对象资源属性和环境属性来管理访问权限。许多组织使用属性来存储有关用户的数据，例如其部门、成本中心、经理、位置、员工编号和就职日期。这些属性可用于自动授权并使其更加安全。例如，授权可以配置为仅允许办公室位置为"东京"的用户使用东京办公室的无线网络
基于政策的访问控制[①]	PBAC 是一种管理用户系统访问权限的策略，它将用户的业务角色与政策相结合，以确定每个用户角色应具有哪些访问权限。PBAC 使用政策指南来确定每个人在组织系统中必须具有的访问角色。例如，信息安全政策可能规定使用正确凭据远程登录的用户可以访问特定文件夹

图 5.10　访问控制的类型

- 外部相关方需要访问的信息处理设施
- 外部相关方对信息和信息处理设施的访问类型：
  - 物理访问（例如，访问办公室、计算机室和档案柜）
  - 逻辑访问（例如，访问组织的数据库和信息系统）
  - 组织的网络与外部相关方网络之间的网络连接（例如，固定连接和远程连接）
- 访问是在现场还是在异地进行
- 相关信息的价值和敏感度，及其对业务运营的关键性
- 为了使禁止外部相关方访问的信息得到保护而必须采取的控制
- 参与组织信息处理的外部相关方人员
- 如何识别获得访问权限的组织或个人、如何进行授权验证，以及需要按何种频率对此进行重复确认
- 外部相关方在存储、处理、传送、共享、交换和销毁信息时所采用的不同方法和控制
- 外部相关方在需要访问但却没有访问权限时会产生何种影响，以及外部相关方如果输入或收到不准确或令人误解的信息时会产生何种影响
- 用于处理信息安全事件和潜在损害的实务和程序，以及在发生信息安全事故时外部相关方是否仍具有访问权限的相关条款和条件
- 法律法规要求以及应考虑的其他与外部相关方相关的合同规定
- 各种安排可能会对任何其他利益相关方的利益造成哪些影响

图 5.11　与外部相关方访问相关的风险

---

① NIST Computer Security Resource Center, "Glossary"

应该仅在实施了适当的控制后，才授予外部相关方访问组织信息的权限，如果可行，应签订相应的合同，以定义有关连接或访问的条款和条件以及工作安排。通常，与外部相关方签订的协议中应包含与外部相关方合作所导致的全部安全要求或者内部控制。

应确认外部相关方了解其义务并接受针对访问、处理、传送或管理组织信息和信息处理设施的责任和义务。

如果外部相关方不采取足够的安全管理措施，可能会使信息面临风险。应当确定并采用相应的控制，以管理外部相关方对信息处理设施的访问。例如，如果对机密性有特殊要求，则可签订保密协议。如果外包程度很高或者涉及多个外部相关方，组织可能会面临与跨组织的流程、管理和通信相关的风险。

满足与客户相关的安全要求

在授予客户对组织信息或资产的访问权限之前，应该满足所有已确定的安全要求。

除了资产保护和访问控制政策外，图 5.12 还描述了客户访问安全注意事项。

- 对要提供的产品或服务加以说明
- 与客户访问相关的原因、要求和好处
- 对信息不准确（例如，个人详细信息）、信息安全事故和违反安全性提出报告、通报和调查的安排
- 目标服务水平和无法接受的服务水平
- 对任何与组织资产相关的活动进行监控和撤销的权限
- 组织和客户各自承担的责任
- 与法律事宜以及法律要求（例如数据保护立法）相关的责任；在协议涉及与其他国家/地区的客户合作时，应考虑不同国家的法律体系
- 知识产权、版权转让，以及对合作成果的保护

图 5.12　客户访问安全注意事项

根据所访问的信息处理设施和信息，与访问组织资产的客户相关的安全要求可能存在巨大的差异。为满足这些安全要求，可签订客户协议，在其中规定所有已知风险和安全要求。

满足第三方协议中的安全要求

如果第三方参与的活动包括访问、处理、传送或管理组织的信息或信息处理设施，或者将产品或服务添加到信息处理设施，则第三方协议应包括所有相关的安全要求。该协议应确保组织与第三方之间不存在任何误解。组织应确保此协议中包括适当的赔偿条款，以免遭受因第三方的有关行为而导致的潜在损失。

图 5.13 描述了第三方协议中建议包含的合同条款。

一般来说，很难确保在协议结束时返还或销毁向第三方公开的保密信息。为了预防出现未经授权的复制或使用，应在现场对打印的文档进行查阅。应考虑使用技术控制建立各种所需约束，如文档打印或复印、授权的读者，或在某个特定日期之后使用文档的要求。

对于不同的组织以及不同类型的第三方，协议存在非常大的差异。因此，应注意在协议中包括所有确定的风险和安全要求。如有必要，可以在安全管理计划中对所需的控制和程序进行扩充。

如果将信息安全管理外包，协议中应规定第三方将如何确保维持风险评估所定义的足够安全性，以及如何调整安全性以识别和处理风险变化。外包与第三方提供的其他形式的服务之间存在一些差异，其中包括：责任问题、过渡期规划、对过渡期内潜在业务中断的规划、应急计划安排和尽职调查，以及安全事故相关信息的搜集和管理。因此，组织必须规划和管理向外包安排的过渡，并且制定适当的流程来管理变更以及协议的重新商议/终止。

需要在协议中考虑有关第三方无法提供服务时继续运作的程序，以免延误替代服务安排。与第三方达成的协议可能还包括其他方。在授予第三方访问权限的协议中，应该包括对其他指定的有资格方的认可及其访问和参与的条件。可能需要考虑要求第三方符合公认的安全标准（例如，国际标准化组织 27001 和服务组织控制类型 2），并获得认证。

通常，协议主要是由组织编制的。在某些情况下，协议可能会由第三方编制，然后再强加给组织。组织需要确保强制协议中规定的第三方要求不会对其自身的安全造成不必要的影响。

与外部相关方达成的协议可能还涉及其他方。在授予外部相关方访问权限的协议中，应明确指出具有访问资格的其他方并对其进行授权，还应规定其他方的访问和参与条件。

- 第三方对该组织之信息安全政策的遵循
- 确保资产安全的控制，包括：
  - 保护组织资产（包括信息和软硬件）的程序
  - 所需的任何物理保护控制和机制
  - 用于确保免受恶意软件侵害的控制
  - 用于确定资产是否受到任何危害（例如，丢失或修改信息和软硬件）的程序
  - 用于确保在协议终止时或双方同意的某个时间点返回或销毁信息或资产的控制
  - 资产的机密性、完整性、可用性及所有其他相关属性
  - 对复制和公开信息的限制，以及使用保密协议
- 对用户和管理员进行方法、程序和安全方面的培训
- 用于确保用户意识到信息安全责任和问题的方法
- 有关人员调动的规定（如适用）
- 有关安装和维护硬件和软件的责任
- 清晰的报告结构和议定的报告格式
- 清晰而详细的变更管理流程
- 访问控制政策，包括：
  - 使第三方访问成为必要条件的原因、要求和利益
  - 允许的访问方法，以及对唯一标识符（如用户ID和密码）的控制和使用
  - 对用户访问及特权的授权流程
  - 对有权使用所提供服务的人员清单及其权限和特权进行维护的要求
  - 说明不允许进行任何未显式授权的访问
  - 用于撤销访问权限或中断系统间连接的流程
- 对任何信息安全事故、违反安全规定或违反协议中规定的要求进行报告、通知和调查的安排
- 对要提供的产品及服务进行介绍，以及对可用的信息及其安全类别进行介绍
- 目标服务水平和无法接受的服务水平
- 监控和报告可验证绩效标准的定义和方法
- 对任何与组织资产相关的活动进行监控和撤销的权限
- 对协议中定义的责任进行审计的权限、授予第三方执行此类审计的权限，以及列举审计师的法定权利的权限（以及在适当情况下，出具服务审计师报告）
- 建立解决问题的上报流程
- 符合组织业务优先级的服务连续性要求（包括对可用性和可靠性的衡量）
- 达成协议的各方应承担的相应责任
- 确保满足法律要求（例如，数据保护立法）的责任，在协议涉及与其他国家/地区的组织合作时，应考虑不同国家的法律体系
- 知识产权和版权转让，以及对任何合作工作的保护
- 第三方与转包商的参与，以及这些转包商需要实施的安全控制
- 重新商议/终止协议的条件，例如：
  - 预防其中一方想要在协议结束前终止合作关系的应急计划
  - 组织变更安全要求时对协议进行重新商议的条款
- 当前记录的资产清单、许可证、协议或与其相关的权限
- 合同的不可转让性

图 5.13　关于第三方协议的建议合同条款

5.3.11　数字版权管理

数字版权管理（Digital Rights Management，DRM）由一组硬件和软件技术组成，旨在控制内容和信息资产的使用方式，并保护数字媒体的版权。DRM 包括限制复制和使用受版权保护的作品和专有软件的技术。DRM 允许出版商或作者控制付费用户可以对其作品执行哪些操作，同时支持数字内容更有效地货币化。对于公司而言，实施 DRM 或相关流程有助于预防用户访问或使用某些资产，从而帮助组织避免因未经授

权的使用而产生的法律问题，并消除第三方不遵循数据安全最佳实践而使合作伙伴企业面临风险的可能性。DRM解决方案可与数据丢失防护解决方案集成，以帮助组织保护敏感信息。通过这种方式，DLP解决方案可以检测任何未经授权的访问，而DRM则立即拒绝此类访问。有关更多信息，请参阅5.5数据丢失防护部分。

DRM可以实施用于：

- 受版权保护的内容（例如音频、图像、OTT媒体）。
- 受版权保护的软件（例如操作系统、应用程序）。
- 机密文件（例如银行对账单、公司财务报告）。
- 知识产权资产（例如产品计划、专利）。
- 政府文件（例如政策文件）。
- 文献（例如在线图书馆、电子书店）。

DRM 限制

信息系统审计师应评估组织中的DRM流程，并提供必要的鉴证。图5.14显示了最常见的DRM限制。

限制	描述
复制限制	复制限制允许用户从主要渠道（例如网站或流媒体平台）查看内容，但阻止他们进行复制。在某些条件下，可能会允许用户制作一定数量的副本。例如，用户最多可以获取电子书的五份副本。该限制还可以进一步规定副本的用途，例如，副本可用于教育目的，但不能用于商业目的
编辑限制	编辑限制可预防用户编辑或保存内容，从而保持内容的完整性。它确保保持作者的想法，且不以任何方式改变
共享限制	共享限制可预防用户在未经所有者许可的情况下共享或转发内容或产品。它控制内容的意外扩散
打印限制	根据组织偏好，打印限制可以阻止用户打印全部内容，或指定该内容只能打印有限次数
位置限制	位置限制锁定对某些互联网协议地址、位置或设备的访问。例如，如果内容仅提供给亚洲居民，那么其他大陆的人们将无法访问
到期日期设置	到期日期设置指定何时将取消访问权限，从而鼓励及时消费内容

图5.14 数字版权管理的限制

DRM 技术

信息系统审计师应确保组织使用正确的DRM技术并帮助实现其目标。一些常用的DRM技术包括：

- **密码保护**。密码保护简单又经济，但却是一种非常有效的DRM技术。仅用户知道访问内容所需的唯一密码。银行等金融服务提供商经常使用这种类型的DRM，以确保消费者交易的安全性。然而，当首选这种技术时，遵守良好的密码实践至关重要。

- **数字水印**。数字水印是信息隐藏图像的一种形式，可预防用户将视觉内容重复用作自己的内容。信息隐藏图像是用于将数据隐藏在普通文件（例如图片）中的技术。水印内容通常用于确立所有权，允许用户访问内容库，但不得将其用于商业目的。

- **设备控制**。设备控制是一种高级DRM解决方案，可预防用户使用未经批准的设备打开文件。企业通常依赖于设备控制DRM。例如，设备制造商可能不得不获得Netflix的DRM认证，方可在其设备上运行其流媒体视频。

- **限制性许可**。通过限制性许可，内容提供商可以创建许可，以合法地阻止将内容用于特定目的。然而，限制性许可并不是一种控制。例如，即使商业用途受到限制，仍可将内容用于商业用途，但这样做的任何人都将因违反许可限制而承担法律责任。

- **数字信任基础设施**。数字信任基础设施依赖于用户和内容提供商对底层技术的信任。它为用户提供了广泛探索内容的自主权，同时内容提供商保留了控制。这是区块链技术中应用的技术。

- **哈希**。哈希是一种密码学技术，通过输入数字内容并生成最终输出消息供用户使用，从而预防内容被操纵。如果输入内容改变，则输出消息也会改变，证明内容不真实。该技术用于验证数字内容是否真实且未被篡改。

- **安全通信协议**。传输层安全等安全通信协议维护流经互联网的信息的安全性。它们对于DRM不可或缺，应构成DRM技术的一部分。许多组织将加密技术嵌入到数字内容中，以限制访问或使用。

- **有时限解密密钥**。有时限解密密钥可用于保护数字版权。解密将设置为仅允许用户在特定时间段内解密内容。例如，如果一个组织购买了商业视频，则可能仅有一个月的访问权，此后的进一步访问将需要支付一定的费用。

DRM 最佳实践

DRM 的一些最佳实践包括：

- **制定 DRM 内容清单**。所有内容的清单，必须明确说明版权管理和免费的内容类型。组织应明确并理解内容权利的来源。
- **采用基于风险的方法**。组织应根据风险级别选择 DRM 的内容，因为并非所有内容都需要 DRM。如果不仔细规划，某些 DRM 措施可能会阻止内容达到预期的覆盖范围和业务水平。
- **最大限度地利用 DRM 工具**。在确定高级工具是否合适前，组织可以使用许多免费的 DRM 工具。
- **获得员工的认同**。员工应明确，DRM 的实施更多的是为了保护数据而非限制访问。这样更容易获得他们对 DRM 实施的认可和积极支持。
- **与其他数据管理基础设施集成**。与相关解决方案集成时，DRM 通常效果最佳。例如，DRM 可与 DLP 工具集成；DLP 工具将限制数据共享以预防泄露，而 DRM 在 DLP 范围内共享数据时执行协议。
- **最大限度地减少影子 IT**。影子 IT 和未映射的分发渠道将隐藏数据，使得数据共享和利用过程变得更加困难。减少影子 IT 有助于减轻在组织中实施 DRM 的负担。
- **将 DRM 流程自动化**。手动 DRM 不可扩展，且无法适应数字内容环境不断变化的需求。信息系统审计师应就组织的 DRM 流程自动化需求提供建议。

5.3.12 逻辑访问

逻辑访问是与计算机资源交互的能力，使用标识、身份认证和授权进行授予。逻辑访问控制是用于管理和保护信息资产的主要手段。它们使管理层制定的旨在保护这些资产的政策和程序得以实现和施行，而控制旨在将风险降低到组织可接受的水平。理解这种关系的信息系统审计师应能够分析和评估逻辑访问控制在实现信息安全目标和避免因风险暴露而造成的负面后果（从轻微的不便，到计算机功能完全关闭并造成相关损失）方面的有效性。

逻辑访问风险暴露

技术风险暴露由于意外或故意利用逻辑访问控制弱点而存在。故意利用技术风险暴露可能会导致计算机犯罪。但是，并非所有计算机犯罪都利用技术风险暴露。技术风险暴露是指妨碍正常处理的未经授权的活动，例如实施软件或修改数据、锁定或滥用用户服务、破坏数据、损害系统可用性、分散处理资源，或者在网络、平台、数据库或应用程序级别监视数据流或用户活动。技术风险暴露包括：

- **数据泄露**。从计算机中提取信息或向外泄露信息。这可能包括将文件打印到纸张上，或者只是简单地窃取计算机报告或磁带。与产品泄露不同，数据泄露可留下正本，因此不容易察觉。
- **计算机关机**。通过直接（在线）或远程（通过互联网）连接到计算机的终端设备或个人计算机启动。通常情况下，只有知道高级登录 ID 的人员能够启动关机过程，但仅当针对此高级登录 ID 和通往计算机的通信连接存在相应安全访问控制时，此项安全措施才奏效。事实证明，某些系统在某些过载条件下很容易自行关闭。

熟悉企业的 IT 环境

要有效评估组织内的逻辑访问控制，信息系统审计师首先需要从技术层面和组织层面了解 IT 环境。这样做的目的是在规划当前和未来的工作时，从风险的角度确定应注意的信息系统审计领域。这包括审查与组织的 IT 信息系统架构相关的网络、操作系统平台、数据库和应用程序安全层。

逻辑访问路径

组织的信息系统基础设施可以通过多个入口点访问。每种途径都受限于相应的安全访问级别。当信息系统环境处于主系统的直接控制之下，以及当用户是本地已知的个人并具有明确定义的访问配置文件时，即存在直接访问路径（例如与大型机直接相连的 PC

终端设备用户）。与 LAN 相关的直接访问更复杂，因为其中许多特定的信息系统资源与公共链接结构相关联。这些资源可能具有不同的访问路径/级别，通常通过 LAN 连接进行分配，而网络本身就被视为具有较高访问级别的重要信息系统资源。

直接路径、本地网络和远程访问路径的组合是最常见的配置。由于在各个环境之间使用若干中间设备充当"安全门"，复杂性变得更高。此外，对跨越安全级别较低或完全开放的 IT 空间（例如互联网）的需求，也必然会增加复杂性。通过公共节点的访问路径的一个示例，是用于内部或外部用户的系统的后端或前端互联网络。前端系统是基于网络的系统，将组织连接到外部不受信任网络（例如公司网站），客户可以从外部访问网站以发起连接至代理服务器应用程序的交易。而代理服务器应用程序反过来又连接到后端数据库系统，以更新客户数据库。前端系统也可以基于内部网络，从而使以类似方式绑定到后端系统的无纸化业务流程实现自动化。

一般入口点

前端或后端系统的一般入口点可控制从组织网络或电信基础设施到组织信息资源（例如应用程序、数据库、设施、网络）间的访问。所遵循的方法基于"客户端/服务器"模式。一个大型组织可以拥有数千台互连的网络服务器。大型企业环境中的连通性需要通过一小组主域控制器（服务器）加以控制，从而使用户可以访问各个具体的次级入口点（例如，应用程序服务器和数据库）。

访问此类基础设施的一般模式可通过以下方式实现：

- **网络连通性**。通过物理或无线连接将 PC 连接到组织网络基础架构中的某一部分，从而获得访问权限。要实现此种访问，至少需要进行用户 I&A 才能访问域控制器。要具体访问特定应用程序或数据库，可能需要用户向该特定服务器（次级入口点）进行识别和身份认证。其他进入基础设施的模式可以通过网络管理设备进行，例如路由器和防火墙，应对这些设备严加控制。

- **远程访问**。用户远程连接到组织的服务器，这通常需要用户向服务器进行识别和身份认证，以访问可以远程执行的特定功能（例如电子邮件、文件传输协议或某些特定应用程序的功能）。用于查看所有网络资源的完整访问权限通常需要使用虚拟私有网络，该种网络允许进行安全身份认证并连接到已授予权限的资源。远程访问入口点的覆盖范围可以很广泛，应尽可能集中控制。

从安全的角度来讲，组织有责任掌握其信息资源基础设施的所有入口点，而这对许多组织而言并非易事（例如，拥有成千上万个远程访问用户的情况下）。这一点非常重要，因为未适当控制的任何入口点，都可能会危及组织敏感和关键信息资源的安全。在执行详细的网络评估和访问控制审查时，信息系统审计师应确定是否已掌握了所有入口点，并协助管理层获取资源以识别和管理所有访问路径。

5.3.13 访问控制软件

得益于 IT 的发展，计算机系统如今能够存储和保留大量的敏感数据，系统间共享资源的能力也得到了提高，而且大量用户也得以通过互联网/内联网技术对系统进行访问。所有这些因素都使组织信息系统资源的访问和使用范围更广、速度更快。

访问控制软件的用途在于预防未经授权访问和修改组织的敏感数据以及滥用系统关键功能。

为了实现此目标，应在组织信息系统架构的所有层上应用访问控制，包括网络、平台或操作系统、数据库，以及应用程序系统。每层通常都具有某种形式的 I&A、访问授权、对特定信息资源的检查，以及用户活动的记录和报告。

在网络和平台/操作系统层上应用访问控制软件，可以最大程度地预防内外部用户未经授权的访问。这些系统也被称为常规支持系统，它们构成应用程序和数据库系统所处的主要基础设施。

操作系统访问控制软件通常仅供特权用户使用。它与网络访问控制软件相互连接，并且通常位于用来管理和控制对组织网络进行外部访问的网络层设备（例如路由器和防火墙）上。此外，操作系统访问控制软件还与数据库和/或应用程序系统访问控制相互连接，以保护系统库和用户数据集。

常规的操作和/或应用程序系统访问控制功能

包括：

- 创建或更改用户配置文件。
- 分配用户 I&A。
- 应用用户登录限制规则。
- 确保用户的访问权限与其工作职责相称。
- 确保在初始登录之前发布有关正确使用和访问的通知。
- 通过记录用户活动创建个人责任和可审查性。
- 确立访问特定信息资源（例如系统级应用程序资源和数据）的规则。
- 记录事件。
- 报告功能。

数据库和/或应用级的访问控制功能包括：

- 创建或更改数据文件和数据库配置文件。
- 验证应用级和交易级的用户授权。
- 验证应用程序内的用户授权。
- 验证用户在域级更改数据库的授权。
- 验证文件级上的子系统用户授权。
- 记录数据库/数据通信访问活动，以监控访问违规情况。

访问控制软件在信息系统架构内的不同级别提供，其中每个级别提供一定程度的安全性。这种关系的性质是上层（应用程序和数据库）依赖于较低的基础设施类型层来保护一般系统资源。上层在应用程序级别提供按职能分离职责时所需的精细度。

5.3.14 登录 ID 和密码

登录 ID 和密码是用户 I&A 流程的组成部分，其中身份认证基于所知道的内容。计算机可以为每个登录 ID 维护一个有效登录 ID 的内部列表，以及相应的一组访问规则。这些访问规则与计算机资源相关。访问规则通常在操作系统级别（控制对文件的访问）或各个应用程序系统内（控制对菜单功能和数据或交易类型的访问）进行指定，这是最低要求。

登录 ID 应限制为提供个人识别，而非群组识别。如果用户为了可互换性而形成一个组，则在将登录 ID 附加到指定组方面，系统通常会使用户只具有普通权限。每个用户都会得到一个可以被系统识别的唯一登录 ID。登录 ID 的格式通常是标准化的。

密码的特点

密码提供个人身份认证。密码应该便于用户记忆，但入侵者难以确定。最小密码长度很大程度上取决于要解决的威胁模型。例如，在线环境中的密码过短容易受到穷举攻击和字典攻击。

初始密码可以由安全管理员分配，也可由系统自动生成。用户首次登录时，系统应强制用户更改密码以提高机密性。初始密码的分配应该是随机生成的。ID 和密码应该以受控方式传达，以保证只有相应用户会收到信息。未分配初始密码的新账户应该被暂停。

如果输入错误密码的次数达到预定义次数，登录 ID 应该自动锁定。可将锁定设置为永久锁定（只有管理员可以解锁 ID），也可设置为临时锁定（在经过系统指定的一段时间后，系统会自动解锁 ID）。

忘记密码的用户必须通知安全管理员——唯一具有重置密码和/或解锁登录 ID 的权限的人员。安全管理员应在验证用户身份（提问/回答系统）后重新激活登录 ID。要验证身份，安全管理员应该在验证用户的分机号或致电其主管进行核实之后再答复用户来电。

密码应该使用足够强大的算法进行散列（一种单向加密法）和存储。这样，便可在无须明确记录密码的情况下对其进行检查。为了降低入侵者获得访问其他用户登录 ID 的风险，不应以任何形式显示密码。密码在计算机屏幕上通常会被屏蔽，并且不会显示在计算机报告中。不应将密码保存在索引或卡片文件中，也不应将其写在纸片上，并将纸片粘贴在计算机附近或个人办公桌上。

密码应定期更换（例如每 30 天更换一次）。频率取决于许多因素，包括信息访问级别的关键性、组织的性质、信息系统架构和使用的技术。密码应由用户（而非管理员）在其计算机（而不是任何可能被观察到新密码的位置）上更改。最好的方法是强制要求更改密码，即在密码过期日之前通知用户进行更改。如果允许自愿更改密码，就会存在用户不是迫不得已就不会更改密码的风险。如果系统保留以前所用密码的历史记录，并且在一段时间内禁止重复使用这些密码（例如，不允许重复使用最近的 12 个密码），则密码管理的强度会提高。

登录 ID 的密码应只有用户本人知道；如果多个人知道密码，则无法对用户在该账户内执行的所有活动实行问责。

对于主管或管理员账户，应该采取特殊的处理方式。这些账户往往具有对系统的完全访问权限。通常，每个系统/身份认证级别都有几个这样的账户。为了实施问责制，管理员密码应该只有一个人知道。另一方面，在无法联系到管理员时，组织应该能够在紧急情况下访问系统。为此，应实施特殊的备份实践，例如，将管理员密码保存在密封的信封中，并放在仅高级管理层可以使用的上锁柜子中。这有时称为"救急"ID。

所有这些准则都应该在密码政策中形式化，并且必须阅读和确认该政策。可接受使用政策应包括遵守该政策的要求。

密码攻击

对于大多数组织而言，密码是一种常用的访问验证解决方案，因此大多数攻击者都试图破解目标的密码。攻击者可以通过多种方式进行密码攻击。图 5.15 概述了信息系统审计师应注意的常见密码攻击。

攻击类型	攻击描述
密码嗅探	这是一种被动形式的密码攻击，攻击者试图拦截网络传输，以获得未经网络安全技术加密的密码。攻击者还可以使用社会工程技术来诱骗受害者提供密码，并假装是为了解决关键问题。攻击者还可能简单地猜测用户的密码，尤其是默认密码。因此，应始终更改默认密码
网络钓鱼	攻击者可能会使用社会工程技术来诱骗受害者提供密码，并假装是为了解决关键问题。攻击者还可能简单地猜测用户的密码，尤其是默认密码。因此，应始终更改默认密码
穷举攻击	穷举密码攻击使用有关个人或其职务的基本信息来猜测密码。例如，用户名、出生日期、周年纪念日或其他私人但易于发现的详细信息，并通过不同的组合来破译密码。这些信息主要来自社交媒体平台。人类是安全链中最薄弱的一环。在许多情况下，个人的爱好、子女或其他亲戚的名字被用来创建密码，很容易被攻击者猜到
字典攻击	字典攻击是指攻击者使用常用词和短语（例如字典中列出的单词和短语）来猜测目标的密码。预防穷举和字典密码攻击的有效方法是制定锁定政策。在尝试失败一定次数后，将自动禁止访问组织系统。因此，攻击者在被锁定前只能进行几次尝试
键盘记录器攻击	键盘记录器或击键记录器攻击非常危险，因为即使是最强的密码也无法提供充足的保护。当攻击者监视目标并在他们键入密码时记录其密码时，就会出现这种情况。这种攻击方式通常能成功，因为它们非常准确并且无须猜测密码。信息系统审计师应意识到，一旦系统被键盘记录程序感染，检测就变得十分困难。因此，信息系统审计应提出预防建议，作为抵御键盘记录器攻击的最佳防御措施
彩虹表攻击	彩虹表在预先计算的哈希函数列表（与哈希值一并存储）中查找匹配项。攻击者将值与该表进行比较，并解密组织数据库中的哈希密码。信息系统审计师必须明白，包含常见哈希算法解决方案的彩虹表在暗网上广泛存在。加盐有助于减轻彩虹表攻击
撞库攻击	撞库是利用人类重复使用密码之倾向的攻击形式。攻击者尝试使用被盗用户名和密码进行各种组合，以期访问重复使用已泄露密码的目标所拥有的账户。这些被盗的密码通常可以从暗网上获得。攻击者还可以重复使用通过任何其他方式窃取的密码来实施撞库攻击。为了应对这种类型的攻击，应教育用户重复使用密码的危险
密码喷洒攻击	密码喷洒攻击与字典攻击和穷举攻击类似，不同之处在于密码喷洒通常同时针对多个用户（甚至数百万用户），因此在其名称中使用了"喷洒"一词。这种攻击通常针对单点登录和基于云的信息系统平台。当重复的失败登录尝试触发账户锁定政策时，将登录尝试分配给多个用户可以降低攻击者被抓住的风险

图 5.15 常见的密码攻击

登录 ID 和密码良好实践

登录 ID 的要求包括：

- 登录 ID 语法应遵守内部命名规则，但该规则应该与 ID 一样保持机密性。
- 只要技术上可行，就应该对默认系统账户（如 Guest、Administrator 和 Admin）进行重命名或禁用。
- 如果登录 ID 在经过预设的一段时间后未被使用，则应将其禁用，以免出现被误用的情况。

这可由系统自动完成或由安全管理员手动完成。

- 如果在一段时间内未执行任何活动,系统应自动断开或锁定登录会话。这可以减少误用当前登录会话的风险,因为当前登录会话可能会因用户去吃午饭、回家、开会或忘记注销而处于无人看管状态。这通常称为会话超时。重新获得访问权限时,应该要求重新输入身份认证方法、密码、令牌等。

至少,这些规则应适用于与普通用户相比具有特权系统账户权限的人员(如系统管理员、安全管理员)。具有特权的用户需要访问权限才能建立和管理相应的系统配置。但是,这些特权使用户可以绕过系统中可能存在的任何访问控制软件限制。应用的一般规则是:访问权限的敏感程度越高,访问控制应该越严格。

5.3.15 远程访问安全

许多组织需要为不同类型的用户(例如员工、供应商、顾问、业务合作伙伴和客户代表)提供远程访问连接。可以使用各种方法和程序来满足组织对此访问级别的业务需求。

远程访问用户可以连接到其组织的网络,功能级别与在办公室中相同。远程访问设计支持使用适用于用户正在访问的系统的相同网络标准和协议进行连接。基于传输控制协议/互联网协议的系统和系统网络架构系统用于大型机,而用户通过终端设备仿真软件连接到基于大型机的旧版应用程序。为这些连接提供的支持包括异步点对点调制解调器连接、综合服务数字网按需拨号连接,以及专用线路(例如帧中继和数字用户线路)。

远程访问风险

远程访问容易受到许多在传统环境中通常不会发现的风险因素的影响。信息系统审计师应确保在组织的安全架构中优先考虑远程访问。与远程访问相关的常见风险类型包括:

- **拒绝服务**。远程用户可能会无法访问他们在执行日常业务时至关重要的数据或应用程序。
- **恶意第三方**。他们可能会利用通信软件和网络协议中的弱点来访问关键应用程序或敏感数据。

- **通信软件配置错误**。通信配置错误可能导致组织的信息资源遭受未经授权的访问或修改。
- **配置错误**。错误配置的设备可能会损害企业计算基础设施。
- **不安全的主机**。主机系统未得到适当保护,可能被入侵者利用并获得远程访问权限。
- **物理安全弱点**。与远程用户的计算机相关的物理安全问题是一个主要风险。

远程访问控制包括:

- 政策和标准。
- 适当的授权。
- 强大的 I&A 机制。
- 加密工具和技术,例如使用 VPN、TLS 等。
- 稳健的系统和网络管理。
- 持续的网络监控,例如使用 IDS/IPS、DLP 等。

5.3.16 生物特征识别

生物特征识别访问控制是验证用户身份的最佳方法,基于唯一的可测量特性或遗传特征来验证一个人的身份。生物特征识别控制基于用户的身体或行为特征来限制对计算机的访问。由于在硬件和存储方面所取得的进步,生物特征识别系统作为一种访问控制机制,正在成为一种更可行的选择。

使用生物特征识别通常会用到读取设备,用来在允许授权访问之前解读个人的生物特征。然而,这个过程并非完美无瑕,因为某些生物特征识别会发生变化(例如指纹疤痕、签名不规则以及声音发生变化)。因此,生物特征识别访问控制系统并不总是同样有效且易于使用。

将用户的生物特征识别信息添加到系统中需要经过一个注册过程,其中包括存储用户的特定生物特征识别数据。这是一个反复求平均值的过程,即获取身体或行为样本、从样本中提取唯一的数据(转换为数学代码)、创建初始模板、将新样本与已存储的样本进行比较,然后生成可用来验证用户身份的最终模板。后续样本将用来确定是否存在授予访问权限的匹配条件。

生物特征识别管理

生物特征识别管理应该解决有关生物特征识别数据的搜集、分发和处理的有效安全性问题,其中包括:

- 数据完整性、真实性和不可否认性。
- 在生物特征识别数据的生命周期内对其进行管理,其生命周期包括登记、传输、存储、验证、识别和终止过程。
- 使用生物特征识别技术(包括一对一和一对多匹配)对用户进行 I&A。
- 采用生物特征识别技术进行内部、外部以及逻辑和物理访问控制。
- 生物特征识别数据的封装。
- 用于安全传输和存储生物特征数据的技术。
- 在整个生物特征识别数据生命周期中使用的物理硬件的安全性。
- 用于保护生物特征数据完整性和隐私性的技术。

管理层应制定和批准生物特征识别信息管理和安全政策。审计师应使用政策来更好地了解所用的生物特征识别系统。关于测试,审计师应确保已制定生物特征识别政策,并且生物特征识别信息受到了相应的保护。

与任何关键信息系统一样,包含业务持续计划的逻辑和物理控制也应该解决这一领域的问题。

在开发生物特征识别解决方案的过程中,应该实施相应的生命周期控制,以涵盖登记要求、模板创建和存储,以及验证和识别程序。在生物特征识别管理系统政策中,应规定用于个人登记和模板创建的 I&A 程序。管理层需要制定控制,确保按照本政策遵守这些程序。如果生物特征识别设备发生故障或无法运行,则应制定备用的身份认证方法。应采取适当的控制,以保护样本数据和模板在传输过程中免遭修改。

生物识别性能指标

用于衡量生物识别性能的最常见指标有:

- **注册失败率(FER)**。FER 是指未能成功注册到生物识别系统的人数比例。审查生物识别系统性能的信息系统审计师需要确定 FER 的原因。用户注册失败的原因包括身体差异、缺乏知识、培训不足以及注册时的环境条件。
- **错误拒绝率(FRR)**。错误拒绝是指,授权的主体因未经授权而被拒绝。FRR 的计算方法是将尝试的识别总数除以漏报识别数。错误拒绝也被称为 1 类错误。虽然它们通常会让被错误拒绝访问的授权用户感到沮丧,但并不是真正的安全问题。然而,此问题会产生重新验证授权用户的开销,还要弥补为完成用户分配任务而损失的宝贵时间。
- **错误接受率(FAR)**。错误接受是指,未经授权的主体被错误地接受为有效且已授权。FAR 的计算公式是尝试的识别总数除以误报识别数。错误接受也被称为 2 类错误。就信息安全而言,第二类错误是非常糟糕的情况,因为冒名顶替者有可能获得未经授权的访问权限。
- **交叉误差率(CER)**。CER 描述了 FRR 和 FAR 的交汇点。此时,FRR 等于 FAR,因此 CER 有时也被称为相等误差率。CER 衡量生物识别系统的整体准确性。图 5.16 描述了 CER 的底层机制。

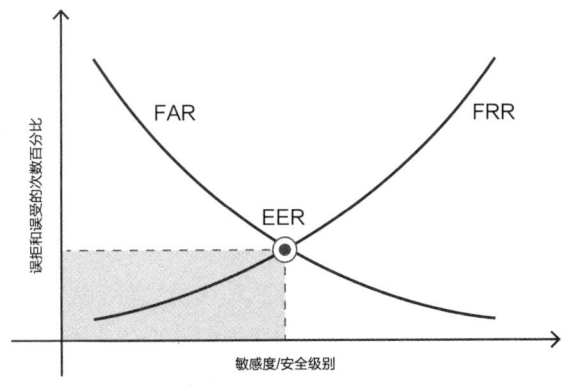

图 5.16 交叉误差率

如果组织的生物识别控制产生大量错误拒绝,可以通过减少系统在验证主体身份时搜集的数据量来降低系统的准确性,从而解决该问题。然而,降低 FRR 数据点可能会导致 FAR 增加。简而言之,随着生物识别系统灵敏度的提高,FRR 会上升,FAR 会下降,反之亦然,两条线的交点就是 CER。交点处的 CER 应为零。理想情况下,任何有效的生物识别系统都应当如此,但在实践中这基本上不可能实现。

基于生理特征的生物特征识别

通常,设备回应时间最佳且 CER 最低的生物特征依次为手掌、手、虹膜、视网膜、指纹和声音。

基于手掌的生物特征识别设备分析与手掌相关的外形特征,例如峰和峪。这项生物特征识别技术要求将手放在获取身体特征的扫描仪上。

手部几何是最早的生物特征识别技术之一，它从三维角度测量用户的手和手指的物理特征。用户手掌向下将手放到具有五个指引界槽的金属表面，这些界槽用于确保手指放置正确并且手部位置正确。该模板是根据人手的外形几何特征测量值构建的，通常包括90种计量，如长度、宽度、厚度和表面积。

手部几何系统的优点是它们已得到社会的认可，而且模板只需要很小的计算机存储空间，通常为10~20字节。与其他生物特征识别方法相比，其主要缺点是手部几何数据缺乏唯一性。此外，手部受伤可能会导致测量结果发生改变，从而造成识别问题。

每个人的虹膜（瞳孔周围眼睛的有色部分）图案都是独一无二的，因此是一种可行的用户识别方法。为了捕获此信息，用户的眼睛要对准显示虹膜反射的设备。当用户的眼睛对准后，照相机将拍摄虹膜照片并将其与存储的图片进行比较。虹膜不会随着时间推移而变化，因而非常稳定，并且具有超过400种特征，但是只有约260种特征用于生成该模板。与指纹扫描一样，该模板所携带的信息比高质量的图像要少。

虹膜识别的主要优点是不需要与设备接触，这与其他形式的识别（例如指纹和视网膜扫描）形成了对比。虹膜识别的缺点是，与其他生物特征识别技术相比，系统的成本较高，并且唯一标识一个用户所需的存储空间也非常大。

指纹访问控制要求用户将手指放在光学设备或硅表面上进行扫描。为指纹生成的模板用于测量纹嵴样式中的分叉点、分歧点、环点、终结点和岭。该模板仅包含有关指纹的特定数据，而不是指纹本身的整个图像。此外，完整的指纹无法基于模板进行重建。根据供应商的不同，指纹模板使用的字节数从250字节到超过1000字节不等。存储空间越大，意味着误差率越低。指纹特征由一组数值进行描述。当用户将手指放到指定位置两到三秒时，将会得到一个包含30~40个手指细节的典型图像，扫描系统会自动将其与用户模板进行比较。

指纹扫描的优点是成本低、设备尺寸小、可以与基于客户端/服务器的现有系统进行物理连接，而且易于集成到现有的访问控制中。其缺点是，身体需要接触设备，并且可能因手指上有残留物（如污垢和体表油脂）而导致图像质量不佳。此外，指纹生物特征识别不像其他技术那样有效。

在面部识别生物特征识别设备中，生物特征识别读取设备将处理摄影机（通常距离人的面部24英寸以内）获取的图像，将人的面部与图像中所获取的其他对象分离开。读取设备对获取的图像进行分析，以得到一般的面部特征。所创建的模板基于生成的二维或三维映射阵列，或者基于将特定面部特征（例如眼睛、鼻子和嘴）间的面部测量距离相结合。一些供应商在模板中加入了热成像。面部被认为是最自然、最"友好"的生物特征识别方法之一，并且由于速度快且易于使用，因而得到了用户的广泛认可。面部识别的主要缺点是缺少唯一性，这意味着设备可能识别不出长得很像的人。此外，随着数据库不断增大，有些系统无法保持高水平的性能。

基于行为的生物特征识别

在签名识别（也称为签名动力学）中，使用来自读取设备的信息分析个人签名的两个不同方面：签名的特征和签署过程的特征，其中包括速度、笔的压力、方向、笔画长度以及将笔从纸上提起的时间点。

该方法的优点是速度快、易于使用并且实施成本很低。其他优点还包括，即使一个人能够完全模仿其他人签名的外观，也很难（如果并非不可能）复制其动态过程（例如签署的持续时间、笔的压力、笔离开签字块的频率等）。

主要缺点是捕获签名的唯一性，尤其是对于未以一致方式签名的用户（这可能是由于疾病，或使用首字母缩写而非完整签名）。此外，当用户在签名I&A"平板电脑"上签名（而非用墨水在纸上签名）时，他们的签名行为可能会发生变化。

声音识别涉及获取某人声音的听觉信号、说出"密码短语"，然后将其转换为随后可存储在模板中的唯一数字代码（1500~3000个字节）。声音识别融合了几个变量或参数来识别声音/语音模式，包括音高、动态和波形。

该方法的主要优点是可以将其用于电话应用程序，而无须额外的用户硬件成本。该方法也得到了用户的广泛接受。

该方法的缺点包括：

- 需要很大的存储容量。
- 人的声音会改变。
- 有可能会说错短语。
- 偷偷录下用户念出的密码短语，以获取访问权限。
- 背景噪声干扰。

生物识别审计注意事项

组织在选择和实施生物识别系统时应考虑许多因素，包括：

- **隐私问题**。生物识别系统部署的成功可能取决于用户的接受度。这主要是出于隐私顾虑，因为某些系统被视为侵犯用户的个人空间。文化和宗教考虑因素通常与隐私异议有关。
- **个人健康**。某些健康并发症可能会影响生物识别系统的使用。例如，糖尿病等慢性病可能会影响血液流动。另一个问题是组织可能会错误地获取健康信息，而这些信息可能会损害系统用户的利益。还有些人担心接触受污染的表面会传播传染病。
- **专业知识**。组织中的某些用户可能不具备使用生物识别系统所需的文化水平和教育技能。此外，组织可能缺乏在生物识别平台上注册用户的内部技能。信息系统审计师应评估实施生物识别系统的安全架构师和用户的技能水平。
- **系统的稳健性**。为确保有效，生物识别系统必须稳健并且能够承受与可靠性和恢复能力相关的挑战。这有助于降低 FRR 和 FAR 读数的影响，以及威胁实施者对系统的篡改和破坏。
- **成本**。生物识别部署的成本是为组织选择生物识别系统时的一个关键考虑因素。一些生物识别系统价格昂贵，并且消耗大量资源。审查组织中生物识别系统的信息系统审计师应确定所选生物识别系统是否能为组织带来投资回报。
- **准确性**。生物识别系统的准确性取决于 FAR，这会影响未经授权的用户获得访问权限的概率。选择在组织中部署的生物识别系统模式时，它是需要评估的最关键因素之一。组织应考虑具有较低 FAR 的生物识别系统。

- **安全性**。在选择组织要实施哪种生物识别系统时，安全性是一个重要的考虑因素。虹膜和静脉图案等难以复制的生物识别系统通常被认为是最安全的。信息系统审计师不应将安全视为审查过程中唯一的重要考虑因素——其他因素也很重要。然而，安全性通常受到更多的重视。
- **合规要求**。所有生物识别系统均应符合适用的法律法规。在处理健康和隐私信息等敏感数据时尤其如此。遵守此类要求有助于组织避免因不合规而受到的罚款和处罚。

5.3.17 逻辑访问控制的命名约定

访问功能通过安全管理的一系列访问规则来实施，其中规定了哪些用户（或用户组）有权访问某特定资源（例如数据集或文件）及其相应的访问级别（例如读取或更新）。每当用户尝试访问或使用受保护的资源时，访问控制机制便会应用这些规则。

访问控制命名约定是一类结构，用于管理用户对系统的访问，以及管理访问/使用计算机资源（如文件、程序和终端设备）的用户权限。在计算机环境中，需要使用通用的命名约定及相关文件，来建立和维护关于数据访问的个人问责制和 SoD。数据或应用程序的所有者通常可以在安全专员的帮助下建立命名约定。在访问控制方面是否需要复杂的命名约定，主要取决于可确保未经授权访问得不到批准的相关安全保护的重要性和级别。须建立既能推动访问规则的有效执行、又能简化安全管理的命名约定，这很重要。

对于系统资源（例如数据集、卷、程序和员工工作站）的命名约定是高效管理安全控制的重要先决条件。命名约定可以进行结构化，以便以相同的高级限定符开头的资源可以由通用规则进行管理。这可以减少充分保护资源所需的规则数量，从而简化安全管理和维护工作。

5.3.18 联合身份管理

联合身份管理（Federated Identity Management，FIM）也称为身份联合，是多个企业之间的协议，用于使用组内用户的公共标识数据来提供对组织系统的访问。公司实体可以为公司控制范围内的所有集团企业启动此类联合。实施 FIM 的主要目的是简化用户的访问操作。

身份联合将用户的身份链接到多个安全域，每个安全域都支持自己的身份管理系统。当联合两个域时，用户可以对主域进行身份认证，然后访问其他域中的资源，而无须执行单独的登录流程。身份联合为企业及其网络用户提供了经济优势和便利。例如，多个公司可以共享一个应用程序，从而节省成本并整合资源。

要实现有效的 FIM，合作伙伴必须相互信任，通常可通过合同建立此信任感。FIM 系统中的合作伙伴之间的身份授权消息必须通过安全的通道进行传输。

要实施有效的 FIM，合作组织必须具有符合所有成员安全要求的政策，由于各个企业设定了不同的安全要求和规则，因此这些政策有时可能非常复杂。此外，当组织是多个联合的成员时，要确保政策准确地反映每个成员的规则，可能相当耗时、成本高昂而且非常复杂。

信息系统审计师应审查确立身份联合需求的业务案例。然后对政策和监控机制进行审查，确保可预防或检测以及纠正未经授权的访问。联合身份基于 SP（例如应用程序供应商）与外部相关方（被称为身份提供商）之间的相互信任关系。身份提供商（Identity Provider，IdP）创建并管理用户凭证，而 SP 和 IdP 就身份认证过程达成一致。多个 SP 可以参与与单个 IdP 的联合身份协议，并且 IdP 与所有组织维持互信协议。请求访问域或服务的用户无须每次都提供登录凭据，因为他们的凭据已存储在 IdP 的数据库中。IdP 在其数据库中确认用户的数字身份，对用户进行身份认证，并将身份信息发送给 SP。这使用户能够访问多个应用程序、系统、门户、网站和类似设施。图 5.17 详细介绍了 FIM 流程。

如图 5.17 所示，用户首先向 SP 提出服务请求。SP 请求 IdP 进行用户身份认证。凭借既定的身份/信任关系，SP 验证用户当前是否已通过 IdP 的身份认证。SP 将任何未通过身份认证的用户引导至 IdP 的登录页面进行身份认证。用户输入登录凭据，向 IdP 进行身份认证。如果登录凭据经过正确验证，则用户将通过身份认证并获得访问令牌。最后，访问令牌用于访问应用程序。

FIM 技术

信息系统审计师应明确，FIM 在其运行中利用了某些标准协议，这些协议也可能在 SSO 等实施中找到。图 5.18 显示了用于支持 FIM 的典型标准。

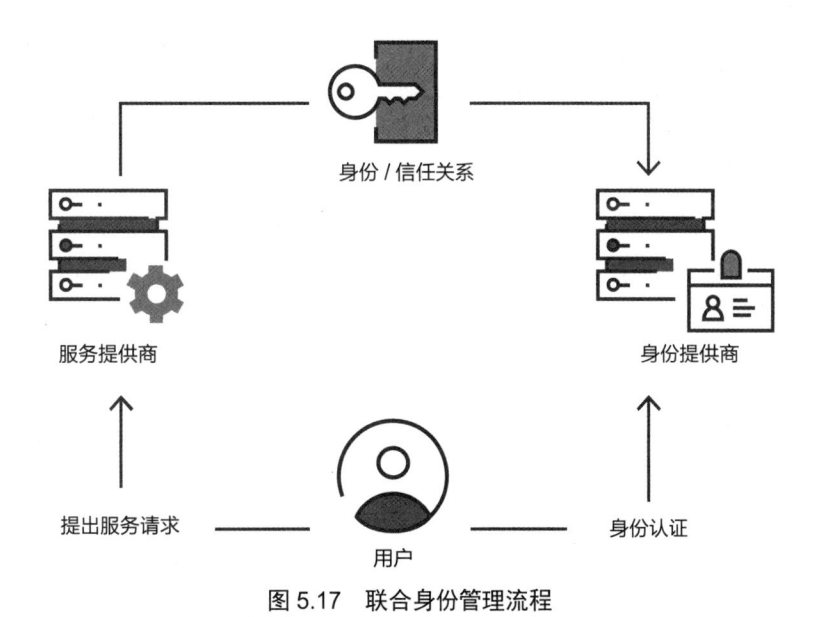

图 5.17 联合身份管理流程

通信协议	描述
安全断言标记语言	SAML 是一种开放式可扩展标记语言标准数据格式,用于在 IdP 与应用程序或服务之间交换身份认证和授权信息。它简化了联合系统中的密码管理和用户身份认证。SAML 授权对用户进行身份认证,并告知 SP 要授予的访问类型。这有助于使用一组凭据访问多个域。信息系统审计师必须了解 SSO 也使用 SAML
开放式身份验证	OAuth 允许网站和应用程序等第三方服务交换用户信息,而无须用户提供密码等凭据来访问服务。各种服务相互信任,允许它们共享信息,同时保护用户。例如,用户可以允许 YouTube 访问其 Facebook 个人资料,而无须分享他们的 Facebook 密码。值得注意的是,OAuth 不会跨服务共享用户凭据,而只是使用授权令牌来证明用户的身份
OpenID 连接	OIDC 在 OAuth 2.0 协议的基础上添加了身份层,允许第三方应用程序验证用户的身份,并为用户提供用于多个应用程序的单一登录工具。信息系统审计师应知悉 OIDC 和 SAML 的登录流程基本相同。主要区别在于 SAML 是独立的身份认证和授权协议,而 OIDC 在 SAML 的基础上添加了一个身份认证层。另一个显著的区别是 OIDC 基于 OAuth 2.0 标准构建并使用 JSON 传输数据,而 SAML 使用 XML
跨域身份管理系统	SCIM 是在两个系统之间自动交换身份信息的标准。SAML 和 OIDC 在身份认证过程中将身份信息传递给应用程序,而 SCIM 会在事件发生变化时更新用户信息,例如当新用户被分配给服务或应用程序或从系统中删除时。SCIM 是 IAM 领域中用户配置的关键组件

图 5.18 联合身份管理协议

FIM 的优势

与传统身份认证系统相比,FIM 架构具有许多优势,包括:

- **安全性增强**。在非联合系统中,用户通常登录到多个单独的系统,且每个系统都有自己的一组凭据。这意味着每次登录都是一个潜在的漏洞点。这增加了未经授权用户攻击的风险。相比之下,FIM 可以安全地对用户进行身份认证,以授予对多个域中的应用程序的访问权限,从而减少登录次数并降低攻击风险。
- **用户体验增强**。用户只需提供一次凭据即可跨联合域访问多个应用程序。用户只需记住一个账户的一组凭据。这比记住不同站点和服务的多个凭据要容易得多。这提高了用户的便利性和效率,并改善了用户体验。
- **单点配置**。FIM 支持单点配置,从而更轻松地为传统组织范围之外的用户提供访问权限。借助 FIM,用户只需记住一个账户的凭据。这也使得监控各种站点和服务的多个凭据变得更加容易。
- **安全资源共享**。联合组织可以有效地共享信息和资源,而不会危及用户凭据或安全性。
- **更轻松的信息管理**。组织使用 IdP 存储用户信息,从而简化数据管理流程。

- **成本降低**。与设置和维护 SSO 解决方案相比,实施联合登录系统的成本更低。组织不需要构建和部署自定义 SSO 解决方案。
- **工作效率提高**。由于用户花费大量时间输入和重新输入密码以及向帮助台请求帮助,多次登录会降低组织工作效率。FIM 通过应对这些挑战来提高组织生产力。

FIM 的局限性

FIM 的局限性包括:

- **依赖性增加**。使用联合登录时,组织依赖于 IdP 来保证其凭据的安全。如果 IdP 遭遇中断或安全漏洞,用户可能无法登录其通常使用的网站和服务。
- **控制减少**。使用 FIM 的组织会失去一些控制。例如,网站上的所有密码更改都将通过组织无法控制的 IdP。如果 IdP 安全环境薄弱,组织就会面临风险。
- **灵活性降低**。联合登录系统的灵活性可能不如 SSO 解决方案,因为它们通常仅适用于特定类型的少数账户。因此,FIM 技术可能与组织中的现有系统不兼容。
- **成本增加**。建立 FIM 的成本通常很高,超出了许多中小企业的承受能力。此外,采用 FIM 通常需要对组织现有的信息系统基础设施进行昂贵且耗时的重大改造。

FIM 与 SSO 的比较

FIM 和 SSO 支持组织最大限度地降低与密码相关的风险、保护数据并改善用户体验。两种解决方案都需要一组凭据来授予用户对多个应用程序的访问权限。企业领导者常常将这两种技术相混淆。信息系统审计师应对此类混淆保持警惕,并相应地向管理层提出建议。图 5.19 显示了 FIM 和 SSO 技术之间的比较。

	联合身份管理	单点登录
访问范围	FIM 允许用户访问联合配置中多个企业域中的应用程序或平台。FIM 支持 SSO,并将 SSO 扩展到多个域	借助 SSO,用户可以使用一组凭据访问同一组织或域内的多个应用程序
集中化水平	FIM 是一种分散式身份认证方法,允许用户使用一组凭据访问多个在线服务。它比 SSO 更具可扩展性,并且更易于管理	SSO 是集中式方式,要求用户通过单个提供商进行身份认证,以访问多个在线服务
应用领域	FIM 在面向消费者的网站和应用程序中十分常见	SSO 通常用于员工需要访问各种资源(例如电子邮件和共享文件)的业务环境
安全级别	由于有可能使用泄露的凭据来访问多个实体的账户,FIM 的安全性较低	SSO 更安全,因为几乎不可能使用泄露的凭据访问多个实体的账户

图 5.19 联合身份管理与单点登录的比较

5.3.19 审计逻辑访问

评估逻辑访问控制时,信息系统审计师应该:

- 通过审查相关文档、质询、观察、风险评估和评估技术,大致了解信息处理所面临的安全风险。
- 通过审查相应的软硬件安全功能和识别所有缺陷或冗余,对系统内部潜在访问路径的控制加以记录和评估,从而确定这些控制的充分性、效率及有效性。
- 通过采用相应的审计技术来测试组织对访问路径的控制,以确定这些控制是否正常有效。
- 通过分析测试结果及其他审计证据来评估访问控制环境,以确定控制目标是否得以实现。
- 通过审查书面政策、观察实务和程序,并将其与其他组织所使用的适当安全标准、实务及程序相比较,对安全环境进行评估以确定其充分性。

熟悉 IT 环境

熟悉是审计的第一步。它通常涉及通过面谈、实地浏览审查、文件审查和风险评估来清楚地了解信息系统处理设施的技术、管理和安全环境。

评估和记录访问路径

访问路径是最终用户用来访问计算机化信息的逻辑路径。此类路径开始于某终端设备/工作站,并通常结束于所访问的数据。在访问过程中,会遇到大量的硬件和软件组件。信息系统审计师应对每个组件进行评估,以确定实施的正确性及物理和逻辑访问的安全性。

应对以下内容给予特别关注:

- 数据的创建和授权。
- 输入数据的有效性和正确性。
- 受影响操作系统的维护(修补、加固和关闭无须开启的端口)。

> **注意**
>
> 信息系统审计师应参照应用程序数据的创建和授权来评估控制目标,并应评估用于数据输入和处理的控制。如果忽略控制目标和措施,应用程序将极易遭受来自内部或外部(尤其是互联网)的攻击。防火墙不能保护应用程序免受其通常允许的超文本传输协议通信伴随的攻击类型。

与系统人员面谈

为了控制和维护访问路径的各种组件,以及操作系统和计算机大型机,通常需要技术专家。对于正在了解安全环境的信息系统审计师而言,这些专家可以成为宝贵的信息来源。为了识别这些技术专家，信息系统审计师应与信息系统经理会面，并审查组织图和工作说明。关键角色包括安全管理员、网络控制经理和系统软件经理。

应要求安全管理员确定此岗位的职责和职能。如果提供的答案不支持合理的控制或不符合书面工作说明，则信息系统审计师应通过扩大访问控制的测试范围来作相应的弥补。此外，信息系统审计师还应确定安全管理员是否知道必须受到保护的逻辑访问、是否有意识采取方法主动监控登录情况以了解员工动向，以及是否熟知维护和监控访问的方式。

应与部分最终用户进行面谈，评估他们对有关逻辑安全性和机密性的管理政策的意识。

审查来自访问控制软件的报告

访问控制软件的报告功能为安全管理员提供了监控安全策略遵守情况的机会。通过查看安全报告样本，信息系统审计师可以确定是否提供了足够的信息来支持调查，以及安全管理员是否正在对报告进行有效的审查。

报告内容应包括失败的访问尝试，并指明相应的时间、终端设备、登录以及尝试访问的文件或数据元素。

审查应用程序系统操作手册

应用程序系统手册应包含常用于整个数据处理安装过程的程序的文档，以支持应用程序系统的开发、实施、操作和使用。此手册所包含的信息应涉及可运行该应用程序的平台、数据库管理系统、编译器、解释程序、电信监视器以及可与该应用程序一同运行的其他应用程序。

5.4 网络和终端安全

采用边界安全控制，企业可以有效预防和检测针对其网络的大部分攻击。防火墙和 IDS 在受信任与不受信任网络之间的边界处提供保护和关键警报信息。对于成功而深入的安全方案，正确实施并维护防火墙和 IDS 至关重要。安全格局拥有各种各样的技术和解决方案，可满足无数需要。要了解解决方案的功能及其应用到底层基础设施的情况，需要了解基础设施本身和使用的协议。

5.4.1 信息系统网络基础架构

开发信息系统网络的需求始于共享不同计算机设备上的信息资源，以使组织能够改进业务流程和显著提高生产力。

数字电信链路或线路通常用于网络，并基于提供商类型或技术类型进行分类。通常可将其分为专用电路（又称租用线路）和交换电路。

借助数据包交换技术，用户可共享公用运营商资源。因为这可让运营商更高效地利用其基础设施，所以客户的成本通常远低于租用线路。在数据包交换设置中，各网络均连接到运营商的网络，并且很多客户共享运营商的网络。运营商可在客户站点之间创建虚拟电路，以便数据包通过网络在站点间传输。运营商网络中的共享部分通常称为云。数据包交换网络的一些示例包括异步传输模式和交换式多兆位数据服务。

通过模拟电信链路或线路传输信号的方法包括基带或宽带：

- **基带**。信号直接注入通信链路（信号的频率范围内没有调制或偏移）。一般来说，某一时刻只有一条通信信道可用（半双工），不过现在市场上也有全双工调制解调器供应。
- **宽带网络**。可用频带内定义的不同载波频率可承载模拟信号，例如由图像处理器或数据调制解调器生成的信号，就好像将信号放在单独的基带信道内一样。根据所载信号的频带要求，在相邻载波频率间留出相应的间隙可以避免干扰。能够在单载波介质上矢量化多条独立信道，可以显著提高远程连接的有效性。在两个站之间同时进行数据或控制发送/接收被称为全双工连接。

5.4.2 企业网络架构

现代网络是高速局域和广域计算机网络的大型架构解决方案（集中管理且联网运作）的一部分，服务于组织客户端/服务器环境。这种架构包括将常见类型的 IT 功能聚合于各个网络分段，每段都可唯一识别并专用于特定任务。例如，网络分段或网块可能包括基于 Web 的前端应用程序服务器（公有或私有）、应用程序和数据库服务器以及使用终端设备仿真软件的大型机服务器，以允许最终用户访问这些后端传统系统。最终用户进而能够在自身的网络 LAN 中聚集在一起，但具备快速访问功能来整合信息资源。

有些组织实施面向服务的架构，其中允许使用简单对象访问协议和可扩展标记语言的 Web 软件组件在网络中以松散连接和分布式方式进行互操作。在这种环境中，信息的可访问性高，随时随地都能使用，并且进行集中管理，能够有效且高效地排除故障和管理性能，使网络资源得到充分利用。

信息系统审计师要想从业务、性能和安全设计角度理解网络架构解决方案，就必须了解与电子通信基础设施（如 LAN 和 WAN 规范）设计和开发相关的信息技术。

5.4.3 网络类型

组织通用的网络类型包括：

- **个人局域网（Personal Area Networks，PAN）**。通常是用于个人使用的计算机设备（包括电话、平板、打印机、照相机及扫描仪等）之间通信的微型计算机网络。PAN 的有效范围通常在 33 英尺（约 10 米）以内。PAN 既可用于在个人设备之间进行通信，也可用于连接更高级别的网络和互联网。PAN 可通过线缆连接到计算机总线，例如通用串行总线。无线 PAN 可使用多种网络技术建立，例如红外数据协会和蓝牙（微微网）。微微网由最多八台处于主-从关系的活动设备组成。虽然在理想条件下，微微网可以达到 328 英尺的最大范围，但是其有效范围一般只有 32.8 英尺。
- **LAN**。LAN 是覆盖例如家庭、办公室或校园等有限区域的计算机网络。LAN 的特点是数据传输速率较高，而地理范围较小。以太网和 Wi-Fi（无线局域网）是目前最常用的两项技术。
- **存储区域网络（Storage Area Network，SAN）**。SAN 是 LAN 的一种变体，专用于将存储设备连接到服务器及其他计算设备。SAN 集中处理数据的存储和管理。SAN 本质上是一个独立的专用网络，提供对块级格式的整合数据存储的访问。SAN 和网络附加存储之间的主要区别在于，SAN 提供块级存储，而 NAS 提供文件级存储。此外，NAS 是由廉价磁盘冗余阵列组成的单一设备，而 SAN 使用包括固态硬盘、云存储和闪存存储在内的设备网络。信息系统审计师应该了解与 SAN 架构相关的安全风险。例如，在 SAN 以及应用程序和网络，需要保护的数据面临着物理威胁。网络和配置协议漏洞也十分普遍，因为 SAN 通常不强制执行严格的身份认证，并且用户需要授权。因此，利用缺乏适当的身份认证协议的攻击很容易在 SAN 中实施。SAN 用于访问大型存储解决方案，使其成为在网络中横向移动的攻击者的目标，后者可能使用被盗的凭据或利用不充分的访问控制。审查运营的信息系统审计师可以建议管理层通过实施频繁的强身份验证来保护数据存储，并帮助组织更好地跟踪允许谁访问每个应用程序或数据库，从而充分保护 SAN 免受攻击。应采用组织范围内的安全方法，以便组织中在 SAN 上存储敏感业务数据的任何部门对保护自己的数据负责。
- **广域网（Wide Area Network，WAN）**。WAN 是覆盖城市、地区、国家或国际链路等较大区域的计算机网络。例如，最大的 WAN 就是互联网。WAN 用于连接 LAN 和其他类型的网络，以使某个地方的用户和计算机能够与其他地方的用户和计算机进行通信。很多 WAN 是专为某一家组织建立的私有网络。其他能够提供从组织 LAN 到互联网的连接的 WAN，由互联网服务提供商建立。WAN 也可以是无线的。仅限于一个城市或地区的 WAN 被称为城域网，其特点是数据传输速率相对高于广域网。

5.4.4 网络服务

具有功能特性的网络服务是由适当的操作系统应用程序实现的。它们允许有序利用网络上的资源。网络不是使用单一操作系统控制自身资源并共享给发出请求的程序，而是依赖通过各种网络设备（能够支持单独网络服务）的基本系统软件所制定和实施的各种标准和特定协议或规则集。用户和业务应用程序可通过特定调用/接口请求网络服务。常见的网络应用程序服务包括：

- **网络文件系统**。使用户能够在网络中共享文件、打印机及其他资源。
- **电子邮件服务**。能够通过连接到通信网络的终端设备或 PC 将非结构化的消息发给其他个人或群体。
- **打印服务**。通常通过网络上的打印服务器，提供管理和执行网络上其他设备发出的打印请求服务的功能。
- **远程访问服务**。提供远程访问功能，使计算设备看起来就像直接连接到远程主机一样。
- **目录服务**。存储网络上各种资源的相关信息和帮助网络设备查找服务，与传统的电话号码簿非常类似。
    - 目录服务还帮助网络管理员管理用户对网络资源的访问。
- **网络管理**。提供控制和维护网络的一组功能。
    - 网络管理提供网络中所有组件的状态详细信息，例如，线路状态、活动终端设备、消息队列的长度、线路误差率以及线路流量。网络管理使计算机能够在网络中共享信息和资源，并提供网络可靠性。它在网络问题影响网络的可靠性之前为操作员提供早期预警信号，使操作员能够及时采取预防或修复措施。
- **动态主机配置协议**。联网计算机（客户端）所用的通信协议，用于从 DHCP 服务器中获取 IP 地址及其他参数，例如默认网关、子网掩码和 DNS 的 IP 地址等：
    - DHCP 服务器可确保所有的 IP 地址均唯一，例如分配给第一个客户端的 IP 地址仍然有效时（租期未满），不会将该地址分配给第二个客户端。因此，IP 地址池的管理工作由服务器完成而不是由网络管理人员手动完成。
- **DNS**。将网络节点的名称转换为网络地址。

5.4.5 网络标准和协议

网络架构标准通过为组织提供可用于结构化计算机之间通信及网络通信过程的参考模型，协助创建应用程序可在其中工作的集成环境。

除具有兼容架构所带来的便利之外，网络标准的另一项重大优势在于能够帮助组织应对在设计和实施集成化、高效、可靠、可扩展且安全的 LAN 和 WAN 网络（连接外部的公共互联网）方面的挑战。由于存在以下要求，所以这是一项重大挑战：

- **互操作性**。连接各种系统以支持不同技术之间的通信，并且其中的各个站点可能使用运行速度各异的不同类型的介质时，就要求具备互操作性。
- **可用性**。意味着最终用户获得连续、可靠而又安全的服务（全天候可以使用）。
- **灵活性**。要求网络有可扩展性以适应网络扩展以及对新应用程序与服务的需求。
- **可维护性**。意味着组织高度集成的异构系统提供集中支持与故障排除。

组织需要在创建应用程序运行的集成环境时，有能力为要创建的网络类型（如 LAN/WAN）制定规范。组织还必须为高度集成的异构系统提供集中支持和故障排除。

5.4.6 虚拟私有网络

虚拟私有网络（Virtual Private Network，VPN）通过对公共互联网上由虚拟连接发出的数据包进行加密，安全地将企业网络扩展到远距离办公室和人员、销售人员和业务伙伴。VPN 不是使用昂贵的专用租用线路，而是利用公共的全球 IP 基础设施，让远程用户能够进行本地呼叫（而不是按长途呼叫费率拨入）或使用互联网电缆调制解调器或 DSL 连接，以获得便宜的公共网络连接。

VPN 与平台无关。除了安装远程软件之外，任何配置为在 IP 网络上运行的计算机系统都可以通过 VPN 进行连接，无须任何修改。

有三种类型的 VPN：

1. **远程访问 VPN**。用于安全地将远程办公人员和移动用户连接到企业 WAN；它通过确保信息在开放互联网上得到合理保护，降低了远程办公的门槛。

2. **内联网 VPN**。用于连接企业 WAN 内的分支机构。

3. **外联网 VPN**。用于为业务伙伴提供对彼此公司网络的有限访问权限（例如，汽车制造商与其供应商）。

传统的公司内部 VPN（内联网）与公司间 VPN（外联网）之间唯一的区别在于 VPN 的管理方式。使用内联网 VPN 时，所有网络和 VPN 资源都由单个组织管理。当组织的 VPN 用于外联网时，管理控制就会变弱。因此，建议在外联网 VPN 中，每个参与公司管理其自己的 VPN 并保持对其的控制。

VPN 允许：

- 网络管理员以经济高效的方式增加公司网络的跨度。
- 远程网络用户安全方便地访问公司。
- 公司与业务伙伴安全地通信。
- 供应链管理高效且有效。
- SP 通过提供大幅增加的带宽与增值服务来拓展业务。

确定哪些网络资源应该通过 VPN 进行连接取决于各种系统上使用的应用程序。常用于确定网络连接性的要求包括：安全政策、业务模型、内联网服务器访问、应用程序要求、数据共享和应用程序服务器访问。

无论连接类型如何，与 VPN 相关的主要问题包括：

- 传输安全性，包括预防"劫持"传输和预防恶意软件进入网络。
- 管理技术。
- 配置管理。
- 确保信息不变，保持准确性和可靠性。

通过公共网络传输数据对业务的影响以及伴随的风险都很大。根据行业的不同，企业可能会遇到以下目的的中断和入侵企图：获取经济利益、获取知识产权、造成业务中断、获取敏感的私人信息或危害国家安全。入侵的犯罪者可能来自外部或内部，由私人或政府资助。该活动可能增加公司的以下风险：

- 与客户或公众的公共关系问题（声誉风险）。
- 无法遵守监管处理要求（监管和财务风险）。
- 无法履行关键业务职能（运营和财务风险）。
- 无法维持薪资和员工隐私（监管和声誉风险）。
- 物理或信息资产损失（声誉和财务风险）
- 无法满足与第三方或客户之间协定的服务等级协议（合同风险）。

VPN 协议

图 5.20 概述了最常见的 VPN 协议类型。

协议类型	协议描述
互联网安全协议	IPSec 的实施模式有两种。IPSec 隧道模式会加密整个数据包，包括报头 IPSec 传输模式仅会加密数据包的数据部分。IPSec 通常用于保护互联网通信，并用于站点到站点 VPN
互联网密钥交换版本 2	该协议十分有用，主要用于重建暂时丢失的连接。它被认为是最安全、最稳健的协议之一，通常对于在 Wi-Fi 和移动数据之间切换的移动设备最为有效
点对点隧道协议	PPTP 允许对多协议流量进行加密，然后将其封装在标头中以通过 IP 网络发送。它通常用于远程访问和站点到站点 VPN 连接。使用互联网时，PPTP 服务器是支持 PPTP 的 VPN 服务器，其一个接口位于互联网，第二个接口则位于公司内部网。PPTP 使用传输控制协议连接进行隧道管理和通用路由封装，以封装 隧道数据的 PPP 帧。由于存在安全漏洞，PPTP 应与补偿性控制结合使用
安全套接字隧道协议	SSTP 使用安全超文本传输协议，让流量穿过可能阻止其他协议的防火墙和 Web 代理。SSTP 提供了一种通过安全套接字层通道封装点对点协议（PPP）流量的机制。使用 PPP 可以支持强身份认证方法，而 SSL 则通过增强的密钥协商、加密和完整性检查提供传输层的安全性
第二层隧道通信协议	L2TP 可以对多协议流量进行加密，并通过任何支持 PPP 数据传输的传输介质（如 IP 或 ATM）发送。它是 PPTP 和第 2 层转发的组合。L2TP 具有 PPTP 和 L2F 的最佳功能。与 PPTP 不同，L2TP 在传输模式下依赖于 IPSec 来提供加密服务。L2TP 和 IPsec 的组合被称为 L2TP/IPsec。VPN 客户端和 VPN 服务器都必须支持 L2TP 和 IPsec。L2TP/IPsec 还能实现完美的前向保密
OpenVPN	OpenVPN 是一款开源软件应用程序，它实施了 VPN 技术，以在路由或桥接配置和远程访问设施中创建安全的点对点或站点到站点连接。它使用带有 SSL/传输层安全的自定义安全协议进行密钥交换，并能穿越网络地址转换器和防火墙。OpenVPN 允许对等方使用密钥、证书或用户名和密码相互验证身份。大多数使用 OpenVPN 的 VPN 提供商都具有完美的前向保密

图 5.20 虚拟私有网络协议

VPN 最佳实践

信息系统审计师可以向管理层建议各种最佳实践,以增强 VPN 技术的安全性。保护 VPN 基础设施安全的建议包括:

- **制定 VPN 政策**。应制定 VPN 政策,为通过 VPN 访问网络的用户定义最低安全要求和行为期望。此外,还应定期进行审查和更新,以确保其保持最新状态。该策略应包含创建安全密码、实施强身份认证、使用强加密、控制访问、监控和记录活动以及其他最佳安全实践的指南。

- **选择基于标准的 VPN**。与使用自定义代码通过 TLS 发送流量的安全套接字层/TLS VPN 相比,使用公认标准(如互联网密钥交换/互联网协议安全)的 VPN 通常被认为风险较小且更加安全。如果 VPN 设计为使用自定义 SSL/TLS 隧道作为后备,则建议禁用此功能。

- **实施具有强加密技术的 VPN**。组织应使用具有强大且最新加密技术的 VPN。加密算法还应经过联邦信息处理标准的验证。强加密技术包括 TLS 1.3 协议和加密算法,如 AES 256 位加密算法。强效加密技术可确保通过 VPN 传输的数据的机密性和完整性。

- **实施强身份认证**。应使用 MFA 配置 VPN,并通过数字证书将密码替换为客户端身份认证。身份认证令牌是强身份认证的另一种形式。这可降低未经授权访问 VPN 资源的风险。

- **实行有效的修补程序管理**。安全攻击者经常利用 VPN 软件漏洞。因此,需要对 VPN 资源进行持续的修补程序管理流程。如果 VPN 由第三方供应商管理,组织应确认第三方代码是最新且安全的。部署 VPN 后,建议定期检查并及时应用软件更新。

- **实施严格的 VPN 访问控制**。应采用强有力的访问控制来保护 VPN。应严格控制对 VPN 的访问。应创建防火墙规则,以仅允许 IKE/IPsec VPN 的用户数据报协议端口 500 和 4500 或 SSL/TLS VPN 的 TCP 端口 433(或自定义端口)。应基于 IP 地址白名单限制对 VPN 终端的访问。应阻止通过 VPN 访问管理界面,以防在管理员凭据泄露的情况下访问管理界面。

- **安全 VPN 流量**。为组织的 VPN 架构提供保证的信息系统审计师应意识到,虽然 VPN 旨在提供两个位置之间的加密通道,但它不会执行任何安全检查或过滤通过隧道的流量。所有 VPN 流量都应通过完整的安全堆栈,包括 Web 应用程序防火墙和 IDS/IPS。必须确保将 VPN 配置为启用所有 Web 应用程序安全设置(例如使用之前用户的会话数据进行重放攻击)。

- **确保正确配置 VPN**。应正确配置和加固 VPN,以减少其攻击面。安全 VPN 应支持强身份认证、数字证书、日志记录、审计以及 IPS。

- **防范零日漏洞和恶意软件**。VPN 是非常有用的安全工具,可以预防中间人攻击和一般窃听,但无法预防、检测或消除通过网络的恶意软件。组织应确保 VPN 仅使用公司硬件,并包含防病毒和反恶意软件功能。

- **测试 VPN 的功能**。在组织最终部署 VPN 前,必须了解第一次测试的功能以及它将如何处理用户流量。信息系统审计师应意识到,虽然安全性仍然是 VPN 配置中的首要任务,但额外的安全功能可能会导致更多的延迟。

- **监控和记录 VPN 使用情况**。必须定期监控和记录 VPN 活动,以检测和响应 VPN 上发生的任何可疑或恶意活动。记录 VPN 活动通常有助于识别未经授权的访问尝试和其他恶意活动,以便组织快速响应 VPN 安全事故。

5.4.7 网络连接存储

NAS 包含一个集中式文件服务器,使多个用户能够通过通信网络存储和共享文件。NAS 安全是指组织为保护 NAS 环境中的关键数据免受威胁而实施的措施。NAS 安全性可帮助组织管理其 NAS,而不是被动地等待事故发生。保护 NAS 环境的安全对于所有企业都至关重要,因为它支持企业遵守数据保护和隐私法、保护专有信息并为客户提供最佳体验。维护安全 NAS 环境的一些主要好处包括,提高所有员工的责任感和安全意识、改善企业的整体数据保护活动、减少数据盗窃,以及通过减少停机和维持良好的声誉来节省成本。

信息系统审计师应意识到 NAS 存在以下漏洞:

- **不安全的网络配置**。如果 NAS 存储设备所连接的网络是没有安全配置的开放网络，则所有 NAS 设备都会容易受到该公共网络上的威胁。未加密的网络会话也会使 NAS 系统容易受到攻击。

- **不安全的密码**。网络访问密码、存储管理密码以及任何其他公开且未加密或不安全共享的凭据都面临着未经授权使用的风险。攻击者可以读取或窃取凭据，并获得未经授权的访问权限。

- **身份认证不足**。如果网络上的用户不需要证明自己的身份和访问系统的权限，恶意攻击者就可以未经授权地访问存储系统。一旦攻击者获得访问权限，他们就可以在系统内发起更多攻击。

- **来自其他网络设备的泄漏**。NAS 设备通常连接到同一网络上的其他设备和 IoT 设备。IoT 设备可能会将恶意软件泄漏到 NAS 基础设施中，从而感染 NAS 所连接的设备。

- **恶意软件风险暴露**。NAS 可能会被恶意软件入侵，包括蠕虫和病毒。一些 NAS 设备已成为勒索软件攻击的受害者。这些攻击通常以安全性较差的 NAS 和支持物联网的设备作为攻击向量。

- **命令注入**。NAS 容易受到命令注入攻击，攻击者可以通过这些攻击控制 NAS 存储驱动器，有时甚至能获得管理员特有的 root 访问权限。

为确保企业的 NAS 安全，信息系统审计师应建议管理层遵循一些关键实践，包括：

- **培训所有员工**。所有员工都应接受如何识别社会工程攻击（例如网络钓鱼攻击）的培训。即使员工不是任何存储或技术团队的成员，也应鼓励他们采取安全的措施，例如限制访客进入 NAS 所在的位置。

- **更新所有操作系统和固件**。所有系统软件应定期更新，包括针对已知漏洞的修补程序。信息系统安全团队和系统管理员应不断与 NAS 供应商核实是否有可用更新，并立即更新其系统。

- **安全的互联网连接和端口**。信息系统安全团队应确保安全存储，网络团队则应保护与公共互联网的所有连接。示例包括严格的 IP 地址允许列表、安全超文本传输协议连接以及传输中数据的加密。

- **安全地管理密码**。存储设备或网络的所有密码都应安全存储，不得通过电子邮件或业务通信渠道共享，也不得在任何公共环境中写下。简而言之，组织应实施良好的密码实践。

- **启用 MFA**。MFA 可预防攻击者使用许多技术和策略来获取对 NAS 的未经授权访问。如果没有所有必需的要素，攻击者就无法登录 NAS 账户。这增强了 NAS 的安全性。

- **使用 HTTPS**。与未加密的 HTTP 不同，HTTPS 是一个安全的通道，因为它是加密的。远程连接到 NAS 时，用户可以在设置页面中选择 HTTP 或 HTTPS。HTTPS 对进出 NAS 的所有数据进行加密。

- **实施防火墙技术**。大多数 NAS 驱动器的架构中都内置了防火墙技术。NAS 设备中的防火墙应打开，并配置为仅允许来自受信任来源的流量。这可加强 NAS 的安全防御态势。

- **使用 VPN 连接**。应使用 VPN 连接到 NAS。VPN 非常安全，因为其融入了加密功能。这对于远程访问 NAS 服务器的组织尤为重要。

5.4.8　内容交付网络

内容交付网络（Content Delivery Network，CDN）由互连的服务器组成，这些服务器的位置经过战略性定位，以最大限度地缩短用户与最近服务器之间的距离。其工作原理是将每个传入的文件或服务请求引导到最近的服务位置。如果 CDN 服务器在其缓存中存储了所请求内容的最新副本，则将直接响应请求。如果没有，它会将请求转发到源服务器，后者满足请求，同时缓存响应的副本以支持未来的请求。这提供了某种形式的地理和逻辑负载均衡。例如，如果一家公司位于美国，而请求来自南非，则非洲的本地贮存库（而不是美国的本地贮存库）将提供文件访问权限。信息系统审计师应将 CDN 视为部署在互联网上众多数据中心中的资源服务集合，以提供低延迟、高性能、较少带宽、高质量和高可用性的托管内容。

通过 CDN 交付的内容主要分为三种类型：

- **动态内容**。动态内容由 Web 服务器动态生成。

内容以超文本预处理器和 Java 等 Web 编程语言创建。

- **静态内容**。静态内容通常不会更改，也不需要生成。它包括图像、层叠样式表、JavaScript等。
- **流媒体内容**。流媒体内容包括通过网络浏览器控制技术播放的视频或音频文件。

CDN 的优势

采用 CDN 技术的好处包括：

- **改善用户体验**。在内容分发方面，加载时间长意味着高跳出率。跳出率指的是访问网站然后立即离开的用户。它被认为是最重要的网站有效性衡量指标之一。CDN 有助于降低跳出率，从而增加互联网流量。由于最终用户更接近接入点，因此延迟也较少。
- **全球可访问性**。CDN 有助于在全球范围内提供内容的访问，并借助多个 PoPs 绕过内容源和目的地的问题。
- **分散的 PoP**。如果网络的主服务器与位于亚洲的客户相距甚远，则响应客户查询的内容交付将会很慢。因此，CDN 使用尽可能靠近最终用户地理位置的服务器。这大大加快了内容交付速度，促进了在线业务，并消除了交易缓慢或不成功的干扰。
- **自动数据分析**。CDN 提供商通过基于数据量收费。这包括数据分析：最常用的搜索查询、时间、位置等。数据分析支持组织改进其业务模式，并评估工作实务。
- **降低网络拥塞率**。实施 CDN 可以降低网络拥塞率，从而提升性能。当多个用户希望同时访问一个网站时，就会出现网络拥塞。CDN 可以将用户重定向到网络拥塞程度较低的部分，从而实现卓越的整体性能，并改善用户体验。
- **提高内容质量**。与通过其他方式交付的内容相比，通过 CDN 交付的内容很可能保持最佳质量。这使得分享的信息更可信，从而对客户满意度产生积极影响。
- **降低管理成本**。CDN 消除了为外国服务和多个提供商而支付的费用。通过 CDN 分发的内容可在全球范围内使用，并可通过单个提供商进行访问。这减少了大多数组织的开销。

CDN 安全风险

在风险评估和后续审计过程中，信息系统审计师需要提高安全意识。CDN 中的违规或安全漏洞是严重事件，会产生严重的后果，因为它会影响多个第三方合作伙伴，造成巨大的生产力损失。

CDN 环境中常见的安全威胁包括：

- **会话劫持**。与防火墙不同，CDN 无法阻止不良流量感染网站。包含缓存信息的 CDN 服务器可能会以各种方式被劫持和利用。
- **凭据盗窃**。如果黑客能访问多家企业使用的 CDN 上的缓存信息，则每个组织的客户信息都可能泄露。网络犯罪分子可以通过 CDN 窃取密码、电子邮件地址和其他敏感信息。
- **分布式 DoS 攻击**。大多数 CDN 都容易受到攻击，导致服务器重复运行相同的命令，造成内容过载并脱机。
- **安全风险**。CDN 在全球范围内的服务器上缓存内容，使其更容易受到攻击。设法破坏 CDN 服务器的威胁实施者可能会访问或修改所有缓存的内容。
- **性能风险**。虽然 CDN 可以提高大多数网站或应用程序的性能，但如果配置不当，它们可能会带来性能问题。例如，如果 CDN 服务器离线或过载，可能会导致网站或应用程序不可用。
- **成本增加**。CDN 的构建和维护通常成本高昂，并且往往仅适用于拥有大型网站或高流量且资源充足的组织。
- **失去控制**。使用 CDN 的服务后，组织会依赖于 CDN 提供商来交付内容。这可能会导致失去控制和业务连续性挑战，尤其是当 CDN 提供商遇到运营问题或停业时。

CDN 安全最佳实践

有助于确保 CDN 的使用不会有损于组织安全的措施包括：

- **执行审慎的 CDN 评估**。市面上有许多 CDN 提供商，组织在做出决定前必须考虑所有可用的选项。了解数据的缓存方式以及执行渗透测试的频率至关重要，以确保服务器安全并了解服务器出现故障时会发生什么情况。CDN 提供商应能解决安全问题。

- **实施 WAF**。CDN 本身很容易受到攻击,需要与基础设施中内置了 CDN 功能的 WAF 相结合。WAF 充当内容和互联网之间的屏障,阻止可疑的流量,同时允许良好的流量通过。
- **确保与 SSL 证书兼容**。如果组织处理信用卡付款,则 SSL 证书应与 SSL 证书兼容。这可确保在组织网站上提交的信息在通过 CDN 传输时保持加密状态。
- **确保正确的内容路由**。组织必须使用具有正确内容路由程序的适当 CDN。CDN 应能够应要求限制基于国家或地区的访问。
- **实施内容删除和缓存控制**。应实施控制,使 CDN 中的信息不可用,例如从源服务器删除内容。应通过实施全局规则或提供缓存选项来正确管理缓存。
- **实施 DR/BC 程序**。DR/BC 程序确保后备选项和业务连续性。CDN 应提供近乎恒定的可用性和后备设施,即使在系统出现大范围极端故障的情况下也是如此。

5.4.9 网络时间协议

网络时间协议(Network Time Protocol,NTP)用于通过数据包交换数据网络同步系统时钟。它是一个内置的 UDP,在开放系统互连模型的应用层上运行。当组织需要实施依赖于整个网络的一致时间保持的安全解决方案(例如 Kerberos)时,NTP 特别有用。NTP 的优势包括:

- **提高安全性**。NTP 可降低组织系统对病毒攻击和恶意实施者入侵的敏感性。这是因为有效安全的一个关键考虑因素是准确的计时。计算机系统通常以渐进的线性方式读取时间。因此,当慢速和快速系统通信时,时钟同步是必要的。
- **减少欺骗攻击**。使用 UDP 协议同步进程的协议和服务器很容易受到欺骗。攻击者通常会减慢计算机的互联网时钟以协助欺骗过程。然而,NTP 服务器可以立即检测到此类尝试,从而允许安全团队在它们对计算机系统造成损害前对其进行处理。
- **提高准确性**。通过实现客户端之间的对称网络通信,NTP 能比手动方法更准确地同步时间。换句话说,一个客户端的信息到达服务器所需的时长与数据从服务器移动到接收客户端所需的时长相同。
- **易于配置**。NTP 可由安全知识有限的个人进行配置。
- **提高可用性**。NTP 通过预防错误或漏洞破坏服务器与其客户端之间的信息交换过程来提高可用性。它还确保了服务器连续一致的计时。
- **提高可靠性**。通过安装多个冗余 NTP 服务器,可以使协议变得可靠。这是因为,如果计算机环境中出现硬件故障,冗余 NTP 服务器通常会替代其他服务器。另一个优点是服务器不需要互联网连接来准确地同步时间。
- **改善网络管理**。在网络连接不稳定或较差的情况下,NTP 至关重要,因为它的工作方式有别于互联网时间服务器。当连接质量不佳或断联时,互联网时间服务器可能会将用户从站点注销。与无法监控或跟踪其行为的互联网时间服务器不同,NTP 可确保对所有服务器进行持续监控。此外,NTP 服务器还存储工作信息日志,以分析并跟踪到精确的时间源。
- **提高合规性**。在某些组织中,法律要求保持可追溯至精确时间源的系统同步。由于互联网时间服务器不可追踪,因此唯一的选择是 NTP。必须遵循这些法律标准的组织或行业通常处理敏感信息,例如医疗保健和金融服务行业的许多组织。

NTP 风险

虽然 NTP 有许多优势,但也存在不少弱点,其中一些影响较小,而且有其他选择。一些弱点根本没有解决方案,而另一些弱点则几乎没有解决方案,这就使得协议在某些情况下站不住脚。信息系统审计师应熟悉 NTP 的风险,以便为其运营提供保证,并在实施和持续运行期间献计献策。NTP 风险包括:

- **低效的安全选项**。对称和非对称加密技术的安全架构很少与 NTP 结合使用,这降低了 NTP 的安全性。对称加密并不常用,因为它使用几乎没有或毫无安全性的消息摘要算法。安全散列算法 1 也替代 MD5 算法,但安全性较低。

NTP 的非对称身份认证基于 Autokey，这是另一个不应使用的不安全协议。

- **欺骗攻击的可能性依然存在**。NTP 服务器通常会预防对服务器的欺骗攻击，但不会在所有阶段保护所有客户端。由于没有针对时间缩短行为的安全控制，客户端仍易受到欺骗攻击。只有构建良好的客户端才会受到保护。
- **添加 UDP 片段**。在攻击者发送到接收客户端的 UDP 片段流中添加虚假片段不会更改通信数据包上的时间戳，而只会更改发送时间。由于不需要校验和，而且很容易被设置为零，因此很难检测到。这使得 NTP 容易受到攻击。
- **死亡之吻攻击的漏洞**。KoD 攻击会中断系统的上游 NTP 服务器，并对 NTP 服务器发起 DoS 攻击。这是涉及短时间内查询慢速控制的 NTP 服务器的必要功能。然而，该功能经常被攻击者滥用，以在较长时间内阻止客户端发送查询。这种攻击通常很有效，因为接收客户端很少匹配时间戳。
- **依赖性安全协议**。当实施 NTP 时，安全协议将依赖于时间。攻击者可以实施 DoS 攻击，或通过过早过期时间记录来刷新缓存。提前过期通过将验证解析器上的系统时间提前来加以实现。然而，如果系统时间提前，服务器就容易受到重放攻击。

使用 NTP 的最佳实践

如果配置和保护不当，NTP 可用于操纵日志并更改系统时间，从而改变事件的顺序，使发现攻击尝试变得更加困难。如果时钟不能正确同步，就很难在不同系统间执行日志关联等操作。信息系统审计师应确保通过以下最佳实践正确地配置和保护 NTP：

- **为外部主机使用公共 NTP**。如果组织开发于在组织外部署的服务或其他平台，则最佳实践是使用公共 NTP。这非常重要，因为大多数公共 NTP 都指定了各自的业务规则。
- **确保分层配置**。组织应确保为其网络配置分层服务。应购置 Stratum 1 或 Stratum 0 NTP 设备。此外，还建议设置一个专用 NTP 服务器，这具有成本效益。
- **标准化协调世界时**。最佳方法是将组织内的所有系统统一为 UTC。这简化了组织内和外部

组内日志的关联，无论同步设备位于哪个时区。

- **评估加密技术需求**。尽管建议使用加密通信和身份认证，但加密技术也会带来挑战，包括复杂的密钥管理流程和增加的系统管理成本。应在实施前进行评估。
- **至少使用两台服务器**。至少使用两台服务器使组织能够在一台服务器发生故障时保持冗余。如果第一台服务器遇到任何问题，大多数 NTP 软件都允许向第二台服务器进行最低限度的故障切换。组织可以添加更多服务器，但至少应使用两台服务器。
- **限制分层级别**。根据 NTP 设备网络的复杂性，组织可能有适当的分层级别，每个分层都会增加准确性损失的风险。因此，建议尽可能限制其级别，以帮助降低风险。
- **监控服务器功能**。必须持续监控 NTP 服务器的功能以获得有关时间服务器的实时状态信息。例如，此类信息包括全球定位系统信号丢失的情况和时间。如果已配置简单网络管理协议（SNMP），则监控会更容易。

5.4.10 联网环境中的应用程序

网络架构中会使用不同类型的应用程序。

客户端/服务器技术

客户端/服务器是一种网络架构，在这种架构中，网络上的每台计算机或每个进程要么是一台服务器（服务和数据的来源），要么是一个客户端（通过服务器获取这些服务和数据的用户）。在客户端/服务器技术中，可在客户端工作站之间分配和共享可用的计算能力。使用客户端/服务器技术来构建面向联网环境的应用程序，是目前最为流行的趋势之一。通常，在客户端/服务器网络环境中，服务器会为独立运行各种应用程序的其他计算机提供数据分配和安全功能。

客户端/服务器架构具有许多优点，例如，可在服务器之间分配工作，并在客户端工作站上执行尽可能多的计算工作以节省带宽和服务器计算能力。像操作和更改数据这样的重要任务可在本地执行，并且不需要控制主处理单元上的资源。这样，可以提高应用程序的运行效率。

为了实现这些优点,客户端-服务器应用程序系统被分割,以便在不同的机器(例如服务器和客户端)上执行处理工作。各个处理组件之间都相互依赖。任务在客户端和服务器上都会执行,这是客户端/服务器处理与传统大型机/分布式处理之间的主要区别。

典型的客户端是单台 PC 或工作站,演示通常由图形用户界面提供。客户端分为胖、瘦两种。瘦客户端是指主要依赖中央服务器进行处理活动的客户端计算机或软件,主要用于在用户和远程服务器之间传送输入和输出。许多瘦客户端设备仅运行 Web 浏览器或远程桌面软件,这意味着所有重要处理工作均在服务器上执行。相比之下,胖客户端会执行尽可能多的处理工作,仅向服务器传送用于通信和存储的数据。

服务器是一台或多台多用户计算机。服务器功能中包括所有中央支持的功能,例如文件共享、打印机共享、数据库访问和管理、通信服务、电子邮件服务和处理应用程序逻辑。一台服务器可以支持多种功能。

客户端/服务器架构可以分为两层:

- 一个胖客户端,主要执行 GUI 任务和运行应用程序逻辑。
- 一组(一个或多个)数据库服务器。

此模型的主要缺点是需要保持客户端上的程序同步(确保它们运行相同的逻辑)以及有限的可扩展性。

客户端/服务器架构通常基于(至少)三个计算任务级别(即三层架构)。三层架构包括:

- 一个瘦客户端,主要执行 GUI 任务(大多通过 Web 浏览器,但也不总是)。
- 一组(一个或多个)应用程序服务器,主要运行应用程序逻辑。
- 一组(一个或多个)数据库服务器。

此架构没有两层应用的限制,且具有许多其他优点,例如:

- 瘦客户端不太复杂,购买和维护成本较低。
- 可扩展性更高(允许多达数千名并发用户),因为在不同服务器之间平衡负载。这又反过来提高了整个系统的性能和可靠性,因为可以同时承载更多的处理负载。
- 它可以在仅供内部使用的应用程序或电子商务应用程序中实施(在这种情况下,可能会有另一个由 Web 服务器表示的层)。
- 所有程序逻辑都与代码的其余部分分开(通过应用程序服务器)。

包含两层以上的设计称为多层或 n 层设计。n 层架构应用程序的构建更为复杂,且更难维护。

在 n 层环境中,客户端软件的每个实例都可以向一台或多台连接的服务器发送数据请求。而服务器可以接受和处理请求,并将所请求的信息返回该客户端。此概念可以应用于许多不同类型的应用程序,其架构基本保持不变。客户端和服务器之间的交互通常使用序列图来描述。序列图通过统一建模语言实现标准化。

> **注意**
>
> 隐含在 n 层架构中的是中间件,它不仅支持客户端和服务器之间的通信,还支持更多高级功能,例如负载均衡和故障切换、组件的动态位置,以及建立同步连接或基于队列的异步消息。

客户端/服务器安全

客户端/服务器环境的安全取决于其组件部分的安全。这包括以下部分的安全:

- LAN。
- 客户端。
- OS。
- 数据库。
- 中间件。

在客户端/服务器环境中,由于应用程序数据可能存在于服务器或客户端上,所以存在多条访问路径。因此,必须单独并相互关联地检查每条路径,以确保没有未检查到的风险暴露。

客户端/服务器模型需要考虑的一个额外风险是组件之间的潜在差距。换言之,组件如何相互连接?

例如,在一个两层环境中,胖客户端必须连接到数据库。为了实现这一点,要么所有用户都拥有一个数据库账户,这样他们便能够绕过客户端应用程序(并因此绕过应用控制)直接连接到数据库;要么使用代理用户(即代表所有其他用户连接到数据库的单一账户),在这种情况下,必须将数据库密码存储在某个地方,而存储方式可能不安全或未加密。

在客户端/服务器环境中,信息系统审计师应确保:

- 不能绕过应用程序控制。
- 始终对密码进行加密。
- 将对配置或初始化文件的访问保持在最低限度。
- 审计对配置或初始化文件的访问。

中间件

中间件是客户端/服务器架构的特定术语,用于描述客户端/服务器应用程序所使用的一类独特软件。中间件在两个截然不同的应用程序之间充当黏合剂,提供标识、身份认证、授权、目录和安全等服务。该软件位于应用程序与网络之间,管理着前端 GUI 与后端数据服务器之间的交互。中间件为通过网络建立客户端/服务器连接提供了便利,并且允许客户端应用程序访问和更新远程数据库和大型机文件。

中间件通常用于:

- **交易处理监控**。用于处理和监控数据库交易的程序,主要用于均衡负载
- **远程程序调用**。个协议,可用于在客户端计算机上启用程序以执行远程计算机(通常是服务器)上的另一个程序
- **对象请求代理技术**。在分布式计算环境中使用共享的、可重复使用的业务对象。该技术为跨语言和平台的互操作性提供了支持,并且增强了系统的可维护性和适应性。示例包括公共对象请求代理架构和 Microsoft 的组件对象模型/分布式组件对象模型。
- **消息处理服务器**。通过专用服务器以异步方式确定消息的优先顺序、排列消息和/或处理消息的程序在客户端/服务器环境中与中间件相关的风险和控制如下:
- **风险**。中间件的直接用途是支持多个同时交互的操作环境,因此可能对系统完整性带来不利影响。缺乏适当的软件来控制跨多个平台的数据或程序的可移植性,可能会导致数据或程序完整性的丢失。
- **控制**。管理层应该执行补偿性控制以确保客户端-服务器网络的完整性。管理层应确保系统经过正确测试和批准,修改经过充分授权并予以实施,并且遵循了适当的版本控制程序。

按需计算

按需计算(On-Demand Computing,ODC)也称为效用计算,是一种根据用户的当前需求为其分配信息系统资源的计算模型。资源可在组织内获取或由第三方服务提供商提供。随时可能有某个用户(或组织)需要比其他用户更多的带宽、中央处理器周期、内存、应用程序可用性或其他资源。出现这种情况时,会从需要资源较少的用户处取走多余的资源,提供给具有实时需要的用户。

ODC 的好处在于,组织将计算需求外包后,就不必为超额的计算能力支付费用。不过,需要考虑由第三方服务提供商维护的信息的机密性。

5.4.11 网络基础设施安全性

通信网络(即 WAN 或 LAN)一般包括连接到网络的设备以及支持网络操作的程序和文件。控制通过网络控制终端设备和专门的通信软件完成。

对通信网络的控制包括:

- 网络控制功能应由受过适当培训且具有经验的人执行。
- 如有可能,应将网络控制功能分开,各种职责应定期轮换。
- 网络控制软件必须将操作人员访问权限制为执行某些特定功能(例如修改/删除操作人员活动日志的能力)。
- 网络控制软件应维护所有操作人员活动的审计轨迹。
- 运营管理层应定期审查审计轨迹,检测任何未经授权的网络运营活动。
- 应对网络操作标准和协议进行记录并将其提供给操作人员,还应定期进行审查以确保其符合性。
- 应对系统工程师的网络访问进行密切监视和审查,以检测对网络的未经授权访问。
- 应执行分析,从而确保负载平衡、快速响应时间及系统效率。
- 通信软件应维护终端设备标识文件,以在终端尝试发送或接收消息时检查终端设备的身份认证。

- 在适当情况下，应使用数据加密，以防在传输过程中泄露消息。
- 应在远程打印设施上施加限制，以确保敏感文档不能让未经授权的人员读取。
- 应使用设备加固来使设备保持最新状态。这意味着升级固件、修补和安装更新，以修复任何安全漏洞。

为了改善对基础设施及其使用的控制和维护，除对网络设备进行直接管理外，还要将设备的日志与防火墙的日志以及客户端/服务器操作系统的日志进行合并。

近年来，大容量存储单元的管理通常基于光纤通道连接。

当设备的动态库存成为可能时，系统安全性可得到改善。在发生事故时，知道谁使用了哪台计算机非常重要。

另一个重要的安全性改进是能够在用户活动的每一步识别用户。某些应用程序包使用预定义的名称（例如 SYSTEM）。现已开发出新的监控工具来解决这一问题。

采纳 IT 治理实践，使组织能够有效地遵守网络安全要求。例如，信息技术基础设施库是信息技术服务管理方面的实践指南框架，可用于设定 SLA，尤其适用于企业网络操作，以通过控制、事故处理和审计保持网络持续运行。

互联网安全控制

为了行之有效地实现互联网安全，组织必须在信息系统安全框架内开展控制，从中可以实施和支持互联网安全控制。通常，建立这种框架的流程需要（通过企业政策和程序）定义组织为控制互联网使用而遵循的规则。例如，一套规则应针对互联网资源的正确使用，其中应包括为具有业务需求的人员保留互联网特权的规则，定义外部用户可使用哪些信息资源的规则，以及定义组织内外受信任网络和不受信任网络的规则。另一套规则应针对企业信息资源的敏感性或关键性的分类。这将有助于确定哪些信息可在互联网上使用，以及互联网上敏感或重要的企业资源所要采用的安全级别。

通过对这些问题的评估，组织将能够根据其具体情况制定出相应的准则，用于定义与互联网上信息资源（即业务应用）的 CIA 相关的安全控制级别。例如，可以制定操作系统安全加固准则，以便定义操作系统应如何配置，详细说明应阻止不受信任的外部用户使用或利用哪些互联网服务，并定义如何通过防火墙保护系统。此外，还应定义针对控制的支持流程，包括：

- 定期对基于互联网的 Web 应用程序的开发和重新设计执行风险评估。
- 培养员工的安全意识并提供相关培训，根据其职责级别进行量身定制。
- 用于制定和实施防火墙架构的防火墙标准和安全。
- 用于制定和实施 IDS 架构的入侵检测标准和安全。
- 用于通过企业资源协调和集中控制互联网拨号接入的远程访问。
- 用于检测、响应、抑制和恢复的事故处理和响应。
- 用于在发生更改时控制安全基准的配置管理。
- 为保护经互联网传递的信息资产而应用的加密技术。
- 以自动方式控制用户桌面上会显示什么内容的通用桌面环境。
- 监控互联网活动是否遭到未经授权的使用，并通过计算机紧急事件响应组公告板或警报通知最终用户安全事故的发生。

5.4.12 防火墙

每当企业将其内部计算机网络连接到互联网时，都面临着潜在的危险。由于互联网的开放性，与其相连的每个企业网络都容易受到攻击。理论上，互联网中的黑客能够闯入公司网络并通过多种方式进行破坏：公司应构建防火墙，作为保护其网络边界安全的一种手段。同样，对于需要加以保护以免受到企业网络内部不受信任用户（内部黑客）破坏的敏感或关键系统，这一原则也适用。防火墙是指安装在网络连接进入站点处的设备。防火墙应用规则控制流入流出的网络通信量类型。大多数商业防火墙都是为了处理最常用的互联网协议而构建的。

为了有效运行，防火墙应允许企业网络上的个人访问互联网，同时阻止黑客或互联网上的其他人访问企业网络以造成损害。一般来说，大多数组织都会奉行"拒绝所有"的理念，这意味着除非用户可以提供访问信息资源的特定业务原因或需要，否则访问指定的资源将被拒绝。与此访问理念（并未被广泛采纳）相对的是"接受所有"理念。按此理念，除非有人能提供拒绝访问的理由，否则会允许每个人访问。

防火墙的一般功能

防火墙是使用路由器、服务器和各种软件构建的硬件和软件组合。防火墙可将网络彼此分开，并屏蔽它们之间的流量。因此，它们与其他类型的安全措施一起，控制着企业网络和互联网之间最薄弱的环节，而且还可以根据企业信息安全政策的需要，构建得非常简单或者非常复杂。防火墙种类繁多，但大多数都能够使组织实现以下功能：

- 阻止对互联网上特定站点的访问。
- 将组织的公共服务分段的流量限制在相关的地址和端口上。
- 预防某些用户访问某些服务器或服务。
- 监控和记录内部网络与外部网络之间的通信。
- 监控并记录内部网络和外界之间的所有通信，以调查网络渗透或检测内部破坏。
- 通过在互联网上创建 VPN（即 IPSec、VPN 隧道），对组织内部不同物理位置之间传送的数据包进行加密。

某些防火墙的功能可以扩展，因此它们还可以提供针对利用已知操作系统漏洞的病毒和攻击的保护。

防火墙类型

通常，防火墙分为三类：

- 数据包过滤。
- 应用程序防火墙系统。
- 状态检测。

数据包过滤防火墙

最早出现也最为简单的防火墙（即第一代防火墙）是基于数据包过滤的防火墙，部署在专用网络与互联网之间。在数据包过滤中，屏蔽路由器会检查在互联网和公司网络之间传送的每个数据包的报头。报头内包含的信息包括发送方和接收方的 IP 地址，以及允许使用所传送信息的授权端口号（应用程序或服务）。基于该信息，路由器便可了解使用的是哪种互联网服务（例如基于 Web 还是 FTP）传送数据，以及数据发送方和接收方的身份。使用该信息，路由器便能够阻止某些特定数据包在互联网和企业网络之间的传送。例如，路由器能够阻止除电子邮件外的任意流量或阻止往返于可疑目的地间的流量。

由于这种防火墙在网络层执行过滤规则，因此简单明了且性能一般较稳定。简单明了也有其不利之处，这是因为它极易受到来自配置不当的过滤器的攻击，以及通过准许服务渠道进行的攻击。由于允许在外部系统和内部系统之间进行数据包的直接交换，因此发生攻击的可能性取决于数据包过滤路由器允许流量通过的主机和服务总数。此外，如果单个数据包过滤路由器被破坏，则私有网络上的每个系统也都可能受损，而且使用多台路由器的组织可能会在设计、编码和维护规则库时遇到困难。这就意味着，可通过互联网直接访问的每台主机都需要支持复杂的用户身份认证，并且需要由网络管理员定期检查，查看是否存在攻击的迹象。

针对数据包过滤器防火墙的一些较常见的攻击包括：

- **IP 冒充**。攻击者伪造内部网络主机或受信网络主机的 IP 地址，从而使传送中的数据包轻松通过防火墙的规则库。这样一来便会造成系统边界被穿透。如果此等冒充使用的是内部 IP 地址，则可将防火墙配置为基于数据包流向分析的结果丢弃数据包。然而，如果攻击者能够访问安全或受信任外部 IP 地址并使用此地址进行冒充，则此防火墙架构便无招架之力。
- **源路由选择规范**。可以定义 IP 数据包从源主机穿越互联网到达目标主机时必须遵循的路径。在此过程中，可以定义路径，使其绕过防火墙。只有知晓防火墙路由选择站中的 IP 地址、子网掩码和默认网关设置的人员才能执行此操作。应对此等攻击的明确防御就是检查每个数据包，如果发现启用了源路由规范，则丢弃该数据包。然而，如果拓扑结构准许了某路径（跳过阻塞点），则此对策便不起作用。
- **微型碎片攻击**。使用此方法，攻击者可将 IP 数据包拆分为更小的包并推送其通过防火墙，寄希望于仅第一个拆分数据包会受到检查，而其他包则不经过检查而通过。如果默认设置是允许通过剩余的数据包,则可能会发生这种情况。微型碎片攻击可以通过配置防火墙以丢弃启用了 IP 分段的所有数据包来防御。

应用程序防火墙系统

应用程序防火墙系统分为两种类型:应用层和电路层防火墙系统。它们能提供比数据包过滤路由器更强大的保护能力。数据包过滤路由器允许内部系统和外部系统之间数据包的直接流动。应用程序和电路网关防火墙系统则允许信息在系统之间流动,但不允许数据包的直接交换。允许在内部系统和外部系统之间进行数据包交换的主要风险在于,位于受保护网络的系统中的主机应用程序必须安全可靠,能够抵御获准数据包施加的任何威胁。

应用程序防火墙系统可以是一种设备,也可以置于增强型(受到紧密保护的)OS(如 Windows 或 Unix)之上。并且在 OSI 模型的应用层发挥作用。应用层网关防火墙是一个通过一组代理分析数据包的系统,并且每个代理针对一项服务(例如,针对 Web 流量的 HTTP 代理、FTP 代理)。HTTP 代理被称为 WAF。它将规则应用于 HTTP 会话,涵盖了可能降低网络性能的跨站点脚本攻击和结构化查询语言注入等已知的攻击。而电路层防火墙则效率较高,并且也在应用层运行,其中 TCP 和 UDP 会话通常在打开连接之前通过单个通用代理进行验证。从商业上来说,电路层防火墙的应用非常罕见。

两种应用程序防火墙系统采用的都是防御托管这一概念,这是由于它们会处理从互联网到公司网络的所有传入请求(如 FTP 或 Web 请求)。各防御主机在抵御攻击的能力方面得到了极大强化。由于仅有一台主机处理传入的请求,因此维护安全性和跟踪攻击将变得更为容易。因此,一旦发生侵入事件,仅防火墙系统会受损,整个网络将安然无恙。这样,企业网络中的任何一个计算机或主机都不能直接接触来自互联网的请求,从而提供有效的安全水平。

此外,应建立基于应用程序的防火墙系统作为代理服务器,代表组织的专用网络内部的某些人员执行操作。与其依赖一般的数据包过滤工具管理通过防火墙的互联网服务流,不如将称为代理服务器的专用代码纳入防火墙系统。例如,当企业网络内部的某些人员想要访问互联网上的某台服务器时,来自计算机的请求会被发送到代理服务器,代理服务器会联系互联网上的服务器,随后代理服务器会将所需信息从互联网服务器发送到公司网络内部的计算机。代理服务器在此起到中间人的作用,通过检查服务(例如 FTP、Telnet)的程序代码并进行修改来确保消除了已知的漏洞,从而维护安全性。代理服务器还会记录互联网和网络之间的所有流量。

应用层防火墙实现代理服务器功能的前提是,为每个应用服务(例如 FTP、Telnet 和 HTTP)都提供了独立的代理。这不同于电路层防火墙,它不需要为每个应用层服务都提供特殊代理。也就是说,一个代理服务器可用于所有服务。

这些类型的防火墙的好处在于,保障了常用协议的安全性并能够针对外部不受信任网络将内部网络加以隐藏。例如,这两类防火墙系统所呈现的特性之一就是网络地址转换功能。此功能获取内部网络地址(互联网中无法使用)并将这些地址映射到公共 IP 地址表中,然后再将这些可在互联网中使用的地址分配给组织。

而缺点就在于随着互联网使用的增长,此功能可导致性能降低,可伸展性较差。要解决这一问题,在使用冗余故障切换防火墙的情况下,可以考虑使用负载均衡这一方法。

状态检测防火墙

状态检测防火墙可对离开组织内部网络的每个数据包的目标 IP 地址进行跟踪。每当收到某个数据包的响应时,就会参照此响应的记录来确定传入的消息是否是对组织所发出请求的响应。为此,可将所传入数据包的源 IP 地址映射到经过维护和更新的目标 IP 地址列表中。此方法可预防由外部人员启动和发起的所有攻击。

同应用程序防火墙系统相比,此方法的优势在于:状态检测防火墙可根据防火墙管理员指定的一组规则,通过在传输层对面向连接的或无连接 IP 数据包的报头中所含信息进行匹配来控制 IP 流量。典型的 CPU 密集型专用应用程序防火墙系统的代理服务器会在应用级对每个数据包都执行大量处理,与之相比,此方法大大提高了效率。

状态检测防火墙的缺点在于,与另两种防火墙相比,管理状态检测防火墙的工作相对复杂。

下一代防火墙

下一代防火墙（Next Generation Firewall，NGFW）将数据包过滤和状态检查等传统防火墙功能与新技术相结合，以便在允许或拒绝流量通过方面做出更好的决策。它可以基于应用程序过滤数据包，检查数据包中包含的数据，并在 OSI 模型的第 7 层上运行。NGFW 还可以阻止现代威胁，例如高级恶意软件和应用层攻击。从信息系统审计的角度来看，NGFW 是传统防火墙的更高级版本。除基于应用程序过滤流量的能力外，它们的相似之处在于都使用静态和动态数据包过滤以及 VPN 支持。然而，两者之间也存在着显著的差异。NGFW 通常对应用程序具有广泛的控制和可见性，并且可以使用分析和签名匹配来识别攻击。它们还采用白名单或基于签名的 IPS 来区分安全应用程序和有风险的应用程序。此外，与常规防火墙不同的是，NGFW 包含一条接收未来更新的路径。

虽然 NGWF 规范因提供商而异，但通常包括以下一些内容的组合：

- **应用程序感知**。NGFW 可以基于应用程序（而不仅仅是基于特定端口）过滤流量，并应用复杂的规则。它们可以阻止来自某些应用程序的流量，并更好地控制单个应用程序。
- **深度数据包检查**。DPI 检查数据包中包含的数据，较之传统防火墙技术有所改进，而后者仅检查数据包的 IP 标头以确定其来源和目的地。
- **IDS/IPS**。NGFW 采用 IDS/IPS 解决方案来监控网络中的恶意活动，并阻止发生恶意活动的流量。这种监控可以基于签名、基于策略或基于异常。
- **高性能**。NGFW 具有高性能，允许防火墙监控大量网络流量，而不会减慢速度。它们包括许多需要处理时间的安全功能，因此高性能对于避免业务运营中断至关重要。
- **威胁情报**。NGFW 具有威胁情报功能，并与威胁情报网络通信，以确保威胁信息是最新的并帮助识别不良行为者。
- **反恶意软件**。NGFW 可以提供附加功能，例如防病毒和恶意软件防护。这些功能有助于预防恶意软件感染组织的系统。
- **防火墙即服务**（**FWaaS**）。这是一项基于云的服务，可提供可扩展性和维护便利性。借助 FWaaS，防火墙软件由 SP 维护，资源可自动扩展以满足处理需求，从而免除了企业 IT 团队处理修补程序、升级和调整规模的负担。

NGFW 的优势

信息系统审计师应将 NGFW 视为对传统防火墙的改进，并具有更多优势。因此，信息系统审计师必须在向管理层提供实施建议前验证 NGFW 是否能实现其规定的功能。NGFW 的优势包括：

- **强大的安全性**。由于其上下文感知特性，NGFW 能比传统防火墙提供更强大的安全性。它们还可以接收来自外部威胁情报网络的更新，从而抵御各种威胁。这提高了组织的整体安全态势。
- **智能自动化**。智能自动化通常集成在 NGFW 中，用于更新安全策略并响应安全事件，而无须信息系统安全团队的干预。NGFW 可以识别组织系统的许多方面，例如独立于端口、协议和规避策略的应用程序。在识别应用程序后，它们可以通过限制或约束功能的使用来提供实时保护。
- **简化安全架构**。建议采用简化的安全架构，以便更轻松、更经济地管理安全基础设施。该过程涉及将多种安全功能组合到一个解决方案中，并通过单一报告系统报告已识别的事故。

网页应用程序防火墙

WAF 是一种防火墙，通过过滤、监控和阻止流向网页应用程序的恶意流量并预防未经授权的数据离开应用程序来保护网页应用程序。其运行方式与反向代理类似，作为中介保护网页应用程序服务器免受潜在恶意客户端的攻击。使用 WAF 时需要更新政策；然而，有些 WAF 能够使用人工智能进行自我更新。

WAF 需要定期更新政策以解决新的漏洞。然而，如今机器学习的进步使一些 WAF 能够自动进行更新。代理和 WAF 之间的主要区别在于，代理通常保护客户端，而 WAF 保护服务器，并旨在保护特定的网页应用程序或一组网页应用程序。信息系统审计师应了解 WAF 的以下功能：

- **保护入站流量**。此功能可检查来自外部的应用程序流量。WAF 必须能够识别危险活动模式、可疑负载和漏洞。
- **保护出站流量**。这涉及数据泄露的保护。内联 WAF 可以拦截出站数据和/或阻止敏感数据因意外或恶意活动而泄露。

WAF 具有不同的工作和部署方式。就其工作方式而言，它们可以分为黑名单 WAF 和白名单 WAF。从部署方式来看，可分为基于网络、基于主机和基于云。图 5.21 简要描述了这些分类。

NGFW 和 WAF 的比较

信息系统审计师经常将 NGFW 与 WAF 混淆，或互换使用这些术语。这是因为两种安全技术之间只有细微的差别。NGFW 可被认为是办公大楼的入口，而 WAF 可被认为是经理办公室的钥匙。图 5.22 显示了 NGFW 和 WAF 之间的主要区别。

WAF 的类型	描述
黑名单	黑名单 WAF 旨在阻止某些被识别为威胁的流量，并允许所有其他流量通过。它们基于负面安全模型，根据黑名单拒绝某些输入或请求。WAF 基于黑名单来防御已知的安全攻击。其缺点是需要持续监控和更新黑名单才能有效运作
白名单	默认情况下，白名单 WAF 会阻止所有流量，且仅允许明确预先批准的流量通过。它们基于积极安全模型，通常被认为更安全，因为它们最大限度地降低了由于防火墙规则配置不当而导致恶意流量逃避防御的风险。信息系统审计师应注意到，大多数 WAF 在混合安全模型下运行，从而受益于积极安全模型和负面安全模型的优点
基于网络	基于网络的 WAF 是一种硬件设备，必须获得许可和维护，并在网络基础设施（例如交换机）上运行。它位于应用程序和互联网之间，并安装在本地以最大限度地减少延迟。然而，它非常昂贵，并且需要物理设备的存储和维护
基于主机的 WAF	基于主机的 WAF 与服务器上的网页应用程序位于同一位置。它们通常作为应用程序操作系统的一部分部署，并且易于扩展。与基于网络的 WAF 相比，这种解决方案成本更低，可定制性更强。缺点是实施起来很复杂，并且维护成本高昂。用于运行基于主机的 WAF 的机器也需要加固和定制，这非常耗时
基于云的 WAF	基于云的 WAF 与云虚拟网络服务或负载均衡器集成以过滤网页流量。它需要极少的部署工作，但无法提供对威胁的清晰可见性。由于它可以定期更新，且用户无须花费更多的成本或精力，因此可以大大节省成本

图 5.21 网页应用程序防火墙的类型

重要方面	下一代防火墙	网页应用程序防火墙
运行位置	NGFW 在网络上贴近组织运行（第 3~4 层）	WAF 的运行区域靠近应用程序（第 7 层）。
运行方法	NGFW 充当过滤器，以保护网络免受网络访问	WAF 定期检查网页应用程序是否存在异常行为并发送警报。
目的	NGF 保护内部网络及其用户，并将网络分为安全区域和非安全区域	WAF 保护跨网页应用程序移动的数据
能力	NGFW 可预防对域名系统、文件传输协议和安全套接字外壳等协议的攻击。它可以添加更多安全功能，例如反恶意软件和防病毒解决方案	WAF 能够检测网页应用程序攻击，如跨站点脚本攻击、跨站请求伪造、L7 分布式拒绝服务、注入和身份认证破坏

图 5.22 下一代防火墙与网页应用程序防火墙的比较

防火墙实施示例

实施防火墙后便可对各种防火墙设计中的可用功能加以利用，从而生成可靠的分层方法以便保护组织的信息资产。常用的实施方式包括：

- **屏蔽主机防火墙**。利用数据包过滤路由器和防御主机，此方法可实现基本网络层安全（数据包过滤）和应用程序服务器安全（代理服务）。遇到这一配置的入侵者必须穿透两个独立的系统才能够威胁到专用网络的安全。此防火墙系统配置有防御主机，通过互联网和防御主机之间的数据包过滤路由器连接到专用网络。路由器过滤规则仅允许入站流量访问防御主机，该主机将阻止对内部系统的访问。由于内部主机与防御主机位于同一网络中，因此组织的安全政策决定着是否允许内部系统直接访问互联网，或者这些内部系统是否需要使用防御主机上的代理服务。

- **双宿主防火墙**。此防火墙系统具有两个或更多网络接口，每个接口都连接到不同的网络。在防火墙配置中，双宿主防火墙通常用于阻止或过滤部分或全部试图在网络间通过的流量。双宿主防火墙系统属于限制性更强的屏蔽主机防火墙系统，其中双宿主防御主机配置有为信息服务器建立的一个接口，以及为专用网络主机计算机建立的另一个接口。
- **隔离区或屏蔽子网防火墙**。利用两台数据包过滤路由器和一台防御主机，此方法创建了最为安全的防火墙系统，因为在定义独立的 DMZ 网络时它支持网络级和应用层安全。DMZ 可作为组织的公共服务器、防御主机信息服务器和调制解调器池的小型孤立网络发挥作用。通常，DMZ 可配置为限制来自互联网和组织专用网络的访问。传入流量访问会被外部路由器限制在 DMZ 网络中，并通过对可用的服务加以限制来保护组织免受某些攻击。这样一来，外部系统便仅能访问 DMZ 中的防御主机（及其针对内部系统的代理服务功能）及可能存在的信息服务器。内部路由器铸成了第二道防线，对专用网络的 DMZ 访问进行管理，同时仅接受源自防御主机的流量。对于出站流量，内部路由器管理的是专用网络对 DMZ 网络的访问。它仅允许内部系统访问 DMZ 中的防御主机和信息服务器。外部路由器上的过滤规则要求使用代理服务，仅接受防御主机上的出站流量。此系统的主要优点在于，入侵者必须穿透三个独立的设备，专用网络地址不会泄露到互联网中，并且内部系统不能直接访问互联网。

防火墙问题

与实施防火墙相关的问题包括：

- 错误的安全意识：管理层认为内部网络不需要进一步的安全检查和控制（即大多数事故是由不受防火墙控制的内部人员引起的）。
- 通过使用调制解调器避开防火墙就可以将用户直接连接到 ISP。管理层应保证存在防火墙时，调制解调器的使用也能同时得到严格的控制和禁止。
- 如果防火墙配置有误，未知的危险服务便能够自由通过防火墙。
- 防火墙的构成要素可能被误解（例如，声称使用了防火墙的公司可能使用的只是屏蔽路由器）。
- 监控活动可能没有定期进行（即，日志设置未正确应用或审查）。
- 未能定期维护防火墙相关政策。
- 大多数防火墙在网络层运行，因此无法拦截任何基于应用程序或基于输入的攻击。举例来说，此等攻击包括 SQL 注入攻击和缓冲溢出攻击。新一代防火墙能够检测应用层的流量并阻止其中的一些攻击。

防火墙平台

可使用硬件或软件平台实施防火墙。在硬件中实施时，防火墙的性能良好，系统开销最小。尽管基于硬件的防火墙平台速度更快，但仍不如基于软件的防火墙灵活，可伸展性也较差。基于软件的防火墙通常速度较慢，系统开销很大，但在增添附加服务时更加灵活。这些服务可能包括在将流量传送给用户之前进行内容和病毒检查。通常认为最好使用特定的防火墙设备，而不是使用普通的服务器作为防火墙。防火墙设备通常安装有加固型操作系统。使用基于服务器的防火墙时，服务器中的操作系统通常极易受到攻击。如果对操作系统攻击成功，防火墙将受到威胁。通常，设备型防火墙在设置和恢复时，速度明显较快。

5.4.13 统一威胁管理

统一威胁管理（unified Threat Management，UTM）是一种解决方案，将多个安全功能或服务组合到组织网络内的单个设备中。借助 UTM，网络用户可以通过多种不同的功能得到保护，包括防病毒、内容过滤、电子邮件和 Web 过滤以及反垃圾邮件。理想的 UTM 解决方案必须具备如图 5.23 所示的常见功能。

UTM 组件	描述
杀毒软件	UTM 解决方案应配备防病毒软件,以监控网络活动并检测和阻止病毒损坏系统或任何连接设备。防病毒软件利用签名数据库中包含的数据来检查是否有任何试图入侵的活跃病毒。UTM 中的防病毒软件可以缓解的一些威胁包括受感染的文件、特洛伊木马、蠕虫和间谍软件
反恶意软件	UTM 通过检测和响应来保护网络免受恶意软件攻击。它可以配置为检测已知的恶意软件,从组织的数据流中过滤它并阻止它渗透系统。UTM 还可以配置为检测新型恶意软件威胁。它利用启发式等技术,其中包括分析文件行为和特征的规则
沙盒	UTM 可以部署沙盒解决方案来预防恶意软件。沙盒涉及将系统内的单元限制在捕获可疑文件的沙盒中。如果允许恶意软件运行,沙盒会阻止它与计算机中其他程序的交互
防火墙	UTM 应配备防火墙,并配置为扫描传入和传出流量以识别网络上的攻击企图。防火墙还可以预防所有形式的设备充当恶意软件的攻击向量
入侵检测系统/入侵防御系统	作为 UTM 一部分的 IDS/IPS 具有同时检测和预防攻击的优点
虚拟私有网络	VPN 通常内置于 UTM 中,以创建通过公共网络隧道的专用网络,使用户能够通过公共网络发送和接收加密数据。如果攻击者拦截数据,则数据将毫无用处,因为它将被加密
数据丢失防护	DLP 解决方案连接到 UTM 设备,允许用户检测并预防数据泄露和泄露尝试。它通常监视敏感数据,当它识别出攻击者的任何威胁时,则将阻止此类威胁,从而保护数据
网页过滤	UTM 的网页过滤功能可以预防用户查看特定的网站或 URL。具体做法是阻止用户的浏览器将这些网站的网页加载到其设备上。网页过滤器可根据组织目标进行配置,以针对特定网站

图 5.23 统一威胁管理的组件

使用 UTM 的好处

UTM 对于改善组织的安全状况至关重要,并且具有信息系统审计师可以提供保证的诸多优势。UTM 的优势包括:

- **提高安全灵活性**。借助 UTM 网络,组织可以使用可用安全工具池中的一组灵活解决方案来处理其安全要求。这可以节省寻找个性化安全解决方案所需的时间和金钱。
- **提升安全适应性**。UTM 可用于调整组织的安全架构,以适应其业务模式。它具有自动更新功能,以便系统应对安全领域的最新威胁。
- **增强安全可见性**。UTM 的集中式特性允许安全专业人员在多种威胁影响组织网络的多个组件时同时监控这些威胁。在缺乏集中式结构的网络中,往往很难防范多模块攻击。
- **降低成本**。由于采用集中式设置,UTM 减少了组织充分保护其网络所需的设备数量。此外,由于监控系统所需的人员较少,因此组织可以节省雇用成本。
- **提高安全风险意识**。UTM 的集中化和更快的操作相结合,可提高对网络安全威胁的意识,支持组织实施高级长期威胁(APT)保护机制。IT 团队将能够更好地管理威胁环境中的 APT 和其他现代风险因素。
- **鼓励更快的安全解决方案**。借助 UTM,可以简化数据处理方式并使用更少的资源。与彼此独立运行的多个组件相比,UTM 需要的资源较少。使用 UTM 解决方案的效率更高,允许组织释放资源,以更好地管理其他重要的网络相关流程。
- **降低安全复杂性**。借助 UTM,组织可从多个独立安全产品过渡到单一解决方案。该一站式工具比一系列独立的解决方案更容易配置、更新和管理。
- **简化安全监控和合规性**。具有基于身份的安全政策的 UTM 解决方案简化了基于最小特权实施访问控制的过程。这样一来,就更容易满足法规的访问控制要求。

5.4.14 网络分段

网络分段是将网络分割成更小的部分,以提高网络性能和安全性。它有时被称为网络分区或网络隔离。网络分段会产生多个网络区域,每个区域都有自己特定的安全要求。通过将网络分成更小的网络,组织的信息系统基础设施将与整个网络隔离开来。

网络分段经常与微分段混淆。虽然这两个概念有许多相似之处（例如减少组织的网络攻击面），但也存在一些显著的差异。例如，网络分段通常是指应用于物理层面上的分段，往往基于硬件，而微分段是虚拟的，通常基于软件。另一个区别是，微分段通常是一种更精细的网络分段形式，涉及将每个设备或应用程序置于其自己的虚拟分段内，从而提供比网络分段更好的网络控制。网络分段根据南北流量（即客户端和服务器以及跨越安全边界的流量）来分解网络。而微分段侧则重于东西向流量（即横向穿越网络和在网络内流动的流量）。尽管存在这些差异，信息系统审计师仍应将网络分段和微分段视为相关的概念，两者的优势、挑战和最佳实践十分相似。

网络分段方法

组织对其网络进行分段的方法包括：

- **VLAN 分段**。可以使用 VLAN 或子网对网络进行分段，从而创建更小的分段，以虚拟方式连接主机。创建的子网使用 IP 地址对网络进行分段，并通过网络设备进行连接。使用 VLAN 创建网络分段的主要限制在于该方法较为复杂，需要定期重新构建。
- **防火墙分段**。可以使用各种类型的防火墙来实施网络分段。当防火墙部署在网络内部时，它们可以创建内部网络区域。通过这种方式，组织的职能区域将彼此分离。
- **软件定义网络分段**。SDN 分段是一种更现代的网络分段方法，通常应用于微分段。该方法将 SDN 自动化网络叠加应用到创建的网络分段。SDN 分段的挑战在于其较为复杂，且难以管理和控制。
- **基于主机的分段**。主机分段依赖于安装在网络终端上的特殊专用软件，以便向中央位置报告数据。它使用工作负载遥测和可视化等技术来映射可从中央仪表板轻松管理的多云环境。这种方法为整个网络分段过程提供了可见性。

网络分段的好处

如果实施得当，网络分段可以为组织带来诸多好处。网络分段的好处包括：

- **提高运营性能**。网络分段的主要优点之一是减少网络拥塞。通常，随着网络的增长，拥塞会加剧，性能也会大大降低。网络分段通过创建性能更好的更小网络分段来应对这一挑战。减少拥塞可以实现更好的负载均衡，并根据需要限制流向特定区域的流量。
- **限制攻击损害**。网络分段通过限制攻击发起后的传播范围来改善组织的安全态势。通过减少攻击面，损害程度也降低，因为它被遏制在特定区域中。例如，网络分段可以将恶意软件的爆发控制在一个区域内，预防其扩散到其他区域。
- **保护易受攻击的设备**。有效的网络分段可以预防恶意流量到达容易受到威胁实施者攻击的网络设备。在组织中，某些设备可能不够安全或没有适当加固以抵御攻击。
- **提高合规性**。网络分段通过限制合规范围内的系统数量来最大限度地降低合规成本。典型的示例是将处理付款的系统与不处理付款的系统分开的网络分段。这意味着成本高昂、通常耗时且强制性的合规和审计要求仅适用于范围内的系统。
- **增强安全性**。网络分段创建多层安全边界，并有效落实纵深防御原则。在各个子分段之间创建网络边界可以阻碍攻击者的横向移动，并使其更容易被检测到。增强安全性的另一种方法是将安全规则本地化到分段。
- **改善网络监控**。信息系统安全人员通过提高网络分段的可见性来增强网络分段监控。由于网络分段的规模和范围较小，信息系统安全人员可以轻松检测到网络分段中的威胁和漏洞。这些分段还可以更轻松地在威胁传播到整个网络之前快速隔离威胁。

网络分段最佳实践

网络分段中要考虑的最佳实践包括：

- **避免分段不足或过度**。组织应预防分段不足和过度分段，并力求实现最佳分段。
- **执行定期网络审计**。应执行定期网络审计，包括漏洞评估和渗透测试，以识别网络分段中的任何安全漏洞，以及现有网络分段计划是否仍然最新和相关。
- **控制第三方访问**。为第三方维护特定的 AP 是最佳网络分段实践的核心原则之一。应优先考虑控制第三方对组织关键系统和敏感信息的访问。旨在限制第三方访问的控制之一是创建单独的门户来服务于每个第三方，从而在发生攻击时隔离并限制损失。
- **合并类似的网络资源**。当类似的网络资源被合并到不同的区域时，可以实现有效的网络分段。
- **定义访问权限**。正确、清晰地定义访问权限支持组织防范未经授权访问导致修改网络分段设计从而暴露敏感数据的风险。
- **实施 POLP**。在网络分段中，必须尽量减少可以访问的用户数量，并限制他们可以使用该访问权限执行的操作。这可通过 POLP 实现。

5.4.15 终端安全

终端是指允许员工连接到组织网络的任何设备。终端安全是指在组织网络的每个终端上实施的安全措施。有效终端安全的一个重要方面是审计。信息系统审计师应定期对终端进行审计，以确保所实施的安全措施有效运作。自带设备和物联网的发展使可能连接到网络的设备数量呈指数级增长。可视为终端的常见设备包括：

- 自动提款机。
- 支持物联网的智能设备。
- 工业机器。
- 笔记本电脑。
- 医疗设备。
- 手机。
- 打印机。
- 服务器。
- 平板电脑。
- 智能腕表。

信息系统审计师应了解终端是黑客进入业务网络和系统的关键切入点。因此，组织应确保连接到或可能连接到其网络的每台设备都受到保护。随着终端的发展和复杂性的提高，保护终端免遭利用的安全解决方案也应随之演变。实施终端安全的好处包括：

- **保持连接设备的安全**。终端安全可帮助组织保持连接到网络的设备的安全。将终端作为网络边界的组织可以降低风险并检测可疑活动，无论员工身在何处。
- **提高数据安全**。数据是组织最有价值的资产。丢失数据或无法访问数据可能会使整个企业面临破产的风险。
- **促进安全的远程工作**。远程工作和 BYOD 政策使边界安全性日益不足并造成漏洞。

终端检测和响应

终端检测和响应（Endpoint Detection and Response，EDR）是指应用各种工具和技术来持续监控组织的终端，以检测可疑行为并触发自动响应。EDR 执行数据搜集，这对于威胁分析和预防攻击至关重要。信息系统审计师应熟悉图 5.24 中所示的 EDR 组件。

实施终端安全解决方案的主要优点包括：

- **改进监控**。终端安全的主要优点是它可以保护设备本身的数据，使组织能够随时集中监控员工设备的活动和状态。这有助于在安全事故蔓延到其他系统前从源头上遏制安全事件。
- **提高数据库安全性**。EDR 在文件进入网络时对其进行检查。它可以使用云来存储最新的威胁信息数据库，从而避免与本地存储和维护信息数据库相关的终端臃肿问题。

组　件	组件描述
终端数据搜集代理	这些是监视和搜集有关终端状态的数据的软件代理。搜集到的数据被传输到中央数据库进行存储，以待进一步操作。搜集的典型数据包括终端上运行的进程、每个终端的活动量以及终端连接的状态
自动响应	自动响应组件具有预先配置的规则，可以识别代表已知安全攻击或破坏的数据。一旦检测到，将触发自动响应。响应包括提醒负责人员并注销用户
分析和取证	该组件包括实时分析，用于快速解决无法通过自动响应解决的事故。它使用复杂的算法来关联和分析大量数据，并搜索特定模式。EDR 分析和取证组件包括取证工具，有助于调查过去的攻击和漏洞，并执行威胁情报和威胁搜寻等操作。取证还包括对攻击的事后分析

图 5.24　终端检测和响应的组件

- **提供对安全数据的快速访问**。借助终端安全，组织可以访问与安全相关的可操作数据，并快速准确地响应安全事故。EDR 可以隔离受影响的终端，并允许组织快速应对攻击。利用所获得的数据，安全团队还能有效地跟踪攻击并发现安全事故。
- **集中可见性**。EDR 为信息安全管理员提供集中管理控制台，从而增强组织中的实时安全可见性。早在威胁方开始发动攻击时，就可以遏制他们的活动。
- **应用控制**。EDR 通过应用控制（阻止使用不安全或未经授权的应用程序）和加密（有助于预防数据丢失）来保护终端。
- **恶意软件检测**。建立 EDR 技术后，组织可以制定恶意软件遏制策略并修复损坏。

EDR 可通过现场、云或混合方法实施，如下所示：

- **本地**。本地或本地方法涉及本地托管的数据中心，后者充当管理控制台的中心，通过代理提供终端安全性。这种方法被视为旧版模型并存在缺陷。例如，它可能会创建安全孤岛，因为管理员只能管理其边界内的终端。
- **云**。这种方法允许管理员通过云中的集中管理控制台监控和管理终端，且设备远程连接到该控制台。云解决方案利用云的优势来确保传统边界之后的安全性，消除孤岛并增强管理员的影响范围。
- **混合**。混合方法融合了本地解决方案和云解决方案。随着远程工作的增加，这种方法正变得越来越普遍。许多组织已经调整了旧版基础设施的元素以利用云功能。

高效 EDR 解决方案的所需功能包括：

- 先进的反恶意软件和防病毒保护，可预防、检测和遏制恶意软件和病毒。
- 实时检测零日威胁的 ML 功能。
- 主动网络安全确保网络浏览安全。
- DLP 预防数据丢失和泄露。
- 防火墙拦截恶性网络流量。
- 电子邮件网关阻止社会工程攻击尝试。
- 计算机取证功能支持安全管理员快速隔离感染。
- 集中管理控制台提高可见性并简化操作。

扩展检测和响应

扩展检测和响应（Extended Detection and Response，XDR）通过跨终端、云计算、电子邮件和其他解决方案集成安全性，看待信息安全问题的角度比 EDR 更全面。XDR 提供跨终端、工作负载、用户和网络的扩展可见性、分析和响应。它使用最新技术来提供更高的可见性，并搜集和关联威胁信息，同时采用分析和自动化来协助检测当前和未来的攻击。XDR 分为三个部分：

- **数据分析**。XDR 跨多个安全层（包括终端）监控和搜集数据。它利用数据分析来关联多个警报的上下文，并将其集成到一些高优先级警报中。这有助于避免安全团队因大量数据而不堪重负，并使他们能够专注于最重要的警报。
- **检测**。XDR 的卓越可见性使其能够搜索所有警报，并报告需要立即响应的警报。其可见性使 XDR 能够在环境中创建正常行为基线；检测利用软件、端口和协议的安全威胁；并调查威胁的来源。所有这些活动都有助于预防威胁影响系统的其他部分。
- **响应**。XDR 可以遏制并消除已检测到的威胁，并更新安全政策以预防将来出现类似威胁。EDR 和 XDR 在响应方面的主要区别在于 EDR 对终端和工作负载执行响应活动，而 XDR 更进一步。XDR 解决了从保护终端到响应所有安全控制点（例如服务器和网络）威胁的所有问题。

XDR 的优势包括：

- **提供精细可见性**。与 EDR 不同，XDR 提供对安全环境的全面可见性。它允许安全分析师查看隐藏的威胁，并提供有关攻击方式的信息，包括其入口点和受害者、来源和传播。
- **鼓励对安全威胁进行优先级排序**。IT 和安全团队经常难以处理其安全服务生成的数千个警报。XDR 的数据分析和关联功能使其能够在 MITRE ATT&CK 框架中对相关警报进行分组和优先级排序，并仅显示最重要的警报。
- **提高检测和响应速度**。XDR 使用自动化技术，消除了安全流程中的手动步骤，从而加快检测和响应速度。这使得 IT 安全团队能够处理大量安全数据，并多次执行复杂的流程。自动化分析还支持安全团队更有效地应对威胁。

- **提高运营效率**。XDR 并非提供零散的安全工具集，而是能够全面了解影响组织整个安全态势的威胁。它提供集中式数据搜集和响应解决方案，并与环境和更广泛的安全生态系统紧密集成。它可以检测到使用授权软件渗透系统的威胁实施者。
- **提供更复杂的响应**。XDR 更复杂的功能使其能够根据特定系统定制响应。它还可以利用其他控制点来最大限度地减少总体影响，并涵盖横向移动、异常连接、信标和数据泄露。
- **提高预防能力**。如果在 XDR 中添加威胁情报和自适应 ML 技术，就能开发出抵御各种攻击的解决方案。持续监控与自动响应功能相结合，有助于在检测到威胁时立即加以阻止。
- **改进控制流程**。XDR 技术可以允许和拒绝流量和进程，确保只有授权的操作和用户才能访问组织的系统。集中化功能可减少警报数量，并提高准确性，从而减少误报。XDR 的另一个优点在于，它是一个统一的平台，而不是终端解决方案的组合。这就减少了响应过程中需要处理的接口数量，从而使 XDR 易于维护和管理。

5.5 数据丢失防护

数据丢失防护（Data Loss Prevention，DLP）是一套工具和流程，用于预防敏感数据丢失、误用或未经授权的用户（尤其是组织外部的用户）访问。它有时被称为数据泄露预防。DLP 软件对受监管、机密和业务关键型数据进行分类，并识别组织 DLP 政策定义的违规行为。一旦发现这些违规行为，DLP 就会采取修复措施，并发出保护措施警报，以预防最终用户意外或恶意共享可能造成组织风险的数据。DLP 在组织的日常运营中至关重要，因为当数据丢失时，可能会导致一系列负面后果，包括：

- 由于本应处理数据的员工变得空闲，因此降低了生产力。
- 更换或重新控制数据的成本增加。
- 因敏感数据丢失而面临各种法律诉讼。
- 由于客户对组织失去信任而造成业务损失，导致收入和盈利水平下降。
- 如果组织无法筹集到数据恢复资金，则将面临倒闭的风险。

5.5.1 DLP 的类型

图 5.25 显示了 DLP 系统的常见类型。

5.5.2 数据丢失风险

在大多数信息系统环境中，数据丢失的风险普遍存在，并可能给组织造成严重后果。当数据泄露时，潜在的后果包括数据损坏或破坏、机密信息泄露以及知识产权被盗。图 5.26 显示了造成组织中数据泄露的一些原因。

DLP 的类型	描 述
基于网络的 DLP	基于网络的 DLP 扫描所有传出数据，以查找特定数据。如果用户发送包含受限数据的文件和/或发送到未经授权的目的地，DLP 系统会实时检测并阻止其传出组织。随后，它会向安全管理员发送警报，例如电子邮件。根据规则集，它还可能隔离或加密数据。它使用 DPI 技术，不仅可以读取数据包的标头信息，还能读取数据包有效负载的内容
基于终端的 DLP	基于终端的 DLP 可以扫描系统上存储的文件以及发送到打印机等外部设备的文件。例如，基于组织终端的 DLP 可以阻止用户将敏感数据复制到闪存驱动器，或将敏感数据发送到打印机。安全管理员通常配置 DLP 以扫描包含适当关键字的文件。当它检测到具有此类关键字的文件时，它将阻止复制或打印。基于终端的 DLP 解决方案通常使用被称为代理的集中管理软件程序来实现此目的
云 DLP	由于远程工作的增加，信息系统安全管理员利用云服务提供 DLP 解决方案。云 DLP 解决方案可确保存储在云中的数据受到监控和保护。它使用预定义数据类型库来识别敏感数据，并阻止云数据基础设施的潜在风险暴露或预防数据丢失。例如，基于云的 DLP 可删除电子邮件中的敏感附件

图 5.25 数据丢失防护软件的类型

风险领域	数据丢失的原因
技术	• 设备丢失或遭窃 • 未加密的数据存储 • 从另一个系统继承数据 • 软件漏洞 • 数据库开发环境中的漏洞利用 • 利用计算机上安装的不必要的技术 • 在开发环境中处理生产数据 • 安装补丁和更新失败 • 不安全的远程访问工具 • 供应商产品（软件和/或硬件）中的故障 • 不安全的通信平台 • 对包含敏感数据的应用程序的不当访问权限 • 组织与第三方之间的不安全传输链路 • 系统编程和/或设计不佳
流程	• 数据治理监督不力 • 缺乏数据保留政策 • 未执行风险评估 • 保留或传输未加密的数据 • 未评估数据敏感性 • 未执行最小特权原则和须知原则 • 事故响应实践不佳 • 软件设置配置错误 • 数据监控系统薄弱 • 未关闭过期账户
人员	• 疏于职守 • 无意的数据传输 • 缺乏培训和安全意识；安全意识不足 • 问责制度不健全 • 意外删除文件 • 暴露敏感数据 • 通过电子邮件发送敏感数据且未加密 • 共用工作设备 • 员工监督体系不健全 • 数据盗窃（出售公司信息） • 社会工程勒索导致数据泄露 • 打印和复制敏感数据 • 恶意内部威胁（黑客、欺诈、破坏），主要是由于心怀不满 • 系统开发人员之间的失信行为 • 滥用或分享密码 • 将数据复制到远程系统（以支持工作）
威胁实施者	• 恶意软件传播 • 软件损坏 • 破坏（主要由恶意内部人员造成）
自然灾害	• 火灾、地震和龙卷风导致的数据丢失 • 液体溢出 • 断电 • 高温（过热）和低湿度（过冷/结冰）

图 5.26　数据泄露风险

DLP 的用例包括：

- **合规性**。DLP 可以识别、分类和标记组织中的敏感数据。它还可以监控围绕数据的活动和事件以及合规性通常所需的必要信息。
- **知识产权保护**。DLP 解决方案可以对结构化和非结构化形式的知识产权进行分类，从而预防数据意外泄露。
- **数据可见性**。DLP 可以跟踪终端、网络和云上的数据。这种跟踪可以更清楚地洞察用户如何与组织数据交互。
- **普适性**。DLP 解决方案可以跨越多种环境（包括云环境和复杂的供应链网络），提供可见性并预防敏感数据泄露。
- **频繁的数据泄露**。敌对国家、网络犯罪分子和恶意内部人员经常以敏感数据为目标。DLP 解决方案可以防范各种恶意或非恶意的攻击者。
- **被盗数据的价值**。被盗数据通常在暗网上出售，个人和团体可以购买这些数据以供将来使用。数据盗窃有重要的经济动机，尤其是信用卡或银行信息等财务信息。

5.5.3　DLP 解决方案和数据状态

主要信息状态有三种：

1. 静态数据。
2. 动态数据。
3. 使用中的数据。

DLP 解决方案针对每种数据状态提供相对应的一套特定技术予以应对。

静态数据

DLP 解决方案的一个基本功能就是能够识别并记录整个企业范围内的特定类型信息（例如信用卡或社会安全号码）存储在何处。为了实现此目的，多数 DLP 系统使用爬虫技术，这是一种远程部署的应用程序，能够登录每个终端系统并在数据存储空间内"爬行"，基于输入到 DLP 管理控制台的一套规则搜寻并记录特定信息集的位置。

动态数据

为了监控企业网络上的数据动态，DLP 解决方案使用特定的网络设备或嵌入技术有选择地捕获和分析网络流量。文件在网络上发送时，通常会拆分成数据包。为了检查在网络上发送的信息，DLP 解决方案必须能够被动地监控网络流量，正确辨识要捕获的数据流，汇编所搜集的数据包，重新构建数据流中所携带的文件，并执行对静态数据执行的相同分析，以确定文件内容中是否有受其对应规则集限制的部分。该能力的核心是 DPI 流程。如果检测到有敏感数据流向未经授权的目的地，DLP 解决方案能够实时或近乎实时地发出提醒，并可以选择阻止该数据流（同样还是基于其中央管理组件内定义的规则集）。根据规则集，解决方案还可对问题数据进行检疫或加密。

使用中的数据

使用中的数据主要是指监控由最终用户在其工作站的操作所产生的数据动向，包括将数据复制到闪存驱动器、将信息发送到打印机，甚至是在应用程序之间进行剪切和粘贴。DLP 解决方案一般通过使用一种被称为代理的软件程序来实现此目的，该代理程序最好是由整体 DLP 解决方案的相同中央管理功能来进行控制。

5.5.4　DLP 控制

信息系统审计师应定期开展审计，以确保管理层所采取的控制的效率和有效性，以减少组织中的数据丢失。他们还应就控制的改进和数据泄露量提出建议。图 5.27 简要解释了可在组织中实施的 DLP 控制。

领　域	控　制
治理	• 制定 DLP 政策、程序和准则 • 对数据进行分类并指定敏感度级别 • 定期开展数据丢失风险评估 • 定期更新数据风险概况以识别新的威胁 • 标准化终端，使部署更易于管理 • 记录所有数据丢失事故 • 定期开展审计，以确认组织是否满足据保护要求
人员	• 敏感数据不得无人看管 • 禁止将敏感数据复制到可移动介质上 • 提供对敏感信息的只读访问权限 • 将数据保护条款纳入雇用合同中 • 数据导出前需要数据所有者授权 • 为员工提供数据保护方面的培训和发展
DLP 解决方案部署	• 使用基于风险的方法部署 DLP • 根据组织的要求微调 DLP 政策 • 测试 DLP 实施 • 加密传输中的数据和静态数据
IT 控制	• 密切监控所有敏感数据通道 • 禁止网络中未经授权的设备 • 阻止包含个人身份信息的文件 • 确保所有可移动存储设备配置为只读 • 实施多层授权和访问控制 • 加密包含敏感信息的数据备份 • 实施防火墙和防病毒技术
采购	• 评估 DLP 解决方案以检查与组织数据格式的兼容性 • 选择能提供 DLP 政策违规实时报告的产品

图 5.27　数据丢失防护控制

5.5.5　DLP 内容分析方法

DLP 解决方案对数据丢失进行内容分析。这些方法通过触发政策违规来运作。一些主要的内容分析方法包括：

- **正则表达式匹配**。借助此方法，DLP 解决方案可以匹配特定的设置数据条件，例如检测电子邮件中的 16 位信用卡号，并确定通信渠道是否包含敏感数据。此方法可充当敏感数据的第一个过滤器。其主要缺点是，如果没有校验和验证，该方法很容易导致高误报率。
- **结构化指纹识别**。指纹识别通过将数据映射到被称为指纹的较短文本字符串（相应数据和文件的唯一标识符）的算法进行。指纹识别用于结构化数据，如数据库和目录服务。当应用于表单时，DLP 解决方案可以检测敏感数据，例如社保号和信用卡号码，从而支持 DLP 解决方案在传输过程中保护这些文档。数据库指纹识别也被称为精确数据匹配（EDM）。
- **精确文件匹配**。信息系统审计师应意识到，文件内容不会被分析，但文件哈希会与精确指纹进行匹配。其目的是确定文件内容是否已更改。该方法的优点是误报率低。挑战在于该方法对于不同版本的文件无效。
- **索引文档匹配**。IDM 应用指纹识别方法来检测存储在非结构化数据中的敏感信息。非结构化数据包括 Microsoft Office 文档、PDF、JPEG 等二进制文件以及多媒体文件。IDM 还能够检测"衍生"内容，例如从源文档复制到另一个文件的文本。
- **词典匹配**。这种方法也被称为概念分析。它使用词典术语和其他基于规则的匹配来分析非结构化数据，以检测敏感信息。如果词典匹配检测到不符合现有分类的非结构化概念，则会发出警报。然而，此方法需要对现有的 DLP 解决方案类型进行自定义。

- **统计分析**。此方法使用 ML 等高级方法（例如贝叶斯分析）来检测难以通过其他方式检测的模糊敏感信息。统计分析的工作原理是触发安全数据中的政策违规，通常需要大量数据才能进行有效分析。统计分析的缺点是它可能会产生误报和漏报。
- **分类**。通过对数据进行分类，DLP 解决方案可以确定数据是否高度敏感且违反合规性规定。分类方法涉及为高度敏感数据（如信用卡信息）设置带有规则的预构建类别。

5.5.6 DLP 部署最佳实践

DLP 部署需要正确的策略，以避免因部署方法不当而导致代价高昂的错误和停机。通过根据最佳实践评估组织的 DLP 实践，信息系统审计师可以为组织的 DLP 部署提供保证和建议。DLP 部署中的最佳实践包括：

- **创建 DLP 政策**。组织应制定 DLP 政策，以预防数据丢失并规定各个 DLP 组件所采取的操作。应根据组织的要求，对具有符合通用法规的预配置策略的 DLP 解决方案进行定制。
- **定义业务和安全要求**。在部署 DLP 解决方案前，组织应定义部署策略背后的业务和安全要求。合规性和其他网络安全标准应影响 DLP 解决方案的部署方式。
- **员工参与**。每位员工都有责任维护数据安全标准。当然，IT 部门主要负责保护系统和流程的日常工作，但整个组织的利益相关方方法将简化任何安全政策的实施。每位信息系统员工都应参与 DLP 部署，以了解变化，并能够回答客户的问题和修复错误。
- **高级管理层支持**。DLP 解决方案的实施应得到高级领导的支持，包括参与该流程的所有部门的部门领导。这可确保他们监督下属应用 DLP 最佳实践。
- **部署模式**。应以适当的模式部署 DLP。部署模式有两种：被动模式和主动模式。在被动模式（也被称为监控模式）下，不会阻止潜在的数据泄漏，并且 DLP 会监控和分析流量。在主动模式下，DLP 会阻止任何数据泄漏流量，并通知 DLP 管理员。
- **结合加密技术**。强加密是安全的关键组成部分，应纳入 DLP 解决方案中。
- **内部威胁**。信息系统审计师应意识到，对组织安全态势的大多数威胁都是由内部发起的。
- **数据分类**。并非所有数据都同样重要，每个组织都定义了自己的关键数据。DLP 解决方案应从可能成为攻击者目标的最有价值或最敏感的数据开始，然后延伸到不太敏感的数据。
- **风险评估**。不同的风险与分发到用户设备或与第三方共享的数据相关。数据在终端使用时通常面临最高风险；因此，稳健的 DLP 计划必须考虑到数据的移动性。
- **控制文档**。在 DLP 实施的初始阶段，数据使用控制通常很简单。随着 DLP 方案的成熟，组织可以开发更复杂的控制。必须记录环境的变化以及要遵循的任何程序，以预防可能不了解 DLP 解决方案如何监控数据的员工犯错。
- **培训和发展**。用户培训可以降低内部人员意外丢失数据的风险。培训和发展支持员工全面实施 DLP 最佳实践。
- **工作流管理**。大多数完整的 DLP 解决方案都能够配置事故处理，让中央管理系统能够将特定的事故发送给相应的各方进行解决。与目录服务集成允许 DLP 控制台映射网络地址，而备份和恢复功能支持保留 DLP 政策和其他配置设置。可以实施报告功能，以利用外部报告工具。
- **审计基础设施**。整个 DPL 解决方案及其相关基础设施应接受定期审计。审计对于确定 DLP 的运营是否高效和有效至关重要。

5.5.7 DLP 风险、限制和考虑因素

信息系统审计师在审计中应考虑的 DLP 风险因素和限制包括：

- **不当调校的网络 DLP 模块**。对 DLP 系统的正确调校和测试应当在启用内容阻断之前完成。在仅监控模式下启用系统允许进行调校，并提

供机会提醒用户违规流程和活动,以便他们可以相应地进行调校。在规划和监控阶段让适当的业务和 IT 利益相关方参与其中,这有助于确保能够预测流程的中断并减轻影响。最后,针对在非工作时间有关键内容被阻断而又找不到 DLP 解决方案管理团队的情况,必须安排一些能够提供访问权限的途径。

- **滥报和误报**。与配置不当的 IDS 类似,DLP 解决方案也可能出现大量的误报,让工作人员疲于应付并可能掩盖有效的警报。避免过度使用模板模式或几乎不能定制的"黑箱"解决方案。DLP 解决方案最大的特点是能够根据特定的组织数据模式定制规则或模板。对系统分阶段执行监控,首先关注风险最高的领域,这很重要。如果试图早早就开始监控过多的数据模式,或启用过多的检测点,可能很快就会让资源不堪重负。
- **加密**。有关更多信息,请参阅 5.6 数据加密部分。
- **图形**。DLP 解决方案无法智能解读图形文件。除非所有这些信息都被阻止或手动检测,否则企业对其信息的控制将存在重大漏洞。扫描成图形文件的敏感信息或以图形格式存在的知识产权内容(例如设计文档)就属于这一类别。拥有大量图形格式知识产权的企业应制定严格的政策来管理此类信息的使用和传播。虽然 DLP 解决方案不能智能地读取图形文件的内容,但可以识别特定的文件类型及其来源和目的地。此功能与明确定义的流量分析结合起来,可以标记此类信息的非特征性动向,从而提供一定程度的控制。

5.6 数据加密

加密是将明文消息转换成安全编码形式的文本(称为密文)的过程,密文如果不通过解密(逆向过程)转换回明文就无法理解。加密是通过数学函数和使用特殊的加密/解密密码(称为密钥)来实现的。

加密通常用于:

- 保护通过网络传输的数据免受未经授权的拦截和操纵。
- 保护存储在计算机中的信息免受未经授权的查看和操作。
- 阻止和检测对数据进行的无意或有意更改。
- 验证交易或文档的真实性。

在许多国家/地区,加密应符合法律和政府法规要求。

加密的作用是有限的,因为其无法预防数据丢失或被修改。使用加密系统时,密钥的保护就显得至关重要。因此,即使加密被视为应当被纳入组织整体安全体系内的一种重要访问控制形式,也需要全面了解加密方案的工作原理。错误的使用或配置可能会大大损害组织以为齐备的保护力度。

5.6.1 加密系统的要素

加密系统的关键要素包括:

- **加密算法**。用来对数据进行加密/解密的数学函数。
- **加密密钥**。在加密算法中用于使加密或解密过程具有唯一性的信息片段。与密码类似,用户需要使用正确的密钥才能访问或破译消息。错误的密钥会将消息破译为不可读形式。
- **密钥长度**。预定的密钥长度。密钥越长,就越难以在穷举攻击中被破解。

加密方案容易遭到穷举攻击的破坏;在此类攻击中,攻击者对一段密文使用无数可能的加密密钥反复尝试破译,直至找到正确的密钥(即在破译的密文不再是毫无意义的消息时停止穷举攻击)。由于搜寻正确密钥所需的时间与密钥的长度呈指数倍率关系,因此应适当地选择密钥,以确保加密方案的整体安全性。

为了加快穷举的过程,攻击者可能针对底层数学算法的强度展开攻击。密码分析就是发现这种弱点的科学。例如,对于容易遭受"已知明文攻击"的算法,如果有密文及其相应明文的样本,攻击者就可以从可能的解密密钥中排除很大一部分。比如这种攻击的一种变体,攻击者会利用加密数据的统计属性猜测明文中的某些部分(例如识别元音或在英文中找到单词"the")。

密钥生成的随机性是加密方案能否被破解的一个重要因素。常用单词或短语会大大减少搜寻密钥所需的密钥空间组合,从而削弱加密算法的强度。因此,当加密密钥以缺乏随机性的密码为基础时，128 位加密算法的能力会减弱。应用有效的密码语法规则很重要，而且要禁止使用容易猜出的密码。

有两种类型的加密方案：对称和非对称。对称密钥系统将一个唯一密钥（通常称为私钥）同时用于加密和解密。该密钥被称为双向密钥（因为其同时用于加密和解密），而且必须以带外方式（即通过不同于加密消息的一种安全备选方法）共享。

在非对称密钥系统中，解密密钥与加密所用的密钥不同。两个密钥都是单向的，要么用于加密，要么用于解密，但又是相互补充的。双方（发送方和接收方）不需要相互信赖对方保管私钥。加密密钥公开披露，而解密密钥才是私密的（非对称系统又被称为公钥方案）。

加密保护方案的另一个重要组件是哈希函数。这些函数将任意长度的文本转换为固定宽度的文本，被称为摘要或哈希。哈希函数必须是单向的（即使其很难找到生成给定哈希的文本片段）。此类函数可增强加密方案的完整性和真实性。哈希算法是一种准确的完整性校验工具。哈希算法可以检测到一则消息中哪怕是一位的变更。哈希算法会从整个输入消息中计算出一个哈希值。由于输出的摘要本身长度是固定的，所以即便输入消息可能长度不同，输出也始终是相同的长度。具体的长度取决于所用的哈希算法。例如，MD5 生成的摘要长度是 128 位，SHA-1 的是 160 位，而 SHA-512 的则是 512 位。

直到最近，最常见的消息摘要算法是 MD5 和 SHA-1。出于安全考虑，业界正在转向 SHA-2。SHA-2 有六种哈希函数可用，消息摘要长度各不相同。在出现针对 SHA-2 的成功攻击的情况下，美国国家标准与技术研究院也已经宣布推出 SHA-3。

图 5.28 显示了加密和散列运算的比较。

当发送方希望发送一则消息并确保不被改动时，他们可以计算出该消息的摘要并将其随消息一起发给接收方。收到消息及其摘要后，接收方将独立地计算出所收到消息的摘要，并确保所计算出的摘要与随消息一起发送的摘要相同（见图 5.29）。

> **注意**
> 信息系统审计师应当熟悉数字签名是如何保护数据的。CISA 考试中不会测试特定类型的消息摘要算法。

类　　别	加　　密	哈希运算
特征	将信息以稍后可以解扰的方式进行加扰的双向函数	将数据映射到固定长度值以生成消息摘要的单向函数
目标	传输期间和静止状态下的数据安全	数据验证和身份认证
可逆性	可逆	不可逆
长度可变性	变量	固定
关键使用	使用使用非对称和对称密钥	不使用密钥；可加盐[①]
数据转换	数据被转换成被称为密文的新数据	不转换数据；数据保持不变
常见算法	高级加密标准、Rivest Cipher 4、数据加密标准、Rivest–Shamir–Adleman	安全散列算法 1、安全散列算法 2、消息摘要算法

图 5.28　加密和散列运算的比较

---

① 盐是附加在密码末尾的哈希函数的附加输入。加盐的目的是使用彩虹表防御字典攻击和密码攻击。

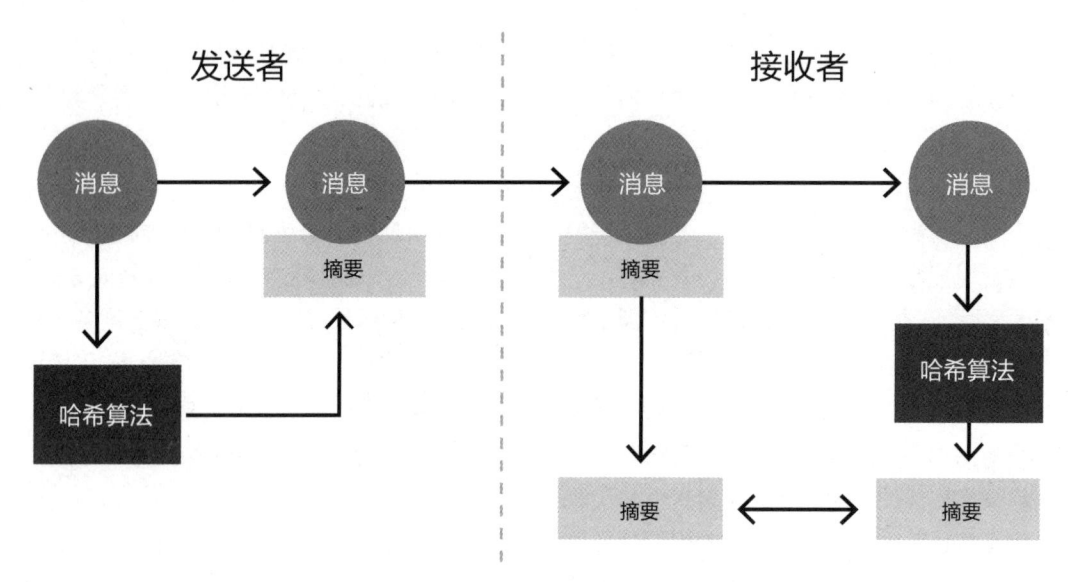

图 5.29　使用哈希函数验证消息的完整性

资料来源：ISACA，《CRISC 考试复习手册》(第 7 版)，美国，2023 年。

5.6.2　链路加密和端到端加密

链路加密和端到端加密（End-to-End Encryption，E2EE）是加密数据的主要机制：

- **链路加密**。链路加密也被称为在线加密，可对特定通信通道上的所有流量进行加密和解密。这包括加密用户信息，以及标头、包尾、地址和路由数据。只有数据链路控制报文信息（包括用于同步的指令和参数）没有加密。它可以预防数据包嗅探和窃听。数据包在每个跃点都被解密，因此路由器或其他中间设备知道数据包的目的地。解密后，路由器读取标头中的路由和地址信息，重新加密并将其转发到下一个跃点。链路加密在数据链路层和物理层上工作。链接加密的主要优点是它很简单，因为用户不参与启动。链路加密的主要缺点是密钥分发的复杂性，因为每个跃点都必须接收密钥。因此，当密钥发生变化时，必须更新每个跃点设备。此外，由于数据包在每个跃点被解密，因此会产生许多漏洞。
- **E2EE**。E2EE 是一种加密形式，消息从其来源到目的地都保持加密状态。它确保只有两个通信方才能在两端读取消息。在 E2EE 中，中介无法解密消息。它被认为比链接加密更安全。与链路加密不同，E2EE 不需要在每个跃点进行持续的加密和解密过程，因为标头和包尾没有加密。通信设备只需读取必要的路由信息并转发数据包。E2EE 为用户提供了更大的灵活性来决定要加密的消息类型。其主要缺点是标头、地址和路由信息未加密，因此容易受到攻击。E2EE 应用的一个示例是 WhatsApp 消息。

5.6.3　对称密钥加密系统

对称密钥加密系统（见图 5.30）以对称加密算法为基础，该算法使用私钥将明文加密成密文，并使用相同的密钥将密文解密成相应的明文。在这种情况下，可以说密钥是对称的，因为加密密钥与解密密钥相同。

许多常见的对称密钥加密系统都基于数据加密标准（Data Encryption Standard，DES），但该标准已被取消。后来建议用 DES 的扩展版（三重 DES 或 3DES）来扩展 DES 标准，同时保留向后兼容性。2001 年，高级加密标准（AES）取代了 DES；AES 是一种支持长度为 128 位到 256 位的密钥的公共算法。另一种常用的对称密钥算法是 Rivest Cipher 4（RC4）——常用于 SSL/TLS 协议会话的一种串流加密。

与非对称密钥系统相比，对称密钥系统有两个主要优点。第一个是密钥长度短很多，很容易记住。第二个是对称密钥加密系统的复杂性通常更低，且比非对称方案耗用的处理资源更少。这使得对称密钥加密系统非常适合批量数据加密操作。该方法的主要缺点是密钥的分发，尤其是在客户是未知的不受信任实体的电子商务环境中。此外，对称密钥不能用于签署电子文档或消息，因为该方法的机制基于至少由两方共享的密钥。

5.6.4 公共（非对称）密钥加密系统

在公钥加密（见图5.31）中，两个密钥以成对方式共同发挥作用；它们相互之间基于数学整数因子分解呈逆相关关系。其中一个密钥保持私密，而另一个则公开披露。加密原理是将公钥加入到底层算法，而生成的密文可使用私钥进行解码。这种方案无须密钥对的所有者与通信的另一方共享秘密信息片段（私钥）。值得注意的是，一个密钥对只能用于一个方向(从发送方到接收方)。要在双方之间进行双向通信，则需要两个密钥对（一个方向一个）。

开发公钥系统的主要目的是解决密钥分发的问题。在有 N 方进行通信的场景中，只需使用 $2*N$ 个密钥对；在相同的场景中，对称方案则需要传输大约 N^2 个密钥，每对通信参与方一个密钥。此外，交换的密钥是公开的，因此密钥分发协议无须满足保密要求。

第一个实际实施的公钥系统是由 Ron Rivest、Adi Shamir 和 Leonard Adleman 开发的（RSA算法），是一种广泛使用的非对称加密方案。该算法的主要缺点在于密钥的长度（从 1024 到 4096 位不等），以及编码和解码所涉及的计算的复杂性。为了解决这些问题，其他加密算法应运而生。

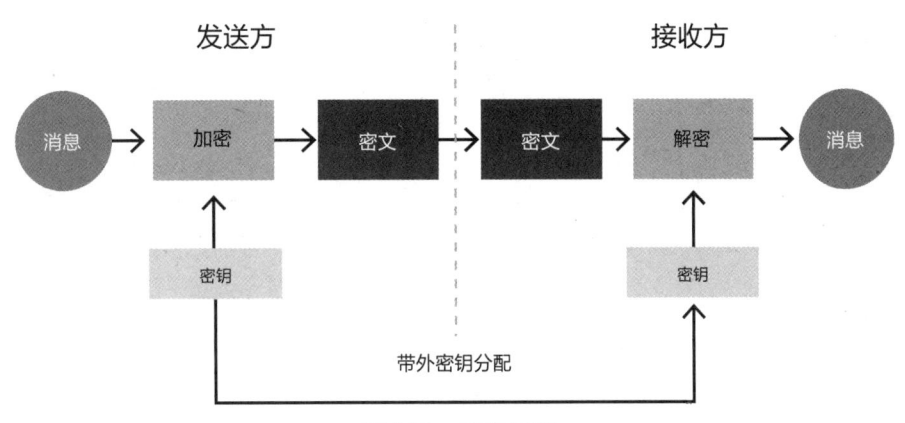

图 5.30 对称加密

资料来源：ISACA，《CRISC 考试复习手册》（第 7 版），美国，2023 年。

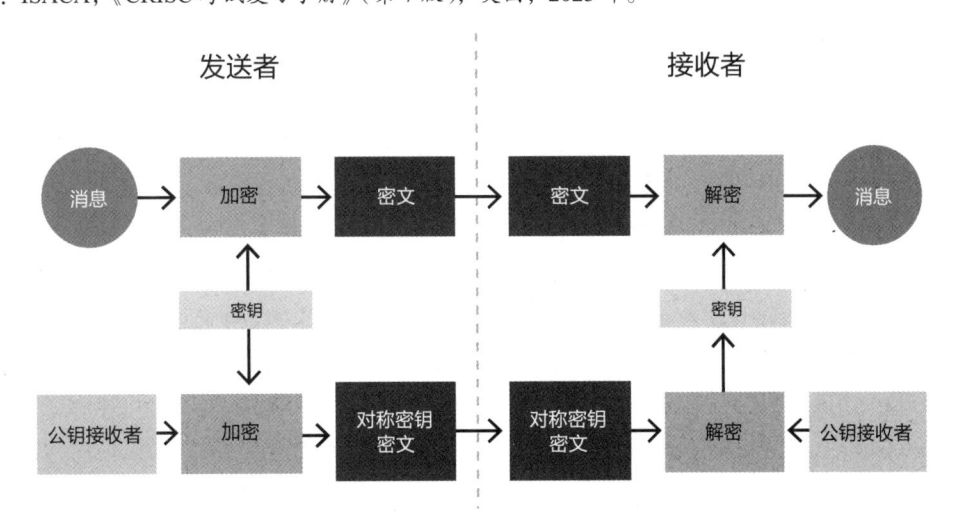

图 5.31 使用非对称算法来支持对称加密

资料来源：ISACA，《CRISC 考试复习手册》（第 7 版），美国，2023 年。

5.6.5 椭圆曲线加密算法

椭圆曲线加密算法（Elliptic Curve Cryptography，ECC）是一种基于有限域上椭圆曲线代数架构的公钥密码系统。它具有非对称密码系统的所有主要功能，例如加密、签名和密钥交换。它通常被认为将取代 RSA 密码系统，因为它使用比 RSA 更小的密钥和签名来实现相同水平的安全性，并提供迅捷的密钥生成、快速密钥协商和快速签名。然而，RSA 的安全性依赖于庞大的质数，而 ECC 则利用椭圆曲线的数学理论，可以使用相当小的密钥实现相同的安全性水平。图 5.32 提供了 ECC 和 RSA 的比较。

参　数	ECC	RSA 加密系统
工作算法	基于椭圆曲线的数学模型	基于质因数分解法
带宽节省	节省更多带宽	节省的带宽较少
加密流程	较短	较长
解密流程	较慢	较快
安全	由于不断适应，被认为更安全	达到最大寿命

图 5.32　椭圆曲线加密算法和 RSA 的比较

5.6.6 量子密码学

量子密码学是指依靠量子力学来保护数据的密码方法。它使用被称为光子的单个光粒子通过光缆传输数据，其中光子代表密码学实施中的二进制位。量子密码学依赖于量子安全特性，包括无法复制整个粒子、存在于多个位置或状态的粒子，以及无法在不改变量子粒子的情况下观察它。这意味着当数据处于量子状态时，恶意攻击者无法在不被通信方检测到的情况下篡改数据。量子密钥分发方案允许在两方之间安全分发共享的加密密钥。双方都能检测到信道上可能发生的窃听行为。量子密码学的优势包括：

- **提供安全通信**。量子密码学依赖于物理定律，使其比其他形式的密码学更安全。当威胁实施者尝试读取使用量子加密技术加密的数据时，量子状态会立即发生变化，从而被检测到。
- **预防窃听**。量子密码学的安全性基于未经授权的用户尝试访问信息时发生的量子状态变化。此类尝试会导致最终用户期望的通信结果发生变化，从而被检测到。
- **提供多种安全方法**。量子密码学提供了多种进一步增强安全性的协议。此类协议可与常用的加密技术相结合，以提高组织的整体安全性。
- **简单性**。虽然量子密码学在初始实施过程中可能涉及大量资金支出，但该技术通常操作简单，持续维护所需的资源较少。

量子密码学的局限性包括：

- **偏振变化**。量子密码学依赖于光子动力学。偏振可能会导致光子在传输过程中发生变化，从而造成通信通道错误。
- **范围有限**。量子密码学在有限的范围内运行，借助引导通信介质，最大范围一般在 500 公里左右。由于此限制，该技术不能用于长距离安全通信。不过，Terra Quantum 的范围可以超过 500 公里。
- **实施成本**。量子密码学的实施成本高昂。它通常需要独立且昂贵的技术基础设施，例如中继器和光缆。
- **有限的目的地范围**。量子密码学需要专用通道，并且不可能在单个量子通道中将密钥发送到多个目的地。在某些情况下，组织需要创建多个量子通道，从而导致流程效率低下。另一个重要的局限性是量子密码学无法实现多路复用，因为它违反了量子原理。

5.6.7 同态加密

同态加密是一种加密形式，允许对加密数据执行数学运算。它创建了一种加密算法，允许对加密数据进行无限次加法或乘法。最终的结果是强加密。同态加密允许外包数据处理活动，而不需要第三方来保护数据，因为如果没有正确的解密密钥，就无法访问原始数据。这种加密的优势包括：

- **供应链安全**。第三方通常需要访问组织的敏感和专有数据才能执行其工作。同态加密可保护公司免受供应链风险，因为数据泄露对公司造成的风险极小。
- **云数据安全**。组织可以使用同态加密来保护云中的数据，同时计算和搜索稍后将被解密的加密信息，而不会影响数据完整性。
- **数据安全**。同态加密允许用户以公正的方式添加各种值，同时保持值的私密性，保护数据免遭操纵，并可供授权第三方进行独立验证。这对于民主选举等活动很有用。
- **监管合规**。《通用数据保护条例》（GDPR）等法规为数据主体授予了广泛的权利，并对企业施加了额外的责任和限制。通过同态加密，组织可以在欧盟以外的系统上存储和处理数据，然后仅在符合 GDPR 要求的位置的服务器上对其进行解密。
- **数据分析**。企业经常搜集和处理有关其用户的信息，并将信息出售给第三方以投放定向广告。然而，这种从个人数据中牟利的做法存在争议。通过同态加密，组织可以在不查看或访问原始数据的情况下执行数据分析。
- **隐私**。同态加密允许组织共享私人数据（尤其是与客户），而不影响隐私。它通过对加密数据进行数学运算而不暴露数据本身，为组织提供了保证隐私的能力。

同态加密的类型

同态加密的类型有：
- **部分同态加密**。部分同态加密算法允许执行无限量的操作。例如，特定算法可能是加法同态（将两个密文加在一起，产生与加密两个明文之和相同的结果）。这些算法相对容易设计和部署。信息系统审计师应注意，一些常见的加密算法（例如 RSA）是部分同态。
- **某种程度的同态加密**。某种程度的同态加密算法允许有限数量的任何操作，而不是无限数量的特定操作。例如，该算法可以支持最多六次加法或乘法的任意组合；然而，任一类型的第七次操作都会给出无效结果。
- **完全同态加密**。完全同态加密算法允许对密文进行无限次加法或乘法，同时仍然产生有效结果。这应当是同态加密所期望的最终目标。

同态加密的挑战

与同态加密相关的挑战包括：
- **效率低下**。完全同态加密的主要挑战是效率低下。满足完全同态的要求会导致算法缓慢，因为要求相当广泛。
- **高存储要求**。由于其实现涉及巨大的处理工作负载，同态加密可能具有极高的存储要求。

- **性能降低**。平均而言，新的改进版本仍然比明文运行慢得多。
- **无法扩展**。如果用户过多，同态加密可能无法完全保护个人数据免受提供商的访问。解决方案是提供商为每位用户提供一个单独的数据库，并使用该用户的公钥进行加密。然而，这对于大量用户来说通常行不通。
- **大型复杂算法**。同态加密解决方案的加密版本计算时间与明文计算时间的开销比通常很大。这种开销通常是一个很大的多项式，会大大增加运行时间，使复杂函数的同态计算变得不切实际。

5.6.8 数字签名

公钥系统的一个重要特性是，即使将私钥用于加密而将公钥用于解密，底层算法依旧能够发挥作用。即便这听起来有点反常，但公钥系统可以实现数字签名方案，从而验证编码消息的来源。因为只有密钥对的所有者才知道私钥，所以可以确定，如果一份密文能够使用公钥正确解密，则该公钥的所有者不能否认其执行了加密过程。这被称为不可否认性。

在多数实际实施的数字签名方案（见图 5.33）中，不会将公钥算法应用到整个文档，因为这需要花费大量的处理资源来计算经过签名的数据。而是先从要签名的文档中导出一个摘要（即"预哈希"），然后再将公钥算法应用到该摘要，以便生成一个经过编码的数据片段（签名）并随文档发送出去。

为了对发送方进行文档始创者身份认证，接收方在收到文档后将应用相同的哈希函数，并将生成的摘要（即"后哈希"）与解密的预哈希进行比较。如果匹配，接收方即可断定该文档确实是由相应公钥的所有者签署的。

因此，数字签名方案可以确保：
- **数据完整性**。对明文消息做出任何更改都将导致接收方无法计算相同的文档哈希。
- **身份认证**。接收方可以确保文档是由宣称的发送方发送的，因为只有宣称的发送方才有相应的私钥。
- **不可否认性**。宣称的发送方后来无法否认其生成了该文档。

请注意,不能保证公钥的所有者实际发送了文档。恶意攻击者可能拦截经过签署的文档,然后再将其发送给接收方。为了预防这种攻击(称为"重放攻击"),可在文档中附加一个经过签署的时间戳或计数器。

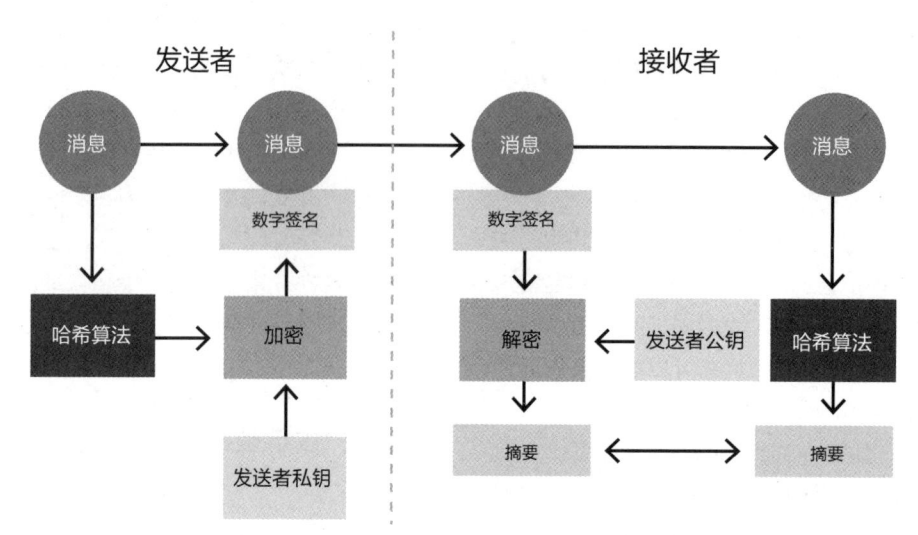

图 5.33 使用数字签名验证消息完整性和来源证明

资料来源:ISACA,《CRISC 考试复习手册》(第 7 版),美国,2023 年。

5.6.9 数字信封

与数字签名类似,数字信封是一种电子"容器",可通过使用加密和数据身份认证来保护数据或消息。首先使用对称加密对消息进行编码。然后使用公钥加密来保护用于解码该消息的代码。这为加密提供了更方便的选择。此外,还可以使用接收方的私钥来解密秘密密钥,或使用秘密密钥来解密加密数据,从而解密数字信封。Pretty Good Privacy(PGP)是一种常用的数据加密软件,提供加密隐私和数据通信身份认证,是数字信封的典型示例。

5.6.10 加密系统的应用

非对称和对称系统可结合起来使用,以充分利用每个系统的特点。常见的方案是使用对称算法和随机生成的密钥来加密数据。然后再使用非对称加密算法将该私钥加密,以便在那些需要访问该加密数据的各方之间安全地分发。这样就可以使安全通信的发送同时享有对称系统的速度和非对称系统的密钥分发便利。此外,由于创建私钥可以不费吹灰之力,可以在只用它处理有限数据后再选择一个新密钥。这样就可以限制恶意第三方破译整套数据的可能性,因为他得攻击多个私钥。此组合方案用在多种协议中保护 Web 流量(例如 SSL/TLS)以及加密电子邮件(例如 S/MIME)。在后一种情况下,所生成的文档(加密消息和加密私钥的组合)被称为数字信封。

传输层安全协议

TLS 是一种在互联网上提供安全通信的加密协议。TLS 是广泛用于浏览器和 Web 服务器之间通信的会话层或连接层协议。除保护通信隐私外,该协议还可提供终端身份认证。该协议允许客户端/服务器应用程序以旨在预防窃听、篡改和消息伪造的方式进行通信。

TLS 包括几个基本阶段:

- 为算法支持进行的对等协商。
- 公钥、基于加密的密钥交换和基于证书的身份认证。
- 基于密码的对称流量加密。

在第一个阶段中,客户端和服务器协商将使用哪种加密算法。当前的实施支持以下选择:

- **用于公钥加密**。RSA、Diffie-Hellman、数字签名算法(DSA)或 Fortezza。
- **对于对称密码**。RC4、国际数据加密算法

（IDEA）、三重 DES 或 AES。
- **对于单向哈希函数**。SHA-1 或 SHA-2（SHA-256）。

TLS 在 TCP 传输协议之上的层中运行并为应用程序协议提供安全性，但其最常用的还是结合 HTTP 构成 HTTPS。HTTPS 用于保证应用程序的万维网（WWW）页面安全。在电子商务中，身份认证可能同时用于企业对企业（B2B）活动（客户端和服务器都要进行身份认证）和企业对消费者（B2C）交互（只对服务器进行身份认证）。TLS 由两个协议组成：

1. **握手协议**。TLS 握手协议在双方之间协商并建立 TLS 连接。它为数据传输提供安全的通信通道。整个过程在数据传输之前完成。

2. **TLS 记录协议**。TLS 记录协议是传输数据的实际安全通信方法。当数据包在双方之间传输时，它支持对其进行加密和验证。它还对数据包执行一定程度的压缩，并完全依赖于握手协议运行。

TLS 取代了类似的 SSL 协议，后者于 2014 年被发现存在重大漏洞。尽管 TLS 和 SSL 是不同的协议并且互不兼容，但当要提到 TLS 时，经常会引用 SSL。评估 TLS 实施的信息系统审计师应注意确定对 SSL 的引用是否正确（表明存在安全漏洞），还是实际上指的是 TLS。

IP 安全协议

IPSec 用于在两台或更多主机之间、两个或更多子网之间或主机与子网之间保护 IP 级别的通信安全。此 IP 网络层数据包安全协议通过传输和隧道模式加密法建立 VPN。对于传输方法，将对称为封装安全有效载荷（ESP）的每个数据包的数据部分加密，以实现过程的机密性。在隧道模式中，ESP 负载及其数据头将被加密。要实现不可否认性，会应用额外的身份认证头。在任何一种模式下建立 IPSec 会话时，都要建立安全关联（SA）。SA 定义了在通信双方之间应用作加密算法、密钥、初始向量、密钥寿命等的安全参数。在发送主机中定义了一个 32 位的安全参数索引字段时，就会在 ESP 或 AH 报头中分别建立 SA。SPI 是可以让发送主机引用安全参数的唯一标识符，该安全参数可以按照说明应用于接收主机上。计算机使用 IPSec 协议交换数据的步骤是：

- 发送方系统通过确认其安全政策来确定数据传输是否需要 IPSec。如果需要，它会启动与接收方系统的安全 IPSec 传输。
- 两个系统协商建立安全连接的要求，包括就加密、身份认证和 SA 参数达成一致。
- 系统发送和接收加密数据，验证数据是否来自可信来源并确保内容可靠。
- 一旦传输完成或会话超时，系统将终止 IPSec 连接。

安全关联

IPsec SA 是一种简单（单向）连接，用于协商 ESP 或 AH 参数。整个 SA 流程由互联网安全关联和密钥管理协议管理，后者是 SA 协商和通信的框架。SA 包含的信息包括：

- 加密和身份认证密钥的材料。
- 可使用的算法。
- 终端的身份。
- 系统使用的其他参数。

SA 需要密钥材料来进行身份认证和加密。SA 所需的密钥材料的管理被称为密钥管理。IKE 协议使用非对称加密技术自动管理密钥。互联网协议版本 4（IPv4）和互联网协议版本 6 数据包上的 SA 可以使用自动密钥管理。

5.6.11 Kerberos

Kerberos 是一种票证身份认证机制，它采用第三方实体来证明身份并在分布式计算环境（DCE）中提供身份认证。它为用户提供 SSO 解决方案，并保护登录凭据，同时允许主体主动识别自己的身份并参与 DCE。当前版本的 Kerberos 5 使用 AES 对称加密协议。Kerberos 的主要优点是它使用端到端安全性为身份认证流量提供机密性和完整性。这可以保护组织免受窃听和重放攻击。Kerberos 还使用几种不同的元素，如图 5.34 所示。

组 件	描 述
密钥分发中心	KDC 是为客户端提供身份认证服务的可信第三方。它支持对称加密，并为所有成员维护密钥。客户端和服务器都应向 KDC 注册
票证授予服务器	TGS 是用作可信第三方的逻辑 KDC 组件。它验证票证是否用于指定目的，例如数据库访问
认证服务器	AS 旨在托管 TGS 以进行票证分发。它还能验证或拒绝票证的真实性和及时性
票证授予票证	TGT 是 KDC 签发的用户身份认证令牌，用于向 TGS 请求访问令牌。它证明主体已成功通过 KDC 完成身份认证，因此有权请求票证来访问其他对象。主体在请求访问对象的票证时提供加密的 TGT
服务票证	ST 是主体有权访问对象的加密证明。主体请求票证来访问具有特定使用参数和寿命的对象。如果主体成功通过身份认证并因此被授权访问对象，Kerberos 系统会发出票证

图 5.34 Kerberos 的组件

Kerberos 维护着一个目录服务，以存储与其操作相关的所有数据。简而言之，Kerberos 登录过程的步骤为：

- 用户使用用户名和密码登录。
- 客户端使用对称加密算法（例如 AES）对用户名进行加密，以便传输到密钥分发中心。
- KDC 验证存储在其目录服务中的用户名凭据。
- 验证成功后，KDC 会生成供客户端和 Kerberos 服务器使用的对称密钥。
- KDC 使用用户密码的哈希值对对称密钥进行加密。它还同时生成加密的票证授予票证。
- KDC 将加密的对称密钥和 TGT 传输给客户端。
- 客户端安装 TGT 并使用用户密码的哈希值解密对称密钥。
- 客户端通过将 TGT 发送到票证授予服务器来请求服务票证。一旦提供了服务票证，身份认证过程即告成功，并且安全通信开始。

信息系统审计师应注意，客户的密码永远不会通过网络传输，而只是进行验证。然而，Kerberos 也给组织带来了重大风险，因为 KDC 存在单点故障。如果 KDC 被入侵，网络上每个系统的密钥也会遭到泄露。此外，如果 KDC 离线，则不会进行主体身份认证。Kerberos 有严格的时间要求。如果系统未正确同步或时间发生变化，TGT 将失效，系统无法接收任何新票证。简而言之，客户端将被拒绝访问系统资源。

5.6.12 安全外壳

SSH 是一个客户端/服务器程序，可以从互联网上打开安全的加密命令行 shell 会话以进行远程登录。与 VPN 相似，SSH 使用强加密技术保护数据，包括在网络上系统间传输的密码和管理命令。SSH 在很大程度上取代了 Telnet，已成为最重要的远程登录协议。通常，双方通过使用数字证书验证彼此的凭据来实施 SSH。SSH 的实施对于取代 Telnet 至关重要，后者以明文形式传输密码，未经授权的人也可以获取密码。SSH 在应用层实施，而不是像 IPSec 一样在网络层实施。SSH 协议使用加密来保护客户端和服务器之间的连接；所有用户的身份认证、命令、输出和文件传输均经过加密，以预防通过网络传输的攻击。SSH 旨在提供用户和远程计算机之间的强加密验证和通信。SSH 技术基于客户端-服务器模型，提供了通过不安全网络（例如互联网）访问远程设备的理想方式。管理员通常将该技术用于多种功能，包括：

- 登录远程系统以获得支持和维护。
- 将文件从一台计算机传输到另一台计算机。
- 远程执行命令。
- 提供支持和更新。

SSH 密钥安全最佳实践

保护 SSH 密钥的最佳实践有多种，包括：

- **集中化 SSH 密钥管理**。识别和清点所有 SSH 密钥并集中管理它们，以消除密钥蔓延。当组织将密钥存储在许多不同的地方时，就会发生密钥蔓延，由于攻击面增加，从而提高了密钥泄露的概率。
- **更改默认 SSH 端口**。更改默认 SSH 端口是与纵深防御原则相关的简单最佳实践。它消除了大量依赖于默认端口获取入口的基本攻击向量。攻击者通常熟知默认端口。
- **禁用 SSH root 登录**。Root 登录提供对 SSH 核心组件的访问。组织应确保禁用 SSH root 登录。消除 SSH root 账户（尤其是远程访问）可显著减少组织的攻击面。
- **实施密钥归属**。密钥归属涉及将 SSH 密钥绑定回个人账户，而不是共享账户。当有效实施时，密钥可提供有效的 SSH 审计轨迹，以及对 SSH 密钥的更直接监督。
- **实施密钥轮换**。密钥轮换是 SSH 密钥安全最佳实践的重要组成部分。组织应确保强制要求用户定期生成 SSH 密钥。应禁止在多个账户或迭代中重复使用相同的密码和密码短语。这可以保护 SSH 技术基础设施免受密码重用攻击。
- **执行持续审计**。为了及时了解 SSH 技术的最新运行情况，组织应执行持续审计。审计的重点应包括记录和验证通过 SSH 密钥身份认证启动的所有特权会话。持续审计还有助于组织满足法律和合规要求。
- **实施防火墙技术**。组织可以实施防火墙技术来保护 SSH。它应定义仅接受来自 IP 地址、端口或协议允许列表来源的 SSH 流量的规则。防火墙可以配置为根据 IP 地址连接到 SSH 的速率来阻止它们。此外，还可以实施端口敲门，使威胁实施者更难检测开放的 SSH 端口。

5.6.13 域名系统安全扩展

域名系统安全扩展（Domain Name System Security Extensions，DNSSEC）是一种加密技术，旨在解决 DNS 安全问题，因为 DNS 本身并不安全，并且不包含任何安全措施。它为 DNS 客户端（也称为解析器）提供 DNS 数据源身份认证、经验证的否认存在和数据完整性服务。它将数字签名添加到 DNS 以确定源域名的真实性。它还使用链来验证源域名是否与权威 DNS 中存储的 DNS 记录相匹配。如果找不到来源，则会丢弃响应。这可确保用户始终连接到域名的实际地址。

DNSSEC 由两个阶段组成：签名和签名过程中的验证。DNSSEC 对 DNS 记录上发送的所有数据进行签名，以验证其真实性。DNS 记录使用私钥进行签名，签名存储在 DNS 名称服务器中。安全验证通过使用两个加密密钥（一个公共密钥和一个私有密钥）的 PKI 身份认证来执行。通过检查与所请求的 DNS 记录相对应的签名，用户可以验证该记录是否直接源自其权威名称服务器。

DNSSEC 通过预防 DNS 缓存中毒和 DNS 虚假区域来预防第三方伪造记录并保证域的身份：

- **DNS 缓存中毒**。DNS 缓存中毒是一种中间人攻击，攻击者用虚假的 DNS 信息淹没 DNS 解析器，并将虚假结果插入到 DNS 解析器的缓存中。DNS 解析器向那些寻求访问合法网站的人提供错误或恶意的网址。
- **DNS 虚假区域**。DNSSEC 可以预防恶意 DNS 攻击，这些攻击通过利用区域之间的间隙为不存在的区域提供虚假结果。通过 DNSSEC，整个区域通过附加机制得到保护，以预防未签名区域中的间隙被利用。这通常被称为经验证的否认存在。

DNSSEC 可能会在无意中引入严重漏洞。信息系统审计师应了解实施 DNSSEC 时产生的安全漏洞，包括：

- **DoS 风险**。DNSSEC 可能会增加风险并放大分布式拒绝服务（DDoS）攻击的影响，在这种攻击中，系统会同时受到来自多个设备的流量干扰。
- **查询响应增加**。DNSSEC 增加了 DNS 查询响应的数量，因为该技术需要额外的字段和加密信息来正确验证记录。与未实施 DNSSEC 相比，大量响应为恶意实施者提供了更大的攻击量。
- **性能低下**。由于 TCP 是一种面向连接的缓慢协议，因此 DNSSEC 依赖于 UDP，后者是一种更快但风险更高的协议。UDP 对于打开、维护或终止连接没有特定的安全要求。它也不保证将数据传输到目的地，并提供使用校验和检查错误的基本功能。由于不需要握手，使用 UDP 传输的数据很容易被恶意攻击者拦截。

5.6.14 电子邮件安全

电子邮件安全是确保电子邮件 CIA 的安全实践。它有助于保护组织的电子邮件攻击免受未经授权的访问、破坏和/或丢失。电子邮件安全至关重要，因为电子邮件（尤其是企业电子邮件）包含可能被威胁实施者篡改的敏感信息。

常见的电子邮件攻击和技术

电子邮件攻击通常会对组织的敏感数据造成严重破坏，有时还会损害组织的声誉。威胁实施者可以使用多种策略来攻击电子邮件。一些最常见的电子邮件攻击和技术包括：

- **电子邮件轰炸**。特点是滥用者反复发送相同的电子邮件到特定地址
- **垃圾邮件攻击**。垃圾邮件指的是向成千上万的用户（或扩展到许多用户的列表）发送电子邮件，且通常是不请自来的商业电子邮件或垃圾电子邮件。它也可能是向邮件列表发送消息或使用错误设置的自动回复（例如假期提醒）。
    - 垃圾邮件会造成不便，并对工作效率产生严重影响，因此被视为是一种业务风险。
    - 如果回复垃圾邮件，则收件人电子邮件地址会被确认有效，并且会泄露信息。
    - 垃圾邮件可能与电子邮件冒充相结合，更难判定发件人。
    - 使用发件人许可框架协议并借助贝叶斯过滤和灰名单等工具对垃圾邮件进行管理。
- **冒充**。冒充可能采取各种恶意的形式，但都有相似的结果：用户接收的电子邮件消息看似来自一个源，但实际上来自另一个源。电子邮件冒充常常试图诱骗用户做出破坏性声明或发布敏感信息，例如密码或账户信息。可影响站点安全的冒充电子邮件示例包括：
    - 电子邮件自称来自系统管理员，要求用户将密码更改为指定字符串，并威胁如不进行更改将暂时禁止其账户
    - 电子邮件自称来管理层人员，要求用户发送密码文件或其他敏感信息的副本
- **商业电子邮件泄露（BEC）**。BEC攻击针对特定员工（通常是授权金融交易的员工），并诱骗他们将资金转入攻击者控制的账户。BEC攻击需要大量的规划和研究才能奏效。例如，攻击者必须搜集与目标组织的高管、员工、客户、业务合作伙伴、潜在业务合作伙伴以及法定机构相关的大量信息。这些信息对于欺骗受害者并说服他们支付资金至关重要。为了应对BEC，员工必须接受培训，以警惕带有虚假域名的电子邮件或冒充供应商的电子邮件。这些邮件还需要表现出强烈的紧迫感，以免受害人产生怀疑。

实施电子邮件安全是可能的，但所投入的工作应与所交换消息的价值和机密性相符。组织可以使用多种协议、服务和解决方案来增强电子邮件的安全性，而无须对整个基于互联网的简单邮件传输协议基础设施进行彻底改造。图 5.35 解释了一些最常见的电子邮件安全解决方案。

电子邮件安全解决方案	描 述
安全多功能互联网邮件扩展	S/MIME 是一种电子邮件安全标准，通过应用公钥加密和数字签名为电子邮件提供身份认证和机密性。它通过 X.509 数字证书验证发送方和接收方的身份，确认消息的完整性，并确保消息及其内容的隐私。S/MIME 提供安全签名的消息和信封，以确保完整性、发件人身份认证、机密性和不可否认性
MIME 对象安全服务	MOSS 是使用多方签名的加密框架的协议。它将数字签名应用于 MIME 对象，并可为电子邮件消息提供身份认证、机密性、完整性和不可否认性。然而，MOSS 从未得到广泛应用
隐私增强邮件	PEM 是一组提供身份认证、完整性、机密性和不可否认性的电子邮件协议和机制。它使用 Rivest-Shamir-Adleman（RSA）和数据加密标准进行加密，并基于 X.509 标准。它可以在互联网上实现安全可靠的电子邮件通信
域密钥识别邮件	DKIM 是一种电子邮件身份认证方法，它使用数字签名来告知接收方邮件是由域名所有者发送和授权的。它用于通过域名身份验证来确保组织发送有效的电子邮件。其主要目的是检测伪造的发件人地址。伪造地址是电子邮件网络钓鱼和垃圾邮件攻击中最常用的技术之一
Pretty Good Privacy（PGP）	PGP 是一种公钥-私钥系统，使用多种加密算法来加密文件和电子邮件。它在电子邮件通信中提供了关键的安全性，即身份认证、完整性、隐私和不可否认性，因此广受欢迎。PGP 的主要优势在于它是一个免费提供给所有人的开源软件包

图 5.35 电子邮件安全技术

电子邮件安全控制

电子邮件安全应成为组织整体安全框架的一部分，因为电子邮件使用广泛，并且经常涉及敏感数据的通信。信息系统审计师应对电子邮件安全给予充分的关注，因为电子邮件通常是威胁实施者用来发起其他复杂攻击（例如社会工程攻击和恶意软件安装）的主要攻击媒介。为增强电子邮件安全性，可以实施的控制包括：

- **垃圾邮件过滤器**。垃圾邮件过滤器检测垃圾邮件，预防其进入受害者的收件箱，并将其导向垃圾邮件文件夹。垃圾邮件过滤器通过检查电子邮件内容并搜索构成异常电子邮件流量的某些模式来识别和阻止不需要的电子邮件。
- **电子邮件加密**。电子邮件可以在传输过程中加密，这样即使攻击者设法拦截到电子邮件，如果没有解密密钥，他们也无法理解电子邮件的内容。这降低了数据泄露以及违反法规和政策的风险，同时增强了电子邮件通信的安全性。
- **防病毒保护**。防病毒工具可筛查电子邮件及其相关附件是否携带病毒，并在检测到可疑内容时向用户发出警告。病毒是一种重大安全风险，因为它们可以感染整个电子邮件网络以及电子邮件服务器和应用程序。
- **安全电子邮件网关**。SEG 根据信息系统安全管理员配置的设置过滤掉可能不需要的电子邮件。其主要优点是它可以部署在本地或云中，这提供了易用性。SEG 通过提高多层安全保护架构的有效性来改善安全性。
- **电子邮件附件控制**。大多数电子邮件攻击和使用电子邮件作为攻击媒介的攻击都依赖于欺骗用户点击包含恶意软件的电子邮件中的链接或附件，从而暴露敏感信息。EAC 系统允许用户在打开文件前查看发送的文件类型。这有助于用户在打开电子邮件前对其进行验证。

5.6.15 加密审计程序

在组织内进行加密审计时，信息系统审计师的主要目标是确保组织拥有适当的控制来管理整个数据加密流程。图 5.36 概述了数据加密审计中可以遵循的一些加密审计程序。

加密治理	• 验证书面加密政策和程序是否到位 • 确定数据分类系统是否存在 • 确定是否定期开展加密风险评估 • 验证没有重复加密 • 验证管理层已制定支持加密的控制，例如双重控制和职责分离 • 验证组织遵守所有数据保护规则和法规 • 验证与加密相关的审计系统是否已建立
加密设计	• 验证加密算法的过程和选择是否有效和高效 • 审查管理层文档，证明所选算法可确保提供充分保护 • 验证管理层是否已实施流程，以确保尽可能较少对接口和其他系统的影响 • 确定管理层是否应用了公认的标准（例如传输层安全协议作为其加密系统的一部分） • 检查现有的加密系统是否与应用程序兼容 • 验证密钥是否包含所有必需的属性，包括符合政策的密钥长度、组成和管理 • 确定密钥生成和修改的难度
密钥管理	• 验证对加密系统的更改是否得到充分控制 • 确定对加密系统的更改或更新是否仅由授权人员执行 • 验证密钥传输是否按照特定的书面程序进行控制 • 确定基于时间的密钥创建、轮换和销毁是否符合政策或最佳行业标准 • 验证用户和操作员不会处理密钥
数字签名	• 验证私钥是否从未备份，因为备份私钥会增加风险暴露 • 确定组织是否为加密和数字证书使用不同的密钥对
加密算法	• 确定管理层是否考虑了复杂数学方程的需要 • 验证解密成本不会超过加密系统应保护的信息价值

图 5.36　加密审计程序

5.7 公钥基础设施

公共密钥基础设施（Public Key Infrastructure，PKI）是通过数字证书分发公钥的系统。PKI 由创建、管理、存储、分发和取消公钥证书所需的政策、程序、硬件、软件和人员组成。

5.7.1 数字证书

PKI 系统验证通过证书分发的公钥是否属于个人或组织。个人通过认证机构（Certificate Authority，CA）（例如 Verisign 或 Thawte）获取包含个人公钥的数字证书。CA 对证书进行数字签名和验证，因此公钥属于所谓的所有者。CA 还根据证书的类型以不同的价格出售数字证书。个人或组织可能必须提供某种形式的身份认证（例如地址或信用报告），具体取决于证书的类型。

证书政策文件用于识别 PKI 中的各个参与者及其角色、职责和责任。它界定了如何使用证书、如何生成密钥以及如何选择证书名称等实践。

除了颁发证书，CA 还保有一份受损证书（即那些私钥已经泄露或丢失者）清单，称为证书撤销清单（Certificate Revocation List，CRL）。有些情况下，如果证书所有者自愿宣布不再使用某个密钥对，相应的证书可在 CRL 中被标记为已撤销。这样一来，如果签名是在相应私钥受损或撤销后生成的，一方就可以拒绝相应的签名文档。

证书通常包含证书操作声明，它是有关 CA 签发证书方式的声明。其中可能包含：

- 所颁发证书的类型。
- 颁发、更新和收回证书的政策、程序和流程。
- 所用的加密算法。
- 用于证书的密钥长度。
- CA 所颁发证书的有效期。
- 证书撤销政策。
- CRL 政策。
- 证书更新政策。

注册机构（Registration Authority，RA）承担 CA 委托的针对特定社群的某些行政管理职能。例如，如果一家国际公司的国家分支机构充当该国家员工的 RA，则该公司可能具有 PKI 设置。特定 RA 所执行的行政管理职能会根据 CA 的需要而有所不同，但必须符合确立或核实用户身份的原则。这些职能可能包括：

- 核实受验对象提供的信息（个人身份认证职能）。
- 核实受验对象对于所申请证书属性的权利。
- 核实受验对象确实拥有注册的私钥，而且私钥与证书所要求的公钥相匹配（通常称为拥有性证明）。
- 报告需要撤销证书的密钥受损或终止情况。
- 为识别目的分配名称。
- 生成共享密钥以在注册的初始化和获得证书阶段使用。
- 代表主体实体启动与 CA 的注册过程。
- 启动密钥恢复流程。
- 分发含有私钥的物理令牌（如智能卡）。

5.7.2 密钥管理

信息系统审计师应了解密钥管理中涉及的各种活动。审计师还应牢记，对称加密的密钥管理通常较为困难，而非对称加密的密钥管理要简单得多。图 5.37 详细介绍了与密钥管理相关的若干任务。

5.7.3 证书取消

证书取消是在证书有效期届满之前终止证书使用的流程。取消证书的决定包括确定取消原因、将取消原因映射到组织的取消政策，然后执行取消。信息系统审计师应向管理层告知继续使用可能被取消的证书所涉及的风险。一旦证书被取消，即告失效，交易各方将不再能依赖它们来确保安全。导致证书取消的原因有多种，例如：

- **从属关系发生变化**。这包括个人被解雇、辞职或死亡，或者不再使用获得签发证书的计算机账户。当个人在组织内改变角色并且不再需要与其之前角色关联的证书时，也可能发生从属关系变化。
- **私钥泄露**。如果怀疑私钥已泄露和/或被未经授权的个人所持有，则可以取消证书。典型的示例包括笔记本电脑和平板电脑被盗，导致设备上存储的所有私钥被泄露。信息系统审计师应了解，一旦 CA 的私钥被取消，则该 CA 下的所有证书也将被视为取消。

领　域	描　述
密钥创建	也被称为密钥生成，指通过密钥生成器设备或程序生成用于加密过程的密钥
密钥分发	密钥分发是将密钥传输给用户或系统的流程。此流程必须是安全的，为此通常使用安全加密技术
密钥存储和保管	密钥必须安全地存储在计算设备上。通常，它们存储在受保护的存储设施中，例如 Windows 证书存储区。双重保管、分割知识和保管等方法通常需要两个或更多人共同使用一个密钥。信息系统审计师必须意识到，某些密钥可能被置于密钥托管之下
钥匙轮换	密钥通常不会永久使用，因为这会增加密钥被盗、丢失或发生故障的风险。为了减轻这种风险，建议组织淘汰旧密钥并实施新密钥
密钥恢复和备份	密钥恢复是密钥管理中的关键要素。如果密钥未托管，丢失私钥通常会导致数据丢失。密钥托管帮助组织安全地存储密钥，以供日后恢复。此外还需要备份方法，以防密钥出现故障。PKI 通常提供内置的备份和恢复设施
密钥销毁	密钥可以被暂停（暂时暂停）、取消（无法恢复）、过期（在更新前无效）或销毁。密钥销毁通常发生在密钥生命周期结束时或检测到密钥泄露后。信息系统审计师应监控密钥销毁流程，以确保其适当且安全

图 5.37　关键管理实务

- **停止运行**。停止运行包括组织中的服务器或工作站退役等事件。这将使签发给服务器的所有证书都被取消，因为不再需要这些证书。换句话说，CA 也将退役。
- **取代**。在 PKI 中，最佳实践规定，如果已签发的证书因任何原因被替换，则必须签发新证书。例如，如果证书模板更新，或 CA 错误地签发证书并重新签发证书，则可以取消之前的证书。
- **未指定**。组织可以取消证书，而无须提供具体的取消原因。但不建议这样做，因为取消原因将提供审计轨迹，并准确地指出证书被取消的原因。
- **CA 泄露**。证书可能由于 CA 本身的泄露而被取消。例如，证书中列出的详细信息可能已被篡改，而 CA 需要重新签发证书。证书也可能是非法的，例如当证书是用偷来的密钥伪造时。

5.7.4　证书取消清单

CRL 是在预定到期日期前已由签发 CA 取消的数字证书列表。这些证书不应再被信任。CRL 是浏览器用来验证证书有效性和可信度的黑名单。根据 CA 的运营政策和程序，CRL 通常定期发布。检查证书的取消状态时，应用程序或浏览器会从指定的 CRL 分发点（CDP）检索当前的 CRL。CDP 是 LDAP 目录服务器或 Web 服务器上 CA 发布其 CRL 的位置。

取消分为两种不同的状态：取消和暂停。如果 CA 签发不当、私钥泄露和/或不遵守特定的政策要求，证书将被不可逆转地取消。证书的暂停状态是可逆的，用于表明证书暂时无效，例如，如果用户不确定私钥是否已丢失或被盗。如果找回私钥并且没有人曾访问它，则证书状态可以恢复并再次生效。

虽然 CRL 可能有所不同，但应包括：

- CRL 签发方名称/通用名。
- 取消日期和时间。
- 取消原因。
- 具体的取消期限。
- 证书的扩展名。
- 证书的签名算法。
- 证书序列号。
- 下一份 CRL 的发布日期。

联机认证状态协议

在线证书状态协议（Online Certificate Status Protocol，OCSP）是用于请求数字证书取消状态的协议。客户端无须每年下载多个 CRL 并对其进行分析，即可查询 CA 的服务器并立即了解证书是否有效、已取消或未知。另一个优点是 OCSP 提供有关证书取消状态的更多更新信息。

一种新兴的解决方案是使用 OCSP 钉扎，它增强了 OCSP 协议。在启用 OCSP 钉扎的情况下，浏览器或应用程序无须直接向 CA 发送 OCSP 请求。相反，Web 服务器会缓存来自 CA 的 OSCP 响应，然后将

OSCP 响应"钉扎"到发送至浏览器的证书。OCSP 通过消除与签发 CA 通信所涉及的成本来提高性能。由于攻击面的减少，安全性也得到了提高。由于 CA 收到的是网站而不是用户的请求，因此用户隐私也得以增强。

5.7.5 PKI 基础设施风险

虽然 PKI 在组织中至关重要，但也有其自身的相关风险，包括：

- **过时的协议**。过时的加密协议是一个主要风险，因为它使组织容易面临安全事故和数据泄露。
- **弱加密密钥**。小于 2048 位的弱加密密钥长度被视为易受攻击且不安全。大量弱密钥会导致使用密钥加密的数据、通信和交易的隐私和机密性问题。
- **不频繁的密钥轮换**。小于 2048 位的弱密钥长度被视为易受攻击且不安全。由于密钥不会过期，因此频繁轮换密钥并不是常见的安全做法，这为网络犯罪分子操纵用户提供了机会。
- **证书管理不善**。未能妥善管理、颁发、续订或取消数字证书会对组织安全产生巨大影响。过期的证书可能会导致意外中断，并可能成为不良行为者在组织网络内横向移动的门户，从而导致数据泄露，并影响企业的安全和合规状况。
- **缺乏自动化**。管理大量数字证书和私钥会耗费组织的时间和资源。手动监控大量证书、其位置、所有者和到期日期会带来额外的复杂性并且容易出错。密钥也可能丢失或被盗。
- **技能和资源不足**。人才缺口和资源缺乏是组织在 PKI 方面面临的主要问题。组织需要高技能的 IS 安全专业人员来实施有效的 PKI 架构和维护。然而，由于当前的人才缺口，许多组织最终雇用了技能较低的专业人员。
- **证书所有权不明确**。分配证书所有者和审批者的主要目的是管理和组织证书生命周期流程，并确保只有经过授权的安全专业人员才能更改 PKI 基础设施的元素。
- **缺乏政策**。组织必须执行明确的规则和证书政策，以最大程度地减少出错的概率并确保严格遵守政策。缺乏覆盖整个企业的 PKI 政策以及政策应用的不一致，可能导致违规行为以及罚款和处罚的风险。
- **有限的可见性**。缺乏集中式清单和对整个组织环境中使用的所有证书的可见性，都会削弱整体 PKI 架构。流氓证书和不安全的临时证书可能存在，并以隐蔽的模式运行，几乎不可能被发现。
- **私钥管理不善**。在 PKI 中，私钥必须保持私密，因为它们是获取组织整个基础设施中关键信息的入口。密钥管理不善可能会导致私钥泄露，攻击者可以设法获取私钥并解密敏感信息。
- **不可信的根 CA**。根证书提供用于将身份绑定到公钥的签名。它指示证书是否有效，从而为 PKI 架构奠定了信任的基础。如果根 CA 不可信，则整个 PKI 也不可信。必须将根 CA 离线存储在受保护的保管库中。不可信的根 CA 可能会破坏整个信任链，并削弱整个 PKI 架构。
- **修补程序管理不善**。修补程序管理知识在 PKI 中至关重要。低效的修补程序管理通常会导致组织的信息系统安全团队无法及时检测 PKI 漏洞或缩短响应时间。

5.7.6 PKI 审计程序

安全的 PKI 取决于有效的审计程序，以识别 PKI 中的风险，并允许信息系统审计师就组织中 PKI 的安全性提供保证和建议。信息系统审计师通常在 PKI 审计中应用多个程序（见图 5.38）。

5.8 云和虚拟化环境

虚拟化和基于云的基础设施给信息系统基础设施带来了巨大的变化和风险。这些技术极大地改变了信息系统环境的管理。虽然虚拟化和云环境有很多相似之处，但它们并不相同。虚拟化是一个广义的概念，一般是指将物理技术转化为虚拟资源。另一方面，云通过互联网向用户按需提供虚拟化资源。信息系统审计师必须了解此类系统所面临的风险类型，并就实施适当的缓解措施提供建议。

审计类别	审计程序
认证机构	• 确定 CA 是否制定了信息安全政策 • 评估 CA 的物理控制 • 验证 CA 是否对其员工进行背景调查 • 确定 CA 是否备份审计日志 • 检查 CA 在整个密钥管理生命周期中如何管理密钥 • 验证 CA 系统是否存在适当隔离
注册机构	• 验证 RA 的注册是否符合 CPS 中的规定 • 验证 RA 的角色是否仅限于向 CA 提交详细信息,并且未分配其他角色 • 确定是否定义了 RA 入职和离职程序 • 确定 CA 和 RA 之间的通信通道对于证书而言是否足够安全 • 验证 RA 的所有活动记录是否记录在案 • 验证 RA 对 CA 系统的访问是否基于多因素认证 • 检查之前对 RA 运营进行的审计报告,并识别不合规问题 • 验证 RA 违规清单(如有)以及 CA 采取的相应措施
证书	• 验证证书信息是否已发布在 CA 网站上 • 确定证书的更新是否符合 CPS • 验证证书的暂停和取消是否符合 CPS • 确定安全证书分发系统的可用性
密钥管理	• 检查用于生成密钥的硬件是否符合联邦信息处理标准 • 验证密钥是否使用安全机制分发 • 确定可用于解决关键泄露案例的程序是否适当 • 验证密钥的存储是否安全且适当 • 验证 CA 是否维护密钥托管 • 检查关键备份和归档程序的可用性和运行情况 • 确定密钥销毁程序是否适当并预防数据残留
证书政策	• 验证组织是否拥有经批准的 CP • 确定现有的 CP 是否为最新 • 确定所有 PKI 各方是否都遵循 CP,并记录发现的差距
电子认证业务规则	• 检查 CPS 是否符合适用的法律法规 • 验证 CPS 是否可供相关方使用 • 确定维护 CPS 的责任是否得到适当的分配 • 验证 CPS 的修改是否遵循既定的流程和程序 • 确定 CPS 是否具有有效的对象标识符
证书取消列表/在线证书状态协议	• 验证 CRL 或 OCSP 是否已制定 • 确定发布的 CRL 是否已经 CA 数字签名 • 验证 CRL 分发的安全机制是否到位 • 抽取 CRL 条目样本,并验证已取消的证书是否仍保留在 CRL 中并直至证书有效期结束 • 确定 OCSP 响应流程和程序是否已自动化 • 验证 CRL 和 OCSP 服务是否符合相关行业标准和法规

图 5.38 公钥基础设施的审计程序

5.8.1 虚拟化

虚拟化为企业提高 IT 运营效率、降低 IT 运营成本提供了良机。但是,虚拟化同时也会带来额外的风险。从更高层面上来讲,虚拟化使得多个操作系统(客户机)可以互不干扰地存在于同一台物理服务器(主机)上。虚拟化在硬件与客户机操作系统之间创建一个层,以管理主机上的共享处理和内存资源。通常,管理控制台会提供管理虚拟化系统的管理权限。

数据中心及许多其他组织利用虚拟化技术来创建抽象的物理硬件，并建立大型的逻辑资源池，包括 CPU、内存、磁盘、文件存储器、应用程序和网络。这种方法可以让用户群更好地利用这些资源。虚拟化的重点是建立单一的物理计算环境来同时运行多个相互独立的逻辑系统。

全虚拟化最常用的用途是提高运行效率，通过在每台计算机上放置更大的负载来简化现有硬件的使用。其次，利用桌面全虚拟化，最终用户能够根据需要在一台计算机上托管多个操作系统，以支持依赖不同操作系统的应用程序。此外，IT团队可以更好地控制所部署的操作系统，以确保满足组织的安全要求、动态地执行安全威胁检测和相应的控制要求，并且可以更改虚拟桌面映像以响应新的威胁。

虚拟化计算环境通常包含以下要素：

- 服务器或其他硬件产品。
- **虚拟化管理程序**。建立和运行虚拟机环境（通常被称为"主机"）的计算机软件、固件或硬件。
- **客户机**。驻留在已安装管理程序主机的计算机上的虚拟环境要素（如操作系统、交换机、路由器、防火墙等）。

可以使用以下方法之一部署完全虚拟化的环境：

- **裸机/本地虚拟化**。裸机虚拟化是指管理程序直接在底层硬件上运行，无须主机操作系统。
- **主机虚拟化**。主机虚拟化是指管理程序在主机操作系统（Windows、Linux 或 MacOS）顶层运行。架构通常有一个在客户机操作系统中运行的额外软件层（虚拟化应用程序），在客户机中用来提供控制虚拟机与其他主机操作系统共享文件等功能的实用程序。
- **容器化**。容器包含应用程序及其所有相关项，但与其他容器共享内核。容器在主机操作系统的用户空间中作为独立的进程运行。

图 5.39 比较了两种虚拟化架构。

信息系统审计师需要了解虚拟化的优缺点，从而确定企业在决定采用、实施和维护此技术时是否考虑了相应风险。图 5.40 总结了虚拟化的几项优点和缺点。

虽然虚拟化具有明显的优势，但同时也伴随着风险，企业必须对其进行有效管理。因为虚拟环境中的主机是系统中一个潜在的单点故障，所以对主机的成功攻击会导致范围更广、影响更深远的损害。

要解决风险，企业通常可以为将要用于服务器群的虚拟化服务器环境实施相同的原则和良好实践，并对其加以调整。包括：

- 强大的物理和逻辑访问控制，特别是在主机及其管理控制台上。
- 合理的配置管理实务和用于主机的系统加固，包括修补程序、防病毒、有限的服务、日志、适当的权限以及其他配置设置。
- 适当的网络隔离，包括避免在 DMZ 中使用虚拟机以及在独立的网络分段上安置管理工具。
- 强有力的变更管理实务。

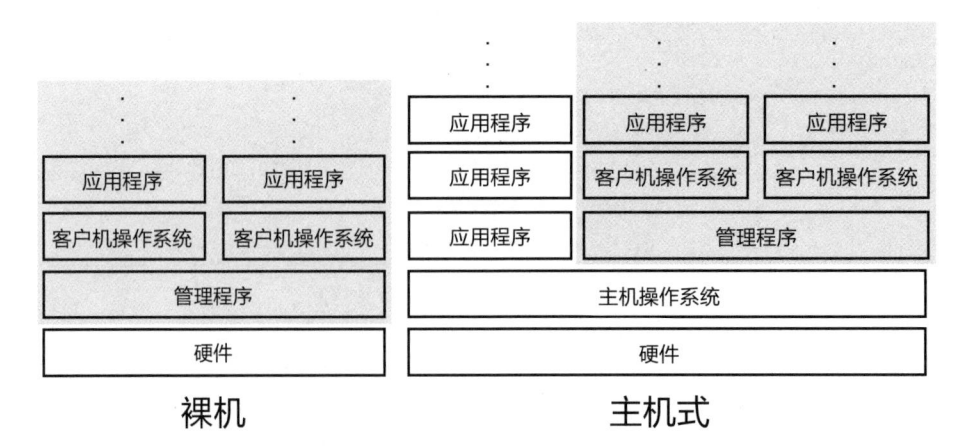

图 5.39　全虚拟化架构

资料来源：转载自美国商务部的国家标准与技术研究院。在美国不受版权保护。

优 点	缺 点
• 服务器建立和服务器维护发生的服务器硬件成本可能降低 • 多个操作系统可以共享处理能力和存储空间（传统服务器常常存在浪费情况），从而降低运营成本 • 服务器的物理足迹在数据中心中可能有所减少 • 单个主机可以拥有同一 OS 的不同版本，甚至不同 OS 的不同版本，以便于测试应用程序的性能差异 • 在其他位置创建客户机的副本可以支持业务连续性工作 • 应用程序支持人员可以在单个主机上拥有同一 OS 的多个版本，甚至不同 OS 的不同版本，以便更容易地支持用户在不同的环境中进行操作 • 单个机器可以将多层网络置入教育实验室环境中，而无须花费很多钱来重新配置物理设备 • 在生产环境中进行过测试的小型组织，也许能够更好地建立逻辑上独立的、具有成本效益的开发和测试环境 • 如果设置正确，主机上构建良好的单一访问控制可以为主机的多个客户机提供更加紧密的控制	• 主机配置不当可能会产生漏洞，不仅会影响主机，还会影响客户机 • 利用主机配置中的漏洞或针对主机的拒绝服务攻击可能会影响主机的所有客户机 • 管理控制台的损害会导致将未经批准的管理权限授予主机的客户机 • 主机自己的 OS 的性能问题可能影响主机的各客户机 • 如果主机没有以受控方式释放和分配内存，则数据在客户机间可能发生泄漏 • 用于远程访问管理控制台和客户机的不安全协议可能会导致管理凭据泄露

图 5.40　虚拟化的优点和缺点

典型控制

信息系统审计师应了解的一些概念包括：

- 根据行业标准对管理程序和客户机镜像（操作系统和网络）进行安全配置。应尽可能像对物理服务器、交换机、路由器、防火墙或其他计算设备一样，对这些虚拟组件应用加固技术。
- 应当在专用管理网络上对管理程序的管理通信进行保护。在不受信网络上进行的管理通信应当加密，加密应封装整个管理流量。
- 供应商发布修补程序后，应当对管理程序进行修补。
- 虚拟化基础框架应当同步到受信任的权威时间服务器上。
- 未使用的物理硬件应当从主机系统中断开连接。
- 除非有需要，否则应当禁用所有管理程序服务，例如客户机操作系统和主机操作系统之间的剪贴板或文件共享。
- 应当启用主机检测功能，以便监控每个客户机操作系统的安全性。即使客户机操作系统受损，管理程序安全服务也应当允许安全监控。
- 应当启用主机检测功能，以便监控客户机操作系统间活动的安全性。需要特别注意在网络上通过网络安全控制（例如，网络防火墙、安全设备和网络 IDS/IPS 传感器）监控的非虚拟化环境中的通信。
- 应当使用管理程序的文件完整性监控来监控损坏的迹象。

总体而言，将计算资源迁移到虚拟化环境并不会改变系统大部分安全漏洞和威胁的威胁水平。如果服务在物理服务器或网络产品上具有固有漏洞，即使其迁移到虚拟服务器中，仍然容易被人利用。此外，使用虚拟化技术还有可能带来额外的虚拟环境攻击路径（例如，管理程序配置错误或安全漏洞、内存泄露等），从而加大攻击成功的可能性。大多数在用虚拟化系统的高风险类型包括：

- 主机上的 Rootkit 在操作系统之下自行安装为管理程序，能够拦截客户机操作系统的任何操作（如登录密码输入等）：由于恶意软件在整个操作系统之下运行，因此防病毒软件可能无法检测到。
- 管理程序的资源分配（CPU、内存、磁盘空间和存储）配置为默认和/或不适当：这可能导致他人未经授权访问资源、一个客户机操作系统向其他客户机操作系统注入恶意软件，或者将恶意软件代码放置到其他客户机操作系统的内存中。

- 在主机虚拟化中，被称为客户机工具的机制使得某个客户机操作系统能够访问主机操作系统或其他客户机操作系统上的文件、目录、复制/粘贴缓冲区及其他资源：这一功能可能不经意地为恶意软件提供攻击路径，或允许攻击者获得特定资源的访问权限。
- 像物理硬盘一样，客户机环境的快照/图像包含敏感数据（例如，密码、个人数据等）：这些快照构成的威胁比图像更大，原因在于，快照包含拍摄快照时随机访问内存的内容，其中可能有未存储于驱动器本身的敏感信息。
- 与裸机安装相反，主机虚拟化产品极少有管理程序访问控制：因此，任何人只要能在主机操作系统上启动应用程序，就可以运行管理程序。唯一的访问控制是能否登录主机操作系统。

信息系统审计师应牢记，虚拟化中的主要软件组件是虚拟机管理程序，它充当物理服务器上的附加软件层。虚拟机管理程序的安全问题在于，它构成了一个额外的攻击面，因为渗透物理主机的攻击者可能会访问物理服务器上托管的所有虚拟系统。确保虚拟主机得到强化并单独更新虚拟机至关重要，因为更新主机系统不会自动更新虚拟机。组织应使用内置工具创建完整备份和定期快照来维护虚拟资产的备份。

5.8.2 虚拟电路

虚拟电路也被称为通信路径，是通过数据包交换网络在两个特定网络终端之间创建的逻辑路径或电路。虚拟电路分为两种类型：

- **永久虚拟电路**。PVC 的功能类似于专用租用线路。它始终存在并可供用户发送数据。信息系统审计师应监控 PVC 的运行情况，以确保其始终可用，在不使用时关闭，并在需要时立即重新打开。
- **交换虚拟电路**。使用当时可用的最佳路径按需创建 SVC，并在传输完成后将其分解。SVC 比 PVC 更安全，因为它缩短了电路的暴露长度。与 PVC 相比，它需要的监控更少。

5.8.3 虚拟局域网

VLAN 用于硬件强制网络分段，可在不更改其物理拓扑的情况下对网络进行逻辑分段。它由交换机创建。默认情况下，交换机上的所有端口都是 VLAN 的一部分，因此可将不同端口分组到同一物理网络上的不同分段中。VLAN 分为两种类型：

- **静态 VLAN**。有时也被称为基于端口的 VLAN。对于此类 VLAN，交换机端口以对用户透明的方式分配给 VLAN。
- **动态 VLAN**。在动态 VLAN 中，用户与交换机协商 VLAN 特性。IP 或硬件地址也可用于确定 VLAN。

信息系统审计师关注的 VLAN 特性包括：

- 在同一 VLAN 内端口之间的通信无障碍。
- 可以使用路由功能拒绝或启用 VLAN 之间的通信。
- 路由可以由外部路由器或交换机的内部软件提供。
- VLAN 可用于：
  - 出于安全或性能原因控制流量。
  - 控制和限制广播流量。
  - 阻止子网和 VLAN 之间的广播。
  - 隔离网络分段之间的流量。
  - 降低网络对嗅探器的脆弱性。
  - 预防广播风暴（大量不需要的广播网络流量）。

虽然 VLAN 的工作方式与子网类似，但信息系统审计师应牢记它们不是子网。VLAN 由交换机创建，而子网则由 IP 地址和子网掩码分配创建。

5.8.4 虚拟存储区域网络

虚拟存储区域网络（Virtual Storage Area Network，VSAN）是用于创建和管理虚拟机存储的逻辑分区。它适用于利用虚拟化基础设施和云计算的场景，并能隔离 SAN 某些部分的网络流量。这意味着当一个逻辑分区出现问题时，可以在尽量不中断整个网络的情况下进行处理。隔离的 VSAN 还简化了物理存储系统的配置和扩展。VSAN 将多个物理服务器组合到一个共享存储介质中，从而提供更高的可见性。VSAN 应要求使用分布式架构模型为 VM 动态分配可用存储

VSAN 适用于云计算环境、虚拟桌面基础架构环境、备份和归档以及数据中心/灾难恢复流程。

VSAN 的优势

组织通过实施 VSAN 技术可获得的优势包括：

- **成本效益**。实施 VSAN 不需要任何物理存储阵列，从而显著降低成本。
- **可伸展性**。VSAN 可扩展，以满足组织不断增长的存储需求。这也是它成为云计算和虚拟化系统首选解决方案的主要原因，因为这些系统要求快速、高效的可扩展性。
- **性能**。VSAN 利用虚拟化环境中的高速网络互联来提高性能。它可以提供快速、可靠的存储性能，并允许组织将本地数据迁移到云和虚拟化环境，而不会造成长时间停机。
- **灵活性**。VSAN 支持块存储和文件存储，允许组织选择最适合其需求的选项。此外，将频繁访问的数据转移到高性能数据存储系统，同时将偶尔使用的数据转移到低性能存储系统也更容易。
- **安全性**。VSAN 是一种高度安全的解决方案，结合了数据复制、快照等技术，以预防数据泄露，同时保证信息的可用性。可用性是 CIA 三要素的核心组成部分之一。VSAN 允许组织专注于安全的其余两个组成部分：机密性和完整性。
- **简单性**。VSAN 的主要优势之一是其配置简单，因为它直接嵌入到虚拟机管理程序中。其安装和配置可以快速而高效地进行。它还易于管理，因为它可以与单个管理平面上的其他虚拟化技术集成。

SAN 和 VSAN 的比较

信息系统审计师应该能够区分 SAN 和 VSAN 技术，并能够为组织的适当实施提供建议。图 5.41 显示了这两种技术之间的差异。

参数	存储区域网络	虚拟存储区域网络
目的	提供对存储设备的专用块级访问	聚合群集中主机的物理存储资源，并提供单一、共享的数据存储设施
基础设施	需要磁盘阵列和交换机等专用物理存储硬件方可实施	利用主机的物理资源
可扩展性	难以实现，并且通常需要额外的物理资源	在需要时动态分配更多存储资源
成本	成本高昂；需要专门的硬件和单独的网络	成本较低；使用现有基础设施，因此不需要专门的硬件和单独的存储网络
性能	需要高速交换机等专用硬件来优化性能	使用缓存、数据镜像和数据分发来优化性能，无须专门的硬件

图 5.41 SAN 和 VSAN 之间的差异

5.8.5 软件定义网络

软件定义网络（Software-Defined Networking，SDN）是一种网络虚拟化方法，其基本原理是，传统网络的设备配置往往受制于供应商，从而限制了网络的灵活性。传统网络依靠交换机和路由器等物理基础设施来建立连接并正常运行，而 SDN 允许用户通过控制平面控制虚拟网络级别的资源分配。用户与软件交互以配置新设备。与传统交换机相比，SDN 还具有与整个网络中的硬件设备进行通信的能力。

软件定义的广域网是一种解决方案，允许组织使用宽带和多协议标签交换来链接众多分布式位置。

SDN 和 SD-WAN 之间的主要区别在于，SDN 设计用于在 LAN 上运行，而 SD-WAN 设计用于在较大的地理区域内维持 WAN。SD-WAN 的优点是无须维护大量网络硬件。两者之间的另一个显著区别是 SDN 完全由用户或管理员配置。SD-WAN 服务由供应商管理，以简化部署。SDN 网络协议可分为三个功能层面：

- **数据平面**。数据平面包括通过 TCP/IP 等应用程序将实际用户数据转发到最终目的地。
- **控制平面**。网络控制平面规定在到达数据平面前应用哪些路径流。这是使用流量协议完成的。管理员在该平面上与 SDN 交互并管理网络。它由寻找发送数据路径的路由协议组成。

- **管理平面**。该平面通常用于提供性能和故障管理，以及管理远程连接到 SDN 的设备配置。SNMP 等协议有助于配置和监控网络元素。

SDN 的优势

SDN 的总体优势在于它可以通过简化网络管理流程来控制组织的网络重新配置。其他优势包括：

- **提供集中控制**。SDN 虚拟化数据和网络控制平面允许用户一站式配置物理和虚拟元素。它消除了监控与传统基础设施相关的分布式系统的挑战。借助 SDN 集中控制架构，组织可以全面了解其系统。
- **抽象网络**。在 SDN 技术上运行的服务和应用程序将提供物理连接的底层技术和硬件与提供网络控制的技术和硬件抽象出来。基础设施层与控制层的分离消除了 IP 寻址、子网和路由等传统网络概念，从而简化了网络管理。
- **促进可扩展性**。集中配置的优势在于，SDN 提供了更高的可扩展性。SDN 允许组织在网络基础设施发生变化时配置资源。与手动配置资源的传统网络设置相比，SDN 中可扩展性的积极影响显而易见。
- **增强安全性**。SDN 控制器为管理员提供了集中的位置，以控制整个网络的安全性。虽然这样做的代价是使 SDN 控制器成为攻击目标，但它为用户提供了一个清晰的基础设施洞察，以便对整个网络进行有效的安全管理。
- **降低运营成本**。SDN 可以帮助组织降低运营成本。借助 SDN，可以自动化执行与常规网络管理相关的任务和问题，并优化和重新利用旧硬件。资源很容易共享，这与硬件仅限于单一用途的传统网络不同。
- **提升网络可编程性**。SDN 可通过软件控制网络行为，而软件则远离提供物理连接的网络设备。将硬件与软件分离可以克服封闭式平台的限制，从而推动创新开发活动。
- **增强开放性**。SDN 提供开放式架构，支持多供应商互操作性并促进供应商中立的生态系统。开放式 API 支持各种应用程序，而智能软件可以通过 OpenFlow 等开放式编程接口控制多个供应商的硬件。智能网络服务和应用程序也可以在通用软件环境中运行。
- **支持 API 安全性**。SDN 技术可为网络运营商提供 API 平台来编写程序。应用程序通过 API 与网络交互，而不是通过与硬件紧密耦合的管理接口。这使得安全应用程序的开发成为可能。

SDN 的缺点

组织应该意识到 SDN 的一些潜在缺点，包括：

- **延迟**。虚拟化基础设施引起的一个主要问题是延迟。与设备交互的速度取决于可用虚拟化资源的数量，而服务取决于虚拟机管理程序如何划分可用资源。网络上的每个活跃设备都会影响网络可用性。
- **有限的管理**。在虚拟化环境中，组织可以管理整个网络中设备的服务，但无法自行管理设备本身。这会影响网络的升级，因为所有设备都需要定期监控、修补和升级，而维护需求却得不到满足。
- **网络管理的复杂性**。虽然传统网络有其局限性，但响应安全威胁和开发程序遵循既定的标准。SDN 既没有标准也没有共识，众多 SDN 解决方案提供商各自为政。这导致网络管理变得复杂并带来挑战，需要雇用熟练的网络人员。
- **对控制器的依赖性**。集中式控制器是 SDN 的关键组件之一。如果控制器发生故障，整个网络可能会瘫痪，从而影响可用性的安全方面。因此，组织应确保控制器始终启动并运行，并制订健全的备份和灾难恢复计划。

SDN 攻击和漏洞

信息系统审计师必须能够保证检测和缓解控制到位，以应对攻击和漏洞。图 5.42 显示了 SDN 环境中普遍存在的一些攻击和漏洞。

攻击/漏洞类型	描 述
未经授权的访问	被入侵的控制器/应用程序可以访问网络元素并操纵操作
数据丢失	使用被入侵的交换机可以窃取凭据。当交换机被实例化为组织中虚拟化推动力的一部分时，就可能会发生这种情况
数据修改	在软件定义网络中，如果不强制使用传输层安全，控制器和数据平面之间就有可能发生中间人攻击。这为数据的修改提供了机会
拒绝服务	这通常针对 SDN 控制器。它涉及攻击者向控制器交换机发送虚假呼叫，从而导致数据包泛滥，从而拒绝提供合法服务
恶意/受损的应用程序	第三方应用程序与控制器的集成可能会导致恶意/受损的应用程序能够控制网络
配置不当	SDN 允许在各种网络元素上安装第三方应用程序，这通常会导致不一致并产生漏洞

图 5.42　SDN 攻击和漏洞

SDN 部署最佳实践

虽然 SDN 具有若干优势，但其部署通常很复杂。SDN 的最佳实践包括：

- **执行审慎的取消配置流程**。SDN 解决方案提供的最显著好处之一是能够快速部署新资源。然而，此功能需要密切管理，以便在不使用或不需要资源时定期取消配置资源，从而维持性能。在不需要时占用资源会消耗宝贵的虚拟网络资源，而这些资源本可以在组织网络的其他地方得到更好的利用。
- **定期执行网络监控**。SDN 要求定期进行网络监控，以查明影响网络和设备中缓解控制的任何安全漏洞。为了有效监控 SDN，组织需要 API 来与 SDN 集成，而这个过程通常执行起来很复杂。
- **考虑引入安全风险**。在引入 SDN 时，组织需要将新的安全风险视为可能被恶意实施者攻击的新漏洞。在当前的安全威胁以及如何应对这些威胁方面，组织应始终领先一步。信息系统审计师应清楚地认识到，SDN 是虚拟化的一种形式，其本身不是安全解决方案。
- **将 SDN 与其他安全技术相结合**。SDN 的一大优势是它可以与其他安全技术（例如 VPN）相结合，以简化大型复杂网络，使信息系统安全专业人员更容易可视化和管理。这样就形成了一个分层防御架构，不同的安全层驻留在同一个底层网络上。
- **维护服务质量**。应定期监控 SDN 网络和相关基础设施，以确保始终维护 QoS。信息系统安全专业人员和信息系统审计师应确保删除 SDN 网络上的默认设置，以提高安全性和网络性能的质量。

5.8.6　容器化

容器化是虚拟化的一种形式，它运行具有多个用户空间的单个操作系统实例，以将进程彼此隔离。它涉及将应用程序与不同计算环境所需的配置文件、库和依赖项一起打包。该技术通常被认为是完全虚拟化的轻量级替代方案，它将应用程序封装在容器中，并置于自己的运行环境中。容器不是为每个虚拟机安装操作系统，而是使用主机操作系统。每个容器都被视为在主机操作系统之上运行的可执行软件包，且每个主机都能够同时支持多个容器（见图 5.43）。

容器化中最常用的工具是 Docker 和 Kubernetes。Docker 本质上是一套用于构建、共享、运行和编排单个容器的软件开发工具，而 Kubernetes 是用于大规模运行和管理容器化应用程序的平台。这些工具在整个容器化过程中以互补的方式运行。

容器的优点包括：

- **更快的部署**。容器是轻量级的，且部署速度更快。在传统的系统环境中，应用程序越大，部署周期就越长。容器化将应用程序划分为更小的组成部分，以解决这一挑战。
- **平台无关**。容器与平台无关，可以在任何平台或环境中部署和/或重新部署。这意味着容器化可以在任何信息系统生态系统中实施。
- **提高安全性**。容器化引入的隔离功能提供了额外的安全保障。如果一个容器受到威胁，则同一主机上的其他容器将保持安全。

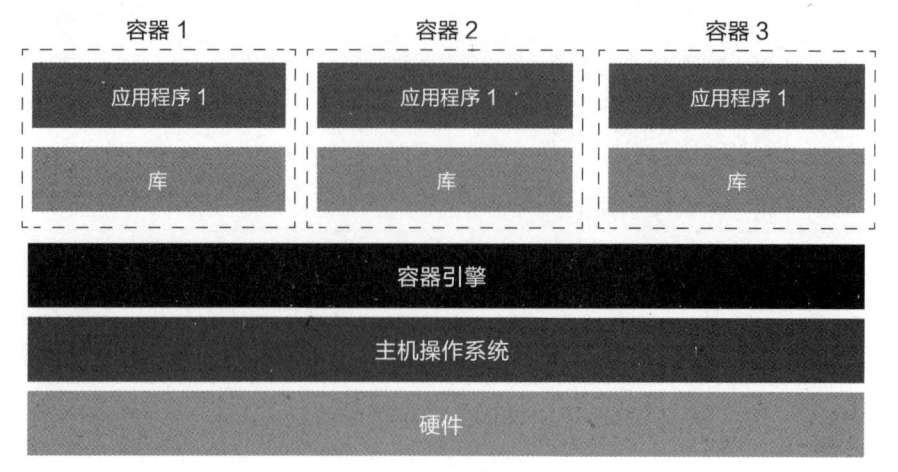

图 5.43 容器化示意图

- **提高灵活性**。容器化为开发人员提供了在虚拟化和非虚拟化环境中操作的灵活性。当资源在没有任何事先征兆的情况下发生意外变化时，这对于组织至关重要。
- **提高运营效率**。容器化可以使用所有可用资源并最大限度地减少相关开销，从而提高效率。隔离的容器可以执行自己的操作，而不会干扰其他容器。这种配置允许单个主机执行多种功能。
- **成本降低**。容器的轻量化特性可以显著降低组织的成本。容器化减少了所需的物理机器数量和操作技术所需的技能。
- **提供可扩展性**。容器化提供高可扩展性，并且可以通过重新配置现有架构来处理不断增加的工作负载。可以在定义的群集中轻松添加更多容器。此外，还可以添加新功能、更新和特性，而不会干扰原始应用程序。
- **增强可移植性**。容器化创建从主机操作系统抽象出来的可执行软件包。任何容器都不会与主机操作系统绑定；因此，它可以在任何平台或云中一致、统一地运行。这增强了应用程序的可移植性。

容器化的局限性包括：

- 容器化在基于 Linux 的系统上得到了很好的支持，但在 Windows 上却并非如此。
- 如果容器内核中存在漏洞，则所有容器都容易受到攻击。
- 由于每个容器都在单个服务器上运行，因此很难联网。容器架构需要网桥，以将容器网络接口映射到主机接口。
- 监控有时可能具有挑战性。事实上，监控包含单个进程的多个容器可能比监控单个虚拟机实例上的多个进程更为困难。
- 容器化需要拥有所需专业知识的员工进行有效管理。如果容器化没有得到正确的监控和管理，可能会导致整体性能下降。

容器安全最佳实践

容器必须始终不断地得到保护。它应集成到开发过程中，并且最好是自动化的。容器安全涉及实施和维护安全控制，以保护容器和底层基础设施。将安全性集成到开发管道中有助于确保所有组件的安全，从最初的开发阶段开始，一直到生命周期结束。在保护容器时，主要问题包括容器内主机、网络流量和应用程序以及容器管理堆栈的安全。

容器安全的最佳实践包括：

- **系统加固**。确定安全控制和指导的良好起点是使用供应商提供的安全基准指标或加固准则。
- **监控**。监控容器并非易事，而支持检测容器内恶意活动的特定工具（如基于主机的防火墙、反恶意软件、防病毒软件等）也不容易获得。要了解威胁和漏洞，关键是要知道每个容器包括哪些内容，甚至是库。
- **持续审计**。始终建议持续审计，而日志是确定安全漏洞的关键，尤其是当组织反复重建实例时，可能直到实例重建后才会发现问题。

- **漏洞评估**。漏洞扫描程序提供部分容器安全扫描，以帮助识别已知漏洞和配置问题。
- **修补**。在容器化环境中修补的方式有所不同。对于容器，有两个组件：基础和应用程序映像。必须更新基础映像，然后再重建应用程序映像，从而执行更复杂的修补流程，并实现基础设施支持和开发之间的更多互动。
- **隔离**。迁移到容器降低了虚拟机和/或裸机系统曾经提供的隔离性，因为容器共享相同的内核。一些组织正在使用的一种方法是从虚拟机上的操作系统运行容器。
- **事故响应**。迁移到容器极大地限制了组织的取证能力，因为实例或主机可能已经被替换。必须专门审查容器的所有事故管理和响应流程。
- **保护容器管理堆栈**。建议在整个管道中实施强大的访问控制策略，从代码存储库和分支策略开始，一直延伸到容器存储库。此外，还应实施 POLP 并定期审计访问权限。
- **保护映像**。容器映像用于创建容器。容器映像中的错误配置或恶意活动可能会给生产中部署的容器带来漏洞。容器映像包含操作系统的子集以及设计在容器中运行的应用程序。

图 5.44 比较了虚拟化和容器化。

	虚 拟 化	容 器 化
隔离性	实现与主机操作系统和其他虚拟机实例的全面隔离	实现与主机和其他容器的轻度隔离。这意味着如果攻击者入侵主机，所有容器都将面临风险
操作系统	运行多个完整的操作系统	通过操作系统的用户模式运行所有容器
访客支持	在虚拟机内运行各种操作系统	在与主机相同的操作系统上运行。例如，Linux 容器无法在 Windows 上运行
部署	使用虚拟机管理程序软件单独部署虚拟机；每个虚拟机都有自己的虚拟机管理程序	部署单个和多个容器
存储	每个虚拟机使用虚拟硬盘，对于多个服务器使用服务器消息块	每个节点使用本地磁盘进行本地存储，多个节点使用 SMB
均衡负载	在故障转移群集中的其他群集中运行虚拟机	由编排器自动管理，例如 Kubernetes
网络	使用虚拟网络适配器联网	使用虚拟网络适配器的多个隔离视图

图 5.44 虚拟化与容器化的比较

5.8.7 安全云迁移

随着云技术改变当前数字世界中的业务行为，云的采用率持续增加。虽然采用云技术有许多考虑因素，但信息系统审计师最应关心的是安全影响。云迁移是指将组织的数据和应用程序从其本地服务器传输到云基础设施的过程。它通常有三种主要形式：

1. 本地到云。
2. 云到云迁移。
3. 逆向云迁移。

云迁移安全风险

云迁移的过程使数据容易受到攻击，需要管理层仔细规划。与云迁移相关的风险因素包括：

- **多租户**。多租户是指云用户通过通用软件虚拟化层与其他用户共享云资源。多租户的挑战在于租户通常不知道其他租户的身份。一个租户的迁移可能会给其他租户带来资源供应方面的不一致和挑战。
- **API 漏洞**。API 充当环境之间的通信通道。API 必须在云迁移过程的所有阶段得到保护。CSP 的客户通常使用 API 来建立软件与服务器的交互，但它们可能不够可靠，并显著增加未经授权的网络渗透和内部数据盗窃的风险。
- **合规风险**。数据保护和隐私法规等合规要求是云迁移中的主要风险。法规通常要求数据治理框架规定数据所有权、违规响应以及满足法规要求所需的协调活动。迁移到云可能会增加组织的合规风险。确保目标云环境支持组织满足合规性要求至关重要。
- **不受控制的增长**。云迁移并不是一蹴而就的。

将应用程序迁移到云后,组织通常会补充资源、使用新的云服务并添加更多应用程序。在云中运行其他 SaaS 应用程序后就立即开始使用的情况非常普遍。这些新服务和应用程序必须得到适当的保护,而这带来了重大的运营挑战。

- **数据丢失**。在迁移过程中,由于技术问题、断电和人为错误等各种因素,可能会导致数据丢失、不完整或损坏。为应对这一风险,组织应在磁盘上备份数据,并确保 CSP 具有数据备份、恢复和故障转移设施。使用多个云进行备份也是一个好主意。
- **数据安全**。数据安全是迁移过程中的主要风险。迁移到云会带来安全风险,例如数据传输过程中不安全的 API、意外错误、恶意软件和外部攻击。对静态、处理中和传输中的数据进行加密对于降低数据迁移过程中的安全风险至关重要。此外,还可以实施防火墙配置和各个工作负载的隔离,以最大限度地降低安全风险。
- **现有架构不兼容**。对于依赖于传统基础设施的企业而言,云迁移会带来风险。传统基础设施通常依赖于云中可能不易支持的编程语言、执行环境和系统库。因此,迁移可能会失败,迫使组织购买新的兼容基础设施以降低风险。
- **可见性降低**。可见性降低是云迁移的一个主要风险,可能会影响安全性。当组织迁移到外部云服务时,责任会自动转移到 CSP,从而导致组织的可见性降低。迁移过程中的持续监控将有助于降低这种风险。
- **数据保留**。组织可能需要将有价值的数据迁移到云端,并在迁移过程中销毁无用的数据。有时,组织使用的数据删除工具可能无法永久删除数据,从而导致数据残留。一个典型的示例是删除,它只是改变存储介质上的指针,但不会永久删除数据。组织应投资于有效的数据删除技术,以降低这种风险。
- **人才缺口**。这在 CSP 和组织中都会出现。双方都可能缺乏熟练的云安全人员来支持迁移过程,或者只有一方拥有相关技能。这可能会导致处理迁移过程时出现错误。因此,组织必

须培养自己的云安全人员并选择拥有强大技能的 CSP 来降低风险。

组织可以采取以下步骤来确保云迁移过程的安全:

- **制订安全迁移计划**。适当的计划有助于组织确定要迁移的应用程序和数据、迁移策略、参与迁移的人员以及如何降低迁移风险。根据该计划,组织可以推导出要实施的云迁移策略。
- **在现场评估当前的安全措施**。此评估将帮助组织避免或减少迁移过程中的数据泄露。
- **建立安全标准并映射安全要求**。与传统的本地站点相比,云计算的安全风险更加普遍。如果攻击发生在云中,安全漏洞可能会继续存在。组织应制定安全标准并映射安全要求。应进行监控。以评估迁移过程中每个应用程序是否符合标准。
- **对员工进行云安全培训**。引入云等新技术时应优先考虑培训,以便员工为相关中断做好充分准备。所有使用云服务的员工都应了解迁移过程中涉及的安全风险。
- **保护 DevSecOps 管道代码**。攻击者通常会尝试在整个开发和分发管道中利用云应用程序中的漏洞,因为开发人员通常会将安全标识符作为源代码存储在共享存储或公共贮存库中。组织应通过删除密钥来保护源代码,并自动监视和控制对源代码的访问。
- **评估监管要求**。迁移到云时,满足监管要求至关重要。组织应识别需要满足的法规,并制订遵守这些法规的计划,以避免因不合规而遭受代价高昂的处罚。
- **评估基础设施**。此评估将揭示组织迁移到的基础设施是否满足信息安全标准。它还决定了数据中心是否安全。参照国际标准检查数据中心认证也是确保迁移过程安全的关键。
- **使用安全协议加密数据**。必须确保所有要传输到云的组织数据都使用 HTTPS 和 TLS 等安全协议进行加密。静态数据和传输中的数据都应加密,以实现最大安全性。
- **确保清晰、高效和有效的沟通**。沟通在迁移过程中发挥着关键作用。参与迁移过程的所有各方都应获得充分和清晰的沟通,尤其是对他们

- **启用严格的访问控制**。云迁移安全应包括严格的访问控制功能，以确保内部系统与云之间的连接安全。此外，应严格控制迁移前后和期间对数据的访问，以降低恶意攻击者的风险。当所有数据从本地系统传输到云时，安全管理员应能看到所有数据。
- **自动化迁移过程**。迁移过程应自动化以避免配置错误，从而确保云迁移策略切实可行。迁移过程可以纳入 AI 和 ML 功能，以实现对活动的连续动态分析，从而识别迁移过程中的恶意行为。
- **数据备份**。组织创建文件备份是云迁移的最佳实践。这意味着如果发生数据丢失，可以轻松恢复数据。组织甚至可以将备份存储在多个云提供商处以分散风险。
- **实施云安全态势管理解决方案**。CSPM 在迁移过程的各个阶段针对云错误配置执行监控活动。CSPM 解决方案的优势在于它们可以立即修复已识别的错误配置问题。

5.8.8 责任共担模型

共享责任模型是一个安全与合规框架，概述了 CSP 在云安全方面的职责。事实上，责任介于双方之间，每一方都要根据所提供的云服务类型采取一定的安全控制。从虚拟化层到硬件设备安全，云服务提供商通常管理和控制基础设施的运营，包括存储和计算系统、网络系统、数据库和物理数据中心。另一方面，云客户通常负责管理数据和访客操作系统的安全性，包括 IAM 控制、操作系统配置、数据加密、安全策略和防火墙。一些安全职能可以共享，包括安全培训和意识、修补程序管理和配置管理。这些安全责任因云服务类型而异。

信息系统审计师应意识到，客户（即组织）无法转移云中数据安全和安全治理、风险与合规性（GRC）的风险。CSP 始终对云的物理安全承担责任。不同云类型的共担责任有所不同。虽然 SRM 十分复杂，需要 CSP 和客户之间的仔细考虑和协调，但该方法为用户提供了几个重要的益处，包括：

- **效率**。尽管客户在 SRM 中承担着重要的责任，但硬件、基础设施和虚拟化层等主要安全方面几乎总是由 CSP 管理。在传统的本地模型中，这些方面由客户管理，并且客户承担所有风险。
- **降低 IT 员工成本**。向云迁移和 SRM 的采用使 IT 部门能够专注于其他任务。它还减少了员工数量，允许组织减少劳动力预算，并将可用资源和投资投入其他业务领域。
- **增强保护**。许多 CSP 高度重视云环境的安全性，因为这是他们的业务。他们毫不犹豫地投入大量资源来确保客户得到充分保护。作为服务协议的一部分，CSP 还开展定期监控、修补和测试，而组织可能无法执行这些工作。
- **专业知识**。在新兴的云安全领域，CSP 通常比组织拥有更高水平的知识和专长。通过采用 SRM，组织可以受益于其专业知识。

云部署模型

在选择适合组织的云部署模型时，需要考虑许多因素，信息系统审计师需要就此向管理层提供适当的建议。图 5.45 提供了对主要云部署模型安全方面的简要说明。

云服务模型

基本的云交付模型（见图 5.46）分为三种，每种模型都为使用它的企业提供独特的计算服务：

1. **软件即服务**。提供许多个人或企业同时使用的业务应用程序。
2. **平台即服务**。在云中提供应用程序开发沙盒。
3. **基础设施即服务**。提供在线处理或数据存储能力。

SRM 最佳实践

当涉及云安全责任时，最好遵循标准实践。随着组织转向云，许多组织首次定义了其与 CSP 的关系。在应对这一复杂领域时，建议公司采用以下最佳实践：

- **仔细审查 SLA**。安全责任将因云模型、云提供商和其他变量而异。组织务必与云供应商一起仔细审查其 SLA，以确保充分了解其安全责任，并确定需要进一步澄清的任何潜在灰色区域。

云部署	安全维度
公共云	服务提供商拥有并运营数据中心，并负责云的安全，而客户则负责云中的安全（即他们部署的应用程序和所利用服务的配置）。由于每个人都可以访问云，因此无法充分保护客户免受信息安全攻击
私有云	CSP 在私有云安全方面的作用较小。私有云由专用基础设施组成，因此客户组织对物理安全和数据存储有更高的可见性和控制力。资源可以在私有云中进行分段，这种方法可以提高安全性和改善访问。私有云部署模型适合处理高度私人数据的组织，例如医疗保健和金融
混合云	在混合部署模型中，CSP 在云安全方面的作用较小。客户可增强对其数据的控制，这使他们能够为每个用例选择不同的安全环境。客户数据通常被分段以降低攻击的概率；因此，混合模型通常被认为是一种安全的模型
社区云	社区云由成员组织管理和控制。CSP 对社区云中安全性的可见性和控制力较低。社区成员通常作为一个集体对其应用程序的安全负责。该模型数据安全性较高，更类似于私有云
多云	多云部署模型与混合模型类似。然而，混合方法结合了不同的私有云，而多云模型则结合了公共云。由于其复杂性，多云方法可能存在漏洞，并成为攻击者的目标。攻击面也有所增加，从而提高了风险暴露。从客户的角度来看，这使得该模型不太安全

图 5.45 云部署模型的比较

服务模型	描述	考虑因素
IaaS	可以提供处理、存储、网络和其他基本计算资源的能力，使客户能够部署和运行任意软件，包括操作系统和应用程序。IaaS 将此类 IT 运营事务交由第三方负责	IaaS 可以提供服务器、磁盘空间、网络设备和内存等基础设施服务，专为希望完全自由地使用操作系统和应用程序的用户而设计
PaaS	可以将客户使用提供商支持的编程语言和工具创建或获得的应用程序部署到云基础设施上	PaaS 提供应用程序开发沙盒，专为开发人员而设计
SaaS	可以使用提供商在云基础设施上运行的应用。这些应用程序可以从各种客户端设备通过 Web 浏览器等瘦客户端接口访问（例如，基于 Web 的电子邮件）	SaaS 向最终客户提供完整且按需可用的应用程序。传统的许可和资产管理已发生了变化

图 5.46 云交付模型

资料来源：ISACA，Controls and Assurance in the Cloud: Using Cobit 5, USA, 2014

- **优先考虑数据安全。** 云客户始终对存储在云中或云中应用程序生成的任何数据承担全部责任。组织必须制定强大的数据安全策略，专门用于保护基于云的数据，无论数据是在使用中、静态还是动态。
- **确保强大的 IAM。** 云客户全权负责定义对基于云的资源的访问权限，并向授权用户授予访问权限。这些工作应纳入组织更广泛的 IAM 政策和解决方案中。
- **识别值得信赖的网络安全合作伙伴。** 更新和调整网络安全策略和工具集以应对基于云的新风险可能是一项艰巨而复杂的任务。网络安全合作伙伴可以协助组织的内部安全团队管理云安全的各个方面，包括选择 CSP、了解其特定的安全责任、部署和集成旨在保护业务的工具和解决方案等。

- **采纳 DevSecOps。** DevSecOps 是在整个软件和/或应用程序开发生命周期中持续集成安全性的实践，以便在不影响发布周期速度的情况下最大限度地减少漏洞并提高合规性。它对于任何利用容器或云的 IT 组织都十分有用，这两者都需要新的安全准则、政策、实践和工具。

5.8.9 云环境中的关键风险

根据云安全联盟的说法，最常见的云安全威胁包括：

- **身份、凭据、访问和密钥管理不足。** 身份管理主要针对云环境，因为身份是访问云资源的主要方法。因此，凭据不足会对云计算构成严重威胁。
- **不安全的接口和 API。** 云中的一切都是虚拟的，每个应用程序都必须与其他应用程序通信才能正常运行。这通常通过 API 和其他接口启用。风险在于这些接口和 API 可能不安全。
- **配置错误和变更控制不足**。CSP 通常只需几分钟即可在云中配置资源。在运营环境中，配置错误通常十分普遍。
- **缺乏云安全架构和策略**。组织通常缺乏明确的云基础设施部署策略。值得关注的关键领域包括 SRM、POLP 和隔离区的建立。
- **不安全的软件开发**。开发人员用于工作的笔记本电脑和平板电脑等关键终端应得到适当的保护。这限制了病毒和类似攻击的进入点，因为开发人员通常从 GitHub 等存储库下载代码。
- **不安全的第三方资源**。几乎所有云产品都包含第三方元素。因此，供应链漏洞是一项重大挑战，因为攻击者会利用供应链中的弱点。
- **系统漏洞**。系统漏洞不断演变，因此持续的漏洞扫描至关重要。组织应随时了解当下常见的漏洞，并定期开展安全审计。
- **意外的云数据披露**。数据泄露通常是由于员工在电子邮件中共享超链接而导致的，这些链接随后可以与组织外的收件人共享。这是一项重大风险，但可以通过 DLP 解决方案来加以缓解。
- **无服务器和容器工作负载的错误配置和利用**。容器构成了无操作系统的云原生设备的一部分。它们像虚拟机一样在服务器硬件之上运行。这些通常采用错误的配置，导致可能被攻击者利用的安全漏洞。
- **有组织犯罪、黑客和 APT**。虽然组织无法控制黑客、网络犯罪分子和 APT，但他们可以通过强化云配置和监控云安全态势来限制损害。
- **云存储数据泄露**。数据泄露给数据所有者和信息安全专业人员带来了巨大的挑战。组织应积极主动地确保云数据的安全。应及时、实时地检测和/或阻止对云数据中心的任何攻击。

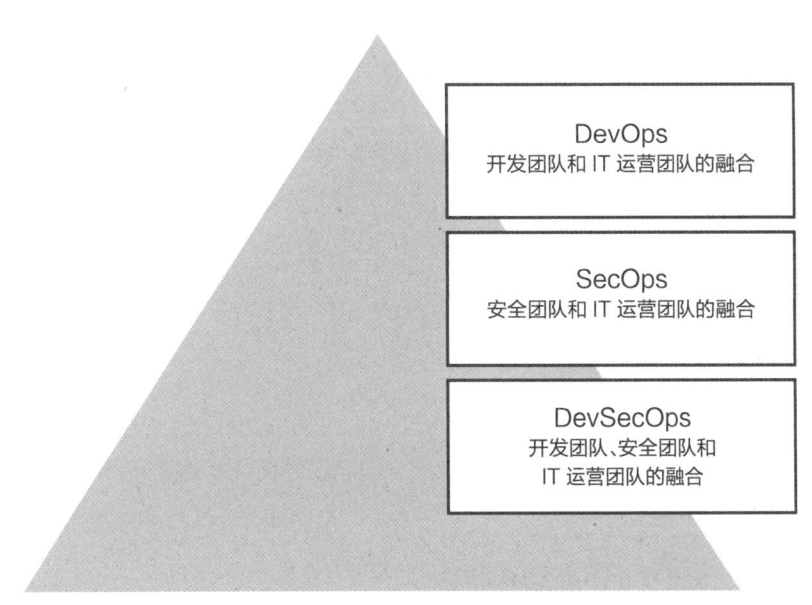

5.8.10 DevSecOps

DevSecOps 本质上是开发、安全和运营的融合。它是一种组织纪律和安排，旨在从软件开发生命周期的开始到结束整合安全性。过去，安全性是在生命周期的后期，即开发完成后才添加到应用程序中的。敏捷开发实践以及云平台、微服务和容器的进步使得这种做法变得不切实际，因为安全性无法跟上快速发布的步伐。DevSecOps 通过将安全性与 DevOps 集成来解决这个问题。安全性成为了持续集成和持续交付管道中不可或缺的自动化部分，并且被视为所有团队共同承担的责任。开发人员从开发项目伊始就了解并实施安全实践。图 5.47 显示了 DevSecOps 在组织中的位置。

DevOps
开发团队和 IT 运营团队的融合

SecOps
安全团队和 IT 运营团队的融合

DevSecOps
开发团队、安全团队和
IT 运营团队的融合

图 5.47　DevSecOps 架构

DevSecOps 的优势

与 DevSecOps 相关的优势：

- **促进快速、经济、安全的软件交付**。DevSecOps 通过消除交付周期结束时的重复流程，实现快速、安全的软件交付。由于对流程进行持续监控和测试，它降低了出现信息安全问题的可能性。其所需的员工较少，从而降低了总体雇用成本。
- **主动解决安全问题**。DevSecOps 在 SDLC 的早期引入安全流程，并确保代码在整个开发流程中接受持续的审查、审计、测试和扫描。开发团队可以在发现安全问题后立即解决问题，并在问题蔓延前进行修复。这种方法使安全性更有效，成本更低。
- **鼓励快速漏洞修复**。DevSecOps 帮助团队快速识别安全漏洞，并在开发周期的早期应用修补程序，从而减少攻击者利用漏洞的几率。它还将漏洞检测和修补纳入开发周期中，以预防发布易受攻击的软件。
- **增强自动化驱动的开发**。DevSecOps 团队可将安全测试集成到自动化测试套件中，从而简化操作。组织可以利用 CI/CD 管道来实现开发和安全流程的自动化。
- **简化合规报告**。使用 DevSecOps 工具可以简化合规性审计和报告。数据搜集活动的自动化使合规流程变得更加轻松快捷。为应用程序安排自动智能扫描，以简单可靠的方式发现不合规的领域。
- **信息安全工作的标准化**。安全性被集成到应用程序开发过程的每个步骤中。这可以在软件应用程序开发的所有阶段实现统一的安全性，确保解决所有安全漏洞。

DevSecOps 最佳实践

有效实施 DevSecOps 的最佳实践包括：

- **践行安全左移**。左移是指将安全从交付流程的末端移至起点。DevSecOps 将安全置于开发生命周期的起点（左侧），使 DevSecOps 团队负责确保整个流程的安全。
- **纳入合规安全流程**。信息安全需要合规知识，因此每位团队成员都应与合规部门密切合作。这种协作可确保组织中的每个人都了解安全政策及其运行所在的安全环境。所有员工都应定期接受培训，以确保了解自己的职责。
- **投资于信息安全培训**。组织中参与软件交付过程的所有成员都应接受培训，以了解基本的应用程序安全原则、安全测试流程和其他最佳实践。他们必须知道如何识别安全威胁，并能够运用适当的安全控制。
- **改善工作场所文化**。DevSecOps 需要接纳变革和重视信息安全的环境。领导层应鼓励对良好安全实践的协作态度，并促进沟通以支持安全工作。这营造了一种支持安全举措的工作场所文化。
- **增强可观察性和监控流程**。持续监控和可观察性解决方案支持有效的安全维护。此类解决方案提供安全洞察，并帮助监控开发环境中的风险。适当的可观察性和监控流程应支持可见性以确保问责制。它们还应支持实施控制所必需的可追溯性和可审计性，以确保符合要求。

5.9 移动、无线和物联网设备

便携和无线设备会给企业的信息资产带来无处不在的威胁，必须适当加以控制。由于便携设备最有可能在缺乏或不存在物理控制的环境中运行，所以必须实施政策和程序及其他保护机制，以确保能够更大程度地保护这些设备中的数据。移动设备很容易丢失或被盗，因此需要采用加密技术和强身份认证。另外，可能还有必要将某些数据归类为不适合在移动设备上存储。信息系统审计师应了解，所有这些介质和设备也可被个人用来偷窃数据和程序，供个人使用或谋取私利。

5.9.1 移动计算

移动计算是指在正常使用期间运输或移动的设备。常见的移动设备包括平板电脑、智能手机、笔记本、USB 存储设备、数码相机和类似技术。这些设备的移动性使得实施逻辑和物理访问控制更加困难。

图 5.48 描述了与移动设备相关的已知漏洞和相关威胁。

漏洞	威胁	风险
信息是通过无线网络传输，通常比有线网络的安全性更低	怀有恶意的外部人员可能做出损害企业的事情	信息遭到拦截，导致敏感数据泄露、企业声誉受损、违反法规或卷入法律诉讼
移动性让用户有机会离开企业的边界，从而失去许多安全控制	移动设备跨越边界和网络周界后可能携带恶意软件，并可能将其带入企业网络	恶意软件传播，可能导致数据泄露、数据损坏和必要数据不可用
蓝牙技术让许多用户可以非常方便地进行免提通话，但却经常忘记关闭，然后就可以被发现	黑客可以发现设备并发起攻击	设备损坏、数据丢失、通话遭拦截、敏感信息可能泄露
将未加密的信息存储在设备上	如果有恶意外部人员拦截到传输中的数据或盗窃设备，或员工丢失设备，数据就可以被读取和使用	敏感数据泄露，给企业、客户或员工造成损害
丢失的数据可能影响员工的生产率	移动设备因其便携性而可能丢失或被盗。移动设备上的数据并不总是有备份	如果设备损坏、丢失或被盗且数据没有备份，则依赖移动设备的工作人员就无法工作
设备没有应用身份认证要求	如果设备丢失或被盗，则外部人员可以访问设备及其所有数据	数据泄露，给企业造成损害以及责任和法规问题
企业没有对设备进行管理	如果没有制定移动设备政策，员工可能会带入自己的不安全设备	数据泄露、恶意软件传播，或设备丢失或被盗时发生未知的数据丢失
设备允许安装未签名的第三方应用程序	应用程序可能携带传播木马或病毒的恶意软件；应用程序还可能将设备变成恶意外部人员进入企业网络的网关	恶意软件传播、数据泄露或入侵企业网络

图 5.48 移动设备漏洞、威胁和风险

资料来源：ISACA, Securing Mobile Devices, USA, 2012

5.9.2 移动设备威胁

移动设备通常是组织的首选，因为它们可以提高机动性并允许远程工作，同时提高效率和生产力。然而，这些好处往往伴随着许多安全威胁。信息系统审计师应评估威胁形势，并能够向 IT 管理层提供相应的建议。移动设备面临的最常见威胁包括：

- **信息拦截**。攻击者可以拦截移动设备上的信息，导致未经授权的敏感数据访问。这还可能导致声誉受损以及监管和合规风险。
- **恶意软件传播**。如果移动设备没有得到妥善的保护，则可能会允许恶意软件感染组织系统并沿着组织的内部网络传播。
- **业务损失**。如果设备出现故障、丢失或被盗，使用移动设备开展业务的员工可能无法工作。
- **数据泄露**。当移动设备丢失或被盗时，任何未备份的数据都会丢失。为了降低数据泄露的风险，组织应确保备份移动设备上的数据。
- **开放式公共 Wi-Fi**。开放式 Wi-Fi 技术的安全性通常不如封闭式网络。它们通常不需要密码或使用加密技术。因此，监视设备的在线活动变得更容易。
- **过时的设备**。过时的移动设备可能无法接收来自设备制造商的安全更新。为了降低这种风险，应更换所有过时的移动设备。
- **身份盗用**。攻击者窃取设备用户凭据，并使用它们开立新的电话账户、添加电话线路，并从事其他犯罪活动。这是在受害者不知情的情况下进行的，可能会导致巨大的损失，因为犯罪分子可能会以受害者的名义产生巨额费用。
- **路过式下载**。由于访问可疑网站或打开恶意电子邮件链接，恶意软件可能会在用户不知情或不同意的情况下安装在移动设备上。某些下载文件可能包含在受害者移动设备上执行恶意任务的机器人。

5.9.3 移动设备控制

一些控制能够减少移动设备上敏感数据的泄露风险。其中许多控制可通过移动设备管理系统和/或安全

容器来执行：[1]

- **设备登记**。经授权用于业务用途的移动设备都应在数据库中登记。个人拥有的设备应予以标记。组织可以促进更新工作或管理经授权的移动设备，并排除个人拥有的移动设备。
- **物理安全**。如果设备是固定的且条件允许，使用缆绳锁定系统，或带有能够发出声音警报的运动探测器的锁定系统。组织应保持对配备这些控件的移动设备的物理控制，并避免连接到未知设备和可移动介质。应考虑为这些设备配备保护套，并且在不使用时应遮盖摄像头。
- **蓝牙**。建议在不使用时禁用蓝牙功能。（请注意，飞行模式并不总是禁用蓝牙。）
- **Wi-Fi**。移动设备所有者不应连接到公共 Wi-Fi 网络，并且在不需要时应断开 Wi-Fi。应删除所有不使用的 Wi-Fi 网络。
- **软件更新**。设备和软件应用程序应在更新可用后立即更新。
- **位置**。不需要时应禁用位置服务。组织应限制用户将移动设备带到敏感位置。
- **密码**。应使用强锁屏密码。设备应设置为在较短的指定间隔（例如三分钟后）后自动锁定。
- **应用程序**。移动设备上只应安装最少数量的应用程序，并且只能安装来自官方应用程序商店的应用程序。不使用的应用程序应关闭。
- **数据存储**。仅在设备上存储绝对必要的内容。如果数据不是本地存储的，那么设备丢失或被盗将不会成为问题。应该定期备份存储的数据，最好是备份到企业文件服务器上的共享文件夹中。
- **病毒检测和控制**。与病毒相关的威胁适用于所有移动设备。企业应更新移动设备的防病毒软件，以预防恶意软件侵入。
- **合规性**。移动设备应符合企业标准中定义的安全要求。所有移动设备都应要求使用密码。MFA 可用于进一步增强安全性。
- **审批**。应按照组织的政策和程序对移动设备的使用进行适当的授权和审批。
- **可接受使用政策**。应当有针对移动设备的安全政策。企业的政策应当涵盖移动设备使用问题，并明确规定可以通过移动设备访问的信息类型以及设备和信息服务种类。
- **应有的谨慎**。员工在办公室环境中应做到应有的谨慎，在差旅期间更应如此。任何移动设备丢失或被盗的情况都应被视为安全风险，并立即按照安全管理政策和程序进行报告。
- **安全意识培训**。员工入职和安全意识培训应包括移动设备政策和准则。培训将帮助广大员工认识到：移动设备在正确使用时是重要的业务工具，而如果未进行相应管理，则会带来很多风险。应教育用户不要在移动设备上交流敏感信息、避免打开电子邮件附件和链接、使用可信配件等安全意识培训主题。
- **网络身份认证、授权和稽核**。IT 组织所采用的解决方案应能使用每个用户的身份和角色将设备连接到网络，然后应用基于角色的政策授予适当的访问权限。这样做可让 IT 人员区分不同级别的员工或来宾或设备类型的访问。这样做还可让 IT 人员采取主动措施追踪并监控其网络内移动设备的使用方式。
- **安全传输**。移动设备应通过安全连接（例如通过 VPN）接入企业网络。

5.9.4 移动设备管理

MDM 是一套用于保护和管理移动设备、应用程序、数据和访问的工具和技术。它旨在解决管理员工用于访问公司资源的无数移动设备这一具有挑战性的任务。MDM 的目标是提高安全性、提供监控、实现远程管理并支持移动设备的故障排除。MDM 应能够删除不需要的应用程序、管理数据，并跨运营商网络和 Wi-Fi 连接执行配置设置。MDM 的基本功能包括：

- **加密**。有关更多信息，请参阅 5.6 数据加密部分。
- **远程擦除**。MDM 的远程擦除功能可删除移动设备中的所有数据，并可通过移动电话服务或互联网执行。然而，信息系统审计师应强调远程擦除本身并不能保证数据安全，因为它不会永久删除数据。数据可能仍然存在，攻击者可以使用数据恢复实用程序来恢复已擦除设备上的数据。

---

[1] National Security Agency, "Mobile Device Best Practices"

- **设备锁定**。如果用户在多次尝试后未能提供正确的凭据，则锁定会禁用设备。管理员需要清除锁定标志才能再次使用设备。更复杂的 MDM 锁定功能会导致永久锁定，要求用户使用不同的账户或主密码/代码登录，才能重新获得对设备的访问权限。
- **资产管理**。许多移动设备都包含支持导航的 GPS 芯片，使组织能够跟踪其设备和人员移动，例如交付和地理标记。然而，要使 GPS 跟踪正常工作，移动设备必须具有互联网或无线电话服务，才能沟通其位置信息。
- **应用控制**。应用控制是一种 MDM 解决方案，用于控制应用程序在设备上的安装。它还可用于执行某些应用程序的设置，以支持安全基准指标或维护其他形式的合规性。企业可以限制用户安装来源不明或与工作无关的应用程序，从而减少恶意应用程序的风险暴露。
- **设备故障排除**。MDM 解决方案支持从管理控制台进行远程故障排除。利用这一功能，企业能够发现移动设备的问题并进行远程修复，而无须亲手操作设备。
- **凭据管理**。凭据管理本质上是凭据的集中存储。MDM 解决方案可以成为安全存储各种凭据集的一种方法。这通常使用主凭据集（最好是 MFA）来解锁数据集。一些 MDM 凭据管理选项还为应用程序和网站提供自动登录选项。
- **安全远程支持**。依赖个人设备进行工作的员工会经常不在办公室。为维持员工的满意度，从远程位置使用安全的方法支持和修复设备至关重要。根据设备类型，客户服务部门可通过远程设备解决方案配置设备、聊天、传输文件，或远程查看和控制设备。所选择的解决方案须支持各种设备，并将所有访问和活动日志保留在企业防火墙之后以确保安全性，这非常重要。
- **标准移动设备应用程序**。移动设备的配置和使用应符合相应基准并受到控制。只有符合企业安全架构或标配在移动设备上的应用程序才应被授权使用，并且所有软件应用程序必须由组织的信息系统支持团队适当授权和安装。MDM 解决方案可支持这种做法。

MDM 最佳实践

MDM 最佳实践包括：

- **制定实施政策**。组织应在部署 MDM 解决方案前制定 MDM 政策。该政策应满足组织独特的技术和业务需求。MDM 政策的主要目标是提供指导，并确保组织中 MDM 解决方案的有序、标准化部署、运营和维护。
- **简化设备注册**。将移动设备注册到 MDM 解决方案不应过于复杂，以免打击用户的积极性或使他们对注册设备失去兴趣。组织应确保注册过程简单，并且所有设备均已注册。
- **建立自助服务**。最终用户自助服务功能对于鼓励用户遵守 MDM 解决方案至关重要。自助服务功能包括远程数据擦除、密码重置和丢失设备跟踪。
- **实施更新的 MDM 版本**。确保 MDM 功能（例如，推送配置更改、修补程序和软件）得到更新并可供用户使用至关重要。
- **保护最终用户隐私**。用户隐私是 MDM 实施的关键，并鼓励合规文化。组织应尊重和保护员工隐私，将数据搜集限制在最低限度，且仅用于业务目的，同时制定消除滥用员工个人信息的程序。
- **部署容器**。容器对于移动设备安全至关重要，因为它们可以将组织应用程序、数据和 MDM 控制与移动设备的个人使用分离开来。启用这种限制后，MDM 规则和功能的部署方式就可以做到只在移动设备用于组织工作时才适用。
- **执行数据备份**。应在部署 MDM 解决方案前以及整个使用过程中执行数据备份。这样一来，在部署过程中出现问题时，组织就能更容易地恢复和访问重要数据。该组织还可以投资于基于云的 MDM 解决方案，用于关键组织数据和文件。
- **培训员工**。组织应定期为员工提供安全培训，解释使用 MDM 解决方案的原因和操作。应定期提醒员工注意 MDM 政策、相关风险和最佳实践。作为入职流程的一部分，新员工应接受 MDM 政策和一般信息安全培训。每当组织更新现有 MDM 或购买新 MDM 时，都应进行再培训。

5.9.5 自带设备

BYOD是一项政策，允许员工携带自己的个人移动设备前来工作，并使用它连接到组织的网络、业务资源和/或互联网。BYOD为选择采用这种做法的组织带来了许多好处，包括：

- 提高生产力和创新。
- 提升员工士气。
- 由于减少了用于采购和维护最终用户硬件和软件许可证的投资而节省了成本。

与BYOD相关的安全和控制问题包括：

- 对敏感数据和知识产权的保护。
- 保护BYOD设备连接的网络。
- 对设备及其上存储的信息的责任和义务。
- 在雇用终止或设备丢失时从员工拥有的设备中删除组织的数据。
- 恶意软件防护。

与BYOD相关的风险与移动计算风险类似。一些特定的BYOD相关风险包括：

- 访问控制和针对设备安全的控制。
- 能够在雇用终止或丢失设备时消除敏感的企业数据。
- 与支持许多不同类型的设备、操作系统和应用程序相关的管理问题。
- 确保始终正确备份员工拥有的BYOD设备。

在允许将其用于业务目的前，应要求员工签署BYOD协议或可接受使用协议。该协议还可能声明，如有必要，设备可能会被扣留用于法律事务。AUA确保维护个人设备的安全是用户与IT部门的共同责任。此外，BYOD还应经过执行管理层的审批并接受监督和监控。

BYOD的最佳安全实践包括：

- **建立数据所有权**。当个人设备用于开展业务任务时，就会混入个人数据。业务数据和建立数据所有权可能很复杂。例如，如果设备丢失或被盗，公司可能希望触发远程擦除，以清除设备上的所有有价值信息，包括个人信息。
- **获得用户认可**。BYOD需要明确且具体地说明在工作中使用个人设备的所有要求。在允许个人设备进入生产环境之前，组织应使用安全意识培训计划来充分解释BYOD政策的详细信息。只有在用户表示同意和接受后，才可接入用户的设备。概述违反政策的后果至关重要。
- **强制遵守组织安全政策**。BYOD协议应清楚地表明，将个人移动设备用于业务活动并不意味着员工无须遵守组织的安全政策。每位员工都应将BYOD设备视为组织财产，并在工作场所内外、工作时间和非工作时间遵守所有限制。
- **支持设备所有权**。当员工的移动设备出现故障、失灵或损坏时，BYOD政策应规定组织提供哪些支持，个人以及个人的SP（如有）应提供哪些支持。
- **定义修补程序管理流程**。组织必须定义个人移动设备的修补程序管理方式和机制，并指定应由谁安装更新。应明确组织在设备上安装更新前是否需要测试更新，以及所需的更新级别。
- **实施有效的防病毒管理**。BYOD政策应规定是否在移动设备上安装防病毒、反恶意软件和反间谍软件扫描程序。应明确建议使用哪些产品/应用程序，以及应将哪些设置应用于这些解决方案。
- **考虑基础设施要求**。实施BYOD时，组织应评估其网络和安全设计、架构和基础设施以及所涉及的成本。BYOD通常会增加网络上的设备数量，需要适当的基础设施规划。此外，大多数移动设备都支持无线功能，需要强大的无线网络才能更好地应对拥塞。
- **制定BYOD退出策略**。应制定BYOD退出策略，指定当使用自己设备的员工离开组织时应遵循的程序。不执行此操作可能会导致心怀不满的员工发起后门攻击。

5.9.6 移动设备上的互联网访问

智能手机和其他移动设备通过连接至WLAN来访问互联网。这些设备也可通过移动网络连接到互联网。

随着5G的使用不断增加，大多数移动设备使用第四代网络连接到互联网。4G是一种IP分组交换网络，可提供更高的速度和其他功能，如视频会议、高清流媒体、VoIP和移动电视。5G是最新一代无线通信技术，可提供增强的覆盖范围、低延迟和超高速数据速率。这些进步也导致互联网内容访问方式发生变化，可支持应用以及通过互联网浏览器进行访问。

与无线和/或移动接入相关的一般问题和暴露风险包括：

- **敏感信息遭截取**。信息通过空中传播，这增加了未受保护的信息被未经授权的个人拦截的可能性。
- **设备丢失或遭窃**。设备往往相对较小，因此也更易丢失或遭窃。
- **设备中的数据丢失**。设备遭窃或丢失可能导致存储在设备中的数据丢失。根据设备的容量，丢失的数据可能多达数 G。如果加密强度不够或没有加密，攻击者可能会访问那些可能只有一个密码或个人识别码保护的信息。
- **设备的误用**。设备可以用于搜集信息，也可以为了经济利益或个人利益用于截取正在通过无线网络的信息。
- **设备造成的分心**。使用设备会分散用户的注意力。如果在需要高度集中注意力的情况下（例如开车时）使用这些设备，则可能引发更多的事故。

- **操作系统漏洞**。操作系统可能包含允许访问设备的漏洞。漏洞可使设备越狱，这意味着有意从设备中删除了一些限制，允许一些增强功能，但可能使其更容易受到攻击。
- **应用程序**。应用程序可能包含能够访问数据或设备本身的漏洞或恶意代码。越狱的设备更容易遭受此类攻击，因为那些 App 的来源可能不安全。
- **无线用户身份认证**。在设备层面需要更强大的用户身份认证和授权工具。目前，该技术才刚刚兴起。
- **文件安全**。无线电话和平板电脑不使用其他计算机平台提供的文件访问安全类型。

5.9.7 移动设备审计程序

移动设备应接受定期审计，以确保任何漏洞和威胁在传播到组织中的其他系统前得到解决。它们构成终端；因此，移动设备的审计程序与终端的审计程序类似。移动设备的审计程序与信息系统审计师在 BYOD 审计中执行的程序相同。图 5.49 列出了移动设备的典型审计程序。

审计领域	审计程序
治理	• 验证移动设备是否存在安全政策 • 验证移动设备是否启用了保护功能 • 验证政策是否禁止用户携带移动设备前往敏感区域 • 确定移动设备是否经过风险评估和定期审计
修补程序管理	• 确定设备软件是否最新 • 验证手机防病毒软件是否最新 • 验证所有移动应用程序是否最新 • 验证测试和批准补丁的程序，并确定它们是否安全
配置和变更管理	• 确定移动设备网关是否正在运行经批准的最新软件 • 确认蓝牙功能在不使用时被禁用 • 确定移动操作系统是否已适当修补 • 评估移动设备是否存在有效的变更管理流程
设备管理	• 验证移动设备未连接到未知的删除介质 • 确定设备安全控制对数据保护的有效性 • 验证网络上没有不受管理的设备 • 验证是否启用了移动设备上的远程擦除/锁定 • 评估组织自有移动设备和 BYOD 生命周期设备管理的现有控制 • 确认摄像头在不使用时始终被遮盖 • 验证位置服务在不需要时被禁用

图 5.49　移动设备审计程序

审计领域	审计程序
自带设备	• 验证是否制定了 BYOD 政策 • 评估用于管理个人移动设备的控制 • 验证是否制定了用于安装应用程序的 BYOD 程序
安全监控	• 确定是否制定了用于监控和跟踪移动设备的资产管理流程 • 评估安全监控系统（包括日志审查）是否到位 • 验证是否存在将软件下载到移动设备的规则 • 确定移动设备是否受集中式移动设备管理系统的约束
灾难恢复/业务连续性	• 评估 DR/BC 流程，以在发生灾难时恢复移动设备并继续运营 • 验证移动设备的 DR/BC 计划是否定期测试
安全意识培训	• 确定是否制订了保护移动设备安全的安全意识计划 • 验证移动设备安全培训计划是否到位 • 指定可以存储在移动设备上的信息类型 • 评估培训是否教育用户不要打开未知链接和附件
加密	• 验证敏感数据在静态和传输过程中是否得到适当保护 • 验证移动设备用户是否使用安全通道（如传输层安全、虚拟私有网络等）连接到组织

图 5.49　移动设备审计程序（续）

5.9.8　移动支付系统

移动支付系统是指通过移动设备进行的一种支付形式。移动支付系统可以链接到其他支付基础设施，例如信用卡和银行账户。移动支付系统/应用程序很容易受到各种类型的威胁，其安全功能通常需要不断增强。图 5.50 列出了企业组织中常见的移动支付系统。

移动支付威胁

信息系统审计师应能够识别使用移动支付作为攻击向量的信息安全威胁。这些威胁体现在手机本身和用户下载执行交易的移动应用程序中。针对移动支付系统用户的威胁包括：

- **网络钓鱼**。手机通常将业务和社交媒体结合在一起，搜集客户数据，且其中一些是个人身份信息。这通常会导致复杂的社会工程攻击，例如网络钓鱼攻击。这些攻击通常很容易执行，因为有关用户的数据可以在社交媒体网站等公共域中获得。在网络钓鱼攻击中，威胁实施者指望受害者点击不安全的链接、打开包含安全威胁的电子邮件和/或下载恶意软件。

付款系统	描述
数字钱包	数字钱包也被称为电子钱包，是一种可以数字形式存储价值并允许用户在线执行交易（例如购买或转账）的金融应用程序。存储在数字钱包中的信息包括借记卡、信用卡和个人身份信息
移动钱包	移动钱包是以数字格式携带现金的数字支付系统。移动钱包通常被视为传统信用卡和借记卡的替代品。示例包括 Apple Pay 和 Samsung Pay。移动钱包一般针对某些设备上的软件和硬件组合。例如，Apple Pay 仅适用于 Apple 产品
数字货币钱包	数字货币钱包也被称为加密钱包。它们通常存储代表数字货币所有权的私钥，以确保其安全和可访问性。私钥用于在转移价值时签署数字货币的所有权。它们允许个人以数字方式执行交易，例如发送、接收和花费加密货币
非接触式支付通信技术	这是一种数字支付系统，允许基于设备的移动钱包使用通信技术将支付数据从移动支付设备传输到商家销售点。这些技术允许个人通过嵌入支付卡、标签和移动电话等设备中的非接触式芯片进行支付交易。嵌入式芯片通过射频或近场通信标准与读取器设备进行通信

图 5.50　移动支付系统的类型

- **移动恶意软件**。威胁实施者可能通过社会工程技术在移动设备上安装恶意软件，包括隐匿软件。恶意软件感染的另一个攻击向量是不安全的 Wi-Fi 热点，攻击者可以利用该热点使用中间人技术来攻击移动设备。下载攻击将推动恶意软件的安装。攻击者还可能将恶意软件上传到商家销售点服务器和非接触式终端设备，以远程窃取通过读卡器的受害者支付数据。
- **冒充**。恶意攻击者使用与现有网络名称相似的网络名称（例如热门的咖啡馆名称）设置虚假 AP。攻击者可能会创建一个虚假网站来搜集客户数据，然后用于进一步的攻击。
- **未经授权的访问**。攻击者可能持有丢失或被盗的设备。一旦持有设备，攻击者可能会绕过用户个人识别码或指纹锁并连接到公共 Wi-Fi。攻击者可能会继续拦截传输中的数据，例如银行转账或在线支付。
- **篡改**。篡改移动应用程序时，攻击者可能会在移动支付应用程序中创建后门，以捕获登录详细信息，并将其发送到攻击者控制的服务器。攻击者可以下载授权的应用程序，对其进行篡改并将其上传回商店。
- **应用程序漏洞**。许多移动应用程序都存在漏洞，攻击者可以利用这些漏洞来获得未经授权的访问，并窃取应用程序存储的敏感数据。当应用程序的身份认证系统较弱时，这种情况很常见。
- **支付欺诈**。恶意实施者可以利用与移动支付应用系统关联的被盗银行卡和信用卡账户实施欺诈。例如，威胁实施者可能会利用注册过程中的弱点。这允许攻击者将另一台移动设备添加到用户配置文件中，以进行欺诈性付款。
- **令牌数据泄露**。移动支付系统面临的另一个威胁是令牌数据泄露。当签发方寻求利用支付网络的令牌化服务时，这种情况更为普遍。他们还可能实施自己的令牌服务，如果数据遭到泄露，则会增加令牌数据受到威胁的风险。
- **身份盗用**。攻击者可以窃取用户的身份信息，并使用该信息以受害者的名义开设新账户或执行其他交易。用户应在交易流程中保护自己的身份，并尽量减少在公共平台上分享的信息量。
- **克隆应用程序**。移动支付系统威胁可能来自克隆应用程序。这是一个重大挑战，因为用户通常不知道他们正在使用克隆应用程序，而克隆应用程序的表现与原始应用程序如出一致。如果用户上当受骗使用克隆应用程序，攻击者就更容易实施欺诈，因为克隆应用程序的安全功能较差。

移动支付系统的安全最佳实践

一些专注于增强移动支付系统安全性的最佳实践包括：

- **采用令牌化**。令牌化是指将信息打乱成一串随机生成的数据，从而使威胁实施者无法使用它。加扰后的数据被称为令牌，用于替代原始数据，且无法解扰和恢复原状。令牌通常通过互联网或支付网络发送，以完成支付。如果令牌未暴露，那么拦截的数据对攻击者来说将毫无用处。因此，代币化促进了移动支付，同时保护敏感的客户数据免受威胁。
- **实施设备特定的密码**。在特定设备上实施密码可确保付款来自持卡人的移动设备并且是真实的。如果攻击者在移动支付交易期间拦截数据，则与令牌一起发送到 POS 终端设备的密文将无法在其他移动设备上使用。这是因为该令牌对于原始设备来说是唯一的。
- **实施 3D Secure**。3D Secure 是一种身份认证方法，旨在预防未经授权使用卡和手机。它旨在保护在线企业在欺诈交易成功时免遭退款。使用 3D Secure 要求商家、卡网络和金融机构共享交易身份认证所需的信息。
- **实施强客户认证**。SCA 是旨在减少欺诈并提高线支付安全性的身份认证。它需要两个或多个因素来进行客户身份认证。这对于减少身份盗窃和自动或机器人攻击非常有效。
- **持续监控欺诈**。移动支付系统通常需要支付网关来检测和管理欺诈行为。信息系统审计师还可以建议组织投资于内置的欺诈监控系统，以识别构成实际欺诈交易风险的领域。组织可以根据其风险容忍度制定规则，并接受或拒绝具有高风险的交易。

- **开展定期审计**。对移动支付系统进行定期审计至关重要，因为这有助于组织识别移动支付平台中的漏洞和潜在威胁。审计还可以向管理层提出可用于实施移动支付系统控制的建议。
- **用户意识培训**。用户意识培训通过提高用户意识、鼓励他们对社会工程攻击指标保持警惕，并指导他们如何正确应对此类攻击来防御社会工程攻击。

5.9.9 无线网络

简单来说，无线技术就是在不使用物理连接的情况下（即无须网络或外围设备电缆）使一个或多个设备进行通信。无线技术使组织能够采用具有巨大增长潜力的电子商务解决方案。无线技术使用通过自由空间的射频传输/电磁信号作为传输数据的方式，而有线技术则使用通过电缆的电信号。无线技术的范围可以从复杂系统（如无线广域网、WLAN 和手机）延伸到简单设备（如无线耳机、麦克风和其他不处理或存储信息的设备）。无线技术包括具有微型射频收发器的蓝牙设备和红外线设备，例如遥控器、无线计算机键盘、鼠标和无线耳机，所有这些设备都需要在发射器和接收器之间具有直视视距的情况下，才能使链路闭合。

使用无线技术会引入必须予以解决的新问题。例如，现有的应用程序可能需要改进才能利用无线接口。同样，还需要确定有关连通性的一般性问题，以便推动完全无线的移动应用程序的开发，并推动依靠移动计算系统和企业现有基础设施间数据传输同步技术的其他应用程序的开发。其他问题包括带宽窄、缺乏成熟的标准以及尚未解决的安全和隐私问题。

无线网络充当设备之间、设备和传统有线网络之间的传输机制。无线网络多种多样，但通常可根据覆盖范围将其分为四类：

- WWAN。
- WLAN。
- 无线个人局域网。
- 无线临时网络。

无线广域网

无线广域网连接是在大范围的地理区域链接不同网络的过程，以实现更广泛的 IT 资源共享和连接。通常计算机连接到传统的 WAN 时使用的是电话系统等线缆联网方法，而 WWAN 则通过无线电、卫星和移动电话技术进行连接。

WWAN 可以补充或替代更传统的基于电缆的网络系统。目前最常用的 WWAN 技术是所谓的第四代长期演进（4G LTE），第五代功能正在迅速被接受。全球移动通信系统第三代标准仍普遍可用。

对于一些组织来说，比如那些地处铺设电缆过于昂贵的乡村地区的组织，无线技术是唯一的联网解决方案。对于其他组织而言，WWAN 具有更好的系统灵活性，并且提供了机会来控制设备的拥有成本。实施 WWAN 需要对网络进行谨慎的规划和调查研究。并且，还应该考虑转换到这种快速发展的联网系统将涉及的总体拥有成本。

无线局域网

与传统的有线局域网相比，WLAN 具有更大的灵活性和便携性。与需要线缆将用户的计算机连接到网络中的传统 LAN 不同，WLAN 使用 AP 设备将计算机、平板电脑、智能手机和其他组件连接到网络。AP（即无线联网集线器）与 AP 特定范围内装有无线网络适配器的设备进行通信；通过 RJ-45 端口与有线以太局域网相接。通常，AP 设备的覆盖区域最远可达 300 英尺（约 100 米）。这一覆盖区域便称为一个蜂窝（cell）或范围。在蜂窝内，用户可携带便携式电脑或其他网络设备自由移动。各 AP 蜂窝可连接，这样用户便可以在建筑物内或建筑物间漫游。

WEP 和 Wi-Fi 保护访问

将新密钥分发到网卡时，对称私钥会定期造成困难。结果，网络中的密钥可能在相当长的时间内不会得到更改。如果密钥保持不变，多种黑客工具都可以轻易攻破相对薄弱的有线等效加密（WEP）加密机制。由于存在密钥重用问题和其他缺陷，目前的 WEP 标准化版本无法为大多数企业应用程序提供足够强大的安全性。较新的安全协议利用公钥加密技术，在用户和 AP 之间提供有效的身份认证和加密保障。

常用的 WEP 技术包括：

- **无线保护访问（WPA）**。Wi-Fi 联盟采用 WPA 作为 WEP 的临时增强和替代方案。WPA 标准包含两种使用不同加密方法的模式：WPA-企业和 WPA-个人。WPA-个人是保护无线网络安全的常用方法，适用于大多数家庭网络。WPA-企业为部署了 RADIUS 服务器的商业环境中的无线网络提供安全性。
- **无线保护访问 2**。WPA2 于 2004 年获得批准，作为改进 WPA 的新 Wi-Fi 安全标准。WPA2 安全标准最重要的改进是 AES 的实施，它提供了更高的安全性和性能。然而，其中存在一个漏洞，允许攻击者访问安全的 WPA2 网络并获取某些密钥来攻击同一网络上的其他设备。与家庭网络相比，这种攻击在企业网络中更常见。
- **无线保护访问 3**。这是最新一代的 Wi-Fi 安全性，旨在简化 Wi-Fi 安全性。它提供更强大的身份认证并提高加密强度，使其适用于高度敏感的通信环境。WPA3 由 Wi-Fi 联盟提出，旨在弥补 WPA2 中普遍存在的缺陷，例如字典攻击。对于公共网络，WPA3 通过无须凭据的自动加密连接来增强安全性。

图 5.51 比较了无线安全解决方案。

	有线等效加密（WEP）	无线保护访问（WPA）	无线保护访问 2（WPA2）	无线保护访问 3（WPA3）
加密方式	Rivest Cipher 4（RC4）	带有 RC4 的临时密钥完整性协议	CCMP 和高级加密标准	AES
会话密钥大小	40 位	128 位	128 位	128 位（WPA3-个人） 198 位（WPA-企业）
密码类型	流式	流式	块式	块式
数据完整性	CRC-32	消息完整性代码	密码块链消息验证码	安全哈希算法
漏洞	碎片化 拒绝服务攻击	预共享密钥攻击 DoS 攻击	DoS 攻击 MAC 冒充	降级攻击 侧信道攻击
部署复杂性	易于部署和配置	相对容易部署和配置	企业版设置复杂	更容易添加新设备
密钥管理	不提供密钥管理	4 路握手机制	4 路握手机制	同等身份同步认证
重放攻击保护	无重放攻击保护	实施序列计数器解决方案以应对重放攻击	使用 48 位数据报/数据包编号预防重放攻击	强制使用受保护管理帧技术来应对重放等攻击

图 5.51 无线安全解决方案的比较

无线个人局域网

无线个人局域网是将无线设备彼此连接的短距离无线网络。WPAN 技术最主要的形式是蓝牙，它可以在非常短的距离内连接无线设备。以 WPAN 方式连接设备的最古老的方法是红外通信。蓝牙属于一种开源标准，借鉴了现有无线标准（如电气和电子工程师协会 802.11、IrDA、数字增强型无绳通信标准、Motorola 的 Piano 和 TCP/IP）的众多特性，通过短距离射频技术实现便携设备的无线连接。

蓝牙是一种无线协议，可连接 49 英尺范围内的设备。它已成为许多平板电脑、手机、PC 键盘、鼠标、打印机等的一项功能。它是一个使用跳频技术来随时改变频率的系统。在计算机系统，尤其是笔记本电脑中，蓝牙已成为物理线缆和红外线连接（受视距限制）的替代技术。当多个蓝牙设备处于有效范围内时，会发现彼此并自动建立后台连接。

蓝牙支持较高的数据速度（介于 1 Mbps 和 2 Mbps 之间），但只能用于对等数据传输。ZigBee 是一种备选的 WPAN 技术，虽然支持的数据速度比蓝牙低（250 Kbps），但比蓝牙便宜，耗能也远低于蓝牙。

临时网络

临时网络可用于动态连接远程设备（如手机、笔记本电脑和平板电脑）。这些网络之所以被称为临时网络，是因为其网络拓扑结构不断变化。与使用固定网络基础设施的 WLAN 或 WPAN 不同，临时网络的网络配置随机而定，依靠通过无线链路连接的移动路由器组成的系统，使各设备之间能够通信。蓝牙网络可以作为临时网络使用，因为移动路由器可以控制这些网络不断变化的拓扑结构。

路由器还控制着支持彼此直接链接的设备之间的数据流动。随着设备以不可预知的方式移动，这些网络必须重新配置以处理动态拓扑。在蓝牙中使用的路由协议,使路由器得以建立和维护这些不断变化的网络。

移动路由器通常集成在手持设备中。移动路由器经过配置后,可确保远程移动设备(如移动电话)与网络保持连接。该路由器会维护连接并控制通信的流动。

无线安全威胁和风险降低

无线安全威胁可分为:

- 错误和疏漏。
- 经授权或未经授权系统用户的欺诈和盗窃。
- 员工破坏。
- 物理和基础设施支持丧失。
- 恶意黑客。
- 工业间谍。
- 恶意代码。
- 外国政府间谍。
- 个人隐私的威胁。

所有这些也对有线网络构成了潜在威胁。确保 CIA 是无线网络的首要目标。

安全要求包括:

- **真实性**。第三方必须能够验证消息内容在传输过程中没有发生更改。
- **不可否认性**。特定消息的来源或接收必须由第三方证实。
- **责任/问责制**。实体的操作必须能够唯一追踪到该实体。
- **网络可用性**。必须能够及时提供 IT 资源以满足任务要求或避免重大损失。可用性包括确保资源仅用于预期用途。

无线网络中的风险等于运行有线网络的风险与无线协议弱点引入的新风险之和。为了降低风险,组织必须采取一些安全措施和做法,帮助将风险降低到可管理的水平。无线系统的一些较为突出的威胁和漏洞包括:

- 传统有线网络中存在的所有漏洞都适用于无线技术。
- 无线协议的弱点增加了敏感信息披露的威胁。许多无线网络要么不安全,要么使用过时的加密算法。
- 恶意实体可以通过无线连接获得对机构计算机或语音(IP 电话)网络的未经授权访问权限,有可能绕过防火墙保护。
- 在两台无线设备之间传输的未加密敏感信息(或使用不良加密技术加密的敏感信息)可能会被截获并公开。
- DoS 攻击可以针对无线连接或设备。
- 恶意实体可能窃取合法用户的身份,并在内部或外部企业网络上伪装成他们。
- 敏感数据可能会在不正确同步期间遭到损坏。
- 恶意实体可能能够侵犯合法用户的隐私,并跟踪他们的物理移动。
- 恶意实体可能会部署未经授权的设备(例如客户端设备和 AP),暗中获取对敏感信息的访问权限。
- 移动设备很容易被盗,可能会泄露敏感信息。
- 可以从配置不当的设备提取数据而不被发现。
- 病毒或其他恶意代码可能损坏无线设备中的数据,随后可能引入到有线网络连接。
- 恶意实体可以使用无线连接与其他机构连接,以发起攻击并隐藏其活动。
- 闯入者可能能够获得与网络管理控制的连接,从而禁用或中断运行。
- 恶意实体可能使用不受信任的第三方无线网络服务来访问网络资源。

WPAN 的另一个问题是无法控制无线电波的传播;例如,可以使用 Red Fang、Bluesniff 等蓝牙协议嗅探器被动地截获和记录蓝牙连接中的无线电流量。如果设备地址已知,那么即使这些设备当前处于不可发现模式,也可以同步到跳频序列。蓝牙协议堆栈的所有层都可以离线检查和分析。如果未使用加密,则可以提取并监控传输的用户数据。使用具有强定向特性的天线和能够放大蓝牙信号的电子设备,可以实现从远远大于功能范围的距离进行被动监听攻击。传输功率控制是可选的,不是每个蓝牙设备都支持。

无线安全加密协议

如今,无线网络在企业和家庭环境中都司空见惯。虽然方便,但它们也带来了广泛的安全风险。大多数安全风险和漏洞都会因无线安全协议的不足而加剧。有些协议是安全的,有些是不安全的,还有一些介于两者之间。图 5.52 提供了一些安全无线加密协议的简要描述。

通信协议	描述
802.1X/EAP	802.1X/EAP 是一种基于端口的标准网络访问控制,可确保客户端仅在通过适当的身份认证后方可通信。它支持无线保护访问和无线保护访问 2。借助 802.1X,组织可以将远程访问拨入用户服务、终端设备访问控制器访问控制系统、证书、智能卡和令牌设备等技术和解决方案集成到无线网络中。这增加了相互和多因素认证的安全优势
可扩展身份验证协议	EAP 是一种身份认证框架,支持新的身份认证技术与现有的无线或点对点协议连接技术兼容。它广泛支持多种 EAP 身份认证方法,包括 LEAP、可扩展认证协议-传输层安全和可扩展认证协议-隧道传输层安全。信息系统审计师应警惕并非所有 EAP 方法都是安全的。例如,可扩展认证协议-消息摘要算法已被证明是可破解的
受保护的可扩展认证协议	PEAP 将 EAP 方法封装在传输层安全隧道内,从而提供身份认证和潜在的加密。引入 PEAP 是因为 EAP 通常不加密
轻型可扩展身份认证协议	LEAP 的实施主要是为了在 802.11i/WPA2 批准之前解决 TKIP 的缺陷。LEAP 不安全,也不应实施;它以前曾受到过攻击。然而,在不可避免地使用 LEAP 的情况下,信息系统审计师应建议在使用 LEAP 的同时实施强密码
MAC 过滤器	MAC 过滤器是 WAP 用来阻止访问所有未经授权设备的经授权无线客户端接口 MAC 地址列表。这是一项重要的实施技术,但已被证明难以管理。它非常适合静态环境。众所周知,攻击者会发现 MAC 地址,并在无线攻击客户端上冒充它们
临时密钥完整性协议	TKIP 设计用于取代 WEP,但无须更换传统无线硬件。TKIP 已在 WPA 下实施到 802.11 无线网络中。TKIP 改进包括密钥混合功能,后者在使用 Rivest Cipher 4(RC4)密钥执行加密前,将初始化向量与秘密根密钥组合起来。该解决方案集成了序列计数器,以预防数据包重放攻击,并应用了强大的完整性检查。KIP 和 WPA 已正式被 WPA2 取代。针对 WPA 和 TKIP 的攻击使得 WPA 的安全性变得不可靠
使用密码块链接消息验证码协议的计数器模式	创建 CCMP 的初衷是为了取代 WEP 和 TKIP/WPA。CCMP 使用具有 128 位密钥的高级加密标准。CCMP 是 802.11 无线网络的首选标准安全协议。迄今为止,还没有针对 AES/CCMP 加密技术的信息安全攻击得逞

图 5.52 安全无线加密协议

无线网络审计程序

无线网络安全审计评估无线网络的所有安全方面。信息系统审计师应为此类评估执行审计程序,并熟悉无线网络安全审计中常用的工具和技术。信息系统审计师必须清楚地认识到,攻击者可能使用与信息系统审计师相同的工具和技术。攻击者甚至可能采用更先进的技术。因此,信息系统审计师和组织应始终努力战胜攻击者。图 5.53 显示了一些可应用于无线网络审计的典型审计程序。

5.9.10 物联网

IoT 指的是可以通过互联网相互通信或与某个控制台通信以影响和监控现实世界的一组设备。该术语用于描述任何安装有传感器和特定软件、能够连接、交换和处理数据的物理设备,包括家用电器。许多组织需要针对 IoT 环境特有的挑战和风险量身定制的具体审计程序。

嵌入式系统与 IoT 密切相关。嵌入式系统作为更广泛系统的一部分实施。它通常围绕一组有限的特定处理功能进行设计,与其所属的更广泛系统相关。它可能由常见计算机系统中的相同组件组成,也可能是微控制器(即带有板载存储器和外围端口的集成芯片)。嵌入式系统的示例包括联网打印机、智能电视、供暖通风和空调控制、智能电器、智能恒温器和医疗设备。

不断发展的 IoT 由物理对象组成,能以新的方式在事物彼此之间、事物与其所有者或运营商、制造商或其他方之间进行通信,使人们的生活更方便,使企业更有效率和竞争力。

审计组件	审计程序
治理	• 询问管理层是否有经过批准的无线通信政策。如果有,请检查它是否最新并得到遵守 • 询问组织是否定期开展风险评估。如果是,请获取并审查之前的风险评估报告 • 询问接入点配置是否接受定期审计,以检测未经授权的修改。如果需要接受审计,请索取之前的审计报告并进行审查
无线架构	• 验证在部署 AP 前是否进行了现场调查,以确保足够的数据传输速率 • 识别未经授权的无线安装来源,并就其卸载提供建议 • 验证 AP 是否在最新批准的软件上运行 • 检查无线部署的整体架构并确定其是否合适 • 确定无线网络的放置是否安全得当,以满足组织的需求 • 检查 AP 和相关基础设施的物理安全性 • 验证无线网络是否与局域网正确分段 • 验证组织的无线网络中未使用恶意 AP
配置管理	• 验证配置管理系统是否到位,并用于无线网络中的所有更改 • 确定无线入侵检测系统传感器是否放置正确 • 验证在将 AP 连接到组织的生产网络前,是否已更改所有默认 AP 配置设置 • 验证无线网络是否已正确分段 • 确认无线网络未连接到公共 Wi-Fi 网络
加密	• 确定是否实施了最强的加密技术 • 如果已实施无线保护访问 2,请验证其是否使用高级加密标准加密 • 确定身份认证是否是相互和集中的 • 确认未实施有线等效加密等弱协议。WEP 很薄弱,通常是不得已而为之的选择
凭据管理	• 验证所有默认密码是否已更改 • 验证是否已禁用所有未使用的管理接口 • 确定是否已实施带外网络或单独的虚拟 LAN 网络来管理 AP • 检查服务集标识符的结构,确保其名称不包含组织名称、地址、电话号码等 • 确认 SSID 未广播
监控	• 验证是否实施了实时监控 • 检查无线 IDS/入侵防御系统解决方案的位置是否适当 • 验证是否已建立会话超时流程 • 审查之前的安全评估,并验证所发现的弱点是否已得到解决 • 评估现有程序以检测恶意无线设备、隐藏无线网络和未经授权的设备 • 确定组织是否及时了解无线身份认证和授权方案的发展情况,并替换之前被破坏的方案

图 5.53　无线安全审计程序

企业利用 IoT 功能从他们购买的设备获得更多更好的业务价值,因而可以提升企业的业务价值和组织竞争力。此外,企业还可以在市场中更有效地竞争,因为他们在销售的产品中提供了这些功能并将其纳入提供的服务中。

IoT 风险

附加价值也带来了附加风险。尽管具体风险取决于使用情况,但 IoT 的一些常见风险领域包括:

- 业务风险(例如健康和安全、监管合规性、用户隐私、意外成本)。
- 运营风险(例如,对功能的不当访问、影子使用、性能)。
- 技术风险(例如设备漏洞、设备更新、设备管理)。

IoT 的主要风险包括:

- **软件质量低**。由于开发人员和最终用户不了解嵌入式设备及其固件的潜在安全问题,IoT 设备中的软件质量普遍较低。
- **缺乏加密**。大多数 IoT 设备在其安全功能中未实施加密技术。因此,攻击者在通过网络到达

IoT 设备时可以访问账户凭据等重要信息。
- **低处理能力**。IoT 使用固件，以提供网络连接和特定功能。该固件必须在硬件上运行，例如片上系统。由于低端计算能力，这带来了挑战。这将减少能耗，并降低处理能力。
- **过时的硬件和软件组件**。IoT 中使用的硬件和操作系统可能已经过时，并且包含可被攻击者利用的安全漏洞。例如，攻击者可以运行 IoT 僵尸网络或窃听 IoT 流量。
- **后门账户**。某些 IoT 设备和账户可能设有后门，后者通常伪装成"服务"账户。攻击者可以使用它们绕过设备上实施的访问控制并访问组织资源。
- **设备管理不善**。组织通常缺乏对连接到不同系统的所有 IoT 设备的可见性。大多数 IoT 设备采用远程连接，这导致人们对网络环境中的 IoT 安全风险知之甚少。
- **互连性**。IoT 设备通常相互连接，因此如果一台设备遭到入侵，攻击可能会传播到其他设备，甚至损害整个组织网络。
- **缺乏内置的安全性**。IoT 设备通常不具备任何内置安全功能，这使它们成为攻击者的完美目标。因此，通常建议在不使用 IoT 设备时断开连接，以减少整个网络的攻击面。

IoT 安全控制

安全对于 IoT 技术至关重要。对于大多数 IoT 企业和供应商而言，IoT 设备的持续增加带来了更大的安全风险，应通过强有力的 IoT 控制来解决。IoT 控制与移动设备控制类似。审查 IoT 环境中控制的信息系统审计师应评估控制环境的诸多方面，包括：

- **物理安全**。由于 IoT 应用采用远程操作，因此物理安全对于预防未经授权访问 IoT 设备至关重要。组织应使用弹性组件和专用硬件，使未经授权的各方难以访问公司数据。例如，在蜂窝物联网设备中，SIM 卡存储着大部分关键信息。组织可以实施国际移动站设备身份（IMEI）锁。组织还可以实施 eSIM 技术，从而无须使用物理 SIM 卡即可激活移动数据。
- **远程访问安全**。组织应实施具有特定功能的强大远程访问安全协议。例如，实施的远程访问应能够将 SIM 功能锁定到特定的设备，并在检测到任何物理安全漏洞时远程禁用连接。
- **公共网络 vs 专用网络**。切勿使用公共网络，尤其是 Wi-Fi 网络。连接 IoT 设备并允许其使用公共网络进行通信是一项重大安全风险，因为这会导致消息被拦截并受到其他类型的攻击。组织应优先使用专用网络，尤其是在传输敏感信息时。
- **加密**。有关更多信息，请参阅 5.6 数据加密部分。
- **网络隔离**。信息系统审计师应清楚地认识到，IoT 应用程序通常为特定目的和网络连接而设计。因此，IoT 设备的网络连接应尽可能与其核心功能隔离。此举通过减少攻击面来增强安全性。应禁用不需要的功能，以进一步减少攻击面。
- **异常预防和检测**。应制定适当的控制，以便用户在整个组织的系统出现任何异常活动时都能及时察觉。应周详地分析此类异常活动，因为它可能表明攻击者试图破坏 IoT 系统。可以实施防火墙来监视和阻止组织网络边界之外的流量。

B 部分：安全事件管理

安全事件管理（Security Event Management，SEM）是识别、搜集、监控、响应和报告信息系统基础设施组件和整个信息系统环境中与安全相关事件的流程。SEM 解决方案能够记录和评估安全事件，并帮助信息系统审计师分析现有的信息安全架构、政策、程序和准则。信息系统审计师必须了解各供应商提供的解决方案，评估解决方案的适当性，并向管理层提供合理的建议。

5.10 安全意识培训和方案

组织中的有效安全取决于人员。这意味着任何安全计划的成功和有效性在很大程度上取决于人员（即员工和合作伙伴）是否了解安全解决方案的运行，并知道对他们的期望。他们至少应知道为什么要实施安全控制、如何支持这些控制，以及违反安全控制对组织和自身造成的后果。由于每个人都会犯错，人被认为是信息安全中最薄弱的环节；因此，应将重点放在安全意识、培训和教育计划上。如果这些计划得到高效的执行，将会减少组织的信息安全攻击。信息系统审计师应能够区分安全意识、安全培训和安全教育，并为其实施提供指导。

5.10.1 信息安全学习连续体

信息安全学习始于安全意识，继而转向安全培训和安全教育：

- **安全意识**。安全意识计划的目的是改变人们在日常运营方面的行为，并营造良好的安全实践文化。在建立安全意识时，学习往往是被动的。员工应从入职时就提高安全意识，并定期开展相关活动。交付技术需要采用不同的形式，以预防意识培养工作对受众而言变得陈旧乏味。
- **安全培训**。组织中安全培训的目的是向员工传授相关技能，以便以更安全的方式完成工作。简而言之，培训比安全意识更正式，侧重于培养知识、技能和能力。它通常针对组织的职能领域。安全培训的一个示例是面向信息系统安全管理员的信息系统安全课程，涵盖了要在组织中实施的所有安全控制。
- **安全教育**。安全教育比安全培训更加深入，面向安全专业人员，即在工作中需要信息安全专业知识的员工。它主要针对那些希望从事信息安全职业的人们，并通过大专、大学和其他专门培训项目获得。教育是通过本科、研究生课程或专门的培训计划获得的。安全教育通常涵盖了各种安全技能和能力，以构建有关信息安全的多学科通用知识体系。

管理层有时可能会要求信息系统审计师提供建议，说明在组织的当前情况下，应在提高安全意识、培训和教育之间采取哪种最佳方案。因此，信息系统审计师必须能够区分组织中信息安全的安全意识、培训和教育。图 5.54 总结了这些差异。

	安全意识	培 训	教 育
知识水平	提供有关信息安全组件特征的知识；例如，解释信息安全政策的"内容"	重点提供有关信息安全组件运作的信息；换言之，回答信息安全程序"如何"运作的问题	深入挖掘使用特定信息安全组件的根本原因；回答使用信息安全工具的"原因"
目标	知识保留，让员工记住概念	完成信息安全任务的实践能力	了解有关信息安全的更广泛观点，并结合批判性分析
典型培训方法	自定进度的在线学习、基于网络的培训、视频	由讲师指导的培训、演示、实验、实践活动	研讨会、研究、讲座
时间范围	短期	中期	长期
测试方法	小测验、是非题、选择题	应用级别的问题解决和实践测试	解释所学、架构练习和考试

图 5.54 安全意识、培训和教育之间的差异

5.10.2 安全意识、培训和教育方案的好处

在组织中开展安全意识、培训和教育方案的好处包括：

- **支持个人问责制**。如果员工不了解现有的安全控制或如何运行这些措施，则无法对其行为负责。大多数安全威胁都是由于员工的疏忽或无知造成的。当员工接受培训并了解在信息安全方面对其的期望时，管理层就更容易实施问责制。
- **充当预防性控制**。当员工意识到自己的安全角色和责任时，他们会协助维护组织中的最佳安全实践。
- **充当检测性控制**。培训和教育鼓励员工识别并报告各自部门日常活动中可能存在的安全违规行为。这支持组织快速解决安全事故。
- **降低安全风险**。信息系统审计师应清楚地认识到，使用各种信息系统存在固有的安全风险，不能仅靠实施技术解决方案和技术来加以解决。它通常需要组织内人员的支持；事实上，正是人员在监督技术解决方案的运行。接受了安全培训且具有安全意识的员工队伍可以显著降低组织中的安全风险。
- **作为其他安全控制的基础**。在几乎所有安全实施中，安全意识培训都是最佳实践，尤其是在部署任何安全解决方案前。如果没有培训和意识，就很难成功实施和运行安全控制。其主要原因是安全控制的运营需要人员。即使自动化取得了成功，部署解决方案的决策和对自动化报告的解读也要靠人来完成。

5.10.3 安全意识、培训和教育的方法

在规模较大的组织中，由于拥有足够多的中层和高层管理群体，所以需要专门在管理层层级开展信息安全意识和操作问题方面的培训。组织的全体员工及相关的第三方用户都必须接受有关组织的安全政策、标准和程序的重要性方面的适当培训和定期更新。其中包括安全要求、法律职责和业务控制，以及正确使用信息处理设施方面的培训（例如登录程序，软件包的使用）。对于新员工，此培训应在授予其对信息或服务的访问权限之前进行，并应作为新员工入职培训的一部分。

应采取有条不紊的方法制定和实施教育与宣传方案，并考虑到以下方面：

- 谁是目标受众（高级管理层、企业管理人员、IT员工、最终用户）？
- 培训的主要内容是什么（政策、程序、近期发生的事件）？
- 预期结果是什么（改善政策合规性、改变行为、改进实务）？
- 将采用哪种通信方法（基于计算机的培训、全员大会、内联网、新闻简报等）？
- 组织结构和文化是什么？

提高信息安全意识的机制包括：

- 基于计算机的安全意识和培训方案。
- 电子邮件提醒和安全提示。
- 书面安全政策和程序（及更新）。
- 员工签署的保密声明。
- 运用多种媒介进行安全宣传（例如公司新闻简报、网页、视频、海报、登录提醒）。
- 切实执行安全规则。
- 通过模拟安全事故提高安全水平。
- 奖励报告可疑事件的员工。
- 定期审查。
- 职位描述。
- 绩效审查。

制定IT安全意识和培训方案分为三个主要步骤：①设计方案（包括制定IT安全意识和培训方案）；②开发安全意识和培训材料；③实施方案。

5.10.4 成功安全意识培训和教育方案的条件

有效的信息系统安全意识、培训和教育方案包括：

- 营造安全文化，鼓励共同的心态，并确保个人对网络安全保持警惕，这对于制定信息资产保护的全面战略至关重要。
- 制定信息系统安全政策，纳入安全意识、培训和教育等要素，为组织提供指导。
- 向组织中的每个人告知其信息安全角色和职责以及对他们的期望，以增强信息安全。
- 建立监控和审查方案的流程和程序。

- 关注整个组织。
- 在高管级别为组织中正确的信息系统安全行为设定基调。
- 用通俗易懂的措辞解释使用信息系统时的正确行为规则。
- 制定因违规而实施的任何处罚和其他制裁的依据。
- 以组织的信息系统安全政策和特定问题政策为中心。

在开展需求评估后，制定信息系统安全意识、培训和教育方案的实施计划或战略。

5.10.5 开展需求评估

需求评估是确定组织安全意识和培训需求的过程。其结果可以为说服执行管理层在其他互斥的需求中优先考虑所评估的方案提供理由。如果管理层被说服，就会在时间和资金方面分配足够的资源，以满足已识别的安全意识和培训需求。在进行需求评估时，应该考虑每个人的需求，并且所有关键人员都应参与其中。

在分析安全培训需求时应考虑的角色包括：

- **执行管理层**。他们是组织的领导者，需要充分了解信息安全的总体状况、其重要性以及支撑信息的法律框架。一旦组织的领导者了解信息安全的重要性，他们就可以更轻松地提供指导以及所需的资源和承诺。
- **信息安全人员**。组织中的信息安全人员包括安全架构师、安全软件工程师、安全方案经理和安全官。这些人提供专家建议，并在组织中实施和运营安全基础设施。他们应接受信息安全技术、安全政策和信息安全最佳实践方面的培训和教育。
- **系统所有者**。系统所有者通常不是信息安全方面的专家，因为他们不直接负责信息安全。然而，他们应该对适用于其负责的系统的信息安全政策和安全控制拥有总体和高层次的了解。如果他们遇到超出其理解范围的技术难题，应将此类难题转交给信息安全人员以待解决。
- **系统管理员和信息系统支持人员**。这些人员通常负责为组织运营提供充分的信息安全支持。例如，他们通常拥有较高的权限，可以决定允许或拒绝谁访问。这些人员需要高水平的信息安全技术知识，几乎与信息安全人员相同。他们还需要了解其行为对组织运营的影响。
- **操作人员和系统用户**。这些人员不是信息系统技术人员，且不太了解信息安全。他们的主要关注点是实现组织目标，例如生产力和盈利能力，而很少甚至不关注信息安全。他们需要接受高水平的安全意识和安全控制培训，并了解他们用于执行职责的系统的可接受行为规则。从信息系统审计的角度来看，这个群体在组织中的信息安全方面风险最大；因此，应优先考虑对其进行评估。

需求评估的信息来源

许多信息来源可用于确定组织的信息系统安全意识、培训和教育需求。搜集该信息的方法也多种多样。信息搜集的方法应尽可能简单，只要能够可靠地搜集到所需的信息即可。信息来源包括：

- 与组织中已识别的所有关键人员或群体进行面谈。
- 组织安全调查。
- 审查和评估可用的安全意识、培训和教育资源材料。
- 分析与安全意识、培训和教育相关的指标，例如接受过社会工程培训的用户百分比。
- 审查信息安全计划，以确定指定人员及其各自的安全角色和职责。
- 审查系统访问数据库，以确定个人访问级别。
- 审查内部审计部门等监督机构的发现和建议。
- 与管理层和业务职能依赖于信息系统的系统所有者进行讨论。
- 分析安全事件、事故和攻击，以深入了解特定人员的培训需求。
- 学术界、政府出版物和培训机构提供的行业当前趋势。

5.10.6 实施安全意识和培训方案

在开展需求评估、制定战略、开发材料并提供资源后，就可以实施信息系统安全意识、培训和教育方案。该方案需要适当的规划、实施、维护和评估，如图5.55所示。

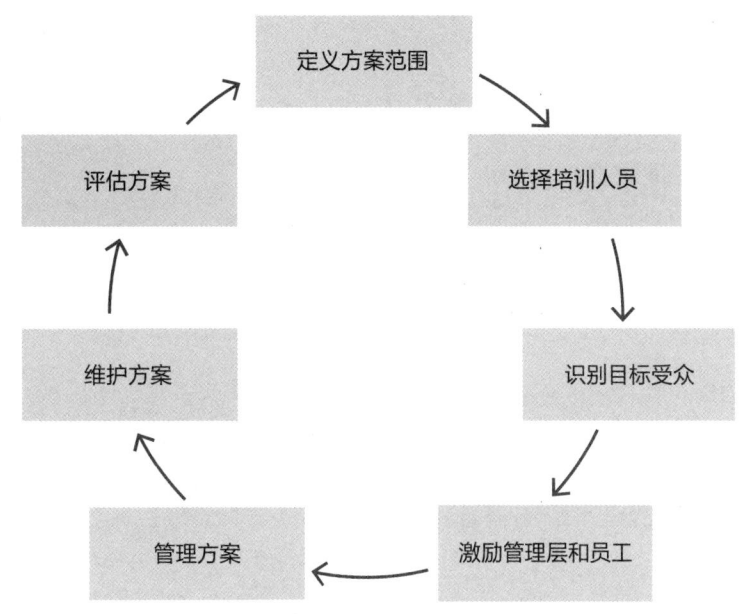

图 5.55 信息系统安全意识和培训方案的实施步骤

实施可以通过一系列步骤进行，包括：

- **定义方案范围**。这是制定组织安全意识和培训方案的第一步。范围应包括实施方案的目标、目的和战略，并应涵盖与组织信息系统交互的各个员工群体。小型组织可能制定一个覆盖整个组织的方案；大型组织则可能开发主方案和几个更具体的方案。该方案的总体目标应该是增强组织内的安全意识、培训和教育举措。
- **选择培训人员**。下一阶段是识别人员以推动培训流程。这些培训师可以来自内部或外部，或者两者兼而有之。最关键的一点是确保所选培训师对他们要讲授的内容有充分的了解。
- **识别目标受众**。对于任何特定的培训主题，组织应确保针对适当的人员。每个人需要的培训类型不尽相同，因此这种方法有助于组织将培训资源分配到最需要的领域。需求评估有助于识别组织中任何培训方案的目标受众。
- **激励管理层和学员**。为确保成功实施，方案应获得管理层和员工的支持和承诺。可以实施激励技巧，通过展示他们的参与如何造福于组织来激发人们对方案的兴趣。管理层的承诺至关重要，因为这能确保分配给安全意识和培训方案的资源充足且频繁交付。
- **管理方案**。方案应以高效和有效的方式管理。该方案应在组织中具有可见性，培训材料应充分且及时提供，培训方法应符合现有材料。此外，主题应具有相关性，并且演示应清晰明了。
- **维护方案**。信息系统是一个不断发展的领域，概念和实践总是在变化。因此，当前相关的培训方案将来可能不再具有相关性。有鉴于此，组织应确保维护该方案，并努力跟上不断变化的知识需求。
- **评估方案**。实施安全意识和培训方案的主要挑战之一是，通常很难衡量其有效性，而且其投资回报率往往无法量化。然而，组织应尝试使用其他衡量标准来评估该方案，例如，确定记住的信息量、遵守信息安全政策的程度，以及人们对信息安全的总体态度和行为。评估结果应用于解决方案中的任何问题。一些评估方法包括：

  - 使用学生评价（主要以问卷的形式）。
  - 观察员工遵守安全程序的情况。
  - 针对所涵盖的材料，对员工进行测试和检查。
  - 监控培训前后收到的事故。
  - 建立焦点小组（例如，将学员分组，以讨论方案的有效性和改进方法）。
  - 根据具体标准和反馈领域与指定的学员进行面试。

5.11 信息系统攻击方法和技术

风险由环境中的（技术或人为）漏洞引起。攻击技术会利用这些漏洞在企业内部或外部发起攻击。计算机攻击可导致专有数据或机密数据被盗或被修改、客户信心和市场份额丧失、管理受阻，使企业面临诉讼。了解用于入侵环境的方法、技术和行为，可为信息系统审计师提供更完善的情境线索，以便其了解企业所面临的风险。

考虑这些技术并了解可以在任何位置实施这些技术，将有助于进行更为彻底的评估，最终提供一个更安全的环境。信息系统审计师应了解足够多的攻击类型，以确定攻击所带来的业务风险，以及如何通过相应的控制来消除这些风险。

5.11.1 欺诈风险因素

欺诈是一种通过不诚实的方法从个人或组织获取有价之物的犯罪。一个人实施欺诈的原因可能有很多，但一种广泛接受的解释模型是欺诈三角形（见图5.56）。Cressey 定义了欺诈三角中的三个关键要素：

1. **动机**。指感知上的财务（或其他）需求。欺诈者可能身陷债务、怀有个人怨恨、有吸毒或赌博问题或想要拥有诸如更大的房子或汽车之类的身份地位象征。

2. **借口**。指欺诈者为自己的犯罪辩护的方式。借口可能包括的想法有："我应该得到这笔钱"、"我只是借用一下这笔钱"、"我的家庭需要这笔钱"、"不管怎么说我的雇主有很多钱"或者"我的雇主对我不公"，等等。

3. **机会**。指犯罪所采用的方法。机会是由滥用职权、内部控制不力、管理监督不力等造成的。未能建立检测欺诈的程序会使欺诈发生的可能性增加。机会是组织（范围再扩大一些也包括信息系统审计师）最能够控制的要素。就信息资产而言，实施欺诈的机会可能受到安全控制的限制。安全控制通常包括逻辑访问（包括第三方）、SoD、人力资源安全等。

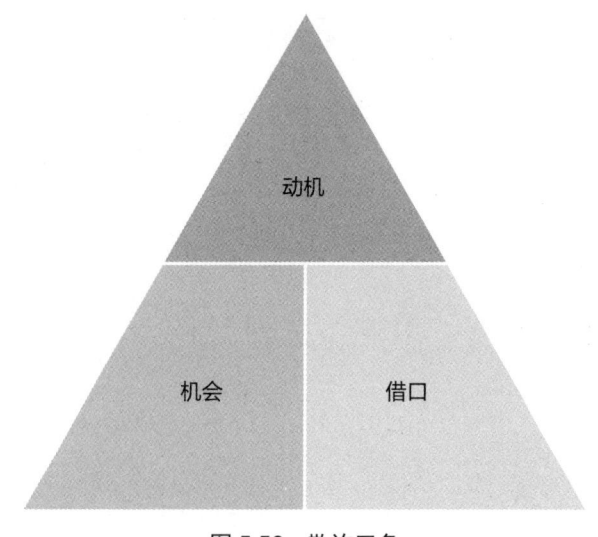

图 5.56 欺诈三角

资料来源：Adapted from Association of Certified Fraud Examiners, "The Fraud Triangle"

5.11.2 计算机犯罪问题和风险暴露

计算机系统可被用来骗取资金、货物、软件或企业信息。当计算机应用程序进程或数据被操纵以接受虚假或未经授权的交易或设备被盗时，也可能会犯罪。

通过利用计算机及其所含信息实施犯罪会对组织声誉、组织士气和组织存续造成损害。可能导致组织的客户流失或市场份额丧失、管理陷入困境、法律纠纷不断。对企业的威胁包括：

- **财务损失**。这类损失包括因电子资金丢失而造成的直接损失，以及因花费成本解决风险暴露问题而造成的间接损失。
- **法律后果**。当制定安全政策和程序时，组织应该考虑各种隐私权和人权法律。这些法律可以保护组织，但也可以保护犯罪者免受起诉。另外，若无适当的安全措施，则如因安全违规而造成重大损失，组织可能会面临投资者和保险公司的诉讼。大多数公司必须遵守行业监管机构的要求。审查与计算机安全相关的法律问题时，信息系统审计师应该获取法律援助。
- **丧失信誉或竞争优势**。许多组织（尤其是服务公司，如银行、储贷公司和投资公司）需要依靠信誉和公众信任来保持竞争优势。安全违规会对他们的信誉造成严重损害，从而导致业务和声望的丧失。

- **敲诈/商业间谍/集团犯罪**。犯罪者通过获取对保密信息的访问权限或采取对计算机操作造成不利影响的手段，以不道德地利用安全漏洞或公开透露组织保密信息的方式来威胁组织，从而向组织勒索款项或服务。此外，犯罪者有时还可以通过获取访问权限来获得专利信息，然后将其出售给组织的竞争对手。
- **披露机密、敏感或尴尬信息**。信息的披露不仅威胁组织的信誉及其开展业务的方式，而且还使其面临可能的法律或监管行动。
- **破坏**。一些犯罪者并不寻求经济利益。他们只是因为憎恨组织或为了自我满足而进行破坏。当犯罪者为了寻求政治目的，非暴力地使用非法或法律上未明确界定的数码工具时，就属于"黑客行动主义"。

信息系统审计师应该了解并理解计算机犯罪与计算机滥用之间的差异，以便为风险分析方法及相关的控制实务提供支持。什么构成犯罪取决于管辖范围内的既定法律。某些安全违规行为可能属于民事或刑事违法。这就要求组织在发生涉嫌犯罪时采取必要的行动（即保护证据、报告事故等）。

虽然利用逻辑风险暴露所需的技能具有更强的技术性且更为复杂，但是实施计算机犯罪的犯罪者往往就是利用物理风险暴露的人员。可能的犯罪者包括：

- **黑客（也称为骇客）**。这些人员能够挖掘可编程系统的详细信息，并且懂得如何扩展或进一步开发此类系统的功能（无论是否符合道德规范）。黑客通常会尝试对访问限制的极限进行测试，以证明他们能够克服障碍。虽然计算机往往会遭到破坏，但这可能不是黑客想要达到的目的。黑客行为主义者是黑客的一个类别。大多数黑客并不寻求通过自己的行为实施犯罪，而主要是通过侵入系统来获得某种程度的个人满足感。
- **破解者**。破解者是出于恶意目的（例如窃取或破坏数据）侵入组织系统的攻击者。他们的工作方式与黑客相同，但主要区别在于，受影响的组织主要关注的是入侵的黑客，而执法部门往往将目标锁定在破解者身上，因为他们的行为是非法的，而且构成了潜在的诉讼基础。破解者通常通过学习各种信息系统学科（例如编程）来获取计算机系统的广泛知识，以破坏组织系统。信息系统审计师应始终评估组织系统和网络中黑客和破解者的活动，因为许多 IT 专业人员和商务人士错误地互换使用这两个术语。
- **脚本小子**。脚本小子是指使用他人编写的脚本和程序来执行入侵活动的人员。他们本身通常不具备编写类似脚本的能力。
- **（获得授权或未经授权的）员工**。就职于组织，并且由于工作之便而获取了系统访问权限的人员，这些员工可对组织造成极大的损害。通过适当的背景调查对有可能加入组织的员工进行筛选，是预防组织内部发生计算机犯罪的重要手段。
- **IT 人员**。由于这些人员是计算机化信息的管理员，因此他们访问这些数据最为容易。除逻辑访问控制外，良好的职责分离和监管也有助于减少员工违反逻辑访问规定的可能性。
- **最终用户**。最终用户通常对组织内部的信息具有广泛的了解，并且可以轻松访问内部资源。
- **前任员工**。对于那些在不利条件下离开的前雇员，如果在与其解除雇用关系时没有立即取消其系统访问权限，或系统有"后门"，则他们仍可能有访问权限。
- **国家**。随着越来越多的关键基础设施是从互联网进行控制（如 SCADA 系统），且越来越多国家的重要组织和企业依赖于互联网，国家间相互攻击的现象并不少见。
- **有利害关系或有经验的外部人员**。这些人员可能包括：
  - 竞争对手。
  - 恐怖分子。
  - 有组织的犯罪集团。
  - 电话线路盗用者。
- **兼职人员和临时人员**。设施承包商（例如办公室清洁工）往往具有大量的物理访问权限，可以实施计算机犯罪。
- **第三方**。供应商、访客、顾问或其他第三方人员，他们通过项目获得对组织资源的访问权限，可能会实施犯罪。
- **机会主义者**。机会主义者会利用可以轻松访问信息或系统的情况。
- **意外违规人员**。无意中违反规定的人员。

犯罪分子的其他示例还包括黑客行为主义者、小规模诈骗犯、有组织犯罪和国家支持的犯罪集团的成员。

虽然在解决国家/地区间的网络犯罪方面加强了合作，但是敌对国家间存在的政治问题仍有可能妨碍调查。因此，应采取其他预防措施来保护易受国际性攻击的信息系统。

图5.57和图5.58列出了计算机犯罪的常见攻击方法和技术。犯罪者可能会使用一种或连续使用多种方法来实施犯罪。

攻击来源	攻击目标	示例
计算机是犯罪的攻击目标 犯罪者使用其他计算机来发动攻击	识别并攻击特定计算机	• 拒绝服务 • 黑客攻击
计算机是犯罪的主体 犯罪者使用计算机实施犯罪，攻击目标是另一台计算机	目标可能已确定，也可能未确定。犯罪者发动攻击时，头脑中没有特定的目标	• 分布式DoS • 恶意软件
计算机是犯罪的工具 犯罪者使用计算机实施犯罪，但攻击目标不是计算机	攻击目标是存储在计算机中的数据或信息	• 欺诈 • 未经授权的访问 • 网络钓鱼 • 安装按键记录器

计算机是一种犯罪的工具
犯罪者通过诱骗计算机用户得到机密信息
	目标是计算机用户	• 社会工程方法：
		  ▪ 网络钓鱼
		  ▪ 虚假网站
		  ▪ 诈骗邮件
		  ▪ 垃圾邮件
		  ▪ 虚假求职简历

图5.57　计算机犯罪

篡改攻击	当未经授权的修改影响数据或代码的完整性时，即发生篡改攻击 示例：在软件开发生命周期内未经授权修改二进制码，或者在重新编译现有程序期间添加未经授权的库 加密散列是预防篡改攻击的主要防御措施
僵尸网络	由一些运行软件（通常通过蠕虫、特洛伊木马或后门安装）的受害电脑（称作僵尸电脑）组成 示例：DoS攻击、广告软件、间谍软件和垃圾邮件
拒绝服务攻击	示例： 互联网控制消息协议泛洪攻击： • **Smurf攻击**。当错误配置的网络设备允许数据包通过网络广播地址发送至特定网络上的所有主机时，即发生Smurf攻击 • **Ping淹没**。当目标系统被Ping数据包淹没时，即发生Ping淹没 • **SYN淹没**。发送大量包含伪造发送方地址的传输控制协议/SYN数据包，导致半开连接和目标计算机的可用连接能力饱和 • **Teardrop攻击**。导致将能够引起重叠且过大负载的已损坏互联网协议片段发送到目标计算机 • **对等攻击**。导致大的对等文件共享集线器的客户端与其对等网络断开，转而连接到受害者的网站。结果，几千台计算机会侵略性地尝试连接到目标网站，导致网站性能下降 • **永久拒绝服务攻击**（也称为phlashing）。导致系统硬件损坏到需要更换的程度 应用层淹没攻击： • **缓冲溢出**。消耗可用内存或中央处理器时间 • **穷举攻击**。通过控制数据包通量、使连接带宽过饱和或耗尽目标系统资源来淹没目标 • **带宽饱和淹没攻击**。依赖攻击者较受害者有更多的可用带宽 • **香蕉攻击**。重新定向客户端输出信息使之发送回客户端，阻止外部访问，以及使用发送数据包淹没客户端

图5.58　常见攻击方法和技术

拒绝服务攻击	• **脉动僵尸**。一种 DoS 攻击，这种情况下网络遭到来自不同攻击计算机的持续长时间的恶意 ping。这将导致网络资源的服务质量降低并增加其工作量 • **Nuke**。针对计算机网络的 DoS 攻击，向目标发送片段或无效 ICMP 数据包。利用修改后的 ping 实用程序反复发送损坏的数据，从而使受影响的计算机完全停止运行 • **分布式拒绝服务攻击**。当多个受害系统淹没目标系统的带宽或资源时，即发生分布式拒绝服务攻击 • **反射攻击**。导致将伪造请求发送到大量计算机，这些计算机会对这些请求进行应答。源 IP 地址伪装成目标受害者的 IP 地址，从而导致应答过多引起淹没 • **无意攻击**。网站最终遭到拒绝，这不是由于一个人或一群人的蓄意攻击造成的，而仅仅是由于人气突然激增造成的
窃听	入侵者搜集流经网络的信息，意图获取和发布用于个人分析的消息内容，或者为可能受其委托进行窃听的第三方获取和发布消息内容。考虑到其他计算机可以实时看到在网络上传输的敏感信息（包括电子邮件、密码、有时还包括击键），便会发现这一点很重要。窃听使入侵者可以进行未经授权的访问，冒用信用卡账户等信息并危及敏感信息的机密性，这会危害或损害个人或组织的声誉
网络钓鱼	一种犯罪欺诈过程，试图通过伪装成电子通信中的可信实体来获取敏感信息，例如用户名、密码和信用卡详细信息。网络钓鱼技术包括社会工程、链接操作和网站伪造。网络钓鱼的类型包括： • **鱼叉式网络钓鱼**。一种针对小部分人群（网站用户、组织成员）的精确攻击，意图破坏该组织 • **鲸鱼式网络钓鱼**。鲸鱼式网络钓鱼，有时也被称为捕鲸攻击。顾名思义，它的目标是组织的领导层，通常是执行管理层的成员。这些人拥有对攻击者有价值的专有商业信息。信息系统审计师应注意，如果通过勒索软件实施鲸鱼式网络钓鱼，则很可能需要支付赎金以防范声誉风险 • **短信钓鱼和语音钓鱼**。短信钓鱼是通过短信进行的网络钓鱼形式，有时也被称为短信服务网络钓鱼。语音网络钓鱼也被称为语音钓鱼，是通过电话进行的网络钓鱼。短信钓鱼和语音钓鱼通常涉及威胁实施者告知受害者其账户已被冻结或检测到欺诈行为。出于恐慌，受害者通常会向攻击者泄露账户信息。有了这些信息，攻击者就能够进一步实施犯罪
淹没	一种 DoS 攻击，通过大量流量将网络或服务淹没，使网络或服务的速度降低。使用大量无法完成的连接来淹没主机的内存缓冲区，从而对其进行填充
中断攻击	发生在通过请求操作系统执行特定系统调用来进行恶意操作时 示例：启动扇区病毒通常发出一个中断，对启动扇区执行写入操作
浪涌攻击	指在使用通常兼作数据连接的公共通用串行总线充电端口的智能手机、平板电脑或其他设备上偷偷安装恶意软件或从中复制数据
恶意代码	• **特洛伊木马（通常称为木马）**。该程序通常伪装成有用程序，如操作系统修补程序、软件包或游戏。一旦执行，木马程序便会执行非用户想要执行的操作，例如，打开特定端口供入侵者后续访问 • **逻辑炸弹**。个程序或程序段，在出现特定情况、到达特定时间或发生特定事件时触发。逻辑炸弹通常会导致计算机系统的破坏，通常由对程序具有访问权限、心怀不满的内部人员部署。例如，当离开组织时，一个心怀不满的软件编程人员可能会设计一个逻辑炸弹来删除重要文件或数据库。逻辑炸弹也可用来对付攻击者。管理员有时故意设置伪缺陷（也称作蜜标），虽然看起来容易攻击，但当入侵者试图利用这一漏洞时实际上会充当警报或自动行动触发器 • **陷阱门**。陷阱门通常被称为后门，是程序员嵌入程序中的代码段，以便可以在测试或调试阶段快速获得访问权限。如果一名不道德的程序员故意留下该代码（或只是忘记删除），这就引入了一个潜在的安全漏洞。黑客常常在之前受损的系统中植入后门以便进行后续访问。威胁矢量分析（一种纵深防御架构），职责分离与代码审计有助于抵御逻辑炸弹和陷阱/后门
中间人攻击	可能的情况包括： • 攻击者主动与两台设备建立连接。攻击者同时连接到这两台设备，但将其中的一台设备伪装成另一台设备。如果要求攻击者设备将自己验证为其中的一台设备，那么第一台设备便会将身份认证请求发送到另一台设备，然后将响应重新发回到第一台设备。通过这种方式完成身份认证后，攻击者就可以随心所欲地与设备交互。要成功执行这一攻击，两台设备必须是可连接的。 • 攻击者在设备建立连接时进行干扰。在此过程中，设备必须同步要使用的跳跃序列。入侵者可以阻止此同步，使两台设备使用相同序列，但在序列中的偏移不同

图 5.58 常见攻击方法和技术（续）

伪装	一种主动攻击，这种情况下入侵者使用其他身份而不是原始身份。目的是对使用原始身份无法访问的敏感数据或计算机/网络资源进行访问。伪装还攻击身份认证属性，通过发起真实的身份认证会话继而进入信息流，此时伪装为会话已验证的用户之一。人和机器的冒充都属于这一类别 当出现伪造的 IP 地址时，就会发生机器伪装（也被称为 IP 冒充）。这一形式的攻击通常用作破坏防火墙的方法
消息修改	包括获取消息、执行未经授权的更改或删除（整个消息流或消息的组成部分）、更改顺序或延迟已获取消息的传输。该攻击可产生灾难性的影响，例如，通过消息命令银行执行支付
网络分析	入侵者采用系统性有序方法（称为足迹）来创建一个组织网络安全基础设施的完整配置文件。在该初始侦察阶段，入侵者组合使用工具和技术来构建特定公司内部网络信息的贮存库。这可能包含有关系统别名、功能、内部地址、潜在网关和防火墙的信息。然后，入侵者重点关注目标地址空间内响应网络查询的系统。瞄准系统后，入侵者即可扫描系统端口来确定目标系统上运行的服务和操作系统，这样就可能找到可以发起攻击的漏洞
数据包重放	被动和主动攻击模式的组合。入侵者被动地获取在未加保护或易受攻击的网络中传输的数据包流，然后主动地将这些数据包插入到网络中，伪装为另一个真正的消息流。如果通信信道的接收端处于自动模式，该形式的攻击会特别有效，该攻击在无人干预的情况下影响信息包的接收和解释
网址嫁接	一种旨在将网站通信重新定向至假网站的攻击。网址嫁接可通过更改受害者计算机上的主机文件或利用域名系统服务器软件的漏洞来实现。DNS 服务器是一种负责将互联网名称解析为其真实地址的计算机，他们是互联网的"路标"。受损 DNS 服务器有时称为"中毒"。近些年，网址嫁接和网络钓鱼已被用于窃取身份信息。网址嫁接已成为托管电子商务业务的企业和在线银行网站主要关心的一个问题。需要采用复杂的方法（称为反网址嫁接）来防御这一严重的威胁。防病毒软件和间谍软件清除软件不能防范网址嫁接
骑肩跟入法（跟随经授权的人员进入管制区域）	尾随经授权人员通过安全门，或通过电子方式连接到经授权的电信链路，以截获并且可能更改传输的行为。骑肩跟入法被认为是物理访问风险暴露
竞态条件（检查时间/使用时间攻击）	利用用户实施安全控制和使用服务之间的小时间窗进行攻击。竞态条件风险暴露的严重程度与 TOC 和 TOU 间的时间差成正比。设备或系统试图同时执行两个或以上操作时会发生干扰，但是设备或系统的本性要求按适当顺序进行操作 以下情况引起的干扰可导致出现竞态条件： • 顺序或非原子性。这些情况由非可信过程（例如由攻击者调用的过程）引起，这些过程可能会进入安全程序步骤之间 • 死锁、活锁或锁定失败。这些情况由运行相同程序的可信过程引起。由于这些不同过程可能具有相同的权限，因此如果控制不当它们会互相干扰 细心的编程和良好管理实务有助于减少竞态条件
远程维护工具	如果没有稳妥地配置和控制，远程维护工具可能成为恶意黑客的攻击手段，他们借此进行远程特权访问和破坏目标系统
资源枚举和浏览	攻击者列出的目标主机和网络上的资源列表（名称、目录、权限、共享、策略） 浏览攻击是资源枚举攻击的一种形式，通过手动搜索执行，常常要借助软件、操作系统或附加实用程序中的可用命令和工具
色拉米	导致从计算机交易或账户中舍弃小量金额，类似于去尾法技术。去尾法技术与色拉米技术的区别是，在去尾法中，程序会舍掉最小金额部分 例如，在去尾法技术中，1 235 954.39 美元的交易金额可能会被舍至 1 235 954.35 美元。而色拉米技术会从交易数目中截去最后几位数字，所以 1 235 954.39 美元会变为 1 235 954.30 美元或 1 235 954.00 美元，具体取决于写入程序中的算法/公式。事实上，相同技术的其他类型会被应用于费率和百分比
社会工程	闯入计算机系统的人为方面。拥有强大技术安全对策（例如身份认证流程、防火墙和加密）的组织可能仍然无法保护其信息系统。如果员工回答陌生人的电话问题，或回复陌生人的电子邮件时不自觉地泄露了机密信息（例如密码和 IP 地址），就可能发生该情况。社会工程的一些示例包括电话模拟、垃圾搜寻和肩窥。防范社会工程的最好方法是持续的安全意识计划，即对所有员工和第三方（能访问组织设备者）进行有关社会工程攻击风险的教育

图 5.58 常见攻击方法和技术（续）

注入攻击	注入攻击利用依赖于客户端-服务器架构中数据库的网站。注入攻击通常使用结构化查询语言从客户端查询驻留在服务器上的数据库。该命令被插入到数据中以代替密码或登录名等安全解决方案。当保存数据库的服务器运行命令时，系统就会被渗透。注入攻击会导致敏感数据丢失、删除或修改。攻击者可以执行干扰数据库正常运行的系统管理员操作
零日漏洞	零日漏洞是一种利用之前未知漏洞的攻击。攻击者通常会在修复程序可用前了解到广泛使用的软件中存在漏洞，并针对使用该软件的组织进行攻击。这是一项重大风险，因为它通常无法预防；事实上，防病毒解决方案也无法有效抵御零日攻击，因为它们是未知的。实施持续的修补程序管理流程、不断更新软件和沙盒有助于解决零日漏洞，而定期更新的事故响应计划则有助于从零日漏洞中快速恢复
加密劫持	加密劫持是一种攻击形式，指攻击者控制用户的计算机或设备以挖掘比特币等加密货币。这是一种新的攻击方法，通常在受害者不知情的情况下进行。在网络可见性不高的组织中，犯罪分子可以控制整个网络来挖掘加密货币。为了应对这一风险，组织需要定期监控所有网络设备的 CPU 使用情况，并培训员工警惕任何性能问题或可能包含加密劫持恶意软件的可疑电子邮件
跨站点脚本攻击	XSS 是使用脚本感染访问网站的用户或将用户重定向到恶意网站的攻击。它是一种复杂的攻击向量，需要对 Web 开发概念和技术有基本的了解，例如超文本链接标示语言和 JavaScript。然而，信息系统审计师需要注意的一点是，用于预防 XSS 攻击的技术与用于预防 SQL 注入攻击的技术相同。最重要的是，组织应确保输入验证和清理，以确保攻击者无法将恶意脚本注入网页
跨站请求伪造	CSRF 攻击迫使受害者在当前已通过身份认证的网页应用程序上执行不必要的操作。它通常采用社会工程流程，例如通过聊天平台发送链接。这使得攻击者可以诱骗用户执行攻击者首选的操作。如果受害者是普通用户，成功的 CSRF 攻击可以迫使用户执行系统状态更改请求，例如转移资金或更改电子邮件地址。如果受害者是管理员账户，CSRF 可能会危害整个网页应用程序并使其无法安全使用
DNS 隧道	DNS 隧道是一种攻击向量，旨在为攻击者提供对指定目标的持久访问。这对信息系统审计师尤为重要，因为攻击通常会成功——许多组织无法监控 DNS 流量是否存在恶意活动。这使得攻击者能够将恶意软件插入到 DNS 查询中。该恶意软件旨在创建大多数防火墙无法检测到的持久通信通道。为了应对此类攻击，组织应确保其使用的工具能够自动阻止恶意 DNS 查询中包含的恶意软件的执行，将所有已知用于数据泄露的目的地列入黑名单，并对所有 DNS 查询进行实时分析以识别可疑模式
URL 投毒	这种类型的攻击有时被称为 URL 解释。通过这种攻击，攻击者会更改和伪造某些 URL 地址，然后使用这些地址来访问目标的个人和职业数据。这种攻击也被称为 URL 投毒。为了成功执行 URL 解释攻击，攻击者可能会猜测 URL 以获得站点的管理员权限，或访问该站点的后端以进入用户账户。到达所需页面后，攻击者就可以操纵网站本身，或访问该网站用户的敏感信息。为了应对 URL 解释攻击，信息系统审计师应建议对网站的任何敏感区域使用安全身份认证方法，例如 MFA
DNS 冒充	通过 DNS 冒充，攻击者会更改 DNS 记录，将流量发送到虚假网站，以期受害者一旦进入欺诈网站，就可能会输入敏感信息，并认为该网站是合法的。虚假网站有时也被称为欺诈网站。随后，攻击者将敏感信息用于恶意目的，甚至以组织的名义实施犯罪。在 DNS 冒充中，攻击者可能采用的另一种方法是构建质量低劣的网站，这有损于企业形象。为了应对 DNS 冒充问题，DNS 服务器应始终保持最新，因为最新的软件版本通常包含解决已知漏洞的修复程序
流量分析	一种推理攻击技术，研究系统内实体间的通信模式并推导信息。如果消息被加密且窃听不到有意义的结果，则通常会采用该技术。流量分析可在军事情报或反情报情况下执行，在计算机安全方面受到关注
通过互联网或基于 Web 服务的未经授权访问	许多互联网软件包包含导致系统易受攻击的漏洞。此外，许多系统既庞大又难以配置，导致大量未经授权的访问事故 示例包括： • 电子邮件伪造（简单邮件传输协议） • 清楚直白地传输远程登录密码（通过客户机和服务器间的路径） • 更改 IP 地址和域名之间的绑定，以便模拟任何类型的服务器。只要 DNS 易受攻击，并用于将 URL 映射到站点，Web 上就不存在完整性 • 将通用网关接口脚本作为共享软件发布。CGI 脚本运行时通常具有对服务器进行完整控制的权限 • 脚本的客户端侧执行（通过 JAVA 小程序中的 JAVA），带来从任何位置在客户端机器上运行代码的风险

图 5.58　常见攻击方法和技术（续）

病毒、蠕虫和间谍软件/恶意软件	• 病毒包含将恶意程序代码插入其他可执行代码的操作，能自我复制并从一台计算机传播至另一台计算机，途径包括可移动计算机介质、USB 可移动设备、通过电子通信线路传送逻辑或与受感染机器/代码直接连接。病毒可以无害地在计算机终端设备上显示可爱的消息，也可能危险地擦除或更改计算机文件，或者只是用垃圾填充计算机内存到计算机无法运行的地步。另一种更危险的情形是，病毒可以潜伏一段时间直至被特定事件或现象触发，例如，某个日期或指定的复制次数，而在此期间病毒已悄悄传播 • 蠕虫是一种破坏性程序，可以破坏数据或耗尽大量计算机和通信资源，但蠕虫不会像病毒一样复制。此类程序不更改其他程序，但可以独立运行，并利用漏洞和应用程序/系统的弱点，通过网络连接从一台计算机传送到另一台计算机。蠕虫还可以使其一部分在许多不同机器上运行 • 间谍软件/恶意软件类似于病毒。例如，按键记录器和系统分析器可能从主机搜集诸如信用卡号、银行详细资料等敏感信息，然后在检测到在线连接时将信息传送至发起人

图 5.58 常见攻击方法和技术（续）

5.11.3 互联网威胁和安全

互联网为组织保护其信息资产带来了重大的安全问题。例如，黑客和病毒编写者会尝试攻击互联网及连接到互联网的计算机。有些人想要侵犯他人的隐私，并试图攻破存放敏感信息的数据库，或在信息经过互联网路径时进行嗅探。因此，对于信息系统审计师来说，了解必要的风险和安全因素至关重要，这样才能确保企业在连接到互联网时实施了适当的控制。

设计 IP 的唯一目的就是实现数据包在网络中进行的寻址和路由。它不能保证消息得到传送或提供有关消息传送的证据；不会进行地址验证；发送方不知道消息是否会在指定时间到达目的地；接收方也不知道消息是否来自指定为数据包中返回地址的地址。其他协议纠正了其中一些缺陷。

网络安全威胁

有一类网络攻击涉及网络信息窥探。这些被动攻击可能导致实际的主动攻击或对组织网络的入侵/渗透。通过窥探，入侵者可获得所需的网络信息，并在实际攻击时将这些信息用于瞄准某特定系统或一组系统。

被动攻击

搜集网络信息的被动攻击示例包括网络分析、窃听和流量分析，如图 5.58 所示。

主动攻击

一旦搜集到足够的网络信息，入侵者就会针对目标系统发起实际攻击，以获得对该系统的完全控制或足够的控制，从而实现某些威胁。这可能包括在未经授权的情况下访问系统进而修改数据或程序、引发 DoS、升级权限、访问其他系统，以及为谋取私利而获取敏感信息。这些类型的渗透或入侵称为主动攻击。它们影响着网络安全的完整性、可用性和身份认证属性。主动攻击的常见形式（见图 5.58）可能包括：

- 穷举攻击。
- 伪装。
- 数据包重放。
- 网络钓鱼。
- 消息修改。
- 未经授权通过互联网访问。
- DoS。
- 远程访问渗透攻击。
- 电子邮件炸弹和垃圾邮件。
- 电子邮件欺骗。

互联网攻击的起因

一般来说，被动和主动的互联网攻击都有多种原因，其中包括：

- 互联网上的工具和技术的可用性，或入侵者可以轻松下载适用的商业软件。例如，要扫描端口，入侵者可以轻松获得网络扫描器，如 strobe、netcat、jakal、nmap 或 Asmodeous（Windows）。此外，密码破解程序（如 John the Ripper 和 L0phtCrack）可以免费或以最低成本获得。
- 组织的员工缺乏安全意识和培训。
- 基于网络和主机的系统中已知的安全漏洞遭到利用。许多组织未能正确配置其系统，并且在发现漏洞后也未能应用安全补丁或修复程序。通过正确配置基于网络和主机的系统并使其保持最新状态，可以大大减少大多数问题。
- 防火墙和基于主机的操作系统安全性不足，允许入侵者查看内部地址并任意使用网络服务。

如果在设计和开发网络安全控制和支持流程时经过慎重考虑，组织可以有效预防和检测对其网络的大多数侵入性攻击。在这种情况下，信息系统审计师必须了解必要的风险和安全因素，以确保公司在连接到互联网时实施了适当的控制。信息系统审计师必须对控制风险的几个方面进行评估，以确定互联网安全控制的充分性。

定向攻击

在定向攻击中，攻击者针对特定组织发起攻击以危及其安全并窃取数据。这些类型的攻击包括通过专门为进入组织系统而编写的恶意软件发起的多级攻击。安装恶意软件后，它会创建一个后门并与攻击者通信。攻击者试图隐藏攻击的证据以避开检测。然后，攻击者使用此恶意软件遍历系统以了解其内容，并开始通过恶意软件创建的后门将敏感数据发送出系统。这种攻击会持续一段时间。在侵害了足够的数据后，漏洞就会暴露出来。

组织必须持续监控系统，以确定漏洞指标、出站流量（包括出口监控）、虚拟用户账户等。预防性控制包括确立基线、加固、异常监控、终端控制等。

OWASP 十大漏洞

开放式 Web 应用程序安全项目开发了一些有关各种系统（包括网页应用程序、API 和移动设备）中常见漏洞的资源。OWASP 十大漏洞描述了投入生产的网页应用程序中出现的 10 个最常见和影响最大的漏洞。

5.11.4 恶意软件

术语"恶意软件"通常应用于各种恶意计算机程序，这些程序会向受到攻击的主机系统的操作系统发出请求，以将恶意软件附加到其他程序。这样，恶意软件就可以自动传播到其他程序。恶意软件可以是相对无害的（例如网络程序涂改），或是恶意的（例如删除文件、损坏应用程序或引发 DoS）。通常，恶意软件攻击计算机的四个部分：

- 可执行程序文件。
- 跟踪所有计算机文件位置的文件目录系统。
- 启动计算机所必需的启动和系统区。
- 数据文件。

恶意软件的类型包括勒索软件、蠕虫、病毒、广告软件、间谍软件、隐匿软件等。一种常见的恶意软件是蠕虫，它不像病毒，不会将自己附加到其他程序中。为了传播到主机系统，蠕虫通常会利用操作系统配置中的安全弱点。在当今高度分散的客户端/服务器环境下，蠕虫是尤为严重的问题。目前，通过将文件下载到计算机的 Web 浏览器，病毒或蠕虫很容易从互联网传输。恶意软件还可作为电子邮件附件进行传播，所以当打开附件时，如果没有使用扫描软件检查未打开的附件，系统就会被感染。其他感染的途径还包括通过在线服务收到的文件、社交媒体、LAN，甚至用户从零售商店购买的用收缩薄膜包装的软件。

病毒和蠕虫控制

要有效降低计算机病毒和蠕虫渗透进组织的风险，需要建立一个全面而动态的防恶意软件程序。有两种主要的方法可以预防和检测感染计算机和网络系统的恶意软件。第一种是制定完善的政策和程序（预防性控制），第二种是通过技术手段（检测性控制），包括防恶意软件。只有二者皆备方才有效。

管理程序控制

应该采用的政策和程序控制包括：

- 从原始、干净的原版拷贝中构建任何系统。只从一直存在写保护的原始介质中启动（如适用）。
- 使用任何介质（例如硬盘/闪存驱动器）前，必须在专用且未连接到网络的独立机器上进行扫描。
- 经常更新恶意软件扫描定义/签名。
- 保护可移动介质免遭盗窃和危害。
- 让供应商在其自己的机器上运行演示。
- 执行如下规则：使用共享软件前，首先必须彻底扫描共享软件是否有恶意软件。
- 安装任何新软件之前要进行扫描，因为商业软件中偶尔会有特洛伊木马（病毒或蠕虫）。
- 要求现场技术人员在系统中使用其磁盘之前，要在测试机器上进行扫描。
- 确保网络管理员使用工作站和服务器的防恶

意软件。
- 确保所有服务器都安装了恶意软件检测软件的最新已激活版本。
- 考虑加密文件然后在执行之前解密。
- 确保桥接器、路由器和网关的更新可靠。
- 由于备份是反恶意软件策略的重要元素，所以要确保实施一个合理而有效的备份计划。一旦检测到恶意软件，该计划应引发对所选备份文件的扫描，以确定其是否感染了恶意软件。
- 教育用户以使其留意政策和程序。例如，现今许多恶意软件都以电子邮件附件的形式传播（例如可执行的 Visual Basic 脚本），当打开附件时便会感染用户的系统。攻击者依靠社会工程策略来诱使用户打开此类附件。
- 一年至少审查一次反恶意软件政策和程序。
- 制定一个恶意软件根除程序，并指定一个联系人。
- 制定、演练和维持清晰的事故管理程序，以应对防恶意软件报告感染的情形。

技术控制

可以通过硬件和软件手段来实施预防恶意软件的技术方法。能够减少感染风险的硬件策略包括：
- 使用启动恶意软件防护（即内置的、基于固件的恶意软件防护）。
- 使用远程启动（例如无盘工作站）。
- 使用基于硬件的密码。
- 保护可移动介质免遭盗窃和危害。
- 确保防火墙可以阻止来自外部和互联网的不安全协议。

然而，防恶意软件迄今为止是最常用的恶意软件防范工具，被认为是保护网络和基于主机的计算机系统免受恶意软件攻击的最有效手段。防恶意软件既是预防性控制，又是检测性控制。只有定期更新，防恶意软件才会成为防范恶意软件的有效工具。

防恶意软件包括若干组成部分，它们通过不同角度的扫描技术实施恶意软件检测。防恶意软件有不同的类型。

扫描程序会查找称为签名的位序列，这是恶意软件程序的典型特征。两种主要类型为：

- **恶意软件掩码或签名**。防恶意软件扫描程序以恶意软件掩码或签名为基础，检查文件、扇区和系统内存来找到已知的和新的（扫描程序未知）恶意软件。恶意软件掩码或签名是被识别为属于恶意软件的特定代码串。对于多态病毒，扫描程序有时会使用算法来检查受感染文件中可能存在的签名的所有可能组合。
- **启发式扫描程序**。启发式扫描程序分析被扫描代码中的指令，并基于统计概率确定其是否可能包含恶意代码。启发式扫描结果指示恶意软件件可能存在（即代码可能受到感染）。然而，启发式扫描程序容易产生高水平的误报错误（即指示可能存在恶意软件，而实际上并不存在）。

扫描程序会检查内存、磁盘引导扇区、可执行文件、数据文件和命令文件来查找与已知恶意软件匹配的位模式。扫描程序需要定期更新才能保持有效。

主动监控程序会解析命令行和只读存储器基本输入/输出系统调用，寻找类似恶意软件的活动。主动监控程序可能存在问题，因为其不能区分用户请求和程序或恶意软件请求。因此，会要求用确认操作，包括格式化磁盘或删除文件或文件集。

完整性循环冗余检测（CRC）检查程序会对已知的无恶意软件程序计算出一个二进制数，然后将其存储在数据库文件中。在随后的扫描中，当调用该程序以执行时，会比对数据库检查文件是否有更改，如果发生更改，则报告可能受到感染。匹配意味着没有感染，不匹配意味着程序发生了变化。程序变化可能意味着其中有恶意软件。这些扫描程序在检测感染方面很有效，但只能在感染发生之后起作用（也就是说此时保存文件为时已晚）。此外，CRC 检查程序只能检测文件的后续更改，因为其首先假定文件中没有恶意软件。因此，对于已感染恶意软件和未记录在数据库中的新文件而言，CRC 检查程序是无效的。完整性检查程序利用了可执行程序和启动扇区不会经常变化这一事实。

行为阻断程序注重于检测潜在的异常行为，例如写入引导扇区或主启动记录或更改可执行文件。阻断程序可能会在早期阶段检测到恶意软件。大多数基于硬件的防恶意软件机制都是以此概念为基础。

免疫程序通过将自身的一些部分附加到文件上来

抵御恶意软件，这与文件恶意软件附加自身的方式有些类似。免疫程序会连续不断地检查文件是否更改，并将更改报告为可能的恶意软件行为。其他类型的免疫程序针对一种特定的病毒，并通过使恶意软件感觉计算机已受到其感染来起作用。这种方法并不总是可行的，因为不可能使文件获得针对所有已知恶意软件的免疫力。

一旦防恶意软件检测到恶意软件，可以使用根除程序将恶意软件从硬盘中清除。有时根除程序无须删除受感染的程序或数据文件就可以杀死恶意软件，而其他时候则必须删除受感染的文件。有时被称为接种器的其他程序不允许包含恶意软件的程序运行。

防恶意软件实施策略

组织必须制定防恶意软件实施策略，以有效控制和预防恶意软件在整个信息系统基础设施中传播。控制恶意软件传播的一个重要手段是在进入点对其进行检测（在造成损害之前）。这包括来自网络、服务器平台和最终用户工作站的所有内容。

用户服务器或工作站级可在软件和数据进入机器时对其进行审查。可以设置反恶意软件程序以执行：

- 计划的恶意软件扫描（例如每天、每周等）。
- 手动/按需扫描（由用户请求恶意软件扫描）。
- 连续/即时扫描（处理文件时进行扫描）在公司网络级别，如果网络互连，则恶意软件扫描软件被用作防火墙技术的重要组成部分，称为恶意软件墙。恶意软件墙会扫描传入流量，旨在检测并清除恶意软件，预防其进入受保护的网络。

恶意软件墙通常在三个级别工作：

1. SMTP 保护，与邮件服务器协同扫描入站和出站 SMTP 流量中的恶意软件。

2. HTTP 保护，预防受恶意软件感染的文件被下载，并提供对恶意 Java 和 ActiveX 程序的防护。

3. FTP 保护，预防受感染的文件被下载。

恶意软件墙会按计划，或当出现新的恶意软件时根据需要自动更新新的恶意软件签名。恶意软件墙允许组织记录恶意软件事故，并根据预设规则进行处理。但这并不能取代恶意软件检测软件，因为恶意软件墙只针对恶意软件进入网络的一个通道。

为了使恶意软件扫描程序得到认可且可行，其功能应包括：

- 恶意软件检测可靠且质量高。
- 驻留内存，可进行持续检查。
- 效率高，例如合理的工作速度和资源使用率。

5.11.5 勒索软件

勒索软件是一种恶意软件，采用加密技术来勒索受害者的信息。其原理是访问目标系统并对关键数据进行加密，使用户无法访问它，然后要求支付赎金以提供访问权限。勒索软件通常旨在通过网络传播并以数据库和文件服务器为目标，从而迅速瘫痪整个组织。这是一个日益严重的威胁，为网络犯罪分子带来巨额资金，并给企业和政府组织造成重大损失和开支。勒索软件的示例包括 WannaCry 和 Maze。对于勒索软件，除索取赎金来解密数据外，威胁实施者还可能要求赎金以阻止向公共论坛发布敏感数据。这有时被称为双重勒索软件。

虽然每种勒索软件的实施细节有所不同，但所有形式的勒索软件都具有相同的三个核心阶段，如图 5.59 所示。

保护组织免受勒索软件侵害的最佳实践包括：

- **使用安全网络**。员工应避免使用公共 Wi-Fi 网络，因为大多数此类网络都不安全。犯罪分子可以窥探互联网的使用情况。相反，应考虑安装 VPN，它可以为组织提供与员工所在位置的安全连接。
- **连续数据备份**。受保护的自动化数据备份帮助组织从攻击中恢复过来，同时将数据丢失降至最低，并且无须支付赎金。将定期备份数据作为一项例行程序来维护，是预防数据丢失和帮助组织从勒索软件攻击中恢复的一项非常重要的做法。

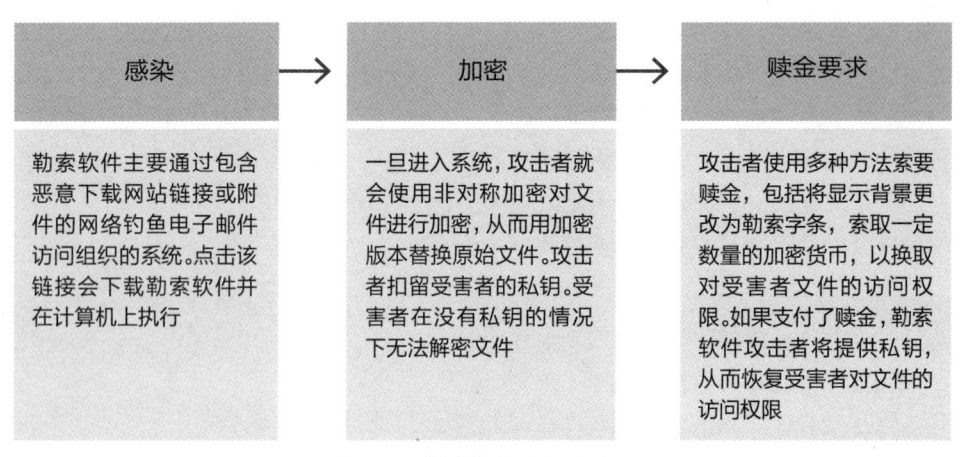

```
┌─────────────┐    ┌─────────────┐    ┌─────────────┐
│    感染     │ →  │    加密     │ →  │  赎金要求   │
├─────────────┤    ├─────────────┤    ├─────────────┤
│勒索软件主要 │    │一旦进入系统，│    │攻击者使用多 │
│通过包含恶意 │    │攻击者就会使 │    │种方法索要赎 │
│下载网站链接 │    │用非对称加密 │    │金，包括将显 │
│或附件的网络 │    │对文件进行加 │    │示背景更改为 │
│钓鱼电子邮件 │    │密，从而用加 │    │勒索字条，索 │
│访问组织的系 │    │密版本替换原 │    │取一定数量的 │
│统。点击该链 │    │始文件。攻击 │    │加密货币，以 │
│接会下载勒索 │    │者扣留受害者 │    │换取对受害者 │
│软件并在计算 │    │的私钥。受害 │    │文件的访问权 │
│机上执行     │    │者在没有私钥 │    │限。如果支付 │
│             │    │的情况下无法 │    │了赎金，勒索 │
│             │    │解密文件     │    │软件攻击者将 │
│             │    │             │    │提供私钥，从 │
│             │    │             │    │而恢复受害者 │
│             │    │             │    │对文件的访问 │
│             │    │             │    │权限         │
└─────────────┘    └─────────────┘    └─────────────┘
```

图 5.59 勒索软件攻击的阶段

- **安全数据备份**。备份数据不得从数据所在系统修改或删除。勒索软件将查找数据备份并对其进行加密或删除，使其无法恢复（不可变性）。组织应使用不允许直接访问备份文件的备份系统。
- **有效的修补程序管理**。攻击者通常以可用修补程序中未打补丁的最新漏洞为目标，然后攻击尚未打补丁的系统。组织必须确保所有系统都应用了最新的修补程序，以减少攻击者可利用的潜在漏洞数量。
- **强身份认证**。使用窃取的用户凭据访问远程桌面协议等服务是勒索软件攻击者最常用的技术。使用强用户身份认证将令攻击者更难使用猜测或窃取的密码。
- **最小攻击面**。由于勒索软件感染的潜在成本很高，预防是最好的缓解策略。使用反勒索软件解决方案可以减少攻击面并实现预防。
- **反勒索软件解决方案**。加密所有用户文件的需要意味着勒索软件在系统上运行时具有唯一的指纹。反勒索软件解决方案旨在识别这些指纹。

减少主动勒索软件感染

许多成功的勒索软件攻击只有在数据加密完成并且勒索信息显示在受感染计算机的屏幕上后才会被检测到。此时，加密的文件很可能无法恢复，但建议立即：

- **隔离机器**。某些形式的勒索软件会试图传播到组织网络中连接的驱动器和其他计算机。组织可以通过禁用对其他潜在目标的访问来限制传播。
- **遏制传播**。勒索软件攻击通常会在网络中以及跨网络迅速传播。立即隔离受感染的设备可能不是有效的做法，因为勒索软件仍然可能位于网络内部。所有可疑的设备都应连接网络连接。断开整个网络（不仅仅是可疑设备或系统）可能最终将限制勒索软件的范围。
- **切勿关闭系统**。勒索软件恶意行为造成的文件加密可能会导致组织系统不稳定。在勒索软件传播期间关闭系统会导致易失性内存丢失。因此，所有系统都应保持开启状态，以保护易失性内存并增加恢复概率。
- **创建备份**。某些形式的勒索软件无须支付赎金即可解密。组织应备份加密文件，并将其存储在安全的可移动介质上，以应对无须支付赎金即可使用勒索软件解决方案的情况。
- **检查解密器**。一些致力于打击勒索软件的组织保存着各种类型勒索软件的解密器。组织只需检查是否能找到可用的免费解密器。如果能找到，则应在加密文件上运行以检查是否可以解密。
- **定位零号患者**。信息安全中的零号患者是指收到可疑安全漏洞警报的组织。定位零号病人旨在发现最初的攻击点，以便隔离攻击源。如果能确定源头，就能更容易地追踪勒索软件。组织应检查来自其防御技术基础设施的所有通知和警报。
- **擦除和恢复**。最好使用原始备份或操作系统安装版本恢复受到攻击的系统，因为这可以确保从系统和/或设备中完全删除勒索软件。
- **向当局报告**。勒索软件在许多司法管辖区都属违法行为，应尽快向执法机构报告。此外，勒索软件攻击可能会对合规性产生影响。

勒索软件的道德考量

从理论上讲，大多数执法机构敦促组织不要向勒索软件攻击者支付费用，因为这被认为是犯罪行为，并会鼓励攻击者创造更多勒索软件。然而，这个建议很少被遵循。大多数组织都会根据加密数据的价值对赎金价格执行成本效益分析，并为付款制订计划。除资助犯罪活动外，支付赎金还具有其他缺点。在组织支付赎金后，攻击者可能不会提供解密密钥，或者提供的解密密钥可能无效。

5.12 安全测试工具和技术

安全测试是为了揭示信息系统中的缺陷和漏洞而执行的流程。信息系统审计师应强调安全测试的重要性，以避免客户信心丧失、组织系统受到干扰，以及组织内相关合规问题的复杂化。安全测试的结果应改进系统安全架构。

5.12.1 安全测试的目标

安全测试的主要目标是：

- **识别资产**。安全测试可精确定位需要保护的资产，例如软件应用程序和其他计算基础设施。这决定了它们是否受到保护，以免遭恶意实施者的攻击。
- **识别威胁和漏洞**。安全测试识别可能对系统造成损害的威胁，以及可能被威胁实施者利用的弱点。
- **识别风险**。安全测试的另一个目标是评估特定威胁或漏洞给组织带来的风险。通过评估威胁或漏洞的严重性、利用的可能性和影响来确定风险。
- **修复性能**。除被动的系统评估外，安全测试本质上是主动的。它提供有关修复漏洞并确保解决这些漏洞的见解。
- **评估资产和控制的强度**。安全测试帮助组织评估其信息系统基础设施和为应对风险而采取的控制的安全强度。
- **遵守安全原则**。安全测试的另一个目标是确保组织的信息系统基础设施遵守机密性、完整性、身份认证、授权、可用性和不可否认性的安全原则。

5.12.2 安全评估和安全审计

信息系统审计师应能区分信息安全部门中使用的安全评估和安全审计。这有助于对术语和每个程序的一般预期达成共识。

- **安全评估**。安全风险评估是识别、评估和优先处理潜在漏洞和威胁及其潜在影响的方法，以确定是否以及如何实施安全控制。评估可以是定量的和定性的。评估后，团队决定要实施的控制。安全评估可以随时进行，并涵盖组织信息系统基础设施的任何部分。安全风险评估的主要目标包括：
  - 识别资产及其价值并为每项资产创建风险概况。
  - 评估资产的关键性和敏感性，并对资产进行排名和优先排序。
  - 识别资产的漏洞和威胁。
  - 量化潜在威胁的概率和业务影响。
  - 在威胁的影响和对策的成本之间实现经济平衡。
  - 支持管理层对组织的安全工作做出明智的决策。
  - 指出员工需要了解并接受培训的领域，以应对安全威胁。
  - 应用缓解安全控制将风险降低到可接受的水平。
- **安全审计**。安全审计是根据公认和发布的标准或框架审查组织安全实践的过程。它涉及审查信息系统内的安全审计日志，以确保它们能够有效支持信息安全目标。信息系统审计师应明确，安全审计通常不会测试组织中的信息安全，而只是表明合规程度。一些审计出于自我报告的目的在内部进行，而其他审计则可能需要聘请第三方或顾问。组织可能会接受安全标准合规性审计，如支付卡行业数据安全标准、ISO/IEC 27002 或《健康保险可携性与责任法案》。其目标是衡量组织对特定安全标准的合规程度。

5.12.3 漏洞评估

信息系统审计师可以使用不同的技术来识别潜在威胁、衡量利用的可能性，并评估组织的信息系统基础设施所面临的总体信息系统威胁。评估结果用于解决安全弱点，并最大限度地降低安全风险。最常见的技术之一是漏洞评估。漏洞评估也被称为漏洞扫描，旨在识别目标系统中的漏洞。它通常由具有高技能水平和丰富信息安全经验且值得信赖的信息安全专家执行。信息系统审计师应在其程序中考虑漏洞评估的结果，或自行开展一些测试。随着环境的变化，可能会出现新的漏洞，并且结果可能不是最新的。漏洞评估的目标是：

- 评估企业的安全态势。
- 识别、评估漏洞并确定其优先级。
- 评估信息安全环境对漏洞和攻击的反应。
- 了解当前存在的漏洞。
- 识别攻击者可利用漏洞的方式。
- 决定为解决漏洞而实施的控制。

5.12.4 渗透测试

渗透测试和道德黑客攻击是信息系统审计师使用与黑客相同的技术进行测试的程序。这些是识别信息处理环境的实时风险的有效方法。渗透测试期间，审计师将尝试避开系统的安全功能，并利用系统漏洞来获取一般情况下不会获得授权的访问权。计划进行渗透测试的团队中的信息系统审计师应首先确保在开展渗透测试前已获得管理层的事先许可；否则，整个测试可能被视为非法。在渗透测试中，测试人员（通常被称为"pen tester"）先找出一个或多个漏洞，然后利用攻击者通常用来绕过组织安全防御系统的一套程序、工具和技术，对网络进行模拟攻击，从而利用这些漏洞来检测组织的弱点，并评估组织抵御攻击的能力。在组织中开展渗透测试活动通常使用两种方法：

1. **手动渗透测试**。此类渗透测试由信息安全专家进行。它通常涉及应用必须手动运行的工具，并在指定点提供结果。结果中融合了见解，并且每次都会有所不同，具体取决于所使用的工具类型和目标攻击向量类型。对于测试人员而言，手动渗透测试通常既耗时又烦琐。手动渗透测试的优势在于，它可以提供对整个攻击面的全面评估，并且有可能发现自动渗透测试工具无法发现的隐藏漏洞。

2. **自动渗透测试**。自动渗透测试涉及应用只需极少或无须人工交互的工具。任何人（包括初学者）都可以执行它，因为测试中涉及的一切都自动进行。唯一的要求是测试人员了解测试配置。一旦正确配置了测试，所有工具都将可用，结果将在测试结束时以报告的形式提供。自动渗透测试提供固定的结果，因为其仅运行一组固定的预定义测试，并且仅测试相关的攻击向量。自动渗透测试比手动渗透测试更快、更高效。然而，其结果不是很可靠，因为只有一部分攻击面经过了测试。信息系统审计师应牢记，自动渗透测试的结果通常需要手动分析。

范围可能会根据商定的条款、条件和其他要求而异。从审计风险的角度来看，审计范围应明确：

- 要进行测试的确切 IP 地址/范围。
- 受限的主机（即不进行测试的主机）。
- 可接受的测试技术（例如，社会工程、DoS/DDoS、SQL 注入等）。
- 管理层对于建议测试方法的接受意见。
- 攻击模拟的时间安排（即工作时间、非工作时间等）。
- 攻击模拟源的 IP 地址（用以区分已批准的模拟攻击和实际攻击）。
- 渗透测试人员/审计师和目标系统所有者/管理员的联络点。
- 渗透测试人员/审计师对所搜集信息的处理（即根据保密协议或参照标准的测试规则）。
- 渗透测试人员/审计师的警告通知（在模拟开始之前发出，以避免向执法部门发出误报）。

渗透测试的阶段

图 5.60 中显示渗透测试的不同阶段；图 5.61 显示各个阶段对应的程序。渗透测试的目的是模拟经验丰富的黑客攻击一个活动的站点。此测试仅限由经验丰富的合格专业人员执行，这些人员需要了解承担此类工作的风险，并能够对因成功侵入活动站点所造成的损失加以控制（例如，避免 DoS 攻击）。

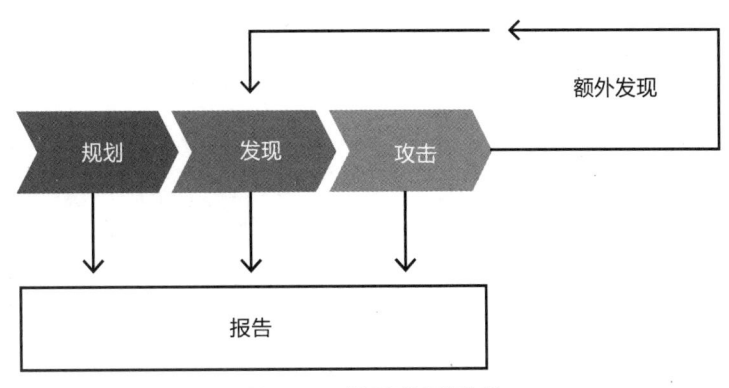

图 5.60 渗透测试的阶段

规划	• 业务规则 • 管理层审批/最终确定 • 采用的测试方法论 • 侵入式测试或非侵入式测试 • 确认并商定目标/目的 • 商定时间表/截止日期 • 确定里程碑 • 了解并交流分配时间跟踪技术 • 商定交付项 • 在测试环境中对工具进行搜集/安装/测试
侦察/发现	• 网络映射 • 域名系统询问 • WHOIS 查询 • 搜索攻击目标的网站以获取信息 • 在搜索引擎上搜索攻击目标的相关数据 • 在社交媒体上搜索攻击目标的相关数据和员工（揭示与系统相关的详细信息） • 搜索目标的当前员工和正式员工的简历/履历（揭示与系统相关的细节） • 数据包捕获/嗅探（仅在内部测试期间） • 主机检测（互联网控制消息协议、DNS、WHOIS、PingSweep、传输控制协议/用户数据报协议扫描等） • 服务检测（端口扫描、隐蔽扫描、错误/标题检测等） • 网络拓扑检测（ICMP 等） • 操作系统检测（TCP 堆栈分析等） • 网站映射 • 网页分析 • 未使用的页面/脚本 • 断开的链接 • 可访问的隐藏链接/文件 • 应用程序逻辑/使用 • 输入点错误页面标语抓取 • 漏洞分类（基于使用可用的搜索引擎，或使用之前搜集的信息定制的贮存库） 一些攻击技术如下： • 浏览目录 • 显示代码 • 注入错误 • 对输入进行类型和范围验证

图 5.61 渗透测试的阶段和程序

攻击	• 注入特殊字符（元字符、转义字符等） • 分析 Cookie/会话 ID • 规避身份认证 • 长输入 • 系统功能（shell 转义等） • 逻辑变更（结构化查询语言注入等） • 操纵 Cookie/会话 ID • 利用互联网服务（bind、mdac、unicode、apache-http、statd、sadmind 等） • 利用操作系统 • 利用网络（SYN 泛滥、ICMP 重定向、DNS 中毒等） 一旦攻击成功，接下来通常会执行以下攻击阶段子程序： • **权限升级**。如果仅获得了用户级访问权限，则测试人员将尝试获得高级访问权限（即 Unix/Linux 上的根用户权限和 Windows 上的管理员权限） • **从内部搜集信息**。攻击者利用被入侵系统作为跳板，对网络上的其他系统进行高效探查，从而尝试获得可信/高风险系统的访问权限 • **在系统中安装其他攻击工具**。为了获得对资源、可信系统或高风险系统的更多访问权限，攻击者可能需要安装其他工具和渗透测试软件
报告	此阶段与其余三个阶段同时发生 在规划阶段，将制定、讨论和报告业务规则、书面同意和测试计划 在发现阶段，将保存书面日志，并酌情向管理层报告有关分配状态的定期报告 在攻击阶段后，将报告发现的漏洞和弱点，并基于以下两方面对其进行风险评级：利用难易度得出的可能性，以及攻击结果或官方报告和供应商的资源得出的影响。此外，建议还包含降低风险及有效纠正弱点的步骤

图 5.61　渗透测试的阶段和程序（续）

根据测试范围、目标和性质的不同，渗透测试分为若干类型。渗透测试的常见类型包括：

- **外部测试**。指尝试从目标所在系统的外部（通常是互联网）对目标的网络边界进行攻击并规避控制。
- **内部测试**。指尝试从边界对目标进行攻击并规避控制。此测试的目标是确定如果外部网络的边界被顺利攻破，且/或网络内部的经授权用户想要损害网络中特定资源的安全，将会出现什么状况。
- **盲测**。指渗透测试执行者在对目标的信息系统了解有限或毫无了解的条件下进行测试。因为渗透测试人员必须仅基于可公开获得的信息研究目标并对其进行分析。
- **双盲测试**。这是盲测的延伸，即在负责目标的管理员和安全人员也不知情的情况下进行测试。通过此类测试，能够有效评估目标的事故处理和应对能力。
- **针对性测试**。指尝试对目标进行攻击并规避控制时，目标的 IT 团队和渗透测试执行者均知晓测试活动的进行。需要向渗透测试人员提供与目标和网络设计相关的信息。此外，还可向他们提供有限的用户账户权限，作为识别系统中权限升级可能性的出发点。

与渗透测试相关的潜在风险包括：

- 渗透测试不能保证所有漏洞都会被发现，并且可能无法发现重大漏洞。
- 沟通有误可能会导致测试目标无法实现。
- 测试活动可能会不慎触发上报程序，而此程序也许尚未妥善规划。
- 敏感信息可能会遭到泄露，从而提高目标的风险暴露水平。
- 未经适当背景和资格审查的渗透测试人员可能会损坏信息资产，或滥用所获得的信息以谋取个人利益。

渗透测试技术在测试防火墙访问控制的可靠性方面越来越受欢迎。尝试侵入一个活动的生产系统时，信息系统审计师应极为小心，因为一旦侵入成功，可能会造成系统故障。使用类似技术，始终需要获得高级管理层的许可。此外，还需要获得高级管理层的许可，以确定在负责监控和报告安全违规现象的员工不知情的条件下，可以执行哪些测试。（如果有人得知将发生攻击，可能会比平常更警惕。）

漏洞评估和渗透测试

漏洞评估和渗透测试是相互关联的。在大多数情况下，渗透测试取决于漏洞评估。漏洞评估应在启动渗透测试前完成。此评估允许渗透测试人员了解系统中当前可能存在的任何未利用漏洞，并对其加以利用。随后的渗透测试将确认此类漏洞可被利用的程度。尽管存在着这种相关性，但漏洞扫描和渗透测试之间仍存在一些差异，如图 5.62 所示。

	漏洞评估	渗透测试
目标	揭示组织中的已知漏洞	揭示和利用漏洞，展示犯罪分子如何利用漏洞在环境中横向和深入移动
频率	频繁较高；至少每季度一次或在网络或网络设备发生变化后	频率较低；通常每年一两次，或在面向互联网的设备发生重大变化后
范围	宽而广；扫描表面	有针对性且较为深入
执行者	自动化工具与内部人员监督相结合；不需要高技能水平	经验丰富、具有高技术水平的黑客；通常是外部独立专家
结果	生成可利用的已知漏洞列表	生成未知可利用漏洞的优先级列表、利用此类漏洞的方法、攻击场景的叙述性演练以及修复建议
洞察	优先考虑修复和应用修补程序	通常遵循基于风险的修复和修补方法
价值	了解基本的安全态势；可能检测到受感染的系统	了解安全态势的各个方面；识别和减少漏洞
报告	通常较为全面，提供自上次报告期以来现有漏洞和变化的基准指标	通常简明扼要，识别容易受到入侵的系统

图 5.62 漏洞评估和渗透测试的比较

渗透测试与道德黑客攻击

道德黑客攻击和渗透测试之间的一些主要区别是：

- 道德黑客攻击的范围比渗透测试广泛得多，且没有任何限制。
- 渗透测试根据提供的记录范围测试信息系统特定方面的安全性，而道德黑客攻击则使用多个攻击向量测试整个系统。
- 渗透测试是有限持续时间内的一次性业务，而道德黑客攻击本质上是持续进行的。
- 渗透测试的结果不是很详细，而道德黑客攻击则能生成深入而全面的结果。
- 渗透测试人员需要熟悉所测试的领域。道德黑客模仿攻击者的脚步；因此，战术、技术和程序是关键。
- 渗透测试人员对客户的安全配置和事故处理不承担任何责任。道德黑客协助客户的信息安全团队改善组织的信息安全态势。
- 渗透测试人员需要熟练地编写准确的报告，而道德黑客则不需要，因为客户通常不会要求他们生成报告。

5.12.5 威胁准备/信息安全团队

信息系统审计师应了解组织中的各个信息安全团队。图 5.63 总结了这些安全团队之间的主要差异。

	蓝 队	红 队	紫 队
目标	检测并减轻网络攻击	测试对真实攻击的恢复能力	改善安全态势
范围	整个组织	整个组织	预先确定的系统、流程和员工
测试方法	未采用特定方法	模拟	高效地改善安全态势
测试的控制	未测试的控制	检测性和响应性	检测性和预防性
工具	终端检测和响应、安全信息和事件管理	先进、隐蔽的工具	先进、隐蔽的工具和检测软件
定位	持续	定期	定期

图 5.63 信息安全团队的比较

5.12.6 安全测试技术

安全测试是旨在揭示信息系统安全机制缺陷的流程。它通常旨在确定安全控制所提供的保护级别，以便在必要时提供缓解控制。安全测试的目的是确保现有的安全控制有效运作。一些常见的测试技术包括：

- **静态应用程序安全测试（SAST）**。SAST 依赖于静态分析。这种方法也被称为白箱测试。它模拟开发人员的测试方法，且测试人员了解所有底层技术。测试人员还可以访问代码、框架、库、二进制文件、算法和实施。源代码在不运行应用程序的情况下分析。使用这种方法，可以在 SDLC 的早期阶段发现安全漏洞，并在应用程序进入测试阶段前修复该漏洞。不过，SAST 无法检测运行时漏洞。
- **动态应用程序安全测试（DAST）**。DAST 依赖于动态分析。这种方法也被称为黑箱测试。它模拟攻击者的测试方法。DAST 将执行和分析应用程序，测试人员无法访问源代码，只需要运行应用程序来进行测试。安全漏洞在 SDLC 的后期阶段发现，除关键漏洞外，通常会在下一个周期得到修复。
- **交互式应用程序安全测试（IAST）**。IAST 结合了 SAST 和 DAST 方法来克服其各自的缺点，有时也被称为灰箱测试。它是一种更有针对性的应用程序测试方法，使用运行时应用程序内的信息，并要求测试人员在开发过程的任何阶段实时执行分析。与 SAST 或 DAST 相比，IAST 还涵盖了更广泛的测试规则。
- **移动应用安全测试（MAST）**。MAST 是静态测试、动态测试和取证分析的测试组合。MAST 执行一些与传统静态和动态分析仪相同的功能，但可在许多分析仪中运行移动代码。MAST 工具配备的功能专注于移动应用程序特定的问题，例如设备的 root、欺骗性 Wi-Fi 连接、证书的处理和验证。
- **软件组成分析（SCA）**。SCA 工具的关键功能是识别存在漏洞以及潜在安全和合规性威胁的开源组件。SCA 的目标是在问题对组织产生影响前为信息系统安全团队提供对其进行修复的渠道。良好的 SCA 解决方案应包含通知和警报，以确定代码库中受影响的区域，并在必要时提出安全修复建议。

5.12.7 安全运营中心

安全运营中心（Security Operations Center，SOC）是由 IT 安全专业人员组成的团队，持续监控组织的整个 IT 基础设施，以实时捕获安全事件并有效解决它们。该团队可以是内部团队，也可以是外包团队。它统一、汇总和协调组织的安全工具、实践和对安全事故的响应。这将改进预防措施和安全政策，更快地检测威胁，并对安全威胁做出更快、更有效和更具成本效益的响应。SOC 还能提高客户信心，并简化和加强组织对行业、国家和全球隐私法规的合规性。

SOC 的常见活动包括：

- **资产库存管理**。SOC 应维护数据中心内外需要保护的所有资产的详尽清单。该清单包括应用程序、数据库、服务器、云服务、终端和类似的基础设施。
- **安全研究**。SOC 应掌握最新的安全解决方案和技术以及最新的威胁情报。这些信息可从社交媒体、行业和其他来源搜集。
- **事件监控**。SOC 监控从应用程序到服务器、系统软件、计算设备和云工作负载的整个扩展 IT 基础设施，以查找已知漏洞的迹象和任何可疑活动。通常会分析威胁数据，以找到改善组织安全状况的方法。
- **调查和分类潜在事故**。SOC 团队通常会收到大量事件警报。然而，并非所有此类警报都指向真实的事故。同样，并非所有真实事故都是一样的。因此，一旦收到警报，就应对其进行分析以确定它是否指向真正的攻击。一旦识别到事故，SOC 团队应对其进行分类并确定优先级，以优化组织中的资源利用率。
- **安全基础设施管理**。SOC 应管理组织的整体安全基础设施。这涉及组织信息安全技术的选择、运营和维护。使用旨在保护数据和信息的工具和技术，例如防火墙、防病毒/反恶意软件/反勒索软件工具、监控软件和类似技术。
- **信息安全测试**。SOC 应定期开展漏洞评估和渗透测试，以微调安全基础设施，例如安全政策和安全技术。事故响应计划也应基于这些测试的结果。在测试过程中，SOC 团队还确保安全基础设施符合 GDPR 和 PCI DSS 等法规。
- **修补程序管理**。SOC 团队应定期对组织系统进行预防性维护(例如应用软件补丁和升级)，同时不断更新信息安全技术(例如更新防火墙、允许列表、拒绝列表以及安全政策和程序)。
- **事故响应**。SOC 团队应致力于事件遏制和恢复。SOC 团队应通过断开网络和设备、隔离被入侵的基础设施和重新路由流量等活动来遏制事故。一旦事故得到遏制，就能消除威胁。下一阶段涉及将系统恢复到事故前阶段，其中包括切换到备份系统。
- **事后剖析和改进**。为了预防类似事件再次发生，SOC 利用从事故中获得的新情报来更好地解决安全威胁和漏洞，更新安全流程和政策，选择新的信息安全技术并修订事故响应计划。

全面网络评估审查

完成渗透测试后，应对所有的网络系统漏洞进行综合审查，以确定是否已识别出 CIA 方面存在的威胁。应进行的审查包括：

- 应对安全政策和程序进行审查，以确定落实了良好实践。
- 应对网络和防火墙配置进行评估，以确保其设计能够保障所提供服务的安全(例如屏蔽路由器、双/多宿主主机、屏蔽子网、DMZ 代理服务器)。
- 应对逻辑访问控制进行评估，以确保这些控制能够为 SoD 提供支持(例如开发职责与运营责任、安全管理职责与审计职责)。
- 应使用恰当配置的路由器，按信任级别对网络进行分段。
- 确定是否已实现：
  - 入侵检测软件就位。
  - 过滤得以执行。
  - 在使用加密措施(考虑 VPN/隧道、电子邮件的数字签名等方式)。
  - 在使用强大的身份认证形式(针对防火墙、网络中的内部软件/硬件以及外部硬件/软件的身份认证，考虑使用智能卡、生物特征识别)。
  - 防火墙已正确配置(考虑移除所有不必要的软件、添加安全和审计软件、移除不必要的登录 ID、禁用不使用的服务)。
  - 使用中的应用或电路级网关正在为所有合法服务使用代理服务器(例如，电传网络、HTTP 和 FTP)。
  - 病毒扫描处于使用中。
  - 定期渗透测试得以完成。
  - 对所有关键系统(例如防火墙、应用网关和路由器)进行审计日志记录，并将审计日志复制到安全文件系统(考虑使用安全信息和事件管理软件)。
  - 安全管理员通过组织的供应商、当地和国际 CERT 以及漏洞数据库(例如由 NIST 运营的美国国家漏洞数据库)及时了解最新的已知漏洞。

5.12.8 安全测试审计程序

具体的程序有助于信息系统审计师在组织中开展安全测试审计。

终端设备标识

信息系统审计师可以与网络经理合作，获得关于终端设备地址和位置的列表。然后，可以使用该列表清点终端，并查找记录错误、缺失或额外的终端设备。信息系统审计师应选取一个终端设备样本，以确保它们均在网络图中有所标识。

终端设备卡和密钥

信息系统审计师可以使用卡或密钥的样本，尝试进行通常未经授权的访问。此外，信息系统审计师还将了解安全管理员是否已对任何尝试失败的违规行为进行了跟进。

登录 ID 和密码

为了测试机密性，信息系统审计师可以尝试猜测员工登录 ID 样本的密码（尽管这不必进行测试）。执行此项工作时应格外谨慎，以避免给员工造成困扰。信息系统审计师应巡视最终用户和编程人员的工作区，查看是否有粘在终端设备外侧、办公桌抽屉内部的密码。机密信息的另一个来源是废纸篓。信息系统审计师可以考虑检查办公室的废纸篓，以查找机密信息和密码。有时可能会要求用户将他们的密码提供给信息系统审计师。除非是对某种情况的特殊授权并且有安全政策的支持，否则用户不应泄露其密码。测试密码强度的另一个方法是分析系统应用程序中密码强度的全局配置设置，并将其与组织的安全政策进行比较。

为了测试加密，信息系统审计师应与安全管理员合作，尝试查看内部密码表。如果可以查看，则内容应无法读取。但能够查看已加密的密码仍然是很危险的事情。尽管有些系统中的密码无法破译，但如果能够获取加密程序，就可以通过加密常用密码来寻找匹配。在开发出影子密码文件之前，此方法曾用于入侵 Unix 计算机。应对应用程序日志进行审查，以确保未明确记录密码和登录 ID。

为了测试访问授权，信息系统审计师应审查访问授权文档的样本，以确定提供的授权是否适当，以及授权是否遵守按需知密的原则。另一方面，信息系统审计师应获取一份计算机生成的计算机访问规则报告，通过抽取样本来确定访问是否遵守按需知密的原则，并尝试将规则样本与授权文档相匹配。如果没有任何书面授权，则表明有可能存在控制问题，并需要进行进一步审查以确定风险暴露及影响。

大多数访问控制软件或操作系统都能够提供可将未经授权的访问降至最少的账户设置。信息系统审计师可以执行手动测试来验证这些设置是否发挥实际

作用：

- 要测试定期更改要求，信息系统审计师可以借鉴其自身使用系统的经验，并与部分用户进行面谈，以确定这些用户是否被强制在规定的时间间隔后更改自己的密码。

- 要测试非活动登录 ID 和密码的禁用和删除情况，信息系统审计师应获取一份计算机生成的活动登录 ID 的列表。抽取样本后，信息系统审计师应将此列表与当前员工相对照，查看是否有分配给不再为公司工作的员工或顾问的登录 ID。

- 要测试密码语法，信息系统审计师应尝试创建格式无效的密码，例如密码过短、过长、与之前密码重复、字母或数字字符组合错误或字符使用不当。

- 要测试未使用终端设备的自动退出登录情况，信息系统审计师应先登录到多个终端。然后，信息系统审计师只需等待终端设备在既定的时间间隔后断开连接。在开始此测试之前，信息系统审计师应同安全管理员核实这种自动退出登录功能是否应用于所有终端设备。

- 要测试终端设备在访问尝试失败后的自动停用情况，信息系统审计师应尝试在登录时有意多次输入错误密码。登录 ID 应在无效密码输入达到既定次数后停用。信息系统审计师将关注安全管理员如何重新激活登录 ID。如果不验证身份，只简单地给安全管理员打一个电话就能重新激活的话，那么此功能并未得到适当的控制。

- 要测试终端设备上的密码屏蔽，信息系统审计师应登录到终端，在输入密码时观察是否会显示所输入的密码。

生产资源控制

计算机访问控制不应局限于应用程序数据和交易。对于很多高级实用程序、宏或作业控制库、控制库和系统软件参数，尤其应实施强有力的访问控制。通过访问这些库，将得以绕过其他访问控制。

信息系统审计师应与系统软件分析人员和运营经理合作，以确定所有敏感生产资源的访问授权是否基于按需知密的原则。此外，信息系统审计师还应与安

全管理员合作，确定谁可以访问这些资源，以及访问后可以执行哪些操作。

计算机访问违规情况的记录和报告

为了测试访问违规报告，信息系统审计师应尝试访问未授予访问权限的计算机交易或数据。这些尝试应不成功并标识在安全报告中。执行此测试时，应有数据所有者和安全管理员从中协调，以免违反安全规定。

跟进访问违规情况

要测试安全管理员和数据所有者回应违规尝试报告的有效性和及时性，信息系统审计师应选取一个安全报告样本，并从中查找跟进的证据以及相关的访问违规调查。如果找不到此类证据，信息系统审计师便应进行进一步访查，从而确定存在此情况的原因。

绕过安全和补偿性控制

这属于技术领域的审查。因此，信息系统审计师应与系统软件分析人员、网络经理、运营经理和安全管理员合作，确定绕过安全保护的方式。这通常包括旁路标签处理）、特殊系统维护登录 ID、操作系统退出、安装实用程序，以及输入/输出设备。此外，信息系统审计师还应与安全管理员合作，确定谁可以访问这些资源，以及访问后可以执行哪些操作。信息系统审计师应确定访问是否基于按需知密/拥有的原则，或是否存在起补偿作用的检测性控制。

对于可绕过安全保护的计算机功能访问，应有执行监控的相关限制和程序。通常，只有系统软件编程人员才应当有权访问：

- **BLP**。BLP 可绕过计算机对文件标签的读取。由于大多数访问控制规则都基于文件名称（标签），BLP 可以绕过访问控制程序。
- **系统退出**。此系统软件功能允许用户执行专为特定环境或公司定制的复杂系统维护。系统退出通常存在于计算机安全系统外部，在使用时不受限制或不进行报告。
- **特殊系统登录 ID**。这些登录 ID 通常由供应商提供。名称很容易确定，因为对于所有类似的计算机系统（即"系统"），它们都是相同的。安装后应立即更改密码以保证系统安全。

由于这些能够绕过安全保护的功能中有很多会被技术老练的入侵者利用，所以信息系统审计师还应确保：

- 安全管理员或系统软件经理已对这些功能的所有使用情况进行了记录、报告和调查。
- 不必要的旁路安全功能已停用。
- 在可能的情况下，旁路安全功能需进行额外的逻辑访问控制。

5.13 安全监控日志、工具和技术

监控、检测和记录是安全不可或缺的组成部分。由于存在攻击和数据丢失风险，因此有必要监控流入和流出组织的数据和信息。能够帮助组织检测和记录潜在问题的方法和工具多种多样。

5.13.1 信息安全监控

信息安全监控是审查信息的过程，以检测用户的恶意活动、企图入侵系统和系统故障。它可以协助重现事件、为起诉提供证据，并创建用于取证分析的报告。日志分析是一种监控形式，可系统性地分析所记录信息的趋势、迹象和模式，以检测潜在的安全问题。监控为组织提供了诸多优势，包括：

- **执行问责制**。监控和审查审计轨迹日志可确保用户对其行为和活动负责。
- **促进积极行为**。当用户意识到他们的活动正在被记录时，由于害怕被发现，他们就不太可能试图规避安全控制或执行任何未经授权的操作。
- **鼓励合规文化**。立法、法规和内部政策通常要求特定的监控和问责实践。
- **支持调查**。监控审计轨迹使调查人员能够在事件发生后重现事件。审慎检查审计轨迹可以揭示事件发生前后和期间的所有情况和系统状态。如果实施 NTP，则时间戳在整个环境中保持一致。
- **识别安全问题**。监控提供有关系统故障、操作系统错误、软件错误和恶意攻击等事件的重要信息。当应用程序或系统崩溃时，某些日志文件可以捕获内存内容。所有这些信息都有助于查明组织系统和网络中的问题。

5.13.2 入侵检测系统

IDS 是另一个能够保证网络安全并与防火墙实施相辅相成的重要元素。IDS 与路由器和防火墙配合使用，共同监控网络使用的异常情况。它能够保护企业的信息系统资源，使其免遭外部及内部滥用。

IDS 在系统中连续运转且在后台运行，在检测到观察到的威胁时会通知管理员。广义上，IDS 分为以下两类：

- **基于网络的 IDS**。可用于识别受监控网络内部的攻击并向操作人员发出警告。如果基于网络的 IDS 位于互联网和防火墙之间，则可检测到所有的攻击意图，无论这些攻击是否进入防火墙。如果 IDS 位于防火墙和公司网络之间，则可检测到进入防火墙的攻击（可检测到入侵者）。IDS 无法替代防火墙，但其功能可以弥补防火墙的不足。
- **基于主机的 IDS**。它们为特定环境而配置，并将监控操作系统中的各种内部资源以警告可能发生的攻击。它们可以检测到可执行程序的修改情况，检测到文件的删除情况并在有人试图使用特权命令时发出警告。

IDS 的组件包括：

- 传感器，负责搜集数据，例如网络数据包、日志文件和系统调用痕迹等。
- 分析器，从传感器接收输入数据并确定是否存在入侵活动。
- 管理控制台。
- 用户界面。

IDS 的类型包括：

- **基于签名的 IDS**。这些 IDS 系统可以预防所检测到的入侵模式。识别出的入侵模式以签名形式存储。
- **基于统计的 IDS**。这些系统需要对已知和预期的系统行为进行全面定义。
- **神经网络**。具有此功能的 IDS 可以监控网络上常见的活动模式和通信流量，并且会创建一个数据库。这与统计模型类似，但增加了自学习功能。

由于检测规则所限，基于签名的 IDS 无法检测所有入侵类型。基于统计的系统可以报告定义的正常活动之外的许多事件，但这些事件是网络上的正常活动。将基于签名的模型和基于统计的模型结合使用，可以提供更好的保护。

特点

IDS 的功能包括：

- 入侵检测。
- 搜集入侵活动的证据。
- 自动响应（即终止连接、发出报警消息）。
- 安全政策。
- 与系统工具连接。
- 安全策略管理。

局限性

IDS 无助于：

- 策略定义中的弱点。
- 应用程序层面的漏洞。
- 可进入应用程序的后门。
- I&A 计划的弱点。

政策

IDS 政策应确定检测到入侵者时安全人员所采取的措施。

相关措施包括：

- **终止访问**。如果组织数据存在重大风险，立即终止是常用的程序。
- **追踪访问**。如果数据风险较小，没有立即威胁活动，或需要分析输入点和攻击方法，则 IDS 可用于追踪入侵起源。上述做法可用于确定并纠正任何系统弱点，搜集攻击证据，用于随后的法律行动。

在任何一种情况下，管理层都应提前确定所需采取的措施，并将其纳入政策。以便在检测到入侵时缩短响应时间，预防可能的数据丢失。

5.13.3 入侵防御系统

IPS 与 IDS 密切相关，它不仅可以检测攻击，还可以预防目标受害主机受到攻击影响。IDS 是针对攻击进行提醒或警告，需要安全人员采取行动，而 IPS 会尝试阻止攻击。例如，IPS 可以通过阻止发起方用户账户和/或 IP 地址对目标的访问，来断开发起方网络或用户会话。有些 IPS 还可重新配置其他安全控制（例如防火墙或路由器），以阻止攻击。这种入侵防御方法能有效减少对受攻击系统的损害或破坏。但是，与 IDS 一样，IPS 必须经过正确配置和调整才能发挥作用。阈值设置得过大或过小都会导致 IPS 的效能受限。此外，还有一些令人担心的问题，即 IPS 本身可能就是一种威胁，因为聪明的攻击者可以将命令发送给受 IPS 保护的许多主机，从而导致这些主机瘫痪。此次攻击在服务连续性至关重要的环境中可能是灾难性的。IPS 的类型如图 5.64 所示。

IDS 是依靠签名文件在发生攻击时或发生攻击后识别攻击，与其相反，IPS 可在攻击发挥作用之前预测到该攻击。该系统通过以下方式来实现这一功能：监控计算机系统的关键区域，并查找诸如蠕虫、木马、间谍软件、恶意软件和黑客程序等"恶意行为"。它与防火墙、防病毒和防间谍工具相辅相成，可全面防御新出现的威胁。该系统能够对绕过传统安全措施的新（零日）威胁进行阻止，因为它不依赖于对威胁签名或补丁的识别和分发。图 5.65 对 IDS 和 IPS 进行了比较。

IPS 的类型	描述
基于主机的 IPS	位于各个客户端和服务器上的信息安全软件。它在设备级别监视事件并阻止攻击
基于网络的 IPS	部署在企业网络基础设施内。它监控整个网络中的所有数据，并在威胁到达目标前阻止它们
无线 IPS	一种网络安全设备，可监控未经授权接入点的无线电波。它会自动采取对策来预防无线电波对企业系统造成损害

图 5.64　入侵防御系统的类型

	入侵检测系统	入侵防御系统
范围	IDS 作为一种监控工具运行，专为检测和监控而构建，当检测到威胁时会自行采取最低限度的行动	IPS 是一种基于控制的解决方案，可根据预先确定的规则集接受或拒绝网络数据包
相关性	IDS 无法执行 IPS 的工作	IDS 无法执行 IPS 的工作
程度	任何检测到的威胁或异常情况都会被标记，并发送给安全人员以采取进一步行动	一旦检测到威胁，IPS 就会阻止恶意流量。它可以关断威胁，预防恶意数据包到达目标，同时向安全人员发出警报
位置	IDS 在整个组织网络中运行，实时监控和分析流量	IPS 通常在与防火墙相同的网络位置运行，在内部网络与整个互联网的交汇处拦截流量
范围	扫描网络上任何位置的数据包，以查找入侵迹象	与 IDS 相比，IPS 的功能有限。IPS 可依靠 IDS 扩大监控范围
人为干预程度	IDS 无法执行预先确定的行动计划，也无法独立处理已识别的威胁。如果不实施 IPS 等其他解决方案，IDS 通常需要专门的人力资源来处理检测到的任何恶意流量	IPS 具有较高的主动性，利用最新威胁签名数据库或机器学习驱动的行为模型，在安全违规行为造成损害前对其进行检测和预防
配置	IDS 通常设置为内联运行	在网络中，IPS 位于防火墙后方，一般配置为终端主机或内联模式

图 5.65　IDS 和 IPS 的比较

蜜罐和蜜网

蜜罐是一种软件应用程序，它伪装成互联网上易受攻击的服务器，并且未设置为主动防御入侵。蜜罐充当引诱黑客的诱饵系统。蜜罐被入侵者作为目标攻击的次数越多，就变得越有价值。尽管蜜罐在技术上与 IDS 和防火墙有关，但它并不主动保护网络。

有两种基本类型的蜜罐：

1. **高互动型**。为黑客提供真实的攻击环境。

2. **低互动型**。模仿生产环境且提供有限的信息。

蜜网是模拟更大规模网络的多个联网蜜罐的组合。黑客侵入蜜网，让调查者能够组合使用多种监控技术来观察其行动。只要攻击者违反联网计算机的安全规定，IDS 就会触发虚拟报警。隐秘的按键记录器会监视入侵者键入的所有内容。只要入侵者尝试通过蜜网攻击其他系统，独立的防火墙就会切断机器与互联网的连接。

蜜罐或蜜网上的所有流量都被认为是可疑的，因为这些系统不适合内部使用。搜集的有关这些攻击的信息将主动用于更新企业实时网络上的漏洞。

如果可通过互联网访问蜜罐，则会面临以下风险：用于生成不受信任站点清单的外部监控服务可能会将组织的系统报告为易受攻击，而不知道这些漏洞实际上属于蜜罐而不属于系统本身。如果将这种独立审查公之于众，可能会影响组织的声誉。因此，在网络中实施蜜罐之前，应该谨慎做出判断。

IDS/IPS 实施的最佳实践

实施 IDS/IPS 的最佳实践包括：

- **编制资产清单**。资产清单在实施 IDS/IPS 解决方案时至关重要，因为它决定了技术解决方案的布局。
- **制定 IDS/IPS 政策**。必须制定组织 IDS/IPS 政策和标准，以确保政策合规。政策应根据威胁环境的变化进行更新。
- **设置基准指标**。基准指标界定了组织中的正常网络行为，对于 IDS/IPS 部署至关重要。
- **确保正确放置 IDS/IPS**。IDS/IPS 的正确放置是确保其有效运行的重要考虑因素。建议从可见性最高的地方开始，然后沿着网络向下延伸。根据可用资源，组织应考虑安装多个 IDS/IPS 来覆盖主机内流量。
- **确保正确调整 IDS/IPS**。IDS/IPS 调整是一个持续的过程，需要根据网络的复杂性不断迭代。它涉及随着新签名的发布以及网络中发生的变化而更新规则。
- **开发日志记录系统**。由于 IDS 可以生成大量数据，因此应选择允许搜集大量数据、备份、恢复程序以及存储设施的日志系统。在此阶段可能需要订购硬件和软件。
- **部署顺序**。应立即执行此操作以开始搜集数据。同样，应首先根据行业和推荐标准部署基于网络的 IDS。该方法应分为三层，从安全参数的最远扩展开始，然后是 DMZ 和其他设备。基于主机的 IDS 部署应遵循基于网络的行业标准。基于主机的 IDS 可以与基于网络的 IDS 同时部署，但应首先关注基于网络的 IDS。
- **事故响应**。必须制订事故响应计划（Incident Response Plan，IRP），以确保在公司系统遭到恶意攻击时可以遵循一个标准。这应包括书面程序和通知链中的后续步骤。

5.13.4 监控系统访问时的审计记录

大多数访问控制软件都具有安全功能，这使得安全管理员能够自动记录和报告所有级别的访问尝试。例如，访问控制软件可以记录通过登录 ID 或计算机终端设备发起的计算机活动。此信息可为管理层提供审计轨迹来监视性质可疑的活动，例如，尝试穷举攻击特权登录 ID 的攻击者活动。同时，可对具有敏感访问特权的用户开启按键记录功能。记录哪些内容由组织的相关措施决定。问题包括记录哪些内容、谁/什么有权访问这些日志以及日志将保留多久（记录保留项）。

系统日志的访问权限

安全管理员在执行记录和监控活动对系统日志的访问权限应受到严格控制。

计算机安全经理和系统管理员/经理应具有用于审查用途的访问权限；但是，负责维护逻辑访问功能的安全和/或管理员可能并不需要访问审计日志。

尤为重要的一点是确保审计轨迹数据的完整性，使其不受到修改。这可通过数字签名、一次写入设备或 SIEM 系统来实现。审计轨迹文件需要受到保护，因为入侵者可能试图修改审计轨迹来掩盖其行踪。审计轨迹记录应有强有力的访问控制保护，从而预防未经授权的访问。审计轨迹信息的完整性可能在出现法律问题时尤为重要，例如，将审计轨迹用作法律证据时。（这可能需要提供日志的日常打印和签名。）如对法律问题有疑问，应咨询相应的法律顾问。

如果审计轨迹所记录的用户信息是包含个人信息的交易数据等敏感性信息（例如，所得税数据修改的前后记录），则审计轨迹信息的机密性也可能需要受到保护。强访问控制和加密在保护机密性方面尤为有效。

介质记录可用于为问责制提供支持。日志中可能包含控制编号（或其他跟踪数据），例如传输时间和日期、参与人员的姓名和签字，以及其他相关信息。可以定期执行抽查或审计，以确定没有忽略任何受控项目，并且所有项目均处于控制日志所任命的人员监管之下。自动化介质跟踪系统可能有助于维护磁带和磁盘库的目录。

通过定期审查系统生成的日志可以检测安全问题，包括在异常时段超越访问权限或获取系统访问权限的尝试。将根据活动日志中的安全记录生成特定报告。

审计轨迹（日志）分析工具

为了帮助减小审计记录中所包含的信息量以及描述原始数据中的有用信息，人们已经开发出多种类型的工具。

在大多数系统中，审计轨迹软件都能够创建大型文件，但要手动分析这种文件却极为困难。无用的审计轨迹数据和有效审查之间的区别很可能就在于是否使用了自动化工具。其中一些工具类型包括：

- **审计精选工具**。用于减少审计记录量以方便手动审查的预处理程序。在执行安全审查之前，可以使用此类工具移除许多被认为是安全意义极小的审计记录。（仅此一项便可将审计轨迹中的记录数削减一半。）这些工具通常用于移除按指定事件类别生成的记录，例如，夜间备份生成的记录。
- **趋势/差异检测工具**。这些工具会查找用户或系统行为中的异常情况。可以构建更复杂的处理程序来监视使用趋势和检测主要变化。例如，如果某用户通常在 09:00 登录，但某日在凌晨 04:30 出现，这可能表明存在需要调查的安全问题。
- **攻击特征检测工具**。此类工具用于查找攻击特征，可通过一系列特定的事件指示未经授权的访问尝试。
- **SIEM 系统**。这些工具可捕获审计轨迹或日志并对其进行实时分析。它们可以汇总许多不同来源的审计轨迹和日志，然后可将这些数据相互关联并在必要时发出警报。有些 SIEM 系统还可配置为根据警报执行自动化任务（例如，启动漏洞扫描或命令防火墙关闭某个端口）。

成本考虑因素

审计轨迹涉及许多成本，这些成本会影响 IT 人员确定多少记录即足够。首先，在记录审计轨迹时将产生某些系统费用。要存储和处理这些记录，还将产生附加费用。记录越详细，需要的费用就越多。在一些系统中，记录每个事件会导致系统锁定或变慢，响应时间可能长达数分钟。如果 IT 要与业务需求保持一致，则上述做法不可取。

其他成本包括执行分析所需的人工时间和机器时间。通过使用工具可以最大限度地降低成本。从系统实用程序可以快速经济地构建许多简易分析器，但它们仅限用于审计精选和识别具有特殊敏感性的事件。像 SIEM 系统之类更为复杂的工具，采购和实施费用都会更高。

审计轨迹的最后一项成本是调查意外和异常事件。如果系统将过多的事件识别为可疑事件，那么管理员可能要花费很多时间来重建事件和问询相关人员。安全管理员审查计算机访问报告的频率应当与受保护的计算机化信息的敏感度相称。信息系统审计师应确保日志不会在未留下审计轨迹的情况下被篡改或更改。

审查或执行安全访问跟进工作时，信息系统审计师应重点关注：

- 识别出访问特权滥用情况的模式或趋势，例如，对敏感应用程序的密集使用。
- 违规行为（如未经授权的计算机文件访问尝试）和/或使用错误密码。

确定发生违规行为时：

- 识别出违规行为的人员应将问题提交给安全管理员进行调查。
- 安全管理员及负责的管理层应一同展开调查并确定违规行为的严重程度。通常，大多数违规行为都是无意的。
- 如果违规行为带有严重的企图，则应通知执行管理层，而不是执法人员。通常由执行管理层负责通知执法人员。外部机构的介入有可能导致负面舆论，最终造成比最初违规行为更为严重的损害。因此，涉及外部机构的决策权应留给执行管理层。

- 应有管理公共关系和应对新闻媒体的相关程序。
- 为了便于合理处理访问违规行为，书面准则应规定各类违规行为、违规级别，以及相应的处理办法。这为判断违规行为的严重性提供了有效指导。
- 纪律处分应该是一贯运用的正式流程。这可能涉及谴责、察看或立即终止雇用。相关程序应合情合法，以减少法律措施对公司造成的风险。
- 改正性措施应包括对计算机访问规则的审查，不仅对犯罪者如此，对利益相关方也是如此。应消除过度或不适当的访问规则。

5.13.5 保护日志数据

组织内的人员可以使用日志来重现创建事故发生前和期间的事件，但前提是日志未被修改。如果攻击者可以修改日志，他们就可以删除其活动，从而影响数据的价值。这些文件不包含准确信息，并且可能不能作为起诉攻击者的证据。因此，信息系统审计师必须评估组织是否制定了适当的程序来保护日志文件免遭未经授权的访问和修改。

一些常用于增强日志数据保护的方法包括：

- **集中日志存储**。日志副本通常被存储在中央系统上以保护日志。即使攻击修改或损坏了原始文件，工作人员仍可使用副本查看事件，并继续执行所分配的任务。
- **实施访问控制**。组织可以通过分配权限来限制访问，从而保护日志文件。一般而言，用户不应具有对日志文件的任何访问权限，除非创建日志条目需要特定级别的访问权限。如果需要访问权限，用户应具有仅追加权限，并且不具有读取权限（如果可能）。
- **限制对敏感数据的记录**。日志记录的配置方式应确保解决方案不会记录不需要的信息，或在未经授权的个人访问时会造成重大风险的信息（例如密码）。

- **制定日志政策**。组织应制定严格的政策，强制要求备份日志文件。此外，日志政策应定义日志保留时间。例如，组织可以制定一项政策，允许在特定的时间段保留存档的日志文件。
- **实施安全日志传输**。建议组织实施安全机制，将日志数据从系统传输到集中式日志管理服务器。可使用的安全协议包括 IPsec 和 TLS。
- **实施安全存储介质**。用于存储日志的存储介质需要受到物理保护。这要求将介质存放在安全位置，并监控对安全区域的访问。此外，还应采取适当的环境控制，例如温度和湿度控制。
- **保护存档的日志文件**。这可能包括创建和保护文件的消息摘要、加密日志文件，以及为存档的介质提供充分的物理保护。保护生成日志条目的进程。未授权方应无法操纵日志源进程、可执行文件、配置文件或日志源中可能影响日志记录的其他组件。
- **实施日志处置控制**。组织应确保在不再需要时安全地销毁日志。这主要是由于日志具有相关性的时间已过。日志处置通常需要销毁存储日志数据的介质。组织应确保所采用的介质销毁方法完全且永久地销毁数据，以避免数据残留的情况。

5.13.6 安全信息和事件管理

安全事故通常由在整个网络中发生的一系列事件组成。通过关联数据，SIEM 可以将许多孤立事件组合在一起，形成一个单一且相关的安全事故。这些系统使用基于规则的关联或统计性关联。基于规则的关联创建特定于情境的规则，用于建立事件模式。统计性关联使用算法来计算相关事件对各种 IT 资产的威胁级别。有多种 SIEM 解决方案可用，提供实时监控、事件关联、通知和控制台视图。

SIEM 是集中式信息安全软件包的统称，结合了以下两种技术：

- **安全信息管理**。SIM 组件从日志文件中搜集数据，以分析和报告过去的安全威胁和事件。SIM 系统是更广泛日志管理学科的延伸，它们自动搜集来自各种安全工具和系统的日志数据，并将信息提供给信息系统安全团队。
- **SEM**。SEM 的工作方式与 SIM 类似，唯一的区别在于它不关注历史日志数据，而是在实时模式下工作以识别相关安全事件。它执行实时系统监控，向安全管理员通知重要问题，并在安全事件发生时建立关联。

SIEM 通常支持两种从日志生成器搜集日志的方式：无代理和基于代理。使用无代理聚合，SIEM 服务器从生成日志的各个主机接收数据，而无须在这些主机上安装特殊软件。SIEM 通过对每个主机进行身份认证并定期检索其日志来从主机搜集日志。在某些情况下，主机通过身份认证将其日志推送到 SIEM 服务器。基于代理的方法需要在生成日志的主机上安装代理程序，该程序执行事件过滤和聚合以及日志标准化，然后再传输到 SIEM 服务器。这是实时进行的。另一种常见的做法是根据要搜集的日志种类在同一服务器上安装多个代理。

SIEM 的优势

SIEM 通常是一种可靠的安全解决方案，可帮助实施安全计划，为组织的运营、合规和风险小组提供宝贵的安全信息。该解决方案具有可扩展性，能够支持不断增长的安全需求。SIEM 易于理解和使用，自动化则有助于提高效率。SIEM 的其他优势包括：

- **增强分析**。SIEM 系统旨在支持和促进数据搜集、分析、响应和修复流程和程序。它搜集大量的事件类型和配置数据。融合了机器学习和人工智能等下一代技术的 SIEM 解决方案能够在出现更复杂的攻击时对其进行调查。SIEM 分析引擎检查数据包捕获，深入洞察信息资产、IP 地址和协议，以揭示恶意文件或数据泄露活动。
- **增强监管合规**。SIEM 解决方案可在整个业务基础设施中实现集中合规性审计和报告。先进的自动化简化了系统日志和安全事件的搜集和分析，以减少内部资源的使用，同时满足严格的合规性报告标准。使用 SIEM 可帮助公司遵守各行各业的信息安全管理法规。
- **加快解决安全问题的速度**。下一代 SIEM 解决方案与强大的安全编排、自动化和响应（SOAR）功能集成，为管理信息安全的团队节省时间和资源。这些技术使用深度 ML 来自动适应系统行为，并比员工更快地完成威胁识别和事故响应协议。
- **支持调查**。SIEM 解决方案非常适合进行数字取证调查，因为它允许组织一站式有效地搜集和分析来自所有数字资产的日志数据。这支持信息安全专业人员重现过去的事故或分析新事故以调查可疑活动。
- **改进威胁情报**。将专有或开源情报源整合到 SIEM 解决方案中的能力对于识别和应对现代漏洞和攻击特征至关重要。跨组织整个基础设施的 SIEM 主动监控解决方案可显著缩短识别和应对潜在网络威胁和漏洞所需的时间。随着组织规模的扩大，SIEM 有助于加强其安全态势。
- **提供对过去事件的洞察**。每个用户或跟踪程序都会在网络日志数据中留下虚拟记录。SIEM 系统旨在使用日志数据来深入洞察过去的攻击和事件。SIEM 系统不仅能检测已发生的攻击，还允许信息安全团队查看攻击的发生方式和原因。
- **提供实时攻击检测**。SIEM 通过检测攻击活动并参照网络上过去的行为进行评估来解决此问题。SIEM 系统能够区分合法使用和恶意攻击。这有助于增强系统的事故保护，避免损坏系统和虚拟财产。
- **减少安全人员配置**。随着威胁的种类和数量不断增加，安全运营团队的人员配置能力仍然是一个问题。单个 SIEM 服务器可以使用多源日志数据来简化工作流程，以生成涵盖所有相关已记录安全事件的单一报告。以分析师为中心的用户体验提供了更高的灵活性，易于定制且更快地响应调查人员。企业不断为其 SIEM 寻求外部服务支持或托管服务。在网络安全资源有限的企业看来，SIEM 的威胁管理对大型客户或合作伙伴很有吸引力。

SIEM 的功能

SIEM 由多个功能组成，组织负责确保所采用的功能满足其信息和事件管理需求。SIEM 系统所需的核心功能是：

- **政策**。SIEM 解决方案提供默认规则、警报、报告和仪表板，可以对其进行调整和自定义，以满足组织的特定安全要求。它通常包含一个配置文件，用于定义组织的系统在正常条件和安全事故条件下的行为。
- **安全知识库**。该数据库包含有关已知安全漏洞、日志消息和警报解读以及类似技术数据的信息。安全知识库可根据需要进行自定义。
- **日志数据管理**。日志数据管理是 SIEM 系统的关键组件，因为它需要汇集来自组织整个网络的各种数据源的日志信息。实时分析日志数据允许信息系统安全团队集中、自动地管理日志和网络流数据。
- **事件关联和分析**。SIEM 解决方案具有整合、解析和分析日志文件的功能。安全事件通常被分组在一起并应用关联规则。关联将各个数据事件结合起来，以生成有意义的安全信息。最后阶段涉及量化数据，并将其与之前的数据进行比较。
- **通知和警报**。SIEM 系统可以识别恶意行为模式，并向用户发出通知和警报。随后，信息系统安全分析师将分析这些数据，以便为未来的警报定义新的标准。这增强了组织对新兴威胁的防御。
- **网络可见性**。通过检查数据包捕获并增强网络流量的可见性，SIEM 分析引擎可以获得对信息系统基础设施的关键安全洞察。这有助于安全专业人员揭示整个网络中发生的恶意文件或数据泄露。
- **安全事故监控**。SIEM 通常实时检测和跟踪安全事件。安全事故监控功能通常与强大的工作流程功能相结合，以提高效率。
- **合规报告**。在监管严格的行业中，具有广泛合规报告功能的 SIEM 被认为是至关重要的。一般而言，大多数 SIEM 系统都具有某种合规报告系统，可生成报告以帮助组织遵守适用的合规性要求。

SIEM 实施最佳实践

信息系统审计师应向寻求实施 SIEM 解决方案之组织的管理层提供专家建议。在组织购买并实施 SIEM 解决方案前后，信息系统审计师应就成功实施的最佳实践向管理层献计献策。SIEM 实施中的最佳实践包括：

- **设定实施范围**。组织应首先充分理解拟议的 SIEM 实施的范围。它应定义实施的预期好处，并确定适当的用例。应基于信息安全目标、合规性要求和组织的威胁情况来选择和实施 SIEM。
- **提供整体态势**。为了成功实施 SIEM，组织应在所有系统和网络中设计和应用预定义的数据关联规则。这些规则应扩展到云部署。SIEM 搜集的数据应进行汇总并以可视方式呈现，以避免遗漏关键事件。
- **识别所有合规要求**。组织必须识别所有合规性要求，并确保 SIEM 解决方案配置为实时报告这些要求，以便组织更好地了解其风险状况。对于大多数使用 SIEM 的组织而言，满足合规性要求是一个重要的优势。
- **对所有数字资产进行分类**。组织应为其信息系统基础设施中存储的所有数字资产准备清单和分类系统。这将简化日志数据的管理和安全活动的监控。
- **微调 SIEM 配置**。微调 SIEM 配置有助于减少安全警报中的误报数量。信息系统审计师应注意，SIEM 软件通常会提供一组预配置关联规则。随后，组织的信息系统安全团队应根据组织的安全要求微调 SIEM 软件。
- **实施 IRP**。IRP 是有效解决安全事故的必要条件。应制定适当的程序，界定 SIEM 警报处理和事故解决方案记录等程序。这将提高安全事故响应的效率和有效性。
- **自动化和集成**。为了准确检测和解决事件，组织应将 SIEM 解决方案自动化并添加 AI 和 SOAR 等技术。一些 SIEM 软件包含自动化功能，例如自动化安全事故分析和自动化 IR。
- **指定 SIEM 管理员**。SIEM 管理员在信息安全中发挥着至关重要的作用，因为他/她确保 SIEM 实施的正确维护。组织可以评估聘请托管安全服务提供商（MSSP）来部署其 SIEM 的可能性，因为 MSSP 能够更好地应对 SIEM 实施的复杂性。
- **监控访问控制**。SIEM 解决方案应监控关键资源的各个方面，例如特权和管理权限、远程登录尝试和系统故障。它应能够使用防火墙、路由器、端口和无线 AP 等技术来保护网络边界。

- **测试 SIEM**。组织应对其 SIEM 进行测试。这涉及对 SIEM 实施进行试运行，并评估技术的反应。这一点至关重要，因为它可以改善警报指标，并重新配置信息系统基础设施。

5.13.7 安全监控工具

安全监控工具是指信息安全专业人员用来监控、检测和分析组织系统和网络中发生的可能构成安全事件或事故的活动的技术。监控工具会自动发出警告和警报，以便信息安全团队迅速做出反应，并保护组织免受可能的入侵。为了有效地发现威胁，安全监控工具通常会搜集数据并提供跨系统的指标。它们还可执行流量分析等扩展功能，以识别流量模式。安全监控工具提供网络可视化功能，并利用威胁情报生成图表，以便于分析。最终结果是改进威胁调查，发现恶意行为和活动，并协助解决安全挑战。

5.14 安全事故响应管理

事故管理是对可能损害组织的事件的管理。在信息安全领域，信息系统审计师必须理解并非所有事故都与计算机相关；例如，办公室入室盗窃也是一个事故。为将安全事故的危害降到最小并尽快从事故中恢复过来，同时从中吸取教训，应建立正式的事故响应机制。

5.14.1 事故响应流程

图 5.66 描绘了事故响应流程。

准备 → 检测和分析 → 遏制、根除和恢复 → 事后活动

图 5.66　事故响应流程

资料来源：Cichonski, P.; T. Millar; T. Grance; K. Scarfone; *Special Publication 800-61 Revision 2, Computer Security Incident Handling Guide*, National Institute of Standards and Technology (NIST)

事故响应阶段包括：

- **准备**。事故准备阶段建立事故响应能力，以便组织随时准备好应对事故，并通过确保系统、网络和应用程序具有充足的安全性来预防事故。事故预防通常被视为事故响应方案的基本组成部分。与应对问题相比，预防问题的成本更低，且效果更好。预防措施包括修补程序管理、系统加固和网络边界配置。正确规划和实施决策是建立成功事故响应方案的关键。准备阶段应执行的任务包括：
  - **定义事件**。组织应制定自己的"事故"定义，并明确界定构成事故的事件。该定义有助于将组织内的事故标准化，减少警报和/或通知形式的误报。它还将事故与安全问题和事件区分开来。
  - **制定事故响应政策**。该政策应定义哪些事件被视为事故，建立事故响应的组织结构，定义角色和责任，并列出组织的事故报告要求。
  - **制定事故响应程序**。基于事故响应政策，标准操作程序描述了事故响应团队所使用的具体技术流程、技术、检查清单和表格。标准操作程序应全面、详细，以确保组织的优先事项在响应运营中得到适当反映。
  - **制定沟通准则**。在事故响应过程中，组织可能需要与外部各方进行沟通，包括其他事故响应团队、执法部门、媒体、供应商和外部受害者。组织应预先制定沟通准则，以便仅与正确的各方共享适当的信息。
  - **定义事故响应活动**。虽然事故响应团队的工作重点是执行事故响应，但大多数团队还提供其他服务。这些服务包括发布安全咨询、漏洞评估、入侵检测以及教育和安全意识。

- **选择事故响应团队**。组织应选择最适合其需求的团队结构和人员配置模式。在选择最佳团队结构和人员配置模式时，组织应考虑组织规模、主要计算资源的地理多样性、全天候可用性需求、成本和员工专业知识等因素。团队成员应接受适当的培训和发展。
- **建立和维护通知机制**。组织应为组织内（如首席信息官、首席信息安全官、IT 支持、业务持续计划等）和组织外（如事故响应组织、其他组织的对口部门）的不同个人团体建立、记录、维护和演练工作时间和非工作时间联系和通知机制。

- **检测和分析**。快速检测事故至关重要，因为随着时间的推移，事故往往会变得更具破坏性。部署强大的监控和入侵检测解决方案非常重要，例如安全摄像头、移动探测器、烟雾报警器和其他传感器。事故响应流程面临的最大挑战是准确检测和评估可能发生的事故。确定是否发生了事故，以及如果发生了事故，则确定问题的类型、范围和严重程度都十分困难。事故可以通过自动检测功能（包括 IDS/IPS、防病毒软件和日志分析仪）进行检测。事故也可通过人工方式（如用户报告）检测到。
- **遏制、根除和恢复**。在事故蔓延前遏制事故非常重要，以避免资源不堪重负和损害扩大：
  - **遏制**。大多数事故都需要遏制。遏制的关键部分是决策，例如关闭系统、断开网络连接或禁用某些系统功能。组织应针对每类重大事故制定单独的遏制策略。应明确记录遏制策略，以便快速有效地做出决策。
  - **根除**。在遏制事故后，可能有必要进行根除以消除事故的组成部分，例如删除恶意代码和禁用被入侵的用户账户。某些事故不需要根除，或者将在恢复过程中进行。
  - **恢复**。在恢复过程中，管理员将恢复系统的正常运行，并加固系统以预防类似事故再次发生（如适用）。恢复可能涉及以下行动：
    - 通过原始副本恢复系统。
    - 从头开始重建系统。
    - 用原始版本替换受损的文件。
    - 安装修补程序。
    - 更改密码。
    - 加强网络边界安全性（如防火墙规则集）。
- **事故后活动**。事故处理完毕后，组织应举行经验总结会，以审查事故处理过程的有效性。应利用从所有经验总结会中积累的信息以及在处理每起事故时搜集的数据，识别系统性安全弱点以及政策和程序中的缺陷。然后可以提出改进现有安全控制和实务的建议。在处理未来事故以及培训和提高安全意识时，可以参考这些结果。

5.14.2 计算机安全事故响应团队

计算机安全事故响应团队（Computer Security Incident Response Team，CSIRT）是一个建立了明确报告关系的团队。还应明确待命支持的责任。当事故发生时，响应团队的主要职责如下：

- 确定事故造成的损失程度和范围。
- 确定事故期间是否发生了信息泄露。
- 实施必要的恢复程序，以恢复安全，并从与事故相关的损失中恢复。
- 监督实施任何必要的额外安全措施，以加强安全态势并预防事故再次发生。

组织级 CSIRT 将起到高效实施检测性控制和改正性控制的作用。另外，通过让成员参与各种安全意识方案、演练和研讨会，还能发挥预防性控制的作用。它还应向用户发布各种安全方面的警报，如最新的威胁、安全准则和安全更新等，并帮助他们了解错误和疏漏可能带来的安全风险。组织级 CSIRT 应充当与信息安全有关的所有事故和问题的单一联络点，并应响应与其成员网络有关的滥用报告。

信息系统审计师应确保 CSIRT 主动与用户沟通，协助用户降低安全故障带来的风险，并预防安全事故发生。审计师应确保制订有正式的书面计划，其中包含漏洞识别、报告和事故响应程序，以解决常见的与安全相关的威胁/问题，例如：

- 病毒暴发。
- 网页涂改。
- 滥用通知。

- 未经授权的访问。
- 来自 IPS/IDS 的安全攻击警报。
- 硬件/软件失窃。
- 系统根目录受损。
- 物理安全漏洞。
- 恶意软件。
- 诽谤性媒体信息。
- 取证调查。

另外，应有自动化的 IDS，以实时通知管理员潜在的事故，并定义一个流程，用于确定事故严重程度，以及在高风险情况下应采取的步骤。

5.14.3 事故响应计划

制订 IRP 的目的是处理组织遇到的事故和潜在的安全事件。制订 IRP 的最大优势在于，组织可以利用它来处理安全事故，并采取封锁区域和确定攻击范围等措施。这样做的原因是为了揭示所有相关证据和与犯罪的关联性，并迅速启动修复流程。信息系统审计师可能需要就组织内 IRP 的有效性提供保证和建议。制订 IRP 的一些最佳实践包括：

- **将重复性任务自动化**。组织应整合事故响应（Incident Response，IR）中涉及的所有工具和步骤，并努力将所有重复性任务自动化。自动化使信息安全团队从某些活动中解放出来，以便他们专注于更具战略性的安全举措。这也降低了信息系统安全的人力预算。
- **利用模板和操作手册**。敏捷操作手册和模板可自定义或预先配置，以自动执行多步响应。它们应实时适应事故响应信息，包括通过概述具体角色、责任和截止日期来指导信息安全分析师。
- **集中化 IR 计划**。集中化 IR 方法要求从所有相关安全工具和技术中搜集信息，创建可从单一位置访问的资源和数据池。这可确保对安全事故做出更加协调和有效的响应。
- **测试计划**。这包括开展演练，审查最佳实践和各种安全状况，以评估 IRP 的有效性。组织可利用测试和演练的结果，为实际事故调整 IRP。测试应涵盖信息安全团队在安全事故蔓延到组织系统前发现和遏制事故的能力。
- **投资于 IR 培训和发展**。安全培训和发展在 IR 中的重要性怎么强调都不为过。组织应培训和发展其信息安全人员，以应对可能存在的人才缺口。信息安全环境日新月异，员工应了解先进安全技术的部署和运营，如高级分析、操作手册和类似功能。
- **将事故响应标准化**。组织必须将响应标准化，以帮助减少所需的培训，同时支持新员工轻松掌握概念。
- **获得高管支持**。高管的支持是建立、运行和维护 IRP 的关键要求。高管团队应了解 IR 在组织中的重要性，并通过提供必要的资源（包括人力和财力资源）予以支持。高管是批准 IRP 并最终对其有效运营负责的人员。
- **确认角色和职责**。应明确界定事故响应中的角色和责任，确保组织的所有成员都接受其角色和责任。应始终指定后备人员，以防关键人员不可用或无法联系到。信息系统审计师可通过与相关人员面谈来测试这一点，以衡量其对自己的角色和责任的理解。
- **记录关键资产**。当涉及 IR 时，应区别对待组织中的信息资产。组织应根据关键性对其资产进行排序和记录。这样一来，组织就可以评估事故对其关键资产的影响，并相应地调整响应的速度和深度。信息的关键性取决于多个因素，例如合规性要求、信息的敏感性及其价值。
- **制订危机沟通计划**。沟通是 IR 的一个非常关键的要素，应包含在 IRP 中。沟通计划规定团队在事故期间应如何沟通，同时也涉及程序方面的问题，例如任命发言人。最佳做法是拟定核心沟通并提前获得批准。在发生事故时，应能立即检索到这些文档，以避免在安全事故中寻求沟通批准。

5.14.4 安全编排、自动化和响应

SOAR 是一系列技术的集合，允许组织搜集安全运营团队监控的输入，并将自动响应纳入安全事件的解决方案。它将 SOAR 集于一个平台。SOAR 通常提供一个自上而下的威胁管理系统，通过该系统可识别威胁并实施应对策略。SOAR 的主要特点之一是采用单一的中央控制台来协调组织的所有安全方面。信息系统审计师应建议实现整个系统的自动化，以提高运

营效率。SOAR 的编排、自动化和响应组件可有效协同工作，简化组织安全团队的工作。图 5.67 描述了 SOAR 的组成部分。

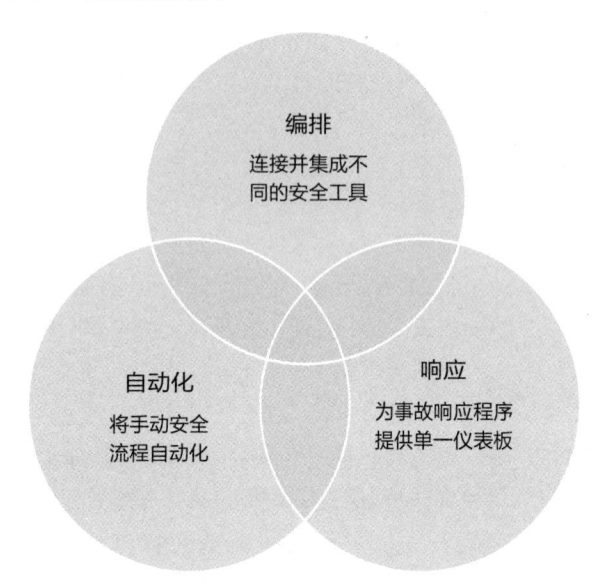

图 5.67　SOAR 的组成部分

（编排：连接并集成不同的安全工具；自动化：将手动安全流程自动化；响应：为事故响应程序提供单一仪表板）

SOAR 的组成部分包括：

- **编排**。这是指在组织内连接安全工具并整合一系列相互依存但分散的安全系统的方法。它构成了连接层，可简化安全流程并推动组织中的自动化。编排确保组织的安全工具（包括手动和自动工具）协调工作，以解决安全问题。
- **自动化**。自动化组件使 SOAR 有别于其他安全系统。借助 SOAR，可淘汰烦琐和耗时的人工干预。各种安全管理任务（如管理用户访问权限和查询日志、对潜在威胁进行分类以及遏制安全问题等）都在 SOAR 中实现了自动化。自动化也可应用于编排阶段。
- **响应**。编排和自动化为 SOAR 系统的响应能力奠定了基础。借助 SOAR，企业可以管理、规划和协调对已识别安全威胁的响应。SOAR 的自动化功能消除了人为错误的风险，从而更准确地应对安全事件。

SOAR 的优势

SOAR 的优势包括：

- **提升安全可见性**。SOAR 解决方案提供对整个组织信息系统基础设施的可见性。它配备多个仪表板、指标和报告功能，可让用户深入洞察企业的系统。SOAR 支持组织轻松地同时处理多个安全事件，并最大限度地缩短响应时间。
- **降低安全成本**。信息安全威胁的数量、类型和复杂性不断增加，给许多组织带来了巨大的资金挑战，有时甚至需要购买技术和聘请许多信息安全专家，从而导致安全成本飙升。随着 SOAR 的实施，信息安全得以简化和自动化，从而降低整体安全成本。
- **提高安全效率**。在组织中使用 SOAR 可以大大节省时间，并提高效率。由于流程实现了自动化，组织中的信息安全团队不再需要花费大量时间来处理安全事件。
- **提高安全有效性**。实施 SOAR 解决方案的组织可受益于实时且准确的安全干预。SOAR 的安全有效性可减少错误，并缩短处理安全问题的时间。
- **提高安全灵活性**。SOAR 解决方案非常灵活，可根据企业不断变化的具体要求来实施。SOAR 可在现有的组织设置中实施，而无须重新设计系统，因为这通常是一个昂贵而耗时的过程。
- **增强协作**。SOAR 可集中应对各种类型的安全威胁，让通常处于不同团队的信息系统安全人员成功协作，以安装 SOAR 系统并实现自动化。这可以在组织内实现统一的安全协议和创新的安全方法。
- **简化安全运营**。SOAR 以多种方式简化企业的安全运营。组织可以使用带有插件库的解决方案来处理常用技术和用于常见安全用例的预构建工作流。这允许组织连接整个安全技术栈，并确保整个安全流程的自动化。此外，还可轻松定制编排和工作流程。

信息系统审计师应主动向管理层说明 SOAR 解决方案与 SIEM 功能之间的区别，因为这两者经常被混淆。SOAR 和 SIEM 都能检测安全问题、搜集有关所识别问题性质的数据并处理通知。不过，这两者之间也存在一些差异：

- **调查**。SOAR 使用类似于 SIEM 的集中式平台搜集数据并向信息系统安全团队发出警报。不过，SIEM 只向信息系统安全分析师发送警报，而 SOAR 则通过增加自动化和响应功能进一步扩展了安全性。因此，SOAR 可在组织发生类似安全威胁前预测它们。

- **聚合**。虽然 SIEM 和 SOAR 都能聚合数据，但 SOAR 更进一步，搜集更多样化的数据源。例如，SIEM 可以搜集来自企业 IT 基础设施中常用组件的日志或事件数据。SOAR 通常会吸收 SIEM 数据，并添加其他来源的信息，如终端安全软件、云安全警报和物联网设备警报。

5.15 证据搜集和取证

在多数情况下，未报告计算机犯罪是因为未检测到这些情况。在很多检测到计算机犯罪的案例中，企业也会为是否报告这些情况而犹豫不决，因为这会对公司业务造成极大的负面舆论影响。在此类案例中，受影响企业的管理层都是想设法修补好犯罪所利用的漏洞并恢复运营。而且，很多国家/地区的法律都倾向于保护实物财产。很难使用这样的法律来打击计算机犯罪。即使在更新了法律的司法管辖区，调查程序也不一定广为人知，而且也未必有必要的硬件和软件工具来搜集数字证据。

在处理计算机犯罪的后果时，须使用正确的程序来搜集犯罪现场的证据，这非常重要。如果不遵循适当的程序，数据可能会遭到破坏，即使最终确定了犯罪者，证据也可能对起诉毫无帮助。因此，在发生计算机犯罪后，环境和证据必须保持原样，并请专业执法人员处理。如果事故由企业内部处理，则企业必须拥有一支具备适当资格和经验的事故应对团队。

5.15.1 调查类型

调查类型因调查的事故而异，每种调查类型都有信息系统审计师必须考虑的特殊因素。图 5.68 解释了企业界常用的典型计算机调查。

调查类型	描　　述
管理调查	管理调查的主要目的是向有关当局提供所有相关信息，以便他们以客观的方式确定适当的行动方案。管理调查通常涉及 HR 背景，例如当一名经理被指控有不当行为时
刑事调查	此类调查在知悉或怀疑发生了犯罪行为时进行。组织通常与执法机构合作，对被指控的犯罪者定罪。常见的做法是为法庭搜集证据，并与辩方分享证据。因此，信息系统审计师应向组织告知使用确保证据可在法庭上使用的方法搜集和处理信息的必要性。在刑事案件中，嫌疑人必须被证明有罪至排除合理怀疑的程度。民事案件的举证标准往往不同
民事调查	在民事案件中，个人或实体起诉另一个人或实体；例如，一个组织可能起诉另一个组织侵犯商标权或盗窃知识产权。民事案件通常寻求金钱赔偿，而非监禁或犯罪记录。与刑事案件相比，民事案件的举证责任较轻，只要求提供占优势的证据
监管调查	监管调查由监管机构（如美国证券交易委员会）对涉嫌违反特定法规的组织进行。在这种情况下，组织必须提供所有相关证据以配合调查
行业标准调查	行业标准调查旨在确定组织是否遵守特定的行业标准或一套标准。由于行业标准代表了广为人知且广泛实施的最佳实践，因此即使没有要求，许多组织也会努力遵守这些标准。这有助于降低安全、运营和其他风险，同时提高市场声誉
取证调查	计算机取证调查以科学的方式从组织的信息系统环境中搜集和保存犯罪或潜在犯罪证据，以确保可在法庭上出示。其目的是开展结构化调查，并维护记录在案的证据链，为法律诉讼做准备。取证调查员检查血液或其他液体、指纹、残留物、硬盘驱动器等，以确定犯罪行为是如何实施的

图 5.68　调查类型

5.15.2 计算机取证的类型

信息系统审计师可能会被要求或请求参与进行中的取证分析，以提供专家意见或确保搜集到的信息得到正确解释。计算机取证包括各种活动，涉及探索和应用搜集、处理、解读和使用数字证据的方法。这些方法有助于证实是否发生了事故，提供攻击确实发生的验证，以及搜集日后可用于司法程序的数字证据。任何电子文档或数据都可用作数字证据，前提是有足够的人工或电子证据表明数字证据中的内容处于其原始状态且在搜集与分析的过程中未经篡改或修改。

一些常见的计算机取证类型包括：

- **数据库取证**。数据库取证是指检索和检查数据库中的数据和相关元数据。数据库取证调查员应能不受限制地访问组织的数据库，以确保数据库取证过程的成功。
- **电子邮件取证**。指检索和分析电子邮件内容。电子邮件内容包括电子邮件平台上的信息、联系人、日程计划安排和类似信息。为了有效地执行电子邮件取证检查，电子邮件取证调查员需要访问威胁实施者和受威胁组织的电子邮件。
- **移动取证**。对移动设备中的信息进行检索和取证检查的过程被称为移动取证。手机中的信息包括消息、照片、视频、联系人和其他信息。调查人员可能需要扣押嫌疑人的设备来进行检查。
- **内存取证**。内存取证涉及检索和检查存储在计算机内存和/或缓存中的数据。这通常被称为进程中数据，调查中常用的技术被称为实时分析。
- **网络取证**。在网络分析中，网络取证调查员使用工具监控网络流量，以识别网络内异常行为的迹象。典型的网络取证活动包括捕获、记录和分析网络内发生的事件，以确定网络攻击的来源和轨迹。
- **恶意软件取证**。恶意软件取证包括检查编程代码，以识别病毒、勒索软件或特洛伊木马等恶意程序。它包括分析程序的有效载荷，以识别可能表明存在恶意软件的异常行为。

5.15.3 计算机取证阶段

无论从事何种类型的计算机取证，组织都应遵循计算机取证的既定阶段。信息系统审计师需要确保计算机取证调查员遵循所采用的阶段，或者，如果信息系统审计师进行被要求计算机取证调查，则审计师也应遵循规定的程序。计算机取证的阶段包括：

- **第一反应**。接到安全事故报告后，计算机取证小组将立即介入。该小组采取的行动被称为第一反应，这些行动取决于事故的性质。
- **搜索和扣押**。计算机取证小组搜查涉嫌犯罪的设备。此阶段的目的是搜集数据作为证据。扣押是为了确保犯罪嫌疑人无法继续攻击或从设备中提取信息。
- **证据搜集**。在此阶段，取证调查员使用取证方法搜集数据。他们使用指定的证据处理方法小心地处理证据。此阶段的证据包括经检查后可能构成事故证据主体一部分的任何可用信息。
- **证据安全**。计算机取证调查员应将证据存储在安全的环境中，以减少污染。值得注意的是，一旦证据存储在安全的位置，就可以对其进行验证，并证明其准确性和可访问性。
- **数据采集**。在此阶段，计算机取证调查团队从被扣押的设备中检索电子存储信息（ESI）。专业人员必须使用适当的程序，以避免更改数据和影响证据的完整性。数据采集支持组织深入了解可疑的犯罪事件。
- **数据分析**。在此阶段，计算机取证团队的成员识别和检查经过验证的 ESI，以获得适合在法庭上使用的证据数据。采用提取、处理、建模和解读等先进方法，将搜集到的数据转化为有用的证据。
- **证据评估**。一旦 ESI 被确定为证据，计算机取证调查员将针对所报告的安全事故对其进行评估。这一阶段的目的是将搜集到的数据与事故案例直接联系起来。
- **记录和报告**。此为调查后阶段，在初步刑事调查完成后进行。计算机取证小组成员根据适用的法律要求报告和记录数据和可接受的证据。
- **专家证人证词**。专家证人指在案件相关领域工作的专业人士。证人确认数据有用并可构成证据。

5.15.4 审计注意事项

在审计规划期间，信息系统审计师应考虑到计算机取证的几个关键元素。

数据保护

为了避免想要的信息被篡改，所有的措施都必须落实到位。应确立特定的协议，用以通知相应各方将开展电子证据搜寻工作，并告知他们不要通过任何方式破坏证据，这一点非常重要。

用于事故响应和处理的基础设施和流程应该落实到位，以便在事件或事故发生时进行有效的应对和取证调查。

数据采集

所有需要的信息和数据都应转移到受控位置。这包括所有类型的电子介质，例如固定磁盘驱动器和可移动介质。必须检查每个设备以确保其处于写保护状态。可使用称为只读锁的设备实现此目的。

还可以通过将陈述记录在案的方式从目击者或相关方处获得数据和信息。

调查人员可通过检查易失性数据确定系统的当前状况。这种数据包括打开的端口、打开的文件、活动进程、用户登录数据和 RAM 中存在的其他数据。这些信息通常会在受感染电脑关闭时丢失。

数据镜像

生成镜像是一个逐比特复制数据的过程，旨在避免在执行多个分析时损坏原始数据或信息。通过数据镜像生成过程可从磁盘中获得残留数据（例如已删除的文件、已删除文件的片段和其他信息）以供分析。这可能是因为数据镜像生成过程是逐个扇区地复制磁盘表面。

借助适当的工具，有时还能够从磁盘表面恢复遭到破坏的信息（甚至包括通过重新格式化擦除的信息）。

提取

此过程包括从镜像数据集中识别和选择数据。此过程应包含质量、完整性和可靠性标准。如果创建了任何图像，提取过程包括所使用的软件和其他介质。

提取过程可涉及不同的源，例如系统日志、防火墙日志、IDS 日志、审计轨迹和网络管理信息。

询问

询问用于从提取到的数据中获得重要的指标信息或关系，其中包括电话号码、IP 地址和人员姓名等。

数据获取/正规化

此过程将提取到的信息转换为调查人员能够理解的格式，其中包括将十六进制或二进制数据转换为可读的字符或适合数据分析工具的格式。可以通过外推法基于数据创建关系，也就是使用在构建调查假设时会用到的各种技术，例如融合、关联、制图、绘制关系图或时间线制作。

报告

如果没有以适当方式搜集和报告，则从计算机取证中获得的信息价值有限。报告分为两种类型：一种针对 IT，包含技术细节；另一种针对管理层，不包含技术细节。两者都很关键。公司必须充分了解事故，并随着调查的进行及时了解最新情况。记录所有可能的信息，包括日期、时间和相关细节。

信息系统审计师撰写取证审计报告时，必须说明审查系统的原因、审查计算机数据的方式，以及通过分析得出的结论。

报告应实现以下目标：[1]

- 准确描述事故的细节。
- 能为决策者所理解。
- 能承受住一系列的司法审查。
- 表述明确，不会造成误解。
- 易于引用。
- 包含解释得出的结论所需的所有信息。
- 必要时，提供合理的结论、意见或建议。
- 及时创建。

报告中还应注明组织、样本报告和流通限制（如有），并包括信息系统审计师针对特定任务的保留意见或限定条件。

5.15.5 计算机取证技术

计算机取证调查员使用各种技术，检查被入侵设备和应用程序的副本。他们分析所有隐藏文件和未分配的磁盘空间，以识别所有可能被加密或删除的文件。从这一过程中获得的取证证据将被记录为发现，并使用原始设备信息进行验证。此举是为法律诉讼做准备。在整个取证调查过程中，信息系统审计师应了解相关技术，并能够为团队提供必要的建议。一些常见的计算机取证技术包括：

---

[1] Luttgens, J.；M. Pepe；K. Mandia；《事件响应和计算机取证（第 3 版）》，McGraw Hill，美国，2014 年。

- **已删除文件恢复**。这种技术涉及恢复和还原本应被恶意员工、威胁实施者或恶意软件删除的文件。它涉及搜索整个系统和相关内存，查找在终端删除的文件片段。已删除文件恢复也被称为文件雕刻或数据雕刻。
- **反向信息隐藏图像**。反向隐写法是一种技术，其中计算机取证调查员搜索文件内容的哈希值，以确定文件是否有任何变化以及是否被操纵。这种技术通常十分有效，因为威胁实施者通常会在图像或其他数字文件中留下重要信息。通过反向信息隐藏图像，计算机取证调查员可以识别基础哈希值的变化。
- **跨驱动器分析**。跨驱动器分析技术涉及通过相关性和交叉引用等方法分析多个系统驱动器的数据，以比较可疑事件并检测异常。比较的目的是检测相似性并提供调查背景，这一过程也被称为异常检测。跨驱动器分析保留了与特定计算机取证调查相关的信息。
- **实时分析**。实时分析在计算机运行过程中分析计算机的易失性数据（RAM 和缓存）。该技术可以识别异常系统流量的原因。将计算机送往取证实验室以提取计算机中的易失性数据也是组织中的常见做法。这通常是首选做法，因为它有助于维护监管链。
- **随机取证**。这项技术涉及计算机取证调查员在不使用数字人工制品的情况下分析和重建过去的数字活动。人工制品是在数字处理过程中产生的对数据的意外改动，包括与数字犯罪有关的迹象。此类迹象的示例包括在数据窃取过程中对文件属性的更改。计算机取证调查员经常在涉及内部人员的数据泄露事件中应用随机取证。其原因是恶意内部人员通常不会留下数字人工制品。

5.15.6 计算机取证工具

信息系统审计师可能需要协助取证审计过程或提供保证。信息系统审计师应充分了解一些取证审计工具，因为它们能提高取证调查过程的效率和有效性：

- **采集工具**。取证审计师应开展的主要活动之一是搜集数字证据。取证调查过程中的这一阶段被称为采集过程。使用可信工具搜集证据至关

重要，因为这些证据日后可能会用于法庭诉讼。最值得信赖的工具包括 SafeBank，用于创建硬盘驱动器等存储设备的镜像或比特流备份文件。
- **数字证据袋（DEB）**。DEB 是信息系统犯罪现场取证调查人员通常使用的工具。它本质上是一种塑料证据袋，有助于确保物理证据的安全，从而维护监管链。它为信息系统审计师提供了可靠的容器，用于在需要时存储数字证据。数字证据袋由标签文件、索引文件和档案袋文件组成。标签文件包含有关证据的重要元数据，包括与调查和监管链相关的信息。索引文件包含与数据本身相关的信息，包括其来源和格式以及用于捕获数据的设备。档案袋文件是实际证据/数据，通常采用比特流或逻辑文件的形式，但也可以采用其他各种形式。
- **分析工具**。分析过程相当广泛，速度、准确性和效率至关重要。计算机取证调查员用于检查数字证据以寻找线索的最初工具是基本的文件列表和文档软件包。这些软件包通常会检查比特流图像，并生成原始设备上存在的程序和文件列表。用于隐藏、保护、加密或删除文件以防调查人员发现的软件通常是首选。例如 TrueCrypt（一种加密工具）和 Hide and Seek（一种信息隐藏图像工具）。
- **文件恢复工具**。文件恢复工具在取证调查中至关重要，因为恶意用户通常认为他们可以通过删除计算机中的文件来掩盖踪迹，并以为这些信息将永远消失。相反，所有被删除的文件都会成为存储介质可用空间的一部分，可用来存储新文件。在使用文件恢复工具时，信息系统审计师应检查文件的特征、上次查看文件的时间以及删除时间等方面。在生成可疑文件列表后，可使用 Encase 等工具打开文件，以开展进一步调查。

5.15.7 监管链

计算机犯罪的证据主要以日志文件、文件时间戳、内存内容等形式存在。重新启动系统或访问文件可能会使此类证据丢失、损坏或被覆盖。因此，应首先采取的一个步骤就是复制一份或多份受攻击系统的映

像。重新启动系统之前,还应将内存内容转储至某个文件。任何进一步的分析都必须在系统映像和内存转储副本上执行,而不是在原始系统上进行。除保护证据之外,保留监管链也很重要。

监管链是指详细记录对证据的相关处理和维护,其中包括证据的所有权、传输和修改。由于相关法律要求在证据完整性方面具有较高的置信水平,因此这种做法相当必要。在任何情况下,保存证据都非常重要。从操作和程序的角度,组织通常准备不足,难以应对入侵和电子犯罪,而且他们仅在入侵发生后意识到存在风险时才会有所反应。如果证据未得到留存,也未受书面记录的监管链约束,便会丧失其完整性及在法律诉讼中的价值。如果事故未以正式方式得到妥善管理和应对,便会发生这种情况。

为使证据能够被法庭采信,需要以专业的方式维护监管链。证据链包含的信息涉及以下内容:

- 有权接触到证据的人员(按时间顺序)。
- 处理证据所遵循的程序(例如磁盘复制、虚拟内存转储)。
- 证明所做分析基于与原始证据相同的副本(例如文档、校验和或时间戳)。

须使用行业规定的良好实践、成熟的工具和尽职调查,以便为证据的质量提供合理保证,这一点非常重要。

为使证据能被执法部门接受,证明证据的完整性和可靠性也非常重要。例如,如果信息系统审计师"引导启动"的计算机中,疑似包含可能作为一桩诉讼案件之呈堂证据的存储信息,该审计师就不能在随后否认他们向硬盘写入了数据,因为引导序列会向硬盘写入一条记录。这就是为什么要使用专业工具来拷贝磁盘,然后将其用于调查。

5.15.8 保护数字证据的最佳实践

涉及潜在计算机犯罪的数字调查须遵循规则和流程,以确保搜集到的证据在法庭上可接受。保护数字证据的最佳实践为:

- **预防污染**。计算机取证应保护犯罪现场,并保持数据和环境的完整性。这允许其他调查人员开展自己的分析并得出相同的结论,因为他们拥有相同的数据。信息系统取证调查员应生成内存和存储的镜像,并在不修改原件的情况下检查内容。数据镜像应生成证据文件的逐位副本,并用作工作副本。建议永远不要处理原始数据,因为这样做通常会导致有价值的元数据被删除和污染。

- **拥有明确的监管链**。在计算机取证法理学中,通过维护审计日志来证明证据的完整性至关重要。监管链将有助于证明证据的真实性,因为它提供了谁在何时访问文件的完整记录,以及任何经过身份验证的用户对证据执行的活动顺序。信息系统审计师必须核实介质和数字证据的传输情况(与介质和数字证据接触的每个人和机构之间)。如果需要采取法律行动,记录的缺失通常会导致证据无法被法庭采纳。

- **实施篡改检测**。数据镜像过程会生成加密哈希值,通过提供数字证据与上传后的原始证据相同的证据来验证数字证据的完整性和真实性。如果对证据进行任何更改,系统会生成与原始哈希值不匹配的新哈希值。因此,通过哈希值,可以检测到任何类型的更改,并保持数字证据的完整性。

- **安全存储设备**。如果数字证据存储在笔记本电脑或任何其他设备上,则必须首先保护该设备。为此,应在登录时加入密码流程。可纳入受密码保护的屏幕保护程序,以预防任何人访问该设备。应考虑对设备进行异地存储,尤其是当证据管理是长期活动时。

- **对移动设备进行数字隔离**。无线设备应在隔离室中进行数字隔离,关闭Wi-Fi和有线网络连接,并切换到飞行模式以预防接收来电。关闭手机可保留手机信号塔位置信息和通话记录,并预防手机被使用,因为使用手机可能会更改手机上的数据。设备应放置在由防静电包装制成的法拉第袋中,如纸袋或信封和纸板箱。应避免使用塑料制品,因为它会产生静电,并导致冷凝水或湿气积聚。设备最初应隔离检查,以预防连接到任何网络,并保持证据的原始状态。

- **加密硬盘驱动器**。如果在启用密码后对安全性有更多的担忧,组织可以进一步加密硬盘驱动器。不过,作为设备保护的最佳选择,并不总是建议将整个磁盘加密。

- **让取证专家参与进来**。通常情况下，处理证据的人员必须知道何时应停止处理证据，并让取证专家接手。遵循最佳实践允许普通安全人员、IT 技术人员和办公室工作人员协助证据搜集流程。然而，保存和分析证据的过程通常需要更高水平的取证专业知识。
- **避免改变设备电源状态**。建议在证据识别和搜集期间尽可能长时间地保持设备的当前电源状态。如果设备处于开机状态，则建议保持开机状态，反之亦然。电池供电的设备应尽可能长时间地保持当前状态。当设备关闭时，应立即取出电池。有些手机设有自动定时器以打开手机进行更新，这可能会危及数据，因此最好将电池取出。
- **监控证据交易**。员工应定期签署证据，以用于报告或法律咨询。记录证据交易对于维持适当的监管链至关重要。对于没有指定人员来管理证据的组织来说，这可能并非易事。因此，可以要求信息系统安全人员管理证据。
- **安装写入阻断软件**。安装写入阻断软件可预防在检查设备或介质时更改其上的数据。写入阻断工具通常允许对设备或介质进行只读访问，从而维持数据的完整性。
- **纳入其他证据**。支持取证调查的信息系统审计师应明确，计算机或其他设备上的文件并不是唯一可以搜集到的证据。分析师可能需要在硬件之外寻找存在于互联网上的证据，包括聊天室、即时消息、网站和其他参与者或信息网络。通过使用互联网地址系统、电子邮件标题信息、消息时间戳和其他加密数据，分析人员可以拼凑出一连串的互动，从而了解活动的全面信息。

案例研究

Spectertainment 是一家致力于制作和发行爵士乐视频剪辑的公司。该公司诞生于互联网时代，并且积极支持笔记本电脑和平板电脑的使用，因此员工可以轻松实现远程工作。他们可以通过互联网访问公司数据库，并向客户提供在线信息。这一支持远程工作的决定提高了员工的效率，同时也提升了员工士气，因为公司允许员工一周有两天在家工作。员工通过书面程序和培训课程来学习安全程序，以避免未经授权访问公司数据的风险。员工对公司数据的访问包括通过 VPN 使用登录 ID 和密码来访问应用程序服务器。初始密码由安全管理员分配。员工首次登录时，系统会强制要求更改密码以提高机密性。管理层目前正在考虑如何提升员工远程访问的安全保护。

Spectertainment 要求其信息系统审计师审查其新的 VPN 实施情况，以适应远程工作情况的增加。审计师发现许多员工在远程工作或旅行时使用个人设备连接到 VPN。公司已制定了远程访问政策，但没有指定对个人设备的要求。

1. 信息系统审计师在审查 VPN 实施情况时，以下哪种情况**最**令其担忧？网络中的计算机位于：

   A. 企业的内部网络

   B. 备用站点

   C. 员工家里

   D. 企业的远程办公室

2. 在应用访问控制软件以避免未经授权的访问风险时，以下哪个级别可提供更高程度的保护？

   A. 网络和操作系统级别

   B. 应用程序级别

   C. 数据库级别

   D. 日志文件级别

3. 当一名员工通知公司他/她忘记了密码时，安全管理员**首先**应该做什么？

   A. 让系统随机生成一个新密码

   B. 通过提问/回答系统来验证用户的身份

   C. 向该员工提供默认密码并告知其尽快更改该密码

   D. 让该员工前往管理员终端设备生成新密码，以确保机密性

4. Spectertainment 应确保实施以下哪些政策来解决员工使用个人设备连接到 VPN 的发现？

   A. 远程访问政策

   B. 可接受使用政策

   C. 变更控制政策

   D. 访问控制政策

5. 为什么 Spectertainment 选择支持个人设备的使用，而不是禁止这种做法？（选择所有适用项。）

   A. 提高员工的工作效率

   B. 必要时易于终止员工的访问权限

   C. 增加成本节约

   D. 提高安全意识

案例研究相关问题参考答案

1. A. 在企业的内部网中，应具有一些安全政策和控制来检测并停止使用内部计算机作为临时平台的外部攻击。因此，这不是信息系统审计的最大问题。
   B. 备用站点上的计算机因为遵守企业的安全政策，因此不属于高风险计算机。
   C. VPN 在远程 PC 和公司网络之间提供安全连接。但是，VPN 不能保护远程 PC 免受外部攻击（例如来自互联网的攻击）。如果远程 PC 被侵入，恶意实施者可使用受损的远程 PC 作为入口点进入公司网络（横向移动）。
   D. 企业远程办公室网络中的计算机，可能由对安全具有不同理解的信息系统员工和安全员工进行操作，此类计算机的风险要高于主办公室或备份站点的情况，但显然比家庭计算机的风险低。

2. **A. 在网络和平台/操作系统层上应用访问控制软件，可以最大程度地预防内外部用户未经授权的访问。这些系统也称为通用支持系统，它们构成应用程序和数据库系统所处的主要基础设施。**
   B. 应用程序级别从属于由通用支持系统构成的基础设施，由网络和操作系统级别提供支持。
   C. 数据库级别从属于由通用支持系统构成的基础设施，由网络和操作系统级别提供支持。
   D. 日志文件级别从属于由通用支持系统构成的基础设施，由网络和操作系统级别提供支持。

3. A. 当员工报告忘记密码时，安全管理员只有在通过提问/回答系统或类似程序验证用户的身份后，才能启动密码流程生成程序。
   B. 提问/回答系统或类似程序应该是验证用户身份的第一步。出于验证的目的，建议安全管理员回拨用户的分机号或致电其主管进行核实。
   C. 在向员工提供默认密码之前，应使用提问/回答系统或类似程序验证个人的身份。
   D. 在采取任何进一步行动之前，必须验证用户的身份。无论终端设备的安全性如何，都不应在确认身份之前生成新密码。

4. A. Spectertainment 制定了远程访问政策，其中概述了远程连接到内部资源的已批准方法，但不涉及个人设备的使用。
   B. 可接受使用政策概述了员工在使用和访问组织资产时同意遵守的规定。它将确认是否允许使用个人设备，并且还可能包括自带设备政策，以进一步规范其使用。
   C. 对 IT 系统进行更改时需要变更控制政策。虽然可能需要根据支持 BYOD 所需的任何更改来提交一些变更，但这不是最重要的控制。
   D. 访问控制政策用以确保员工了解如何访问系统。虽然可能需要更改访问控制政策来支持 BYOD，但这并不是最重要的控制。

5. **A. BYOD 政策显示出工作效率和员工满意度的提高。**
   B. 使用 BYOD 会使终止员工访问权限变得更加困难。
   C. 由于员工使用自己的设备，BYOD 可以帮助组织节省成本。
   D. 使用 BYOD 并不表明员工对使用个人设备工作所带来的安全风险的认识有所提高。

附录 A
CISA 考试一般信息

ISACA 是一个由专业会员组成的协会，由对信息系统审计、鉴证、控制、安全和治理感兴趣的人士组成。CISA 认证工作组负责为 CISA 认证方案制定政策并主持考试。

> **注意**
> 由于有关 CISA 考试方面的信息可能发生变化，因此请登录 ISACA 网站了解最新信息。

CISA 认证资格授予已达到以下要求的人士：

1. CISA 考试获得及格分数。
2. 提交信息系统审计、控制、鉴证或安全经验方面经过验证的证据。
3. 遵守职业道德规范。
4. 遵守继续职业教育政策。
5. 遵守 ISACA 采用的信息系统审计标准。

成功完成 CISA 考试

本考试对所有有意向应试的人员开放。为了在考试中取得最佳成绩，ISACA 建议考生在参加考试前积累三年的信息系统审计经验。

成功通过考试的考生必须先申请认证，证明他们符合所有要求并获得 ISACA 批准后，才能获得认证。

在信息系统审计、控制和安全方面的工作经验

申请认证时，必须具有最少五年的信息系统审计、控制、鉴证与安全方面的专业工作经验。请参阅《ISACA 认证考试指南》，了解有关免除工作经验要求的信息。

工作经验必须在 CISA 认证申请日之前的十（10）年内，或首次通过考试之日起的五（5）年内获得。从通过 CISA 考试当天算起，必须在五（5）年内提交填写完毕的认证申请。所有工作经验证明必须分别经过相关雇主证实。

考试介绍

CISA 认证工作组负责监管 CISA 考试的开发过程，并确保其内容的时效性。CISA 的考题均是通过一套旨在提高最终考试质量的多层流程进行开发的。

考试的目的是评估考生在进行信息系统审计和审查方面的知识和经验。考试为 150 道选择题，考试时间为 4 小时。

报名参加 CISA 考试

CISA 考试在合格的考试地点和通过实时在线监考长期进行。请参阅《ISACA 认证考试指南》了解详细信息，包括考试报名、日程计划安排、语言以及考试当天的重要信息。可通过 ISACA 网站进行在线考试报名。

CISA 方案再次通过 ISO/IEC 17024:2012 鉴定

美国国家标准协会已投票决定继续根据 ISO/IEC 17024:2012 符合性评估（对人员认证机构的一般要求）对 CISA、CISM、CGEIT、CRISC 和 CDPSE 认证进行鉴定。ANSI 是一家私营非营利组织专门对作为第三方产品、系统和人员认证机构的他组织进行鉴定。

ISO/IEC 17024 标准规定了按特定要求进行个人资格认证的组织应遵守的要求。ANSI 将 ISO/IEC 17024 描述为"预期在促进认证团体的全球标准化、推动跨国人才流动、增加公共安全和保护消费者方面，将扮演突出的角色。"

ANSI 鉴定具有以下作用：

- 推广 ISACA 认证所提供的特有资格和专业知识技能。
- 保护认证的信誉并提供法律保护。
- 增强消费者和公众对本认证及其持有人的信心。
- 促进跨国、跨行业的人才流动。

通过 ANSI 鉴定即表明 ISACA 的认证程序符合 ANSI 有关公开、均衡、普遍认可和应循流程等方面的基本要求。由于通过了此鉴定，ISACA 预计 CISA、CISM、CGEIT 和 CRISC 持证人将会继续受到来自美国和世界各地的良好机会的青睐。

预约安排考试日期

您可以直接从 My ISACA 档案中安排 CISA 考试。有关完整说明，请参阅《ISACA 认证考试指南》。考试可以安排在任何可用的时间段。原定预约时间前至少 48 小时可以重新安排考试。在离原定考试日期 48 小时之内，必须参加本次考试，报名费不予退还。

考试入场

在考试当天之前，请确保：

- 如果考试在考场进行，请找到考场并确认开始时间。
- 如果通过实时在线监考进行测试，请测试将用于参加考试的计算机。有关详细说明，请查询 ISACA 网站上的远程监考指南。
- 计划在考试开始前 15 分钟到达考场。
- 计划存放个人物品。
- 确认考试日规则。

您必须出示可接受的身份证件方可进入考场，并通过在线远程监考参加考试。请参阅《ISACA 认证考试指南》了解可接受的身份证件。

不得将以下物品带入考场，或在在线远程监考考试期间将其放在房间内：

- 参考材料、纸张、笔记本或语言词典。
- 计算器。
- 任何类型的通信、监视或记录设备，包括：
  - 手机。
  - 平板电脑。
  - 智能手表或智能眼镜。
  - 移动设备。
- 任何类型的提包，包括手袋、钱包或公文包。
- 武器。
- 烟草类产品。
- 食品或饮料。

如果在考试期间发现有考生携带任何此类通信、监控或记录设备，则该考生必须立即离开考场，其成绩将被视为无效。

在完成考试并提交考卷之前，带入考场的个人物品必须存放在储物柜或其他指定区域。

避免可能导致您的考试成绩无效的活动，例如：

- 制造干扰。
- 提供或接收帮助；使用字条、纸张或其他辅助工具。
- 试图代考。
- 在考试期间持有通信、监控或记录设备，包括但不仅限于手机、平板电脑、智能眼镜、智能手表和其他移动设备。
- 试图共享考试中包含的考题、答案或其他信息，包括在考试后共享试题（因为这些是 ISACA 的保密信息）。
- 擅自离开考场（将禁止返回考场）。
- 在考试结束前存取个人物品区存放的物品。

安排时间

考试时间为四小时。回答每个问题的平均时间略多于 1.5 分钟。因此，建议考生掌握好节奏，以便完成所有问题。为此，考生应该平均每小时完成 38 道题。

考试评分

考生的成绩按照比率分数来报告。比率分数是将考生的原始考试分数转换为通用比例后所得的分数。

ISACA 按照从 200 至 800 的通用比例来使用和报告分数。

考生必须达到或超过 450 分才能通过考试。450 分是 ISACA 的 CISA 认证工作组所制定的最低统一知识标准。如果考生考试分数及格，且符合所有其他要求，即可申请认证。

通过考试并不等于获得 CISA 资格认证。

要成为 CISA，每位考生必须满足所有要求，包括提交认证申请和获得认证的批准。

CISA 考试包含一些仅为研究和分析目的而采用的考题。这些题目未单独标识，考生的最终成绩仅基于普通评分考题。尽管每个考试都有不同的版本，但仅普通评分考题用于评定考生的成绩。

考生的考试分数低于 450 分为不及格。考生需重新报名并支付相应的考试费，便可重新参加考试。为帮助考生将来的学习，各考生收到的成绩单将包含按内容领域的分数分析。

考试结束时，考生会在屏幕上立即收到初步成绩。**正式成绩将在 10 个工作日内通过电子邮件发送，也可以在线查看。无法提供具体考题的结果。**

要获得 CISA 认证，考生必须通过 CISA 考试，完成并提交认证申请，并且还必须收到 ISACA 批准该申请的确认信息。可以在 ISACA 网站上进行申请。申请批准后，会给考生发送确认信息。考生申请得到批准之前，并未通过 CISA 认证，无法使用 CISA 资格认证。每次申请 CISA 认证时须提交手续费。

考试成绩不合格的考生可以在考试成绩发布后 30 天内申请成绩复查。所有的申请都必须包含考生姓名、考号及邮寄地址。每份申请须同时提交 75 美元的费用。

附录 B
CISA 工作实务

知识领域

信息系统的审计流程

A 计划
1. 信息系统审计标准、准则、职能和道德规范
2. 审计类型、评估和审查
3. 基于风险的审计规划
4. 控制类型和考虑因素

B 执行
1. 审计项目管理
2. 审计测试和抽样方法
3. 审计证据搜集技巧
4. 审计数据分析
5. 报告和沟通技巧
6. 质量保证和审计流程改进

IT 治理与管理

A IT 治理
1. 法律、法规和行业标准
2. 组织结构、IT 治理和 IT 战略
3. IT 政策、标准、程序和实务
4. 企业架构和注意事项
5. 企业风险管理
6. 隐私方案和原则
7. 数据治理和分类

B IT 管理层
1. IT 资源管理
2. IT 供应商管理
3. IT 性能监控与报告
4. IT 质量保证和质量管理

信息系统的购置、开发与实施

A 信息系统的购置和开发
1. 项目治理和管理
2. 业务案例和可行性分析
3. 系统开发方法
4. 控制识别和设计

B 信息系统实施
1. 系统准备和实施测试
2. 实施配置和发行管理
3. 系统迁移、基础设施部署和数据转换
4. 实施后分析

信息系统的运营和业务恢复能力

A 信息系统运营
1. IT 组件
2. IT 资产管理
3. 作业调度和生产流程自动化
4. 系统接口
5. 影子 IT 和最终用户计算
6. 系统可用性和容量管理
7. 问题和事故管理
8. IT 变更、配置和修补程序管理
9. 运营日志管理
10. IT 服务水平管理
11. 数据库管理

B 业务恢复能力
1. 业务影响分析
2. 系统和运营恢复能力
3. 数据备份、存储和恢复
4. 业务持续计划
5. 灾难恢复计划

信息资产的保护

A 信息资产安全和控制

1. 信息资产安全政策、框架、标准和准则
2. 物理与环境控制
3. 身份和访问管理
4. 网络和终端安全
5. 数据丢失防护
6. 数据加密
7. 公共密钥基础设施
8. 云和虚拟化环境
9. 移动、无线和物联网设备

B 安全事件管理

1. 安全意识培训和方案
2. 信息系统攻击方法和技术
3. 安全测试工具和技术
4. 安全监控日志、工具和技术
5. 安全事故响应管理
6. 证据搜集和取证

次要分类—任务

1. 规划审计工作,以确定信息系统是否得到保护和控制,以及是否为组织创造价值。
2. 按照信息系统审计标准和基于风险的信息系统审计战略执行审计。
3. 将项目管理方法应用于审计过程。
4. 与利益相关方沟通并搜集有关审计进度、发现、结果和建议的反馈。
5. 进行审计后跟进,以评估是否充分解决了已识别的风险。
6. 使用数据分析工具来增强审计流程。
7. 评估自动化和/或决策系统对组织的作用和/或影响。
8. 将审计流程作为质量保证和改进方案的一部分进行评估。
9. 评估 IT 战略,以便与组织的战略和目标保持一致。
10. 评估 IT 治理结构和 IT 组织结构的有效性。
11. 评估组织的 IT 政策管理和实务,包括对法律和监管要求的遵守情况。
12. 评估 IT 资源和项目管理,确保其与组织的战略和目标保持一致。
13. 评估组织的企业风险管理方案。
14. 确定组织是否已定义 IT 风险、控制和标准的所有者。
15. 评估 IT 关键绩效指标和 IT 关键风险指标(KRI)的监控和报告。
16. 评估组织维持业务运营的能力。
17. 评估组织的存储、备份和恢复政策和流程。
18. 评估与信息系统相关的业务案例是否符合业务目标。
19. 评估 IT 供应商选择和合同管理流程是否符合业务、法律和监管要求。
20. 评估供应链的 IT 风险因素和完整性问题。
21. 对在信息系统开发生命周期各个阶段执行的控制进行评估。
22. 对信息系统的生产实施和迁移就绪情况进行评估。
23. 对系统进行实施后审查,确定其是否满足项目交付成果、控制和要求。
24. 评估是否已制定有效的流程来支持最终用户。
25. 评估 IT 服务管理实务是否符合组织要求。
26. 定期审查信息系统和企业架构,以确定与组织目标的一致性。
27. 评估 IT 运营和维护实务是否支持组织的目标。
28. 评估组织的数据库管理实务。
29. 评估组织的数据治理方案。
30. 评估组织的隐私方案。

31. 评估数据分类实务，以确保其符合组织的数据治理计划、隐私方案和适用的外部要求。

32. 评估组织的问题和事故管理方案。

33. 评估组织的变更、配置、发布和修补程序管理方案。

34. 评估组织的日志管理方案。

35. 评估与资产生命周期管理相关的组织政策和实务。

36. 评估与影子 IT 和最终用户计算相关的风险，以确定补偿性控制的有效性。

37. 评估组织的信息安全方案。

38. 评估组织的威胁和漏洞管理方案。

39. 使用技术安全测试以识别潜在漏洞。

40. 评估逻辑、物理和环境控制，以验证信息资产的机密性、完整性和可用性。

41. 评估组织的安全意识培训方案。

42. 为组织提供指导，以改善信息系统的质量和控制。

43. 评估与新兴技术、法规和行业惯例相关的潜在机会和风险。

术语表

Cookie。用于识别访问网站的用户和特定网页的 Web 浏览器信息。

范围说明：首次设置 Cookie 时，用户可能需要注册。此后，当 Cookie 的信息发送到服务器，即可根据用户的偏好产生为用户特设的视图。但是，浏览器使用 Cookie 也带来了一些安全隐患，比如安全性被破坏及个人信息泄露（例如，用于验证用户身份和启动受限的 Web 服务的用户密码）。

IP 安全协议（IPSec）。由互联网工程任务组（IETF）制定的一系列协议，目的是为数据包的交换安全提供支持。

IT 战略计划。一项长期计划（即三到五年期限），由业务管理层和 IT 管理层共同制订，确定 IT 资源将如何为企业战略目标（目的）服务。

IT 指导委员会。是高级管理层级别的委员会，协助实现 IT 战略，监督 IT 服务交付和 IT 项目的日常管理，重点关注实施方面。

RSA 加密系统（RSA 加密系统）。由 R. Rivest、A.Shamir 和 L. Adleman 开发的公钥加密系统，对加密和数字签名均适用。

范围说明：RSA 加密系统具有两种不同的密钥：公共加密密钥和私有解密密钥。RSA 加密系统的强度取决于素数因子分解的难度。如果应用程序要求很高的安全性，解密密钥的位数应大于 512 位。

Wi-Fi 保护访问（WPA）。用来保护无线（Wi-Fi）计算机网络的一类安全协议。

X.25 接口。数据终端设备（DTE）与数据电路终端设备（DCE）之间的一种接口，适用于在某些公共数据网络中按数据包模式操作的终端。

安全套接字层（SSL）。用于通过互联网传输私人文档的通信协议。

范围说明：SSL 通信协议使用私钥对通过 SSL 连接传输的数据进行加密。

白箱测试。利用程序/模块的底层实现和代码间隔的知识验证其预期行为的一种测试方法。

保密协议（NDA）。由至少两方商定的法律合同，其中概述了协议方为达到某种目的而希望彼此共享，但不允许广泛使用的机密材料；根据该合同，协议方应同意不泄露协议中包含的信息。

范围说明：也称为保密披露协议（CDA）、机密性协议或保密性协议。NDA 在各方之间建立了一种保密关系，从而保护所有类型的商业秘密。NDA 同样也可以保护非公开的业务信息。在某些政府机构中，非商业机密的机密资料是受到法律制约，而且在某些情况下还可能需要将其透露给请求该信息的外部相关方。通常，政府机构会在合同中包含一项规定，使得卖方可以在收到其确定为机密性的信息请求时进行审查，而且卖方可以对要求其透露信息的决定提出上诉。当两个公司或个人考虑一起开展业务，并且仅仅为了评估潜在的业务关系而需要相互了解彼此在业务中所用的流程时，通常都会签订 NDA。NDA 可以是"相互的"，这意味着双方在使用所提供的材料时都会受到限制，此外，也可以只限制一方。在雇用时，雇员也可以与公司签订 NDA 或类似 NDA 的协议；实际上，有些雇用协议一般都包括对"机密信息"进行限制的条款。

备份。发生故障或丢失事件时可使用的文件、设备、数据和程序（如果原件损毁或故障）。

变更管理（CM）。一种整体性和前瞻性方法，用于管理从当前至理想组织状态的过渡，尤其关注变更的关键人或"软"因素（ISACA）。

范围说明：包括文化变革（价值观、信仰和态度）、激励系统的发展（衡量指标和适当激励）、组织设计、利益相关方管理、人力资源政策与程序、行政指导、变革领导力培训、团队建设和沟通规划与执行等活动。

变量抽样。一种根据样本预估总体平均值或总值的抽样技术；统计学上一种预测数量特征（如货币金额）的统计模型。

标准。经过公认的外部标准机构（例如国际标准化组织）批准的强制性要求、实践准则或规范。

补偿性控制。减小现有或潜在控制弱点导致错误与遗漏的风险的内部控制。

不间断电源（UPS）。当电源出现故障或降到不可接受的电压水平时，为计算机系统提供短期的备用电池供电。

财务审计。旨在确定财务记录和信息准确性的审计。

操作系统（OS）。用于运行计算机且充当调度程序和流量控制器的主要控制程序。

范围说明：操作系统会在计算机打开后最先被复制到计算机内存中，而且必须一直位于内存中。它是一种软件，提供计算机硬件（磁盘、键盘、鼠标、网络、调制解调器和打印机）与应用程序软件（Word 处理程序、电子表格、电子邮件）之间的接口，同时也控制对设备的访问，在一定程度上负责安全组件，并为系统中运行的应用程序设定了标准。

层次型数据库。以树状结构或者父与子关系形式为结构的数据库。

范围说明：每个父项可以拥有多个子项，但每个子项只允许拥有一个父项。

超文本链接标示语言（HTML）。专为创建 Web 页面（在 Web 浏览器中显示超文本和其他信息）而设计的一种语言；用于结构化信息，即将特定文本分别作为标题、段落、列表等，并且还可在一定程度上描述文档的外观和语义。

程序。详细说明根据适用标准执行具体操作的必要步骤的文档。程序被定义为流程的组成部分。

持续性审计方法。可让信息系统审计师通过计算机持续监控系统的可靠性，并且有选择性地搜集审计证据。

传输控制协议/互联网协议（TCP/IP）。为互联网提供了基础；是一组包括介质访问、数据包传输、会话通信、文件传输、电子邮件、终端设备模拟、远程文件访问和网络管理的通信协议。

存储区域网络（SAN）。局域网（LAN）的一种变体形式，专门用于将存储设备连接到服务器及其他计算设备。

范围说明：SAN 集中处理数据的存储和管理。

登录。连接计算机的过程，通常需要在计算机终端设备输入用户 ID 和密码。

第四代语言（4GL）。用户友好的高级非程序计算机语言，用于编程和/或读取，以及处理计算机文件。

点对点协议（PPP）。用于在连接两端间传输数据的协议。

电话线路盗用者。破解安全措施（最常见的是针对电话线路和其他通信网络）的入侵者。

电路交换网络。一种数据传输服务，它要求在可将数据从源数据终端设备向目标 DTE 传输之前建立电路交换连接。

范围说明：电路交换数据传输服务使用连接网络。

电子认证业务规则（CPS）。一套详细的规则，用于管理认证机构的运营。CPS 介绍了特定 CA 所颁发认证的价值和可信度。

范围说明：它阐述了企业遵守的控制条款，这种方法用于验证认证申请人真实性的方法以及 CA 对其证书使用方法的期望。

电子商务。企业利用互联网技术，通过电子方式与其客户、供应商及其他外部商业伙伴开展业务的过程。

范围说明：电子商务包括企业对企业和企业对消费者两种模式，但不包括基于电子数据交换和全球银行间金融电讯协会等专用网络的现有非互联网类电子商务模式。

电子数据交换（EDI）。交易（信息）在两个企业间以电子方式传输。EDI 可推动更高效的无纸化环境。EDI 传输可以取代标准文档的使用，其中包括发票和采购订单。

电子邮件/人际信息传递。个人使用终端设备、PC 或应用程序可以访问网络并将非结构化信息发送给其他个人或团体。

电子资金转账（EFT）。通过电信进行货币交换。EFT 是指某终端设备将一笔资金从一个账户转移到另一个账户的任何财务交易。

动态主机配置协议（DHCP）。供联网计算机（客户端）使用的协议，用于从 DHCP 服务器获取 IP 地址及参数，如默认网关、子网掩码和域名系统服务器的 IP 地址。

范围说明：DHCP 服务器可确保所有的 IP 地址均唯一，例如分配给第一个客户端的 IP 地址仍然有效时（租期未满），不会将该地址分配给第二个客户端。因此，IP 地址池的管理工作由服务器完成而不是由网络管理员手动完成。

对策。通过任何直接流程减少威胁或漏洞。

恶意软件。恶意软件（malicious software）的缩写，用于在未经所有者同意的情况下潜入到计算机系统中，破坏或获取系统中的信息。恶意软件的例子包括计算机病毒、蠕虫、特洛伊木马、间谍软件和广告软件。

发现抽样（Discovery sampling）。一种属性抽样形式，用于确定在样本总体中至少找出一个样例（属性）的特定概率。

防病毒软件。IT架构中多点部署的应用程序软件。其目的是在造成损失前检测和潜在排除病毒代码，并修复或隔离已感染病毒的文件。

防火墙。可加强两个或多个网络间边界的系统或系统组合，通常在安全环境和开放环境（如互联网）之间形成屏障。

访问方式。用于一次选择一个文件中的记录以进行处理、检索或存储的技术。访问方法与文件组织有关，但与文件组织有别（后者确定如何存储记录）。

访问控制。控制对信息系统和资源的访问，以及对工作场所实际访问的流程、规则和部署机制。

访问控制表。计算机访问规则列表，主要是登录ID和各计算机终端设备进行计算机访问控制级别的内容。

访问控制列表（ACL）。计算机访问规则列表，主要是登录ID和各计算机终端设备进行计算机访问控制级别的内容。

范围说明：也被称为"访问控制表"。

访问权限。授予用户、程序或工作站以在系统中创建、更改、删除或查看数据和文件的权限，这些权限由数据所有者建立的规则和信息安全政策定义。

非对称式密钥（公开密钥）。使用不同密钥加密和解密信息的密码技术。

范围说明：请参阅"公钥加密"。

风险。事件发生的可能性及影响的组合。

风险处置。选择和实施用于减少风险的措施的过程（ISO/IEC Guide 73:2002）。

风险分析。风险管理的初始步骤是分析资产对企业的价值、找出对这些资产的威胁并评估每项资产相对于这些威胁的脆弱程度。

范围说明：风险分析通常涉及对特定事件可能发生的频率以及该事件的可能影响的评估。

风险管理。在风险方面对企业进行指导和控制的协调活动。

范围说明：在国际标准中，术语"控制"与"措施"是同义词。（ISO/IEC指南73:2002）

风险缓解。使用对策和控制（ISACA）来管理风险。

风险偏好。在广泛的层面上，实体在实现其目标的过程中愿意接受的风险量。

风险评估。用于识别和评估风险及其潜在影响的一种流程。

范围说明：风险评估用于识别为企业带来高风险、漏洞或风险暴露的项目或领域，以便纳入信息系统年度审计计划。风险评估也用于管理项目交付风险与项目效益风险。

风险评价。将估计的风险与制定的风险标准进行比较以确定风险重要程度的过程。（ISO/IEC 指南73:2002）

风险容忍度。在企业追求目标的过程中，管理层愿意承受的任何特定风险的可接受变动水平。

风险转移。将风险分摊到其他企业的过程，通常通过购买保单或外包服务来实现。

范围说明：又被称为风险分担。

符合性测试。旨在获取审计期间内有关控制效能及其操作的证据的控制测试。

服务等级协议（SLA）。服务提供商与客户/用户之间关于定义服务的最低绩效目标及其衡量方式的协议（最好有文档记录）。

复原程序。当系统实施、升级或修改未按预期生效时所执行的一种行动计划或一系列程序。

范围说明：其中可能涉及将系统恢复到实施或变更前的状态。当发生故障时，需要采用复原程序来确保正常业务流程得以继续；在进行系统迁移或实施时应始终考虑到复原程序。

改正性控制。一种控制，目的是在检测到错误、遗漏、未经授权的使用及受到入侵时进行修正。

功能点分析（FPA）。根据功能指数数量确定开发任务工作量的技术。

范围说明：功能点包括输入、输出、查询、内部逻辑站点等因素。

公共密钥加密。使用两种密钥的密码系统：一种是公开的公钥，另一种是私钥或机密密钥，只有消息接收方知道。另请参见"非对称密钥"。

公钥基础设施（PKI）。用于将加密密钥关联到已颁发密钥的实体的一系列流程和技术。

公钥加密系统。将一个广泛分发的公钥和一个严格保密的受保护私钥组合在一起的密码系统。由公钥加密的信息只能由特定算法生成的对应私钥进行解密。反过来，只有对应的公钥才能解密出对应私钥加密过的数据。

固件。硬件设备（如IC）与作为只读软件驻留在该设备上的计算机指令和数据的组合。在处理过程中，计算机无法修改此类软件。

固有风险。未将管理层已采取或可能会采取的措施（例如，实施控制）考虑在内的风险水平或风险暴露。

关键成功因素（CSF）。对管理层实现IT流程控制而言最为重要的问题或行动。

关键绩效指标（KPI）。绩效衡量的一种类型。

关键目标指标（KGI）。事后告诉管理层，IT流程是否已达到业务要求的一项衡量指标；通常用信息衡量标准表示。

管理控制。处理操作效能、效率和法规与管理政策遵循问题的规则、程序和实践。

光纤传输线路。通过电信网络传输二进制信号的玻璃纤维光缆。

范围说明：与双绞线电缆相比，光纤系统的传输耗损更低，不辐射出能量或导电，不会被腐蚀和遭到闪电引起的干扰并且还可降低遭窃听的风险。

广域网（WAN）。在一个较大区域内连接多个办公室或建筑物的计算机网络。

广域网（WAN）交换机。用于实现各种广域网技术〔例如异步传输模式、点对点帧中继解决方案和综合服务数字网（ISDN）等〕的数据链路层设备。

范围说明：广域网交换机通常与通过T-1或T-3连接为组织提供专用广域网交换和路由器服务的运营商网络有关。

哈希校验和。文档或计算机文件中任何数值数据字段的总和。参照相同字段的控制总数核对该总和，以提高处理的准确度。

黑客。试图未经授权访问计算机系统的个人。

黑箱测试。重点测试应用程序或产品功能的一种测试方法，不要求具备编写每段程式的知识。

互惠协议。拥有类似设备或应用程序的两家或以上企业之间的应急处理协议。

范围说明：互惠协议的参与者通常承诺在发生紧急情况时相互提供处理时间。

互联网协议语音（VoIP）。也称为IP电话、互联网电话和宽频电话，是一种取代专用语音传输线路，可在互联网或任何专用互联网协议网络中进行语音对话的技术。

环形拓扑。一种局域网（LAN）架构，其中的电缆构成一个环形，各站沿环形分散部署。

范围说明：在环形拓扑中，信号以报文的形式在环形中传输。每个站都能收到报文，然后各站根据地址决定是否接收或处理特定的报文。但在收到消息后，每个站都充当一个中继器，按其原来的信号强度重新传送该消息。

恢复点目标（RPO）。根据在发生运营中断时可接受的数据损失确定的。它指明可接受的恢复数据的最早时间点。RPO有效地量化了在发生运营中断时允许的数据丢失量。

恢复时间目标（RTO）。在发生灾难后，恢复业务功能或资源所允许的时间量。

恢复战略。企业在面临灾难或其他重大断电事故时，用于保证恢复和持续性的一种方法。

范围说明：通过企业战略可确定计划和方法。实施企业战略的方法或解决方案可能不止一个。方法和解决方案的示例包括：签订热备援中心或冷备援中心使用合约；建立内部热备援中心或冷备援中心；确定备用工作区、联盟或互惠协议；签订移动恢复或货运箱和船只使用合约等。

基准测试。一种系统性方法，可将企业绩效与同业和竞争者相比较，目的是了解开展业务的最佳方法。

范围说明：示例包括质量、物流效率和各种其他衡量指标的基准检测。

集成测试设施（ITF）。在生产系统中处理测试数据的测试方法。

范围说明：这些数据通常代表一系列虚拟实体，例如部门、客户或产品。输出的报告将进行验证以确认处理的正确性。

即时消息/通信（IM）。在两人或多人之间，通过输入文本和多媒体数据建立的一种在线沟通机制或实时通信形式。

范围说明：文本通过网络（例如互联网）中连接的计算机或其他电子设备（例如手机或手持设备）传送。

计算机辅助审计技术（CAAT）。任何自动化审计技术，比如通用审计软件、测试数据生成器、计算机审计程序和专业审计工具。

计算机紧急事件响应组（CERT）。企业中整合的一组人员，具有明确报告层级关系，随时待命负责在信息系统出现紧急情况时提供支持。该小组将作为一个有效的改正性控制，同时也是与信息系统相关的所有事故和问题的单一联络点。

计算机取证。对数字媒体应用科学方法，以建立用于司法审查的真实信息。

范围说明：此流程通常涉及调查计算机系统，以确定其曾用于非法或未经授权的活动。作为一门学科，其融合了法律和计算机科学的元素，可作为法庭证据的方式，从信息系统（例如个人计算机、网络、无线通信和数字存储设备）搜集和分析数据。

加密。获取未加密消息（明文）、对其应用数学函数（使用密钥的加密算法）以生成加密消息（密文）的过程。

加密密钥。一段数字化形式的信息，结合加密算法便可将明文转换为密文。

假登记。当未经授权的人员设法注册进入到生物特征识别系统时发生。

范围说明：登记是获取生物特征并将其作为个人参考信息保存到智能卡、PC 或中央数据库中的第一步。

假授权。也称假接受，指未经授权的人员被生物特征识别系统识别为已授权人员的情况。

监管链。为保持证据的有效性和完整性所必需的证据处理过程（从搜集到呈递）。

范围说明：包括记录谁在什么时候接触过证据，以及能够确定该证据就是被恢复或测试的确切物品。若缺乏对证据的控制，可能导致证据受到质疑。监管链取决于验证证据不可能已被篡改。若要达到这一目的，需要封存证据来保证无法对其进行更改，并提供监管记录来证明证据始终受到严格控制并且无法被篡改。

间谍软件。该软件的目的是在未经计算机所有者或合法用户知情同意的情况下，监视该计算机用户的操作（如用户浏览的网站），并将这些行为报告给第三方。

检测性控制。一种控制，用于检测并报告错误、遗漏以及未经授权的使用或进入的发生。

简单对象访问协议（SOAP）。一种独立于平台且基于可扩展标记语言的格式化协议，用于使应用程序能够通过互联网进行相互通信。

范围说明：使用 SOAP 可能会给 Web 应用程序操作带来很大的安全风险，因为使用 SOAP 时会将风险非法携带到基于 Web 的文档对象模型上，并且会通过超文本传输协议（端口 80）进行传输以穿过服务器防火墙，而这些防火墙通常配置为接受端口 80 和端口 21 的文件传输协议请求。基于 Web 的文档模型定义了 Web 页面上对象互相关联的方式，并且还定义了在将这些对象从服务器发送至客户端浏览器时如何对其进行操作。SOAP 通常依赖 XML 来进行表示格式设置，并且在发送时还会添加基于 HTTP 的相应标头。SOAP 构成了 Web 服务堆栈的基础层，为构建更多抽象层提供了一个基本消息传递框架。SOAP 中有许多不同类型的消息传送模式，但是目前为止，最常见的模式是远程程序调用（RPC）模式。在该模式中，一个网络节点（客户端）将请求消息发送到另一个节点（服务器），而服务器会立即向客户端发送响应消息。

交换机。通常与数据链路层设备相关，通过它可以实现局域网（LAN）分段的创建和互联，并能够减少在基于以太网的网络中出现的冲突域。

结构化查询语言（SQL）。用于查询和处理关联数据库中数据的语言。最初为 IBM 主机开发，现已为微型和微机数据库应用开发了许多实施方案。SQL 命令可用于与数据库交互工作，或嵌入编程语言以与数据库交互。

解密。一种将密文还原为原始明文以使读者理解的技术。解密是加密的逆过程。

解密密钥。一段数字信息，用于进行解密从而将相应密文还原为明文。

介质访问控制（MAC）。OSI 模型中的数据链路层的下层子层。

局域网（LAN）。为特定有限地理区域内的多个用户提供服务的通信网络。

决策支持系统（DSS）。一种交互式系统，可以使用户方便地访问决策模型和数据，以支持半结构化的决策任务。

卡片识别。使用安全卡片或 ID 来获得高度敏感位置之访问权限的一种物理控制技术。

范围说明：如果构建正确，卡片识别可充当对敏感位置之物理访问的预防性控制。刷卡之后，物理卡片识别设备上安装的应用程序会记录试图访问加护位置的所有卡片用户。通过这种方式，卡片识别设备会阻止未经授权的访问，并记录试图进入加护位置的所有尝试。

可接受使用政策（AUP）。在访问者与被访者之间通过提前定义访问协议，明确各方网络访问权限和可批准使用范围的一项策略。

可扩展标记语言（XML）。万维网联合会发布的 XML 是一种基于 Web 的应用程序开发技术，容许设计人员建立自定义标签，从而可以在应用程序和组织之间定义、传输、验证和解释数据。

可行性分析。对产品、系统或组件的已知或预期需求进行分析，以评估需求、设计或规划可以实现的程度。

客户端/服务器。用于广泛描述服务接收方和提供方之间关系的术语。一般而言，客户端-服务器描述了一个网络系统，其中前端应用程序（如客户端）向另一个网络系统发出服务请求。客户端-服务器关系主要由软件定义。在局域网中，工作站是客户端，文件服务器是服务器。然而，客户端-服务器系统本质上比文件-服务器系统更复杂。两个不同的程序必须协同工作，并且在客户端工作站和数据库服务器之间分离数据和处理方面还需要做出更多决定。数据库服务器封装数据库文件和索引、限制访问、增强安全性，并通过数据字典为应用程序提供一致的数据接口。

客户服务部门。企业通过电话/互联网向其客户或员工提供的服务，包括与软件、硬件或网络相关的信息、帮助和故障排除建议。

范围说明：客户服务部门工作人员可以独立解决问题或者将问题上报给专业人员。客户服务部门通常配备专用的客户关系管理系统软件，用以记录并跟踪这些问题，直到问题得以解决。

控制。关键控制机制，支持通过负责任的资源使用、适当的风险管理和 IT 与业务的一致性实现控制目标。

控制风险。由于缺乏内部控制或内部控制的设计和/或实施无效，而造成资产丢失/受损或财务报告严重误报的风险。

控制目标。说明通过在特定流程中实施控制程序所要达到的期望结果或目的。

宽频（带）。在宽频（带）中，通过将传输介质划分为不同的频段，形成多个通道。

范围说明：宽频（带）通常需要使用调制解调器。

冷备援中心。信息系统备用设施，配有计算机设施的必要电子和物理组件，但并无计算机设备。

范围说明：当用户必须从主要计算位置移动到备用计算机设施时，冷备援中心准备好接收必要的替换计算机设备。

令牌环拓扑。一种局域网环形拓扑，其中，包含特定格式的帧（称为令牌）沿着环形从一站传递到下一站。

范围说明：某个站收到令牌时，允许进行传送。该站可以根据需要发送许多帧，直至达到预定时限。当某个站没有更多的帧需要发送或达到时限时，它会传送令牌。令牌传送可以预防两台计算机同时传送而导致数据碰撞。

流程。通常是受企业政策和程序影响的一系列活动，从多个来源（包括其他流程）获得输入信息，然后处理这些输入信息并产生输出信息。

漏洞。流程的设计、实施、操作或内部控制等方面的弱点，可能使得系统暴露于威胁事件造成的不良威胁。

漏洞分析。确定并对漏洞进行分类的流程。

路由器。一种网络设备，可以根据开放系统互连模型中网络层（第3层）的寻址法，将数据包从一个局域网或广域网发送（路由）至另一个局域网或广域网。

范围说明：由路由器连接的网络可以使用不同或相似的网络协议。路由器通常可以基于源地址、目标地址、协议和网络应用程序（端口）等参数对数据包进行过滤。

逻辑访问控制。旨在限制访问计算机软件和数据文件的策略、程序、组织结构和电子访问控制。

蜜罐。一种经过专门配置的服务器，也称为诱骗服务器，旨在通过某种方式来吸引和监控入侵者，使其行为不对生产系统造成影响。

密闭干式洒水系统。指闲置时管道内无水的自动喷水灭火系统，有别于管道内始终有水的全充式灭火系统。

范围说明：密闭干式洒水系统在出现火警时激活，水从水库中输送到管道，以便喷射到发生火灾的位置。

密码。通常由计算机加密的一组受保护的字符串，用于验证计算机用户在计算机系统中的身份。

密文。为保护明文而经过加密算法生成的信息，密文对未经授权者是一堆无意义的字节。

明文。读者可以理解的数字信息，如明文。

内部控制。旨在提供合理保证，确保实现业务目标并预防、检测和纠正意外事件的政策、程序、实践和组织结构。

能力成熟度模型集成（CMMI）。最佳实践的集成模型，可帮助企业通过改进过程来提高绩效。产品团队与来自不同行业的全球成员共同开发了该模型。CMMI 为建立、改进和维持流程能力提供了一个最佳实践框架。

请参见 CMMI 产品套件

匿名文件传输协议（AFTP）。使用文件传输协议下载公用文件的方法。AFTP 不要求用户在访问特定服务器的文件前表明身份。通常，当主机提示输入用户名时，用户输入单词"anonymous"。对于密码，可以输入任何内容，例如用户的电子邮件地址或者就输入单词"guest"。在许多情况下，AFTP 站点不会提示用户输入用户名和密码。

配置管理（CM）。在整个系统生命周期中对一组配置项目的变更控制。

平衡计分卡（BSC）。一组密切相关的性能测评指标，这些指标分为四类，分别是传统的财务指标、客户、内部业务流程，以及学习和发展前景。由 Robert S. Kaplan 和 David P. Norton 开发。

企业资源规划（ERP）。一种封装的业务软件系统，允许组织自动化并整合大部分业务流程，在整个组织内共享共有数据和实践，同时在实时环境中生成并访问信息。

嵌入式审计模块（EAM）。旨在根据预定标准识别和报告特定交易或其他信息的应用程序系统不可或缺的部分。对可报告项目的识别以实时处理方式进行。报告可以实时在线进行，也可以使用存储和转发的方法。EAM 即所谓的集成测试设施或持续审计模块。

强制访问控制（MAC）。逻辑访问控制过滤器可用来验证无法由正常用户或数据所有者控制或修改的访问凭证。

桥接路由器。兼具网桥和路由器功能的设备。

范围说明：桥接路由器在数据链路层和网络层上运行。桥接路由器具有一个显著的优点，即可以连接相同数据链接类型的 LAN 网络分段，还能连接不同的数据链路类型的 LAN 分段。与网桥类似，桥接路由器根据数据链路层地址将数据包发送到同一类型的其他网络中。此外，视需要，它还可根据网络协议地址处理和转发消息到不同的数据链路类型的网络。当连接同一数据链接类型的网络时，它的速度与桥接器一样快。

全面审计。旨在确定财务记录的准确性以及评估职能或部门的内部控制的审计。

热备援中心。一个全面运行的异地数据处理设施，配有灾难发生时可以使用的硬件和系统软件。

人工智能（人工智能）。一种先进的计算机系统，可以根据一组预置的规则模拟人类能力，例如分析。

认证吊销列表（CRL）。用于检查认证机构（CA）所负责颁发证书的持续有效性的工具。

范围说明：CRL 详细列出不再有效的数字证书。两次更新之间的时间间隔很关键，而且在数字证书验证中也构成风险。

认证机构（CA）。受信任的第三方机构，为身份认证基础设施或企业提供服务，登记实体并颁发实体证书。

日志。在有组织的记录保存系统中记录信息或事件的详细信息，通常按它们发生的顺序排序。

身份认证。验证用户身份和用户是否有资格使用计算机信息。

范围说明：身份认证旨在预防欺骗性的登录活动。也可以是对数据正确性的一种验证。

审计方案。为了完成审计而执行的一组分步审计程序和指令。

审计风险。根据审计发现得出错误结论的风险。

范围说明：审计风险的三个组成部分如下：
- 控制风险。
- 检测风险。
- 固有风险。

审计轨迹。以数据形式链接一系列事件的逻辑路径，用于跟踪影响记录内容的交易。

资料来源：ISO

审计计划。1.一种计划，包含业务团队成员执行的审计程序的性质、时间和范围，以便获得充分、适当的审计证据来形成意见。

范围说明：包括待审计的领域、计划的工作类型、高级目标和工作范围。它还包括预算、资源分配、日程计划安排、报告类型、报告目标受众、工作的其他一般方面等主题。

2.对需要在一定时段内执行的审计工作的高层次描述。

审计目标。审计的特定目标。

范围说明：这些目标通常着重证实是否存在将业务风险降到最低的内部控制。

审计证据。用于支持审计意见的信息。

渗透测试。通过模拟现实生活中攻击者的行为，现场测试安全防护的有效性。

生物特征识别。通过分析独特的身体特性（如手纹）以验证个人身份的安全技术。

事故。违反或即将违反计算机安全政策、可接受使用政策、准则或标准安全实践的威胁。

事故响应。企业对灾难或可能对企业、企业员工及其有效运转的能力产生重大影响的其他重大事件的响应。事故响应可能包括设施评估、启动灾难恢复计划、执行损失评估或促进企业恢复稳定所必需的任何其他措施。

数据安全。为保持信息的机密性、完整性和可用性而进行控制。

数据保管员。负责存储和保护计算机化数据的个人和部门。

数据加密标准（DES）。用于对二进制数据进行编码的传统算法，在2006年已被弃用。DES及其变体已被高级加密标准取代。

数据库。一种数据集合，通常具有受控冗余，根据一个模式组织起来，以服务于一个或多个应用程序。数据的存储使它们可以被不同的程序使用，而不必考虑数据结构或组织。常用的方法是添加新数据以及修改和检索现有数据。

数据库管理系统（DBMS）。可控制数据库中数据的组织、存储和检索的软件系统。

数据库管理员（DBA）。负责存储在数据库系统中的共享数据的安全性和信息分类的个人或部门。此职责包括数据库的设计、定义和维护。

数据所有者。负责计算机化数据的完整性、准确报告和使用情况的个人。

数据泄露。以电子或物理方式，在未经授权的情况下将数据从一个组织内向外暴露。

数字签名。使用公钥算法的个人或实体的电子身份证明，是接收方验证发送方身份、数据完整性和交易证明的一种方式。

数字证书。允许实体使用公共密钥基础设施安全地通过互联网交换信息的电子凭证。

双绞线。一种低负载量的传输介质；一对细小的绝缘线，它们互相缠绕在一起，从而最大限度地减少来自电缆中其他电线的干扰。

私钥加密系统。涉及机密私钥的密码系统。密钥又称为对称加密法，因为同一密钥既用于对发送方的明文进行加密，又用于对接收方的密文进行解密。

433

特洛伊木马。恶意隐藏在授权计算机程序中的恶性代码或有害代码。

提问/回答令牌。一种用户身份认证方法，通过使用挑战握手认证协议来实施。

范围说明：当用户尝试登录至使用 CHAP 的服务器时，服务器向用户发送一个随机值"提问"。用户输入一个密码，用作对"提问"进行加密的密钥，并将其返回服务器。服务器提前获知这个密码，于是对"提问"值进行加密，然后将其与用户返回的值进行比较。如果值相符，则用户通过身份认证。挑战/响应活动在整个会话过程持续，以保护会话免遭密码嗅探攻击。此外，由于提问值是一个随机值，每次尝试访问时都会发生变化，因此 CHAP 不容易遭受"中间人"攻击。

通信协议。网络在对传输流程及优先次序进行操作和控制时所依据的规则。

通用串行总线（USB）。可实现 12 Mbps 的数据传输速率的外部总线标准。

范围说明：USB 端口最多可以连接 127 个外围设备。

通用审计软件（GAS）。多用途审计软件，适用于多种通用流程，例如记录选取、匹配、重新计算和报告。

同轴电缆。由绝缘线（位于每根电缆正中间）、第二层金属线 像护套一样围绕着内层电线的绝缘层）和外层绝缘体（包裹第二层金属线）组成的电缆。

范围说明：相对于标准双绞线电缆，同轴电缆具有更强的传输能力，但其有效距离范围有限。

统计抽样（Statistical sampling）。一种通过选择总体中的一部分，借助数学计算和概率来科学、精确、合理地推断总体特征的方法。

外包。与第三方签订的为企业履行信息系统或其他业务职能的一种正式协议。

外联网。一种存在于互联网上的专用网络，使企业得以与客户、供应商或其他企业安全地共享业务信息并执行电子交易。

范围说明：与内联网的区别在于外联网位于公司的防火墙范围以外。因此，外联网依赖于使用经安全发行的数字认证（或者其他用户身份认证方法）和消息加密。外联网通常使用虚拟私有网络和隧道技术来实施，以便保护安全和隐私。

完全连接（网状）配置。一种网络拓扑，其中设备与网络节点间的许多冗余互连相连接（主要用于主干网络）。

完整性。预防不适当的信息修改或损坏。这包括确保信息的不可否认性和真实性。

网关。充当其他网络入口的网络物理或逻辑设备（如路由器、防火墙或软件）。

网络。由互连计算机及其连接所用的通信设备构成的系统。

网络钓鱼。一种电子邮件攻击，试图让用户相信发起 人的真实性，但其真正企图是获取信息用于社会工程。

范围说明：网络钓鱼攻击可能采取的方式如，假装成博彩组织，通知收件人或者用户银行，其获得了大奖；无论哪种情况，其目的都是为了获取账户和个人识别码详细信息。其他攻击可能会设法获得看似无害的业务信息，但是这些信息可用于其他形式的主动攻击。

网络管理员。负责规划、实施和维护电子通信基础设施；可能还要负责语音网络。

范围说明：对于规模较小的企业，网络管理员可能还需要维护局域网并协助最终用户。

网络接口卡（NIC）。一种通信卡，将其插入计算机后，可以与网络上的其他计算机进行通信。

范围说明：大多数 NIC 均针对特定类型的网络或通信协议而设计。

网络连接存储（NAS）。利用专门的存储设备来集中存 储数据。

范围说明：NA 存储设备一般不提供传统的文件/打印或应用程序服务。

威胁。能够对资产造成伤害的任何事物（例如物体、物质、人）。

范围说明：意外事故的潜在原因（ISO/IEC 13335）。

温备援中心。类似于热备援中心，但未配齐恢复所需的全部必要硬件。

文件传输协议（FTP）。用于通过传输控制通信协议/互联网协议网络（互联网、UNIX 等）传输文件的协议。

系统开发生命周期（SDLC）。软件系统的开发或购置期间的各阶段。

范围说明：SDLC 是一种用于规划、设计、开发、测试和实施应用程序系统或应用程序系统重大修改的方法。SDLC 的典型阶段包括可行性分析、需求分析、需求定义、详细设计、编程、测试、安装和实施后分析，但不包括服务交付或效益实现活动。

线路窃听。对电信链路中所传输信息的窃听行为。

消磁。应用可变级别的交变电流，以达到使磁性记录介质失去磁性的目的。

范围说明：消磁过程中，将交变电场从零逐渐增至某个最大值然后回零，使得介质上留下极低的磁感应残留。消磁与擦除意思相近。

信息处理场所（IPF）。计算机机房和支持区。

信息系统（IS）。战略、管理和运营活动的组合，涉及信息及其相关技术的搜集、处理、储存、分发和使用。

范围说明：信息系统有别于信息技术。其中信息系统具有与流程组件相互作用的 IT 组件。

星型拓扑。一种局域网架构，它使用一个中央控制器，供所有节点直接连接。

范围说明：在星型拓扑中，中央控制器负责管理和控制所有通信，站点之间所有传输都会经过中央控制器。中央控制器通常充当交换设备。

修补程序管理。属于系统管理范畴，涉及为所管理的计算机系统获取、测试及安装多个修补程序（代码变更），以使软件保持最新，通常是为了应对安全风险。

范围说明：修补程序管理任务包括：始终了解最新可用的修补程序；判断哪些修补程序适用于特定的系统；确保修补程序妥善安装；安装后对系统进行测试；记录所有相关的程序，例如，所需的具体配置。很多产品提供自动执行修补程序管理任务的功能。修补程序并非总是有效，有时候甚至造成的问题比能修复的问题还要多。修补程序管理专家建议系统管理员采取几个简单的步骤来避免这类问题，例如，在安装之前进行备份或在不重要的系统上测试修补程序。修补程序管理可视为变更管理的一部分。

需求建议书（需求请求书）。分发给软件供应商的文档，请求他们提交有关软件产品开发或供应的建议。

许可协议。一份合约，其中确立了软件开发商（所有者）授权用户使用（即可合法使用）软件的相关条款和条件。

循环路由。在开放式系统架构中，循环路由是消息在通信网络中的逻辑路径，它基于开放式系统互联模型中物理网络层的一系列网关。

业务案例。进行商业投资的依据文档，对做出是否继续投资的商业决策提供支持；同时作为操作工具，支持整个经济生命周期中的投资管理。

业务持续计划（BCP）。企业用于响应关键业务流程中断的计划（取决于恢复关键系统的应急计划）。

业务风险。无法确定损失（或收益）频率和程度的情况可能阻止企业实现其业务目标的概率。

业务流程再造（BPR）。对业务流程和管理系统的透彻分析和重大再设计，旨在建立更完善的执行结构，即更快地响应客户群和市场状况，同时实现重大成本节约。

业务影响分析（BIA）。通过确定失去任何资源的支持对企业的影响，以完成信息资产的关键性和敏感性评估。确立随着时间推移该损失的逐步升级情况，确定恢复所需的最少资源，并排定恢复流程和支持系统的优先级。

范围说明：此流程涵盖收入损失、意外开支、法律问题（法律合规性或合同方面）、相互依赖的流程以及公众声誉或公信力的损失。

移动站点。使用移动/临时设施作为业务恢复地点。上述设施通常可以发送到任意站点，也可以容纳信息技术和员工。

以太网络。一种流行的网络协议和布线方案，通过总线拓扑和载波侦听多路访问/冲突检测来预防两个设备同时尝试访问网络时发生网络故障或冲突。

异常报告。异常报告是由程序生成的，用于识别可能不正确的交易或数据。

范围说明：异常报告可能超出预定范围，也可能不符合指定标准。

隐私权。个人相信他人将根据搜集和衍生个人和敏感信息的目的及在相关背景下，适当和慎重地使用、共享和处置其相关信息的权利。

应急计划。制定预先安排和相关程序的流程，让企业能够应对偶然或在不可预见的情况下可能发生的事件。

应用层。在开放式系统互联通信模型中，应用层可为应用程序提供服务，以确保实现与网络中其他应用程序的有效通信。

应用程序。为实现特定功能而执行记录处理的一个计算机程序或一组程序。

范围说明：应用程序不同于系统程序（如操作系统或网络控制程序）和实用程序（如复制或分类）。

应用程序编程接口（API）。在业务应用程序软件开发中使用的一组例程、协议和工具，称为构建块。

应用程序控制。为与给定自动化解决方案（应用程序）相关的目标实现提供合理保证而设计的政策、程序和活动。

有线等效加密（WEP）。从属于 802.11 无线网络标准的方案，旨在保护 802.11 无线网络（也称为 Wi-Fi 网络）。

范围说明：由于无线网络使用无线电传播消息，因此特别容易遭到窃听。有线等效加密旨在确保无线传送具备类似于传统有线传送的机密性（尤其是，不在同一网络用户之间提供保护），并由此得名。很多严重的弱点被密码专家识别后，WEP 在 2003 年被 Wi-Fi 保护访问取代，随后又在 2004 年被完整的 IEEE 802.11i 标准（也称为 WPA2）取代。尽管存在一些弱点，但 WEP 所提供的安全级别仍可以预防随意窃听。

域名系统（DNS）。分布于互联网上的层次型数据库，容许通过将名称解析为 IP 地址（反之亦然）来查找 Web 或电子邮件服务器等服务。

域名系统（DNS）投毒攻击。破坏互联网服务器的 DNS 表，将某互联网地址替换为游移地址或恶意地址。

范围说明：如果 Web 用户使用该地址查找页面，则请求会被表中的恶意地址条目指引到其他地址。有一种形式的 DNS 投毒，攻击者会假冒有效的电子邮件账户并使管理联系人和技术联系人的收件箱淹没于虚假信息，这与缓存投毒不同。缓存投毒和 URL 投毒或地址投毒有关，即通过在浏览器地址栏中的地址添加一个标识号来跟踪互联网用户的行为，并会将用户继续对站点中其他页面的访问予以记录。域名系统投毒也称为 DNS 缓存投毒或缓存投毒。

预防性控制。用于避免发生某个企业已经确定可能对流程或最终产品产生重大负面影响的意外事件、错误及其他事故的内部控制。

远程程序调用（RPC）。传统的互联网服务通信协议，多年来在基于 Unix 的操作系统中得到广泛应用并且得到了互联网工程任务组（IETF）的支持，该通信协议允许一台计算机上的程序执行另一台计算机（如服务器）上的程序。

范围说明：使用该协议的主要好处是，系统开发人员不需要为目标计算机系统制定特定的程序。例如，在客户端/服务器环境中，客户端程序使用相应的参数向服务器发送消息，而服务器把包含程序执行后的结果的消息送回客户端。公共对象请求代理体系结构和分布式组件对象模型是两种用于实现 RPC 相关功能且面向对象的新方法。

远程接入服务（RAS）。指能够远程访问通常位于 IT 设备网络上的工具或信息的任何硬件和软件组合。

范围说明：Microsoft 最初在指代其内置的 NT 远程访问工具时创造了 RAS 这一词，RAS 是 Windows NT 提供的服务，用于确保可通过调制解调器链接访问网络上的大多数服务。近几年来，许多供应商提供了多种硬件解决方案和软件解决方案来供用户远程访问各种类型的网络信息。实际上，最先进的路由器都包含可针对任何拨号接口启用的基本 RAS 功能。

云计算。对共享资源池的便捷、可扩展的按需网络访问，可以通过最少的管理工作或服务提供商交互快速供应和释放。

运营审计。旨在评估某个职能或部门的各种内部控制、经济效益的一种审计。

灾难恢复计划（DRP）。在一定的时间和成本范围内，恢复因紧急情况或灾难而中断的活动所需的一系列人力、物力、技术和流程资源。

掌纹扫描仪。用于通过扫描掌纹验证用户身份的一种生物特征识别设备。

政策。用来传达必要和禁止的活动和行为的文档。

帧中继。一种数据包交换广域网（WAN）技术，与之前的数据包交换WAN技术相比性能更好。

范围说明：帧中继最适合数据和图像传输。鉴于其长度可变的数据包架构，对于实时语音和视频来说，帧中继并不是最高效的技术。在帧中继网络中，各末端节点通过永久虚拟电路建立连接。

证据。审计师在执行信息系统审计过程中所搜集的信息。证据被视为相关的条件是，与审计目标有关且与所支持的发现和结论具有逻辑关系。

范围说明：审计视角

职责分离（职责分离）。是一项基本内部控制，通过将发起和记录交易的职责与保管资产的职责分配给不同的人预防或检测错误和违规行为。

范围说明：职责分离通常在大型IT组织中使用，以保证没有一个人能够不经检测偷偷地引入欺诈或恶意代码。

纸上测试。对定期测试步骤进行浏览审查，但不实际执行这些步骤。

范围说明：通常用于灾难恢复和应急测试，目的是使团队成员温习和熟悉相应的计划以及他们所担任的具体角色和责任。

质量保证（QA）。为项目或产品遵守既定技术要求提供充分保证而需执行全部操作的计划系统模式。（ISO/IEC 24765）

治理。企业用于评估利益相关方的需求、条件和选项的方法，以确定实现平衡、协商一致的企业目标。治理涉及通过确定优先顺序和制定决策设定方向以及根据议定的方向和目标监控绩效和合规性。

中继器。使电信号在两个网络段之间进行再生和传播的物理层设备。

范围说明：中继器从一个网络段接收信号，然后将其放大（再生），以补偿因传输损失而导致失真的信号（模拟或数字），而传输损失由信号强度在传输过程中削弱（即衰减）引起。

中间件。应用程序编程接口的别名。这类接口通过提供中间层（其中包含对服务的函数调用）使编程人员能够访问较低级或更高级服务。

中央处理器（CPU）。计算机硬件，内含可控制/指挥计算机系统所有操作的电路。

注册机构（RA）。网络中核实用户数字认证请求并通知认证机构（CA）颁发认证的机构。

自主访问控制（DAC）。可由用户或数据所有者配置或修改的逻辑访问控制过滤器。

综合业务数字网（ISDN）。一种公共的、端到端数字电信网络，具有信号发送、交换和传输功能，支持可通过带有集成客户控制的标准化接口访问的各种服务。

范围说明：该标准允许在64 kbps的线路中传输数字语音、视频和数据。

总线。硬件的共用路径或通道。

范围说明：总线可以位于计算机内部组件之间，也可以位于通信网络中的外部计算机之间。

总线结构。所有设备（节点）都沿一条通信线路相连且所有接入的节点都可以接收传输数据的一种配置。

范围说明：这种架构在极小型网络中非常可靠，而且便于使用和理解。此配置用于将计算机相连的所需电缆最少，因此比其他布线安排更便宜。此配置还易于扩展，可以通过连接器轻易地将两根电缆连接为一条更长的电缆，以允许在网络中接入更多的计算机。也可以使用中继器扩展总线配置。

租用线路（专线）。永久分配用来连接两点的通信线路，有别于拨号线路，后者仅限通过拨打目标机或目标网络建立连接时才能使用和开放。又名为专用线路。

最终用户计算。最终用户利用计算机软件产品来设计并实现自己的信息系统的能力。

> 《CISA考试复习手册》有术语表供参考。由于术语定义可能随着技术环境的不断变化而演变，CISA考生可能还希望熟悉ISACA的词汇表，请参见ISACA网站。

首字母缩略词

以下是《CISA考试复习手册》中广泛使用的常用缩略词表。为清晰起见，这些用语可能在正文中进行了定义。

4GL 第四代语言

ACL 访问控制列表

AES 高级加密标准

AH 身份认证头

AI 人工智能

AICPA 美国注册会计师协会

ALE 年预期损失

API 应用程序编程接口

ARP 地址解析协议

ASCII 美国信息交换标准码

ASIC 专用集成电路

ATDM 异步时分多路复用

ATM 异步传输模式

ATM 自动提款机

B-to-B 企业对企业

B-to-C 企业对消费者

B-to-E 企业对员工

B-to-G 企业对政府

BCI 业务连续性协会

BCM 业务连续性管理

BCP 业务持续计划

BCP 业务持续计划

BDA 业务依赖性评估

BI 商业智能

BIA 业务影响分析

BIMS 生物信息管理和安全

BIOS 基本输入/输出系统

Bit 二进制位

BLP 旁路标签处理

BNS 主干网络服务

BPR 业务流程再造

BRP 业务恢复计划

BSC 平衡计分卡

C-to-G 消费者对政府

CA 认证机构

CAAT 计算机辅助审计技术

CASE 计算机辅助软件工程

CCK 补码键控

CCM 构造性成本模型

CCTV 闭路电视

CDDF 调用数据分发功能

CDPD 蜂窝数字分组数据

CEO 首席执行官

CERT 计算机紧急事件响应组

CGI 通用网关接口

CIA 机密性、完整性和可用性

CIAC 计算机事件咨询能力

CICA 加拿大特许会计师协会

CIM 计算机集成制造

CIO 首席信息官

CIS 连续和间歇模拟

CISO 首席信息安全官

CMDB 配置管理数据库

CMM 能力成熟度模型

CMMI 能力成熟度模型集成

CNC 计算机数值控制

COCOMO2 构造性成本模型

CODASYL 数据系统语言协会

COM 组件对象模型

COM/DCOM 组件对象模型/分布式组件对象模型

COOP 运营连续性计划

CORBA 公共对象请求代理架构

CoS 服务类别

COSO 全美反舞弊性财务报告委员会发起组织

CPM 关键路径法

CPO 首席隐私官	DNS 域名系统
CPS 电子认证业务规则	DoS 拒绝服务
CPU 中央处理器	DRII 国际灾难恢复协会
CRC 循环冗余校验	DRM 数字权限管理
CRL 认证吊销列表	DRP 灾难恢复计划
CRM 客户关系管理系统	DRP 灾难恢复计划
CSA 控制自我评估	DSL 数字用户线路
CSF 关键成功因素	DSS 决策支持系统
CSIRT 计算机安全事故响应团队	DSSS 直接序列扩频
CSMA/CA 载波侦听多路访问/冲突避免	DTE 数据终端设备
CSMA/CD 载波侦听多路访问/冲突检测	DTR 数据终端设备就绪
CSO 首席安全官	DW 数据仓库
CSU-DSU 通道服务单元/数字服务单元	EA 企业架构
DAC 自主访问控制	EAC 完成时估计值
DASD 直接访问存储设备	EAI 企业应用集成
DBA 数据库管理员	EAM 嵌入式审计模块
DBMS 数据库管理系统	EAP 可扩展身份验证协议
DCE 数据通信设备	EBCDIC 扩展二进制编码的十进制交换码
DCE 分布式计算环境	EC 电子商务
DCOM 分布式组件对象模型(Microsoft)	ECC 椭圆曲线加密算法
DCT 离散余弦变换	EDFA 企业数据流架构
DD/DS 数据字典/目录系统	EDI 电子数据交换
DDL 数据定义语言	EER 相等误差率
DDN 数字划分网络	EFT 电子资金转账
DDoS 分布式拒绝服务	EIGRP 增强内部网关路由协议
DECT 数字增强型无绳通信标准	EJB Enterprise Java Beans
DES 数据加密标准	EMI 电磁干扰
DFD 数据流程图	EMRT 应急响应时间
DHCP 动态主机配置协议	ERD 实体关系图
DID 直接向内拨号	ERP 企业资源规划
DIP 文档图像处理	ESP 封装安全负载
DLL 动态链接库	EVA 挣值分析
DMS 磁盘管理系统	FAR 错误接受率
DMZ 隔离区	FAT 文件分配表

FC 光纤通道
FDDI 光纤分布式数据接口
FDM 频分多路复用
FEA 联邦企业架构
FEMA 美国联邦应急管理协会
FER 拒登率
FERC 美国联邦能源监管委员会
FFIEC 美国联邦金融机构检查委员会
FFT 快速傅里叶变换
FHSS 跳频扩频
FIPS 联邦信息处理标准
FP 功能点
FPA 功能点分析
FRAD 帧中继组合器/分解器
FRB 美国联邦储备委员会
FRR 错误拒绝率
FTP 文件传输协议
GAS 通用审计软件
GID 组 ID
GIS 地理信息系统
GPS 全球定位系统
GSM 全球移动通信系统
GUI 图形用户界面
HA 高可用性
HD-DVD 高清晰度/高密度数字视频光盘
HDLC 高级数据链路控制
HIPAA 美国健康保险流通与责任法案
HIPO 层级输入-处理-输出
HMI 人机界面
HTML 超文本链接标示语言
HTTP 超文本传输协议
HTTPS 安全超文本传输协议
HW/SW 硬件/软件
I&A 标识和身份认证

I/O 输入/输出
ICMP 互联网控制消息协议
ICT 信息和通信技术
IDE 集成开发环境
IDEF1X 信息建模的集成定义
IDS 入侵检测系统
IETF 互联网工程任务组
IMS 集成制造系统
IP 互联网协议
IPF 信息处理场所
IPL 初始程序加载
IPMA 国际项目管理协会
IPR 知识产权
IPS 入侵防御系统
IPSec IP 安全协议
IPX 网间包交换
IR 红外
IRC 互联网中继聊天
IrDA 红外数据协会
IRM 事故应对管理
IS 信息系统
IS/DRP 信息系统灾难恢复计划
ISAKMP/互联网安全关联和密钥 Oakley 管理协议/Oakley
ISAM 索引顺序访问方法
ISDN 综合业务数字网
ISO 国际标准化组织
ISP 互联网服务供应商
IT 信息技术
ITF 集成测试设施
ITIL 信息技术基础架构库
ITSM IT 服务管理
ITT 招标
ITU 国际电信联盟

IVR 交互式语音响应
JIT 适时
KB 知识库
KGI 关键目标指标
KPI 关键绩效指标
KRI 关键风险指标
L2TP 第二层隧道协议
LAN 局域网
LCP 链路控制协议
M&A 兼并和收购
MAC 强制访问控制
MAC 消息验证码
MAC 地址介质访问控制地址
MAN 城域网
MAP 制造会计和生产
MIS 管理信息系统
MODEM 调制解调器
MOS 停机维护
MPLS 多协议标签交换
MRP 制造资源计划
MSAU 多站访问部件
MTBF 平均故障间隔时间
MTS Microsoft 事务服务器
MTTR 平均修复时间
NAP 网络访问点
NAS 网络访问服务器
NAS 网络连接存储
NAT 网络地址转换
NCP 网络控制协议
NDA 保密协议
NFPA 美国国家消防局
NFS 网络文件系统
NIC 网络接口卡
NIST 美国国家标准与技术研究所

NNTP 网络新闻传输协议
NSP 名称服务器协议
NSP 网络服务供应商
NTFS NT 文件系统
NTP 网络时间协议
OBS 对象分解结构
OCSP 联机认证状态协议
ODC 按需计算
OECD 经济合作与发展组织
OEP 场所应急计划
OLAP 在线分析处理
OOSD 面向对象的系统开发
ORB 对象请求代理
OS 操作系统
OSI 开放系统互连
OSPF 开放式最短路径优先
PAD 数据包组合器/分解器
PAN 个人局域网
PC 个人计算机/微型计算机
PCR 程序变更请求
PDCA 计划-实施-检查-处理
PDN 公用数据网
PER 软件包驱动的再造
PERT 计划评审技术
PICS 互联网内容选择平台
PID 进程 ID
PID 项目启动文档
PIN 个人标识码
PKI 公钥基础设施
PLC 可编程逻辑控制器
PMBOK 项目管理知识体系
PMI 项目管理协会
POC 概念证明
POP 拥有性证明

POS 销售点（或销售点系统）
PPP 点对点协议
PPPoE 基于以太网的点对点协议
PPTP 点对点隧道协议
PR 公共关系
PRD 项目要求文档
PRINCE2 可控环境 2 下的项目
PROM 可编程只读存储器
PSTN 公共交换电话网络
PVC 永久虚拟电路
QA 质量保证
QAT 质量保证测试
RA 注册机构
RAD 快速应用程序开发
RAID 廉价磁盘冗余阵列
RAM 随机访问内存
RAS 远程接入服务
RBAC 基于角色的访问控制
RDBMS 关联数据库管理系统
RF 射频
RFI 信息申请
RFID 射频识别
RFP 需求建议书
RIP 路由信息协议
RMI 远程方法调用
ROI 投资回报率
ROLAP 关联式在线分析处理
ROM 只读存储器
RPC 远程程序调用
RPO 恢复点目标
RSN 可靠安全网络
RST 重置
RTO 恢复时间目标
RTU 远程终端设备

RW 可重写
S/HTTP 安全超文本传输协议
S/MIME 安全多功能互联网邮件扩展
SA 安全关联
SAN 存储区域网络
SANS 系统管理员、审计、网络、安全
SAS 审计标准声明
SCOR 供应链运作参考
SD/MMC 安全数字多媒体卡
SDLC 系统开发生命周期
SDO 服务交付目标
SEC 美国证券交易委员会
SET 安全电子交易
SIP 服务改善计划
SLA 服务等级协议
SLIP 串行线路互联网协议
SLM 服务水平管理
SLOC 源代码行
SMART 明确性、可衡量性、可实现性、相关性和时限性
SME 主题专家
SMF 系统管理设施
SMTP 简单邮件传输协议
SNA 系统网络架构
SNMP 简单网络管理协议
SO 安全官
SOA 面向服务的体系结构
SOAP 简单对象访问协议
SOHO 小型办公-家庭办公
SOW 工作说明书
SPI 安全参数索引
SPOC 单一联络点
SQL 结构化查询语言
SSH 安全外壳

SSID 服务集标识符
SSL 安全套接字层
SSO 单点登录
SVC 交换式虚拟电路
SYSGEN 系统生成
TACACS 终端设备访问控制器访问控制系统
TCO 总体拥有成本
TCP 传输控制协议
TCP/IP 传输控制协议/互联网协议
TCP/UDP 传输控制协议/用户数据报协议
TDM 时分多路复用
TELNET 电传网络
TES 终端设备模拟软件
TFTP 普通文件传输协议
TKIP 临时密钥完整性协议
TLS 传输层安全协议
TP 监控交易处理监控程序
TQM 全面质量管理
TR 技术报告
UAT 用户验收测试
UBE 非请自来的大量电子邮件
UDDI 通用描述、发现和集成
UDP 用户数据报协议
UID 用户 ID
UML 统一建模语言
UPS 不间断电源
URI 统一资源标识符
URL 统一资源定位符
URN 统一资源名称
USB 通用串行总线
VLAN 虚拟本地网
VoIP 语音 IP
VPN 虚拟专用网络
WAN 广域网

WAP 无线应用程序协议
WBS 工作分解结构
WEP 有线等效加密
WLAN 无线局域网
WML 无线标记语言
WORM 一次写入多次读取
WP 工作包
WPA Wi-Fi 保护访问
WPAN 无线个人局域网
WSDL Web 服务描述语言
WWAN 无线广域网
XBRL 可扩展业务报告语言
XML 可扩展标记语言
XOR 异或
Xquery XML 查询
XSL 可扩展样式表语言

反侵权盗版声明

电子工业出版社依法对本作品享有专有出版权。任何未经权利人书面许可，复制、销售或通过信息网络传播本作品的行为；歪曲、篡改、剽窃本作品的行为，均违反《中华人民共和国著作权法》，其行为人应承担相应的民事责任和行政责任，构成犯罪的，将被依法追究刑事责任。

为了维护市场秩序，保护权利人的合法权益，我社将依法查处和打击侵权盗版的单位和个人。欢迎社会各界人士积极举报侵权盗版行为，本社将奖励举报有功人员，并保证举报人的信息不被泄露。

举报电话：（010）88254396；（010）88258888

传　　真：（010）88254397

E-mail：　dbqq@phei.com.cn

通信地址：北京市万寿路173信箱
　　　　　电子工业出版社总编办公室

邮　　编：100036